Wissen, Kommunikation und Gesellschaft.
Schriften zur Wissenssoziologie

Herausgegeben von
H.-G. Soeffner, Konstanz, Deutschland
R. Hitzler, TU Dortmund, Deutschland
H. Knoblauch, TU Berlin, Deutschland
J. Reichertz, Universität Duisburg-Essen, Deutschland

Wissenssoziologinnen und Wissenssoziologen haben sich schon immer mit der Beziehung zwischen Gesellschaften, dem in diesen verwendeten Wissen, seiner Verteilung und der Kommunikation (über) dieses Wissen(s) befasst. Damit ist auch die kommunikative Konstruktion von wissenschaftlichem Wissen Gegenstand wissenssoziologischer Reflexion. Das Projekt der Wissenssoziologie besteht in der Abklärung des Wissens durch exemplarische Re- und Dekonstruktionen gesellschaftlicher Wirklichkeitskonstruktionen. Die daraus resultierende Programmatik fungiert als Rahmen-Idee der Reihe. In dieser sollen die verschiedenen Strömungen wissenssoziologischer Reflexion zu Wort kommen: Konzeptionelle Überlegungen stehen neben exemplarischen Fallstudien und historische Rekonstruktionen stehen neben zeitdiagnostischen Analysen.

Reiner Keller • Hubert Knoblauch
Jo Reichertz (Hrsg.)

Kommunikativer Konstruktivismus

Theoretische und empirische
Arbeiten zu einem neuen wissenssoziologischen Ansatz

Herausgeber
Reiner Keller　　　　　　　　　　　　Jo Reichertz
Universität Augsburg, Deutschland　　Universität Duisburg-Essen, Deutschland

Hubert Knoblauch
TU Berlin, Deutschland

ISBN 978-3-531-19796-8　　　　　　ISBN 978-3-531-19797-5 (eBook)
DOI 10.1007/978-3-531-19797-5

Die Deutsche Nationalbibliothek verzeichnet diese Publikation in der Deutschen Nationalbibliografie; detaillierte bibliografische Daten sind im Internet über http://dnb.d-nb.de abrufbar.

Springer VS
© Springer Fachmedien Wiesbaden 2013
Das Werk einschließlich aller seiner Teile ist urheberrechtlich geschützt. Jede Verwertung, die nicht ausdrücklich vom Urheberrechtsgesetz zugelassen ist, bedarf der vorherigen Zustimmung des Verlags. Das gilt insbesondere für Vervielfältigungen, Bearbeitungen, Übersetzungen, Mikroverfilmungen und die Einspeicherung und Verarbeitung in elektronischen Systemen.

Die Wiedergabe von Gebrauchsnamen, Handelsnamen, Warenbezeichnungen usw. in diesem Werk berechtigt auch ohne besondere Kennzeichnung nicht zu der Annahme, dass solche Namen im Sinne der Warenzeichen- und Markenschutz-Gesetzgebung als frei zu betrachten wären und daher von jedermann benutzt werden dürften.

Einbandabbildung: Jo Reichertz

Gedruckt auf säurefreiem und chlorfrei gebleichtem Papier

Springer VS ist eine Marke von Springer DE. Springer DE ist Teil der Fachverlagsgruppe Springer Science+Business Media
www.springer-vs.de

Inhalt

Reiner Keller, Hubert Knoblauch & Jo Reichertz
Der Kommunikative Konstruktivismus als Weiterführung
des Sozialkonstruktivismus – eine Einführung in den Band 9

I. Positionierungen

Hubert Knoblauch
Grundbegriffe und Aufgaben
des kommunikativen Konstruktivismus 25

Jo Reichertz
Grundzüge des Kommunikativen Konstruktivismus 49

Reiner Keller
Kommunikative Konstruktion und diskursive Konstruktion 69

II. Anschlüsse

Andreas Hepp
Die kommunikativen Figurationen mediatisierter Welten:
Zur Mediatisierung der kommunikativen Konstruktion
von Wirklichkeit 97

Günther Ortmann
Eine Phänomenologie des Entscheidens,
organisationstheoretisch genutzt und ergänzt 121

III. Diskursive Kontexte kommunikativer Konstruktion

Gabriela B. Christmann
Raumpioniere in Stadtquartieren und die kommunikative
(Re-)Konstruktion von Räumen 153

Saša Bosančić
Subjektivierungsweisen als diskursive
und kommunikative Identitätskonstruktionen 185

Anna-Katharina Hornidge
Wissen-fokussierende Wirklichkeiten
und ihre kommunikative Konstruktion 207

Angelika Poferl & Verena Walter
„Deine Stimme gegen Armut" –
Zur kommunikativen Konstruktion eines globalen Problems 235

Boris Traue
Kommunikationsregime: die Entstehung von Wissen
um Medialität in kommunikativen Praktiken 257

IV. Situative Kontexte kommunikativer Konstruktion

Richard Bettmann & Norbert Schröer
Organisationale Kommunikationsmacht
Die Einbeziehung indischer Flugbegleiter
in eine globalisierte Airline 275

Regine Herbrik
Das Imaginäre in der (Wissens-)Soziologie und seine
kommunikative Konstruktion in der empirischen Praxis 295

Christian Kiesow
Die kommunikative Konstruktion der Mathematik
Zur Rolle körperlicher Performanz im Umgang
mit mathematischen Zeichen 317

Inhalt 7

Bernt Schnettler, Bernd Rebstein & Maria Pusoma
Der Topos kultureller Vielfalt
Zur kommunikativen Konstruktion migrantischer ‚Zwischenwelten'   . . .   337

René Tuma
Die kommunikative Video-(Re)Konstruktion   363

Autorinnen und Autoren   383

Der Kommunikative Konstruktivismus als Weiterführung des Sozialkonstruktivismus – eine Einführung in den Band

Reiner Keller, Hubert Knoblauch & Jo Reichertz

Seit den 1960er Jahren hat sich in der gesamten westlichen Wissenschaft eine Denkweise ausgebreitet, die man als „konstruktivistisch" bezeichnet. Diese Denkweise reicht von der „Erlanger Schule" der Philosophie über die Psychologie (z. B. Watzlawick) bis weit hinein in die Naturwissenschaften, wo etwa der „radikale Konstruktivismus" in großer Breite Eingang fand. Auch die Sozialwissenschaft und hier vor allem die Soziologie hat mehrheitlich die konstruktivistische Wende vollzogen. Selbst wenn man in Deutschland irrtümlich erst an Luhmann denkt, wenn von „Konstruktivismus" die Rede ist, waren es doch Peter Berger und Thomas Luckmann, die mit ihrem Buch zur „gesellschaftlichen Konstruktion der Wirklichkeit" im Jahre 1966 (deutsch: 1970) einen der ersten systematischen theoretischen Beiträge unter dem Titel der Konstruktion überhaupt vorlegten (und damit auch die Wissenssoziologie neu begründeten).

Der Konstruktivismus ist also keineswegs eine wissenschaftliche Rand- oder Neuerscheinung. Man könnte, durchaus auch in einem wissenssoziologischen Sinne, von einem wissenschaftlichen Paradigma sprechen, das vermutlich nicht zufällig den Umbruch von der industriellen in die nachindustrielle Gesellschaft begleitet und vielleicht auch deren Ausdruck ist (die bezeichnenderweise auf den Namen „Wissensgesellschaft" getauft wurde). Während der Konstruktivismus generell davon ausgeht, dass die Wirklichkeit keine bloße „positive" Gegebenheit darstellt, sondern eine, wenn auch keineswegs beliebige Konstruktion ist (wobei zuweilen auch die Wissenschaft selbst als mehr oder weniger bedeutsame Konstrukteurin Berücksichtigung findet), variiert die Frage quer über die Disziplinen, wie und was konstruiert wird. Berger und Luckmann behandelten diese Frage auf eine entschieden soziologische Weise: Die Konstruktion ist demnach ein sozialer Prozess, in dem aus der interaktiven Dynamik sozialer Handlungen heraus Institutionen geschaffen werden, die mit (legitimatorischem) Sinn erfüllt den Handelnden wieder so vermittelt werden, dass sie zu sozialen Tatsachen und für das soziale Handeln bestimmend werden. Es dürfte kein Zufall sein, dass die „gesellschaftliche Konstruktion" nicht nur eine theoretische Richtung initiiert hat und heute noch darstellt, sondern auch zu einem der beliebtesten soziologischen Texte überhaupt wurde – und zwar seit Jahrzehnten anhaltend und weltweit. Denn die „gesellschaftliche Konstruktion" bietet einen so breiten Ausgangspunkt für eine Reihe von nachfolgenden Ansätzen, dass ihr zentrales Anliegen bald als fast selbstverständlich galt. Diese Selbstverständlichkeit geht so weit, dass der Begriff der „gesellschaftlichen Konstruktion" zu einem akademischen Gemeinplatz geworden ist, dessen Verwendung selbst in der anspruchsvolleren Forschungsliteratur nicht immer mit dem Wissen aus der eigenen Lektüre des Buches korrelierte. So bemerkt Hacking (1999) in seiner Kritik an der „sozialen Konstruktion", dass Berger und Luckmann eigentlich eine sehr plausible Theorie formuliert hätten, jedoch von einer Unzahl von Arbeiten in oberflächlicher, irreführender und sogar verfälschender Weise zitiert (oder, noch häufiger, ohne Zitation verwendet) wurden[1].

Es mag diese vielfache Konfusion gewesen sein, die sowohl Berger wie auch Luckmann zunehmend zögern ließen, den Begriff der gesellschaftlichen Konstruktion überhaupt noch selber zu verwenden. In der Tat scheinen sich beide ab den 1970er Jahren vom Konzept des Konstruktivismus zu distanzieren. So formulierte Luckman wiederholt und plakativ: „Ich bin kein Konstruktivist, jedenfalls nicht im Sinne der Angehörigkeit zu einer wissenschaftstheoretischen Richtung, die sich als Konstruktivismus bezeichnet." (Luckmann 1999: 17, siehe auch Luckmann 2003: 127)[2] Dass diese Formulierung nicht ein (einer bestimmten Situation geschuldeter) ‚Ausrutscher' war, sondern in der Tat dem Selbstverständnis von Luckmann (auch heute noch) entspricht, das belegt ein weiteres Zitat: „Im Ver-

---

1 In Anlehnung und Abgrenzung zum Sozialkonstruktivismus von Berger & Luckmann hat sich auch ein Sozialkonstruktionismus enwickelt, der allerdings empirisch später andere Wege ging (vgl. Reichertz/Zielke 2008, vgl. auch den Beitrag von Reichertz in diesem Band).
2 Auch Peter Berger verwahrt sich öffentlich immer wieder dagegen, ‚Konstruktivist' genannt zu werden (Pfadenhauer 2010: 77) – so z. B. in seiner Dankesrede anlässlich der Verleihung der Ehrendoktorwürde an der LMU in München: „Luckmann und ich haben ausgeführt, wie die Wirklichkeit immer durch ein Prisma gesellschaftlicher Deutungen erlebt wird. Nachher entstand eine soziologische Richtung, die sich zu unserem Ärger ‚Konstruktivismus' nannte und die behauptete, daß alle Deutungen gleichwertig seien und darüber hinaus, daß es überhaupt keine Wirklichkeit außerhalb der gesellschaftlichen Deutung gebe. Luckmann und ich haben immer wieder betont, dass diese ‚postmoderne' Richtung nicht mit unseren Absichten übereinstimme; es hilft alles nichts. Immer wieder werden wir als Gründer des ‚Konstruktivismus' gelobt oder beschimpft" (Berger 1998: 23, siehe auch Berger 2001: 166).

gleich zu Watzlawick und den Konstruktivisten der Erlanger Schule sind Berger und ich in gewissem Sinne Materialisten." (zitiert nach Schnettler 2006: 87) Auch Schnettler betont in seiner Luckmanneinführung, dass Berger und Luckmann weit davon entfernt gewesen seien zu behaupten, „alles sei konstruiert oder auch nur konstruierbar" (ebd., vgl. auch Pfadenhauer 2012, Reichertz 2012).

Diese Distanzierung vom Begriff bedeutete jedoch keine Abwendung von der Sache, also der gesellschaftlichen Konstruiertheit von Wirklichkeit, sondern nur eine Abwendung von einer postmodernen Spielart des Konstruktivismus, die alle Konstruktionen für beliebig ansieht. Vielmehr hat sich in der Aufnahme und Weiterführung der These von der gesellschaftlichen Konstruiertheit von Wirklichkeit in den letzten Jahrzehnten in Deutschland eine Form der empirischen Forschung ausgebildet, die sich dezidiert mit dem Prozess der gesellschaftlichen Konstruktion auseinandersetzt und sich als empirisch arbeitende Wissenssoziologie versteht.

Die empirische Forschung setzt dabei jedoch weniger auf die klassischen Konzepte der Wissenssoziologie (der die „gesellschaftliche Konstruktion" zumindest in der deutschen Übersetzung laut Untertitel zugerechnet wurde), sondern verband sich mit Verfahren aus der deutschsprachigen Hermeneutik, aus dem Umfeld der angelsächsischen Ethnomethodologie und Ethnographie, der Interaktionsanalyse wie auch aus dem Umfeld der französischen Diskursanalyse. Theoretisch waren diese Verfahren beeinflusst – wenn auch in unterschiedlichem Maße – von der deutschen Phänomenologie (Husserl, Schütz), dem amerikanischen Pragmatismus (Peirce, Mead) und dem französischen Poststrukturalismus (Foucault). Gegenstand dieser empirischen verfahrenden Forschungen, die mitunter die Gestalt einer Art ‚Nanosoziologie' annahmen, waren die häufig nur in aufwendigen Studien erkennbaren Prozesse des Aushandelns und Herstellens sozialer Wirklichkeit. Mittel dieser oft erst unter dem Mikroskop erkennbaren Prozesse war durchgängig die Kommunikation.

Diese Erkenntnis führte zu einer erkennbaren Fokusverschiebung: Das Augenmerk wurde zunehmend auf Prozesse der Kommunikation verlagert. Auch Luckmann hat frühzeitig diese Bedeutung der Kommunikation gesehen, gewürdigt und später von einem „kommunikativen Aufbau der sozialen Welt" und dem „kommunikativen Paradigma der neuen Wissenssoziologie" gesprochen (Luckmann 2002: 157 ff und 201 ff; vgl. auch 2004 und 2007).

Kommunikation gilt dabei keineswegs nur als ein besonderes Feld der sozialen Konstruktion. Vielmehr wird Kommunikation als die empirisch beobachtbare Seite des Sozialen betrachtet. Genauer: kommunikatives *Handeln* steht im Mittelpunkt des Sozialen, und damit unterscheidet sich dieser Ansatz deutlich (wenn auch nicht kategorisch) von der Systemtheorie Luhmanns, die ebenfalls den Kommunikationsbegriff in den Mittelpunkt stellt.

In der Tat wurde die Frage einer theoretischen Klärung der Rolle des kommunikativen Handelns immer dringlicher, je mehr empirische Forschung betrieben wurde. Wohl auch deshalb entstanden seit den 1990er Jahren in der Soziologie und vereinzelt auch in der Kommunikationswissenschaft die ersten systematischen Arbeiten zum Thema der kommunikativen Konstruktion. Es ist bezeichnend, dass sie nicht nur theoretische Klärungen vornehmen, sondern auch den Bezug zur empirischen Forschung (und zum Alltagsleben der Menschen wie der Forschenden) aufrecht zu erhalten suchen. Angesichts der anhaltenden Missverständnisse des „Sozialkonstruktivismus" wie auch der in diesem Rahmen betriebenen empirischen Forschung – Missverständnisse oder Fehlinterpretationen, die vor allem in jüngeren theoretischen Ansätzen wie Poststrukturalismus, ANT, Antikonstruktivismus, Praxistheorie etc. vertreten werden – wurden diese Klärungen in den letzten Jahren verstärkt.

Beides, die empirische Forschung wie die theoretischen Anstrengungen haben mittlerweile eine Breite und eine Tiefe erlangt, die eine eigenständige Darstellung ermöglichen und erfordern. Eine erste Sammlung solcher theoretischen wie empirischen Arbeiten soll hier unter dem Titel des „kommunikativen Konstruktivismus" vorgelegt werden soll.

Die Vorstellung der kommunikativen Konstruktion der Wirklichkeit schließt dabei, wie oben gesagt, explizit an der Theorie der gesellschaftlichen Konstruktion der Wirklichkeit an. Zugleich zeigt die Betonung auf die *kommunikative* Konstruktion auch eine Akzentverschiebung: Zum einen geht es hier darum, die kommunikativen Prozesse (face-to-face oder medial gestützt, in Situationen in Erscheinung tretend und auch diskursiv eingebettet) der sozialen Konstruktion der Wirklichkeit in den Vordergrund zu rücken – auch weil diese in der aktuellen Welt vielfältiger und bedeutsamer geworden sind. Zum anderen geht es dem kommunikativen Konstruktivismus um die Weiterentwicklung und Modifikation der sozialkonstruktivistischen Theorie, die der gewachsenen Bedeutung des kommunikativen Handelns, von Diskursen und kommunikativen Praktiken Rechnung trägt und dabei in der Lage ist, die verschiedenen gesellschaftlichen Kontexte, in denen dies geschieht, sowohl in die theoretischen Grundlegungen wie in die empirischen Analysen mit aufzunehmen. Deswegen erscheint es uns angezeigt, gerade auch die diskursive Konstruktion von Wirklichkeit als eine spezifische Form der kommunikativen Konstruktion mit zu berücksichtigen (Keller 2005; Keller/Hirseland/Schneider/Viehöver 2005).

Wir reden von kommunikativem Konstruktivismus als *einem* gemeinsamen Ansatz, weil wir, aus verschiedenen Überlegungen, unterschiedlichen theoretischen Schwerpunkten und mit verschiedenen Nuancen, dennoch eine Reihe von Vorstellungen teilen. Im Mittelpunkt dieser Vorstellungen steht die Kommunikation.

Kommunikation wird dabei nicht allein als das Mittel verstanden, mit dem sich Menschen absichtsvoll Botschaften zukommen lassen und versuchen, andere zu steuern, sondern Kommunikation ist immer auch die menschliche Praktik, mit der zugleich Identität, Beziehung, Gesellschaft und Wirklichkeit fest-gestellt werden. Kommunikation dient in diesem Verständnis nicht allein der Übermittlung (von Informationen), sondern vor allem der Vermittlung (sozialer Identität und sozialer Ordnung). Kommunikation ist somit die Basis gesellschaftlicher Wirklichkeit. Deshalb macht es Sinn, den Ansatz, der sich mit der „kommunikativen Konstruktion der gesellschaftlichen Wirklichkeit" auseinander setzt, *Kommunikativen Konstruktivismus* zu nennen. Der Kommunikative Konstruktivismus reagiert damit auf zwei Herausforderungen:

Auf der einen Seite stehen die vielfachen Herausforderungen der empirischen Forschung, die für die „Wirklichkeitswissenschaft" Soziologie nicht nur beiläufig, sondern entscheidend sind und bis auf die theoretischen Grundlagen durchschlagen. Der Sozialkonstruktivismus hat sich diesen Herausforderungen nicht nur gestellt, er hat sich auch sehr aktiv sowohl an der Forschung wie auch an der Methodenentwicklung (insbesondere in der qualitativen Forschung) beteiligt. Der kommunikative Konstruktivismus ist einer der Folgen der empirischen Arbeiten, also gleichsam eine Anpassung und Adaption des Sozialkonstruktivismus an die empirische Forschung und Methodenentwicklung.

Die andere Gruppe von Herausforderungen, der sich der kommunikative Konstruktivismus stellt und die zur Abwandlung des Sozialkonstruktivismus führt, besteht in einer Reihe von neuen theoretischen Argumenten. Seit dem Aufkommen des Sozialkonstruktivismus haben sich verschiedene neue konstruktivistische Ansätze ausgebildet, wie etwa die Systemtheorie oder die Diskurstheorie; daneben stellen auch andere Theorien und Theorieteile Herausforderungen dar (wie etwa die Wiederbelebung des Pragmatismus, die Praxistheorie, die Actor-Network-Theorie oder die verschiedenen „Performanz"-Ansätze), die berücksichtigt werden müssen. Der Kommunikative Konstruktivismus stellt also auch eine Reaktion auf diese theoretischen Herausforderungen dar.

Um den Eindruck zu vermeiden, dass es sich beim kommunikativen Konstruktivismus (schon) um eine geschlossene Theorie handelt, setzt der Band **im** ersten Teil mit drei verschiedenen theoretischen Artikeln der Herausgeber ein, die durchaus die unterschiedlichen Quellen sichtbar machen (Phänomenologie, Pragmatismus, Diskurstheorie). Die drei Beiträge formulieren sozusagen die Positionen formulieren, die den Ausgangspunkt für weitere theoretische Klärungen bieten können, die auch zwischen den Autoren geführt werden soll.

Hubert Knoblauch skizziert sein theoretisches Modell der kommunikativen Konstruktion der Wirklichkeit. Dabei baut er deutlich auf der Theorie der gesellschaftlichen Konstruktion der Wirklichkeit auf. Durch die Verbindung von Habermas' Konzept des kommunikativen Handelns mit dem Begriff des „sozialen Handelns" bei Schütz, Berger und Luckmann schließt er an seine eigene Formulierung der „kommunikativen Konstruktion" an, die er schon 1995 vorgenommen hat. Zugleich erweitert und verändert er dieses Modell um die Rolle des Körpers, er schließt das „Verhalten" ins kommunikative Handeln ein, und mit der Betonung von „Objektivierungen" löst er die Theorie von der einseitigen Konzentration der Analyse kommunikativen Handelns auf Sprache und Zeichen und weitet sie auf die Analyse medialer, technischer und dinglicher Prozesse aus.

In dem Beitrag von *Jo Reichertz* wird (explizit in der Tradition des amerikanischen Pragmatismus und in Anknüpfung an neue Erkenntnisse der Anthropologie) eine Kommunikationstheorie entwickelt, die in Abgrenzung zu klassischen Kommunikationstheorien umstellt von Verstehen auf Wirkung – auf Kommunikationsmacht (Reichertz 2009). Demnach ist Kommunikation die von Menschen geschaffene basale Handlung, die Gesellschaft und die (Identität der) Menschen erzeugt: Kommunikation ist also das Werkzeug, das von der Gattung Mensch Schritt für Schritt zur ‚Selbsterzeugung' entwickelt wurde und die ‚Selbsterzeugung' möglich machte. Daneben dient Kommunikation auch zum Übermitteln von Botschaften. Dieser kommunikativen Gebundenheit kann sich niemand entziehen – auch der Wissenschaftler nicht. Der in Auseinandersetzung mit dem Sozialkonstruktivismus und Sozialkonstruktionismus von Reichertz entwickelte Kommunikative Konstruktivismus wendet deshalb die Grundidee des kommunikativen Konstruktivismus auch auf sich selbst an: Nicht nur die Menschen in der alltäglichen Sozialwelt erschaffen sich und ihr Wissen im wechselseitigen kommunikativen Handeln, sondern auch die Wissenschaftler schaffen sich und ihre Welt kommunikativ.

Reiner Keller diskutiert in seinem Beitrag den Stellenwert der „diskursiven Konstruktion" in den Prozessen kommunikativer Konstruktion. Im Anschluss an Foucaults Diskursbegriff wird zunächst die These entwickelt, dass darin immer schon konkrete kommunikative Tätigkeiten impliziert sind, denn, Foucault folgend, „sprechen" Diskurse von Gegenständen. Im Rekurs auf das sehr viel ältere pragmatistische Konzept des „Diskursuniversums" und seine Nutzung bei Mead, Morris oder Schütz zeigt Keller dann die Schnittstellen zwischen der französischen Diskurstheorie Foucaultscher Prägung und den pragmatistischen Handlungs- und Kommunikationstheorien auf. Die von Keller entwickelte Wissenssoziologische Diskursanalyse nutzt diese Schnittstellen und entwirft ein Forschungsprogramm zur Analyse gesellschaftlicher Wissensverhältnisse und Wissenspolitiken, die in der kommunikativen Handlungsform von Diskursen in Erscheinung treten. Damit wird es der Diskursforschung möglich, die Verwobenheit von Strukturierungen und kommunikativen Handlungen in Diskursprozessen in den Blick zu nehmen. Gleichzeitig insistiert Keller darauf, die nicht-kommunikativen Grundlagen und Folgen von Diskursen, wie sie etwa als Dispositive in Erscheinung treten, nicht zu vernachlässigen.

Im zweiten Teil folgen theoretische Arbeiten aus den angrenzenden Fachdisziplinen Kommunikationswissenschaft und Organisationsforschung, die sich mit der Frage beschäftigen, ob und inwieweit der Kommunikative Konstruktivismus fruchtbar bei der Lösung theoretischer Probleme sein kann.

Der Kommunikationswissenschaftler *Andreas Hepp* geht in seinem Beitrag auf die Medien und deren Bedeutung bei der kommunikativen Konstruktion von Wirklichkeit ein. Dabei setzt er sich mit der in der Kommunikationswissenschaft gängigen These auseinander, die Medien besäßen eine eigene Logik, die sich zwangsläufig allen Inhalten aufdrückt, die in den Medien ausgedrückt werden. Dieses eher strukturtheoretische Konzept versucht Hepp im Anschluss an interaktionistische Konzepte von Tamotsu Shibutani und Anselm Strauss kommunikativ zu öffnen. In seinem Beitrag zeigt er, wie die Medien in kleinen sozialen Welten mittels Kommunikation eine eigene Prägekraft entfalten bzw. entfalten können. Wirkung wird so nicht vom Medium aus definiert, sondern durch die kommunikative Schaffung in Medienaneignung und Mediennutzung. Dabei betont Hepp zu Recht immer wieder und vehement, dass heute oft nicht mehr ein Medium alleine genutzt wird, sondern dass immer mehrere Medien gleichzeitig oder nacheinander verwendet werden, die einander kommentieren und bewerten. Da alle sozialen Welten von einer Vielzahl von Medien durchdrungen sind und bei der kommunikativen Konstruktion von Wirklichkeit eine Rolle spielen, muss eine Analyse der kommunikativen Konstruktion von Wirklichkeit immer dieses Zusammenspiel verschiedener Medien berücksichtigen.

Günther Ortmann nimmt in seinem Beitrag ein altes klassisches Problem in den Blick, das für die Organisationstheorie von größter Bedeutung ist: die Entscheidungsfindung. In Auseinandersetzung mit und in Abgrenzung zu dem Rational Choice-Ansatz zeigt er gerade dadurch, dass er (immer noch) an Husserl,

Schütz und Berger & Luckmann anschließt, dass Entscheidungen nicht monologisch von einem einsamen Subjekt irgendwann getroffen werden, sondern dass Entscheidungen langsam reifen und dass bei diesem Reifungsprozess die Kommunikation eine bedeutsame Rolle spielt. Entscheidungen fallen demnach nicht, sondern an bedeutsamen Stellen führt immer wieder die Kommunikation dazu, dass Entscheidungen in eine bestimmte Richtung wachsen und dann auch ausgesprochen werden. Dennoch bedarf es nach Ansicht von Ortmann nicht einer Wende zum Kommunikativen Konstruktivismus hin, sondern einer „energischen kommunikationstheoretischen Erweiterung" des Sozialkonstruktivismus.

Der **dritte Teil** des Bandes enthält Beiträge sowohl theoretischer wie empirischer Natur, die sich Prozessen der kommunikativen Konstruktion vor dem Hintergrund der Perspektive der diskursiven Konstruktion nähern. Anhand unterschiedlicher empirischer Felder werden dabei einerseits Einsatzmöglichkeiten der Diskursperspektive im Rahmen eines kommunikativen Konstruktivismus verdeutlicht. Andererseits werden auch theoretische Überlegungen vorgestellt, die das Verhältnis von diskursiver und kommunikativer Konstruktion weiter erhellen.

In ihrem Artikel „Raumpioniere in Stadtquartieren und die kommunikative (Re-)Konstruktion von Räumen" leistet *Gabriela B. Christmann* gleich mehrere Beiträge zu diesem Band. Vor dem Hintergrund einer luziden Darstellung des kommunikativen Konstruktivismus gelingt ihr zum einen ein Zuschnitt des allgemeinen Ansatzes auf die spezifischen Fragestellungen der sozialwissenschaftlichen Raumforschung. Dabei zeigt sie mehrere Aspekte der kommunikativen Konstruktion des Raumes auf, um sich im weiteren Fortgang dann mit der Rekonstruktion des konstruierten Raumes zu beschäftigen. In diesem klar abgesteckten theoretischen Rahmen verortet sie dann eine empirische Studie zu zwei großstädtischen Bezirken, die unter einem „schlechten Image" zu leiden haben. Diese Studien nutzt sie, um die empirische These der Rolle von „Raumpionieren" zu belegen, die solche Räume nutzen, zu ihrer Umdeutung beitragen, zudem soziale, organisatorische oder infrastrukturelle Neuerungen lokal vorantreiben und damit gleichzeitig Lösungsansätze für sozialräumliche Probleme entwickeln. Dabei greift sie auf die Deutungen der Raumpioniere, ihre Binnenkommunikation und die aus ihnen gebildeten Netzwerke zurück.

Sasa Bosancic untersucht „Subjektpositionen und identitäre Selbst-Positionierung von ungelernten Arbeitern". Mit dem Begriff Subjektivierung wird ein doppelter Prozess bezeichnet: einerseits entstehen in Diskursen Subjektpositionen im Sinne von normativen Identitätsvorgaben, andererseits leiten diese die Selbst-Formierungsprozesse der Subjekte an. Ausgehend von den theoretischen Basisannahmen der Wissenssoziologischen Diskursanalyse wird in dem Beitrag mit Bezug auf die amerikanische Tradition des interpretativen Paradigmas ein heuristisches Modell der identitären *Positionierung* vorgeschlagen, das eine spezifische theoretische Vermittlung zwischen der Diskurs- und der Subjektebene im Konzept der Subjektivierung ermöglicht und damit die Verortung einer subjektfokussierten Empirie im Rahmen der WDA skizziert. Exemplarisch illustriert wird dieses Modell im Rückgriff auf eine Studie zu identitären Positionierungen un- bzw. angelernter Arbeiter, die in öffentlichen Diskursen der Wissensgesellschaft mit Qualifikationsanforderungen und -abwertungen konfrontiert sind, die ihr konkretes Arbeitsvermögen sehr weitreichend in Frage stellen.

Der Beitrag von *Anna-Katharina Hornidge* hinterfragt Konzepte der „Wissensgesellschaft" und „Wissen für Entwicklung" als kommunikativ und diskursiv konstruierte Wirklichkeitsvorstellungen, die von der Wissenschaft des globalen „Nordens" aus die Politikgestaltung zahlreicher Industrieländer, die Programmgestaltung internationaler Geberorganisationen und schließlich die Politikgestaltung vieler Länder des „Südens" beeinflussten. Konzeptionell im kommunikativen und diskursiven Konstruktivismus verankert, schlussfolgert der Beitrag, „Wissen", gefasst in beiden Konzepten, als normativen Wissenschaftsdiskurs, faktischen Realdiskurs und Hegemonialdiskurs zu begreifen.

Der Beitrag von *Angelika Poferl* und *Verena Walter* wendet sich der Frage der kommunikativen Konstruktion von Wirklichkeit am Beispiel einer explorativen Studie über Wahrnehmungen globaler Armut zu. Gestützt auf Materialien zur Kampagne „Deine Stimme gegen Armut" und hierbei insbesondere auf Kommentierungen im Rahmen der online-Kommunikation von Nutzern werden Strategien der Problemdeutung sowie ausgewählte Ergebnisse zu spezifischen Formen der Legitimierung von Sprecherpositionen sowie der Zuweisung von Verantwortung vorgestellt. Ausgangspunkt ist die These, dass die kommunikative Konstruktion globaler Armut zur Konstitution von Globalität beiträgt und dass diese Bewusstseinsbildung sich über die Erzeugung und Verbreitung diskursiv vermittelter Formen des Problematisierungswissens vollzieht. Die Ausführungen schließen an den Sozialkonstruktivismus von Berger und Luckmann, an die Wissenssoziologische Diskursanalyse, aber auch an das Konzept der Motivvokabularien von Mills an. Plädiert wird abschließend für eine Verbindung diskursanalytischer und lebensweltorientierter Zugänge.

Boris Traue geht in seinem Beitrag auf medientheoretische und mediensoziologische Aspekte des kommunikativen Konstruktivismus ein. Die Erweiterung des kommunikativen Handelns und der diskursiven Handlungsregulierung durch audiovisuelle Medienformate und das Verbreitungsmedium Internet informiert diese Überlegungen empirisch. Traue greift die Figur der dreigliedrigen Struktur kommunikativen Handelns auf und argumentiert, dass Medien die Beziehung zwischen verkörpertem Subjekt, Anderen und Objektivation stiften. Dabei werde eine ‚medienzentristische' Engführung des Handlungsbegriffs vermieden, indem im Rückgriff auf den Begriff der Objektivation, der einerseits Spuren von Körpern, andererseits Dinge und Artefakte bezeichnet, die Möglichkeit und das empirische Auftreten einer ‚Hermeneutik der Medien' festgestellt wird – diese Hermeneutik ist eine ‚Kommunikation über Kommunikation', die eben jede Kommunikation begleitet bzw. im Krisenfall begleiten kann. Diese Überlegungen führen zum Konzept des Kommunikationsregime, der in der zweiten Hälfte des Beitrags entfaltet wird: Sie umfassen Wahrnehmungs- und Selbstwahrnehmungsmöglichkeiten, juridische, institutionelle und technische Regulierungen sowie inhaltliche Regien, vor allem in Form medialer ‚Eigenideologien'. Der Begriff des Kommunikationsregime bezeichnet damit gewissermaßen die Teilnehmerperspektive der Diskurse und erlaubt es, die Ermöglichungsbedingungen und Regulierungsformen nicht nur, aber insbesondere der neuen mediengestützten kommunikativen Praktiken zu rekonstruieren. Das Konzept des Kommunikationsregime wird abschließend am Fall der audiovisuellen netzgestützten Kommunikation des Online-Video illustriert.

Während in den letztgenannten Beiträgen stärker diskursive Dimensionen im Vordergrund stehen, behandeln die Beiträge des **vierten Teils** das Konzept der kommunikativen Konstruktion im Hinblick auf eine Phänomenebene, die sich vorläufig als ‚situierter Kontext' begreifen lässt und stärker die face-to-face-Ebene kommunikativer Prozesse in den Blick nimmt. Es handelt sich dabei zwar um empirische Beiträge zu verschiedenen Themen, die von der Wissenschaft über das Spiel, die Medien (Videos) bis zur Flugbegleitung und hin zur Lebenswelt der Migranten reichen. Doch allen Beiträgen ist gemeinsam, dass sie neben der empirischen Analyse der situativen Rolle von Kommunikation auch die theoretische Arbeit am Konzept der kommunikativen Konstruktion weiterführen.

In ihrem Artikel nehmen *Richard Bettmann* und *Norbert Schröer* gleich zwei Gegenstände in den Blick: interkulturelle Kommunikation und Kommunikationsmacht in Organisationen. Am Beispiel der Kommunikation zwischen deutschen und indischen Flugbegleitern wird gezeigt, wie die Fluggesellschaft, der beide angehören, sich auch in der face-to-face-Kommunikation Gehör und Geltung verschafft und wie es der Organisation gelingt, Kommunikationsmacht aufzubauen. An diesem empirischen Beispiel aus einer laufenden Forschungsarbeit kann deutlich gemacht werden, dass die auf Basis einer Beziehung funktionierende Kommunikationsmacht nicht nur zwischen Personen, sondern auch zwischen Personen und Organisationen aufgebaut werden kann.

In ihrem Beitrag „Das Imaginäre in der (Wissens-)Soziologie und seine kommunikative Konstruktion" setzt sich *Regine Herbrik* zwei Ziele: Zum einen setzt sie zu einer längst überfälligen Klärung des Konzeptes des Imaginären an, zum anderen zeigt sie, welche Rolle es in der „realen" Interaktion spielt. Schon länger arbeitet Regine Herbrik am Konzept des Imaginären, das, wie sie betont, besonders in der Literaturwissenschaft eine scharfe Kontur erhält. Die soziologische Prägung durch Castoriades jedoch neigt zur Substantialisierung, so dass sie eine an Schütz angelehnte Konzeption vorlegt. Deren Spezifizierung nimmt sie empirisch vor, indem sie die kommunikativen Formen beschreibt, wie die Imagination Teil der sozialen Wirklichkeit wird. Dabei stützt sie sich auf eine detaillierte Analyse von Pen-and-Paper-Rollenspielen, bei denen mit recht einfachen Mitteln (Stift, Papier und mündliche Kommunikation) in einer Gruppeninteraktion komplexe imaginäre Welten entfaltet werden. Im vorliegenden Text fasst sie die wesentlichen kommunikativen Formen zusammen, mit denen diese Art des Imaginären geschaffen wird – und bietet damit ein Musterbeispiel dafür, wie besondere Formen kommunikativen Handelns zur Konstruktionen besonderer sozialer Wirklichkeiten beitragen.

Christian Kiesow beschäftigt sich in seinem Aufsatz „Die kommunikative Konstruktion der Mathematik" mit der Frage, wie man die Mathematik verstehen kann. Auf der Grundlage videographischer Aufzeichnungen von mathematischen Lehr- und Forschungsinteraktionen zeigt er sehr anschaulich, dass die Zeichen der Mathematik nicht einfach als Symbole oder „geistig" verstanden werden. Vielmehr schließt er an die These des Kommunikativen Konstruktivismus an und verdeutlicht, wie die mathematischen Zeichen erst in der verkörperlichten kommunikativen Handlungen Bedeutung gewinnen. Er stützt damit die These, dass die situative Rahmung mathematischer Symbole, zu der insbesondere körperlich-performative Akte wie etwa Mimik, Gestik und Blicke gehören, konstitutiv zur Bedeutung und zum Verständnis eben dieser Symbole beiträgt. Mit dieser These geht er über situationalistische ethnomethodologische Analysen hinaus und deutet eine neue Form der Wissenschaftssoziologie an, die ihre eigene Praxis nicht nur (theorie-rhetorisch), sondern empirisch material zum Gegenstand macht.

Bernt Schnettler, Bernd Rebstein und *Maria Pusoma* diskutieren anhand eines Forschungsbeispiels aus dem Kontext der Migrationsforschung die Verknüpfung von Sequenzanalysen und ethnographischen Erkundigungen im Milieu der Migration. Kleinteilige Datenanalysen werden dabei in Beziehung gesetzt zu den umgreifenden sozialen Strukturen des Felds. In der methodischen Praxis entspricht das einer Kombination von wissenssoziologisch-hermeneutischen mit gattungsanalytischen Vorgehensweisen. Der Beitrag will damit die Verbindung der verschiedenen Ansätze innerhalb des kommunikativen Konstruktivismus ausloten.

René Tuma beschäftigt sich in seinem Beitrag „Die kommunikative Video-(Re-)Konstruktion" damit, wie soziales Handeln mithilfe von Videoaufzeichnungen interpretiert werden kann. Genauer wird auf Videoanalyse als kommunikative Handlungsform eingegangen, in welcher Wirklichkeiten rekonstruiert und konstruiert werden. Besonders hervorgehoben wird in dieser Untersuchung die Schaffung von Interpretationsräumen und geteilter Perspektiven durch die körperlich-kommunikative Verknüpfung sowie ihre jeweilige Einbettung in einen breiteren Kontext durch die analysierenden Akteure. Dieses Vorgehen verbindet er mit der These, dass verschiedene „Sehgemeinschaften" vor allem aufgrund unterschiedlicher Methoden erzeugt werden, die man als Kommunikationsstile beschreiben kann.

Literatur

Berger, Peter L. (1998): Auf den Spuren der Theologie. Reden. Zürich: Pano Verlag.
Berger, Peter L. (2001): Mit merkwürdigen Gefühlen. In: Manfred Prisching (Hrsg.): Gesellschaft verstehen. Wien: Passagen Verlag, S. 165–175.
Berger, Peter L./Luckmann, Thomas (1966): Social Construction of Reality. New York: Free Press (deutsch. Frankfurt am Main: Fischer 1970).
Hacking, Ian (1999): Was heißt ‚soziale Konstruktion'? Zur Konjunktur einer Kampfvokabel in den Wissenschaften. Reinbek: Rowohlt.
Keller, Reiner (2005): Wissenssoziologische Diskursanalyse. Wiesbaden: VS Verlag.
Keller, Reiner/Hirseland, Andreas/Schneider, Werner/Viehöver, Willy (Hrsg.) (2005): Die diskursive Konstruktion von Wirklichkeit. Zum Verhältnis von Wissenssoziologie und Diskursforschung. Konstanz: uvk.
Knoblauch, Hubert (1995): Kommunikationskultur. Die kommunikative Konstruktion kultureller Kontexte. Berlin: de Gruyter.
Pfadenhauer, Michaela (2012): Peter Berger. Konstanz: uvk.
Luckmann, Thomas (1999): Wirklichkeiten: individuelle Konstitution und gesellschaftliche Konstruktion. In: Hitzler, Ronald/Reichertz, Jo/Schröer, Norbert (Hrsg.): Hermeneutische Wissenssoziologie. Standpunkte zu einer Theorie der Interpretation. Konstanz: uvk, S. 17–28.
Luckmann, Thomas (2002): Wissen und Gesellschaft. Konstanz: uvk.
Luckmann, Thomas (2003): 30 Jahre ‚Die gesellschaftliche Konstruktion der Wirklichkeit' Ein Gespräch. Aachen: Shaker Verlag.
Luckmann, Thomas (2004): Soziales im Kulturellen und Kulturelles im Sozialen? In: Jo Reichertz et al. (Hrsg.): Hermeneutik der Kulturen – Kulturen der Hermeneutik. Konstanz: uvk, S. 27–41.
Luckmann, Thomas (2007): Lebenswelt, Identität und Gesellschaft. Konstanz: uvk.

Reichertz, Jo (2009): Kommunikationsmacht. Was ist Kommunikation und was vermag sie? Und weshalb vermag sie das? Wiesbaden: VS Verlag.
Reichertz, Jo (2012): Alles nur Konstruktion! Von der seltsamen Enthaltsamkeit vieler Konstruktivisten gegenüber Werturteilen. In: Renn, Joachim/Ernst, Christoph/Isenböck, Peter (Hrsg.): Konstruktion und Geltung. Wiesbaden: VS Verlag. S. 93–119.
Reichertz, Jo/Zielke, Barbara (2008): Theories that matter. Zur Handlungswirksamkeit des sozialen Konstruktionismus. In: Forum Qualitative Sozialforschung/Forum: Qualitative Social Research, 9 (1), http://nbn-resolving.de/urn:nbn:de:0114-fqs-0801D5Ed8.
Schnettler, Bernt (2006): Thomas Luckmann. Konstanz: uvk.

I. Positionierungen

Grundbegriffe und Aufgaben des kommunikativen Konstruktivismus[1]

Hubert Knoblauch

1 Einleitung

Die Formulierung „kommunikative Konstruktion" schließt an der „gesellschaftlichen Konstruktion der Wirklichkeit" von Berger und Luckmann (1966/1969) an, die vermutlich eine der ersten sozialwissenschaftlichen Formulierungen des Konstruktivismus war. Dabei macht der „kleine" Austausch von „sozial" zu „kommunikativ" auf eine theoretische Verschiebung aufmerksam, deren Tragweite erst im Laufe der letzten Jahre deutlich wird. Die Formulierung „kommunikative Konstruktion", die Anfang der 1990er-Jahre aufkommt, trägt einerseits dem Umstand Rechnung, dass die von Bergers und Luckmanns gesellschaftlicher Konstruktion inspirierte Soziologie sich zunehmend der empirischen Forschung zuwandte. Stand dabei anfangs die Sprache und die sprachliche Konversation als zentrale Trägerin des gesellschaftlichen Wissens im Vordergrund, so weitete sich das empirische Forschungsinteresse zunehmend auf die Kommunikation aus. Das Ziel des kommunikativen Konstruktivismus besteht darin, die verschiedenen Begriffe, die sich in den empirischen Untersuchungen bewährt haben, zu klären und miteinander zu verbinden. Andererseits trägt der kommunikative Konstruktivismus den theoretischen Entwicklungen in angrenzenden Theorien Rechnung, insbesondere wenn sie sich mit ähnlichen empirischen Gegenständen beschäftigen oder mit vergleichbaren Methoden arbeiten.

Der Begriff der kommunikativen Konstruktion stellt also eine Verbindung der empirischen Kommunikationsforschung mit der soziologischen Theorie her, und zwar mit der allgemeinen Theorie (Knoblauch 1995; 2005), wie auch mit beson-

---

1   Für Anregungen zum Text danke ich Ronald Hitzler, der mir bei der Verteidigung dieser Thesen in einer 12-stündigen Diskussion viel abverlangte – und viel gegeben hat. Ich danke auch Bernt Schnettler, René Tuma, Theresa Vollmer und René Wilke für ihre zahlreichen und wichtigen Anregungen. Vor allem danke ich Anne Honer, die, weiß Gott wie, wohl auch in diesem Text nachhallt.

deren Gegenstandbereichen, wie der Organisation, Religion oder Moral (Knoblauch 1997; 1998; Bergmann und Luckmann 1999). In jüngerer Zeit ist das Konzept aufgenommen, vertieft und empirisch angewandt worden, vor allem von Gabriela Christmann (2003), Reiner Keller, Andreas Hirseland, Werner Schneider und Willy Viehöver (2005), Keller (2005: 60 ff) sowie von Jo Reichertz (2007; 2010) und von Regine Herbrik (2011). Weil der Begriff der kommunikativen Konstruktion dabei verschiedene Abwandlungen erfährt, möchte ich im Folgenden einige seiner zentralen Begriffe aufeinander aufbauend skizzieren, die sich einerseits anhand der empirischen Untersuchungen im Rahmen dieses Forschungsansatzes begründen lassen und andererseits aus der Auseinandersetzung mit angrenzenden umfassenden Ansätzen der soziologischen Theorie ergeben.[2]

2 Grundbegriffe des kommunikativen Konstruktivismus

Der kommunikative Konstruktivismus ist also ein theoretischer Ansatz, der auf dem Sozialkonstruktivismus aufbaut, wie er von Peter Berger und Thomas Luckmann (1966) begründet wurde. Allerdings bildet er keine einfache „Ableitung" aus dem Sozialkonstruktivismus, sondern baut auf der empirischen Umsetzung dieses Ansatzes auf. Dieser aus methodologischen Gründen qualitativ vorgehende **Empirismus** muss in zweifacher Hinsicht als bedeutsames Merkmal des kommunikativen Konstruktivismus angesehen werden.

Zum einen folgt er einer theoretischen Neuinterpretation von Schütz, dessen Theorie als Grundlage sowohl des Sozialen wie des Kommunikativen Konstruktivismus gelten kann, wenngleich nicht kritiklos auf ihr aufgebaut wird.[3] Diese Kritik betrifft die bewusstseinsanalytische Schlagseite der mundanphänomenologischen Theorie und wird am Problem der Intersubjektivität besonders deutlich. Intersubjektivität, so Schütz, gründet nicht im einsamen Bewusstsein, wie Husserl annahm. Sie ist vielmehr eine Folge der Begegnung mit empirischen Anderen. Weil die Anderen schon immer da sind, ist auch die alltägliche Lebenswelt nicht nur pragmatisch, sondern grundlegend sozial, und für Schütz folgt aus dieser em-

---

2 Dabei muss ich einräumen, dass eine Klärung des Verhältnisses zu den angrenzenden Ansätzen von Reiner Keller und Jo Reichertz noch aussteht.
3 Die Kritik wurde von Srubar (1988) angeregt und von Knoblauch, Kurt und Soeffner (2003) ausgebaut.

pirischen Vorgegebenheit Anderer, dass die alltägliche Lebenswelt sich ganz wesentlich durch Kommunikation auszeichnet.[4]

Bevor ich auf die Merkmale der Kommunikation eingehe, muss der zweite methodologische Aspekt des Empirismus hervorgehoben werden. In der Tradition der Weberschen Soziologie, in der auch der Sozialkonstruktivismus steht, bildet das soziale Handeln den Kern des Sozialen. Sozialität besteht demnach in der Orientierung Handelnder an anderen Handelnden (Weber 1922/1980). Das zentrale Argument des kommunikativen Konstruktivismus besteht nun darin, dass alles, was am sozialen Handeln relevant ist, notwendig auch kommuniziert werden muss (ohne dass alles, was kommuniziert wird, sozial relevant sein muss). Jeder Versuch einer Beobachtung sozialen Handelns alltäglicher oder wissenschaftlicher Art hängt von der Tatsache ab, dass soziales Handeln erst dadurch für andere beobachtbar und erfahrbar – also zur Wirklichkeit – wird, dass es auf die eine oder andere Weise kommuniziert und das heißt, wie wir sehen werden, auch objektiviert wird.[5] Die Bedeutung der kommunikativen Natur sozialen Handelns beschränkt sich natürlich nicht auf wissenschaftliche Beobachter, die „Daten" über soziale Handlungen erheben (und häufig vergessen, dass diese Erhebung selbst eine Form des kommunikativen Handelns ist). Der empirisch kommunikative Charakter sozialen Handelns ist ebenso für die Handelnden selbst von eminenter Bedeutung, werden die Handlungen doch erst dann zum Teil der gesellschaftlichen Wirklichkeit, wenn sie anderen kommuniziert werden.

Der Begriff des **kommunikativen Handelns** schließt ganz zweifellos am Konzept des sozialen Handelns an. Seine analytische Schärfe gewinnt er jedoch erst, wenn er mit Blick auf Habermas' Theorie gefasst wird, der diesen Begriff geprägt hat. Bekanntlich unterscheidet Habermas (1981) das zielgerichtete instrumentelle Handeln vom verständigungsorientierten kommunikativen Handeln. Letzteres besteht im Wesentlichen in der Möglichkeit, Widersprüche zu formulieren und potentiell begründen zu können. Habermas verbindet Verständigungsorientierung mit einer Form „kommunikativer Rationalität", die sicherstellt, dass diese Begründungen auch gelingen können. Diese kommunikative Rationalität ist wesentlich mit der Sprache verbunden: Es sind die in der sprachlichen Form von

---

4 „Denn in der natürlichen Welteinstellung ist unser Sein von vornherein ein Sein mit anderen (,) und solange Menschen von Müttern geboren und nicht in der Retorte hergestellt werden, wird die Erfahrung vom Alter ego der Erfahrung vom eigenen Ich genetisch-konstitutionell vorausgehen" (Schütz 2003: 115).

5 Wie auch Goffman immer wieder betont, bezieht sich diese Beobachtbarkeit durchaus auch auf die Handelnden selbst bzw. das handelnde Selbst.

„Sprechakten" verankerten „Geltungsansprüche", die Begründungen ordnen und damit Rationalität gewährleisten.

So groß Habermas' Verdienst an der Prägung des Begriffs „kommunikativen Handelns" ist, so leidet sein Begriff an einer Überbetonung der Sprache. Für Habermas verkörpert vor allem die Sprache (und zwar nach dem protestantischen Muster der Schriftsprache) die „Kraft des besseren Arguments" und damit „kommunikative Rationalität". Zwar anerkennt auch er die Rolle des Handelns (im Sprechakt), doch erscheint die Sprache eine Art Inkarnation des Geistes, ja der Vernunft selbst zu sein. Auf diese Weise vernachlässigt Habermas nicht nur die körperlichen Formen des Kommunizierens jenseits von Text (und bestenfalls noch Stimme). Auch andere Zeichenarten und Codes, wie etwa Diagramme, Schaubilder und andere Objekte (die weiter unten eine Rolle spielen werden), geraten so in Vergessenheit.[6]

Ein zweiter Schwachpunkt besteht in seiner Scheidung von *instrumentellem* und *kommunikativem* Handeln. Während die Konzentration auf Sprache einerseits die Eigenständigkeit der sprachlichen Bedeutung hervorhebt, vernachlässigt Habermas andererseits sträflich den Umstand, dass Sprache und Sprechen immer einen materiellen Vollzug bezeichnen. Ebenso wie die Bedeutung sprachlicher Zeichen eines materiellen Zeichenträgers bedarf, der produziert werden muss, kann kommunikatives Handeln nicht umhin, immer eine „Wirkung" zu haben, die zumindest diesen Zeichenträger erzeugt. Mit anderen Worten: Kommunikatives Handeln ist immer auch instrumentelles Handeln. Damit erweist sich jedoch die systematische Trennung beider Aspekte als ein Fehler. Denn wenn man davon ausgeht, dass die Materialität des Zeichens seinen Ort in der Struktur definiert und damit unmittelbar Folgen für die Bedeutung hat, dann ist diese Instrumentalität keineswegs nur beiläufig oder akzidentiell.[7] Sie ist vielmehr *integraler Teil* des kommunikativen Handelns. Sei es der von Hand geschriebene Brief und die mit Tinte geformten Buchstaben, der vom Mund mechanisch gebildete Laut oder die technisch visualisierte Repräsentation auf einem Computerbildschirm, die von

---

6   Strukturalismus, Semiotik sowie kognitive Anthropologie haben sehr anschaulich gezeigt, wie wichtig die „Bedeutungen" der Dinge sind: nicht nur jener, die menschliche Kulturprodukte sind, sondern all jener, die wir wahrnehmen. Dinge, die wir benennen können, aber auch Dinge, die wir einfach nur unterscheiden oder als unterscheidbar wahrnehmen: Kleider, aber auch Papageien oder Schneearten. Freilich hat der Strukturalismus übersehen, wie sehr diese „Bedeutungen" von unserem handelnden Umgang mit ihnen abhängen, also „Sinn" sind und gesellschaftlich als Wissen auftreten.

7   Im Unterschied zum Strukturalismus, auf den ich hier anspiele, muss eine Theorie des kommunikativen Handelns keineswegs davon ausgehen, dass Bedeutung sich allein aus der Struktur ergibt; sie ergibt sich aber auch nicht aus der pragmatischen Semantik.

Hand eingetippt oder automatisch eingegeben wurde: Alle Fälle kommunikativen Handelns schließen instrumentelles Wirken mit ein.

Will man kommunikatives Handeln nicht vom instrumentellen Handeln unterscheiden, legt es sich nahe, beides, im Anschluss an Schütz und Luckmann (1984), als „wechselseitiges Wirkhandeln" zu verstehen und damit der „gesellschaftlichen Arbeit" gleichzusetzen (Knoblauch 1995). Der Begriff Wirkhandeln bezieht sich auf die Veränderungen, die in einer als gemeinsam erfahrenen Umwelt absichtlich vorgenommen werden. Die „Wirkung" des kommunikativen Handelns beschränkt sich jedoch nicht nur auf die „illokutionären" und „perlokutionären Effekte" oder das, was Reichertz (2010) pointiert als „Kommunikationsmacht" bezeichnet: dass kommunikative Handlungen zu weiteren kommunikativen Handlungen führen.[8] Die Kritik der Habermas'schen Trennung von kommunikativem und instrumentellem Handeln führt vielmehr zu einer dramatischen Ausweitung des kommunikativen Handelns (wobei nicht zu vergessen ist, dass instrumentelles Handeln die Technik miteinschließt). Der in einer gemeinsamen Umwelt erfahrbare Aspekt dieses Wirkhandelns ist das, was Berger und Luckmann als **Objektivierungen** bezeichnen. Selbst wenn sie dabei zumeist ebenfalls die Sprache überbetonen, so können sie darunter neben den sprachlichen Zeichen, materielle Anzeichen, körperliche Verhaltensweisen, Mimik und Gestik und andere zeitliche Prozesse fassen. Objektivierungen sind alle Kulturprodukte, egal ob es sich um Musik oder Malerei handelt, um Milch, Autos oder Papageien einschließlich der zu ihrer Wahrnehmung verfügbaren Klassifikationsschemata.[9]

Dass sich kommunikatives Handeln durch Materialität auszeichnet, hat mit einem seiner Momente zu tun, das immer wieder angeschnitten, selten aber systematisch berücksichtigt wurde: Kommunikatives Handeln bezieht den **Körper** mit ein. Akte der Erzeugung von Objektivationen hängen vom Körper ab und deswegen spielt der Körper eine entscheidende Rolle für das kommunikative Handeln und bei der Konstruktion der Wirklichkeit. Erst durch den Körper wird Sinn sozial sichtbar.[10] Diese Sichtbarkeit liegt nicht nur darin, dass der Körper die

---

8   Ich habe das an anderer Stelle (Knoblauch 2000) als „Rhetorizität des kommunikativen Handelns" bezeichnet.
9   Dabei muss es sich keineswegs um Zeichen handeln. Wie Katz (1999) zeigt, können auch Autos und ihre Bewegungen als kommunikative Handlungen verstanden werden. Die Art, wie jemand überholt oder sich vor ein anderes Fahrzeug in die Spur bewegt, hat so viel kommunikative Bedeutung, dass sie intensivste Gefühle hervorrufen kann – und, wie Katz sehr anschaulich zeigt, ebenso vehemente „Antworten".
10 Es ist vielfach übersehen worden, dass auch Schütz früh auf die zentrale Rolle des Leibes hingewiesen hat. In seinem Aufsatz zur Personalität aus dem Jahr 1936, welchen Srubar (1988) als den entscheidenden soziologischen Wendepunkt bei Schütz ansieht, sieht Schütz (2003: 111 f) den

„awareness" (Heath et al. 2002) durch Sinne steuert (die als „Medien" ausgeweitet werden können). Sie besteht auch darin, dass der Körper die kommunikativen Handlungen so vollzieht oder, etwa bei technischen Vermittlungen, so an den Vollzug gekoppelt ist, dass er sinnhaft mit dem verbunden erscheint, was als Objektivierung gelten kann. Kommunikatives Handeln objektiviert Sinn, weil und wenn es mit dem Körper vollzogen wird. Sei es die Artikulation eines Klangs, das Zeichnen von Buchstaben oder das Drücken auf eine Tastatur – es ist der Körper, der Handeln und Welt miteinander verknüpft. Wegen seines verkörperten Charakters ist Instrumentalität wesentlicher Teil des kommunikativen Handelns – sei es beim Reden oder in der E-Mail-Kommunikation.

Neben dem Doppelcharakter von zeitlichen Objektivierungen, die als Objekte, Technologien und Körper auf Dauer gestellte Objektivationen sein können, sollte man auch die Doppelseitigkeit des kommunikativen Handelns bedenken: dass wir im handelnden Bewirken von etwas dieses etwas auch zugleich immer selbst erfahren: Wir hören uns sprechen, wir sehen uns gestikulieren, wir spüren, wie wir berühren. Diese Reflexivität, die man mit Plessner als „exzentrische Positionalität" bezeichnen kann, soll nicht dazu verleiten, nun den Körper einfach an die Stelle zu setzen, die in der Handlungstheorie vom Bewusstsein eingenommen wurde. Im Rahmen des kommunikativen Konstruktivismus wird der Körper indessen als Teil einer triadischen Struktur gesehen.

Diese triadische Struktur kann man sich an einem Beispiel verdeutlichen, das als eine elementare Form kommunikativen Handelns angesehen werden kann: der Fingerzeig. Dieser wird von Tomasello (2008) in einigen äußerst eindrücklichen Experimenten mit Schimpansen und Kleinstkindern untersucht und in seiner ontogenetischen und phylogenetischen Bedeutung herausgestellt. Dabei zeigt er, dass sowohl Kleinkinder wie auch Schimpansen von sich aus durchaus zu intentionalem Handeln in der Lage sind, doch fehle ihnen das, was er „shared intentionality" nennt, also „joint attention, joint intention, and communicative intention, we see humans' cooperative motives for communication turn into mutual assumptions, and even norms of cooperation; and we see humans' ‚natural' communicative gestures turn into human communicative conventions" (Tomasello 2008: 335). Diese „shared intentionality" ist die Voraussetzung dafür, dass man einen Fingerzeig als Verweis auf etwas Anderes versteht und nicht als Erzeugung der Aufmerksamkeit auf seinen Finger bzw. die eigene Person. Erst

---

Leib nicht nur als Perzeptionsorgan und Träger urstiftender aktiver und passiver Erlebnisse, Ursprung der Weltorientierung und Gegenstand meines Alterns, sondern als das soziale Medium des Subjekts.

Menschen ab dem Alter von etwa neun Monaten könnten diese Verweisung vollziehen: Sie sehen nicht einen Finger, sondern den Finger als Verweis auf das, worauf er zeigt.

Um die Bedeutung des Zeigens zu verstehen, muss man jedoch eine Verkürzung korrigieren, die sich Tomasello einhandelt, weil er den Begriff der „shared intentionality" von Searle (1995) übernimmt. Denn das „Teilen" der Intentionalität setzt, sofern sie noch nicht konventionalisiert ist, all das voraus, was man nach Schütz als Intersubjektivität bezeichnet: Meads „Rollenübernahme", Cooleys „Looking glass effect" sowie Schütz' „Reziprozität" (Knoblauch 1995). Der Fingerzeig ist ein Wirken nicht nur in der Hinsicht, dass der Körper verändert wird; er ist auch ein Wirken in dem Sinne, dass dies eine für andere wahrnehmbare, erfahrbare Veränderung in der als gemeinsam wahrgenommenen Umwelt ist. Aber erst auf der Grundlage der Reziprozität der Perspektiven, der Rollenübernahme und des „Spiegelungseffekts" wird er sowohl vom ausführenden Körper (der als „Objektivierung dient) als auch vom als wahrnehmend wahrgenommenen Körper (und vom ausführenden als von diesem wahrgenommen) zum Fingerzeig – wenngleich eben aus (bewusst) je unterschiedlicher Perspektive: So unterscheiden sich schon die schieren Standpunkte, aber auch die Form der Objektivierung und ihrer Wahrnehmung durch die verschiedenen Sinne. Wie vor allem Mead (1975) im Anschluss an Simmel herausgestellt hat, handelt es sich damit nicht nur um (verschiedene) Formen der sinnlichen Wahrnehmung, sondern jeweils auch um Formen des kommunikativen Ausdrückens. Der Ausdruck ist dabei jedoch nicht „uneigentliche Kommunikation", sondern ist selbst sozusagen „minimal" sinnhaft, indem er auf etwas verweist. In diesem Sinne könnte man sagen, dass der Körper nicht nur Bezugspunkt der Medien ist – als „Extensionen menschlicher Wahrnehmung" (McLuhan) –, sondern auch als Extension kommunikativen Handelns und Angelpunkt aller anderen technischen Formen der Mediatisierung. Kommunikation hat also nicht nur einen „Beziehungs- und Inhaltsaspekt", wie Watzlawick u. a. (1967) meinen. **Kommunikatives Handeln zeichnet sich vielmehr durch eine triadische Sruktur aus: Es bezieht sich auf Andere, auf das verkörperte Subjekt und schließlich auf die damit verknüpften Objektivierungen, die als Teil der gemeinsamen Umwelt wahrgenommen werden.** Im Grenzfall kann es sich um einen Handelnden drehen, der sich als Handelnder wahrnimmt (als „Selbst"), oder um einen Teil des Handelnden, der als Teil der Umwelt wahrgenommen wird (als „Anzeichen" – wie etwa der Fingerzeig).

Diese dreigliedrige Struktur deutet darauf hin, dass kommunikatives Handeln keineswegs als egologischer Prozess des Bewusstseins missverstanden werden darf. Wie das Zeigen die Wahrnehmung des Anderen als Anderen voraussetzt (und dabei die Wahrnehmung des Zeigens als Zeigen), so impliziert das Zeigen, dass Handelnde die Appräsentation, die sie bei Alter ego unterstellen, auch vollziehen. Das, was die unterstellte Appräsentation vollzieht, ist das Bewusstsein. Dieses geht der Kommunikation jedoch nicht einfach voraus, wie die poststrukturalistische Kritik am „bürgerlichen Subjektbegriff" unterstellt (Reckwitz 2006). Vielmehr wird es, wie Schütz schon andeutet, im kommunikativen Handeln mit dem Anderen konstituiert. Phänomenologisch könnte man sagen, Subjekt, Alter ego und Objektivierung sind im Handeln gleichursprünglich. Empirisch scheint es die Freisetzung der Hand, die den „Spielraum" des Nichtdeterminierten eröffnet hat, der (sowohl von Ego wie von Alter) als „Objektivierung" verstanden werden kann (Leroi-Gourhan 1987).

Wenn man den Körper als wesentlichen „Angelpunkt" des kommunikativen Handelns ansieht (dessen Lokalität, Materialität und Begrenztheit die Grundlage der Subjektivität bilden), dann scheint es **nicht** mehr sinnvoll, der klassischen Unterscheidung zwischen dem **Verhalten,** das der Körper ausübt, und dem Handeln, das ein vom Körper scheinbar abgelöstes Bewusstsein steuert, zu folgen. Es ist also nicht alles Verhalten, das kommunikativ ist, wie Watzlawick u. a. (1967) unterstellen; vielmehr scheint es unter den oben gemachten Voraussetzungen logisch, alles vermeintlich körperliche Verhalten als kommunikatives Handeln anzusehen. Das mag zunächst sehr verwegen erscheinen. Wenn wir uns jedoch Studien ansehen, die von dieser Annahme in der Untersuchung körperlicher Interaktionen ausgehen, dann erweisen sich auch die vermeintlich einfachsten und elementarsten Bewegungen, wie etwa eine kleine Geste, ein Räuspern oder gar nur ein Blick, als äußerst sinnvolle Handlungen, die zu dem beitragen, was man als kommunikativ konstruierte Wirklichkeit ansehen kann: eine Begegnung, eine Arztvisite, eine Powerpoint-Präsentation.[11] Wenn man schon davon ausgehen kann, dass der Körper in seinen Grundformen – als geschlechtlich, gesund oder auch nur wach – „konstruiert" wird, dann ist die Annahme plausibel, zunächst auch beim (sozialwissenschaftlichen) Beobachten des Körpers von der Sinnhaftigkeit seiner Abläufe (als Objektivierungen) auszugehen.[12]

---

11 Vgl. Schnettler & Knoblauch 2007. Auf die Rolle des Blicks haben schon Simmel und Goffman hingewiesen; zahlreiche Untersuchungen zur sinnhaften Koordination des Blickens und anderer körperlicher Bewegungen finden sich im Umfeld der Video-Analyse (Heath, Hindmarsh & Luff 2010).

12 Dabei darf man ruhig einräumen, dass die Annahme der Sinnhaftigkeit von Kommunikation als eine Arbeitshypothese gilt, die ähnlich wie die Vermeidung des „judgemental dope" in der Ethnomethodologie cum grano salis gilt. Dabei muss jedoch beachtet werden, dass ihre Einschrän-

Die Aussage, dass kommunikativ gehandelt wird, ist nicht mit der Behauptung verknüpft, dass diese Handlungen unbedingt einen klaren, bestimmten oder gar vertrauten Sinn haben müssten. Vermutlich ist es gerade die fehlende Spezifität und die Indexikalität zum Beispiel des „multimodalen" körperlichen Ausdrucksverhaltens, die den Vorrang der „Face-to-face-Situation" begründen, die sowohl von Schütz wie auch von Berger und Luckmann als absoluter Bezugspunkt sozialen Handelns gesehen wird. Wie die Videoanalyse audiovisuell aufgezeichneten kommunikativen Handelns deutlich macht (Knoblauch, Schnettler und Tuma 2010), scheint es in jedem empirischen Falle spezifisch genug, um verschiedene Handelnde miteinander koordinieren zu können.

Es ist bezeichnend für den körperlichen Charakter kommunikativer Handlungen, dass diese Ordnung nicht im „Zeichen" liegt, sondern im zeitlichen Akt der Objektivierung. Demzufolge ist die Zeitlichkeit auch eine der entscheidenden Größen für ihren Sinn. Der Sinn kommunikativer Handlungen zeigt sich also im zeitlichen Ablauf, sei es als Sequentialität, wie etwa bei Redezügen, oder als Simultaneität, wie etwa beim gleichzeitigen Blick in die Augen.[13]

Als verkörperte Handlung ist Kommunikation also immer Vollzug in der Zeit: Sofern der Körper bewegt werden muss, um die Handlung auszuführen, verläuft sie notwendig in der Zeit. Dieser Vollzug des kommunikativen Handelns kann deswegen auch in der Zeit beobachtet werden – mit technischen Mitteln, wie etwa Kassettenrekordern oder Videobändern. Um den zeitlichen und körperlichen Aspekt des kommunikativen Handelns zu unterstreichen, das sich etwa von Luhmanns (1984) Vorstellung der Kommunikation grundlegend unterscheidet, kann man auch von der **Performanz** des kommunikativen Handelns sprechen. Performanz bedeutet hier nicht, wie in der strukturalistischen Theorie, die mehr oder weniger perfekte „Realisierung" von Zeichen, sondern der zeitliche Vollzug der Objektivierungen in ihrer je besonderen Materialität und Modalität.[14]

Performanz erlaubt eine Koordination der körperlichen Abläufe. Weil sie mit Sinn verknüpft ist, schafft sie eine Verknüpfung der Motive zu elementaren Struk-

---

kungen nicht nur auf Grenzen der Sinnhaftigkeit des Beobachteten verweisen können, sondern auch auf die Begrenztheit der Beobachtenden.
13 An dieser Stelle sollte man das Argument Webers bedenken, dass auch Nichtverhalten sozial relevant werden könne (Weber 1922/1980). In der Tat handelt auch die Person, die meine Frage nicht beantwortet. Wenn man jedoch die Fälle „reinen" Handelns ohne körperliches Verhalten näher betrachtet, dann bemerkt man, dass sie ihren Sinn nur als Teil von umfassenderen Handlungsabläufen gewinnen.
14 Hier folge ich dem von mehreren „performativen Wenden" gerne übersehenen Performanzbegriff von Hymes (1975).

turen von Handlungssequenzen. Dies beschreibt Schütz (1964: 14) eindrücklich für den Fall von sprachlichen Frage- und Antwort-Abfolgen: „I ask you a question. The in-order-to motive of my act is only the expectation that you will understand my question, but also to get your answer; or more precisely, I reckon *that* you will answer, leaving undecided what the content of your answer may be. (…) The question, so we can say, is the because-motive of the answer, as the answer is the in-order-to motive of the question. (…) I myself had felt on innumerable occasions induced to react to another's act, which I had interpreted as a question addressed to me, with a kind of behaviour of which the in-order-to motive was my expectation that the Other, the questioner, might interpret my behaviour as an answer". Die Koordination bedeutet also nicht, dass die Handelnden eine „shared intentionality" hätten; ganz im Gegenteil verdankt sie sich der Unterschiedlichkeit der Motive der jeweiligen kommunikativen Handlungen. Diese Verflechtung von wechselseitigen kommunikativen Handlungen kann als eine Form von **Struktur** oder **Ordnung** angesehen werden, die Giddens (1984) Strukturierung nennt, Berger und Luckmann hingegen als „Institutionalisierung" bezeichnen. Um den kommunikativen Charakter dieser handelnd geschaffenen Strukturen hervorzuheben, habe ich den eher linguistisch konnotierten Begriff Kontext vorgeschlagen (Knoblauch 1995).

Bevor ich auf die Institutionen eingehe, muss jedoch die Rolle des Bewusstseins, das diese Motive verfolgt, noch geklärt werden. Denn auch wenn das kommunikative Handeln durch die triadische Struktur definiert wird, impliziert sie doch gewisse zeitliche Leistungen des **Subjekts**. Dazu gehört das leibliche Bewusstsein und seine Leistungen zur Typisierung von Wahrnehmungen, Erfahrungen und Handlungen, aber auch seine Fähigkeit zur Verbindung von Erfahrungen, Wahrnehmungen und Handlungen in Erinnerung und Vorentwurf. Wenn wir uns auf den körperlichen Vollzug des Handelns beziehen, sollten wir besonders erwachsene Leser an die vielzahligen und verwickelten Prozesse erinnern, in denen wir zumeist als Kinder gelernt haben, mit dem Körper umzugehen. Sei es das Erlernen des Alphabets in der Handschrift, das mündlichen Sprechen einer Sprache, ja sogar das aufrechte Gehen – all diese „Verhaltensformen" haben wir in langwierigen, zum Teil mehrjährigen und geistig herausfordernden Übungen erlernt. Weil wir das, was diese Leistungen vollbringt, als subjektives Bewusstsein ansehen, können wir das, was wir ausdrücklich lernen, uns vornehmen, in der Ausführung überlegen und dann ausführen, als Handlungen bezeichnen.

Der Begriff des Handelns bezieht sich auf einen Prozess, in dem wir uns bewusst dem zuwenden, was wir tun bzw. als Handlung tun wollen (auch wenn das Wissen darüber, was wir wollen und wie wir es tun, wiederum gesellschaftlich abgeleitet ist). Das Beispiel des körperlichen Handelns zeigt jedoch an, wie sehr sich der Grad der Bewusstheit des Handelns verändern kann. Handlungen, die einmal sehr große Aufmerksamkeit erlangen, sinken sozusagen in einen Habitus ab, eine Art verkörpertes Wissen. Der Begriff des schon immer sozialisierten und verkörperten Habitus und der aus ihm resultierenden Praxis sollte nicht darüber hinwegtäuschen, dass auch hier besondere Bewusstseinsprozesse impliziert sind. Dabei können wir Prozesse der Sedimentierung, der Routinisierung und der Habitualisierung unterscheiden. Ich möchte an dieser Stelle nur einen Aspekt der Habitualisierung andeuten (Knoblauch 2003), muss aber darauf hinweisen, dass diese Prozesse sehr entscheidend sind, um die Sprengung der Grenze von Verhalten und Handeln zu verstehen.

Denn mit der Annahme, alles Verhalten als sinnhaft, d. h. als kommunikatives Handeln anzusehen, ist also keineswegs gemeint, dass alles Handeln in höchster Bewusstheit, mit klarstem Wissen und bestimmten Zielen durchgeführt wird. Vielmehr kann der Sinn der Handlungen hochgradig sedimentiert und habitualisiert sein. Denken wir nur etwa an das Gehen, das wir schon halbwegs bewusst erlernen, dann aber kaum mehr reflektieren (außer wir erleiden eine Fraktur und müssen wieder Gehen lernen). Oder erinnern wir uns daran, wie mühsam wir das Schreiben und Lesen erlernten – monate-, ja jahrelang –, und wie „gedankenlos" die Buchstabenfolgen nun sedimentiert sind und das Schreiben habitualisiert erfolgen kann (gerade wenn wir uns vom Handschreiben durch die Computer-Tastaturen wieder etwas entwöhnen). Ist es nicht sinnvoll, dies auch für unser Kopfnicken, Achselzucken, ja wahrscheinlich auch für die Körperhaltung beim Sitzen, ja vielleicht sogar beim Schlafen anzunehmen?

In jüngerer Zeit werden solche körperlichen Handlungen gerne als „Praxis" bezeichnet.[15] Damit erfasst man zwar sehr wohl die Routinisierung dieser Handlungen, unterschätzt aber in der Überverallgemeinerung des Praxisbegriffes ihre Sinnhaftigkeit, Bewusstheit und ihre Objektivierungen, wie etwa die kulturell so verschiedenen Sitztechniken – von der Art und räumlichen Verortung von Stühlen und Tischen ganz abgesehen.[16] Der Begriff der Praxis hebt die Sozialität hervor, die der Sinn, ausgehend von der triadischen Struktur, immer schon hat. Zugleich jedoch unterschlägt der Begriff der Praxis genau jene Form von Aktivitäten

---

15 So sieht auch Schatzki den Körper als „socially moulded multidimensional site of manifestation, signification, and effectuation where life conditions are bodied forth in the phenomenal world" (Schatzki 1996: 53).
16 Eine klassische Analyse der kulturellen Unterschiede von Sitztechniken bietet Hewes (1955); für die Veränderungen von Stuhl und Tisch vor allem vom Mittelalter zur Neuzeit vgl. Giedion (1987/1948).

des subjektiven Bewusstseins (also Sedimentierung, Habitualisierung, Routinisierung), die als eine Voraussetzung für ihren Erwerb (als „Habitus") und ihren situativ angepassten Vollzug (als Performanz) gelten müssen. Doch wissen wir genau, dass das einfachste Problem dieses Wissen schnell wieder aufbrechen kann. Die Tastatur klemmt, der Bildschirm wird schwarz, die Leinwand zeigt etwas Unerwartetes. Weil uns in diesem Falle „wieder bewusst" wird, was wir wussten bzw. annehmen, scheint es mir sehr irreführend, solches Wissen als „unbewusst" anzusehen.[17] Deswegen reden wir an dieser Stelle vom **Wissen** als demjenigen Sinn, der sozial vermittelt ist, inkorporiert wird und auf verschiedene Weisen hochgradig sedimentiert sein kann.

Dass Wissen in seiner Genese nicht mehr dem Bewusstsein zugänglich ist, geht keineswegs nur auf einsame Bewusstseinsprozesse zurück. So wie das Bewusstsein im kommunikativen Handeln konstituiert wird, lässt sich auch Wissen auf soziale Prozesse zurückführen. Wissen ist im Grunde sozial vermittelter Sinn (Knoblauch 2010) – und dieser Sinn bezieht sich nicht nur auf den handelnden Prozess der Vermittlung (also den Vollzug des Handelns), sondern auch auf die verfestigten und dauerhaften Objektivierungen. Dazu gehören die Zeichen als Teile von konventionalisierten Zeichensystemen (also mit ausdrücklich metakommunikativ vereinbarten Bedeutungen) sowie auch andere „Kulturobjekte", wie etwa Kleidung, Nahrungsmittel oder (neben den schon erwähnten Autos und Möbeln) Häuser (samt ihrer Raumstruktur und Architektur).

Auch wenn die Rezeption dem Wissensbegriff häufig und fälschlich einen „kognitivistischen" Reduktionismus unterstellt, muss man an dieser Stelle deutlich machen, dass der Begriff des Wissens schon bei Schütz und Luckmann (1979) vorprädikative leibliche Fertigkeiten umfasst. Zudem ist zu betonen, dass „Wissen" nichts ist, was vom Handeln getrennt werden kann. Handeln ist, seiner Definition nach, wesentlich durch Sinn definiert, und Wissen ist der sozial vermittelte und verfügbare Sinn, der das Handeln aufgrund seiner Sozialität zum kommunikativen Handeln macht. Obwohl auch die „Erwartungen" anderer Handelnder zum Wissen zählen, ist natürlich auch das Wissen sozialisiert, das nicht ausdrücklich an anderen orientiert ist.

Wie der Sinn kommunikativen Handelns im allgemeinen muss die „Bedeutung" dieser Objekte und unser Wissen von ihnen weder sehr klar, vertraut, be-

---

17 Auch Bongaerts (2007: 256) weist darauf hin, dass – entgegen der Annahmen der Praxistheorien – viele Routinen und Gewohnheiten häufig auf sehr bewusst trainiertes Verhalten zurückgehen. Selbst wenn man dieses Verhalten diskurstheoretisch einem sozial konstruierten Subjekt und seinen „Selbsttechniken" zuschreibt, so wäre es doch unangemessen, an ihrer Bewusstheit zu zweifeln.

stimmt oder mit anderen Wissenselementen verträglich sein (Schütz und Luckmann 1979, 193 ff). Dies gilt auch und gerade dann, wenn diese Objekte selbst „wirken", also bei Techniken und Medien. Nach dem oben Gesagten unterscheidet sich deren „instrumentelles" oder „kausales" „Wirken" nicht systematisch vom „Wirkhandeln" der Kommunikation. Seine Instrumentalität hat und ist immer eine Bedeutung für uns. Dass wir die Instrumentalität als „sinnlos" abtrennen, scheint aus dieser Perspektive eher ein (sehr abendländischer) Sonderfall eines Legitimationssystems zu sein, das gerade das neuzeitliche positivistische Denken prägt.[18] Um anzudeuten, wie diese „Wirkungen" als sedimentierter Sinn in alltägliche Handlungen eingehen, sei an Webers (1973: 317) berühmtes Beispiel der „alltäglichen Magie" der „kommunikativen" Technik erinnert: „Wer von uns auf der Straßenbahn fährt, hat – wenn er nicht Fachphysiker ist – keine Ahnung, wie sie das macht, sich in Bewegung zu setzen. Er braucht auch nichts davon zu wissen. Es genügt ihm, dass er auf das Verhalten des Straßenbahnwagens ‚rechnen' kann".

Dass „Nichtmenschen", Dinge und Technologien etwas tun, ist also keineswegs überraschend, sondern notwendiger Aspekt eines verkörperten Handelns, das als Wirken gefasst wird. Wesentlich aber ist nicht einfach, was die „Dinge tun", sondern dass sie im Handeln etwas bedeuten, denn genau darauf bezieht sich das Wissen, auf dessen Grundlage Menschen handeln – ein Wissen, das so oberflächlich, verdichtet und ungenau sein kann, wie es zum Vollzug der Handlung eben nötig ist. Die Magie der Straßenbahn wie auch anderer Technologien und Objekte ähnelt deswegen der aller Institutionen, in denen handlungsleitendes Wissen verfestigt und Handlungsabläufe routinisiert werden.

Während Objektivierungen wesentlicher Teil kommunikativer Handlungen sind, können sie, als Handlungen, auch routinisiert und institutionalisiert werden. Auch Technologien können als Formen der **Institutionalisierung** betrachtet werden, die Handlungsschritte mit Blick auf bestimmte Objekte regeln und ihnen eine erwartbare Form verleihen (Rammert 2006). Das reicht vom Steinmörser (als „Zeug", das den wissenden Gebrauch des Mörsers einschließt) bis hin zu komplexen soziotechnischen Systemen, wie z. B. Flugzeugen, bei denen die Handelnden zusätzlich „Zeichen" lesen können müssen, die von den Herstel-

---

18 Diese Vorstellung ist mit Luckmanns (1980) Gedanken einer anfänglichen, quasi animistischen Universalprojektion verbunden, nach der wir zuerst immer allem, also auch allen Dingen, Intentionalität unterstellen. Die Einteilung von Dingen in verschiedene Kategorien kann dann als Folge spezifischer Weltansichten und ihrer kategorialen Verengungen gelten („Natur"/Kultur", „belebt"/„unbelebt", „intentional"/„kausal" etc.) – die natürlich wiederum voneinander nicht fein säuberlich geschieden werden müssen.

lern geschaffen wurden, um die nächsten Schritte bestimmen oder einschätzen zu können. Weil Technologien Objektivierungen sind, prägen sie deren Struktur, also die Weise, in der Handlungen koordiniert werden. Sie sind mit mehr oder weniger stark konventionalisierten Codes verbunden (wie etwa der Sprache oder einem formalen Code), die entsprechend der Trägern auf unterschiedliche Weise repräsentiert (Kreide, Stift, Tastatur, Tafel, Blatt, Bildschirm) und transportiert werden (Post, Telefonleitung, Internet).

Der Prozess der Institutionalisierung beinhaltet neben der schon erwähnten Habitualisierung, dass Abfolgen von Handlungen sedimentiert werden. Sedimentierung bedeutet, dass polythetische, aus verschiedenen Schritten zusammengesetzte Handlungen, die einmal als eigenständige einzelne Handlungen entworfen worden waren, nun in einem „monothetischen Strahl" so zusammengefasst werden, dass wir sie gleichsam automatisch ausführen können. Habe ich möglicherweise das Öffnen der Autotür schon mit vier Jahren halbwegs im Griff, so kann ich als Sechzehnjähriger ein Auto schon halbwegs routinisiert starten, während „mit dem Auto nach Hamburg Fahren" all dies einschließt und nach einer großen Zahl von Fahrten ohne jede „bewusste" Überlegung durchführen kann. Weil diese sedimentierten Handlungen mit anderen abgestimmt sind, können sie als Routinen gefasst werden. Wir können diese Routinen vermeintlich „unbewusst", also ohne nachzudenken, durchführen, weil ihre Absichten, Abfolgen und ihr Sinn habitualisiert, sedimentiert und routinisiert sind. Das Grußritual mag als Beispiel dafür dienen, aber auch die Kooperation bei der Arbeit mit Technologien (Heath et al. 2002). Man könnte diese Habitualisierung als „Black Boxing" bezeichnen, wie Latour (2007) vorschlägt, doch übergeht dieser Begriff, dass die vermeintliche Black Box nicht nur eine Verdichtung von Akteuren ist, sondern eine Objektivation, die eine Bedeutung trägt und damit deutende Subjekte impliziert. Das gilt auch für Technologien. Wie Pinch (2008) zeigt, bedürfen selbst Fahrräder und ihre Benutzung einer intensiven Interpretation, die deutlich macht, dass auch das vermeintlich „Instrumentelle" einen Sinn trägt, der als Wissen im Gebrauch verborgen ist. Sind die habitualisierten und sedimentierten Handlungen einmal sozial koordiniert, dann bedarf es zur Institutionalisierung noch einer Weitergabe an dritte Parteien, wie etwa Lehrlinge, (Fahr-)Schüler, Anhänger. Die Figur des Dritten bildet die Grundlage für die Konstruktion komplexerer Strukturen (Lindemann 2010).

Institutionalisiert werden jedoch keineswegs nur eingespielte soziale Handlungen. Vielmehr bilden habitualisierte, sedimentierte und routinisierte kommunikative Handlungen eine **kommunikative Form,** die institutionalisiert werden kann. Es ist die kommunikative Form, die als Grundlage aller weiteren gesellschaftlichen Konstruktionsprozesse dient.[19] Aus der Bedeutung der kommunikativen Form erklärt sich auch die Aufmerksamkeit, die der Untersuchung kommunikativer Gattungen geschenkt wurde (Luckmann 1986). Während Objekte oder Technologien nur Aspekte der Struktur von Handlungen bezeichnen, stellen kommunikative Gattungen oder, allgemeiner, kommunikative Muster und Formen (Knoblauch und Günthner 1995) Handlungsabläufe dar, die eine Ordnung (etwa Anfang und Ende) aufweisen und entsprechend starke Kontexte zur Koordination von Handlungen und Handlungserwartungen bilden. Auch wenn die Strukturiertheit der Form selbst eine Leistung der Handlungen ist, führen nicht nur die Formen, sondern auch das Wissen über diese Formen zu „normativen Erwartungen". Diese können vom freundlichen Lachgesicht beim Begrüßen (oder deren gezielt habitualisierter Einsatz in McDonaldisierten Dienstleistungen) über die Erwartung des Gegengrußes bis hin zu ganzen Gesprächs- und Handlungsabläufen (Beschwerdegespräche, Arztvisite, die Formen kooperativer Regelung von U-Bahnsystemen und ihren Krisen) reichen. Kommunikative Formen können unterschiedlich stark strukturiert sein, wobei sich der Begriff „Gattungen" auf die stark strukturierten Formen bezieht. Diese Struktur oder Ordnung wird im Handeln geschaffen, so dass wir von einer kommunikativen Konstruktion reden können. Sie dient außerdem ihrerseits den Handelnden dazu, die Ordnung erkennbar zu machen.

Dieser Gedanke, dass Ordnung „methodisch" hergestellt wird, ist vor allem von Garfinkel (1967) sehr anschaulich aufgezeigt worden; während er jedoch nur die Ressourcen situativen Handelns betrachtet und alle Objektivierungen als prinzipiell „indexikal" ansieht, unterschätzt er (trotz seines Konzepts des „Hintergrundwissens") nicht nur große Teile des sedimentierten Wissens (etwa über Akteure und die durch ihre vorgängige Inszenierung zu erwartenden Handlungen), sondern auch die Strukturen, die mittels der Handlungen selbst gebildet werden und als solche zur Ordnung beitragen. Wie Latour (2007) zurecht bemerkt, tragen daneben auch die Materialitäten von Objektivierungen dazu bei, Ordnung über die Situation hinaus zu schaffen: Kleidung etwa, aber auch Geräte, Häuser und natürlich die verschiedenen „Mediatoren", wie Häuser oder Medien, die Situationen mit den Kontexten und Kontexte mit Situationen verbinden, zu deren Konstruktion sie je beitragen.

Gesellschaftliche Ordnung wird vermittels der verschiedensten Formen kommunikativer Handlungen und den dabei verwendeten Objektivierungen herge-

---

19 Und darunter fällt auch das gemeinsame Sägen, das Berger und Luckmann als Beispiel für die „Vorstufe der Institutionalisierung" (1966/1969) verwenden.

stellt. Noch genauer: Die Spezifik der gesellschaftlichen Ordnung wird durch die spezifischen Formen des kommunikativen Handelns erzeugt. Dieser Gedanke erinnert an Luhmanns Vorstellung der Konstruktion sozialer Systeme durch Kommunikation, doch sollte man erneut betonen, dass Kommunikationen hier nicht als Selektion von Sinn, sondern als verkörperter Prozess von Objektivierungen in der Zeit betrachtet werden. Die gesellschaftliche Ordnung ist deswegen eine **Kommunikationskultur**. Folglich wird eine besondere gesellschaftliche Ordnung „empirisch" durch die Art erzeugt, wie kommunikativ gehandelt wird. (Dies ist einer der Gründe für die entschiedene empirische Orientierung des kommunikativen Konstruktivismus.) Dabei spielen alle Aspekte des kommunikativen Handelns eine Rolle, da sie alle zur Ordnung beitragen. So ist der Code des kommunikativen Handelns, also die Art der verwendeten Zeichen, natürlich eine grundlegende Form der Herstellung von Ordnung: Ob wir über Skype reden, telefonieren oder uns die Hand geben, macht ebenso einen „Unterschied" wie die Frage, welchen lexikalischen Code wir verwenden. Dabei ist die Ordnung nicht durch den Code bestimmt, vielmehr zeigt sich ein Code in der Verwendung: Folgen wir der Forderung, Schwieriges „allgemeinverständlich" und populär auszudrücken oder setze ich die Verwendung einer etwas abgehobenen Wissenschaftssprache fort, die gleich auch eine disziplinäre und eine theoriesprachliche Prägung mit aufweist? Es ist ganz offensichtlich, dass dies in besonderen Gattungen geschieht, wie etwa diesem Sammelbandaufsatz, zu denen natürlich auch gehört, dass ich den Text monologisch erzeuge und dass Sie ihn ohne meine Anwesenheit lesen, sich auf ihn beziehen oder jetzt zur Seite legen. Dies alles – das Schreiben, Vertreiben, Produzieren, Lesen – erzeugt eine Form der Kultur und, durch die Verwendung eines Codes (an der Sie im Moment aktiv in lesender Performanz beteiligt sind), eine Form der Kommunikation, die in ihrer Eigenheit Wissenschaft, Soziologie und darin eine besondere Theorie der kommunikativen Konstruktion konstruiert. (Wobei natürlich bestimmte Formen des Experiments oder auch der sozialwissenschaftlichen Datenanalyse noch spezifischer, also als Form different und als different erkennbar sind.)

Während man vermöge verschiedener Formen und Gattungen sowie ihrer Bündelung auch verschiedene „Wissensordnungen" (aber auch deren Anlehnungen, Übergänge und Übersetzungen) beobachten kann, lassen sich innerhalb dieser Formen und Gattungen unterschiedliche „Stile" unterscheiden. Der wissenschaftliche „Vortrag" etwa, der Emotionen vermeidet und den Körper zum Objekt, Dokument oder Manuskript ausrichtet, um dadurch „Sachlichkeit" zu erzeugen, unterscheidet sich durch seinen kommunikativen Stil von der politischen Rede oder dem Verkaufsgespräch – auch wenn alle drei Gattungen in der Powerpoint-

Präsentation wieder eine „gemeinsame Sprache" finden (Schnettler und Knoblauch 2007). Stile kommunikativen Handelns spielen eine entscheidende Rolle für die Bildung von Szenen sowie in der „Binnenkommunikation" darauf aufbauender sozialer Milieus (Schulze 1991). Gerade die enorme Ausbreitung technisch vermittelter Kommunikation lässt vermuten, dass die Bedeutung von Stilen und „Inszenierungsformen" (Soeffner 1992) noch weiter zunimmt.

Gesellschaftliche Ordnung wird jedoch nicht nur durch den Vollzug von Handlungen und Institutionen geschaffen. Vielmehr macht die Sedimentierung des Wissens es möglich und häufig nötig, den Sinn von institutionalisierten Handlungen zu deuten bzw. zu „legitimieren".[20] **Legitimationen** sind kommunikative Formen der Sinnerzeugung von Institutionen, die auch in materialen Symbolen oder kollektiven Ritualen objektiviert sein können. Sie sind Kommunikation und ihrerseits Gegenstand der Kommunikation, etwa wenn man sich fragt, was eine besondere Kommunikation bedeutet (etwa eine Predigt, eine politische Rede, ein wissenschaftliches Experiment). Dabei sollte man beachten, dass Legitimationen nicht nur institutionalisierte Formen des Handelns deuten; sie stellen selbst kommunikative Handlungen dar, die ihrerseits institutionalisiert werden können. Solche Institutionalisierungen können als „Experten" und „Intellektuelle" auftreten oder, in einer für die gegenwärtige Zeit typischeren Form, als Professionelle (Hitzler 1994; Pfadenhauer 2003).

Legitimationen neigen zwar dazu, Sinn zu stabilisieren (etwa durch Kanonisierung oder Konventionalisierung), sind aber, als kommunikative Handlungen, selbst Gegenstand fortwährender Änderungen schon deswegen, weil sie sich von dem, was sie legitimieren, und häufig auch von denen, die sie legitimieren, strukturell unterscheiden. Diese Veränderungen kann man mit Keller (2005) als **Diskurs** bezeichnen. Durch legitimatorische Diskurse und ihre entsprechenden Wissensordnungen werden Institutionsbereiche konstruiert, denn die soziale Struktur folgt nicht einfach aus dem Handeln, sondern auch aus seiner „legitimen" also der „gedachten" und als gedacht kommunizierten Ordnung. Religion, Politik und Wissenschaft unterscheiden sich deswegen nicht nur hinsichtlich eines bestimmten Codes, wie Luhmann (1984) meint, also etwa „Wahrheit" oder „Nicht-Wahrheit" in der Wissenschaft. Es handelt sich vielmehr um manifeste, zeitliche und verkörperte Formen kommunikativen Handelns, durch die Institutionen in ihrer Eigenheit und Differenz konstruiert werden. Die ihnen vermeintlich zugrunde liegenden Sinnorientierungen, wie etwa „Wahrheit", „Schönheit" oder „Tran-

---

20 Berger und Luckmann (1966/1969) haben auf diesen zusätzlichen Aspekt von Institutionen hingewiesen, der vom Neo-Institutionalismus ausgearbeitet wurde.

szendenz", sind ausdrückliche Topoi der Diskurse, mit denen Institutionen legitimiert werden. Diskurse folgen deswegen nicht nur dem Muster der „funktionalen Differenzierung"; sie verlaufen auch quer zu ihnen, wie dies etwa auch bei themenbezogenen Bewegungen, bürokratischen Formen der Kommunikation oder Kommunikation mit Bezug auf sozialstrukturelle Kategorien („Geschlecht", „Behinderung") ist. Diskurse bilden nicht nur die „funktional spezialisierten" Subsysteme aus, die sie gleichzeitig (als „funktional") legitimieren, sondern ermöglichen auch die Integration von Gesellschaft, indem sie über diese funktionalen Subsysteme hinausgehende Formen bereitstellen, wie etwa „rationale" Entscheidungen von Bürokratien, die doppelte Buchführung oder die standardisierte Wissensvermittlung. Mit ihren gemeinsamen Formen erlauben sie damit also „Übersetzungen" innerhalb wie auch zwischen Kulturen (Renn 2006), die sich durch eigene und differente Formen unterscheiden. All diese Formen der Kommunikation können sich verändern (etwa zu „New Public Management", Buchführungsprogrammen oder PowerPoint), sie können von den Handelnden (wenn auch nur im Rahmen kommunikativer Formen) verändert werden und sie verändern damit natürlich auch fortwährend die Gesellschaft. Sie verfügen also über, wie Reichertz (2010) es ausdrückt, Kommunikationsmacht.

3 Aufgaben des kommunikativen Konstruktivismus

Dieser kursorische Überblick muss ohne Zweifel einige Lücken lassen. Mehr noch muss man einräumen, dass die „kommunikative Konstruktion der gesellschaftlichen Wirklichkeit" noch immer mehr ein Projekt ist, als man angesichts der Breite der Grundlagen des Sozialkonstruktivismus vermuten würde. Das hängt sicherlich auch damit zusammen, dass sich die Wirklichkeit, in der diese Theorie gebildet wird, in einem so beachtlichen Maße von den „Strukturen der Lebenswelt" entfernt hat, in der Berger, Luckmann und Schütz schrieben und gelebt haben. Aus der Perspektive des kommunikativen Konstruktivismus kann man diese Veränderung zeitdiagnostisch als zunehmende Diskursivierung, eine kommunikativen Verflüssigung des Wissens und Handelns, beschreiben (Knoblauch 2008). Die Wende zur kommunikativen Konstruktion kann man damit selbst als Teil einer gesellschaftlichen Veränderung ansehen, in der das kommunikative Handeln selbst an Bedeutung gewinnt. Diese geht (leider) nicht, wie Habermas glaubte, mit einer Zunahme kommunikativer Rationalität einher, sondern mit einer Veränderung der Strukturen des kommunikativen Handelns, die mit

Begriffen wie Technisierung, Mediatisierung oder Eventisierung bislang nur ansatzweise beleuchtet werden konnten.

Diese Veränderungen, so ist zu vermuten, sind so groß, dass man vermutlich auch die vermeintlich „invariablen" Strukturen der Lebenswelt korrigieren muss.[21] Die Korrektur der Strukturen der Lebenswelt ergibt sich aus ihrer grundlegenden Sozialität, führt aber nicht zur Auflösung in eine „Postsozialität". Vielmehr kann gerade der Begriff des kommunikativen Handelns die Veränderungen durch Objekte, Technologien und Medien besonders gut erfassen. Ihre Erfassung stellt eine der methodologischen Aufgaben des kommunikativen Konstruktivismus dar. Sie ist verbunden mit einer zweiten Aufgabe, nämlich der Entwicklung einer Methode der Kommunikationsanalyse, die die empirische Eigenart ihres Gegenstandes ebenso berücksichtigt, wie sie den Umstand reflektiert, dass die empirischen Methoden selbst Formen kommunikativen Handelns sind.

Diese Methodologie kann dazu beitragen, einige der Fragen zu beantworten, die eingestandenermaßen noch nicht beantwortet sind: Wo, kann man fragen, sind die Grenzen des kommunikativen Handelns? Diese Frage stellt sich sowohl mit Blick auf die Abgrenzung zum Verhalten und, genauer, auf das Subjekt. Und sie stellt sich auch mit Blick auf die Objektivierungen und, genauer, die Objekte: Umfasst er auch alle Gegenstände, denen wir Aufmerksamkeit so widmen, dass sie von anderen auch (prinzipiell) erfahrbar sind – also alle sinnhaften und sinnlichen Dinge?

Ich räume ein, dass noch große Fragen der Beantwortung harren und damit große Aufgaben vor uns stehen. Zugleich jedoch scheint mir sehr klar zu sein, dass sich hier eine besondere und, wie ich hoffe, besonders fruchtbare Perspektive für die Soziologie auftut: Die kommunikative Konstruktion der Wirklichkeit. Aus dieser Perspektive ist kommunikatives Handeln die Antwort auf das Problem der Intersubjektivität. Weil dieses Problem nicht gelöst wird, führen wir die kommunikativen Handlungen fort – und schaffen, erhalten und verändern damit die Gesellschaft.

---

21 Mit Blick auf Schütz' „industrielle" Vorstellung der Handlungsstrukturen habe ich dies an anderer Stelle versucht. Vgl. Knoblauch (2011).

Literatur

Berger, Peter L. und Thomas Luckmann (1966/1969): The Social Construction of Reality. New York: Free Press (deutsch 1969).

Bongaerts, Gregor (2007): Soziale Praxis und Verhalten – Überlegungen zum Practice Turn in Social Theory, in. ZfS 36,4 , 246–260.

Bergmann, Jörg und Thomas Luckmann (1999): Die kommunikative Konstruktion von Moral. Opladen: VS.

Christmann, Gabriela B. (2003): Städtische Identität als kommunikative Konstruktion: theoretische Überlegungen und empirische Analysen am Beispiel von Dresden. Wien [Arbeitspapier Institut für Höhere Studien (IHS)] 2003

Garfinkel, Harold (1967): Studies in Ethnomethodology. Malden: Polity Press.

Giddens, Anthony (1984): The Constitution of Society. London: Polity.

Giedion, Siegfried (1987): Die Herrschaft der Mechanisierung. Frankfurt am Main: Athenäum (EA 1948)

Günthner, Susanne und Hubert Knoblauch (1995): Culturally patterned speaking practices – the analysis of communicative genres". Pragmatics 5, 1–32.

Habermas, Jürgen (1981): Die Theorie des kommunikativen Handelns. 2 Bände. Frankfurt am Main: Suhrkamp.

Heath, Christian, Marcus Sanchez Svensson, Jon Hindmarsh, Paul Luff, Dirk vom Lehn (2002): Configuring Awareness. International Journal of Computer Supported Cooperative Work 11, 3-4, 317–347.

Heath, Christian, Jon Hindmarsh und Paul Luff (2010): Video in Qualitative Research. London: Sage.

Herbrik, Regine (2011): Die kommunikative Konstruktion imaginärer Welten. Wiesbaden: VS.

Hewes, Gordon (1955): World distribution of certain postural habits, in: American Anthropologist 57, 231–244.

Hitzler, Ronald (1994): Wissen und Wesen des Experten, in: ders., Anne Honer und Christoph Maeder (Hg.): Expertenwissen. Die institutionalisierte Kompetenz zur Konstruktion von Wirklichkeit, Opladen: Westdeutscher Verlag.

Hymes, Dell (1975): Breakthrough into performance, in: Dan Ben-Amos und Kenneth Goldstein (Hg.): Folklore: communication and performance. Den Haag Mouton.

Katz, Jack (1999): „Pissed off in Los Angeles", in: How Emotions Work. Chicago und London: CUP, 18–86.

Keller, Reiner (2005): Wissenssoziologische Diskursanalyse. Grundlegung eines Forschungsprogrammes. Wiesbaden: VS.

Keller, Reiner, Andreas Hirseland, Werner Schneider, Willy Viehöver (Hg.) (2005): Die diskursive Konstruktion von Wirklichkeit. Konstanz: UVK.

Knoblauch, Hubert (1995): Kommunikationskultur. Die kommunikative Konstruktion kultureller Kontexte. Berlin/New York: De Gruyter.

Knoblauch, Hubert (1997): Die kommunikative Konstruktion postmoderner Organisationen. Institutionen, Aktivitätssysteme und kontextuelles Handeln, in: Österreichische Zeitschrift für Soziologie Jg. 22, 2, 6–23

Knoblauch, Hubert (1998): Transzendenzerfahrung und symbolische Kommunikation. Die phänomenologisch orientierte Soziologie und die kommunikative Konstruktion der Religion, in: Hartmann Tyrell, Volkhard Krech und Hubert Knoblauch (Hg.): Religion als Kommunikation. Würzburg: Ergon (Reihe Religion und Gesellschaft), 147–186.

Knoblauch (2000): Die Rhetorizität kommunikativen Handelns, in: Josef Kopperschmidt (Hg.): Rhetorische Anthropologie. Studien zum Homo rhetoricus. München: Wilhelm Fink, 183–204.

Knoblauch, Hubert (2001): Communication, contexts and culture. A communicative constructivist approach to intercultural communication, in: Aldo di Luzio, Susanne Günthner und Franca Orletti (Hg.): Culture in Communication. Analyses of Intercultural Situations. Amsterdam/Philadelphia: John Benjamins, S. 3–33.

Knoblauch (2003): Habitus und Habitualisierung. Zur Komplementarität Bourdieus mit dem Sozialkonstruktivismus, in: Boike Rehbein, Gernot Saalmann, Hermann Schwengel (Hg.): Pierre Bourdieus Theorie des Sozialen, Konstanz: UVK, 187–201.

Knoblauch, Hubert (2005): Die kommunikative Konstruktion kultureller Kontexte, in: Ilja Srubar, Joachim Renn und Ulrich Wenzel (Hg.), Kulturen vergleichen. Sozial- und kulturwissenschaftliche Grundlagen und Kontroversen. Wiesbaden: Verlag für Sozialwissenschaften, 172–194.

Knoblauch, Hubert (2008): Kommunikationskultur, Kulturalismus und die Diskursivierung der Kultur, in: Yousefi, Hamid Reza, Klaus Fischer, Reginer Kather und Peter Gerdsen (Hg.): Wege zur Kultur. Gemeinsamkeiten – Differenzen und interdisziplinäre Dimensionen. Nordhausen: Bautz, 261–284.

Knoblauch, Hubert (2010): Wissenssoziologie. Konstanz: UVK.

Knoblauch, Hubert (2011): Relativism, Meaning and the New Sociology of Knowledge, in: Richard Schantz, Markus Seidel (Hg.): The Problem of Relativism in the Sociology of (Scientific) Knowledge. Frankfurt/Paris/Lancaster: ontos, 131–156.

Knoblauch, Hubert (2011): Alfred Schütz, die Phantasie und das Neue. Überlegungen zu einer Theorie kreativen Handelns, in: Norbert Schröer und Oliver Bidlo (Hg.): Die Entdeckung des Neuen. Qualitative Sozialforschung als Hermeneutische Wissenssoziologie. Wiesbaden: VS, 99–116.

Knoblauch, Hubert, Ronald Kurt und Hans-Georg Soeffner (2003): Zur kommunikativen Ordnung der Lebenswelt. Alfred Schütz' Theorie der Zeichen, Sprache und Kommunikation, in: dies. (Hg.): Alfred Schütz. Die kommunikative Ordnung der Lebenswelt. Konstanz: UVK, 7–33.

Knoblauch, Hubert, Bernt Schnettler und René Tuma (2010): Interpretative Videoanalysen in der Sozialforschung. Enzyklopädie Erziehungswissenschaft Online. Fachgebiet: Methoden der empirischen erziehungswissenschaftlichen Forschung, Qualitative Forschungsmethoden, hrsg. von Sabine Maschke, Ludwig Stecher. Juventa Verlag Weinheim und München

Latour, Bruno (2007): Eine neue Soziologie für eine neue Gesellschaft. Frankfurt am Main: Suhrkamp

Leroi-Gourhan, André (1987): Hand und Wort. Die Evolution von Technik, Sprache und Kunst. Frankfurt am Main: Suhrkamp.

Lindemann, Gesa (2010): Die Emergenzfunktion des Dritten – ihre Bedeutung für die Analyse der Ordnung einer funktional differenzierten Gesellschaft, in: Zeitschrift für Soziologie, 39: 493–511.
Luckmann, Thomas (1980): Aspekte einer Theorie der Sozialkommunikation, in: Lebenswelt und Gesellschaft. Paderborn: Schöningh, 93–122.
Luckmann, Thomas (1986): Grundformen der gesellschaftlichen Vermittlung des Wissens: Kommunikative Gattungen, in: F. Neidhart, M. Lepsius, J. Weiß (Hg.), Kultur und Gesellschaft. Sonderheft 27 der Kölner Zeitschrift für Soziologie und Sozialpsychologie. Opladen, Westdeutscher Verlag, S. 191–211.
Luhmann, Niklas (1984): Soziale Systeme. Frankfurt am Main: Suhrkamp.
Mead, George Herbert (1975): Geist, Identität und Gesellschaft. Frankfurt am Main: Suhrkamp.
Pfadenhauer, Michaela (2003): Professionalität. Eine wissenssoziologische Rekonstruktion institutionalisierter Kompetenzdarstellungskompetenz, Opladen: VS.
Pinch, T. (2008): ‚Technology and Institutions: Living in a Material World', Theory and Society, 37, 461–483.
Rammert, Werner (2006): ‚Die technische Konstruktion als Teil der gesellschaftlichen Konstruktion der Wirklichkeit' in D. Tänzler, H. Knoblauch, und H.-G. Soeffner (Hg.): Zur Kritik der Wissensgesellschaft, Konstanz: UVK.
Reckwitz, Andreas (2006): Die Transformation der Kulturtheorien. Weilerswist: Velbrück.
Reichertz, Jo (2007): Die Macht der Worte und der Medien. Wiesbaden: VS Verlag
Reichertz, Jo (2010): Kommunikationsmacht. Was ist Kommunikation und was vermag sie? Und weshalb vermag sie das? Wiesbaden: VS.
Renn, Joachim (2006): Übersetzungsverhältnisse. Weilerswist: Velbrück.
Schatzki, Theodore (1996): Social Practices. A Wittgensteinian Approach to Human Activity and the Social. New York: Cambridge University Press 1996.
Schnettler, Bernt und Hubert Knoblauch (2007): Powerpoint-Präsentationen. Neue Formen der gesellschaftlichen Kommunikation von Wissen. Konstanz: UVK
Schulze, Gerhard (1991): Erlebnisgesellschaft. Frankfurt am Main: Campus.
Schütz, Alfred und Thomas Luckmann (1979/1984): Die Strukturen der Lebenswelt. 2 Bände. Frankfurt am Main: Suhrkamp.
Schütz, A. (1964): „The social world and the theory of action". In Collected Papers II, Den Haag: Nijhoff, 3–19.
Schütz, A. (2003): Das Problem der Personalität in der Sozialwelt. Bruchstücke, in: M. Endreß und Ilja Srubar (Hg.): Theorie der Lebenswelt 1. Die pragmatische Schichtung der Lebenswelt. Konstanz: UVK, 91–143
Searle, John (1995): The Construction of Social Reality. New York: Free Press
Soeffner, Hans-Georg (1992): Die Ordnung der Rituale. Die Auslegung des Alltags 2. Frankfurt: Suhrkamp.
Srubar, Ilja (1988): Kosmion. Die Genese der pragmatischen Lebenswelttheorie von Alfred Schütz und ihr anthropologischer Hintergrund. Frankfurt am Main: Suhrkamp
Tomasello, M. (2008): The Origins of Human Communication. Cambridge, Mas: MIT Press.
Watzlawick, Paul, Janet H. Beavin und Dohn D. Jackson (1967): Pragmatics of Human Communication. A Study of Interactional Patterns, Pathologies and Paradoxes. New York: Norton.

Weber, Max (1973): Vom inneren Beruf zur Wissenschaft. In: Soziologie. Universalgeschichtliche Analysen. Politik. Stuttgart: Kröner, 311–339.
Weber, Max (1980): Wirtschaft und Gesellschaft. Tübingen: Mohr Siebeck (EA 1922)

Grundzüge des Kommunikativen Konstruktivismus

Jo Reichertz

> Die eigene Wirklichkeitsauffassung antwortet auf bestimmte, von der Wirklichkeit gestellte Probleme, die in ihrer Aktualität ganz bestimmt und ‚originell' sind.
> Antonio Gramsci: Gefängnishefte (1932/33)

1 Kommunikation als basales Mittel der menschlichen Selbsterzeugung

Kommunikation gründet in der Kultur einer Sprach- und Interaktionsgemeinschaft. Jede kommunikative Praxis ruft diese Kultur einerseits auf, andererseits verändert sie diese Praxis auch immer. Die Praxis der Kommunikation ist Ausdruck der Kultur einer Gesellschaft und zugleich erschafft sie diese immer aufs Neue.

Kommunikation ist aus dieser Sicht, die viel der pragmatistischen Philosophie, dem Interaktionismus und der Wissenssoziologie verdankt, stets eine Form sozialen Handelns, ihr Ausgangspunkt ist immer ein Handlungsproblem. Weil die Kommunikation mit dem Handlungsproblem beginnt, endet sie auch da – nämlich dort, wo das Handlungsproblem in irgendeiner Weise beantwortet wurde. Hier folge ich durchaus Überlegungen, die bereits von Robert Ezra Park, einem Zeitgenossen von Cooley, und wie dieser an einer Art Soziökologie interessiert (vgl. Groß 2006: 66 ff.), vorgetragen wurde: „Communication is never merely a case of stimulus and response in the sense in which those terms are used in individual psychology. It is rather expression, interpretation and response" (Park 1966: 170).

Menschliche Kommunikation hat stets eine pragmatische Funktion, d. h. es geht immer um menschliche Handlungen und um deren Koordination oder deren Koorientierung – dazu gehört immer und unhintergehbar auch die Darstellung und Feststellung der eigenen Identität, der des Gegenübers, des Verhältnisses zueinander und dessen, was die Wirklichkeit sein soll. Kommunikation ist grundlegend für Kooperation. Sie ist, und hier folgt Mead wie in vielem dem Gedankengang Cooleys, „das Medium, durch das die kooperativen Tätigkeiten in einer ihrer selbst bewußten Gesellschaft abgewickelt werden können" (Mead 1973: 306). Kommunikation ist in diesem Sinne bewusstes und geplantes, ebenso wie nicht bewusstes, habitualisiertes und nicht geplantes zeichenvermitteltes Handeln. Sie ist symbolische Interaktion – von konkreten Menschen für konkrete Menschen, in bestimmten Situationen und bestimmten Soziallagen und mit bestimmten Absichten. Kommunikation kann sprachliche Zeichen benutzen, muss es aber nicht. Kommunikation findet auch ohne Sprache statt, denn Sprache ist nur ein Werkzeug von Kommunikation. Es gilt aber auch: Sprache war von Beginn an ein Werkzeug der Kommunikation. Die Wurzeln der Sprache finden sich also in der Kommunikation, nicht in dem Erkenntniswunsch (siehe auch Mead 2008: 44 f., auch Tomasello 2008, Rizzolatti/Sinigaglia 2008; Iacoboni 2009).

Jede kommunikative Handlung ist auch eine soziale Handlung, d. h. sie ist an eine soziale Identität gerichtet und erwartet eine Antwort-Handlung. Aber nicht jede soziale Handlung ist auch Kommunikation (zumindest wenn man von Max Weber ausgeht). Kommunikatives Handeln ist eine echte Teilmenge sozialen Handelns. Das Handeln mit Hilfe von Zeichen setzt Gesellschaft voraus, da die Umgangsweisen mit Zeichen nicht in den Zeichen selbst verankert sind, sondern vor allem gesellschaftlich eingeübt und verbürgt sind. Aber kommunikatives Handeln schafft auch immer wieder aufs Neue Gesellschaft, da jede kommunikative Handlung Gesellschaft gestaltet und formt.

Kommunikation ist allerdings nicht allein das Mittel, mit dem sich Menschen absichtvoll Botschaften zukommen lassen und versuchen, andere zu steuern (das ist Kommunikation auch, aber nicht allein und noch nicht einmal wesentlich), sondern Kommunikation ist immer auch die menschliche Praktik, mit der zugleich Identität, Beziehung, Gesellschaft und Wirklichkeit festgestellt werden. Kommunikation ist die Basis gesellschaftlicher Wirklichkeit, da sie Identität, Wirklichkeit, Gesellschaft und Beziehung erst konstituiert (Shibutani 1955 und 1962, und Mead 1973, Tomasello 2002 und 2008). Mittels Kommunikation wird Identität, Wirklichkeit und eine bestimmte Form der Beziehung zu Anderen zugeschrieben, behauptet, aufgeführt, festgestellt und geändert. Kommunikation dient in diesem Verständnis nicht allein der Übermittlung (von Informationen), sondern vor allem der Vermittlung (sozialer Identität und sozialer Ordnung).

Weil das so ist, kommt es dabei regelmäßig zu Konflikten. Anzunehmen, der Andere habe ein Interesse daran, sich vom Kommunizierenden steuern und auf eine bestimmte Identität festlegen zu lassen und sich deshalb an diesem Steuerungsprozess bereitwillig zu beteiligen, und dies auch noch im Sinne des Steuernden, ist ziemlich weltfremd – obwohl es empirisch durchaus in einigen Fällen vorkommen kann. Insofern kann man, betreibt man Kommunikationsforschung im Rahmen einer Gesellschaftstheorie, nicht davon ausgehen, dass die an der Kommunikation Beteiligten das gleiche Interesse am Verlauf der Kommunikation haben. Im Gegenteil, es gibt gute Gründe dafür, dass in bestimmten Situationen die Kommunizierenden zu Recht die Kommunikation aussetzen, insbesondere dann, wenn sie glauben, dass sie dem Gegenüber im Hinblick auf seine kommunikativen Fähigkeiten unterlegen sind.

Mit Hilfe von Kommunikation bzw. Diskurs wird gesellschaftliche Wirklichkeit gesellschaftlich konstruiert (Luckmann 2002, 2004, 2007; Ivanyi 2003, Keller 2005 und 2007, Knoblauch 1995 und 2005, Knoblauch/Schnettler 2004; Reichertz 2000, 2007 und 2010). Kommunikation stellt nicht nur Wirklichkeit, Identität, Beziehung und Gesellschaft fest, sondern liefert darüber hinaus auch Anhaltspunkte dafür, was jeweils davon zu halten ist – und damit wird auch mittels Kommunikation Macht etabliert und legitimiert und auch jede Form von Ungleichheit hergestellt und legitimiert. Deshalb macht es Sinn, in Anlehnung an einen berühmten Titel soziologischer Literatur (Berger/Luckmann 1969) von der „kommunikativen Konstruktion der gesellschaftlichen Wirklichkeit" (Luckmann 2002: 207) zu sprechen[1]. Dementsprechend kann man den Ansatz, der diese Perspektive verfolgt, *kommunikativen Konstruktivismus* nennen).

Für den kommunikativen Konstruktivismus ist Kommunikation die von Menschen geschaffene basale Handlung, die Gesellschaft und die Menschen erzeugt: Kommunikation ist das Werkzeug, das von der Gattung Mensch Schritt für Schritt zur ‚Selbsterzeugung' entwickelt wurde und die ‚Selbsterzeugung' möglich machte. Kommunikation ist ein historisch gewachsenes Mittel und Ergebnis – und deshalb gerade nicht zirkulär: Kommunikation ist ein gutes Mittel für ‚*bootstrapping*' (vgl. Tomasello 2002, auch Ortmann 2004: 56 f.).

Kommunikation besteht also aus einer Fülle von Praktiken, mit der die Menschen sich selbst, den Anderen und ihre Welt überhaupt erst erschaffen und immer wieder aufs Neue an Andere weitergeben. Diese zu rekonstruieren, ist das Programm des kommunikativen Konstruktivismus. Grundlage hierfür ist eine pragmatistische[2] Kommunikationstheorie, die in der Interaktion fundiert ist (vgl. Mead 1973, Tomasello 2008 und 2010, Everett 2010) und nicht in der Sprache,

---

1 Ilja Srubar attestiert bereits dem frühen Schütz eine solche Position: „Die Einsicht, dass die soziale Wirklichkeit eine intersubjektive, kommunikativ entstehende Konstruktion ist, entwickelt Schütz im Rahmen seiner frühen Beschäftigung mit der Struktur der Kunstwerke, die er als soziale Produkte betrachtet" (Srubar 2007: 72 f.).
2 Pragmatistisch heisst hier: in der Tradition des amerikanischen Pragmatismus (Peirce, Cooley, James, Dewey, Mead) stehend.

einer Kommunikationstheorie, welche die subjektive Perspektive berücksichtigt ohne diese aber auf individuelle Bewusstseinsinhalte zu reduzieren, einer Kommunikationstheorie, die nicht auf die Koordinierung von Bewusstseinsströmen zielt, sondern auf die Koordination von Handlungen, einer Kommunikationstheorie, die nicht Verstehen erreichen will, sondern Wirkung (siehe hierzu ausführlich Reichertz 2010).

2 Kommunikation ist mehr als Sprechen

Aus Sicht des kommunikativen Konstruktivismus ist es sinnvoll, den Begriff der Kommunikation aus seiner Bindung an die Sprache und das (reflexive) Sprechen zu lösen. Unglücklich sind aus dieser Sicht eine Reihe von oft anzutreffenden Verengungen des Kommunikationsbegriffs. Erst einmal und vor allen anderen ist hier die Verkürzung einer komplexen sozialen Situation auf ein *Gespräch* oder den *sprachlichen Austausch* zu nennen. Viele kommunikationswissenschaftliche Ansätze tun nämlich so, als begegneten sich die Menschen zum Zwecke der Kommunikation. Zutreffender ist, dass Kommunikation immer ein Teil von umfassenderen sozialen Situationen ist, in denen Kommunikation eine Rolle spielt. Kommunikation ist immer in soziale Situationen eingebettet. Kommunikation ohne Situation kann nicht vorkommen. Deshalb ist die Situation die Untersuchungseinheit und nicht ihr sprachlicher Teil.

Kommunikation bedient sich der Sprache, aber Sprache ist nicht der Ort, wo sich die Bedeutungen nur aus den sprachlichen Differenzen heraus konstituieren (Peirce 1993: 343–447; siehe auch Habermas 1991). An jeder Art von Bedeutung sprachlicher Äußerungen ist immer und unhintergehbar nicht-sprachliches Handeln von Akteuren und menschliche Praxis beteiligt. Die Bedeutungen versorgen sich nicht allein aus der Sprache, sondern vor allem aus der sozialen Praxis. Kommunikative Einheiten sind soziale Münzen, die nur dort einen Wert haben, wo sie kursieren, wo sie im Einsatz sind. Auch Kleidung, Körperpflege, Handlungen, Dinge, Stellung im Raum etc. sind solche Münzen. Was variiert, sind der Grad des bewussten Einsatzes und die räumliche und zeitliche Reichweite.

Der kommunizierende Akteur hat die ‚Münzen der Kommunikation' aber nicht selber geprägt, das hat die Gesellschaft längst vor ihm und für ihn getan, während die aktuelle Gesellschaft den Glauben an den Wert der Münzen durch den Einsatz und die dadurch erfahrene Geltung der Münzen immer wieder aufs Neue aufruft und bestätigt. Die Akteure bedienen sich der Münzen nur – manchmal um mit ihnen in einer Situation direkt zu ‚zahlen' (also zu kommunizieren), manchmal um mit ihnen Rahmen und Situationen zu schaffen, die vertraut sind, somit das Handeln sicher machen, auch weil sie Zugehörigkeit zeigen.

Zu sagen, in der Kommunikation würden zwei Subjekte sich allein mit dem begegnen, das sie selbst, jeder für sich individuell geschaffen haben und über das sie bewusst und strategisch verfügen, ist genauso unterkomplex wie die Vorstellung, in der Kommunikation würden die Personen ihre jeweiligen sozialen Rollen und Positionen füreinander aufsagen.

Der Normalfall gesellschaftlicher Kommunikation (und der Fall, der am häufigsten anzutreffen ist) ist nicht die *face-to-face-* Kommunikation, sondern die *one-to-some-*Kommunikation (Familie, Clique, Gremium, Restaurant etc.): Mehrere Personen, die sich meist (gut) kennen und eine gemeinsame Geschichte miteinander haben, sind hier anwesend und kommunizieren gleichzeitig oder nacheinander miteinander. Alle können dem aktuell Kommunizierenden ihre Aufmerksamkeit geben und ihm auch antworten oder sich abwenden und ein eigenes Thema mit Teilen der Gruppe initiieren oder sich einfach innerlich zurückziehen. Wer in einer solchen Situation gerade mit wem kommuniziert, wird von den Beteiligten über Akte der Herstellung gemeinsamer und geteilter Aufmerksamkeit (Tomasello 2002 und 2008) geregelt. Manche sind explizite Teilnehmer der Kommunikation, manche sind Zaungäste, manche Lauscher und wieder andere führen Nebengespräche. Immer wieder kann sich durch die Aktivitäten der Beteiligten der Status ändern; aus Direktbeteiligten werden Zaungäste oder gar Lauscher etc. (siehe hierzu Goffman 2005: 45 ff.).

Keiner weiß, ob, wann und wie der Andere oder die Anderen auf sein kommunikatives Handeln und Tun reagieren werden. Man hat nur Kontrolle über seinen ‚ersten Zug' (vgl. auch Mead 2008: 106), mit dem man das Geschehen anstößt. Man kann einen Impuls geben. Was dann geschieht, ist wegen des strukturellen Nichtfestgelegtseins des Menschen prinzipiell ungewiss. Gewiss gibt es Anhaltspunkte und Indizien, aber keine Sicherheit, am eigenen Plan festhalten zu können, oder überhaupt die Zeit zu haben, einen Handlungsplan zu entwickeln. Deshalb stößt sich hier Kommunikation immer wieder selbst an, geht mal in die eine, mal in die andere Richtung; und alle tun gut daran, sich darauf einzustellen.

Meist ereignet sich diese Art von Kommunikation, ohne dass die Beteiligten einen Plan hätten, was sie mit und in dieser Kommunikation erreichen und/oder durchsetzen wollen. Wer hier einen festen Plan hat und ihn ‚durchziehen' will, ist schnell am Ende seiner Bemühungen angekommen, weil er zu Recht den Eindruck erweckt, nicht zuzuhören. Und wer nicht zuhört, dem hört man auch nicht zu. *One-to-some-*Kommunikationen sind strukturell in ihrem Verlauf unvorhersehbar, weshalb man auch zuhören muss, will man weiter beteiligt sein – auch wenn die Gesellschaft eine Fülle von Mitteln entwickelt hat (Rhetoriken, Rahmungen, Gattungen, Erfolgsmedien), diese strukturelle Unvorhersehbarkeit in ein gewisses Maß an Erwartbarkeit umzuwandeln.

Aus dieser Sicht gehen Menschen mit einer Geschichte in jede Kommunikationssituation: Sie schließen an Altes an und sie bereiten sich vor, indem sie sich und ihren Körper gestalten. All dies ist *Tun*, das auch *in* der kommunikativen Situation *für* die Kommunikation bedeutungsvoll ist. Vor dem Verhalten und Handeln in der Situation liegt also eine Aktivitätsform, die *vor* der aktuellen Kommunikation liegt. Das ist der Bereich, der aus der Körperbewegung eine typische, weil typisierte gesellschaftliche Handlung macht. Aufgrund dieser Typisierung ist sie erkennbar als Handlung, auch wenn nicht explizit kommuniziert werden soll, dass diese Handlung gerade getätigt wird.

Kommunikation ist eine gesellschaftliche Praxis, eine Sammlung von Praktiken mit Symbolen umzugehen, Handlungen mit Folgen zu produzieren. Um einen kommunikativen Akt zu setzen, muss man an der gesellschaftlichen Praxis der Kommunikation teilhaben. Um einen kommunikativen Akt zu verstehen, muss man an der gesellschaftlichen Praxis der Kommunikation teilhaben. Die Bedeutung der kommunikativen *Bewegung* ergibt sich dabei nicht aus der Semantik von Wörtern, sondern (wie weiter oben bereits gesagt) immer nur aus der Praxis der Verwendung.

Gewichtige Teile kommunikativen Handelns resultieren aus der gesellschaftlichen *Semiotisierung des Körpers,* aus dem inkorporierten Habitus, aus der Interaktionsdynamik, aus dem Machtverhältnis der Kommunizierenden zueinander. Entscheidende Teile kommunikativen Handelns sind weder dem Verhalten noch dem Handeln, sondern dem kommunikativen Tun zuzurechnen, also dem Bereich, welcher der Reflexion zwar prinzipiell zugänglich ist, doch im Alltag meist mit Recht unthematisiert bleibt, bleiben muss.

3 Kommunikation macht Identität

Der Wille, nicht nur einfach zu sein, sondern jemand besonderes zu sein und zumindest von einigen auch wertgeschätzt zu werden, ist für das Leben der Menschen offensichtlich konstitutiv – so sie denn in einer vom europäischen Gedankengut durchdrungenen Welt aufgewachsen sind. Dieser Wille zur Identität braucht in solchen Kulturen keine selbstreflexive Vergewisserung, sondern der Wille zur Identität ist so gewiss wie erlittene Schmerzen. Auch deren ist man sich gewiss. Man braucht sich nicht zu vergewissern, ob man Identität hat, man ist sich gewiss, dass man sie hat. Es ist kein Wille in dem Sinne, wie man etwa das eine will und das andere nicht, sondern es ist ein Wille in dem Sinne, wie man überleben will. Er ist fundamental. Hat man diesen Willen nicht mehr, dann hat man nichts mehr.

Identität will Anerkennung, also die Antwort des Anderen. Dies muss nicht unbedingt nur positiv sein, also eine positive Zustimmung zu dem jeweiligen So-Sein (wie Honneth 1994 das meint), sondern Anerkennung heißt, das zu sehen, was zu sehen ist. Und wenn das, was gesehen wird, das Andere, das Fremde, das Verstörende, das Missgestaltete, das Kranke ist, dann ist auch eine solche Antwort eine Antwort, die Identität schafft, Identität anerkennt. Im Kampf um Anerkennung gibt es nicht nur Gewinner und Verlierer, sondern es geht vor allem um die Verteilung über das ganze Feld. Nicht alle, noch nicht einmal die meisten, werden Herren, sondern die meisten werden Knechte oder doch Geschäftsleute, die den Herren und den Knechten verkaufen, was sie benötigen.

Kommunikation schafft immer auch die Identität der miteinander Kommunizierenden. Dies tut Kommunikation erst einmal strukturell, was bedeutet, dass all die, die an der Kommunikation beteiligt sind, ganz *allgemein* auch als Inhaber von Identität begriffen werden. Diese Unterstellung, dieses Tun Als-ob, führt dazu, dass die Identität dadurch zugleich geschaffen wird. Darüber hinaus, und dies spielt in diesem Zusammenhang eine sehr viel größere Rolle, schreibt Kommunikation immer eine *besondere* Identität dem Gegenüber, aber auch dem Kommunizierenden zu. Zur Besonderheit dieser Identität gehört einerseits die Kategorisierung, zu welcher sozialen Gruppe wir gehören (z. B. zu der Gruppe der Väter), und ebenso, welchen (Rang-)Patz wir in dieser Gruppe einnehmen (also welche Art von Vater man ist – grundlegend hierzu: Durkheim/Mauss 1987).

In der Kommunikation und vor allem *durch* Kommunikation werden wir bewertet und eingestuft: Kommunikation sagt also nicht nur, *dass* wir wer sind, sondern *was* wir für andere und was wir für uns selbst sind. Kommunikation sagt also nicht nur, *dass* wir eine Person sind, sondern auch *welche* Person wir sind. Kommunikation verteilt uns in unserem Interaktionsfeld. Manche kommen nach oben, andere nach unten, und wieder andere, nämlich die meisten, irgendwo dazwischen. Aus dieser grundlegenden Aufgabe der Kommunikation wächst die Macht der Kommunikation. Denn so wie Kommunikation eine bestimmte Identität zusprechen kann, so kann sie diese Identität aber auch wieder absprechen bzw. umdeuten und eine ganz neue Identität in die Welt bringen. Insofern setzen alle an der Kommunikation Beteiligten ihre gesamte Identität bei jeder kommunikativen Handlung ein, um ihr Ziel zu erreichen.

Jede Kommunikation hat Folgen – nicht nur für das gerade, jeweils anstehende, mit Hilfe von Kommunikation zu bewältigende Problem, nein: jede Kommunikation hat auch Folgen für die Folgekommunikation. Kommunizierende schreiben mit jedem Akt ihrer Kommunikation an einer zukunftsoffenen Geschichte, die nie wirklich gelöscht werden kann, sondern immer die nächstfolgenden Kommunikationen beeinflusst (vgl. auch Goffman 2005). Keine Kommunikation fängt bei null an – jede greift Vergangenes auf, führt es fort, modifiziert es oder wandelt es um, selbst wenn man zuvor noch nie miteinander kommuniziert hat.

4   Kommunikationsmacht

‚Macht' bewegt Menschen dazu, so wurde oben behauptet, sich kommunikativ angetragenen Zumutungen zu fügen. Eine Form von Macht, und das ist die, die hier von besonderem Interesse ist, da sie in der alltäglichen Kommunikation am häufigsten vorkommt, ist die Macht, die aus der besonderen Beziehung erwächst, welche die Kommunizierenden miteinander eingehen, miteinander schaffen. Diese Form der Macht resultiert aus *der in und mit der Kommunikation geschaffenen sozialen Beziehung* und der durch die Beziehung grundgelegten Beweggründe (Motive). Mit den so in Geltung gesetzten Motiven kann das Handeln aufeinander bezogen werden, auch weil nur bestimmte Gründe für dieses Handeln zugelassen sind.

Eine ‚soziale Beziehung' entsteht aber erst durch Tausch – darauf hat nachdrücklich Marcel Mauss hingewiesen (Mauss 1978: 11 – 143). Erst werden Blicke gegeben, genommen und erwidert, dann werden (und hier wird die Beziehung weiter gefestigt) kommunikative Handlungen gegeben, genommen und erwidert und schlussendlich werden Gründe für Handlungen gegeben, genommen und erwidert. Sprechen anfangs die Körper miteinander und erkennen, ob sie weiter miteinander zu tun haben wollen, kommen später die Stimmen der Akteure und deren Kultur hinzu. Eine so entstandene soziale Beziehung bindet alle Beteiligten, weil Beziehung nicht nur das Bewusstsein der Beteiligten miteinander verbindet, sondern auch die Identitäten.

Diese Macht ist nicht der Beziehung vorgängig, sondern Beziehung wie Macht wird in und mit der Kommunikation sukzessiv aufgebaut. *Diese Macht ergibt sich erst aus der Kommunikation.* Denn Kommunikation ist nicht nur ein Wechselspiel der Handlungskoordination, sondern während wir dieses Spiel spielen, lernen wir, was von dem anderen zu halten ist. Und der andere lernt, was von mir zu halten ist. So baut sich eine Beziehung auf und wenn es den Beteiligten gelingt, *fürein-*

ander wichtig zu werden, dann liegt diese besondere soziale Beziehung vor, die Brandom *‚deontic status'* genannt hat (Brandom 2000: 251 ff.). Dieser ergibt sich daraus, dass die an der Kommunikation Beteiligten sich auf die Geltung bestimmter Normen durch ihr kommunikatives Handeln und Tun freiwillig festlegen. In einer Art Selbstverpflichtung übernehmen die miteinander Kommunizierenden während der Kommunikation Regeln. Und ob man bereit ist, diesen Regeln zu folgen, zeigt sich in der Kommunikation selbst. Das kommunikative Handeln schafft so *Verlässlichkeit.* „Allein unsere Einstellung gegenüber einer Regel, unsere Anerkennung der moralische Notwendigkeit führt dazu, dass sie uns im Griff hat – nicht bloß im Sinne ihrer Wirkung auf unser tatsächliches Verhalten, sondern dadurch, dass wir einer Beurteilung gemäß der Regel, die diese Notwendigkeit ausdrückt, ausgesetzt sind. In diesem Sinne werden die Normen, die für uns als rationale Wesen verbindlich sind, durch unsere praktischen Einstellungen und Handlungen instituiert. Sie sind das, was wir zum Fest mitbringen" (Brandom 2000: 101).

Stimmen die Kommunizierenden in dem, was sie ‚zum Fest mitbringen', überein, dann haben sie (so Brandom) dadurch einen gemeinsamen Status, den *deontischen Status* erreicht. Der deontische Status, und das ist hier wesentlich, kann nicht von einem der Sprecher alleine etabliert werden – er kann nicht allein eine Norm als verpflichtend setzen. Beide müssen sich selbst verpflichten, der Norm zu folgen, denn die Verpflichtung des einen zieht nicht notwendigerweise die des Anderen nach sich. Alle Beteiligten müssen das gleiche Spiel des Gebens und Verlangens von Gründen spielen, sonst wird der deontische Status nicht erreicht. Wenn beide das tun, wenn beide füreinander in ihrem Handeln relevant geworden sind, dann teilen sie einen deontischen Status. Der deontische Status ist also eine bestimmte Art von Beziehung, eine besondere soziale Beziehung (Ähnlich argumentiert auch Taylor 1994). Die Wirksamkeit beruht also auf freiwilliger Anerkennung (Searle 1997) durch die Akteure. Zur Macht gehört die Zustimmung zur Macht des Gegenübers.

Kommunikation schafft, wie bereits weiter oben mehrfach ausgeführt, Identität und weil Identität nie wirklich fixiert ist, kann Kommunikation Identität immer wieder neu bestimmen, verletzen oder im schlimmsten Fall sogar zerstören. „Diese Verwundbarkeit kann nicht einfach weggewünscht werden" (Butler 2006: 260) oder positiv: diese Gestaltbarkeit von Identität kann nicht stillgestellt werden. Identität ist nicht etwas, was man für immer durch die gesellschaftliche Interaktion erhalten hat, sondern Identität wird immer wieder bis auf Widerruf zugesprochen. Jede Identität braucht deshalb immer wieder kommunikative Erneuerung durch Anerkennung, Bestätigung und Austausch. Es gilt aber auch:

Identität kann jederzeit durch Beleidigungen, Herabsetzungen und/oder Missachtung angegriffen, verletzt und beeinträchtigt werden. Identität ist nie fix – trotz aller Bemühungen sie zu fixieren. Identität ist immer ein vorläufiges Ergebnis, aber auch der aktuelle Ausdruck gesellschaftlicher Kommunikationsprozesse, die immer eine Geschichte haben und Geschichte schaffen, in der jeder seinen Platz hat.

Die Welt, in der wir leben, ist unhintergehbar symbolisch aufgebaut, eben weil sie mittels Kommunikation, also symbolisch, produziert und weil sie ebenfalls symbolisch vermittelt ist. Deshalb besteht diese Welt aus einem komplizierten, nicht gleichmäßig gewobenen Netz von Sinnbezügen, das sich in nichtsprachlichen und sprachlichen Zeichen zeigt und das die gesamte Welt, also auch das Äußere und das Innere des Akteurs umfasst.

Der Akteur entfaltet sich in und mit Kommunikation und er wird auch in ihr für alle sichtbar und damit aber auch gestaltbar. Indem er die Praktiken des kompetent Kommunizierens lernt (die immer aus einer Verbindung von Worten und Taten bestehen), wird ihm zugleich der Raum der Gründe vermittelt, der es in einer Sprach- und Interaktionsgemeinschaft ermöglicht, die legitimen von den illegitimen Gründen zu trennen. Darüber hinaus (und mit dem Raum der Gründe verbunden) werden dem Akteur auch typische Motive für das symbolische wie nicht-symbolische Handeln angetragen. Diese Motive artikulieren sich in der Handlungssituation als typische *Intentionen*, die Handeln hervor treiben. In dieser Sicht sind auch Intentionen sozialen Ursprungs – sie sind nach innen genommene Formen des gesellschaftlich Wünsch-, Erwart- und Befürchtbaren. Intentionen sind sozial gestaltete und sozial gebundene Wege, das biologisch fundierte Begehren in akzeptable und erkennbare Formen zu bringen. Was wir wünschen, was wir fühlen, was wir ablehnen und was wir anerkennen, das hat seine soziale Basis und seine sozialen Wurzeln.

Macht (zumindest die Macht, die hier gemeint ist, also die Beziehungsmacht) resultiert nicht aus dem Verhältnis von Wörtern und Menschen, sondern immer nur aus dem (sozialen, nicht privaten) Verhältnis von Menschen zu Menschen – aus sozialen Beziehungen und der Bedeutung, die Beziehungen für den Aufbau und den Erhalt von Identität besitzen. Es sind immer Menschen, deren Worte Macht haben, nicht Worte, die Macht haben. Natürlich geht damit auch eine Art von *Kontrolle* einher (vgl. White 2008: 280 ff.); Kontrolle darüber, was uns etwas wert ist, weil wir etwas für uns und andere sind bzw. sein wollen, und Kontrolle darüber, was von dem anderen zu erwarten ist. Es sind immer Menschen, die sich in Kommunikationen mit kommunikativem Handeln und Tun auf Normen verpflichten. Kommunikationsmacht ist also nicht vom Wort gemacht, sondern von den Menschen oder genauer: von dem Zusammenspiel der Menschen, von deren Beziehung. Ohne Menschen, die dahinter stehen, besitzen Worte überhaupt keine Macht.

Dieser Machtbegriff bindet Macht, also die Fähigkeit, anderen ein Motiv für ihr Handeln zu geben, an die Akteure – auch wenn die Macht, über welche die Akteure mittels Kommunikation verfügen, im Kern die Macht der Sozialität ist. Diese soziale Macht bedarf aber immer eines Akteurs, um wirksam zu werden. Ohne Akteure ist die Macht notwendigerweise leer. Und weil diese Art der Macht an Akteure in gewisser Weise gebunden ist, können die Akteure begrenzt über erworbene Macht verfügen: Sie lässt sich speichern und vermehren (man hat einen ‚Ruf') und man kann sie, wenn auch in Maßen, weitergeben – z. B. wenn man jemanden empfiehlt und dadurch für den Empfohlenen bürgt. Dennoch: Kommunikationsmacht ist nicht das ‚Wesensmerkmal' einer Person, sondern sie ergibt sich aus der Beziehung, die Personen immer wieder aufs Neue miteinander eingehen.

Gesichert wird dieser ‚zwanglose Zwang' der Kommunikation durch soziale Anerkennung. Je ‚enger' die Beziehung der Kommunizierenden zueinander, also je relevanter sie füreinander sind, desto mehr Macht entfaltet kommunikatives Handeln. Denen, die ihren Worten die dazu passenden Taten folgen lassen, spricht man Identität, Verlässlichkeit und soziale Kompetenz zu. Man weiß, mit wem man es zu tun hat, man teilt mit ihm die gleiche Welt, man vertraut ihm. Man hat ihn gern um sich, macht mit ihm Geschäfte und baut vielleicht sogar mit ihm ein gemeinsames Leben auf. Die jedoch, deren Worte nichts bedeuten, da ihnen nichts folgt, ermahnt und warnt man erst. Bleibt das folgenlos, meidet man sie bald, spricht ihnen Identität ab, macht sie für andere kenntlich, schließt sie aus.

5 Kommunikativer Konstruktivismus und Sozialkonstruktivismus

Der hier vorgestellte kommunikative Konstruktivismus steht ohne Zweifel in der Tradition des Berger-Luckmannschen Sozialkonstruktivismus (Berger/Luckmann 1969), geht jedoch weiter – nicht nur dadurch, dass er die Kommunikation als basale Handlung der Welt- und Selbsterzeugung begreift, sondern auch deshalb, weil er die Grundidee des kommunikativen Konstruktivismus auch auf sich selbst anwendet (vgl. hierzu ausführlich: Reichertz 2012).

Berger/Luckmann teilen die Welt in zwei Bereiche ein: in die Welt des Alltags, in der Menschen wohnen, sich lieben und sich bekriegen, wo Organisationen Produkte herstellen und vertreiben, Dienstleistungen erbringen, die Umwelt hegen und pflegen oder sie zerstören, Staaten Kriege führen oder sich zu Wirtschaftsallianzen zusammenfügen. Das ist die eine Welt.

Die andere ist die Welt der Wissenschaft, deren Aufgabe es ist, die Welt des Alltags zu erkennen. Dort leben Wissenschaftler, die kommunizierend mit bestimmten Verfahren die Welt des Alltags erkennen wollen. Die Welt der Wissenschaft teilt sich für Luckmann in zwei Bereiche – in den Bereich der Soziologie und den Bereich der Philosophie. Wissenschaftler, die Soziologie und/oder Philosophie betreiben, wenden sich den Konstruktionen der Menschen im Alltag (= Konstruktionen erster Ordnung) und den eigenen Bewusstseinsströmen zu, analysieren diese und erschaffen Konstruktionen zweiter Ordnung. Die soziologischen Konstruktionen zweiter Ordnung sind jedoch keine beliebigen Konstruktionen, sondern Rekonstruktionen, also ‚wahrer'. Bei den Erkenntnissen der Philosophie (also den Ergebnissen der Protosoziologie), ist Luckmann deutlich und klar: sie sind für ihn wahr, sie sind gültig. Und weil sie gültig sind, können sie die Sozialwissenschaft begründen (Luckmann 1979 und 1999). Der Sozialkonstruktivismus im Sinne Luckmanns fühlt sich also sehr wohl in der Lage, Aussagen zu machen und Entscheidungen darüber zu treffen, was richtig und was falsch ist.

Die ‚Sozialkonstruktivisten' der zweiten und dritten Generation (z. B. Knoblauch 1995 und 2005, Knoblauch/Schnettler 2004, Ivanyi 2003, Keller 2005 und 2011, Reichertz 2000, 2006 und 2010, Schröer 2002), die bis auf sehr wenige Ausnahmen (Dreher 2008) die Protosoziologie von Luckmann nicht übernommen und nicht weiter geführt haben, teilen zwar durchweg den Glauben an den unhintergehbaren Konstruktionscharakter menschlicher Erkenntnis, nehmen jedoch den Wissenschaftler und dessen Erkenntnisse nicht mehr davon aus. Dies auch, weil für sie alle die Kommunikation bzw. der Diskurs nicht nur im Alltag, sondern auch in der Wissenschaft die basale Handlung der Welterschaffung ist.

6 Konstruktivismus oder Konstruktionismus oder was?

Nun gilt der ‚Sozialkonstruktivismus' im Verständnis Thomas Luckmanns und Peter Bergers zwar als der Startpunkt der konstruktivistischen Wende, aber er ist keinesfalls (mehr) das Zentrum. Statt dessen wurden in der internationalen Debatte teils in Weiterführung, teils in Auseinandersetzung, teils in deutlicher Abgrenzung mit Berger/Luckmann völlig neue Konstruktivismen entwickelt. Es ist ein weites Diskursfeld ‚Konstruktivismus' entstanden (siehe auch Keller 2005).

Betrachtet man dieses Diskursfeld ‚Konstruktivismus', dann wird schnell klar: Konstruktivismus ist offensichtlich nicht gleich Konstruktivismus. Viele verbinden vieles damit – weshalb manche Vertreter konstruktivistischer Positionen sich auch mit Hilfe ihrer Bezeichnungen voneinander abgrenzen. So gibt es die, die sich Konstruktivisten (z. B. Knorr-Cetina 1989 und 2008, Luhmann 1984, Watzlawick 1981, Maturana 1970, Schmidt 1987 und 2003) nennen und solche, die sich in expliziter Abgrenzung Konstruktionisten[3] nennen (Best 2002 und 2003, Burr 2003, Kitsuse/Spector 1977, Rafter 1992, Pollner 1993 – auch Hollstein/Miller 1993)[4]. Was nun genau der inhaltliche Unterschied zwischen Konstruktivisten und Konstruktionisten ist, deren korrekte distinguierende Aussprache zumindest deutschen Wissenschaftlern manchmal Probleme bereitet, lässt sich nicht wirklich exakt bestimmen und oft vermischen sich die Positionen.

Stellvertretend für viele Versuche der Abgrenzung hier die Argumentation von Kenneth Gergen/Mary Gergen, zwei prominenten Vertretern des Sozialen Konstruktionismus. Sie sehen sich zwar durchaus in der Tradition von Berger/Luckmann, bescheinigen ihnen jedoch eine (zu starke) Betonung der sozialen Strukturen und der kognitiven Prozesse bei der Bedeutungserzeugung, während sie selbst sehr viel mehr ihre Aufmerksamkeit auf die zwischenmenschlichen Beziehungen legen (Gergen/Gergen 2009: 109): „Der Begriff ‚Konstruktivismus' wird oft synonym mit ‚Konstruktionismus' verwendet. Im Konstruktivismus gilt der individuelle Geist als Ursprung der Wirklichkeitserzeugung.

---

3 Die Ausdifferenzierung des Konstruktionismus findet sich nicht nur innerhalb der Soziologie, sondern auch in der Psychologie: „Wer sich daran macht, die Ziele und Prämissen dieser Theorie- und Forschungsrichtung und der mit ihr verknüpften praktischen Bemühungen zu skizzieren, stößt auf eine Vielfalt der unter diesem Begriff mittlerweile versammelten Diskurse und Forschungen, die sich nicht in jeder Hinsicht einem einheitlichen Ansatz zuordnen lassen – ist doch diese Vielfalt selbst Teil des Programms. Verortet werden im Umfeld des sozialen Konstruktionismus so unterschiedliche Psychologiekonzeptionen wie die *postmodern-sprachpragmatisch* ausgerichtete Variante Ken Gergens, der auf einer allgemeinen *Theorie des Dialogs* basierende Ansatz John Shotters, die in Großbritannien etablierte *discursive psychology* (z. B. Jonathan Potter) oder konstruktionistische Ausrichtungen der *Kulturpsychologie* (etwa die programmatische Theorie des „dialogical self" der Kulturpsychologen Hubert Hermans und Harry Kempen). Aber auch Vertreter und Vertreterinnen einer *critical psychology,* die sich z. T. auf die epistemologische Position des *critical realism* beziehen (Ian Parker, Valerie Walkerdine, Carla Willig oder John Cromby), haben den Diskurs des sozialen Konstruktionismus wesentlich mitgeprägt und ihm immer wieder neue Bezüge verschafft. Die Liste ließe sich noch fortsetzen" (Reichertz & Zielke 2008: [3]). Ausführlich zu dem Konstruktionismus in der Psychologie siehe die umfassende Arbeit von Zielke 2007, aber auch Cromby & Nightingale 1999, Gergen & Gergen 2009, Parker 1999 und Ratner 2005.

4 Die Sache mit dem ‚Konstruktionismus' ist noch ein bisschen komplizierter, da die sich auf Piaget beziehende Lerntheorie, welche die besondere Bedeutung des Handelns für das Lernen betont, sich ebenfalls ‚Konstruktionismus' nennt (siehe vor allem Papert 1985).

Obwohl bestimmte Gemeinsamkeiten zwischen dieser Bewegung und dem Sozialen Konstruktionismus bestehen, werden wir in diesem Buch exklusiv letzteren Begriff verwenden, um zu betonen, dass der Fokus unserer Aufmerksamkeit eben nicht auf dem Individuum liegt, sondern auf den Beziehungen als Orte der Wirklichkeitskonstruktion" (Gergen/Gergen 2009: 8).

Nimmt man es nicht zu genau, dann kann man sagen, dass die Konstruktivisten sich mit einzelnen Subjekten, deren Bewusstsein und dessen sozialen oder biologischen Strukturen auseinandersetzen, während die Konstruktionisten sich mehr mit der Sprache und dem sozialen Diskurs[5] beschäftigen. Beiden Gruppen gemeinsam ist wohl, dass sie der Interaktion und Kommunikation große Bedeutung zumessen und damit auch der Situation und deren Geschichte – auch wenn sie nicht die Bedeutung der Kommunikation zentral stellen.

Aber unabhängig davon, ob sie sich als radikal, strikt, gemäßigt, kontextual oder realistisch verstehen – alle Protagonisten konstruktivistischer wie konstruktionistischer Positionen betonen in der Regel (und das ist wohl der kleinste gemeinsame Nenner aller konstruktionistischen wie konstruktivistischen Positionen), dass Menschen bei ihrem Handeln, aber auch bei dem selektivem Auf- und Ausbau von Wissen und auch bei ihrer Wahrnehmung immer und unhintergehbar von den Normen und Werten der jeweiligen Gesellschaft, von den Konventionen ihrer Gruppe und natürlich von den aktuellen Machtverhältnissen geleitet, geführt oder gar gesteuert werden und: dass all dies mittels Kommunikation geschieht (zur Seinsgebundenheit des Wissens – Mannheim 1995, siehe auch Tänzler/Knoblauch/Soeffner 2006).

Damit wird in der Regel nicht behauptet, dass die Welt und alle Gegenstände und Menschen in ihr von den Menschen erst geschaffen werden, sondern dass die Menschen sich von den in der Welt vorgefundenen Elementen mit Hilfe von Kommunikation ihr ‚soziales Bild' machen und dass diese ‚Bilder' die Grundlage menschlichen Handelns ausmachen. Diese kommunikativ geschaffene Welt ist die Wirklichkeit, die für den Menschen wirklich ist. Nicht die Welt ‚dort draußen' ist also das Ergebnis menschlicher Kommunikationstätigkeit, sondern deren jeweilige Symbolisierungen durch den Menschen – also die Wirklichkeit. Diese Wirklichkeit und deren ‚Gesetze' sind demnach Menschenwerk. Ob die Wirklichkeit

---

5   Hierzu erneut ein Zitat von Gergen & Gergen zur Bedeutung von Diskursanalysen: „Sie befassen sich vor allem mit der Frage, wie unsere Sprech- und Schreibweisen unsere Lebensmuster formen. Wohin laden uns die Worte ein, die wir benutzen, und für welche anderen Richtungen machen sie uns blind? Diskursanalytiker haben ein Interesse daran, die Sprache zu beleuchten, in der wir leben" (Gergen & Gergen 2009: 86).

eine echte Teilmenge der Welt ist oder mit ihr eine große oder leere Schnittmenge bildet, kann von Konstruktivisten nicht wirklich geklärt, jedoch erwartet werden.

7 Kommunikativer Konstruktivismus und Wahrheit

Konstruktivisten oder Konstruktionisten beziehen sich in ihren Aussagen (wie oben gesagt), unabhängig davon, ob sie das wollen oder nicht, immer auf zwei Bereiche: einmal auf die kommunikative Fremdauslegung der Gesellschaft durch Wissenschaftler, zum anderen auf die Selbstbeobachtung und Selbstauslegung der Wissenschaftler. Im ersten Bereich erlangt man Wissen, indem man mittels Kommunikation etwas über die Gesellschaft in Erfahrung bringt. Aber dort erfährt man immer auch etwas über die Wissenschaftler und deren Wissenskonstruktionen, da sie Teil und Ergebnis eben dieser Gesellschaft sind und wie in der Gesellschaft üblich kommunizieren. Im zweiten Bereich erfährt man, indem die Kommunikation des wissenschaftlichen Deutens betrachtet und analysiert, auch etwas über die kommunikativen Akte des Deutens. Da der zweite Bereich immer eine echte Teilmenge des ersten ist, ist jede sozialwissenschaftliche Aussage zum ersten Bereich immer auch eine Aussage zum zweiten. Damit ist die Selbstreflexion der Konstruktivisten immer auch rückbezüglich und läuft (vor dem Hintergrund der Typenlogik) Gefahr, widersprüchlich zu werden. Denn die erkannte Standortgebundenheit jedes Wissens führt notwendigerweise zur Reflexion dieses Standortes und damit auch zu seiner Kritik, also zur Kritik der eigenen wissenschaftlichen Position – also auch der Aussage, dass alles Wissen Konstruktion ist.

Für den kommunikativen Konstruktivismus gilt die Konstruiertheit von Wirklichkeit ausnahmslos für alle Menschen, also auch für Wissenschaftler und deren Arbeitsergebnisse – auch wenn zweifellos der kognitive Stil des Alltags sich maßgeblich vom kognitiven Stil der Wissenschaft unterscheidet (vgl. Soeffner 1989: 10 ff.). Das gilt ebenfalls, wenn man davon ausgeht, dass Menschen in ihrem Alltag Wissen erster Ordnung produzieren und Wissenschaftler Wissen zweiter Ordnung (= Wissen über Wissen).

Alle Konstruktionisten oder Konstruktivisten, unabhängig davon, wie sie sich im Einzelnen selbst benennen, müssen sich deshalb mit dieser Selbstrückbezüglichkeit beschäftigen, also mit der Frage nach der Qualität der eigenen Aussagen, und dazu auch Stellung nehmen. Hier lassen sich in der Literatur verschiedene Antworten finden und unterscheiden, die sich in etwa so zuspitzen lassen (siehe hierzu auch Mannheim 1995: 162 ff.).

Weil alles, was Menschen an Erkenntnissen über die Welt hervorbringen, Konstruktionen sind, ist keine Konstruktion ‚besser' als die andere. Deshalb kommt keiner Konstruktion, also auch der wissenschaftlichen, eine höhere Geltung zu. Alle sind gleich gut bzw. gleich schlecht.

Weil alles, was Menschen an Erkenntnissen über die Welt hervorbringen, Konstruktionen sind, setzt sich die Konstruktion durch, deren Vertreter über das größte Durchsetzungsvermögen verfügen oder die den Interessen der Herrschenden entsprechen und deshalb von diesen gestützt werden.

Weil alles, was Menschen an Erkenntnissen über die Welt hervorbringen, Konstruktionen sind, sind nur wissenschaftliche Konstruktionen besser, da sie von einer Gruppe von Menschen erstellt wurden, die keine Interessen an der Welt haben, sondern allein der Vernunft und der Wahrheit verpflichtet sind. Mittels rationaler Reflexion, also Vernunftgebrauch gelangen sie zu Aussagen über die Welt, die besser sind als andere, sogar wahrer.

Weil alles, was Menschen an Erkenntnissen über die Welt hervorbringen, Konstruktionen sind, sind die Konstruktionen besser, die mittels empirischer Forschung erzeugt wurden, was in diesem Falle heißt: Aufgrund der Erhebung und systematischen Auswertung von Daten sind Aussagen über die Wirklichkeit entstanden, die sich entweder an die Wirklichkeit anschmiegen oder aber zu ihr gut oder besser passen.

Weil alles, was Menschen an Erkenntnissen über die Welt hervorbringen, Konstruktionen sind, sind die Konstruktionen am besten, die am besten zu der jeweiligen Welt passen, also über das größte Erklärungspotenzial verfügen – für die Menschen das meiste verständlich machen.

Weil alles, was Menschen an Erkenntnissen über die Welt hervorbringen, Konstruktionen sind, sind die Konstruktion am besten, die den Menschen am meisten helfen, ihre aktuellen Handlungsprobleme in ihrer jeweiligen Lebenssituation zu lösen.

Alle diese Positionen und vor allem: ihre Vertreter haben ihren Sitz im Leben. Wer eine dieser Positionen mittels Kommunikation vertritt, sagt nicht nur etwas über seine Annahmen zur Möglichkeit der Erkennbarkeit der Welt aus, sondern er sagt zugleich immer auch etwas über sich selbst aus, etwa darüber, wessen Geistes Kind er ist, ob er fortschrittlich oder reaktionär, ob er eher links oder eher rechts ist; er sagt etwas darüber aus, was er ist bzw. was er sein will, was seine Identität ist bzw. welche Identität er gerne haben möchte. Denn der Begriff der ‚Konstruktion' ist erst einmal und vor allem ein politischer Begriff, der die jeweiligen Verhältnisse kritisiert, indem er sagt, dass das, was der Fall ist, auch anders sein könnte und dass das, was im Augenblick der Fall ist, Ergebnis menschlichen Handelns ist, das man, wenn man wollte, auch in andere Formen bringen könnte (siehe ausführlich auch Hacking 1999).

Soziale Konstruktionen sind also Konstruktionen von Soziologen, die in der alltäglichen Praxis relevant geworden sind oder doch werden können und andere Menschen, Politiker wie Wissenschaftler dazu animieren, die Welt als sozial geschaffene zu verstehen – was die Möglichkeit eröffnet, sie immer wieder aufs Neue zu gestalten. Dem Konstruktivismus scheint alles gleich zu sein – denn hinter jeder Aussage eines Konstruktivisten steht, egal wie apodiktisch sie geäußert wird, objektiv ein Fragezeichen (was manchmal gerade die radikalen Konstruktivisten übersehen). Dieses Fragezeichen bezieht sich dabei nicht (nur) auf die Fraglichkeit der Aussage selbst (Ist es tatsächlich so?), sondern es verweist immer auch auf die Frage: Welche anderen Konstruktionen sind außerdem noch möglich?

Insofern beschreibt der Begriff der sozialen Konstruktion nicht nur eine Welt und deren kommunikative Geschaffenheit, sondern die weitere kommunikative Konstruktion der Welt wird dadurch beschleunigt. Insofern sind die Wissenschaftler nie nur die, die beschreiben. Sie arbeiten auch aktiv an der Welt mit. Sie sind also auch Täter.

Literatur

Berger, Peter/Luckmann, Thomas (1969): Die gesellschaftliche Konstruktion der Wirklichkeit. Frankfurt am Main: Fischer.
Best, Joel (2002): Constructing the Sociology of Social Problems: Spector and Kitsuse Twenty-Five Years Later. In: Sociological Forum 17, S. 699–706.
Best, Joel (2003): Killing the Messenger: The Social Problems of Sociology. In: Social Problems, S. 50, 1–13.
Brandom, Robert (2000): Expressive Vernunft. Frankfurt am Main: Suhrkamp.
Burr, Vivian (2003): Social constructionism. London: Routledge.
Butler, Judith (2006): Hass spricht. Zur Politik des Performativen. Berlin: Berlin Verlag.
Cooley, Charles Horton (1902): Human Nature and the Social Order. New York: Scribner's Sons.
Cooley, Charles Horton (1909): Social Organization. A Study of the larger Mind. New York: Scribner's Sons.
Cooley, Charles Horton (1998): On Self and Social Organization. Chicago: University Chicago Press.
Cromby, John/Nightingale, David (Hrsg.) (1999): Social constructionist psychology. Buckingham: Open University Press.
Dewey, John (2003): Philosophie und Zivilisation. Frankfurt am Main: Suhrkamp.
Dreher, Jochen (2008): Protosoziologie der Freundschaft. Zur Parallelaktion von phänomenologischer und sozialwissenschaftlicher Forschung. In: Raab et. al. a.a.O., S. 295–306.

Durkheim, Emile/Mauss, Marcel (1987): Über einige primitive Formen der Klassifikation. In: Durkheim, Emile: Schriften zur Soziologie der Erkenntnis. Frankfurt am Main: Suhrkamp, S. 169–256.
Everett, Daniell (2010): Das glücklichste Volk. München: Deutsche Verlags-Anstalt.
Gergen, Kenneth/Mary Gergen (2009): Einführung in den sozialen Konstruktivismus. Heidelberg: Auer, S. 109.
Goffman, Ervin (2005): Rede-Weisen. Formen der Kommunikation in sozialen Situationen. Konstanz: UVK.
Groß, Matthias (2006): Natur. Bielefeld: transcript.
Habermas, Jürgen (1991): Charles S. Peirce über Kommunikation. In: Ders.: Texte und Kontexte. Frankfurt am Main: Suhrkamp, S. 9–34.
Hacking, Ian (1999): Was heißt ‚soziale Konstruktion'?. Frankfurt am Main: Fischer.
Hollstein, James A./Miller, Gale (1993): Reconsidering Social Constructionism. New York: De Gruyter.
Honneth, Axel (1994): Kampf um Anerkennung. Frankfurt am Main: Suhrkamp.
Iacobony, Marco (2009): Woher wissen wir, was andere denken und fühlen? München: Deutsche Verlags-Anstalt.
Iványi, Nathalie (2003): Die Wirklichkeit der gesellschaftlichen Konstruktion. Konstanz: UVK.
James, William (2006): Pragmatismus und radikaler Empirismus. Frankfurt am Main: Suhrkamp.
Keller, Reiner (2005): Wissenssoziologische Diskursanalyse. Wiesbaden: VS Verlag.
Keller, Reiner (2007): Diskursforschung. Wiesbaden: VS Verlag.
Kitsuse, John I./Spector, Malcolm (1977): Constructing Social Problems. Menlo Park: Cummings.
Knoblauch, Hubert (1995): Kommunikationskultur. Die kommunikative Konstruktion kultureller Kontexte. Berlin: de Gruyter.
Knoblauch, Hubert (2005): Wissenssoziologie. Konstanz: UVK.
Knoblauch, Hubert/Schnettler, Bernt (2004): Vom sinnhaften Aufbau zur kommunikativen Konstruktion. In: Gabriel, Michael (Hrsg.): Paradigmen der akteurszentrierten Soziologie. Wiesbaden: VS Verlag, S. 121–138.
Knorr-Cetina, Karin (1989): Spielarten des Konstruktivismus. In: Soziale Welt, (2) S. 86–96.
Knorr Cetina, Karin (2008): Theoretischer Konstruktivismus. In: Kalthoff, Herbert et al. (Hrsg.): Theoretische Empirie. Frankfurt am Main: Suhrkamp, S. 35–78.
Luckmann, Thomas (1979): Phänomenologie und Soziologie. In: Sprondel, Walter/Grathoff, Richard (Hrsg.): Alfred Schütz und die Idee des Alltags in den Sozialwissenschaften. Stuttgart: Enke, S. 196–206.
Luckmann, Thomas (1999): Wirklichkeiten: individuelle Konstitution und gesellschaftliche Konstruktion. In: Hitzler, Ronald/Reichertz, Jo/Schröer, Norbert (Hrsg.) (1999): Hermeneutische Wissenssoziologie. Standpunkte zu einer Theorie der Interpretation. Konstanz: UVK, S. 17–28.
Luckmann, Thomas (2002): Wissen und Gesellschaft. Konstanz: UVK.
Luckmann, Thomas (2004): Soziales im Kulturellen und Kulturelles in Sozialen? In: Reichertz, Jo et al. (Hrsg.): Hermeneutik der Kulturen – Kulturen der Hermeneutik. Konstanz: UVK, S. 27–41.

Luckmann, Thomas (2007): Lebenswelt, Identität und Gesellschaft. Konstanz: UVK.
Luhmann, Niklas (1984): Soziale Systeme. Frankfurt am Main: Suhrkamp.
Mannheim, Karl (1995): Ideologie und Utopie. Frankfurt am Main: Klostermann, S. 162 ff.
Maturana, Humberto R. (1970): Biologie der Erkenntnis. Braunschweig. Goldmann.
Mauss, Marcel (1978): Soziologie und Anthropologie. Band II. Berlin: Ullstein.
Mead, George Herbert (1969): Philosophie der Sozialität. Frankfurt am Main: Suhrkamp.
Mead, George Herbert (1973): Geist, Identität und Gesellschaft. Frankfurt am Main: Suhrkamp.
Mead, George Herbert (1983): Gesammelte Aufsätze Band. 2. Frankfurt am Main: Suhrkamp.
Mead, George Herbert (1999): Play, School, and Society. New York: Peter Lang.
Mead, George Herbert (2008): Philosophie der Erziehung. Bad Heilbronn: Klinkhardt.
Ortmann, Günther (2004): Als Ob. Fiktionen und Organisationen. Wiesbaden: VS Verlag.
Papert, Seymour (1985): Gedankenblitze. Reinbek: Rowohlt.
Park, R. E. (1966): Reflections on communication and culture. In: Berelson, Bernard/Janowitz, Morris,B. (Hrsg.): Reader in Public opinion and communication. New York: Free Press, S. 167–177.
Parker, Ian (1999). Social constructionism, Discourse and realism. London: Sage.
Peirce, Charles S. (1993): Semiotische Schriften. Bd. 3. Frankfurt am Main: Suhrkamp, S. 343–447.
Pollner, Melvin (1993): The Reflexivity of Constructionism and the Construction of Reflexivity. In: Holstein, James A./Miller, Gale (eds.): Reconsidering Social Constructionism. New York: De Gruyter, S. 199–212.
Ratner, Carl (2005): Epistemological, social, and political conundrums. In: Social constructionism. Forum Qualitative Sozialforschung/Forum Qualitative Social Research, 7 (1), Art. 4, http://www.qualitative-research.net/fqs-texte/1-06/06-1-4-e.htm [13. Januar 2006].
Reichertz, Jo (2000): Die Frohe Botschaft des Fernsehens. Kultursoziologische Untersuchung medialer Diesseitsreligion. Konstanz: UVK.
Reichertz, Jo (2006): Läßt sich die Plausibilität wissenssoziologischer Empirie selbst wieder plausibilisieren?. In: Tänzler, Dirk/Knoblauch, Hubert/Soeffner, Hans-Georg (Hrsg.): Neue Perspektiven der Wissenssoziologie. Konstanz: UVK, S. 293–316.
Reichertz, Jo (2007). Die Macht der Worte und der Medien. Wiesbaden: VS Verlag.
Reichertz, Jo (2010). Kommunikationsmacht. Was ist Kommunikation und was vermag sie? Und weshalb vermag sie das? Wiesbaden: VS Verlag.
Reichertz, Jo (2012): Alles nur Konstruktion! Von der seltsamen Enthaltsamkeit vieler Konstruktivisten gegenüber Werturteilen. In: Renn, Joachim/Ernst, Christoph/Isenböck, Peter (Hrsg.): Konstruktion und Geltung. Beiträge zu einer postkonstruktivistischen Sozial- und Medientheorie. Wiesbaden: VS Verlag.
Reichertz, Jo/Zaboura, Nadia (Hrsg.) (2006): Akteur Gehirn oder das vermeintliche Ende des handelnden Subjekts. Wiesbaden: VS Verlag.
Reichertz, Jo/Zielke, Barbara (2008): Theories that matter. Zur Handlungswirksamkeit des sozialen Konstruktionismus. Forum Qualitative Sozialforschung. Forum: Qualitative Social Research, 9 (1), http://nbn-resolving.de/urn:nbn:de:0114-fqs0801D5Ed8.

Rizzolatti, Giacomo/Sinigaglia, Corrado (2008): Empathie und Spiegelneurone: Die biologische Basis des Mitgefühls. Frankfurt am Main: Suhrkamp.
Schmidt, Siegfried J. (Hrsg.) (1987): Der Diskurs des Radikalen Konstruktivismus. Frankfurt am Main: Suhrkamp.
Schmidt, Siegfried J. (2003): Geschichten und Diskurse. Abschied vom Konstruktivismus. Reinbek: Rowohlt.
Schröer, Norbert (2002): Was heißt hier „Sprechen"? Läßt sich Bourdieus „Ökonomie des sprachlichen Tausches" für eine Theorie kommunikativer Verständigung nutzen? In: Österreichische Zeitschrift für Soziologie, 3 (27), S. 37–52.
Searle, John R. (1997): Die Konstruktion der gesellschaftlichen Wirklichkeit. Reinbek: Rowohlt.
Shibutani, Tamotsu (1955): Reference Groups as Perspektives. In: American Journal of Sociology. Vol. 60, S. 562–569.
Shibutani, Tamotsu (1962): Reference Groups and Social Control. In: Arnold Rose (Hrsg.): Human Behavior and Social Processes. Boston: Houghton Mifflin.
Soeffner, Hans-Georg (1989): Auslegung des Alltags- Der Alltag der Auslegung. Zur wissenssoziologischen Konzeption einer sozialwissenschaftlichen Hermeneutik. Frankfurt am Main: Suhrkamp, S. 10 ff.
Srubar, Ilja (2007): Phänomenologie und soziologische Theorie. Wiesbaden: VS Verlag.
Strauss, Anselm (1974): Spiegel und Masken. Frankfurt am Main: Suhrkamp.
Tänzler, Dirk/Knoblauch, Hubert/Soeffner, Hans-Georg (2006): Einleitung. In: (Ebd.) Neue Perspektiven der Wissenssoziologie. Konstanz: UVK, S. 7–14.
Taylor, Charles (1994): Quellen des Selbst. Frankfurt am Main: Suhrkamp.
Tomasello, Michael (2002): Die kulturelle Entwicklung des menschlichen Denkens. Frankfurt am Main: Suhrkamp.
Tomasello, Michael (2008): Origins of Human Communication. Cambridge: MIT Press.
Tomasello, Michael (2010): Warum wir kooperieren. Frankfurt am Main: Suhrkamp.
Watzlawick, Paul (Hrsg.) (1981): Die erfundene Wirklichkeit. München: Piper.
White, Harrison C. (2008): Identity and Control. Princeton: Princeton University Press.
Zielke, Barbara (2007): Sozialer Konstruktionismus. Göttingen: Vandenhoek/Ruprecht.

Kommunikative Konstruktion und diskursive Konstruktion

Reiner Keller

1 Kommunikativer Konstruktivismus und Diskursbegriff

Ende der 1960er Jahre bestimmte Michel Foucault in ungemein einflussreicher Weise, was er mit dem Begriff „Diskurs" verband. Die „Archäologie des Wissens" ist demzufolge „eine Aufgabe, die darin besteht, nicht – nicht mehr – die Diskurse als Gesamtheiten von Zeichen (von bedeutungstragenden Elementen, die auf Inhalte oder Repräsentationen verweisen), sondern als Praktiken zu behandeln, die systematisch die Gegenstände bilden, von denen sie sprechen." (Foucault 1988: 74). Dass Foucault hier von „sprechen", also von kommunikativem Handeln oder kommunikativen Handlungen sprach, ist in der anschließenden Rezeption weitgehend unbeachtet geblieben. Dies mag damit zusammenhängen, dass ihn das einzelne kommunikative – oder wie er es nannte: diskursive Ereignis bzw. die Äußerung – in ihrer konkreten Singularität wenig interessierte. Gleichwohl wird ihr Erscheinen, ihre Materialität und Dokumentation zur unhintergehbaren Grundlage der Analyse diskursiver Formationen, für das

> „Vorhaben einer *reinen Beschreibung der diskursiven Ereignisse* als Horizont für die Untersuchung der sich darin bildenden Einheiten. (...) Das Feld der diskursiven Ereignisse (...) ist die stets endliche und zur Zeit begrenzte Menge von allein den linguistischen Sequenzen, die formuliert worden sind; sie können durchaus zahlreich sein, sie können durch ihre Masse jegliche Aufnahme-, Gedächtnis- oder Lesekapazität übersteigen: sie konstituieren dennoch eine endliche Menge. (...) Die Beschreibung der diskursiven Ereignisse stellt eine völlig andere Frage [als die Sprachanalyse, Anm. RK]: wie kommt es, dass eine bestimmte Aussage erschienen ist und keine andere an ihrer Stelle?" (Foucault 1988: 41f)

Foucaults Interesse gilt keineswegs abstrakten Mustern der Sprache oder der Diskurse im Sinne ‚elementarer Strukturen', wie man in Anlehnung an Claude Lévi-Strauss und dessen strukturale Mythen- oder Verwandtschaftsanalyse vermuten könnte. Im Gegenteil: ihn interessieren Regelmäßigkeiten und Regeln des konkreten Sprachgebrauchs, wie sie in getätigten Äußerungen (schriftlicher oder mündlicher – und dann ggf. dokumentierter – Form) vorliegen und aus diesen im Sinne typisierbarer strukturierender Elemente rekonstruiert werden können. Vielfach bezieht er sich in seinen Analysen auf Äußerungsaktivitäten konkreter Personen, renommierter ‚Sprecher': auf Dokumente in den Archiven, Bücher, Flugschriften, Stellungnahmen usw. Später verschiebt sich sein Interesse: nicht mehr die typisierbaren Regelmäßigkeiten diskursiver Formationen stehen im Vordergrund, sondern der Definitionskonflikt zwischen unterschiedlichen Diskursen bzw. deren Vertretern, die in tatsächliche gesellschaftliche Auseinandersetzungen eingebunden sind.

Foucault entwirft sein Diskursverständnis in einem Sinne, der heute als ‚konstruktivistisch' bestimmt werden kann. Seit „Wahnsinn und Gesellschaft" (Foucault 1973 [1961]) plädierte er für eine Sicht der Wissenschaftsentwicklung, welche letztere weder als fortschreitende Abbildung oder Repräsentation natürlich gegebener Realität noch als sich logisch entfaltender Fortschritt und Optimierungsprozess konzipierte. Dagegen betonte er die Konstitution der Gegenstände im Sprachgebrauch, und natürlich auch in den dispositiven Elementen, Praktiken, Materialitäten, die damit untrennbar verflochten sind.[1]

Die Äußerungen, von denen Foucault sprach und die das Ausgangsmaterial für die Analyse von darin (mehr oder weniger) wiederholten typisierbaren Aussagen bilden, können nicht anders denn als kommunikative Handlungen verstanden werden, und zwar in dem umfassenden Sinne, wie das Hubert Knoblauch und Jo Reichertz in ihren Beiträgen im vorliegenden Band skizzieren. In ihrer Konkretheit handelt es sich um symbolische Interaktionen, die häufig die von Reichertz erwähnte Struktur der „one-to-some-Kommunikation" aufweisen, derzufolge sich ein Sprecher bzw. eine Sprecherin an viele Andere, ein mehr oder weniger in der Situation präsentes oder in Zeit und Raum verstreutes Publikum wendet. Und sie sind in umfassendere soziale Situationen eingebettet, die unterschiedlich stark dieses Element der Kommunikation fokussieren. Von kommunikativen Handlungen zu sprechen, bedeutet an dieser Stelle zunächst nur, die absichtsvolle Herstellung oder Produktion der Äußerungen zu betonen. Damit es weder etwas über weitere Ziele, Motive oder Verständigungsabsichten der Handelnden ausgesagt, noch über das situative Gelingen von Kommunikation, was auch immer darunter

---

1   Dabei sind Einflüsse von Friedrich Nietzsche, aber auch seine Auseinandersetzung mit den Philosophien von Kant, Hegel, Husserl, Sartre, Merleau-Ponty und Heidegger sowie mit der französischen Tradition der Epistemologie u. a. von emminenter Bedeutung (vgl. Keller 2008).

verstanden werden mag. Die Diskursperspektive Foucaults fragt danach, ‚was in einer Äußerung geschieht', nicht danach, was das Motiv eines einzelnen Sprechaktes sei. Im Vollzug kommunikativer Handlungen orientieren sich die symbolisch Interagierenden im Regelfall an bewährten Blaupausen, an allgemeinen alltagsweltlichen oder für institutionelle Kontexte spezifischen Mustern des Sprachgebrauchs, wie sie etwa über „kommunikative Gattungen" (Günthner/Knoblauch 1997) zur Verfügung gestellt werden, die sich als Institutionalisierungen gesellschaftlicher Sprech- und Schreibweisen und damit als Teil gesellschaftlicher Wissensvorräte begreifen lassen.

Nun visiert der Diskursbegriff jedoch eine Ebene jenseits einzelner Äußerungen oder kleiner diskursiver Ereignisse an. Denn er bezeichnet einen situationsübergreifenden Zusammenhang, eine Verflechtung und Einschreibung von Äußerungen, oder genauer: typisierbaren Aussagen. Diese Verflechtung, dieser Zusammenhang muss gedacht werden als hinreichende Wiederholung von Aussagen in der Zeit, im sozialen und geographischen Raum. Die singulären Äußerungen des ‚Alltagsdiskurses' erscheinen und vergehen. Sie bilden, folgt man Foucault, keinen institutionalisierten Aussagenzusammenhang aus, der sich als diskursive Formation untersuchen ließe. Dazu sind vielmehr umfangreichere Institutionalisierungen von Orten und Arten sowie Inhalten des Sprechens und Schreibens notwendig. Diskurse sind institutionalisiierte Sprechweisen, die historisch aus einer Vielzahl symbolischer Interaktionen und kommunikativer Handlungen als emergenter Äußerungszusammenhang hervorgehen, für gewisse Zeit stabile Strukturierungsformen annehmen und auch wieder verschwinden (können). Sie werden im konkreten kommunikativen Handeln produziert, reproduziert und verändert. Auch wenn es aufgrund ihrer singulären Komplexität keine identische Wiederholung von Äußerungen gibt, so müssen die darin enthaltenen Aussagen von ihren verschiedenen Interpreten – einem Publikum und auch von den analysierenden ForscherInnen – hinreichend als ‚ähnlich' begriffen werden können, um als Bestandteil *eines* Diskurses zu gelten. Solche Ähnlichkeiten betreffen sowohl ihren formalen wie auch ihren inhaltlichen Aufbau, wobei gewiss enorme Unterschiede bestehen zwischen Diskursen, die in gesellschaftlichen Spezialöffentlichkeiten und -arenen in Erscheinung treten, und solchen, die sich in allgemeinen massenmedialen Kontexten entfalten. Und sie können auf unterschiedliche Ebenen von Diskursen bezogen und dann bspw. als Subdiskurse differenziert werden. Das sind die wichtigsten Grundlagen dafür, dass wir alle über hinreichend Kompetenz verfügen, um im Alltagsleben und im Betrieb unserer Disziplinen zwischen religiösen, politischen, wissenschaftlichen Diskursen zu unterscheiden und auch Mischformen identifizieren zu können.

Im erläuterten Sinne folgt der Diskursbegriff nicht nur dem ‚glücklichen Positivismus' Foucaults, der das empirisch Gegebene in den Blick nimmt, sondern eben damit auch dem „Realismus", der schon den Sozialkonstruktivismus von Berger/Luckmann (1980) auszeichnet, was häufig übersehen wird.[2] *Es gibt Diskurse* als reale, tatsächliche und gleichwohl *spezifische* Strukturierungszusammenhänge kommunikativer Prozesse; und zugleich sind Diskurse eine Zusammenhangshypothese der Sozialforschung, die ein Objekt konstruiert und analysierbar macht. Das ist freilich nicht anders als in der Familiensoziologie, die es genau genommen ja auch mit äußerst singulären Personen- und Lebenskonstellationen zu tun hat. Im erwähnten Sinne lässt sich der Diskursbegriff so als unverzichtbarer Bestandteil eines kommunikativen Konstruktivismus begreifen. Er bezeichnet darin spezifische Erscheinungsformen und Ebenen, Orte und Akteure der Wirklichkeitskonstruktion, in denen und durch die Wissen konstituiert und gesellschaftlich prozessiert wird. Diskursforschung nimmt diese Prozesse sowohl im Hinblick auf ihre formalen Strukturelemente wie im Hinblick auf ihre Inhalte in den Blick. Gleichwohl reduziert auch der Diskursbegriff das diskursiv-kommunikative Geschehen nicht auf die rein sprachlichen Elemente und kommunikativen Vorgänge. Vielmehr impliziert er sehr wohl, wie der kommunikative Konstruktivismus insgesamt, eine Analyse der situativen und übersituativen Komplexität und Materialität diskursiver Prozesse, die nicht nur Sprache bzw. Zeichennutzung, kommunikatives Handeln und Akteure einschließt, sondern sehr wohl auch Objekte, Praktiken und Institutionalisierungen verschiedenster Art berücksichtigt.

2 Wissenssoziologische Diskursanalyse

In sozialwissenschaftlichen Kontexten bietet die Wissenssoziologische Diskursanalyse (WDA) für eine erhebliche Zahl von Forschungen einen theoretischen, methodologischen und methodischen Rahmen zur Analyse von Diskursen.[3] Das Forschungsprogramm der WDA richtet sich im Rahmen eines kommunikativen Konstruktivismus auf die Untersuchung gesellschaftlicher Wissensverhältnisse und Wissenspolitiken. Ihre Konzeption entstand aus der dezidierten Absetzung von einer spezifischen Konstellation der Analyse von Diskursen, wie sie Anfang

---

2   Vgl. zum Beispiel die deswegen unzutreffende Kritik von DeLanda (2006), der seinerseits einer Deutung von Ian Hacking folgt.
3   Vgl. die Grundlegungen in Keller (2010 [2005]); 2011 [2003]) sowie die aktuellen Beiträge in Keller/Truschkat (2012).

der 1990er Jahre im deutschsprachigen und internationalen Raum vorlag. Unter dem Begriff der „discourse analysis" wurden zum damaligen Zeitpunkt insbesondere ethnomethodologisch und konversationsanalytisch inspirierte Untersuchungen von konkreten Gesprächsverläufen vorgenommen. Die normativ ausgerichtete Diskursethik von Jürgen Habermas interessierte sich für die Einrichtung oder Beurteilung von Diskussionsprozessen entlang spezifischer Geltungsanforderungen an Argumentationen. Die Critical Discourse Analysis (CDA) und ihr Pendant im deutschsprachigen Raum, die Kritische Diskursanalyse, folgten in erster Linie einer deutlich ideologie- und sprachgebrauchskritischen Perspektive im Rückgriff auf linguistisches Instrumentarium. Einige an den Diskursbegriff Michel Foucaults und poststrukturalistische Überlegungen anschließende Positionen richteten die Diskursperspektive auf Fragen gesellschaftlicher Hegemonie aus bzw. betonten das Selbstprozessieren von Diskursen durch die Zeit und den Raum, und koppelten dies mit Hinweisen auf eine allgemeine philosophische Haltung, die nicht weiter konkretisierbar wäre oder sein sollte. Schließlich existierten mehrere, vergleichsweise wenig ausgearbeitete Rekurse auf den Diskursbegriff in Analysen öffentlicher Diskurse, wie sie seit längerem im Symbolischen Interaktionismus und angrenzenden Paradigmen vorgenommen wurden.

Vor diesem Hintergrund trat und tritt die Wissenssoziologische Diskursanalyse an, entscheidende Korrekturen und Neuakzentuierungen im Feld der Diskursforschung vorzunehmen. Zuvorderst geht es ihr darum – und das deutet die Referenz an die Wissenssoziologie an –, sozialwissenschaftliche Diskursforschung wieder auf das ursprüngliche Forschungsinteresse rückzubeziehen, mit dem Michel Foucault den Begriff des Diskurses eingeführt hatte. Denn nicht von ungefähr trug das entsprechende, 1969 erschienene Buch den Titel „Archäologie des *Wissens*" (Herv. RK), und schon zuvor hatte 1966 die „Ordnung der Dinge" den Untertitel „Archäologie der Humanwissenschaften" erhalten. Foucault zielte damit auf eine Untersuchung historischer Wissensformationen und deren Transformationen im Zeitverlauf, die als Effekt diskursiver Formationen analysiert werden sollten. Er nutzte den Diskursbegriff, um deutlich zu machen, dass wissenschaftliches Wissen in konkreten Äußerungspraktiken hergestellt wird, und schlug einige Konzepte vor, wie dies analysiert werden könne. In späteren Veröffentlichungen, insbesondere in „Der Fall Rivière" (Foucault 1975), forderte er stärker die Untersuchung des ‚Kampfes zwischen Diskursen' ein, die um die Definition von Situationen wetteifern. Gleichwohl hatte sich die nachfolgende Diskursforschung von der Beschäftigung mit Wissensformationen und von der Analyse diskursiv-definitorischer Konflikte und Kontroversen überwiegend doch weit entfernt.

Einige Punkte wendet die WDA nun allerdings gegen Foucault selbst ein. Diese umfassen zum einen seine konzeptionelle – nicht empirische! – Vernachlässigung der Rolle von Akteuren im Prozessieren von Diskursen. Dazu gehört auch die nicht vorhandene Theorie menschlichen Symbol- bzw. Zeichengebrauchs, der doch vorausgesetzt werden muss, damit diskursive Ereignisse erst statthaben können. Festzuhalten ist schließlich drittens die fehlende Methodologie und Methodenreflexion bezüglich der konkreten Datenbearbeitung durch die oder den Forschenden. Diese Einwände liegen ebenfalls der Benennung und Konzeption der Wissenssoziologischen Diskursanalyse zugrunde. Denn letztere stellt sich in eine spezifische Tradition der Wissenssoziologie, die als „sozialkonstruktivistische" oder „neue" Wissenssoziologie bezeichnet wird und im Wesentlichen auf die 1966 – also im Erscheinungsjahr von Foucaults „Ordnung der Dinge" – von Peter L. Berger und Thomas Luckmann in ihrem Buch „Die gesellschaftliche Konstruktion der Wirklichkeit" vorgelegte „Theorie der Wissenssoziologie" rekurriert (Berger/Luckmann 1980). Die Autoren nehmen darin im Rekurs auf die wichtigsten Klassiker der Soziologie eine dezidiert auf den Begriff des Wissens bezogene theoretische und begriffliche Analyse der Art und Weise vor, wie gesellschaftliche Wirklichkeit als objektive Realität entsteht und erscheint, und wie sie in die subjektive Wahrnehmung dieser Wirklichkeit zugleich eingebaut ist und durch letztere permanent hergestellt wird.[4] Im Unterschied zu Foucault betonen sie die sozialisatorisch aufgebaute menschliche Fähigkeit zur Zeichennutzung und das Handeln bzw. die Interaktion menschlicher Akteure als Grundlage von Institutionalisierungsprozessen, dem Aufbau von Sinnwelten bzw. symbolischen Ordnungen und der Emergenz von sozialen Strukturierungsleistungen. Sie schließen dazu unter anderem an Vorarbeiten der US-amerikanischen pragmatistischen Soziologie an, die (bspw. im Symbolischen Interaktionismus) vor allem mit den sozialisations- und symboltheoretischen Analysen von Georg Herbert Mead verbunden sind. Ergänzt wird dies durch den sozialphänomenologischen Unterbau einer Theorie der Sinnkonstitution und Zeichenverwendung im menschlichen Bewusstsein, eingebettet in die prinzipielle Intersubjektivität der Lebenswelt des Alltags, für den Alfred Schütz die entscheidenden Argumente liefert.

---

4 Zahlreiche ‚neuere' sozialwissenschaftliche Perspektiven übersehen gerade diesen Aspekt der permanenten und performativen Herstellung ebenso wie die Konfliktelemente oder auch den Realismus, der dieser ‚konstruktivistischen Perspektive' zugrunde liegt (vgl. zu letztem bspw. DeLanda 2006): „Wissen über die Gesellschaft ist demnach *Verwirklichung* [im englischen Original: „realisation", Anm. RK] im doppelten Sinne des Wortes: Erfassen der objektivierten gesellschaftlichen Wirklichkeit und das ständige Produzieren eben dieser Wirklichkeit in einem." (Berger/Luckmann 1980: 71)

Allerdings nahmen Berger und Luckmann in ihrer Theorie der Wissenssoziologie eine folgenreiche Einschränkung dergestalt vor, dass sie einforderten, die Analyse des „Allerweltwissens" solle in den Vordergrund wissenssoziologischer Analyse gestellt werden, da es sich bei der ‚alltäglichen Lebenswelt des Manns auf der Straße' um die grundlegende Wirklichkeitsebene handele. Eine solche Einschränkung des Analysefocus ergibt sich keineswegs zwangsläufig aus der Theoriekonstruktion – eher im Gegenteil! Sie benötigte deswegen ihrerseits eine Korrektur – und genau das leistet wiederum die Einführung des Diskursbegriffes in diese Tradition der Wissenssoziologie. Einer entsprechenden Korrektur und Erweiterung bedurfte auch die Hermeneutische Wissenssoziologie, die im deutschen Sprachraum das Theorieprogramm von Berger und Luckmann aufgegriffen und weiterentwickelt hatte. Die Hermeneutische Wissenssoziologie war in den 1990er Jahren angetreten, die erwähnte Theorie der Wissenssoziologie insbesondere um Fragen der Methodologie und Methodenreflexion zu ergänzen. Dafür stand und steht das neue Attribut ‚hermeneutisch'. Sie folgte dabei allerdings der von Berger und Luckmann vorgenommenen Engführung wissenssoziologischer Fragen. Zwar wurde programmatisch betont, die Auseinandersetzung der Handelnden mit den gesellschaftlich vorfindbaren Wissensvorräten in den Blick zu nehmen (Hitzler/Reichertz/Schröer 1999), doch standen letztlich das Wissen sowie die Sinn- bzw. Motivorientierungen von Handelnden in alltäglichen und professionellen Kontexten im Vordergrund. Hermeneutische Reflexion zielte so auf eine adäquate Rekonstruktion von deren Sinn- und Motivattributionen. Auch diese Übernahme der Engführung des sozialkonstruktivistischen Programmes, die sich in den hermeneutischen Analysestrategien der ProtagonistInnen Hermeneutischer Wissenssoziologie wiederspiegelte, ist keineswegs zwangsläufig. So ist die WDA eben auch als Ergänzung und Erweiterung der Hermeneutischen Wissenssoziologie konzipiert. Sie rekurriert dazu auf die allgemeinere Programmatik einer „sozialwissenschaftlichen Hermeneutik" (Hitzler/Honer 1997), die mit Hilfe des Hermeneutik-Begriffs die Reflexion interpretierender Vorgehensweisen in den Mittelpunkt rückt, unabhängig davon, ob letztere auf ‚intendierten Handlungssinn' gerichtet sind oder sich – wie in der WDA – auf die Analyse der ‚Positivität' von ‚Protokollen menschlicher Handlungen und Interaktionen' beziehen, ohne intentionale ‚Eigentlichkeit' fokussieren zu wollen. Erst so werden Diskurse als Prozesse der kommunikativen Wissenskonstruktion der Analyse zugänglich – und dass es sich hier um eine wissenssoziologisch eminent bedeutsame Ebene handelt, das hatten Autoren und Autorinnen der englischsprachigen Sozialwissenschaften lange schon erkannt und benannt. Wissenssoziologische Diskursanalyse schreibt sich damit ein in das Programm einer neuen Wissenssoziologie, welche die unterschiedlichsten gesellschaftlichen Mythen über das Warum und Wieso des Soseins gesellschaftlicher Wirklichkeit in den Blick nimmt:

> „Dementsprechend geht es in der wissenssoziologischen Forschung darum, systematisch die strukturellen Konstitutionsbedingungen dieser Mythen zu untersuchen: die Genres und Erzählformen, ‚Symbolisierungen und Bauelemente', historischen Argumentations- und Zitierlinien (‚Diskurse'), die Verfahren der Perspektiven-, Erwartungs- und Konsenskonstruktionen. Wenn es um das Beschreiben, das auslegende Verstehen und Erklären sozialer Orientierung, sozialen Handelns und sozialer Handlungsprodukte gehen soll, wird man um solche grundlegenden Analysen nicht herumkommen – es sei denn, man selbst fühle sich in den jeweiligen Mythen wohl." (Soeffner 2006: 57 f)

3   Kommunikative Konstruktion

Berger und Luckmann formulieren als Ziel ihrer Theorie die Beantwortung der folgenden Fragen:

> „Wie ist es möglich, daß subjektiv gemeinter Sinn zu objektiver Faktizität *wird*? Oder, in der Terminologie Webers und Durkheims: Wie ist es möglich, daß menschliches *Handeln* (Weber) eine Welt von *Sachen* hervorbringt? So meinen wir denn, daß erst die Erforschung der gesellschaftlichen Konstruktion der Wirklichkeit – der ‚Realität sui generis' – zu ihrem Verständnis führt. Das, glauben wir, ist die Aufgabe der Wissenssoziologie." (Berger/Luckmann 1980: 20)

In den Worten von Stephan Wolff ist dieses Theorieangebot der

> „wichtigste, vielleicht sogar der einzige allgemeintheoretische Versuch, die Gesellschaftstheorie von einem systematischen Verständnis der Bedeutung menschlicher Kommunikation für den gesellschaftlichen Aufbau der Wirklichkeit her zu entwickeln." (Wolff 1997: 50)[5]

---

5   Allerdings haben auch Jürgen Habermas und Niklas Luhmann seit den 1970er Jahren auf ihre sehr unterschiedliche Weise den Begriff der Kommunikation in den Mittelpunkt ihrer Theoriekonstruktionen gestellt.

Das Alltagsleben bzw. genauer: die intersubjektive Lebenswelt des Alltags ist, so argumentieren die Autoren, der Ort, an dem wir den anderen begegnen, in der wir uns im Rahmen von Kommunikationsprozessen andauernd die Existenz dieser Wirklichkeit – und genau dieser Wirklichkeit! – wechselweise anzeigen und sie für uns alle dadurch stabil halten. Die Aufrechterhaltung der jeweiligen Sinnbezüge im individuellen Bewusstsein erfordert unablässig einen kommunikativen Input:

> „Das notwendigste Vehikel der Wirklichkeitserhaltung ist die Unterhaltung. Das Alltagsleben des Menschen ist wie das Rattern einer Konversationsmaschine, die ihm unentwegt seine subjektive Wirklichkeit garantiert, modifiziert und rekonstruiert. (…) Der Austausch von ein paar Worten wie: ‚So allmählich wird's Zeit, daß ich zum Bahnhof gehe' und: ‚Stimmt, Schatz, mach's gut im Büro', setzt eine ganze Welt voraus, innerhalb deren die anscheinend so einfachen Aussagen Sinn haben. Kraft dieser Eigenschaft bestätigt ein solcher Austausch die subjektive Wirklichkeit der Welt." (Berger/Luckmann 1980: 163)

Die Kommunikationsprozesse, die im erwähnten Sinne bereits in der „gesellschaftlichen Konstruktion" eine bedeutende Rolle spielten, wurden insbesondere in Arbeiten von Hubert Knoblauch und Thomas Luckmann seit Anfang der 1990er Jahre stärker betont. Insofern lässt sich hier in bescheidenem Maße von einem ‚kommunikativen turn' sprechen. Hubert Knoblauch (1995) hat dieser Akzentuierung in seiner Theorie und Empirie der kommunikativen Konstruktion kultureller Kontexte eine weitere Ausarbeitung gegeben, die sich in erster Linie an den von Schütz unterschiedenen Zeichentypen (Anzeichen, Zeichen, Symbole) und deren Rezeption bei Hans-Georg Soeffner (1991) orientierte. Jo Reichertz (2009) widmet seine jüngeren Arbeiten vor allem der Rolle der „Kommunikationsmacht" und ihrer konstituierenden Elemente, einschließlich der Prämissen eines kommunikativen Konstruktivismus.[6] Von beiden Autoren werden so (in durchaus unterschiedlicher Weise) basale Elemente einer Perspektive herausgearbeitet, die den Aspekt der „kommunikativen Konstruktion" gesellschaftlicher Wissensvorräte und Wirklichkeitskonstruktion weitaus deutlicher konturieren, als dies in den früheren Referenzwerken der Fall gewesen ist. Dennoch bleibt der Ausgangspunkt in der sozialkonstruktivistischen Wissenssoziologie unverrückbar bestehen. Sprache als vielleicht wichtigste soziale Institution spielt schon dort in

---

6 Vgl. dazu auch die Beiträge von Knoblauch und Reichertz im vorliegenden Band.

den Prozessen der Wirklichkeitskonstruktion eine zentrale Rolle sowohl als Medium der gesellschaftlichen Sinnorganisation wie als Speicher der Wissensvorräte. Die Beschäftigung mit Sprache ergibt sich aus dem Wissensbegriff und der dahinter stehenden Zeichentheorie der sozialphänomenologischen Tradition. Alfred Schütz entwickelte eine Theorie des „Fremdverstehens", die das Problem des Sinnverstehens, bezogen auf das Handeln Anderer, lösen sollte. Ein wesentliches Element dieser Theorie ist die Unterscheidung mehrerer Zeichenarten und -funktionen. Schütz skizziert damit zugleich die Vermittlung zwischen dem individuell-subjektiv konstituierten Sinn und dem gesellschaftlich-intersubjektiven Wissensvorrat der Bedeutungen: „Die Welt des Alltags ist von vornherein intersubjektiv." (Schütz 1971a: 360; vgl. ebd. 331 ff) Die Zeichenbeziehung ist von Beginn an eine öffentliche Kommunikationsbeziehung zwischen zeichenäußerndem Ich und zeichendeutendem Anderen. Nach Schütz/Luckmann (1984: 207 ff) sind Sprache und andere Zeichensysteme als appräsentative Strukturen zu verstehen, die sich intersubjektiv aufbauen, geschichtlich abgelagert und gesellschaftlich vermittelt werden. Sie sind ihrerseits aus kommunikativen Handlungen hervorgegangen und haben insofern reflexiven Charakter, wie sie solche Handlungen einerseits überhaupt ermöglichen und andererseits darin reproduziert oder transformiert werden. Sie existieren also nicht, wie dies die strukturalistische Semiotik suggerierte, losgelöst von ihrem Gebrauch in Handlungskontexten.

Schon Schütz betonte nicht nur die kommunikative Erzeugung, sondern auch die kommunikative Vermittlung gesellschaftlicher Wissensvorräte in das Einzelbewusstsein; die Lebenswelt des Alltags ist in erster Linie eine „gemeinsame kommunikative Umwelt" und „kommunikative Lebenswelt" (vgl. Schütz 1971a: 363 [1955]). Luckmann und seine Mitarbeiter insistieren ebenfalls darauf, dass wir ‚empirisch' die Welt nur durch die Vermittlung kommunikativer Vorgänge kennen.[7] Diese Grundidee – jedes kommunikative Handeln unterliege also Regeln, die das Verhalten vorzeichnen und so für eine gewisse Strukturierung des kommunikativen Geschehens sorgen – wird bei Luckmann zum Ausgangspunkt einer Wissenssoziologie der kommunikativen Deutungs- und Darstellungsformen, des kommunikativen Haushaltes einer Gesellschaft, der seinerseits als Bestandteil des gesellschaftlichen Wissensvorrates gilt (Knoblauch/Raab/Schnettler 2002: 28 ff). Gesellschaftliche Wissensvorräte werden in Kommunikationsprozessen verschie-

---

7 Das von ihm in den 1980er Jahren zusammen mit Jörg Bergmann, Hubert Knoblauch u. a. entwickelte Programm der Analyse kommunikativer Gattungen greift auf Denkfiguren der russischen Sprachphilosophen Mikhail Bakhtin (1986) und Valentin N. Volosinow (1975) zurück, die bereits die Regulierung des Sprachgebrauchs in „speech genres", d. h. besonderen Themen, Konstruktionen und linguistischen Mustern für typische Sprechsituationen, betonten.

denster Art auf unterschiedlichen Ebenen aufgebaut, aufrechterhalten, verändert und weitergegeben. Kommunikationen dienen der Vermittlung von Typologien und Taxonomien sowie derjenigen von Wert- und Relevanzkriterien zur Handlungssteuerung und -koordination. Soziologisch beobachtbar ist die typische Abfolge kommunikativer Abläufe in sozialen Veranstaltungen und sozialen Milieus. In diesem Zusammenhang spricht Luckmann (2002a) selbst vom „kommunikativen Paradigma der neuen Wissenssoziologie" und von der „kommunikativen Konstruktion der gesellschaftlichen Wirklichkeit", die der theoretischen Ausweitung und empirisch-methodologischen Neuausrichtung der Wissenssoziologie zur Analyse des Verständigungshandelns in seinen Einzelheiten zugrunde liege. Der Begriff des „kommunikativen Haushaltes" dient als Bezeichnung für die dynamische Seite der Objektivierungs- und Vermittlungsprozesse des Wissens, die Berger/Luckmann programmatisch skizzierten:

„Der kommunikative Haushalt bildet zusammen mit dem gesellschaftlichen Wissensvorrat die Kultur einer Gesellschaft. Dabei stellt der kommunikative Haushalt ein Komplement zum gesellschaftlichen Wissensvorrat dar. Bezeichnet der gesellschaftliche Wissensvorrat als statische Kategorie das sozial abgeleitete, subjektive Wissen der Handelnden, dessen soziale Verteilung und institutionelle Verankerung, so werden mit dem kommunikativen Haushalt gleichsam die dynamischen Aspekte der Objektivierung und Vermittlung des Wissens erfaßt. Schon zum typischen subjektiven (und damit auch gesellschaftlichen) Wissensvorrat gehört freilich auch die kommunikative Kompetenz der Handelnden, die als Grundlage aller Kommunikation das Wissen über kommunikative Formen, die Fertigkeiten zum Vollzug kommunikativer Handlungen und die sozial verteilte Verfügbarkeit kommunikativer Mittel umfasst (...) Ausgehend von der funktionalen Annahme, daß sich Verfestigungen kommunikativer Vorgänge und Situationen dort ausbilden, wo relevante Probleme bewältigt werden, dient das Konzept des kommunikativen Haushalts gewissermaßen als eine Relieflandkarte des gesellschaftlichen Relevanzsystems." (Knoblauch 1995: 303 f)

4 Pragmatismus

Die enorme Rolle, die der sprachlichen Zeichennutzung und den kommunikativen Vorgängen im Werk von Berger und Luckmann zugesprochen wird, speist sich freilich nicht nur aus dem erwähnten Rekurs auf die Schützsche Sozialphänomenologie. Vielmehr ist darin vor allem auch die Tradition des US-amerikanischen Pragmatismus nachhaltig präsent, deren philosophische und soziologische

Vertreter Anfang des 20. Jahrhunderts unermüdlich die Rolle der Kommunikationsvorgänge für die Konstitution menschlicher Kollektive betonten.[8] Das kommt in einem schönen Zitat von Kenneth Burke zum Ausdruck:

> „Der Stoff zu dem Drama kommt aus dem ‚unendlichen Gespräch', das schon im Gang ist, wenn wir geboren werden. Es ist, wie wenn ich einen Salon betrete. Ich bin recht spät gekommen, andere sind schon länger da und sind in einem lebhaften Gespräch begriffen. Die Erregung ist nicht gering und keiner will einen Augenblick innehalten, um mir zu berichten, worum es eigentlich geht. Genaugenommen kann das auch niemand, denn das Gespräch war schon längst im Gange, als noch keiner von den jetzt Anwesenden da war, und daher wäre keiner von ihnen in der Lage, alle vorhergegangenen Phasen der Diskussion zu rekapitulieren. Ich höre eine Zeitlang zu, bis ich glaube, das, worum es geht, einigermaßen mitbekommen zu haben – und ich beginne mitzureden. Einer antwortet, ich antworte ihm, ein zweiter kommt mir zu Hilfe, ein dritter nimmt Partei gegen mich, was meinen Gegner entweder freut oder ihm peinlich ist – das hängt davon ab, wie gut oder schlecht der Beistand ist, den ich von meinem Verbündeten bekomme. Doch die Diskussion nimmt kein Ende. Es wird spät, ich muß gehen. Und wenn ich gehe, ist das Gespräch immer noch mit unverminderter Lebhaftigkeit im Gange. Aus diesem unendlichen Gespräch (diese Vorstellung liegt dem Werk Georg Herbert Meads zugrunde) kommt der Stoff für das Drama." (Burke 1966: 105 f. [1941])

Gegen Marx, der das Wesen des Menschen in seiner tätigen Auseinandersetzung mit der Natur in Gestalt von „Arbeit" sah und dies als primäres gesellschaftliches Verhältnis betrachtete, betonte Mead, dass die Abstimmung der Arbeitsprozesse, der religiösen Rituale, des Wirtschaftens usw. der Kommunikation bedarf: „Der Kommunikationsprozeß ist also in gewissem Sinn universaler als diese verschiedenen kooperativen Prozesse. Er ist das Medium, durch das die kooperativen Tätigkeiten in einer ihrer selbst bewußten Gesellschaft abgewickelt werden können." (Mead 1973: 306) Erst die Inhalte der Kommunikation entwickeln sich aus den Situationen und den durch sie gestellten Problemen, in denen sich Gesellschaften wiederfinden. Dies gilt ähnlich für die gedankliche Beschäftigung mit den eigenen Erfahrungen, Handlungssituationen, Gefühlen, Empfindungen, Stimmungen, Er-

---

8   Nachdem längere Zeit eher Gegensätze zwischen Mead und Schütz betont wurden, setzt sich allmählich eine Interpretation durch, die ungeachtet der je unterschiedlichen Fragestellungen vielfältige Parallelen erkennt und diese auf die pragmatistischen Elemente in den Werken beider Autoren bezieht (Srubar 1988; Keller 2010).

lebnissen, Erinnerungen usw. Natürlich ist unser Alltagsleben nicht durchgängig von solchen Momenten der Reflexion durchzogen. Viele Handlungen vollziehen wir ganz routiniert, ohne uns damit zu beschäftigen: ich gehe, rede dabei, sondiere nebenbei, ob ich Passanten ausweichen muss; gleichzeitig atmet mein Körper, mein Blut zirkuliert usw. Meads Grundannahme ist ähnlich wie schon bei Cooley, dass die Erfahrung des eigenen „Selbst" nicht unmittelbar erfolgt, sondern vermittelt wird über den Standpunkt anderer Individuen bzw. den verallgemeinerten Standpunkt einer sozialen Gruppe, der man angehört:

> „Das Ich ist – in der Form, in der es ein Objekt seiner selbst sein kann – im Grunde eine gesellschaftliche Struktur, es entsteht in sozialer Erfahrung. Nachdem ein Ich entstanden ist, sorgt es gleichsam selbst für seine gesellschaftlichen Erfahrungen, und daher können wir uns ein völlig auf sich gestelltes Ich vorstellen. Aber es ist völlig unmöglich, ein Ich anzunehmen, das außerhalb sozialer Erfahrung entstünde. (…) Wir verfolgen ständig, wie wir auf andere Menschen wirken: indem wir verstehen, was wir sagen und dieses Verständnis zur Orientierung unserer weiteren Rede gebrauchen. Während wir etwas sagen und tun, stellen wir fest, was wir dann sagen und tun wollen; dabei kontrollieren wir diesen Prozeß ständig." (Mead 1969: 268)

Denken ist in diesem Sinne eine nach innen genommene Interaktion und Kommunikation, ein Selbst-Gespräch, das die Kompetenz zur Nutzung signifikanter Symbole voraussetzt: nur dann kann ich Zeichen benutzen, deren Bedeutung hinreichend konstant ist, damit mein Bewusstsein damit arbeiten und bspw. einen Gedanken vom folgenden, ‚meinen Körper' vom Hemd, das ich trage, oder auch vom Hund, der mir gerade ins Bein beißt, unterscheiden kann. Im Prinzip funktioniert diese Kommunikation mit sich selbst wie die tatsächliche Kommunikation mit anderen. Es ist deswegen kein Zufall, dass die Pragmatisten – insbesondere John Dewey (1996 [1927]) – die Bedeutung der gesellschaftlichen Öffentlichkeit, der Debatten und kollektiven Kommunikationsprozesse hervorhoben, die kollektive Erfahrungen mit nicht vorhergesehenen Handlungsfolgen, die dadurch ausgelösten Irritationen und anschließende gemeinsame Suchprozesse nach Problemlösungen begleiten: *Gesellschaft existiert durch und in Kommunikation.* Das Selbstbewusstsein und die Verschiedenheit der Gesellschaftsmitglieder sind Bedingungen gelingender Kommunikation, denn sonst wäre sie nicht notwendig. „Kommunikation" ist also prinzipiell (und ungeachtet der Möglichkeit konflikthafter Kommunikationsprozesse und des „Widerstreits" nach Lyotard) das, was Verbindungen stiftet, woraus die Gemeinsamkeit der Institutionen und Denkgebilde einer Gesellschaft hervorgeht:

„Not only does communication involve the creation, out of experiences that are individual and private, of an experience that is common and public but such a commen experience becomes the basis for a common and public existence in which every individual, to greater or lesser extent, participates and is himself a part. (...) The characteristic product of a group of individuals, in their efforts to communicate is, on the other hand, something objective and understood, that is, a gesture, a sign, a symbol, a word, or a concept in which an experience or purpose that was private becomes public. This gesture, sign, symbol, concept or representation in which a common object is not merely indicated, but in a sense created, Durkheim calls a ‚collective representation'. Dewey's description of what takes place in communication may be taken as a description of the process by which these collective representations come into existence." (Park/Burgess 1924: 37 f)

Soziale Gruppen bilden ein gemeinsames, keineswegs widerspruchsfreies Kommunikations- und Bedeutungsgefüge aus, ein *universe of discourse*, das sich in ständigem Fließgleichgewicht befindet. Dieses „Diskursuniversum" ist die Grundlage dafür, dass die Handlungs- und Erfahrungsprozesse verschiedener Individuen innerhalb einer sozialen Gruppe überhaupt aufeinander bezogen, gegeneinander abgewogen, miteinander abgestimmt werden können. Doch es gibt jeweils nicht nur ein, sondern mehrere, mehr oder weniger stark konfligierende bzw. konkurrierende oder einfach nebeneinander existierende solche Diskursuniversen – je nach Komplexität der jeweiligen Gesellschaftsstrukturen. Kommunikation kann deswegen sowohl Verbindungen stiften wie auch Trennlinien errichten: „The expression ‚different universes of discourse' indicates how communication separates as well as unites persons and groups." (Park/Burgess 1924: 423). Nicht nur die Denkweisen, auch die Handlungsroutinen sind aufgrund der engen, unauflösbaren Verflechtung von Denken und Handeln in diesem Sinne sozialer Natur. Was für das individuelle Handeln gilt, lässt sich auch für das kollektive Handeln festhalten. Hier sind es öffentliche Kommunikationsprozesse, die analog zu den individuellen Bewusstseinstätigkeiten gedacht werden und in denen sich die experimentierend-tastende Suche nach Problemlösungen vollzieht, bis hin zur „Bildung von Staaten" als „experimenteller Prozeß" zur Lösung von Handlungsproblemen, der ebenfalls immer wieder neu gestartet werden muss (Dewey 1996: 42 [1927]):

„Menschliches Handeln stößt auf Probleme und führt zu unintendierten oder unantizipierten Konsequenzen, welche von dem handelnden Kollektiv reflexiv verarbeitet werden müssen. Im Rahmen gemeinschaftlicher Standards werden Handlungsfolgen von spezifisch vorgesehenen Institutionen, aber auch von allen betroffenen Individuen und

Kollektiven wahrgenommen, interpretiert, bewertet und in der Vorbereitung künftiger Handlungen berücksichtigt. In diesem Prozeß der Folgeninterpretation und -bewertung spielt die Kommunikation zwischen allen Betroffenen eine wesentliche Rolle." (Joas 1992a: 35)

Menschliche Gesellschaften unterscheiden sich von pflanzlichen und tierischen Milieus durch die spezifische Art und Rolle der Kommunikationsprozesse, die andere Verbindungen zwischen Menschen stiften, als sie zwischen Tieren und Pflanzen beobachtbar sind.[9] Kommunikation ist die Brücke zwischen den Individuen, der Prozess, in dem ein „öffentliches Diskursuniversum" entsteht, ein Bereich, in dem die verschiedenen Perspektiven aufeinander treffen und gemeinsame Symbole und Situationsdeutungen entwickeln können:

„Society not only continues to exist *by* transmission, *by* communication, but it may fairly be said to exist *in* transmission, *in* communication. There is more than a verbal tie between the words common, community, and communication." (John Dewey 1916, zit. nach Park/Burgess 1924: 36)

Für Park & Burgess gilt bereits 1921 selbstverständlich, dass die neuen Kommunikationstechnologien ihrer damaligen Zeit die Weltgesellschaft hergestellt haben und damit umfassende Transformationen der ‚angeschlossenen' Kulturen angestoßen sind:

„World-society of today, which depends upon the almost instanteneous communication of events and opinion around the world, rests upon the invention of telegraphy and the laying of the great ocean cables. Wireless telegraphy and radio have only perfected these earlier means and render impossible a monopoly or a censorship of intercommunication between peoples. The traditional cultures, the social inheritances of ages of isolation, are now in a world-process of interaction and modification as a result

---

9   Ein stärker metaphorischer Sprachgebrauch kann sicherlich darauf hinweisen, dass Kommunikation in unterschiedlichsten Systemtypen oder bei den verschiedensten lebendigen Arten eine zentrale Rolle spielt und keineswegs als menschliche Spezialität angesehen werden sollte. Allerdings impliziert dies nicht, dass Kommunikation überall nach den gleichen Spezifika verläuft; zudem scheint mir das kaum behebbare Problem einer unzulässigen und ungesehen sich vollziehenden ‚Vermenschlichung' bei einem in dieser Weise generalisierten Kommunikationsbegriff doch nicht unerheblich. Das führt dann eher zur Verwirrung als zum tatsächlichen Verständnis und zur Erklärung solcher Phänomene. Ein ähnliches Problem erzeugt der generalisierte Aktanten und Handlungsbegriff der Aktor-Netzwerk-Theorie.

of the rapidity and the impact of these modern means of the circulation of ideas and sentiments." (Park/Burgess 1924: 343 [1921])

Die kulturelle Ordnung wird, so nahmen Park und Burgess an, über zwei Basisprozesse erzeugt: die Kommunikation, die integrierend und vergesellschaftend wirke, und die Konkurrenz, die individualisierend und arbeitsteilend wirke. Die Kommunikationsprozesse übernehmen in der Abfolge von Interaktionskonstellationen eine zentrale Rolle, denn über sie entsteht die neue Form des sozialen Zusammenhalts. Park interessierte sich deswegen gerade für die ‚ethnische Presse‘, d. h. für die spezifischen Medienkulturen der einzelnen Migrantengruppen und für die Frage, inwieweit dort Unterschiedlichkeiten fortgeschrieben oder auch Bezüge zur US-amerikanischen Kultur und Gesellschaft hergestellt wurden. Kommunikationsprozesse bilden nicht nur – etwa in Gestalt der massenmedialen Öffentlichkeit – eine insgesamt historische Grundlage des sozialen Zusammenhalts, sondern sind auch die Vorbedingung jeglicher Ausbildung der menschlichen Persönlichkeit.

5 Diskursive Konstruktion

Einen begrifflich-analytischen Vorschlag von Angelika Poferl (2004) aufgreifend haben Keller/Hirseland/Schneider/Viehöver (2005) sowie Keller (2010 [2005]) die „diskursive Konstruktion von Wirklichkeit" als einen spezifischen Teilbereich gesellschaftlicher Wirklichkeitskonstruktion bzw. entsprechender Prozesse bestimmt. Innerhalb der deutschsprachigen Wissenssoziologie hatte zunächst Hubert Knoblauch (1995) das Konzept der kommunikativen Gattungen in programmatischer Zielsetzung aufgegriffen und unter Einbezug diskursorientierter Ansätze des Symbolischen Interaktionismus zu einer wissenssoziologischen Theorie der „Kommunikationskulturen" bzw. der „kommunikativen Konstruktion kultureller Kontexte" erweitert: „Die kommunikative Konstruktion symbolischer Wirklichkeit ruht im wesentlichen auf den gesamtgesellschaftlichen Diskursen und den sie tragenden Diskursgemeinschaften." (Knoblauch 1995: 297 f) Für die in der Wissenssoziologischen Diskursanalyse vorgenommene und stärker ausgearbeitete Einführung eines durch Foucault informierten Diskursbegriffs in die Wissenssoziologie erweist sich nun der bereits wiederholt gebrauchte Begriff des „universe of discourse" als eine wichtige Schlüssel- und Stellgröße. Interessanterweise wurde er in deutschen Übersetzungen etwa der Meadschen Vorlesungen durch Umschreibungen ersetzt, die nicht unbedingt nahelegten, um was es im pragmatistischen Kontext ging: die Betonung der interaktiven und kommunikativen, d. h. prozesshaften Erzeugung symbolischer Ordnungen bzw. gesellschaftlicher Sinnhorizonte.

Im Unterschied zur Semiotik von Saussure entwickeln Charles S. Peirce, George Herbert Mead oder Charles Morris eine Zeichentheorie, welche die Zeichenanwendung als auf einen Zeichenkontext bezogene Interpretation begreift und dabei auch von Diskursen spricht. Im soziohistorischen Prozess des Sprachgebrauchs bilden sich entlang der institutionellen Einbettungen und Praxisfelder bzw. Funktionsoptimierungen verschiedener „Sprachzwecke" „Sprachspezialisierungen" aus, die von Morris schon in den 1940er Jahren als „Diskurstypen" bezeichnet werden. Mit dem Begriff „Diskurs" belegt er entsprechende soziale Konventionalisierungen und Institutionalisierungen des Sprachgebrauchs:

> „Im Laufe der Zeit haben sich verschiedene Spezialisierungen dieser Alltagssprache herausgebildet, damit bestimmte Zwecke adäquater erfüllt werden können. Diese Sprachspezialisierungen werden *Diskurstypen* genannt. Bücher werden z. B. als wissenschaftlich, mathematisch, poetisch, religiös usw. klassifiziert, und im Rahmen dieser umfassenderen Klassifikationen gibt es fast unbegrenzte Unterabteilungen und Überschneidungen." (Morris 1981: 215 [1946])

Die innerhalb der pragmatistischen Sprach- und Symbolphilosophie etablierte Vorstellung vom „Diskursuniversum" weist Ähnlichkeiten mit Wittgensteins Konzeption der „Sprachspiele" auf (Schalk 1997/98: 92 ff; Wittgenstein 1990). Als Sprachspiele bezeichnet Wittgenstein abgrenzbare Aussageweisen, die durch spezifische Regeln und Eigenschaften ihres Gebrauchs unterscheidbar sind. Peirce und Mead beziehen sich mit dem Konzept des „universe of discourse" in ihren Theorien darauf, dass sich die Bedeutung sprachlicher Äußerungen erst vor dem Hintergrund eines Bedeutungskontextes in Gestalt eines sozialen Diskursuniversums ergibt, das die implizierten Prozesse der Kodierung und Dekodierung reguliert.[10] Dieses Diskursuniversum ist – so Mead – ein gemeinsames (geteiltes) soziales Bedeutungssystem, das durch eine Gruppe von Individuen erzeugt wird, die an einem sozialen Prozess der Erfahrung und des Verhaltens teilhaben:

---

10 Schalk verortet die Herkunft des Begriffs in der Logik von Boole (George Boole: An Investigation of the Laws of Thought, 1854).

„This universe of discourse is constituted by a group of individuals (...) A universe of discourse is simply a system of common or social meanings." (George Herbert Mead: Mind, Self and Society. Chicago 1963: 89 f; zitiert nach Schalk 1997/98: 97)

In der deutschen Übersetzung der entsprechenden Passagen des Meadschen Werkes ist statt von einem *Diskursuniversum* von einem *logischen Universum* die Rede:

„Die signifikanten Gesten oder Symbole setzen für ihre Signifikanz immer den gesellschaftlichen Erfahrungs- und Verhaltensprozeß voraus, innerhalb dessen sie sich entwickeln. Der Logiker würde sagen, daß ein logisches Universum immer als der Kontext verstanden wird, in dem signifikante Gesten oder Symbole tatsächlich Signifikanz haben. Dieses logische Universum wird aus einer Gruppe von Individuen gebildet, die an einem gemeinsamen gesellschaftlichen Erfahrungs- und Verhaltensprozess teilnehmen, in dem diese Gesten oder Symbole für alle Mitglieder dieser Gruppe den gleichen oder einen allen gemeinsamen Sinn haben (...) Ein logisches Universum ist einfach ein System gemeinsamer oder gesellschaftlicher Bedeutungen." (Mead 1973: 129 f)

Die Existenz des Diskursuniversums ist also Bedingung für die Generalisierbarkeit von Symbolen bzw. umgekehrt: Das Diskursuniversum wird in der sozialen Praxis der Gruppe konstituiert und bildet ihren gemeinsamen Deutungshorizont. Erst und nur die kommunikative Symbolverwendung ermöglicht das Auftreten und die Differenzierung von Situationen und Objekten, „da sie Teil jenes Mechanismus ist, durch den diese Situationen oder Objekte geschaffen werden" (Mead 1973: 117).

Die pragmatistischen Zeichen- und Symboltheorien sprechen von *Diskurstypus* bezüglich abgrenzbarer Konventionalisierungen des Sprachgebrauchs, von *Diskursuniversum* im Hinblick auf die Stabilisierung von Sinnordnungen als Voraussetzung und Folge des Zeichengebrauchs in sozialen Kollektiven. Die Zeichen- und damit auch Wissenstheorie von Alfred Schütz bzw. Peter Berger und Thomas Luckmann bewegt sich innerhalb dieser Grundlegungen der pragmatistischen Tradition. Schütz selbst benutzt an verschiedenen Stellen in seinen Schriften den Begriff des „universe of discourse" im Sinne eines sozial erzeugten und dem einzelnen Handelnden vorgängigen Deutungszusammenhangs.[11] Zwar führt er dieses Konzept nicht systematisch ein, aber in gewisser Hinsicht lässt sich seine

---

11 Vgl. etwa Schütz (1973b: 110; 1973a: 250, 256; 1973c: 323). In der deutschen Übersetzung werden verschiedene Begriffe zur Übertragung von ‚universe of discourse' (‚gemeinsame Sprache', Welt des Dialogs u. a.) benutzt. In keinem Fall taucht das Konzept selbst auf.

Zeichen-, Kommunikations- und Wissenstheorie als *Ausarbeitung einer Theorie des oder besser: der multiplen „universe(s) of discourse"* verstehen. Bspw. schreibt Schütz in seinen Ausführungen über die „Welt der wissenschaftlichen Theorie":

„All this, however, does not mean that the decision of the scientist in stating the problem is an arbitrary one or that he has the same ‚freedom of discretion' in choosing and solving his problems which the phantasying self has in filling out its anticipations. This is by no means the case. Of course, the theoretical thinker may choose at his discretion, only determined by an inclination rooted in his intimate personality, the scientific field in which he wants to take interest and possibly also the level (in general) upon which he wants to carry on his investigation. But as soon as he has made up his mind in this respect, the scientist enters a preconstituted world of scientific contemplation handed down to him by the historical tradition of his science. *Henceforth, he will participate in a universe of discourse embracing the results obtained by others, methods worked out by others.* This theoretical universe of the special science is itself a finite province of meaning, having its peculiar cognitive style with peculiar implications and horizons to be explicated. The regulative principle of constitution of such a province of meaning, called a special branch of science, can be formulated as follows: Any problem emerging within the scientific field has to partake of the universal style of this field and has to be compatible with the preconstituted problems and their solution by either accepting or refuting them. Thus the latitude for the discretion of the scientist in stating the problem is in fact a very small one." (Schütz 1973b: 250; Herv. RK)[12]

In Bezug auf die Möglichkeit wissenschaftlicher Theoriebildung führt er aus:

„Theorizing (…) is, first, possible only within a universe of discourse that is pregiven to the scientist as the outcome of other people's theorizing acts." (Schütz 1973b: 256)[13]

---

12 Die deutsche Übersetzung der Passage lautet: „(…) Sobald der Wissenschaftler sich aber entschieden hat, betritt er die bereits vorkonstituierte Welt wissenschaftlichen Denkens, die ihm von der historischen Tradition seiner Wissenschaft überliefert worden ist. *Von nun an wird er an einer Welt des Dialogs teilnehmen.* Diese umfaßt die Ergebnisse, die von anderen erarbeitet, Probleme, die von anderen gestellt wurden, Lösungen, die andere vorgeschlagen und Methoden, die andere entwickelt haben. (…)." (Schütz 1971a: 288; Herv. d. Verf.)

13 Auch hier wählt die deutsche Übersetzung einen anderen Begriff. So lautet die entsprechende Passage: „(…) Theoriebildung (ist) erstens nur innerhalb einer Welt wissenschaftlichen Dialogs möglich, die dem Wissenschaftler als Ergebnis fremder theoretischer Handlungen vorgegeben ist." (Schütz 1971a: 294)

Schließlich heißt es im Kontext seiner Überlegungen über die Notwendigkeit der weitreichenden Übereinstimmung von Relevanzsystemen als Grundlage für „erfolgreiche Kommunikation":

> „The greater the differences between their system of relevances, the fewer the chances for the success of the communication. Complete disparity of the system of relevances makes the establishment of a universe of discourse entirely impossible." (Schütz 1973c: 323)[14]

Schütz verweist entschieden darauf, dass der Zeichengebrauch als Deutungsprozess und die darin eingebundenen Appräsentationsleistungen sich nicht auf ein isoliertes Zeichen bzw. Objekt beziehen, sondern auf ein – wenn man so will: diskursgeneriertes – Netz von Verweisungen, in das es eingebunden ist:

> „Es gibt aber weder in der unmittelbaren noch in der analogischen Erfahrung so etwas wie ein isoliertes Objekt, das ich beziehungslos erfahren haben könnte. Jeder Gegenstand ist Gegenstand innerhalb eines Felds, zum Beispiel eines Wahrnehmungsfelds; jede Erfahrung ist von einem Horizont umgeben; beide gehören zu einem bestimmten Bereich (einer ‚Ordnung'), der seinen eigenen Stil hat. (…) Ein mathematisches Objekt, zum Beispiel ein gleichseitiges Dreieck, verweist auf alle Axiome und Theoreme, welche dieses mathematische Objekt definieren, wie auch auf alle Theoreme usw., die im Begriff der Dreieckigkeit und der Gleichseitigkeit gründen, so auf ein regelmäßiges Viereck und schließlich auf eine geometrische Figur im allgemeinen." (Schütz 1971a: 344)

Das kollektiv erzeugte Diskursuniversum bildet die Grundlage und Voraussetzung des Funktionierens von Apperzeptions- und Appräsentationsprozessen. Die im kommunkativen Handeln erfolgende Sprach- und Symbolverwendung ist eine durch soziale Konventionalisierungen geregelte gesellschaftliche Praxis:

> „Eine besondere geschichtliche Sozialstruktur hat eine besondere Kette typischer kommunikativer Vorgänge gesteuert: diese brachten – über Stabilisierung und Wandel schon vorhandener Elemente – eine bestimmte Sprachstruktur und Schichtung hervor.

---

14 Als Beispiel für ein „Höchstmaß an Übereinstimmung" gelten ihm „hochformalisierte und standardisierte Fachsprachen". In der deutschen Übersetzung lautet die oben zitierte Passage so: „Je größer der Unterschied zwischen ihren Relevanzsystemen, je geringer die Möglichkeiten für eine erfolgreiche Kommunikation. Bei gänzlich verschiedenen Relevanzsystemen kann es nicht mehr gelingen, eine ‚gemeinsame Sprache' zu finden" (Schütz 1971b: 373).

Zum anderen regelt aber eine gegebene Sozialstruktur mehr oder minder verbindlich und in mehr oder minder funktionsbezogener Weise die typischen Verwendungen der vorhandenen kommunikativen Mittel in typischen Situationen, begonnen mit den frühen Phasen des Spracherwerbs (...) bis zur institutionellen Festlegung semantischer, syntaktischer und rhetorischer Elemente der Kommunikation. (...) Darüber hinaus wird der aktuelle Gebrauch kommunikativer Mittel in konkreten Situationen gesellschaftlich geregelt. Die Regelungen können aus streng bis lose gehandhabten negativen und positiven Selektionsregeln bestehen. Dazu gehören Verbote wie Worttabus, Verpönungen bestimmter Stilvarianten in gewissen Situationen oder gegenüber bestimmten Personentypen, Gebote für den Gebrauch bestimmter Sprachformen oder ganzer Sprachschichten wie in der verbindlichen (symmetrischen oder asymmetrischen) Benutzung statusbedingter Anredeformeln, Stilvarianten usw. (...) Der Gebrauch kommunikativer Mittel ist also sowohl von der geschichtlich verfügbaren Struktur der kommunikativen Mittel wie von der konkreten gesellschaftlichen Regelung kommunikativer Vorgänge bestimmt (...) Der aktuelle Gebrauch kommunikativer Mittel setzt sich ebenfalls aus Regelbefolgung, Routine und aus dem – wenn auch noch so eingegrenzten – Handeln in der Wir-Beziehung zusammen. Daraus ergibt sich Strukturerhaltung und Strukturwandel." (Schütz/Luckmann 1984: 209 f)

Damit sich die erwähnten Zeichen/Typisierungen zur sprachlichen Gestalt eines komplexen, sozial geteilten „universe of discourse" (Schütz/Luckmann 1984: 327) bzw. eines kollektiven Wissensvorrates stabilisieren können, ist historisch-genetisch eine gewisse Kongruenz der Handlungsrelevanzen notwendig – das ist nicht zuletzt ein Grundthema der „Gesellschaftlichen Konstruktion der Wirklichkeit". Der Gebrauch der Typisierungen ist dann zwar sozial reguliert, aber nicht vollständig determiniert. Es besteht also prinzipiell eine gewisse Freiheit des Deutens und Handelns in konkreten Situationen sowie ein Überangebot an Verständigungsformen und Mustern für Sinnzuschreibungen. Gesellschaften unterscheiden sich nach dem bereitgestellten Spektrum solcher Wahlmöglichkeiten. Diskursive Formationen im Sinne Foucaults, also abgrenzbare und spezifizierbare Regelmäßigkeiten und Regeln von Aussagen und deren Produktion lassen sich als Spezifizierungen im und des „universe of discourse" begreifen, als eben genau die „Diskurstypen", von denen Charles Morris sprach. Im Sinne der pragmatistischen Konzeption des Diskursuniversums wird der Aufbau gemeinsamer und geteilter Signifikationsstrukturen als (sozialer) Prozess begriffen, der zwischen Reproduktionen und Transformationen solcher Sinnordnungen oszilliert. Seine gesellschaftlichen Konventionalisierungen beziehen sich nicht nur auf die formalen Ablaufstrukturen des Sprachgebrauchs, wie das Konzept der kommunikativen

Gattungen nahe legt, sondern auch auf die Inhalte der entsprechenden „Sprachspiele" oder „Diskurstypen", also die Bedeutungsgehalte von Zeichen bzw. Typisierungen und Wissen innerhalb eines Diskursuniversums – und auf das mehr oder weniger konflikthafte Aufeinandertreffen unterschiedlicher Diskurstypen/Diskursuniversen in konkreten gesellschaftlichen Prozessen der Problematisierung bzw. der Auseinandersetzungen über die angemessene „Definition der Situation". Aus der Perspektive der Wissenssoziologischen Diskursanalyse lässt sich so das Problem des Verhältnisses von sozial stabilisierten Signifikationsstrukturen (Differenzstrukturen auf der Bedeutungsebene der Diskurse) und der reproduzierenden oder transformierenden Bedeutungszuweisung im kommunikativen Handeln interpretierender Akteure angemessen begreifen. Im Sinne der „Dualität von Struktur und Handeln" (Anthony Giddens) bzw. der „gesellschaftlichen Konstruktion" werden in diskursiven Praktiken Aussageweisen und Bedeutungshorizonte als Apperzeptions- und Appräsentationsschemata generiert und vorübergehend konventionalisiert. Sie liegen als instruierende Regeln den diskursiv-kommunikativen Praktiken wiederum zugrunde und werden im praktischen Gebrauch aktualisiert, also zugleich reproduziert und gegebenenfalls erneuert bzw. verändert. Ihre Anwendung setzt immer und unweigerlich Interpretationsleistungen der beteiligten Akteure voraus.

6 Wissenssoziologische Diskursanalyse

Die theoretisch-begrifflichen Grundlagen, die methodologischen Implikationen, die methodischen Vorgehensweisen sowie Fragestellungen der WDA sind an anderer Stelle ausführlich diskutiert worden (vgl. Keller 2010, 2011). Deswegen soll hier nur eine kurze Zusammenfassung die Kernelemente abschließend umreißen. Die WDA versteht sich als Forschungsprogramm zur Analyse gesellschaftlicher Wissensverhältnisse und Wissenspolitiken. Sie nimmt Diskurse als strukturierte kommunikative Handlungen bzw. Praktiken des Zeichen- bzw. Symbolgebrauchs in den Blick, die in gesellschaftlich-öffentlichen oder teilgesellschaftlichen Arenen stattfinden und an denen sowohl kollektive (organisatorische) wie individuelle Akteure teilhaben können. Sie begreift die kommunikative Artikulations-Aktivität solcher Akteure einerseits als Grundlage einzelner diskursiver Ereignisse; andererseits betont sie, dass sie sich nur als eingebettet in diskursive Kontexte verstehen und entschlüsseln lässt. D.h. dass soziale Akteure bestehende Sprecherpositionen einnehmen oder neue erschließen, dass sie im Rückgriff auf diskursiv strukturierte und sozialisatorisch erworbene Kompetenzen der Zeichennutzung die Äußerungen und Aussagen hervorbringen, die der Konstruktion und Transformation von Wissen in Diskursen zugrunde liegen. Die damit angesprochenen diskursiven Praktiken müssen hinreichende Übereinstimmung in Thema und Strukturierung aufzeigen, um als Element eines Diskurses begriffen zu werden. Nur so wird bspw. erkennbar, was Soziologie von Pychologie, die Klimadebatte von der Hartz-IV-Diskussion bzw. die entsprechenden Diskurse und Subdiskurse untereinander und von anderen (bspw. religiösen Diskursen) trennt. Gerade öffentliche Diskurse zeigen dabei vielfache hybride Mischungen aus unterschiedlichen Diskurselementen. Bedeutsam ist hier mithin auch die Idee der (weitgehenden) Wiederholung und der Gleichzeitigkeit: Diskurse entfalten sich in der Zeit in Gestalt sich wiederholender, verstreuender, zueinander relationierender oder relationierbarer Aussagen und diskursiven Ereignisse. Wissenssoziologische Diskursanalyse legt es daher nahe, die diskursive Konstruktion von Wirklichkeit in historischen und sozial-räumlich weiter ausholenden Datenformaten zu untersuchen, als es in der qualitativen Sozialforschung üblich ist. In jüngerer Zeit werden hier insbesondere Affinitäten zur Weiterentwicklung der Grounded Theory zur „Situationsanalyse" (Clarke 2012) deutlich.

Im Rahmen eines kommunikativen Konstruktivismus interessiert sich die WDA mithin für diejenigen spezifisch abgrenzbaren Erscheinungsformen des kommunikativen Handelns, die als Diskurse begriffen werden können. Sie stellt dafür ein an anderer Stelle erläutertes Analysewerkzeug zur Verfügung, das im Rückgriff auf den Begriff des Dispositivs auch den unterschiedlichen Materialitäten und Verflechtungen des kommunikativen Handelns Rechnung trägt, also seiner Einbindung und Unterstützung durch Objekte, Rituale und andere Prozesse, den Ressourcen der Aussageproduktion ebenso wie den Effekten und Folgen der diskursiv konstituierten Gegenstände. Die Verortung im kommunikativen Konstruktivismus bedeutet keineswegs eine Vernachlässigung all derjenigen Elemente, die in jüngerer Zeit in der sozialwissenschaftlichen Diskussion in den Praxis- und Akteur-Netzwerktheorien in anregender Weise neu diskutiert werden. Die Präferenz für und Ausrichtung der WDA auf die Rekonstruktion von Diskursprozessen folgt der Annahme, dass trotz aller Berechtigung dekonstruktiver Hinweise auf die ‚Unabschließbarkeit und permanente Verschiebung von Sinn' die sozialwissenschaftlich interessantere Frage sich auf die sozialen und diskursiven Prozesse richtet, die auf Stabilisierungen von Wissen und Wirklichkeiten zielen – und von denen manche erfolgreicher scheinen als andere. Wenn inzwischen allseitig Kontingenz entlang des Rahmens der Widerständigkeiten von Welt gesehen wird, dann werden die kommunikativen Prozesse der mitunter sozio-temporär erfolgreichen Schließungen solcher Kontingenz ein umso wichtigerer Gegenstand der Forschung.[15]

Literatur

Bakhtin, Mikhael (1986): Speech genres and other Late Essays. Austin: University of Texas Press.
Berger, Peter L./Luckmann, Thomas (1980): Die gesellschaftliche Konstruktion der Wirklichkeit. Eine Theorie der Wissenssoziologie. Frankfurt am Main: Fischer [1966].
Burke, Kenneth (1966): Dichtung als symbolische Handlung. Eine Theorie der Literatur. Frankfurt am Main: Suhrkamp [1941].
Clarke, Adele (2012): Situationsanalyse. Grounded Theory nach dem Postmodern Turn. Wiesbaden: VS.
DeLanda, Manuel (2006): A New Philosophy of Society. Assemblage Theory and Social Complexity. London: Continuum.
Dewey, John (1996): Die Öffentlichkeit und ihre Probleme. Darmstadt: Wissenschaftliche Buchgemeinschaft [1927].
Foucault, Michel (1973): Wahnsinn und Gesellschaft. Eine Geschichte des Wahns im Zeitalter der Vernunft. Frankfurt am Main: Suhrkamp [1961].
Foucault, Michel (1975): Der Fall Rivière. Frankfurt am Main: Suhrkamp.
Foucault, Michel (1988): Archäologie des Wissens. Frankfurt am Main: Suhrkamp [1969].
Günthner, Susanne/Knoblauch, Hubert (1997): Gattungsanalyse. In: Hitzler/Honer (1997), S. 281–308.
Hitzler, Ronald/Honer, Anne (Hrsg.) (1997): Sozialwissenschaftliche Hermeneutik. Eine Einführung. Opladen: Utb.
Hitzler, Ronald/Reichertz, Jo/Schröer, Norbert (Hrsg.) (1999): Hermeneutische Wissenssoziologie. Konstanz: UVK.
Joas, Hans (1992): Pragmatismus und Gesellschaftstheorie. Frankfurt am Main: Suhrkamp.
Joas, Hans (1992a): Von der Philosophie des Pragmatismus zu einer soziologischen Forschungstradition. In: ders. (1992), S. 23–65.
Keller, Reiner (2008): Michel Foucault. Konstanz: UVK.
Keller, Reiner (2010): Wissenssoziologische Diskursanalyse. Grundlegung eines Forschungsprogramms. 3. Aufl. Wiesbaden: VS Verlag [2005].
Keller, Reiner (2011): Diskursforschung. Eine Einführung für SozialwissenschaftlerInnen. 4. Aufl. Wiesbaden: VS Verlag [2003].
Keller, Reiner/Hirseland, Andreas/Schneider, Werner/Viehöver, Willy (Hrsg.) (2005): Die diskursive Konstruktion von Wirklichkeit. Konstanz: UVK.
Keller, Reiner/Truschkat, Inga (Hrsg.) (2012): Methodologie und Praxis der Wissenssoziologischen Diskursanalyse Bd. 1. Interdisziplinäre Perspektiven. Wiesbaden: VS Verlag.

---

15 Vgl. in diesem Sinne auch das Plädoyer von Latour (2005).

Knoblauch, Hubert (1995): Kommunikationskultur. Die kommunikative Konstruktion kultureller Kontexte. Berlin: de Gruyter.

Knoblauch, Hubert/Raab, Jürgen/Schnettler, Bernt (2002): Wissen und Gesellschaft. Grundzüge der sozialkonstruktivistischen Wissenssoziologie Thomas Luckmanns. In: Luckmann (2002), S. 9–44.

Latour, Bruno (2005): Das Elend der Kritik. Berlin: diaphanes.

Luckmann, Thomas (2002): Wissen und Gesellschaft. Ausgewählte Aufsätze 1981–2002. Konstanz: UVK.

Luckmann, Thomas (2002a): Das kommunikative Paradigma der ‚neuen' Wissenssoziologie. In: ders. (2002), S. 201–210.

McCarthy, Doyle (1996): Knowledge as Culture. London: Sage.

Mead, George Herbert (1969): Sozialpsychologie. Neuwied/Berlin: Luchterhand [1956].

Mead, George Herbert (1973): Geist, Identität und Gesellschaft. Frankfurt am Main: Suhrkamp [1934].

Morris, Charles W. (1981): Zeichen, Sprache und Verhalten. Frankfurt am Main [1946].

Park, Robert E./Burgess, Ernest W. (1924): Introduction to the Science of Sociology. 2. Aufl. Chicago: University of Chicago Press [1921].

Poferl, Angelika (2004): Die Kosmopolitik des Alltags. Berlin: Sigma.

Reichertz, Jo (2009): Kommunikationsmacht. Wiesbaden. VS Verlag.

Schalk, Helga (1997/98): Diskurs. Zwischen Allerweltswort und philosophischem Begriff. In: Archiv für Begriffsgeschichte 40, S. 56–104.

Schütz, Alfred (1971): Gesammelte Aufsätze Bd. 1: Das Problem der sozialen Wirklichkeit. Den Haag: Nijhoff.

Schütz, Alfred (1971a): Über die mannigfaltigen Wirklichkeiten. In: ders. (1971), S. 237–298 [dt. Fassung von Schütz 1973a].

Schütz, Alfred (1971b): Symbol, Wirklichkeit und Gesellschaft. In: ders. (1971), S. 331–414.

Schütz, Alfred (1973): Collected Papers I: The Problem of Social Reality. Hrsg. v. M. Natanson. Den Haag: Nijhoff.

Schütz, Alfred (1973a): On multiple realities. In: ders. (1973) [1945], S. 207–259.

Schütz, Alfred (1973b): Some leading concepts of phenomenology. In: ders. (1973) [1945], S. 99–117.

Schütz, Alfred (1973c): Symbol, Reality and Society. In: ders. (1973) [1955], S. 287–356.

Schütz, Alfred/Luckmann, Thomas (1984): Strukturen der Lebenswelt. Bd. 2. Frankfurt am Main: Suhrkamp.

Soeffner, Hans-Georg (1991): Zur Soziologie des Symbols und des Rituals. In: Oelkers, Jürgen/Wegenast, Klaus (Hrsg.): Das Symbol – Brücke des Verstehens. Stuttgart: Kohlhammer, S. 63–81.

Soeffner, Hans-Georg (2006): Wissenssoziologie und sozialwissenschaftliche Hermeneutik sozialer Sinnwelten. In: Tänzler, Dirk/Knoblauch, Hubert/Soeffner, Hans-Georg (Hrsg.): Neue Perspektiven der Wissenssoziologie. Konstanz: UVK, S. 51–78.

Srubar, Ilja (1988): Kosmion. Die Genese der praktischen Lebenswelttheorie von Alfred Schütz und ihr anthropologischer Hintergrund. Frankfurt am Main: Suhrkamp.

Volosinow, Valentin N. (1975): Marxismus und Sprachphilosophie. Grundlegende Probleme der soziologischen Methode in der Sprachwissenschaft. Frankfurt am Main: Suhrkamp [1929].

Wittgenstein, Ludwig (1990): Philosophische Untersuchungen. Leipzig: Reclam [1953].
Wolff, Stephan (1997): Einige Beobachtungen an und über Berger/Luckmanns „Die gesellschaftliche Konstruktion der Wirklichkeit". In: Matthes, Joachim & Stosberg, Michael (Hrsg.): Die gesellschaftliche Konstruktion der Wirklichkeit. Berger/Luckmann revisited. Nürnberg: Schriftenreihe des Sozialwissenschaftlichen Forschungszentrums. S. 33–52.

II. Anschlüsse

Die kommunikativen Figurationen mediatisierter Welten: Zur Mediatisierung der kommunikativen Konstruktion von Wirklichkeit

Andreas Hepp

1 Einleitung

Es ist nicht einfach, den Stellenwert von Medien für die kommunikative Konstruktion von Wirklichkeit zu erfassen, worauf letztlich das Konzept der Mediatisierung – zumindest im hier umrissenen Sinne – abzielt. Verbunden mit diesem Konzept ist nicht nur die Überlegung, dass Medien eine bestimmte ‚Spezifik' haben, die als solche Kommunikation ‚beeinflusst'. Darüber hinausgehend impliziert der Begriff der Mediatisierung ähnlich umfassende Wandlungsprozesse wie diejenigen der Globalisierung, Individualisierung und Kommerzialisierung. Um solche Zusammenhänge zu erfassen, war es in der Mediatisierungsforschung lange Zeit üblich, eine „Medienlogik" zu unterstellen. Konkret heißt dies, dass den Medien eine bestimmte Logik zugeschrieben und dass Mediatisierung – zumindest in Teilen – als der Prozess verstanden worden ist, in dem sich diese Logik verbreitet und Bereiche von Kultur und Gesellschaft jenseits der Medien beeinflusst. Aber gibt es wirklich diese einzelne Medienlogik? Und falls ja, wie könnte man überhaupt deren zunehmenden Einfluss auf die kommunikative Konstruktion von Wirklichkeit fassen?

In diesem Beitrag geht es mir darum, eine eher kritische Position gegenüber Vorstellungen von Mediatisierung als Durchsetzung einer Medienlogik zu entwickeln. Über eine Dekonstruktion dieses Begriffs lässt sich jedoch eine andere Vorstellung entwickeln, um die Spezifik von Medien auf eine Weise zu erfassen, die angemessen erscheint für eine empirische Untersuchung von Prozessen der kommunikativen Konstruktion von Wirklichkeit. So können wir Medien als „Prägkräfte" („moulding forces") im Prozess der Kommunikation verstehen, wobei der Begriff der Prägkraft auf die mit der Etablierung von Medien verbundenen Prozesse der Institutionalisierung und Verdinglichung abhebt. Hiervon ausgehend wird es möglich, Mediatisierungsforschung als eine Auseinandersetzung mit den sich wandelnden kommunikativen Figurationen mediatisierter Welten zu re-konzeptionalisieren – kommunikative Figurationen, in denen eine zunehmende Vielfalt sehr unterschiedlicher Medien in Teilen durchaus widersprüchliche und je kontextabhängige Prägkräfte entfaltet. Hierdurch eröffnet sich die Möglichkeit einer diachronen wie auch synchronen Mediatisierungsforschung, die sich im Kern mit der Frage des Stellenwerts von sich wandelnden Medienumgebungen für Prozesse der kommunikativen Konstruktion von Wirklichkeit befasst.

Bei einer solchen Argumentation ist es wichtig, zu Beginn eine zumindest kurze Anmerkung zum Medienbegriff zu machen. Wenn ich im Folgenden von Medien spreche, so meine ich keine „Primärmedien" wie beispielsweise die Sprache. Ebenso habe ich dabei keine „generalisierten Medien" im Blick wie Geld, Liebe oder Macht. Im Gegensatz zu solchen Medienbegriffen beziehen sich meine Argumente auf technische Kommunikationsmedien, d.h. die verschiedenen Arten von Medien, die wir dazu verwenden, um unsere Kommunikationsmöglichkeiten über das ‚Hier' und ‚Jetzt' hinaus zu erweitern: Briefe, Zeitungen, Fernsehen, das (Mobil-)Telefon, das Social Web usw.

2 Mediatisierung: Von der „Medienlogik" zu den „Prägkräften der Medien"

Lange Zeit war das Konzept der Mediatisierung eng verbunden mit dem der „Medienlogik". In der ursprünglichen Fassung von David Altheide und Robert Snow bezeichnet „Medienlogik [...] eine Form von Kommunikation" (Altheide/Snow 1979: 10). Ihre Idee bestand darin, dass mit der steigenden Relevanz von (Massen-)Medien in unseren heutigen Kulturen „sich Dinge in jeder wichtigeren Institution gewandelt haben, die das Ergebnis der Übernahme einer Medienlogik bei den präsentierenden und interpretierenden Handlungen dieser Institutionen" (Altheide/Snow 1979: 11) seien. In Religion, Sport, Politik – so ihr Argument – handeln wir in zunehmenden Maße in Bezug auf eine „Medienlogik", wodurch sich gegenwärtige Kulturen zu Medienkulturen wandeln. Wie Altheide später schrieb: „Medienkultur wird durch die weit verbreitete Applikation einer Medienlogik produziert."(Altheide 2004: 294)

Diese Vorstellung einer sich verbreitenden und an Einfluss gewinnenden Medienlogik war lange Zeit der zentrale Bezugspunkt, um Mediatisierung zu fassen. Dies lässt sich anhand einiger herausgehobener Beispiele zeigen. Kent Asp – der sich selbst als einer der Urheber des Konzepts der Mediatisierung begreift, wobei er den Begriff der Medialisierung bevorzugt (Asp 1990: 47) – stellte von Beginn an Mediatisierung in enge Beziehung zu einer Medienlogik. Mediatisierung ist für ihn die „Antizipation und Adaption" (Asp 1990: 48) einer „Medienlogik" im Sinne von Altheide und Snow. Dabei ist Letztere seines Erachtens wiederum ein „catch-all term" (Asp 1990: 48), um den Einfluss von Medien in gegenwärtigen Gesellschaften und Kulturen zu beschreiben. Winfried Schulz (2004) begreift in seinem bekannten Versuch, „Mediatisierung als analytisches Konzept zu rekonstruieren" die „Anpassung" („accommodation") anderer Institutionen an eine Medienlogik als einen der vier Kernmomente von Mediatisierung. Die weiteren sind die „Extension" („extension") als eine mit den Medien zunehmende Reichweite menschlicher (Kommunikations-)Praktiken, die Substitution („substitution") von nicht-medialem Handeln durch medienbezogenes und die Verschmelzung („amalgamation") von technisch vermittelten und nicht-technisch vermittelten Kommunikationssphären bzw. -weisen. In durchaus vergleichbarer Richtung argumentiert Gianpietro Mazzoleni, dass die „Medienlogik eine wichtige Rolle unter den Prozessen spielt, die die Natur des Wandels ausmachen, den die Mediatisierung mit sich bringt" (Mazzoleni 2008: 3053). Und jüngst hat Stig Hjarvard sein institutionelles Verständnis von Mediatisierung auf das Konzept der „Medienlogik" gestützt, indem er Mediatisierung als „den Prozess [definiert], in dem die Gesellschaft in einem zunehmenden Maße den Medien und ihrer Logik unterworfen wird und abhängig hiervon wird" (Hjarvard 2009: 160). Kennzeichnend ist für ihn „eine Dualität, die darin besteht, dass Medien in die Operationen anderer sozialer Institutionen (Familie, Arbeit, Politik usw.) integriert worden sind, während Medien zur gleichen Zeit der Anspruch zugesprochen wird, soziale Institutionen mit einem eigenständigen Status zu sein" (Hjarvard 2009: 160).

Auch wenn ein solches Verständnis von Mediatisierung als Durchsetzung einer Medienlogik durchaus verbreitet ist, lassen sich doch zwei Kernprobleme ausmachen, die bei einer Beschäftigung mit (sich verändernden Prozessen) der kommunikativen Konstruktion von Wirklichkeit diesen Begriff der Mediatisierung als nicht hinreichend erscheinen lassen. Dies ist erstens seine mangelnde Klarheit, zweitens seine historische Ungenauigkeit. Auf beide Punkte möchte ich im Weiteren im Detail eingehen.

Die *mangelnde Klarheit* des Begriffs der Medienlogik ist seit dessen Einführung greifbar und wird exemplarisch daran deutlich, dass Asp selbst Medienlogik als einen „catch-all term" (Asp 1990: 48) charakterisiert. In einem gewissen Sinne lässt sich sagen, dass die Kernidee des Konzepts der Medienlogik lediglich darin besteht, dass Medien durch die mit diesen verbundenen sozialen Regeln und Muster einen Einfluss haben. Dies wird exemplarisch in der ursprünglichen Definition von Altheide und Snow greifbar, die „Medienlogik in Begriffen von Form und Subform-Elementen (Formaten)" (Altheide/Snow 1979: 10) fassen. Ihre sich hieran anschließende Analyse beschäftigt sich dann im Detail mit medialen Formen und Formaten in den Bereichen von Politik, Religion und Sport. Jedoch klingt in dem Schlusskapitel ihres Buchs „Medienlogik" wiederum eine breitere Perspektive an, wenn sie argumentieren, dass in heutigen Medienkulturen „Menschen auf der Basis der bestehenden Medienlogik wahrnehmen, interpretieren und handeln" (Altheide/Snow 1979: 237). Während wir solche Formulierungen immer noch als ein Eindringen einer Medienlogik deuten können, werfen sie doch die Frage auf, inwieweit es Sinn macht, von einer Logik im Singular zu sprechen, wenn die Medien bereits zu der Zeit solcher Formulierungen durch eine Vielfalt von unterschiedlichen und sich widersprechenden Formen gekennzeichnet gewesen sind. Ähnliches kann zu Asps Begriff der Medienlogik gesagt werden, die für ihn die Dramaturgie, Formate, (Produktions-)Routinen und Rationalitäten der Medien umfasst (Asp 1990: 49). Mit einem solchen Zugang werden nahezu alle sozialen und kulturellen Muster, die in Bezug zu (Massen-)Medien stehen, als Medienlogik begriffen – einmal mehr im Singular. Wenn wir uns gegenwärtige Argumentationen näher ansehen, sind wir immer noch mit einer solchen All-Umfassentheit des Begriffs konfrontiert. Beispielsweise charakterisiert Stig Hjarvard Medienlogik als „den institutionellen und technologischen modus operandi der Medien, einschließlich der Weisen, wie Medien materielle und symbolische Ressourcen distribuieren und mit Hilfe formeller und informeller Regeln operieren" (Hjarvard 2008: 113). Wiederum ist offensichtlich, dass nahezu jeder Aspekt medienvermittelter Kommunikation mit dem Begriff verbunden wird – und wiederum bleibt es offen, wieso dies in einer einzelnen Medienlogik resultieren sollte (siehe Couldry 2012: 137). Während es also einen gewissen Reiz für einen Begriff der Medienlogik als „catch-all term" geben mag, besteht das Problem seiner mangelnden Klarheit, was dessen Eignung als ein analytisches Werkzeug reduziert (siehe dazu auch Lundby 2009b: 103–105; 114).

Die *historische Ungenauigkeit* von Medienlogik hängt mit dem Umstand zusammen, dass dieses Konzept aus der Massenkommunikationsforschung stammt, mit der eine gewisse Blindheit für die Komplexität der Medien- und Kommunikationsgeschichte einhergeht. Wie Nick Couldry (2008: 375) es formuliert hat besteht das Problem eines solchen Verständnisses von Mediatisierung als einer zunehmenden Verbreitung von und Anpassung an eine Medienlogik darin, dass hiermit eine lineare Erzählung von Wandel verbunden ist: Es ist die Erzählung einer kontinuierlichen Modernisierung, ein Prozess, der jedoch viel – um an dieser Stelle auf Norbert Elias (2001: 40; 55) zu verweisen – widersprüchlicher ist. Aber auch jenseits einer solchen generellen Kritik ist insoweit eine historische

Ungenauigkeit des Konzepts der Medienlogik auszumachen als es tief mit Vorstellungen eines Einflusses der Medien als Folge des Aufkommens der (institutionell unabhängigen) Massenmedien verbunden ist. Dies kann exemplarisch an der Diskussion des Mediatisierungsbegriffs von Stig Hjarvard in einem einschlägigen Themenheft der Zeitschrift *Culture and Religion* gezeigt werden. In diesem reflektiert David Morgan Hjarvards Verständnis von Mediatisierung als „einseitigen Prozess der Diffusion einer Medienlogik in traditionell nicht medial vermittelte soziale Bereiche wie Religion, Erziehung und Politik" (Morgan 2011: 140). Dem steht gegenüber, dass die Religionsgeschichte seit Jahrhunderten eng mit der Mediengeschichte verbunden ist. Morgan erinnert uns nicht nur daran, dass das „heilige Buch" als ein geschriebenes Manuskript von Beginn an für die christliche Religion relevant gewesen ist. Ebenso stand das Aufkommen des Protestantismus im späten 15. Jahrhundert in Beziehung zum Medienwandel in Form einer aufkommenden protestantischen Buch- und Traktat-Produktion, die bereits kommerzialisiert gewesen ist (Morgan 2011: 141–148). In einer weiter zurückreichenden historischen Perspektive finden wir also keine vollkommen neue, unabhängige Medienlogik, die durch die Massenmedien aufgekommen ist und dann einen Einfluss auf die Religion hatte. Eher sind wir mit einem langfristigen Prozess der Ko-Artikulation von medialem und religiösem Wandel konfrontiert.

Aber auch für den gegenwärtigen Religionswandel greift das Argument einer sich verbreitenden und verschiedenste Bereiche beeinflussenden Medienlogik zu kurz. Ein Beispiel dafür hat Lynn Schofield Clark (2011) mit der viralen Kommunikation eines Hochzeits-Eingangstanzes näher betrachtet. Konkret ging es hier um die private Videoaufzeichnung des Hineintanzens einer Brautgesellschaft einschließlich Brautleuten in die Traukirche, was dann auf YouTube binnen kurzer Zeit zu einem breit abgerufenen Film wurde. Durch eine sorgfältige Analyse dieses Beispiels kann Schofield Clark zeigen, dass wir hier nicht einfach mit dem Einfluss einer (massenmedialen) Medienlogik auf die Selbstdarstellung eines Paares durch ein privat veröffentlichtes Video konfrontiert sind, sondern mit „einem Prozess des sozialen Wandels, [der] sich in einem Netzwerk aus Menschen, Technologien und kulturellen Praktiken ereignet" (Clark 2011: 171). Für Schofield Clark kommen hier sehr unterschiedliche Momente zusammen. Neben der Erweiterung der Kommunikation über das hier und jetzt hinaus und der Verschmelzung von medienbasierten und anderen kulturellen Formen betrifft dies auch die Neurahmung religiöser Symbole in einer kommerzialisierten Populärkultur (Clark 2011: 179; siehe hierzu auch Knoblauch 2009: 210–227). Entsprechend ist ein solcher Wandel für sie „nicht-linear und nicht vorhersehbar" (Clark 2011: 171; siehe auch Lövheim 2011: 156 f.).

Solche Argumente zur Mediatisierung von Religion können für die Medien- und Kommunikationsgeschichte verallgemeinert werden. Während Marshall T. Poe (2011) in seiner „History of Communications" selbst sehr spekulativ ist, zeigt er dennoch deutlich, dass Medien in einer historischen Perspektive nicht die Antriebskraft von Wandel sind, sondern durch komplexe soziokulturelle Entwicklungen in Existenz „gebracht" („pushed") werden. Gibt es sie einmal, haben sie für ihn aber ein bestimmtes „Sollen" („ought") für Kommunikation, das nichtsdestotrotz widersprüchlich bleibt. Diese Widersprüchlichkeit trifft einmal mehr zu, wenn wir im Blick haben, dass die Geschichte menschlicher Kommunikationsmittel nicht der Wechsel von einem Medium zum nächsten ist, sondern ein kumulativer Prozess, in dem auch die „alten" Medien nicht einfach verschwinden, sondern neu positioniert werden (siehe bereits Riepl 1913).

Wenn wir solche Argumente ernst nehmen, wie können wir dann Mediatisierung jenseits einer Medienlogik angemessen fassen? Die Antwort auf diese Frage ist dann zu finden, wenn wir im Blick haben, dass Mediatisierung ein langfristiger Prozess ist und nichts, das wir mit dem Aufkommen der sogenannten Massenmedien verbinden können. Das ist der Fluchtpunkt eines Verständnisses von Mediatisierung als einem „Metaprozess", wie es Friedrich Krotz (2007) formuliert hat. Es sind insbesondere zwei Punkte mit dessen Überlegungen verbunden, die hier interessieren (Krotz 2009: 24 f.). Erstens finden wir in jeder historischen Phase in verschiedenen Kulturen und Gesellschaften je spezifische Formen von Mediatisierung. Und zweitens ist der Status von Mediatisierung als Metaprozess dem anderer Metaprozesse vergleichbar wie beispielsweise Individualisierung, Globalisierung und Kommerzialisierung: Sie eröffnen ein bestimmtes „Panorama" (Latour 2007: 327; Hepp 2011: 48–55; Knoblauch 2012) der Forschung, das uns eine gewisse Orientierung bietet, was wir in der Vielfalt sozialer und kultureller Phänomene fokussieren. Die konkreten Mediatisierungsprozesse sind allerdings in detaillierten empirischen Analysen zu bestimmen.

Allgemein gesprochen besteht der Kernfokus einer Mediatisierungsforschung in der hier umrissenen Begrifflichkeit dann darin, die *Wechselbeziehung von medienkommunikativem Wandel einerseits und soziokulturellem Wandel andererseits zu erfassen*. Mit einer solchen Formulierung ist ein doppeltes Argument verbunden: auf der einen Seite, dass es eine solche Wechselbeziehung gibt (die wesentlich komplexer ist als die Verbreitung einer Medienlogik); auf der anderen Seite, dass es entscheidend ist, diese Wechselbeziehung zu verstehen, um Prozesse des sozialen und kulturellen Wandels zu erfassen.

Die zentrale Frage ist damit, wie wir die Rolle von Medien in dieser komplexen Wechselbeziehung von medienkommunikativem und soziokulturellem Wandel reflektieren können. Ein erster Schritt in eine solche Richtung ist es zu verstehen, dass die Medien als solche nichts ‚tun'. Wie Knut Lundby in seiner kritischen Auseinandersetzung mit der Idee der Medienlogik schreibt, sollten wir vielmehr „soziale Interaktion als den Schlüssel" (Lundby 2009b: 110) zum Erfassen von Mediatisierungsprozessen begreifen – ein Gedanke, der bereits in einzelnen Momenten der ursprünglichen Publikationen von Altheide und Snow durchschimmert, wenn sie sich auf Georg Simmel und den Symbolischen Interaktionismus beziehen. Der zentrale Punkt ist folglich, sich nicht damit auseinanderzusetzen, welchen Einfluss die Medien als solche haben, sondern mehr die Rolle der Medien bei der sich wandelnden (sozialen) Interaktion zu reflektieren. Es ist diese Idee, die ich im Folgenden weiter entwickeln und stärker auf Konzepte der kommunikativen Konstruktion von Wirklichkeit beziehen möchte.

In diesem Feld waren die Arbeiten von Peter L. Berger und Thomas Luckmann einschneidend. In ihrem Buch „Die gesellschaftliche Konstruktion der Wirklichkeit" argumentieren sie, dass unsere soziale Welt nichts Natürliches ist, sondern etwas, das wir in einem fortlaufenden, alltagsweltlichen Prozess der sozialen Interaktion konstruieren (Berger/Luckmann 1977: 31–36). Innerhalb dieser alltagsweltlichen sozialen Interaktion hat Kommunikation eine herausgehobene Stellung. An diesem Punkt ist es wert, beide Autoren ausführlicher zu zitieren. So schreiben sie gegen Ende des genannten Buches:

> „Das notwendige Vehikel der Wirklichkeitserhaltung ist die Unterhaltung. Das Alltagsleben des Menschen ist wie das Rattern einer Konversationsmaschine, die ihm unentwegt seine subjektive Wirklichkeit garantiert, modifiziert und rekonstruiert. Unterhaltung bedeutet natürlich in erster Linie, dass Menschen miteinander sprechen. Das besagt nichts gegen die lebendige Aura nichtsprachlicher Kommunikation, welche die Sprache umgibt. Dennoch hat die Sprache eine Vorzugsstellung im gesamten menschlichen ‚Konversationssystem'. Entscheidend ist jedoch, dass der größte Teil der Wirklichkeits-‚Unterhaltung' implizit, nicht explizit im Gespräch stattfindet. Nur die wenigsten Gespräche drehen sich mit vielen Worten um das Wesen der Welt." (Berger/Luckmann 1977: 163)

In Ergänzung zu diesem Zitat lässt sich sagen, dass die soziale Konstruktion von Wirklichkeit zu erheblichen Teilen und untrennbar von weiteren Praktiken (siehe u. a. Reichertz 2009: 94; Lahire 2011: 163–174) ein kommunikativer Prozess ist, in dem Sprache – oder, wie wir eher sagen würden: direkte Kommunikation – eine herausgehobene Stellung hat. Berger und Luckmann diskutierten im Detail, wie dieser Prozess stattfindet, sowohl in der „objektiven" Perspektive von Kultur und

Gesellschaft als auch in der „subjektiven" Perspektive des Individuums. Folgt man ihnen, ist soziokultureller Wandel ein Prozess der sich verändernden kommunikativen Konstruktion von Wirklichkeit – etwas, das damit fortlaufend stattfindet. Was in ihrem Ansatz jedoch fehlt ist eine Theorie der Medien – oder, um es in einer Frage auszudrücken: Welcher Wandel findet statt, wenn Medien Teil der sich verändernden kommunikativen Konstruktion von Wirklichkeit werden?

Grundsätzlich ist es möglich, diese Frage zu beantworten, indem man argumentiert, dass Medien die Möglichkeiten der kommunikativen Konstruktion von Wirklichkeit ‚ändern'. Um dies an einem Beispiel zu veranschaulichen: Die kommunikative Konstruktion einer Familie ist eine andere, wenn sie nur durch direkte lokale Kommunikation geschieht oder aber zusätzlich translokal durch eine Kommunikation mittels Briefen, dem (Mobil-)Telefon oder dem Social Web, die wiederum eingebettet ist in eine weitergehende Kommunikation von Fernseh- und Filmerzählungen darüber, was eine Familie sein sollte und was nicht. Es handelt sich dabei nach wie vor um eine ‚Familie', aber wie wir vermuten würden um eine durchaus andere: Wir würden erwarten, dass diese ‚transmedial artikulierte Familie' sich von einer ‚nur direkt artikulierten Familie' unterscheidet, jedoch nicht in dem Sinne, dass alle ‚transmedial artikulierten Familien' identisch wären. Vielmehr würden ‚transmedial artikulierte Familien' sich von einem soziokulturellen Kontext zum anderen unterscheiden, wie es auch der Fall bei ‚nur direkt artikulierten Familien' ist.

Wenn wir einen solchen Gedanken differenzierter formulieren, können wir sagen, dass Medien „Prägkräfte" (Hepp 2012: 17) in der kommunikativen Konstruktion von Wirklichkeit entfalten. Wie ich an anderer Stelle ausführlich argumentiert habe (Hepp 2011: 55–67) fasst der Ausdruck der „Prägkraft" die Spezifik eines Mediums im Prozess der Kommunikation. Diese Metapher soll verdeutlichen, dass wir nicht von einer kontextfreien ‚Wirkung' oder einem ‚Einfluss' bestimmter Medien ausgehen können; jedoch lässt sich Kommunikation mit unterschiedlichen Medien anders ‚gestalten'. In diesem Sinne fasst der Ausdruck der „Prägkräfte" zwei Prozesse, die mit Medien verbunden sind, nämlich den der Institutionalisierung und den der Verdinglichung.

Wenn wir den Begriff der *Institutionalisierung* in Beziehung setzen mit dem bereits erwähnten Sozialkonstruktivismus, ist hierunter nicht einfach nur die Habitualisierung von sozialem Handeln zu verstehen, sondern darüber hinausgehend die reziproke Typisierung von habitualisierten Handlungen durch Typen von Handelnden (Berger/Luckmann 1977: 58). Eine Institution ist also bereits die Familie, indem in dieser bestimmte Formen des Handelns habituell von bestimmten Typen von Handelnden (‚Vater', ‚Mutter', ‚aktueller Lebenspartner',

,Kind', ,Tante' usw.) typisiert werden. In diesem Sinne meint Institution im Hinblick auf Medien nicht einfach nur die Medienorganisation, wie beispielsweise Stig Hjarvard dies in seiner Auseinandersetzung mit Mediatisierung zumindest implizit nahelegt (auch wenn Medienorganisationen selbstverständlich eine Form von Institutionalisierung sind). Es geht in einem viel weitergehenden Sinne um Institutionalisierungen wie bei der Mobilkommunikation, die sich beispielsweise auch in der „Triade" einer kommunikativen Beziehungsstruktur institutionalisiert (Höflich 2005): als institutionalisierte Kommunikationsbeziehung von ,Anrufendem', ,Angerufenem' und ,beistehenden Menschen'.

Verdinglichung fasst, dass mit jedem Medium neben Prozessen der Institutionalisierung solche des Ent- und Bestehens verschiedener technischer Apparaturen verbunden sind – und dass diese Materialität kommunikatives Handeln „prägt". Hubert Knoblauch (2012) spricht hier in Anlehnung an Berger und Luckmann von einer „materiellen Objektivierung". An dieser Stelle können wir von der Akteur-Netzwerk-Theorie lernen (siehe Couldry 2006; Clark 2011: 170). Eines der Kernargumente von Bruno Latour ist, dass Objekte so etwas wie ,geronnene' menschliche Handlungen sind. Ein Geländer ist in einem gewissen Sinne nichts anderes als die schützende Handbewegung eines Menschen, der einen anderen vor dem Herunterfallen bewahren möchte. Entsprechend lassen sich Geräte selbst in „Assoziation" mit menschlichem Handeln als (mit-)handelnde Objekte begreifen. Oder um es konkreter zu fassen: „Geräte [sind], entsprechend unserer Definition, Akteure oder genauer Beteiligte am Handlungsverlauf, die darauf warten, eine Figuration zu erhalten." (Latour 2007: 123 f) Basierend auf solchen Argumenten lässt sich sagen, dass Medien auch eine Verdinglichung von kommunikativem Handeln sind, die selbst wiederum einen Einfluss im menschlichen Handeln entfaltet. Folglich sind die Technologien, Interfaces und Infrastrukturen von Kommunikation ein zweites Moment der Prägkräfte der Medien: Sobald ein Medium in Kabelnetzwerke, Übertragungsprotokolle, Kodes, Sendemasten usw. ,technisch materialisiert' ist (was selbst einen langfristigen und auch mit der Existenz des Mediums nur bedingt endenden Prozess darstellt), „prägt" diese materielle Struktur, wie wir mit einem Medium handeln können.

Jedoch müssen wir im Blick haben, dass die Prägkräfte der Medien nur im menschlichen Handeln konkret werden, d.h. in Prozessen der Kommunikation, in denen die Medien auf sehr unterschiedliche Art und Weise – wie es in der Kommunikations- und Medienwissenschaft heißt – „angeeignet" werden (Silverstone/Hirsch 1992; Berker et al. 2006). Hinzu kommt, dass die menschliche Geschichte nicht der Prozess des Wechsels von einem Medium zum anderen ist, wie die Erzählung der ersten Generation von Mediumstheoretikern implizieren mag (vgl. Meyrowitz 1995). Wie bereits erläutert, handelt es sich hierbei um einen kumulativen Prozess, in dem die Vielfalt von Medien mit ihren unterschiedlichen Institutionalisierungen und Verdinglichungen über die Zeit hinweg zunimmt. Damit sind wir mit der Situation konfrontiert, dass nicht nur ein Medium die kommunikative Konstruktion von Wirklichkeit „prägt", sondern eine Vielzahl von unterschiedlichen Medien zur gleichen Zeit.

3 Mediatisierung analysieren: Die „kommunikativen Figurationen" von „mediatisierten Welten"

Fasst man die Argumente zusammen, wie sie bis hierher entwickelt worden sind, handelt es sich bei der Mediatisierungsforschung um keine ‚Wirkungsforschung', die nach den Einflüssen der einen Medienlogik sucht; vielmehr erforscht sie das Wechselverhältnis von medienkommunikativem und soziokulturellem Wandel und befasst sich dabei mit der Frage, wie sich die kommunikative Konstruktion von Wirklichkeit ändert, wenn dieser Prozess vermittelt durch technische Medien stattfindet. Die große Herausforderung für ein solches Unterfangen ist jedoch die bereits erwähnte Akkumulation unterschiedlicher Medien: Wenn wir die gegenwärtige Mediatisierung fokussieren, so ist dies nicht einfach nur die Mediatisierung beispielsweise des Social Web. Die Komplexität liegt in dem Umstand, dass sie gleichzeitig die Mediatisierung des gedruckten Buchs, der Zeitung, des Fernsehens, des Mobiltelefons und vieler weiterer Medien ist, die sich selbst wiederum in ihrer Spezifik wandeln. In diesem Sinne hat Sonia Livingstone (2009) die Diskussion um Mediatisierung mit der gegenwärtigen „mediation of everything" in Beziehung gebracht, die sie als eine der großen Herausforderungen für die Kommunikations- und Medienwissenschaft begreift: „in einer hochgradig [medial] vermittelten Welt ist es nicht möglich, die Beziehung zwischen Politik und der Umwelt oder der Gesellschaft und der Familie zu analysieren, ohne die Wichtigkeit der Medien anzuerkennen – all diese Sphären und deren Überschneidungen sind [medial] vermittelt worden" (Livingstone 2009: 5). Knut Lundby argumentiert in eine ähnliche Richtung, wenn er feststellt, dass „spätmoderne Gesellschaften mediengesättigte Gesellschaften" (Lundby 2009a: 2) sind.

Wenn wir solche Argumente teilen, dann brechen diese mit einer Forschung zu Einzelmedien, ihren Inhalten, ihrer Aneignung und so weiter. In der Folge müssen wir uns Gedanken darüber machen, wie wir Medien- und Kommunikationsforschung neu konzeptionalisieren. An dieser Stelle gewinnt eine jüngere Überlegung von David Morley an Bedeutung. Er stellt eine enge Beziehung her zwischen der Idee einer „nicht-medienzentrierten Medienwissenschaft" und der zunehmenden Verbreitung unterschiedlicher Medien, indem er betont, dass zwei der Kernthemen für die gegenwärtige Medien- und Kommunikationsforschung darin bestehen zu klären, „wie die Vielfalt der verschiedenen Arten, in denen alte und neue Medien sich aneinander anpassen und in symbiotischer Weise nebeneinander existieren, zu verstehen ist, und wie wir besser erfassen können, wie wir mit diesen Medien als Teil unseres persönlichen oder häuslichen ‚Medienensembles' leben" (Morley 2007: 200). Dies wird für ihn mit dem Ansatz einer „nicht-medienzentrierten Form der Medienwissenschaft" (Morley 2007: 200) möglich. Mit diesem Ausdruck verbindet er eine Medien- und Kommunikationsforschung, die stärker ihre Aufmerksamkeit auf die materiellen und symbolischen Dimensionen von Kommunikation in deren Gesamtkontext lenkt (vgl. Morley 2009: 114). Folgt man dem hier von David Morley angedachten Weg kann man sagen, dass sich eine nicht-medienzentrierte Form der Medienkommunikationsforschung auf bestimmte Bereiche des menschlichen Lebens fokussiert und dabei die verschiedenen Medien in ihren symbolischen wie auch materiellen Dimensionen im Blick hat, ohne sie jedoch zu dekontextualisieren. An dieser Stelle wird das Konzept der „mediatisierten Welt" hilfreich.

Grundlegend können wir *mediatisierte Welten als spezifische „kleine Lebens-Welten"* (Luckmann 1970) *oder „soziale Welten"* (Shibutani 1955; Strauss 1978) *verstehen, die in ihrer gegenwärtigen Form auf konstitutive Weise durch medienvermittelte Kommunikation artikuliert* werden (ausführlich zu diesem Konzept siehe Hepp 2011: 74–81; Hepp/Krotz 2012). *Als solche* handelt es sich dabei um strukturierte Fragmente von Lebens-Welten mit verbindlichen intersubjektiven Wissensvorräten und kulturellen Verdichtungen. Mediatisierte Welten sind die alltäglichen Konkretisierungen von Mediengesellschaften und Medienkulturen. Wir haben es hier mit der Ebene zu tun, auf der Mediatisierung konkret und damit auch empirisch erforschbar wird. Während es beispielsweise unmöglich ist, die Mediatisierung einer Kultur oder Gesellschaft insgesamt zu erforschen, können wir die mediatisierten Welten des Börsenhandels, der Schule, des privaten Zuhauses und so weiter ohne Probleme erforschen (siehe dazu die Beiträge in Krotz/ Hepp 2012). Diese „sozial konstruierten Teil-Zeit-Wirklichkeiten" (Hitzler/Honer 1984: 67) als mediatisierte Welten zu erfassen bedeutet empirisch zu ergründen, wie deren kommunikative Konstruktionen durch verschiedene Medien geprägt werden bzw. wie deren kommunikative Konstruktionen in einem Wandel der Medien selbst resultieren.

Um zu klären, wie dies praktisch realisiert werden kann, ist es hilfreich, einen näheren Blick auf den symbolischen Interaktionismus zu werfen, in dem das Konzept der sozialen Welt fest etabliert ist. Macht man dies, erscheinen drei Punkte für unser Verständnis mediatisierter Welten wichtig:

Erstens haben mediatisierte Welten ein „Kommunikationsnetzwerk" jenseits des Territorialen. Bereits in den 1950er Jahren reflektierte Tamotsu Shibutani (1955) die Charakteristika von dem, was er „soziale Welten" nannte. Eine seiner Kernüberlegungen war, dass Medien eine wichtige Rolle in der Konstruktion von gegenwärtigen sozialen Welten spielen, indem deren vermittelte „Kommunikationsnetzwerke nicht mehr deckungsgleich mit territorialen Grenzen [sind], kulturelle Bereiche [sich] überschneiden ... und ... ihre territoriale Basis verloren [haben]" (Shibutani 1955: 566). Dieser Verweis auf Shibutani soll nicht implizieren, dass für die Analyse mediatisierter Welten Fragen der (Re-)Territorialisierung nicht wichtig wären. Genauer liegt das Argument darin, dass mediatisierte Welten zumindest teilweise durch medienvermittelte Kommunikationsnetzwerke artikuliert werden und dass diese Kommunikationsnetzwerke mit fortschreitender Mediatisierung verschiedene Territorien durchschreiten. Bezug nehmend auf die bereits genannten Beispiele ist die mediatisierte Welt des Börsenhandels etwas, das nicht nur im Börsengebäude selbst stattfindet, sondern nahezu an jedem Ort, an dem Bankleute wie auch Privatpersonen ihre Aktien mit Laptops, Smart Phones oder Tablet-Computern handeln. Es ist das mediatisierte Kommunikationsnetzwerk, durch das diese mediatisierte Welt konstruiert wird, nicht das geteilte Territorium.

Ein zweiter wichtiger Punkt ist, dass mediatisierte Welten in „verschiedenen Skalierungen" bestehen. Einige Jahre nach Tamotsu Shibutanis Veröffentlichung überdachte Anselm Strauss (1978) dessen Argumente und sah einen Grund, warum das Konzept der sozialen Welt (und damit auch der mediatisierten Welt) ein vielversprechender Ausgangspunkt für empirische Forschung ist darin, dass diese „in jeder Skalierung erforscht werden kann, von der kleinsten (sagen wir eine lokale Welt, ein lokaler Raum) bis hin zur allergrößten (in Umfang oder geografischer Ausdehnung)" (Strauss 1978: 126). Das Konzept der mediatisierten Welten eröffnet damit eine vielschichtige Untersuchungsperspektive, um Mediatisierung zu erforschen – jeweils ausgehend vom thematischen Kern einer mediatisierten Welt. Gleichzeitig ist das Konzept aber nicht so eng, dass es nur als ein Mikrokonzept der Interaktion an einem bestimmten Ort anwendbar wäre; vielmehr lässt es sich auf verschiedenen Ebenen oder in verschiedenen Skalierungen verwenden und ermöglicht es entsprechend, Mediatisierung über diese hinweg zu erfassen.

Der dritte Punkt ist, dass mediatisierte Welten ineinander verschachtelt sind bzw. sich wechselseitig überlagern. Wiederum kann man sich hier auf die Argumente von Anselm Strauss beziehen. Die Ideen Shibutanis diskutierend stellt er fest, dass sich „soziale Welten durchkreuzen und dies unter verschiedenen Bedingungen" (Strauss 1978: 122). Wir sind dabei mit der „Segmentierung von sozialen Welten" (Strauss 1978: 123) konfrontiert, nicht nur in dem Sinne, dass sie ein Segment der Gesamtheit von Lebenswelten bilden, sondern auch in dem Sinne, dass sie intern segmentieren und verschiedene Sub-Welten ausdifferenzieren. Wir können hier die mediatisierten Welten populärkultureller Vergemeinschaftungen wie die Szenen des HipHop, Heavy Metal oder Techno als Beispiele nehmen: Die Artikulation ihrer mediatisierten Welten ist ein ebenso fortlaufender Segmentierungs- wie (Wieder-)Erfindungsprozess. Mediatisierte Welten zu erforschen heißt also auch, den Übergang von einer mediatisierten Welt zur anderen zu erfassen wie auch die Prozesse der Grenzziehung zwischen und in ihnen.

An dieser Stelle ist es wichtig, die subjektive Seite von mediatisierten Welten im Blick zu haben. Hier sind die Überlegungen von Bernhard Lahire hilfreich. Bei seiner Argumentation gegen ein Verständnis, nach dem jeder Mensch durch einen homogenen Habitus gekennzeichnet wäre, beschreibt Lahire unser gegenwärtiges Leben als eine fortlaufende Positionierung von Menschen „innerhalb einer Vielfalt von sozialen Welten, die nicht-homogen sind und manchmal sogar widersprüchlich" (Lahire 2011: 25 f.). Der interessante Punkt dieser Argumente für eine Theoretisierung mediatisierter Welten ist, dass uns Lahire daran erinnert, inwieweit die Beschreibung einer solchen Heterogenität auch etwas mit den verschiedenen Nutzungsweisen von Medien in den unterschiedlichen sozialen Welten zu tun hat. Bücher zu lesen bedeutet beispielsweise etwas grundlegend anderes in der mediatisierten Welt einer Familie denn in der mediatisierten Welt der Schule – Unterschiede, die (zusammen mit anderen) in etwas resultieren, das Lahire dann als den „pluralen Handelnden" beschreibt.

Wie ich mehrfach betont habe, liegt das Kerninteresse der Mediatisierungsforschung aber nicht in ‚den Medien' als solchen, sondern darin, wie sich wandelnde Medien insgesamt in den Wandel der kommunikativen Konstruktion von Wirklichkeit eingebunden sind. Wir müssen also einen Weg finden, die kommunikative Konstruktion mediatisierter Welten zu erfassen. An dieser Stelle ist es eine große Hilfe, sich auf die Prozesssoziologie von Norbert Elias zu beziehen. Als Teil seiner empirischen Analysen hat dieser das Konzept der „Figuration" entwickelt. Folgt man Elias, sind Figurationen „Netzwerke von Individuen" (Elias 1993: 12), die in wechselseitiger Interaktion – wie beispielsweise im gemeinsamen Spiel oder gemeinsamen Tanz – ein größeres soziales Gebilde konstituieren. Dieses kann die Familie sein, die Gruppe, der Staat oder die Gesellschaft: In all diesen Fällen lassen sich solche sozialen Gebilde als unterschiedlich komplexe Netzwerke von Individuen beschreiben. Mit diesem Zugang möchte Elias die Vorstellung vermeiden,

„dass die ‚Gesellschaft' aus Gebilden außerhalb des ‚Ichs', des einzelnen Individuums bestehe und dass das einzelne Individuum zugleich von der Gesellschaft umgeben und von ihr durch eine unsichtbare Wand getrennt sei" (Elias 1993: 11 f.). Für Elias gehören „Individuum" und „Gesellschaft" eng zusammen und können nicht voneinander separiert werden. Sie fassen eher zwei Aspekte eines Gesamts, das er mit dem Begriff der Figuration zu bezeichnen sucht. Figuration ist damit „ein einfaches begriffliches Werkzeug" (Elias 1993: 141), um soziokulturelle Phänomene in einem „Verflechtungsmodell" (Elias 1993: 141) interdependenter Handlungen zu fassen.

Bisher wurde das Konzept der Figuration nur gelegentlich innerhalb der Medien- und Kommunikationsforschung aufgegriffen, beispielsweise um die Politiken des Reality TV zu analysieren (Couldry 2010). Eine umfassende Integration in die Kommunikationstheorie steht nach wie vor aus (für die Sinnhaftigkeit eines solchen Unterfangens siehe Willems 2010). Genau hierüber bietet sich aber als ein großes Potenzial die Erforschung mediatisierter Welten an. Solche Überlegungen aufgreifend lässt sich von *kommunikativen Figurationen als musterhaften Interdependenzgeflechten von (transmedialer) Kommunikation* sprechen. Folglich kann man sagen, dass bereits ein einzelnes Kommunikationsnetzwerk eine spezifische kommunikative Figuration bildet: Es handelt sich hier um ein Interdependenzgeflecht kommunikativen Handelns, bei medienvermittelten Interaktionen artikuliert unter dem Einbezug von Medien. Weit interessanter ist es aber, den Begriff der kommunikativen Figuration auf die Kommunikationsnetzwerke verschiedener mediatisierter Welten in ihrer Gesamtheit zu beziehen. Entsprechend kann man formulieren, dass sich die mediatisierte Welt beispielsweise einer Szene in einer bestimmten Figuration von Kommunikationsnetzwerken konkretisiert. Ebenso kann man die mediatisierte Welt einer Diasporakultur an einer charakteristischen kommunikativen Figuration festmachen, man kann von der kommunikativen Figuration der mediatisierten Welt einer europäischen Öffentlichkeit sprechen usw.

Betrachtet man Kommunikationsnetzwerke als Teil übergreifender kommunikativer Figurationen, geht es also darum, diese *nicht* – wie tendenziell in der strukturanalytischen Netzwerkforschung gemacht – isoliert zu analysieren und für sich zu beschreiben. Es geht darum, sich damit auseinanderzusetzen, wie die *verschiedenen* Kommunikationsnetzwerke in der Artikulation einer spezifischen mediatisierten Welt ineinandergreifen.

Kommunikative Figurationen sind zumeist transmedial. Eine kommunikative Figuration fußt in den seltensten Fällen nur auf einem Medium, sondern auf *verschiedenen*. Um einige Beispiele zu nennen: Für die kommunikative Figuration von Familien – gerade in ihrer zunehmenden translokalen Zerstreuung – ist das (Mobil-)Telefon ebenso zentral wie Social Web, (digitale) Fotoalben, Briefe, Postkarten oder das gemeinsame Fernsehen. Begreift man (nationale oder transnationale) Öffentlichkeiten als kommunikative Figurationen, so existieren diese ebenfalls über unterschiedliche Medien hinweg. Dies betrifft nicht nur klassische Medien der Massenkommunikation, sondern mit WikiLeaks, Twitter und Blogs ebenso Medien des Social Webs. Wir haben es aber auch mit kommunikativen Figurationen von Sozialorganisationen zu tun, wenn beispielsweise in Sozialbehörden Datenbanken, Internetportale sowie herkömmliche Flyer und andere Medien der PR ineinandergreifen mit dem Ziel, verschiedene Bereiche des Sozialen – angefangen von der frühkindlichen Bildung bis hin zur Altenarbeit – ‚neu' zu organisieren. Der Wandel von mediatisierten Welten verweist deutlich auf den Wandel von kommunikativen Figurationen, die sich in verschiedenen Medien ‚materialisieren'.

Dies lässt sich anhand einer Untersuchung verdeutlichen, die wir zur Mediatisierung von Migrationsgemeinschaften durchgeführt haben (Hepp et al. 2011). In dieser Studie ging es uns darum, über die unterschiedlichen Medien und Interaktionsformen hinweg die kommunikative Vernetzung der marokkanischen, russischen und türkischen Diaspora in Deutschland nachzuzeichnen. Mit der hier verwendeten Begrifflichkeit lässt sich sagen, dass diese Untersuchung darauf abzielt, die kommunikativen Figurationen der Migrationsgemeinschaften herauszuarbeiten. Hierbei spielen die Kommunikationsnetzwerke der direkten Kommunikation eine Rolle, insofern es um die kommunikativen Vernetzungen der Migrantinnen und Migranten bei Familiengesprächen, Vereinstreffen und anderen Veranstaltungen vor Ort geht. Aber auch die wechselseitige Medienkommunikation, nicht nur am aktuellen Lebensort, sondern über (Mobil-)Telefon, Brief, E-Mail oder (Video-)Chat auch zur Herkunft, zu anderen Migrantinnen und Migranten der eigenen Herkunft, sowie anderer Herkünfte in Deutschland und weiteren Ländern muss im Blick gehalten werden. Des Weiteren müssen die Kommunikationsnetzwerke beachtet werden, die auf der produzierten Medienkommunikation beruhen: die Einbindung in einen deutschsprachigen Kommunikationsraum durch das Fernsehen (gerade, um die Sprache zu lernen), oder den Zugang zu produzierten Inhalten der Herkunft, wie entsprechendes Satellitenfernsehen, Internetradio oder (Online-)Zeitungen, durch die eine Brücke zum entsprechenden Kommunikationsnetzwerk der Herkunftsmedien gehalten wird. Schließlich haben wir zumindest bei jüngeren Migrantinnen und Migranten einzelne Hinweise darauf gefunden, dass die virtualisierte Medienkommunikation in Form von Computerspielen für sie wichtig ist.

Dabei konnten wir zeigen, dass sich eine solche komplexe kommunikative Figuration der Diaspora in einer *Koartikulation* von kommunikativer Vernetzung und kultureller Identität fassen lässt: Über die von uns untersuchten Diasporagemeinschaften hinweg haben wir drei Medienaneignungstypen unterschieden, nämlich Herkunftsorientierte, Ethnoorientierte und Weltorientierte. Vereinfacht formuliert lässt sich sagen, dass *Herkunftsorientierte* eine subjektiv gefühlte Zugehörigkeit zu ihrer Herkunftsregion haben, die ihr Leben in der ‚Fremde' kennzeichnet. Diese Orientierung geht einher mit einer kommunikativen Vernetzung, die wir als Herkunftsvernetzung bezeichnen. Während eine intensive lokale kommunikative Konnektivität am Lebensort besteht, zumeist mit Mitgliedern der eigenen Diasporagemeinschaft, existieren darüber hinaus umfassende translokale Kommunikationsbeziehungen zur Herkunftsregion. Anders verhält es sich bei den *Ethnoorientierten*. Die Bezeichnung dieses Typus verdeutlicht, dass dieser seine Zugehörigkeit im Spannungsverhältnis zwischen Herkunft und nationalem Aufnahmekontext sieht. Die kommunikative Vernetzung der Ethnoorientierten lässt sich als bikulturelle Vernetzung beschreiben. Diese Bezeichnung zeigt, dass die kommunikative Vernetzung des Typus in dem Sinne bikulturell ist, dass sie lokal wie translokal vor allem im Spannungsverhältnis zwischen zwei (vorgestellten) nationalen Kulturen erfolgt, der Herkunft und des aktuellen Migrationslandes. Eine nochmals andere kulturelle Identität und kommunikative Vernetzung haben die *Weltorientierten*. Der Begriff der Weltorientiertheit soll verdeutlichen, dass die subjektiv gefühlte kulturelle Zugehörigkeit – auf welchem Niveau auch immer – jenseits des Nationalen besteht. Vorstellungen der Nation – ob der deutschen, der Herkunft oder eines bilateralen Spannungsverhältnisses zwischen beiden – werden durchschritten, und das supranationale Europa oder gar das Menschsein als solches werden zum Bezugspunkt von Zugehörigkeit. Der subjektiv gefühlten Zugehörigkeit entspricht eine kommunikative Vernetzung, die sich als transkulturelle Vernetzung bezeichnen lässt. In Differenz zu den anderen Typen ist die Reichweite kommunikativer Vernetzung umfassender und tendiert zum Europäischen oder (vorgestellten) Globalen. Das kommunikative Netzwerk erstreckt sich über verschiedenste Länder und Kulturen hinweg.

Hat man nun die kommunikative Figuration dieser Diasporagemeinschaften *insgesamt* im Blick, müssen diese verschiedenen Vernetzungsmuster zusammen gedacht werden. Denn für die mediatisierte Welt heutiger Diasporas ist es gerade charakteristisch, dass es darum geht, sowohl die Kommunikationsbeziehungen zur Herkunft zu halten, als auch eine kommunikative Vernetzung zum Migrationsland und anderen Räumen zu haben. Die Kommunikationsnetzwerke einzelner Migrantinnen und Migranten bzw. der Typen, in denen sich diese systematisieren lassen, sind also in einem übergreifenden Gesamt kommunikativer Figuration zu sehen. Dieses gilt es zu erfassen, wenn man die mediatisierte Welt heutiger Migrationsgemeinschaften beschreiben möchte.

Auf diese Weise erhält man einen Zugang dazu, wie sich aktuelle mediatisierte Welten der Diaspora insgesamt beschreiben lassen. So kann über alle Unterschiede einzelner Aneignungstypen und Kontexte hinweg ein Moment ausgemacht werden, das sich als die für Migrantinnen und Migranten bestehende, primäre Prägkraft der aktuellen Mediatisierung begreifen lässt. *Dies ist die mit dem letzten Mediatisierungsschub bestehende Unmittelbarkeit der medienvermittelten, translokalen Kommunikation in der Diaspora.* Im Bereich der produzierten Medienkommunikation können Migratinnen und Migranten zeitgleich an verschiedenen Kommunikationsräumen partizipieren: Satelliten- und Internetfernsehen, aber auch der Download von Filmen, das Hören von Internetradio oder Lesen von Online-Zeitungen eröffnen die Möglichkeit, parallel am politischen wie populärkulturellen Diskurs der Herkunft, in Deutschland wie auch in anderen Ländern der Welt teilzunehmen. Und durch die verschiedenen Medien der personalen Kommunikation – ob internetbasiert oder nicht – ist es problemlos möglich, mit der eigenen Familie und dem eigenen (migrantischen) Freundeskreis nicht nur vor Ort vernetzt zu sein, sondern auch translokal hin zu anderen Orten, an denen Diasporaangehörige leben, ob im Herkunfts-, im Migrationsland oder in anderen Ländern der Welt. Das Social Web mit seinen verschiedenen Plattformen auch der Herkunftsländer gestattet eine vergleichsweise einfache Organisation (und Repräsentation) solcher Kontakte. *Von Prägkräften kann man an dieser Stelle sprechen, weil es sich dabei nicht einfach nur um Möglichkeiten handelt – sondern mit deren Vorhandensein dominiert auch immer wieder die Erwartung ihrer Nutzung.* Exemplarisch zeigt sich daran, dass Migrantinnen und Migranten in der heutigen mediatisierten Welt der Diaspora damit rechnen, fortlaufend für eine Unterstützungskommunikation per (Mobil-)Telefon und E-Mail einander ‚zur Verfügung zu stehen'. Über diese Medientechnologien ist diese Unterstützungskommunikation *wechselseitig* institutionalisiert. Indem wir auf diese Weise die Diaspora als eine spezifische mediatisierte Welt charakterisieren können, lässt sich auch generell von „medialen Migranten" sprechen: Für die Form des Lebens als Migrantin bzw. Migrant in heutigen Medienkulturen sind technische Kommunikationsmedien konstitutiv.

Diese, hier nur kurz umrissenen Ergebnisse unserer eigenen Forschung sollen verdeutlichen, worauf eine Betrachtung der kommunikativen Figurationen mediatisierter Welten abzielen sollte: Es geht nicht darum, die Aneignung des Einzelmediums zu beschreiben bzw. ein singuläres Kommunikationsnetzwerk. Vielmehr sollte durch das In-Beziehung-Setzen einer Vielzahl solcher Analysen die kommunikative Artikulation einer mediatisierten Welt insgesamt beschrieben werden. Eine solche Analyse vermeidet ein voreiliges Postulieren irgendwelcher Medienlogiken und setzt sich damit auseinander, wie sich Mediatisierung in einzelnen Bereichen heutiger Medienkulturen und Mediengesellschaften konkretisiert.

4 Wandel operationalisieren: Diachrone und synchrone Mediatisierungsforschung

Sicherlich ist die Konzeptionalisierung einer Mediatisierungsforschung als Untersuchung der kommunikativen Figurationen mediatisierter Welten ein herausforderndes Unterfangen. Eine solche Analyse erfordert eine sehr sorgfältige Reflexion des Ausschnitts der soziokulturellen Wirklichkeit, der erforscht werden soll: die mediatisierte Welt des migrantischen Lebens, die mediatisierte Welt der Politik, die mediatisierte Welt der Schule usw. An dieser Stelle kommt die oben beschriebene „Skalierung" mediatisierter Welten zum Zug – ohne damit sagen zu wollen, dass Skalierung eine Unterscheidung zwischen „Mikro-", „Meso-" und „Makro-Aspekten" der Mediatisierung bedeutet. Eher bezieht sich Skalierung auf die Reichweite einer mediatisierten Welt, sowohl verstanden im geografischen Sinne des Wortes (die translokale Erstreckung) als auch im soziokulturellen Sinne des Wortes (die Erstreckung über verschiedene Kontexte hinweg). Solche Probleme im Blick habend bietet uns ein Fokus auf die kommunikativen Figurationen mediatisierter Welten allerdings zumindest die Möglichkeit für eine praktische Forschung zu Mediatisierung, die die zunehmende „mediation of everything" auf eine nicht-medienzentrierte Weise ernst nimmt. Wenn wir uns jedoch vergegenwärtigen, dass sich Mediatisierungsforschung mit dem Wechselverhältnis von medienkommunikativem und soziokulturellem Wandel befassen möchte, müssen wir uns Gedanken darüber machen, wie wir diesen Wandel operationalisieren können.

An dieser Stelle möchte ich argumentieren, dass dies auf zweifache Weise geschehen kann, nämlich als diachrone und synchrone Mediatisierungsforschung. Während die diachrone Mediatisierungsforschung dabei vermutlich die offensichtlichere Form der Operationalisierung ist, sind dennoch beide Arten der Realisierung von Mediatisierungsforschung in hohem Maße relevant.

Im Kern bedeutet *diachrone Mediatisierungsforschung* einen Vergleich über die Zeit hinweg: Wir untersuchen die kommunikativen Figurationen einer bestimmten mediatisierten Welt zu unterschiedlichen Zeitpunkten und vergleichen die Ergebnisse miteinander. Durch einen solchen Vergleich können wir auf der einen Seite erfassen, wie sich eine mediatisierte Welt mit den ihr zugrunde liegenden Prozessen der (medienvermittelten) kommunikativen Konstruktion geändert hat – und wie auf der anderen Seite dieser Wandel mit einem Wandel der verschiedenen Medien und ihrer Prägkräfte verbunden ist. Um hier das einfache Beispiel der Familie zu nehmen, das bereits an anderer Stelle zur Veranschaulichung herangezogen worden ist: Wir können die kommunikative Figuration der mediatisierten Welten der Familie in einem bestimmten kulturellen Kontext der 1950er Jahre untersuchen, dasselbe in den 1980er und 2010er Jahren und dann die Ergebnisse miteinander vergleichen. Sicherlich haben sich die mediatisierten Welten der Familien geändert und dies steht u. a. in Beziehung zum Medienkommunikationswandel. Um aber detaillierte Antworten zu geben, wie dieser Wandel vonstattengeht, besteht die Kernaufgabe in einer detaillierten Untersuchung der sich über die Zeit hinweg verändernden kommunikativen Figurationen.

Dieses einfache Beispiel verdeutlicht wichtige Aspekte der diachronen Mediatisierungsforschung. Es wird greifbar, dass diese Art der Forschung entweder historisierend ist in dem Sinne, dass sie nach Möglichkeiten sucht, die kommunikative Figuration einer mediatisierten Welt zu einer bestimmten früheren Zeit zu rekonstruieren. An dieser Stelle gewinnt die historische Kommunikationsforschung an Bedeutung, dann allerdings verstanden als Mediatisierungsgeschichte. Oder sie muss in dem Sinne projektiv sein, dass sie in der Gegenwart beginnt und eine Art (qualitatives oder quantitatives) Langzeitdesign entwickelt, um den zukünftigen Wandel der kommunikativen Figuration zu erfassen, wie es beispielsweise in sogenannten Panel-Studien realisiert wird. In beiden Fällen heißt eine solche Forschung nicht, die „Diffusion von Innovationen" (Rogers 1995) zu untersuchen, da sich die Spezifik einzelner Medien über die Zeit hinweg im Kontext anderer Medien ändert: das internetbasierte Fernsehen der Gegenwart teilt mit dem viel stärker radiohaften Bewegbild der 1950er Jahre vermutlich nur den Namen „Fernsehen" (Krotz 2007: 279–282). Diachrone Mediatisierungsforschung zu realisieren bedeutet demnach auch offen genug zu sein, um den Wandel der prägenden Momente einzelner Medien selbst zu erfassen.

Nicht nur aus praktischen Erwägungen – diachrone Forschung im beschriebenen Sinne ist sehr elaboriert und zumeist auch teuer – besteht die Notwendigkeit für eine *synchrone Mediatisierungsforschung*. Der Hauptgrund dafür ist, dass Mediatisierung selbst kein linearer Prozess ist, sondern verschiedene ‚eruptive' Momente hat, die man als „Mediatisierungsschübe" (Hepp 2011: 63; 67; 93) bezeichnen kann. Dieser Ausdruck darf nicht als Wirkungsmetapher missverstanden werden. Eher soll er fassen, dass bestimmte Entwicklungen des Medienwandels in qualitativ anderen Medienumgebungen resultieren. Wir können das Phänomen der Digitalisierung als einen solchen „Mediatisierungsschub" verstehen, indem hiervon nicht nur die sogenannten neuen Medien betroffen sind, sondern auch die ursprünglich nicht-digitalen Medien eine Transformation erfahren haben – Fernsehen wird zum Internetfernsehen, Kino wird digitales Kino usw. Ein anderer Mediatisierungsschub war die Etablierung des Lesens von Gedrucktem, indem damit eine Transformation verschiedener Formen von Kommunikation hin zu einer „sekundären Oralität" (Ong 1987) verbunden war (während uns bewusst sein muss, dass das, was wir heute Druck nennen, selbst in einem langfristigen Prozess der Institutionalisierung und Verdinglichung von menschlichem Handeln entstanden ist, vgl. Hepp 2011: 55–67). Insbesondere (aber nicht nur) in Bezug auf solche „Mediatisierungsschübe" macht es Sinn, eine einzelne mediatisierte Welt zu einem bestimmten Zeitpunkt synchron zu untersuchen. Um hier ein Beispiel zu nennen: Eine sehr spezifische mediatisierte Welt des transmedialen Pokerspielens kam auf, als Fernsehpoker und Online-Poker zusammen mit privatem Pokerspielen artikuliert wurden (Hitzler/Möll 2012). Eine diachrone Perspektive hierauf (was sollte der Referenzpunkt des Vergleichs sein?) würde ebenso wenig zielführend sein wie bei einer Beschäftigung mit E-Sport (den wir nur mit der mediatisierten Welt des traditionellen Sports vergleichen könnten, was aber ggf. insofern irreführend wäre, als die Ursprünge des E-Sports eher im Bereich des Computerspielens liegen, siehe Maric 2012).

Jedoch können wir auch in einer solchen synchronen Mediatisierungsforschung Fragen des Wandels einbeziehen, indem wir rekonstruktive Momente in unsere Forschung integrieren. Wir können beispielsweise verschiedene „Mediengenerationen" miteinander vergleichen, wenn wir argumentieren, dass deren (Medien-)Sozialisation zu unterschiedlichen Zeitpunkten stattgefunden hat und dass dies in den Abweichungen gegenwärtiger generationeller kommunikativer Figurationen reflektiert wird (siehe für einen solchen Ansatz Volkmer 2006). Wir können in den Daten, die wir sammeln, andere rekonstruktive Momente einbeziehen, zum Beispiel indem wir die Menschen nach ihrer Medienbiografie fragen und dies auf heutige Wahrnehmungen von mediatisierten Welten und ihrer kommunikativen Figurationen rückbeziehen. Und auch in statistischer Hinsicht können wir Daten für bestimmte Kohorten synchron vergleichen, was Unterschiede zwischen verschiedenen Lebensphasen implizierten.

Im Hinblick auf solche Beispiele ist es offensichtlich, dass sich diachrone und synchrone Mediatisierungsforschung nicht ausschließen, sondern ergänzen. Es hängt von der je untersuchten mediatisierten Welt und ihrer kommunikativen Figurationen ab, welcher Ansatz der Mediatisierungsforschung angemessener erscheint – einschließlich der Kombination von beiden.

Dennoch sollten wir bei beiden Formen der Mediatisierungsforschung vorsichtig sein und einfache Kausalitäten vermeiden. An dieser Stelle ist es nochmals hilfreich, auf Norbert Elias Bezug zu nehmen. In dessen Diskussion des „Problems der ‚Notwendigkeit' gesellschaftlicher Entwicklungen" (Elias 1993: 175) erinnert er uns daran, dass sich „bei der Erforschung eines Figurationsstromes [...] zwei Perspektiven des Zusammenhangs zwischen einer aus dem kontinuierlichen Figurationsstrom herausgelesenen früheren und einer jeweils späteren Figuration unterscheiden" (Elias 1993: 178) lassen. Dies ist als erstes der Blickwinkel der früheren Figuration, von der aus die spätere nur eine der verschiedenen Möglichkeiten ihrer Veränderung ist. Zweitens ist dies der Blickwinkel der späteren Figuration, von der aus „die frühere gewöhnlich eine der notwendigen Bedingungen ihres Zustandekommens" (Elias 1993: 178) darstellt. Entsprechend argumentiert Elias, die (empirisch zu prüfende) Tatsache, dass eine Figuration aus einer anderen heraus entstanden ist, kann nicht damit gleichgesetzt werden, dass „sich diese früheren notwendigerweise in diese späteren verwandeln mussten" (Elias 1993: 179).

Wenn wir diese Argumente auf die Mediatisierungsforschung beziehen, werden wir einmal mehr daran erinnert, dass wir mit kausalen Argumentationen sehr vorsichtig sein müssen: Den Wandel von kommunikativen Figurationen und damit auch den Wandel der kommunikativen Konstruktion mediatisierter Welten zu beschreiben, bedeutet nicht, bestimmte Variablen zu isolieren, die dann einseitig als Auslöser einzelner Wirkungen zu verstehen sind. Eher heißt dies, die Varianz wie auch Spezifik gegenwärtiger und historischer mediatisierter Welten vor dem Hintergrund der Mannigfaltigkeit möglichen Wandels von kommunikativen Figurationen zu erfassen.

5   Fazit

Der Ausgangspunkt meiner Argumentation war der Versuch, den Stellenwert der Mediatisierungsforschung für ein Verständnis der kommunikativen Konstruktion von Wirklichkeit auszuloten. Ein solches Unterfangen geht mit der Kritik an dem vereinfachenden Konzept der Medienlogik einher. Die Konzeption, wie ich sie in diesem Beitrag dann entwickelt habe, besteht darin, die kommunikativen Figurationen mediatisierter Welten auf eine Art und Weise zu analysieren, die die kontextabhängigen Prägkräfte der Medien und deren Relevanz für eine sich verändernde kommunikative Konstruktion der soziokulturellen Wirklichkeit reflektiert. Wie meine Anmerkungen zu einer möglichen Operationalisierung bereits verdeutlichen, ist dies kein einfaches Unterfangen. Wenn wir Mediatisierungsforschung gleichwohl in dem hier umrissenen, offeneren Verständnis realisieren, bieten die dargelegten Begriffe und Konzepte ein Hilfsmittel, um die Rolle der Medien für die sich verändernde kommunikative Konstruktion von Wirklichkeit zu reflektieren. Sicherlich gibt es für ein solches Unterfangen ebenfalls andere Wege. Wie diese auch immer aussehen, so müssen wir doch beginnen zu verstehen, dass Medienwandel kein linearer Prozess ist, in dem die Medien als ein separater Einflussfaktor gedacht werden können. Vielmehr müssen wir zu einem Punkt kommen, an dem wir die Rolle von Medienkommunikation im soziokulturellen Wandel umfassender verstehen. Meine Hoffnung ist, dass dieser Artikel für eine solche Diskussion eine Anregung bedeutet.

Literatur

Altheide, David L. (2004): Media Logic and Political Communication. In: Political Communication, 21 (3), S. 293–296.
Altheide, David L./Snow, Robert P. (1979): Media Logic. Beverly Hills: Sage.
Asp, Kent (1990): Medialization, Media Logic and Mediarchy. In: Nordicom Review, 11 (2), S. 47–50.
Berger, Peter L./Luckmann, Thomas (1977): Die gesellschaftliche Konstruktion der Wirklichkeit. Eine Theorie der Wissenssoziologie. Frankfurt am Main: Fischer Verlag.
Berker, Thomas/Hartmann, Maren/Punie, Yves/Ward, Katie (Hrsg.) (2006): Domestication of Media and Technology. London: Open University Press.
Clark, Lynn Schofield (2011): Considering Religion and Mediatisation Through a Case Study of the J K Wedding Entrance Dance: A Response to Stig Hjarvard. In: Culture and Religion, 12 (2), S. 167–184.
Couldry, Nick (2006): Akteur-Netzwerk-Theorie und Medien: Über Bedingungen und Grenzen von Konnektivitäten und Verbindungen. In: Hepp, Andreas/Krotz, Friedrich/Moores, Shaun/Winter, Carsten (Hrsg.): Konnektivität, Netzwerk und Fluss. Konzepte gegenwärtiger Medien-, Kommunikations- und Kulturtheorie. Wiesbaden: VS, S. 101–117.
Couldry, Nick (2008): Mediatization or Mediation? Alternative Understandings of the Emergent Space of Digital Storytelling. In: New Media & Society, 10 (3), S. 373–391.
Couldry, Nick (2010): Making Populations Appear. In: Kraidy, Marwan M./Sender, K. (Hrsg.): The Politics of Reality Television: Global Perspectives, S. 194–207.
Couldry, Nick (2012): Media, Society, World: Social Theory and Digital Media Practice. Cambridge, Oxford: Polity Press.
Elias, Norbert (1989): The Symbol Theory: An Introduction, Part One. In: Theory, Culture & Society, 6. Auflage, S. 169–217; 339–383; 499–537.
Elias, Norbert (1993): Was ist Soziologie? 7. Auflage. Weinheim: Juventa.
Elias, Norbert (2001): Symboltheorie. Frankfurt am Main: Suhrkamp.

Hepp, Andreas (2011): Medienkultur. Die Kultur mediatisierter Welten. Wiesbaden: VS.
Hepp, Andreas (2012): Mediatization and the ‚Moulding Force' of the Media. In: Communications, 37 (1), S. 1–28.
Hepp, Andreas/Krotz, Friedrich (2012): Mediatisierte Welten. Forschungsfelder und Beschreibungsansätze – Zur Einleitung. In: Krotz, Friedrich/Hepp, Andreas (Hrsg.): Mediatisierte Welten. Forschungsfelder und Beschreibungsansätze. Wiesbaden: VS, S. 7–23.
Hitzler, Ronald/Honer, Anne (1984): Lebenswelt – Milieu – Situation. Terminologische Vorschläge zur theoretischen Verständigung. In: Kölner Zeitschrift für Soziologie und Sozialpsychologie, 36 (1), S. 56–74.
Hitzler, Ronald/Möll, Gerd (2012): Eingespielte Transzendenzen. Zur Mediatisierung des Welterlebens am Beispiel des Pokerns. In: Krotz, Friedrich/Hepp, Andreas (Hrsg.): Mediatisierte Welten. Forschungsfelder und Beschreibungsansätze. Wiesbaden: VS, S. 257–280.
Hjarvard, Stig (2008): The Mediatization of Society. A Theory of the Media as Agents of Social and Cultural Change. In: Nordicom Review, 29 (2), S. 105–134.
Hjarvard, Stig (2009): Soft Individualism: Media and the Changing Social Character. In: Lundby, Knut (Hrsg.): Mediatization: Concept, Changes, Consequences. New York: Peter Lang, S. 159–177.
Höflich, Joachim R. (2005): An mehreren Orten zugleich: Mobile Kommunikation und soziale Arrangements. In: Höflich, Joachim R./Gebhardt, Julian (Hrsg.): Mobile Kommunikation: Perspektiven und Forschungsfelder. Frankfurt am Main: Peter Lang, S. 19–42.
Knoblauch, Hubert (2009): Populäre Religion. Auf dem Weg in eine spirituelle Gesellschaft. Frankfurt am Main: Campus Wissenschaft.
Knoblauch, Hubert (2012): Communicative Constructivism and Mediatization. In: Communication Theory. (In Vorbereitung).
Krotz, Friedrich (2007): Mediatisierung: Fallstudien zum Wandel von Kommunikation. Wiesbaden: VS.
Krotz, Friedrich (2009): Mediatization: A Concept With Which to Grasp Media and Societal Change. In: Lundby, Knut (Hrsg.): Mediatization: Concept, Changes, Consequences. New York: Peter Lang, S. 19–38.
Krotz, Friedrich/Hepp, Andreas (Hrsg.) (2012): Mediatisierte Welten. Forschungsfelder und Beschreibungsansätze. Wiesbaden: VS.
Lahire, Bernard (2011): The Plural Actor. Cambridge: Polity Press.
Latour, Bruno (2007): Eine neue Soziologie für eine neue Gesellschaft. Frankfurt am Main: Suhrkamp.
Livingstone, Sonia M. (2009): On the Mediation of Everything. In: Journal of Communication, 59 (1), S. 1–18.
Lövheim, Mia (2011): Mediatisation of Religion: A Critical Appraisal. In: Culture and Religion, 12 (02), S. 153–166.
Luckmann, Benita (1970): The Small Life-Worlds of Modern Man. In: Social Research, 37 (4), S. 580–596.
Lundby, Knut (2009a): Introduction: ‚Mediatization' as a Key. In: Lundby, Knut (Hrsg.): Mediatization: Concept, Changes, Consequences. New York: Peter Lang, S. 1–18.

Lundby, Knut (2009b): Media Logic: Looking for Social Interaction. In: Lundby, Knut (Hrsg.): Mediatization: Concept, Changes, Consequences. New York: Peter Lang, S. 101–119.

Maric, Janina (2012): eSport im TV: Fernsehaneignung einer Computerspielkultur. In: Elsler, Monika (Hrsg.): Die Aneignung von Medienkultur. Wiesbaden: VS, S. 193–213.

Mazzoleni, Gianpietro (2008): Mediatization of Society. In: Donsbach, Wolfgang (Hrsg.): The International Encyclopedia of Communication. Vol. VII. Oxford: Blackwell Publishing, S. 3052–3055.

Meyrowitz, Joshua (1995): Medium Theory. In: Crowley, David J./Mitchell, David (Hrsg.): Communication Theory Today. Cambridge: Polity Press, S. 50–77.

Morgan, David (2011): Mediation or Mediatisation: The History of Media in the Study of Religion. In: Culture and Religion, 12 (2), S. 137–152.

Morley, David (2007): Media, Modernity and Technology. The Geography of the New. London/New York: Routledge.

Morley, David (2009): For a Materialist, Non Media-centric Media Studies. In: Television & New Media, 10 (1), S. 114–116.

Ong, Walter J. (1987): Oralität und Literalität. Die Technologisierung des Wortes. Opladen: Westdeutscher Verlag.

Poe, Marshall T. (2011): A History of Communications: Media and Society from the Evolution of Speech to the Internet. Cambridge: Cambridge University Press.

Reichertz, Jo (2009): Kommunikationsmacht: Was ist Kommunikation und was vermag sie? Und weshalb vermag sie das? Wiesbaden: VS.

Riepl, Wolfgang (1913): Das Nachrichtenwesen des Altertums, mit besonderer Rücksicht auf die Römer. Leipzig: B. G. Teubner.

Rogers, Everett M. (1995): Diffusion of Innovations. New York. Free Press.

Schulz, Winfried (2004): Reconstructing Mediatization as an Analytical Concept. In: European Journal of Communication, 19 (1), S. 87–101.

Shibutani, Tamotsu (1955): Reference Groups as Perspectives. In: American Journal of Sociology, 60, S. 562–569.

Silverstone, Roger/Hirsch, Eric (Hrsg.) (1992): Consuming Technologies. Media and Information in Domestic Spaces. London/New York: Routledge.

Strauss, Anselm (1978): A Social World Perspective. In: Studies in Symbolic Interactionism, 1 (1), S. 119–128.

Volkmer, Ingrid (Hrsg.) (2006): News in Public Memory: An International Study of Media Memories Across Generations. New York: Peter Lang.

Willems, Herbert (2010): Figurationssoziologie und Netzwerkansätze. In: Stegbauer, Christian/Häußling, Roger (Hrsg.): Handbuch Netzwerkforschung. Wiesbaden: VS, S. 255–268.

Eine Phänomenologie des Entscheidens, organisationstheoretisch genutzt und ergänzt

Günther Ortmann

Wenn Reinhard Selten stets (z. B. 1990 und o. J.) betont, dass wir selbst uns mitsamt unseren Entscheidungsprozessen eine *black box* sind, dann können wir mithilfe phänomenologischer Reflexion immerhin ein Theoriegerüst und sehr weit reichende Vorstellungen entwickeln, was sich in dieser alten Schachtel abspielt. In mancher Hinsicht reichen sie immer noch weiter als selbst die avancierteste Entscheidungstheorie heute. Soviel kann man immerhin schon sagen: Unter dem Mikroskop phänomenologischer Reflexion zeigt sich ein mannigfaltiges, strömendes Geschehen, das in seinem Resultat, dem Entscheid, zu verschwinden pflegt, das wir aber in den Blick nehmen müssen, wenn wir uns über die Bedingungen der Möglichkeit (und der Unmöglichkeit) des Entscheidens klar werden wollen. Einem solchen Bild, auch das sei vorab vermerkt, stellt sich die rationale Wahl der Entscheidungstheorie, der Ökonomik, der Betriebswirtschaftslehre und des Mainstreams der Soziologie als ein Spezialfall dar, als ein eher unwahrscheinlicher Fall. „Unwahrscheinlich" soll dabei nicht heißen: „unglaubwürdig" oder „(fast) unmöglich"[1], auch nicht „selten", wohl aber: erklärungsbedürftig. Mit anderen Worten: Der fraglos hingenommene Ausgangspunkt aller Rational-Choice-Ansätze wäre allererst als Resultat ganz unwahrscheinlicher Prozesse zu re- und zu dekonstruieren und auf diese Weise einzuholen.

Ich bleibe mit Husserl, Schütz und Luckmann zunächst bei *individuellen* Entscheidungen[2]. Es lohnt sich aber, Anschlussstellen für *organisationale* Entschei-

---

1   Allerdings ist Nutzen*maximierung* unter Bedingungen beschränkter Rationalität à la Simon unmöglich und auch nicht durch die Idee der Suchkostenoptimierung zu retten, wie u. a. Sidney Winter (1964; 1975) und Jon Elster (deutsch 1987: 89 ff.) gezeigt haben. Dazu und zur Debatte „Maximizing versus satisficing" siehe auch Ortmann (2004: 217 ff.).
2   Für das Problem der Kür respektive das Wählen zwischen Entwürfen sind besonders folgende Texte von Schütz maßgeblich: (1971, bes. 31–38, 77–110); (1974, bes. 74–93, 115–130); (1982); Schütz, Luckmann (1984: 33–94). Aus dem umfangreichen Werk Husserls seien besonders erwähnt: *Erfahrung und Urteil* (1954) (EuU) und *Ideen zu einer reinen Phänomenologie* (1992a).

dungsprozesse von Anfang an im Auge zu behalten. Dafür muss man dem Umstand gebührend Rechnung tragen, dass wir es dann mit einem neuen, distinkten Emergenzniveau zu tun haben,[3] besonders, dass einsame Entscheidungen ein Spezialfall sind und Kommunikation – zumal in Organisationen – konstitutiv für jedwedes *decision-making* ist. Ich verfahre im Folgenden so, dass ich immer abwechselnd zunächst allgemein-phänomenologische Bestimmungen erläutere und dann, jeweils eingerückt und in kleiner Schrift, kursorisch, exemplarisch und doch programmatisch deren mögliche organisationstheoretische Nutzung und Ergänzung.[4] Das Buch „Der sinnhafte Aufbau der Organisationswelt(en)" ist noch ungeschrieben, und wenn es auch auf den kommunikationstheoretischen Ausbau des Sozialstruktivismus à la Schütz, Berger und Luckmann dringend angewiesen ist, so steht doch allein schon eine detaillierte organisationstheoretische Lektüre, Nutzung, Zuspitzung und sodann Ergänzung des „Aufbau"-Buches noch aus und wäre, wie ich hier demonstrieren möchte, ein immer noch lohnendes Unterfangen.

Dass die Ergänzung und Weiterentwicklung in Richtung auf einen kommunikativen Konstruktivismus (s. etwa Knoblauch/Schnettler 2004) sinnvoll, ja: dringend ist, erweist sich noch mehr als anderswo am Fall von Organisationen, die ja von Haus aus auf Kommunikation in ganz besonderem Maße angewiesen sind, zurückgreifen und (im Dienste von Koordination, Steuerung und *organisierter* Konstruktion gesellschaftlicher Wirklichkeit) Einfluss nehmen. In meiner Lesart des kommunikativen Konstruktivismus bedarf es da jedoch keiner Wende, sondern „nur" einer energischen kommunikationstheoretischen Erweiterung (einschließlich einer korrigierenden Weichenstellung in Sachen „egologischer Intersubjektivität"; dazu Srubar 1988: 79 f.; 140). Dass Schütz' Lebensweltheorie „die Genese von Kulturwelten aus der Eigendynamik sozialer Interaktion und Kommunikation" (Srubar 1988: 10) zum Gegenstand hat (und dies bereits im „Aufbau"-Buch zu sehen ist), hat Ilja Srubar detailliert gezeigt. Man darf auch daran erinnern, dass der Begriff der Intersubjektivität auf Edmund Husserl zurückgeht, und

---

3 Für eine explizite Diskussion der Denkfigur der Emergenz vgl. schon Polanyi (1985) und, mit Blick auf ein organisationales Emergenzniveau und die Figur des korporativen Akteurs, Ortmann (2010: 73 ff). Inzwischen ist der Diskussionsstand weiter fortgeschritten; s. dazu jetzt Greve/Schnabel (2011).

4 Da es bei der organisatorischen Nutzung und Ergänzung im Rahmen eines kurzen Beitrags nicht um eine fertige Ausarbeitung gehen kann, biete ich dafür nur erste programmatische Hinweise und nehme einige krude Verkürzungen in Kauf, wenn ich zum Beispiel wenn ich von organisationaler Wahrnehmung spreche, ohne im Einzelnen die Emergenz organisationaler aus individueller Wahrnehmung zu erläutern. Zur Kommunikation *in* und *von* Organisationen s. im Einzelnen Ortmann (2011) mit starker Bezugnahme auf Reichertz (2009).

dass Husserl derjenige Denker war, der das Problem der Fremderfahrung und des Fremdverstehens allererst auf die Tagesordnung der Philosophen gesetzt hat. Wenn er dabei auch – zunächst eindeutig, später durchaus weniger eindeutig – in einer egologischen Perspektive befangen bleibt, so war er doch der erste Philosoph, der überhaupt das Andere, den Anderen und das Fremde am Anderen als Problem der Intersubjektivität – und die Rolle des Anderen bei der Subjektkonstitution und sogar der Konstitution der eigenen Körperlichkeit – gesehen und dabei sogleich der Idee eine Absage erteilt hat, den Abgrund zwischen Eigenheits- und Fremdheitssphäre im Wege einer schlichten Einheitsstiftung zu überspringen.[5] Ich störe mich weniger an jener immer wieder beklagten bewußtseinsphilosophischen Einseitigkeit Schütz' als vielmehr daran, dass er einseitig auf das (kognitionslastige) *Wissen* und nicht auch auf das *Können* individueller – und sodann korporativer! – Akteure abstellt, ja, Können gar nicht mit der m. E. gebotenen Entschiedenheit vom Wissen unterscheidet.[6] Können aber liegt allem Wissen zu Grunde, wie man unter Rekurs auf Michael Polanyis (1985) implizites Wissen (das eben ein Können ist) argumentieren kann (Ortmann 2008), und es ist gerade einer pragmatistischen Auffassung von kommunikativer Konstruktion nur förderlich, an Kommunikation nicht nur die Dimension der Ausübung, des Transfers und des Auf- und Ausbaus von Wissen, sondern auch – und allererst! – die Dimension der Aus- und der Einübung von Können auszumachen. Phänomenologische und gut soziologische Anschlussstellen dafür gibt es ja durchaus: in Gestalt der auf Husserl zurückgehenden Konzepte der Sedimentierung, Routinisierung und Habitualisierung. Organisationen können dafür als heute wichtigste Exerzierplätze gelten.

Organisationen sind sowohl mit Blick auf Wissen als auch, und erst recht, mit Blick auf Können *die* mächtigen Akteure und insbesondere die mächtigen Kom-

---

5 S. dazu auch unten, die Fußnote 14, und den Beitrag von Hubert Knoblauch in diesem Band; zu Fremderfahrung und Intersubjektivität bei Husserl s. Eberle (1984), Waldenfels (1989) und umfassend Därmann (2005: 373 ff.; bes. 421 ff.). Eberle (1984: 172 ff) moniert eine Vermischung der phänomenologischen Analyse einerseits mit einer kommunikationstheoretischen à la Habermas andererseits, weist aber zu Recht Habermas' Schütz-Kritik – Herunterspielen der Sprache – zurück und insistiert, ebenfalls mit guten Gründen, auf nicht-sprachlichen Dimensionen von Intersubjektivität, die gerade von der Phänomenologie angemessen berücksichtigt werden.

6 Dafür bieten Schütz/Luckmann (1979: 139 ff.) ein gutes Beispiel. Sie erörtern dort „Fertigkeiten", tun sich aber erstaunlich schwer, sie anders als in Wissenskategorien – „Routine-Wissen", „Gewohnheitswissen", „Gebrauchswissen", „Rezeptwissen" – zu verhandeln. Wenn aber die sozialkonstruktiven, besonders die performativen Effekte der Kommunikation, salopp gesprochen, ihren Output ausmachen, dann ist das Pendant auf der Input-Seite: Können (das meistens, aber beileibe nicht immer auf explizites Wissen zurückgreift). Mehr zum Thema Können und Könnenhaben bei Ortmann (2008; 2012a).

munikatoren der Moderne. An der kommunikativen Konstruktion sozialer Realitäten, an Welterschließung, an – organisationsinterner und -externer – Sinngebung, Identitätsstiftung, Legitimation[7] und am einschlägigen Enactment sind sie maßgeblich beteiligt. Organisationsmacht ist nicht nur, aber zum großen Teil „Kommunikationsmacht" (Reichertz 2009; Ortmann 2011).

Das wird sich im Folgenden an mikrologischen Reflexionen auf die Rolle der organisationalen Kommunikation bei der Wahrnehmung, bei der Bestimmung von Themen und Relevanzen, bei der Aufgliederung in Thema und Horizont, bei der Konstitution von Problemen, bei der Etablierung der Geltung von Sinn via performativer Sprechakte und ganz besonders bei organisatorischen Entscheidungsprozessen erweisen.

1 Wahrnehmung, Thema und Horizont

Bevor wir uns entscheiden, müssen wir „etwas" wahrnehmen: zumindest „die Situation" und so etwas wie ein Problem, und die Frage ist daher: Wie „geht" Wahrnehmung, und wie wird ein Problem zum Problem?

Jede Geistes- oder Bewusstseinstätigkeit und auch jede Wahrnehmung schließt das Problem der Auswahl ein, mit Husserl und Schütz können wir sagen: „die vorgängige Aufgliederung in Thema und Horizont" (Schütz 1982: 34). Schon in der Wahrnehmung gibt es so etwas wie eine (Aus-)Wahl und womöglich Entscheidung, aber da müssen wir Äquivokationen vermeiden: Diese Auswahl, diese Entscheidung ist, auch wenn da ein Spielraum existiert, Sache passiver Synthesen und „vorprädikativen" Urteilens (ebd. 44 f.; 51), das heißt, vorsprachlicher Auslegungsereignisse, und das impliziert: Darin, was wir zum Thema machen, sind wir nur in sehr eingeschränktem Maße frei (ebd., 30).

In Organisationen können Freiheitsgrade und Reflexivität der Auslegung und Themen„wahl" gesteigert, aber auch eingeschränkt sein.

„Das ist bei uns kein Thema", heißt es im Betriebsjargon manchmal, und daran sieht man: Schon was „zum Thema", und erst recht, was „zum Problem wird", dafür sind in Organisationen deren Ziele, Strukturen und Prozesse maßgeblich. Der Aufgliederung

---

7 Man denke nur an Robert Brandoms (2000) „deontic status", den dafür relevanten „Raum für Gründe" und deren kommunikationstheoretische Relevanz, auf die Jo Reichertz (2009 und in diesem Band) aufmerksam macht – und an die überragende Rolle von Organisationen bei deren Hervorbringung.

individueller und sodann organisationaler Wahrnehmungsfelder in Thema und Horizont gebührte daher eine erhöhte Aufmerksamkeit der Organisationsforschung, besonders der Erforschung der einschlägigen, dafür sehr maßgeblichen organisationalen Kommunikation. Wenn der *shareholder value* Thema wird, rückt anderes – zum Beispiel die längerfristige Substanzsicherung der Unternehmung – an den Rand, an den Horizont. Wechselnde Managementmoden haben es, bei aller Kritik, an sich, neue Themen aufzubringen und für Themenwechsel zu sorgen: vorvorgestern: *computer-integrated manufacturing,* vorgestern das Thema „Verschwendung" *(lean production),* gestern „Prozesse" *(business process reengineering),* heute „Kooperation" *(co-opetition,* Netzwerke) und „Kompetenzen" (Wissensmanagement, *competence-based view).*

2 Problematische Möglichkeiten, Probleme und Erwartungen

In dem in (1.) genannten – noch einmal: zunächst vorprädikativen – Auslegungsprozess kann es verschiedene Möglichkeiten der Auslegung geben. In der Zimmerecke liegt ein Knäuel. Oft ist – scheint – die Sache klar: Es ist ein Seilknäuel. Oder es gibt Zweifel: Vielleicht ist es eine Schlange? Dann spricht Husserl (1954, EuU: 52) von „problematischen Möglichkeiten". Im ersteren Falle hat die passive Synthesis die aktuelle Erfahrung mit schon Erfahrenem, mit bildnahen Vorstellungen, verknüpft, „die in der Form des Typus Elemente unseres zuhandenen Wissensvorrats sind" (Schütz 1982: 51). Wir können dann sagen: „Es ist dasselbe (das Gleiche, ein Vergleichbares, so ähnlich)."

In Organisationen pflegen zuhandene Wissensvorräte, solche Typen oder Schemata der Wahrnehmung und Deutung sowie Maßstäbe für Selbigkeit/Gleichheit/Vergleichbarkeit/Ähnlichkeit (zum Teil) organisational, und das heißt: via organisationaler Kommunikation, hervorgebracht oder doch modifiziert zu sein. Man denke nur an den Wissensvorrat des *scientific management,* an den Typus „lean production", ans Benchmarking, an Standardisierung (= Etablierung von Maßstäben), an Evaluation, an Ratings, Audits, ans Controlling. Regeln und Standards sind als Auferlegungen („impositions") gleicher Handlungsweisen aufzufassen. „Die Verwendung des Wortes ‚Regel' ist mit der Verwendung des Wortes ‚gleich' verwoben." (Wittgenstein 1984: 352; mehr dazu bei Ortmann 2012).

Wann aber wird eine Möglichkeit problematisch? Das ist eine Angelegenheit des Zusammenbruchs von Erwartungen, wie sie in passivem, automatischem, habituellem Wissen als Routineerfahrungen und in der Idealisierung des „immer wieder das Gleiche" sedimentiert sind (Schütz 1982: 54 f.) – des Zusammenbruchs oder der Irritation: „Es bewegt sich! Es kann kein Seilknäuel sein!"

Organisation ließe sich nachgerade als Institutionalisierung dieser Routinen und Idealisierungen und zugehöriger Erwartungen auffassen: „wieder und wieder das Gleiche". Und sogleich sieht man ihr Potential sowohl zur Entlastung, zur Reduktion von Komplexität, zur Erschließung der Welt als auch zur Erstarrung und Dogmatisierung. Microsoft, aus Sicht von IBM ein Seilknäuel – irgendetwas Vertrautes, das in einer Zimmerecke des Marktes herumlag, aber nicht sehr relevant schien –, entpuppte sich als Schlange, deren Biß für IBM fast tödlich wurde.

Karl Weicks enacted environment ließe sich im Lichte der Schützschen Begriffe als thematisierte, ausgelegte und via Kommunikation fürs organisationale Handeln maßgeblich gemachte Umwelt auffassen.

Da es ferner von Handlungszwecken abhängt, was als problematisch zu gelten hat, folgt: Die Zwecke und Funktionserfordernisse der Organisation bieten wirkmächtige Möglichkeiten und Nötigungen zu zweckabhängiger Selektion schon von Themen und Problemen.

Das *Vertraute* wird zum *Thema,* wenn und weil es zum *Problem* wird – hier: zur problematischen Möglichkeit der Auslegung. Vertrautheit impliziert für die Wahrnehmung ein Minus an *Relevanz* (Schütz 1982: 56 ff.; 90 ff.).

Betriebsblindheit heißt in Organisationen diese Vertrautheit, wenn sie verhindert, dass etwas zum Problem und zum Thema wird, das „aus anderer Sicht", „auf den zweiten Blick", „im Rückblick" oder aus der Warte einer Beobachtung zweiter Ordnung zum Problem und zum Thema der Wahrnehmung und der Kommunikation hätte gemacht werden sollen. Aber ohne Vertrautheit geht es nicht, weil nicht alles gleichzeitig problematisch sein kann. Vertrautheit steht überdies in einer nicht ganz einfachen Beziehung zu *Vertrauen*[8], diesem für Organisationen so wichtigen „Schmiermittel der Ökonomie" (Arrow 1980).

Wenn man mit Blumenberg (2011) Husserls Lebenswelt als „Universum der Selbstverständlichkeit" auffasst (das ist *nicht* die Alltagswelt, sondern die lediglich als Grenzbegriff gemeinte „Welt der natürlichen Einstellung", der durch Reflexion, auch schon durch alltägliche Reflexion, ein Ende gesetzt wird), dann kann man organisatorische Regeln und Routinen als – notwendige! – Selbstverständlichkeitssurrogate anfassen. Mit Berger/Luckmann (1977: 152 f.) kann man auch von Vertrautheit als Resultante se-

---

8   Für Näheres s. Möllering (2006).

kundärer Sozialisation sprechen. Organisation ist insofern immer auch die Scheidung der Welt in (sekundär) Selbstverständliches (als Hintergrund) und Reflexionsbereich (als Vordergrund). Die „Organisation von Selbstverständlichkeiten" ist der unauffälligste und eben deshalb vielleicht wirksamste Modus organisationaler Macht (Ortmann 2012b).

3 Thema und Relevanz; innerer und äußerer Horizont

Schütz (1982: 56 ff.; Schütz/Luckmann 1979: 224 ff.) unterscheidet (1.) thematische, (2.) Auslegungs- und (3.) Motivationsrelevanz. *Thematische Relevanzen* – „etwas wird inmitten des unstrukturierten Feldes einer unproblematischen Vertrautheit zum Problem" und damit zum Thema inmitten eines Horizonts gemacht (Schütz 1982: 56) – können ausgelöst sein wie in Schockerfahrungen oder willentlich erzeugt, wie in der freiwilligen Fokussierung der Aufmerksamkeit.

Der „attention focus mechanism", der schon Cyert und March (1963: 35 f., 39 f.) zufolge steuert, welche Ziele in Organisationen sich in welchem Ausmaß durchsetzen, verdient größte Aufmerksamkeit der Organisationsforschung. Natürlich ist er nicht nur für Ziele und Zielwandel von Interesse, sondern für die Bestimmung jedweder Organisationsprobleme und -themen. Es ist da eine „Ökonomie der Aufmerksamkeit" am Werk, die mit notwendiger Selektivität zu tun hat. Sie begrenzt Zahl und Umfang beachteter Probleme, Themen und Gegenstände, aber auch die Dauer der Aufmerksamkeit. Darüber wird, wie man trotz der Arbeit von Franck (1998) sagen muss, erstaunlich wenig nachgedacht.[9]

Mit Husserl (1954: § 8–10; 1966: 6 f.; Schütz 1982: 61 f.) lässt sich der Horizont eines jeden Themas in einen inneren und einen äußeren unterscheiden. „Der äußere Horizont bezeichnet alles, was zugleich mit dem Thema im aktuellen Bewusstseinsfeld auftaucht" (Schütz 1982: 61; s. a. Schütz 1971: 124 f.) – und alles, was mit ihm assoziativ verbunden wird. Zum inneren Horizont eines Themas gelangt man, indem man tiefer in seine Struktur eindringt. Jedes Thema ist daher „nur" die Abbreviatur einer unendlichen Anzahl thematischer Relevanzen und unbegrenztes Feld weiterer Thematisierungen.

---

9 Organisationstheoretisch, soweit ich sehe, noch nicht fruchtbar gemacht wurden z. B. Crarey (1999), Assmann/Assmann (2001), Waldenfels (2004).

Am äußeren Horizont des Themas „Produktionsplanung und -steuerung" könnte das Gratifikationssystem eines Unternehmens erscheinen, das mit seinem PPS-System in Einklang steht oder nicht. In dem von Ortmann u. a. (1990: 76 ff., hier bes. 141 f.) berichteten Fall tauchte es aber nicht einmal dort auf. Wäre das geschehen, hätte es selbst und seine mangelnde Kompatibilität mit dem PPS-System zum Thema avancieren können. Sodann hätte man sich dem Thema „Gratifikationssystem" und seinem inneren Horizont, seiner inneren Struktur, zuwenden und Details in Augenschein nehmen können, die für seine Inkompatibilität mit dem PPS-System verantwortlich war, in diesem Falle: der Gratifikation *aller* Akteure vom Topmanager bis zum Arbeiter an der Maschine nach erbrachtem Output.

Was Schütz mit „Innenhorizont" meint, und welch' enorm wichtige Rolle Organisationen da spielen, kann man sich auch gut an den organisational geschärften, konzentrierten, spezialisierten Fokussierungen der Wahrnehmung klarmachen, etwa in tayloristischen Zeit- und Bewegungsstudien, im Qualitätsmanagement oder bei der scharfen Beobachtung des Kundenverhaltens. *Organisationale* Wahrnehmung erfordert und ermöglicht es zum Beispiel, den Blickverlauf von Kunden vor Supermarkt-Regalen oder Werbeanzeigen, die Zahl ihrer Lidschläge u. ä. zu erfassen – wahrlich bloß Innenhorizonte für die alltägliche Wahrnehmung.

4 Auslegungs- und Motivationsrelevanz

Das Etwas in der Zimmerecke „gehört da nicht hin" und erlangt dadurch thematische Relevanz. Ist es nun ein Seilknäuel oder eine Schlange? Wir machen von unserem zuhandenen Wissensvorrat Gebrauch und fassen außerdem gewisse Partikularmomente des wahrgenommenen Gegenstandes näher ins Auge – alles, was *Auslegungsrelevanz* hat. Wir zögern, wir zweifeln, gleichen die Wahrnehmungsdinge mit erworbenen Typen oder Schemata der Wahrnehmung ab – und räumen allmählich die Zweifel aus.

> Dafür ist ein zuhandenes Wissen, eine Aufmerksamkeit und eine Bereitschaft zum Zögern, Zweifeln und zur Infragestellung erster Diagnosen erforderlich, die in Organisationen *qua* Organisationen beeinträchtigt sein können und nicht leicht zu organisieren sind, weil sie dafür zwar einerseits mächtige Mittel – Regeln und Ressourcen – bereitstellen, aber auch starke Typisierungen und Schematisierungen mit sich bringen und ihnen Zögern, Zweifeln und Kritik insofern zuwiderlaufen. Mit Organisation geht zum Beispiel eine Kanonisierung des Wissens und, infolge dessen, eine Missachtung des nichtkanonisierten Wissens der Praktiker vor Ort einher, das in „communities of

practice" entsteht (Lave/Wenger 1991). Kanon übrigens, nicht ganz gewaltfrei, hatte im Griechischen unter anderem die Bedeutung „Stab, Rohrstock".

Warum sollte das Knäuel in der Ecke thematisch werden? Und warum sollte es Auslegungsrelevanz erlangen? Weil es dem Akteur wichtig ist. Damit kommt ins Spiel, was Schütz (1974: 78 ff.; 1982: 78 ff.) *Motivationsrelevanz* nennt. Es kommen Neugierde und Interesse ins Spiel. Eine Schlange wäre besorgniserregend. Angst motiviert dann etwa das Auslegungsbemühen. Es lassen sich „Weil-Motive" von „Um-zu-Motiven" unterscheiden.

Ein Mörder begeht eine Tat, *um* dem Ermordeten sein Geld *zu* rauben, aber *weil* er unter schlimmen Umständen aufgewachsen ist und eine Disposition zur Gewalt erworben hat. Echte Weil-Motive lassen sich nicht in Um-zu-Motive übersetzen. Ich nähere mich einem Gegenstand (bleibe aber in sicherer Entfernung) zunächst noch ohne bestimmten Handlungsentwurf, *weil* ich fürchte, dass er eine Schlange ist. Oder ich nähere mich ihm, *um* ihn mit einem Stock an*zu*heben und *zu* prüfen, ob das Dinge lebt. Diese Unterscheidung ist diffizil, aber wichtig. Sie lässt sich so ausdrücken: Meine Um-zu-Motivation ist teleologischer Natur, sie rührt vom (ins Auge gefassten) Ziel her. Ich handle, *um* es (oder ein Etappenziel) *zu* erreichen. Meine Weil-Motivation rührt nicht vom vorgestellten, erwünschten Ende her, sondern von einem „zugrundeliegenden"[10] Anfang, einem Wunsch, einer Angst, einer normativen und gar moralischen Überzeugung, in den Worten Schütz' und Luckmanns (1979: 261 ff.): einer *Einstellung*. Ich antworte, weil ich gefragt werde – weil es meine Einstellung ist, einem (oder: diesem) Fragenden gebühre eine Antwort. Deswegen entschließe ich mich zu antworten. Nun entwerfe ich eine bestimmte Antwort. Ich könnte versucht sein zu sagen: um meiner Einstellung Rechnung zu tragen. Aber diese Formulierung klingt schief, und das hat seinen Grund. Meine Einstellung wirkt eben als Weil- und nicht als Um-zu-Motiv. Ich antworte *nicht zu dem Zwecke, um* meine Einstellung *zu* praktizieren. Der Mörder tötet nicht, *um* seine Neigung zur Gewalt in die Tat umzusetzen (eine Neigung, die ihm vielleicht gar nicht bewusst ist und die er jedenfalls nicht ent-

---

10 Ich setze „zugrundeliegenden" in Anführungszeichen, weil die in Rede stehenden Einstellungen, wie auch Schütz/Luckmann (1979: 267 ff.) betonen, ihre Geschichte haben und ihrerseits Sedimentierungen von Erfahrungen sind – Erfahrungen, die im Zuge praktizierter Um-zu-Ketten erworben worden sind. Anders formuliert: Zwischen Weil- und Um-zu-Motivation gibt es einen komplizierten Zusammenhang der Rekursivität: Weil-Motive bewegen mich zum (Entwerfen von) Handeln, Um-zu-Motive zur Auszeichnung *bestimmter* Entwürfe, diese zu bestimmten Um-zu-Ketten des Handelns, und dessen Resultate, Erfolge, Misserfolge und emotionalen Effekte konstituieren/modifizieren wiederum meine Einstellungen.

worfen hat), sondern diese Neigung motiviert als Weil-Motiv den Entwurf seiner Tat, den er sodann in Um-zu-Ketten realisiert.

Dies alles kompliziert sich nun, wenn man von individuellen zu sozialen Verhältnissen übergeht: „*Jedes* Wirken in der sozialen Beziehung setzt … eine auf den Handelnden bezogene Fremdeinstellung des Partners voraus, wobei die eigenen Um-zu-Motive (im Beispiel: die des Fragenden, der fragt, *um* eine Antwort *zu* erhalten) als echte Weil-Motive des Partners angesetzt werden (Weil-Motive des Befragten, der antwortet *weil* er gefragt wurde und deswegen eine bestimmte Antwort entwirft, *um*, zum Beispiel, die Neugier des anderen *zu* befriedigen)." (Schütz 1974: 226; Hervorh. und Klammerergänzungen G. O.)

> Was für ein weites Feld für eine organisationstheoretische Erschließung, Zuspitzung und Modifikation! Organisationszwecke und organisationale Kommunikation sind maßgeblich für die Teleologie organisationalen Handelns. *Einstellungen* sind zu einem guten Teil Sedimentierungen *organisationaler* Praxis. Man denke an Arbeitseinstellungen, Qualitätsbewusstsein oder Kundenorientierung. Organisation kann als Organisation von überlappenden Um-zu- und Weil-Motiven zunächst je zweier, sodann vieler Interaktionspartner aufgefasst und analysiert werden. Dass in Organisationen versucht wird, Motive zu setzen und Motivation zu organisieren, weiß jeder. Hier erhält es die Zuspitzung, dass schon Thematisierung, Aufmerksamkeit und Auslegung motiviert sein wollen, auch das kaum eine Neuigkeit, die aber durch die Unterscheidung von Um-zu- und Weil-Motiven erhellt wird.
>
> Auf das Konzept der Organisationspersönlichkeit à la Barnard (1938) und die vieldiskutierten Spannungen zwischen organisationaler Normen und individuellen Interessen fällt neues Licht, wenn man mit Srubar (1988: 202) „die Um-zu-Motive als Bestandteile eines subjektiven Lebensplanes betrachtet, während die Weil-Motive in den sedimentierten Schichten der sozialen Person verankert werden".
>
> Thematisierung, Aufmerksamkeit und Auslegungsbemühungen, ebenso wie alles (Arbeits-)Handeln in Organisationen können durch Um-zu-Relevanzen *und* durch Weil-Relevanzen motiviert sein: Ich merke auf, handle, arbeite, kommuniziere, entscheide, schließe Verträge ab und halte sie ein – erfülle sie –, *weil* mich Einstellungen – Wünsche, Ängste, die Einstellung der Vertragstreue etc. – dazu bewegen, sodann aber, *um* bestimmte Probleme *zu* lösen, positive Sanktionen zu erlangen, negative zu vermeiden etc. organisationale Hierarchien sind, so gesehen, hierarchiesierte Weil-und-um-zu-Ketten, mit oberen Organisationszielen an der Spitze der Um-zu-Hierarchie, Zielen, die in Organisationen *kommuniziert* werden (müssen), um es zu organisationaler Geltung zu bringen.

Erhellend auch, „dass das Handeln zum Entwurf, der es motiviert" – ich handle, *um* den Entwurf *zu* realisieren – „im Verhältnis der Erfüllung oder Nichterfüllung steht" (Schütz 1974: 124), mit anderen Worten: *nicht* im Verhältnis einer Determination und Ableitung, sondern einer konstruktiven Interpretation und Aus-Füllung (und/oder, wie ich mit Derrida hinzufügen würde, der Modifikation, Uminterpretation, Anreicherung, Pervertierung durch allzu buchstäbliche Ausführung etc.)[11]. Man braucht nur Investitionsvorhaben, Pläne, Projektskizzen, Projekte und Arbeitsverträge als Fälle von Entwürfen zu betrachten, um die organisationstheoretische Relevanz und Brisanz all dessen zu sehen. Die Unvollkommenheit von Verträgen erscheint hier zwanglos als (notwendige) Leere von Entwürfen, die erst *via* Realisierung ge-/erfüllt werden. Simon (1957: 185) hatte betont: *Die Arbeiter* unterzeichnen mit dem Arbeitsvertrag einen Blankoscheck. Der neuen Institutionenökonomik liegen da eher die Sorgen des Prinzipals am Herzen: *hidden characteristics/information/action/intention* angesichts unvollkommener Verträge. In der Formulierung von Oliver Hart (1995: 2): Es „wird der Vertrag am besten als ein geeigneter Hintergrund *(sic)* oder Ausgangspunkt für ... Nachverhandlungen ... verstanden", mittels derer die Parteien seine Lücken füllen. Endgültig aber werden diese Lücken erst im (Arbeits-)Handeln geschlossen.

Motivationsrelevanzen können thematische und Auslegungsrelevanzen, thematische und Auslegungsrelevanzen umgekehrt Motivationsrelevanzen wecken. Tatsächlich bringt Schütz (1982: 107) die Interdependenz dieser drei „Relevanzsysteme" in eine Darstellung, die eine Rekursivität[12] der Konstitutionsverhältnisse zum Ausdruck bringt (Abb. 1).

Organisationsziele sowie Motive, Einstellungen und Interessen von Organisationsmitgliedern führen zu (neuen) thematischen und Auslegungsrelevanzen, etwa zur Thematisierung von Verschwendung und zur Auslegung der Produktion als *lean/fragile* oder aber *robust buffered*. Diese Auslegung motiviert umgekehrt die Fokussierung auf die Innenhorizonte schlanker Produktion: „Wie machen die bei Toyota das? Was heißt in Japan Gruppenarbeit? Kaizen? Wie ist es möglich, Null-Puffer-null-Fehler-Prinzipien zu verwirklichen?"

---

11 Damit ist eingekreist, was bei Derrida (1983) *supplément* heißt. Dafür, dass dessen Dekonstruktion keine postfranzösische Grille ist, sondern handfeste gesellschafts- und organisationstheoretische Bewandtnis hat, s. Chia (1994; 1996) und Ortmann (2003a; 2003b).
12 Wenig vorher spricht Schütz (1982: 93) selbst von der „Erwartung rekursiver typischer Erfahrungen".

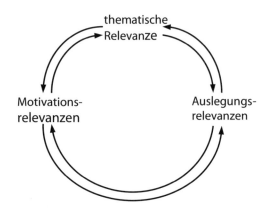

Abbildung 1   Rekursive Konstitution der Relevanzsysteme
(Quelle: Schütz 1982: 107)

Eine Lehre, die sich aus jener Rekursivität ziehen lässt, ist: Motivation muß nicht über finanzielle Anreize, sie kann auch über thematische und Auslegungsrelevanzen laufen – und dann vielleicht in einen selbsttragenden, womöglich selbstbefestigenden und -verstärkenden Zirkel einmünden, in dem thematische und Auslegungsrelevanzen Motivation stiften und Motivation zu neuen, kreativen Thematisierungen und Auslegungen beflügelt, und so fort.

Und nun? Auswahl und Auslegung, Thema und Horizont, Außen- und Innenhorizont, unproblematische und problematische Auslegungsmöglichkeiten, Schemata und Typen der Wahrnehmung, zuhandene Wissensvorräte, Gleichheits- und Ähnlichkeitsverhältnisse, Fokussierung der Aufmerksamkeit, freiwillige und auferlegte Aufmerksamkeit, *taking for granted,* Vertrautheit und Zusammenbruch impliziter Erwartungen, thematische, Auslegungs- und Motivationsrelevanzen, Um-zu und Weil-Motive, Zweifeln und Zögern, alles hat seinen Platz gefunden (und ist, jedenfalls andeutungsweise, organisationstheoretisch prolongiert worden) – aber wie fällt nun die Auslegungsentscheidung? Die Entscheidung, ob das verdammte Ding da ein Seilknäuel oder eine Schlange ist; ein subalterner Kooperationspartner für IBM oder ein bedrohlicher Konkurrent *in spe;* eine *profit opportunity* oder ein Fass ohne Boden; eine Chance auf Kooperationsgewinne oder ein untragbares Risiko, in Abhängigkeit zu geraten; ein eigenwilliges Design, das die Kunden begeistern oder abstoßen wird; ein nutzloses oder extrem nützliches

Gerät, was an der Wiege des Computers durchaus nicht absehbar war[13]; ein Medikament mit großer Heilkraft oder verhängnisvollen Nebenfolgen?

Ich schalte eine Unterscheidung ein, die nicht von Husserl und Schütz stammt, deren sprachphilosophische und gar sprechakttheoretische Reflexionen soweit noch nicht waren[14]: Barnes' Unterscheidung von *N-type terms* und *S-type-terms*. Erstere Begriffe bilden wir auf Grund ihrer natürlichen Eigenschaften und darauf bezogener Mustererkennung, daher *N-type*. Letztere erzeugen wir *via* performative Sprechakte, daher *S-type*[15]. Ob jemand Außenseiter, Partner oder Feind ist, Organisationsmitglied, Abteilungsleiter oder Kunde, ob eine Qualität zufriedenstellend ist oder ein Risiko akzeptabel, das ist ihren natürlichen Eigenschaften nicht abzulesen. Akteure *nennen* es so, kommunizieren und handeln entsprechend und *machen* es auf diese Weise dazu. Das ist ein extrem wichtiger Fall kommunikativer Konstruktion gesellschaftlicher Wirklichkeit. Die Wahrnehmungen und Auslegungen *à la* Husserl und Schütz beziehen sich daher zu einem beträchtlichen Teil auf Dinge und Eigenschaften, die auf diesem Wege konstituiert worden sind oder noch werden.

In *Als Ob* habe ich die Macht von Organisationen auch bei der kommunikativen Etablierung einschlägiger Geltungen von „etwas als etwas" via performativer Sprechakte, des *Setzens-als* im Unterschied zum (Wahr-)*Nehmen-als*, herauszustellen versucht (Ortmann 2004).

Außerdem geht es in Organisationen, versteht sich, um ein „Setzen-als" durch Handeln, soweit es das Kommunizieren transzendiert – durch das Schaffen vollendeter Tatsachen. So etwa, wenn eine Fabrik errichtet, Öl gefördert, ein Mensch als Arbeitskraft oder Humankapital, die Natur als Ressource genommen und behandelt wird. Das muss ich hier nicht vertiefen. Der im Kontext von Organisationen wichtigste Typ des Setzen-als via performativer Sprechakte aber sei ausdrücklich hervorgehoben: das „X zählt als Y im Kontext K", das John Searle (z. B. 1997) als Kern jedweder

---

13 „I think there is a world market for maybe five computers" soll IBM-Chef Thomas J. Watson 1943 gesagt haben, was vielleicht aber auch nur die Erfindung eines Werbetexters ist.
14 Vgl. aber die bereits eindrucksvollen Bestimmungen bei Schütz (1974: 137 ff.) zum „Fremdverstehen in der Sozialwelt", zu Zeichen, Zeichensystemen und Anzeichen (ebd., 165 ff.), zu Handeln ohne „kommunikative Absicht" (ebd., 157) und sodann zu Kundgabe und Kundnahme sowie Sinnsetzung und Sinndeutung (ebd., 175 ff.), jeweils unter Rückgriff auf Husserl, für den Wahrnehmen ein Interpretieren von „etwas als etwas" war. Das legt ja bereits eine chiastische Beziehung zwischen den beiden Sphären des Wahrnehmens und des Sprechens nahe. Dazu und zur Rolle der Sprache bei Schütz s. auch Eberle (1984: 4, 45 ff., 161 ff., 172 ff.), Srubar (1988: 85 ff.).
15 Barnes (1983); für Näheres, auch für die Problematisierung dieser durchaus heiklen Unterscheidung s. Ortmann (2004: 46 ff.) und die Fußnote 20, unten.

Institutionalisierung namhaft gemacht hat. X zählt als Abteilungsleiter/guter Job/Fehler/Anweisung/Regel/Standard/Qualität etc. im Kontext K (für Näheres mit Blick auf Organisationen s. Ortmann 2004: 21 ff.). Man sieht wohl ohne Weiteres, wie all das ein individuelles Wahrnehmen und Setzen-als transzendiert und ohne Kommunikation, ohne kommunikative Konstruktion nicht zu denken ist. Auch geht es über bloße Auslegungsentscheidungen weit hinaus. Es schon hier zu erwähnen, hat seinen Grund darin, dass Auslegungsentscheidungen oft *uno actu* mit dem Handeln (oder der Entscheidung zu handeln) fallen.

Es ist aber anlässlich der *Auslegungs*entscheidung, dass Husserl und oft auch, ihm folgend, Schütz das Problem der Kür, der Wahl, der Entscheidung aufwerfen. Dass es da nicht nur um Auslegungsentscheidungen geht, sondern auch um Entscheidungen zu handeln, hat Schütz (1974: 88 ff.) in *Der sinnhafte Aufbau der sozialen Welt* von Anfang an klargestellt. Die oben angeführten Beispiele machen ja auch zur Genüge klar, dass Auslegungs- und Handlungsentwürfe und -entscheidungen innig miteinander verknüpft sind[16].

Diese innige Verknüpfung, ja: rekursive Konstitution von Auslegungs- und Handlungsentwurf ist in Organisationen besonders ausgeprägt, weil die Organisationszwecke mit besonderer Wirkmacht ausgestattet sind. In Organisationen mehr als anderswo wird die Auslegung von Handlungszwecken und -entwürfen dominiert, nicht nur, wie bei Schütz an dieser Stelle, umgekehrt. So, wenn die Pharmaindustrie nach dem Motto handelt: „Indication follows innovation" – erst entwickeln wir ein neues Präparat, dann sorgen wir durch intensive Kommunikation für die Anerkennung und Indikation einer passenden Krankheit – für die Auslegung von Symptomen *als* Krankheit, als diese (neue) Krankheit. So auch, wenn eine Versicherung oder eine Behörde einen Fall als (nicht) erstattungsfähig auszulegen hat und sich dabei vom Handlungsentwurf der Einsparung leiten lässt.

5   Zeitverhältnisse des Entscheidens

Die landläufige Auffassung der Entscheidung als Wahl zwischen Alternativen geht, im- oder explizit, davon aus, diese Alternativen seien dem Entscheider gleichzeitig gegeben, wie die zwei Bündel Heu vor Buridans Esel. Darin, in die-

---

16   Der Mann vor der Seilknäuel-Schlange „wird die *Entscheidung*, wie zu handeln sei, auf die Auslegungsentscheidung gründen" (Schütz 1982: 79) – und/oder *vice versa*, wie ich ergänze.

ser *räumlichen* Metaphorik, die „Entscheidung" manchmal auch mit einer „Wegscheide" zusammenbringt und so suggeriert, Alternativen lägen zu einem gegebenen Zeitpunkt ungefähr so vor uns wie die zwei, drei oder mehr Wege nach einer Weggabelung, liegt für Schütz schon der Kardinalfehler. Er ist es, der den Blick auf die tatsächlichen Abläufe des Entscheidens verstellt, indem er sie zu einem Punkt, zu punktueller Gleichzeitigkeit, zusammenzieht, zum Vergleich zeitgleich gegebener Alternativen, den ein Entscheidungssubjekt anstellt, das in diesem „Augenblick der Entscheidung" daher auch als unverändert, unveränderlich, identisch gedacht werden kann. So aber geht es nicht. Was ist daran falsch? Nun, zu wählen habe ich, jedenfalls in wichtigen Fällen[17], zwischen Handlungs*entwürfen*, und die sind nicht gegeben, sondern müssen von mir geschaffen werden und können nicht gleichzeitig, sondern nur nacheinander in meinem Bewusstseinsfeld auftauchen. Das müssen sie übrigens auch an jener Weggabelung. Auch dort muss ich mir *nacheinander* vorstellen, ich hätte den linken, den mittleren oder den rechten Weg genommen. Ich muss Entwürfe durchmustern, in denen ich mir Handlungen und deren Folgen, wie Schütz sagt, *modo futuri exacti* vorstelle. Ich muss versuchen, mir vor Augen zu führen, dass die zukünftige Handlung bereits *wird* ausgeführt *worden sein*. Das aber kann ich nur „eins nach dem anderen". Es braucht Zeit – Zeit, innerhalb derer mit mir selbst und meinen Entwürfen durchaus nicht etwa nichts geschieht. *Ich selbst* werde älter, lerne hinzu, und wäre es nur durch das Wissen, das ich durchs bloße Entwerfen und Erwägen hinzugewinne, es verändern sich vielleicht meine Relevanzen und Motive. *Meine Entwürfe* verändern sich schon deshalb, weil ich sie eben *nacheinander* ins Auge fassen muss und nun etwa dies geschieht: Ich erwäge Alternative 1, sagen wir: in die Extrem-Ultraviolett-(EUV-)Lithographie als die vermeintlich hoffnungsvollste Technologie für die Chipproduktion zu investieren. *Danach* erwäge ich *modo futuri exacti* die Alternative 2, die Elektronen-Projektionslithographie (Windeler 2003), die ich nun aber nurmehr im Lichte der beim Erwägen des Entwurfs 1 gewonnenen Einsichten wahrnehmen und also entwerfen kann. Danach, oder nach Erwägung weiterer Alternativen 3–5, kehre ich gedanklich zu Alternative 1 zurück, die ich aber nun in neuem Licht sehe, weil ich beim Prüfen der Alternativen 2–5 neues Wissen erworben, meine Maßstäbe vielleicht angehoben

---

17 Bei Weitem nicht jede Handlung ist vorab „entworfen". Spontanes Antworten, sei es in Wort, sei es in Tat, kommt ohne Entwurf aus. Und – wichtig zumal in Organisationen – Routinehandeln rekurriert nicht auf Entwürfe, sondern auf Routinen. Routine „befreit den Einzelnen von der ‚Bürde der Entscheidung'" (Berger/Luckmann 1977: 57). Den Prozesscharakter des Entscheidens betont auch Thomas Fuchs (2008) in seiner phänomenologischen Kritik der Auffassung, es sei das Gehirn, das entscheide.

oder abgesenkt[18] und/oder sich meine Motivationen – Einstellungen und Ziele – verändert haben.

„Das Bewusstsein schafft die verschiedenen Entwürfe in seinen phantasierend vorstellenden Akten *in der Abfolge der inneren Zeit,* verwirft einen zugunsten des anderen und kehrt zu dem ersten zurück, genauer gesagt, es schafft den ersten erneut. Aber in diesen Übergängen von einer Bewusstseinsphase zur folgenden bin ich gealtert und habe Erfahrungen gewonnen; kehre ich zum ersten Entwurf zurück, so bin ich nicht mehr der ‚selbe', als der ich ursprünglich den Entwurf plante; folglich ist auch der Entwurf nicht mehr derselbe, den ich zuvor fallengelassen hatte; oder etwas genauer gesagt, der Entwurf ist derselbe, aber er ist modifiziert." (Schütz 1971: 98; Hervorh. G. O.)

Was eben noch nach Gleichzeitigkeit, nach gleichzeitig gegebenen Alternativen eines identischen Entscheidungssubjekts aussah, entpuppt sich als „eine Unzahl aufeinanderfolgender, sich übereinander lagernder, einander fundierender und sich vielfach verschachtelnder Akte" (Schütz 1974: 91) eines Subjekts, das sich und seine Entwürfe während dessen fortwährend verändert – ohne, versteht sich, dass ihm das *in actu* zu Bewusstsein käme.

Wenn nun Schütz (ähnlich wie Reinhard Selten mit seinem „decision emergence view", 1990; o. J.) vom Reifen einer Entscheidung spricht, so können wir das jetzt, in anderer Metaphorik, präzisieren, indem wir sagen: Eine Entscheidung scheint uns im Alltag reif, wenn die angeführten *rekursiven* Schleifen des Abwägens des Entwurfs 1, dann des Entwurfs 2, dann wieder, aber in neuem Licht, des Entwurfs 1 usf. in einer Einstimmigkeit konvergieren, die auch als *Eigenwert jener Rekursionen* aufgefasst werden kann: Neuerliches Zweifeln und Erwägen erbringt dann keine nennenswerten Modifikationen mehr. Die kommunikationstheoretische Öffnung des Sozialkonstruktivismus à la Schütz, Berger und Luckmann bedeutet in diesem Zusammenhang: Die rekursiven Schleifen laufen nicht zuletzt über die Kommunikation mit Anderen. Und: Entscheidungen, zumal: in Kommunikation (und Verhandlung, mikro-politischer Auseinandersetzung und Koalitionsbildung) zu Stande gekommenen Entscheidungen bringen Wirklichkeit hervor, u. a. Selbstbindungen und Bindungen Anderer, Regeln (Auferlegungen), Selektionen und die Geltung zahlloser „X zählt als Y im Kontext K".

---

18 Das ruiniert, nebenbei bemerkt, die Verwendung der Anspruchsanpassungstheorie für ziel- und organisationstheoretische Zwecke, insofern darin eine Anspruchsanpassung immer nur *nach* vollzogener Realisierung der Handlung vorgesehen und auf diese Weise die Konstanz und Konsistenz der Entscheidungskriterien und -subjekte während des Entscheidungsprozesses gerettet wird (Ortmann 1976: 111 ff.). Man sieht mit Schütz leicht, dass auch das *so* nicht geht.

Man denke nun an *organisationale* Kommunikations- und Entscheidungsprozesse. Das eben erwähnte Unternehmen der opto-elektronischen Industrie muss sich angesichts fünf einschlägiger Technologien der Chipproduktion für eine entscheiden, der Fachbereich einer Universität für einen neuen Hochschullehrer, die Bundesregierung für einen Entwurf zur Reform der Systeme der sozialen Sicherung, des Hochschulwesens oder der Kompetenzverteilung zwischen Polizei, Bundesgrenzschutz, Nachrichtendiensten und Bundeswehr. Mit Blick auf solche Entscheidungen wäre nun zu bedenken: dass schon *der einzelne Entwurf* arbeitsteilig und via Kommunikation entwickelt, vorgestellt, verfolgt und geprüft wird, also verschiedene „Entscheidungssubjekte" in verschiedenen Phasen des Schützschen Aktknäuels aktiv werden; dass *verschiedene Entwürfe* von verschiedenen Akteuren, Abteilungen, Projektgruppen, Hierarchieebenen etc. konstituiert, verfolgt und geprüft werden; dass „Vorstellungen" dabei, und wiederum arbeitsteilig, mehr oder weniger detailliert ausgearbeitet und womöglich schriftlich fixiert werden; dass das Nacheinander Schütz' dabei zum Teil vermieden werden kann (und viele Augen mehr als zwei sehen), allerdings nicht auf der Ebene von Individuen, die da nur *seriell,* nur sukzessiv operieren können, sondern nur der Organisationen, die vieles *simultan* tun können, allerdings um den Preis, dass nun *verschiedene* Individuen, Organisationseinheiten und Organisationen zugleich an Entwürfen arbeiten (und viele Köche den Brei verderben); dass Schütz' Unzahl von Akten dort also *zwischen* Akteuren, Abteilungen etc. aufeinander folgen, einander überlagern, fundieren und sich verschachteln; dass diese Akteure allesamt unterschiedliche Einstellungen, Maßstäbe, Partialziele und also Motivationen haben und mit unterschiedlichen Machtmitteln ausgestattet sind, um sich damit Geltung zu verschaffen; dass Entwürfe kommuniziert werden müssen, wodurch sich die Entscheidungsbasis erweitert, aber die Möglichkeiten unintendierter, unkontrollierter, unvermerkter Modifikation von Entwürfen sich rapide vermehren (stille Post); dass die im Zuge des Abwägens mögliche Wissensakkumulation über verschiedene individuelle und korporative Akteure streut; dass die dabei bewusst oder unbewusst statthabenden Einstellungs- und Maßstabsveränderungen zunächst (nur) lokal Platz greifen, womöglich im Widerspruch zu unverändert stabilen oder starren organisationalen Einstellungen, Standards und Maßstäben; dass auch das im Zuge dessen erworbene Wissen lokales Wissen ist und vielleicht in Kontrast zum kanonisierten Wissen der Organisation gerät; dass aber auch die (emergenten) organisationalen Kompetenzen, Wissensbestände, Einstellungen, Standards und Maßstäbe, mit anderen Worten: dass *die Organisationen* insgesamt sich schon im Zuge ein und desselben Entscheidungsprozesses ändern können und werden – und so fort.

Anders als Schütz, der einem entschiedenen methodologischen Individualismus verpflichtet ist, müssen wir ferner mit der *Emergenz einer kollektiven Rationalität* rechnen, die nicht aus individuellen Vermögen ableitbar ist, ja, die womöglich sogar auf spezifischen Unvermögen und Unwissen individueller Akteure aufruht. So, wie die Effizienz der Nahrungssuche der Ameisen sich einer „Rationalität" verdankt, die sich erst auf der Ebene der Ameisen*kolonie* ergibt (Kappelhoff 2005: 263 f., unter Rekurs auf Resnick 1997), so mag die Rationalität einer tayloristischen Arbeitsorganisation sich erst auf der Ebene der Fabrik oder des Betriebes einstellen, nicht etwa als Summe oder Aggregat der individuellen Rationalitäten der vielen Roheisenverlader und anderen Teilarbeiter. Dass führt zu dem Schluß, daß Husserls polythetische Konstitution synthetischer Gegenständlichkeit ein Phänomen der Emergenz schon auf der Ebene individueller Wahrnehmung und Gegenstandskonstitution bezeichnen müßte – und daß, davon ausgehend, aber nicht daraus sich ableitend, auf der Ebene der Organisation ein neues Emergenzniveau *in puncto* Wahrnehmung und Entscheidung erreicht wird.

Warum können Entwürfe von Einzelnen nur nacheinander bedacht werden? Weil alle Wahrnehmung, alles Sehen, alles (Be-)Denken selektiv ist. Weil, wie gesehen, die Selektion von Thema und Horizont *Bedingung der Möglichkeit von Bewusstsein* ist. *Sehen impliziert notwendig Absehen-von*. In Begriffen der Aufmerksamkeit: Notwendig ist die „Fixierung des attentionalen Strahles" (Husserl 1992a: 190; Schütz 1974: 96 ff.).

Auch die attentionalen Modifikationen aber unterliegen in Organisationen gegenüber Individuen anderen, zusätzlichen Regeln. Arbeitsteilung, Marktzwänge, Kundenwünsche und das Verhalten der Konkurrenz spielen hier eine wichtige Rolle, und Innovationsdruck mag eine arbeitsteilige Aufmerksamkeit für Immer-Neues, neue Technologien, neue Verfahren, neue Produkte, neue Management- und Organisationsformen evozieren.

Für Schütz (1974: 89 f.; s. a. 1971: 99) also, der darin Bergson (deutsch 1994: 137 ff.) folgt, „vollzieht sich die Wahl zwischen zwei Möglichkeiten dadurch, dass das Ich eine Reihe von ‚Zuständen' (états psychiques) durchläuft, in deren jedem es ‚an Umfang zunimmt, sich bereichert und verändert' ..., bis so ‚die freie Handlung sich von ihm ablöst gleich einer überreifen Frucht'."[19] Schütz (1974: 91 f.) korrigiert Bergson nur insofern, als er darauf insistiert, dass man sich die vielen sukzessive

---

19 Passagen wie diese haben das frag-würdige, gerade mit Blick auf das Entscheiden nicht unberechtigte Urteil einer von Husserl übernommenen Fixierung auf das einsame Bewusstsein nahegelegt. Dazu, noch einmal Srubar (1988).

sich vollziehenden Akte seines „Aktknäuels" nicht etwa als *états psychiques* im Sinne bewussten Reflektierens vorstellen darf. Die Reflexion kann nur nachträglich kommen, „immer intentional bezogen auf die action accomplie, die action s'accomplissante gelangt niemals in den reflexiven Blick."

> Das bedarf nicht erst, aber besonders für organisationale Entscheidungsprozesse wichtiger Modifikationen und kommunikationstheoretischer Gewichtsveränderungen. In Organisationen kann der Bewusstseinsgrad und das Maß *reflexiver* Strukturation erheblich gesteigert werden: *erstens,* weil das Handeln *eines* Akteurs schon während seines Verlaufs durch andere Akteure in den reflexiven – zum Beispiel kontrollierenden, überwachenden oder auch „pädagogischen" – Blick genommen werden kann; *zweitens,* weil Arbeitsteilung die Möglichkeiten vervielfacht, reflexive Rückblicke auf *actions accomplies* zu werfen; *drittens,* weil diese Rückblicke in organisatorisch forcierter Aufmerksamkeit für äußere und innere Horizonte und mittels organisationaler Ressourcen erfolgen kann, die einem Einzelnen nicht zur Verfügung stehen; *viertens,* weil all dies auf den Wegen organisationaler – durch organisatorische Regeln und Kommunikationskanäle gesteuerte, durch organisationale Ressourcen forcierte – Kommunikation vonstatten geht. Dass die dabei eingesetzten Beobachtungs- und Kommunikationsinstrumente etwa des Controlling, der Betriebsdatenerfassung, der Personalinformation, der Evaluation etc. ihrerseits Lücken und Defizite aufweisen, ist einerseits unvermeidlich und führt andererseits in Meta-Reflexionen, die der Gefahr infiniter Regresse ausgesetzt sind: Controlling des Controlling, Evaluation der Evaluation etc.

Nun aber führt Schütz, in engem Anschluss an Husserl, eine weitere über Bergson hinausführende Unterscheidung ein, diesmal eine, die uns im Alltag Handelnden weder *in actu* präsent sein kann noch im Rückblick zu Bewusstsein zu kommen pflegt – und die meist auch dem reflektierenden Blick sozialwissenschaftlicher Beobachtung entgeht. Auch dabei geht es um ein Vorher und ein Nachher. *Nach* getroffenem Entschluss können wir in einem „reflexiven einstrahligen Blick" – einstrahlig, weil wir nun den Entschluss in *einer* Hin-Sicht und als fertiges Ganzes betrachten (müssen) – auf die vollzogene Handlung schauen, auch auf die Handlung des Entwerfens, des Entscheidens, die uns dann „als einheitlicher Akt des Phantasierens von Handlung" *erscheint,* obwohl sie sich doch aus den zahllosen einander überlagernden winzig kleinen, nicht zu Bewusstsein kommenden Teilakten des Aktknäuels ergibt, Schütz sagt: *polythetisch* ergibt. Das, wie gesagt, hat er von Husserl, der von einer „polythetischen Konstitution synthetischer Gegenständlichkeiten" (1992a, Ideen: 248) spricht. Die „synthetische Gegenständlichkeit", von der in unserem Zusammenhang die Rede ist[20], besteht in der fix und fertigen Handlung, die im Rückblick monothetisch erfasst – und so vergegenständlicht! – wird. Im Rückblick neigen wir zur Projektion des Bewusstseinszustandes-*nach*-dem-Entschluss auf einen Punkt der Dauer *vor* getroffener Wahl. „Vom Rathaus kommend" sind wir nicht nur klüger, sondern auch „dümmer", insofern uns die polythetischen Akte des Abwägens – in der Rückprojektion unserer nachträglichen Klugheit – zu einem monothetischen Akt der Entscheidung gerinnen und dabei eine Konsistenz und Einheitlichkeit annehmen, die sich dieser „optischen Täuschung", dieser Rückprojektion im Lichte nur nachträglich möglicher Bewusstseinszustände, verdankt.

„Der ganze vorbeschriebene Vorgang der ‚Entscheidung', der Auswahl, der Kür zwischen sukzessive erzeugten Entwürfen und auch das Handeln selbst bis zum Vollzug präsentiert sich als typisches Beispiel eines sich in einzelne Akte (‚polythetisch') gliedernden ‚synthetischen Aktes höherer Stufe', und zwar im besonderen als ein Akt der Bevorzugung oder, wenn dieser etwas vage und noch präziser Erörterungen bedürftige Terminus gestattet ist, als ein ‚Akt des beziehenden Wollens' (‚um eines anderen willen'). *Nun gehört zu jeder solchen ‚polythetischen Konstitution synthetischer Gegenständlichkeiten, die ihrem Wesen nach ‚ursprünglich' nur synthetisch bewußt werden können, die wesensgesetzliche Möglichkeit, das vielstrahlige Bewußte in ein schlicht in einem Strahl Bewußtes zu verwandeln, das im ersteren synthetisch Konstituierte sich in einem ‚monothetischen' Akte im spezifischen Sinne ‚gegenständlich' zu machen'.* Daher erscheint nach getroffenem Entschluß dieser dem reflexiven einstrahligen Blick als einheitlicher Akt des Phantasierens von Handlung, ohne daß die einzelnen diesen Entschluß konstituierenden Akte noch im Blick wären." (Schütz 1974: 92, der hier Husserl; 1992a: 248, zitiert.)

---

20 Husserl und Schütz geht es um *jedwede* Gegenstandskonstitution via Wahrnehmung, also auch um die Konstitution von Gegenständen wie „Baum" oder „Quadrat": „Ein Beispiel für etwas polythetisch Konstituiertes, das dann monothetisch erfasst wird, wäre z. B. das Abzählen der vier Ecken eines Quadrats und dann das Erfassen des Quadrates als eines Ganzen, als ‚ein Ding' ..." (Schütz 1982: 62, Fn. 16). „Unsere gesamte Erfahrung von Welt überhaupt baut sich in polythetischen Aktvollzügen auf, auf deren Synthesis wir in einem monothetischen Blickstrahl als auf das Erfahrene hinzuzusehen vermögen." (Schütz 1974: 102) Wir sehen immer neue Seiten eines Gegenstandes und fügen sie zu einem Erfahrungsgegenstand zusammen. Husserl (1992b, Logik: 147): „In den kontinuierlichen und diskreten Synthesen mannigfaltiger Erfahrungen baut sich wesensmäßig der Erfahrungsgegenstand als solcher ‚sichtlich' auf, in dem wechselnden Sichzeigen immer neuer Seiten ..."

Dass Gegenstände uns „ursprünglich" nur synthetisch bewusst werden können und wie das im einzelnen gedacht werden kann, hat Husserl (1966) unter dem Titel „passive Synthesis" untersucht.

„Der ganze Erlebnisvorgang, der durch den Titel des Handelns gekennzeichnet wird, angefangen vom Entwerfen von Handlungen überhaupt bis zur vollzogenen konkreten Handlung, die in den rückschauenden Blick gefaßt wird, ist eine sich in gegliederten polythetischen Akten konstituierende synthetische Gegenständlichkeit und kann daher *nach ihrem Ablauf* in einem einstrahligen Blick, also monothetisch erfaßt werden, wie dies in der naiv-natürlichen Weltanschauung auch immer der Fall ist; das Handeln ist, sobald es vollzogen ist, einheitlich vom Entwurf bis zu Ausführung, weil es von einem einzelnen Blickstahl des Ich, ungeachtet der Phasen, in denen es sich konstituierte, erfaßt wird." (Schütz 1974: 93)

Diese Analyse, das hatte ich angekündigt, macht verständlich, warum die Entscheidungstheorie so sehr von fix und fertigen Entscheidungen (in der Vergangenheit oder im Futurum II) okkupiert ist und so wenig Aufmerksamkeit fürs Entscheiden zeigt. Die Husserl-Schützsche Unterscheidung zwischen Erzeugnis und Erzeugen, die in dem Wort „Erzeugung" untergeht, die Unterscheidung zwischen Resultat und Prozess – dem Prozess, der das Resultat hervorbringt – ist von gar nicht zu überschätzender Wichtigkeit. Man denke nur an die Unterscheidung von Wahrnehmen (Noesis) und Wahrgenommenem (Noema), die im Wort „Wahrnehmung" zusammenfällt; an die Unterscheidung von Bedeuten und Bedeutetem, die im Wort „Bedeutung" zusammenfällt; an die Unterscheidung von Unterscheiden und Unterschiedenem, die im Wort „Unterscheidung" zusammenfällt. Jedes Mal werden auf diese Weise die rekursiven Konstitutionszusammenhänge verdeckt: Ich erzeuge Erzeugnisse, aber dann ermöglichen Erzeugnisse mein Erzeugen.

Diese Unterscheidung ist überragend wichtig auch für die Themen „Organisation" und „Entscheidung", beide ebenfalls indiziert durch Wörter, in denen der Prozeß und sein Resultat zusammengezogen sind. Ich möchte zunächst herausstellen, dass Schütz' Analyse nach meinem Eindruck in jeder Hinsicht auf der Höhe des Luhmannschen Ringens um einen angemessenen Entscheidungsbegriffs ist, besonders *in puncto* nachträglicher Zurechnung und – schierer? – Konstruktion, ohne aber sich in dessen Aporien zu verstricken. Diese Aporien rühren ja bei Luhmann von der Unmöglichkeit her, dem Handeln sein volles Recht zuzugestehen und sodann Entscheiden und Handeln als aufeinander bezogen zu thematisieren, ferner von dem Bemühen des mittleren und späten Luhmann, Entscheidungen als Kommunikationen zu bestimmen und nicht als Wahlakte von Individuen. Was bei Luhmann oft ironisch, kritisch, manchmal fast zynisch und jedenfalls dezisionistisch daherkommt, nämlich die „Mystifikationen" bei der Darstellung von Entscheidungen (dazu Ortmann 2005), verliert im Lichte der Husserl-Schützschen Analysen viel von dem Hautgout der Manipulation und Fabrikation – ohne, versteht sich, deren Möglichkeit zu bestreiten. Diese Möglichkeit wird vielmehr durch den Nachweis um so verständlicher, dass die „optische Täuschung" bei der nachträglichen Beobachtung von Entscheidungen ihr *fundamentum in re* hat – nicht erst in abgefeimter Absicht von Manipulateuren, sondern bereits in der Sache des Entscheidens, seines Ablaufs bis zum Entschluss und zur anschließenden rückblickenden Reflexion.

Wieder wäre im Übrigen darauf hinzuweisen, dass sowohl die passive Synthesis als auch die erwähnten polythetischen Akte als auch der monothetische Akt der Vergegenständlichung der Entscheidung in Organisationen arbeitsteilig, zum Teil zeitgleich, zum Teil mit enorm gesteigerter Bewusstheit, außerdem der Kommunikation und Koordination bedürftig und mikropolitisch hoch umkämpft vollzogen zu werden pflegen. Unnachahmlich haben das, mit Blick auf die involvierte Nachträglichkeit, Weick und Luhmann zum Ausdruck gebracht, Weick (1985: 14) mit der Feststellung, dass ein großer Teil der Aktivitäten von Organisationen darin besteht, „im nachhinein plausible Geschichten zu rekonstruieren, um zu erklären, wo sie gerade stehen, selbst wenn keine derartige Geschichte sie genau an diese Stelle gebracht hat", Luhmann (1988: 167) mit der Formulierung, „dass wesentliche Strukturen im *nachträglichen* Behandeln früherer Entscheidungen bzw. in der Vorsorge für künftige Möglichkeiten der rückblickenden Behandlung der jetzt anstehenden Entscheidungen aufgebaut werden".

Dass einschlägige Rückblicke die Dinge *notwendig* in ein anderes Licht tauchen, liest sich bei Schütz (1974: 87) so:

„Was beim Entwerfen im Licht lag, rückt ins Dunkle und die im Schatten gelegenen protentionalen Erwartungen erhalten Licht, wenn nach vollzogener Handlung auf sie hingesehen wird. Denken wir uns ein Ich, das ein auf einen langen Zeitraum vorgeplantes rationales Handeln entwirft, dessen Endziel und Zwischenziele also in expliziter Klarheit vorerinnert werden. Es bleibt dennoch außer Frage, daß die Einstellung des Ich zu seinem *Plan* eine notwendig andere ist, als die des Ich zur *vollführten Handlung*, und dies selbst dann, wenn das Handeln tatsächlich ‚plangemäß' verlief. ‚Ein andres Antlitz, eh' sie geschehen, ein anderes zeigt die vollbrachte Tat.'"

Organisationstheoretisch aufschlussreich auch, was Schütz zur zeitlichen und inhaltlichen Struktur von Entwurf (Plan) und Ausführung (der Er-Füllung von notwendigen Leerstellen des Entwurfs) zu sagen hat:

„Das Phantasieerlebnis, welches wir als Entwurf von Handlung gekennzeichnet haben, kann an sich in jeder Evidenz, von der Verworrenheit bis zur optimalen Explizitheit, im reflexiven Blick stehen. Aber diese Evidenz geht nicht auf die Unterschicht, die phantasierte Handlung selbst. Notwendigerweise enthält nämlich jeder Entwurf als Phantasieerlebnis Leerstellen, welche erst durch den Ablauf des Handelns bis zum jeweiligen Jetzt und So erfüllt oder nicht erfüllt werden. Wir können z. B. während des Vollziehens einer Handlung in einer Reproduktion den Entwurf der Handlung und in einer Retention die vollzogenen Phasen des Handelns erfassen und die Abweichungen feststellen, welche die Retention der abgelaufenen Phasen des tatsächlichen Handelns von dem reproduzierten intendierten Handeln aufweist. Beide Evidenzen können von optimaler Explizitheit sein, etwa bei einem von der verstehenden Soziologie so genannten streng rationalen Handeln (z. B. wenn ein nach einem ‚detaillierten Plan' Handelnder sich während des Vollziehens fragt, ob sein Handeln seinem Plan adäquat sei). Daß aber der Entwurf sich vom tatsächlich vollzogenen Handeln, und zwar wesensnotwendig unterscheidet, hat seinen Grund *schon allein* darin, daß die Evidenz des aktuellen Erlebnisses der Spontaneität eine wesensnotwendig andere ist, als die Evidenz, mit der die Erinnerung an den nur phantasierten, nicht wirksam gewordenen Entwurf auftritt." (Schütz 1974: 84 f.)

An dieser Passage sieht man auch, wie der fingierte „Normalfall" rationaler Wahl und Planung der herkömmlichen Theorie seinen Platz in der Phänomenologie des Entscheidens findet: als Spezialfall[21].

Der Theoretiker, der Schütz' Analysen für die Organisationstheorie fruchtbar gemacht hat, wenn auch eher punktuell, und mit der Neigung, das Kind namens „vernünftige Entscheidung" mit dem Bade des Konstruktivismus auszuschütten, ist Karl Weick (1995; 2001) mit seinem Konzept des *(retrospective) sense-making*. Da ist noch viel zu tun, nicht zuletzt deshalb, weil die Auskünfte der Phänomenologie ab hier recht einsilbig ausfallen, wie etwa der enttäuschende Abschnitt über „Gesellschaftliches Han-

---

21 Vgl. auch Schütz (1974: 49, 79 f., 84 ff.); zur Frage sozialwissenschaftlicher Modellbildung mittels mehr oder minder restriktiver Rationalitätsannahmen Schütz (1971: 50 ff., 96 f.; 1974: 318 ff., 433 ff.).

deln" in Schütz' und Luckmanns *Strukturen der Lebenswelt* (1984: 95 ff., bes. 133 f.) zeigt. Voll von auch organisationstheoretisch wichtigen Einsichten ist dagegen der große Abschnitt über die Sozialwelt in *Der sinnhafte Aufbau der sozialen Welt* (Schütz 1974: 198–306). Ich nenne nur die (rekursive) Konstitution von Deutungsschemata (ebd., 261 ff.), deren organisationstheoretische Bewandtnis man heute nicht mehr erläutern muß; die Ausführungen zu (standardisiertem) Verhalten im Rahmen geltender, durch einen Zwangsapparat gesicherter Ordnungen (ebd. 277 f.); und die differenzierten Bestimmungen zu sozialen Kollektiva wie Unternehmen und Staaten einschließlich des Problems der *Zurechnung* und gar fraglosen Hinnahme ihrer Akteurseigenschaft (ebd., 278 ff.). All das muß ich hier auf sich beruhen lassen.

6 Entschluss

Man kann Entwürfe machen. Wenn kein Entschluss hinzukommt, bleibt es beim Entwurf. Er markiert das Überschreiten einer Grenze. Daß danach etwas anders geworden ist, lehrt, unter anderem, die Theorie der kognitiven Dissonanz. Nach dem Entschluß sieht man die Dinge in neuem Licht. Man verspürt Dissonanz, vielleicht Reue, und ist bemüht, die aufkommende Unruhe zu beschwichtigen. Das ist das Pendant der Heroik des Willensaktes. Verbleibende Kontingenz rumort im Untergrund.

All dies – der nötige Wille, die implizierte Selbstverpflichtung, die nicht-tilgbaren Kontingenzreste und die nachträglich nagende Ungewißheit, ob eine andere Entscheidung nicht besser gewesen wäre – hat seine organisationale Entsprechung. Willensstärke und Entschlußkraft bleiben auch in Organisationen an Eigenschaften von Personen gebunden, müssen aber in organisationaler Kommunikation erworben, reproduziert, anerkannt und ihrerseits kommuniziert werden. Sie müssen aber, mehr noch, in organisatorische Regeln, Prozeduren, Ressourcen und Machtverhältnisse übersetzt werden und münden in formalen Prozeduren der Entschließung, die jene Grenze und ihre Überschreitung *als organisationale* markieren: Die Würfel sind gefallen, weil die zuständige Entscheidungsinstanz die Entscheidung förmlich getroffen (oder: weil die mächtige Koalition sie informell durchgesetzt) hat. *Der performative Effekt* kommunizierter Entscheidungen ist: Bindung, Verpflichtung auf das Resultat der Entscheidung – Selbstbindung der Entscheider und Bindung/Verpflichtung Anderer. Starke organisationale, formale und informelle, mikropolitische Barrieren etablieren dann das „Kein Zurück". Wo es für Individuen „nur" einen *Bewußtseins*zustand der Entschlossenheit gibt, da wird in Organisationen ein *Commitment* etabliert, das auf solchen Bewußtseinszuständen zwar aufruht, darin aber nicht aufgeht, weil es *zwischen* Akteuren „festgestellt", vielleicht schriftlich fixiert, jedenfalls mit organisationaler Verbindlichkeit etabliert und mit Sanktionen bewehrt ist.

Die individuelle Beschwichtigungsarbeit an kognitiver Dissonanz hat ihr organisationales Ergänzungs- und Gegenstück in rationalisierender Legendenbildung – nun aber braucht es organisationsweit anerkannte Legenden – und organisationaler Unterdrückung von nachträglicher Kritik.

7 Schlussbemerkung: Diesseits der Unentscheidbarkeit

Nicht erst seit Derrida und Luhmann haben die scharfsinnigsten Denker des Entscheidens dessen Paradoxien und Unmöglichkeiten gesehen. Wie ist dann (begründetes) Entscheiden möglich?

Nun, zu einem erheblichen Teil sind die performativen Effekte des Entscheidens des Rätsels Lösung, warum trotz Unentscheidbarkeiten *sensu* Kierkegaard, Lübbe, Albert, Derrida und Luhmann (zu alledem: Ortmann 2003a; 2005) erfolgreich entschieden und gehandelt werden kann. Es gibt so etwas wie einen alltäglichen Dezisionismus: Die Entscheidung begründet die Norm. Das ist einer ihrer performativen Effekte.

Einen weiteren erheblichen Teil vermögen Husserl, Schütz, Berger und Luckmann beizusteuern (siehe besonders Schütz/Luckmann 1984: 84 ff.). *Zwischen* Möglichkeit und Unmöglichkeit des (Begründens des) Entscheidens spielen die pragmatisch interessanten und wichtigen Fälle: Entscheidungen reifen (Schütz 1974: 90; ähnlich Selten 1990 und o. J. mit seinem „decision emergence view"), das heißt, sie sind mehr oder auch weniger reif. Wenn auch die Gegenstandskonstitution *via* Wahrnehmung (Noesis) überwiegend vorprädikativ abläuft, so bleiben angesichts problematischer Auslegungsmöglichkeiten doch oft Spielräume für ein genaueres Prüfen, Abwägen und Entscheiden. Ob und wie sehr ein Thema in den Fokus gerückt wird oder jedenfalls weg vom Rande; das Abtasten des Horizonts („aus den Augenwinkeln"); die zuhandenen Wissensvorräte; die Aufmerksamkeit, die einem Thema gewidmet wird; die Feststellungsoperationen in Sachen Gleichheits- und Ähnlichkeitsverhältnisse; die Suche nach Anhaltspunkten; die Gewichtung von Kriterien; der Raum für Zweifeln und Zögern; die Übereinstimmung mit Um-zu- und mit Weil-Motiven; die „kreisenden", rekursiven Bewegungen des Abwägens; die (Er-)Füllung von Entwürfen und Deutungsschemata *in situ*, im Handeln, Pendant ihrer notwendigen Leere; eine mehr aber minder gelungene sekundäre Sozialisation (Berger/Luckmann 1977: 14 ff.); und nicht zuletzt die Intensität der Entscheidungskommunikation – all das spielt sich in jenem Zwischenreich ab, alles betrifft die Vernünftigkeit des Entscheidens im Sinne eines Mehr oder Minder, im Sinne einer allmählichen, graduellen, mehr oder minder wohlüberlegten Transformation und Linderung von Kontingenz, und alles kann durch Organisation, wie es von Weber über Simon bis heute *common sense* ist, befördert werden. Es kann allerdings auch, das eben bleibt die Crux des Organisierens, dadurch behindert werden.

Von Husserl und Schütz können wir da vor allem detaillierte Einsichten in die Rolle der Erfahrung mitnehmen.[22] Erfahrungen macht man in der Praxis. Ich möchte daher mit dem Hinweis schließen, dass die wichtigsten Orte des Erwerbs von Erfahrungen – des individuellen und des organisationalen Lernens – *communities of practice* sind (Wenger 1998), und die wichtigste Weise ihres Erwerbs, praktisch situiertes Lernen im Sinne Laves und Wengers (1991), genauer: *legitimate peripheral participation* ist. Das sind Orte und Weisen sozialer, kommunikativer Hervorbringung von Wirklichkeit.

Literatur

Arrow, Kenneth, J. (1980): Wo Organisation endet. Wiesbaden: Gabler.
Assmann, Aleida/Assmann, Jan (Hrsg.) (2001): Aufmerksamkeiten. Archäologie der literarischen Kommunikation VII. München: Fink
Barnard, Chester, I. (1938): The Functions of the Executive. Cambridge: MA.
Barnes, Barry (1983): Social Life as Bootstrapped Induction In: Sociology 17, S. 524–545.
Berger, Peter L./Luckmann, Thomas (1977): Die gesellschaftliche Konstruktion der Wirklichkeit. Eine Theorie der Wissenssoziologie. 5. Auflage. Frankfurt am Main: Fischer.
Bergson, Henri (1994): Zeit und Freiheit. Hamburg: Europäische Verlagsanstalt.
Blumenberg, Hans/Sommer, Manfred (Hrsg.) (2011): Theorie der Lebenswelt. Frankfurt am Main. Suhrkamp.
Brandom, Robert (2000): Expressive Vernunft. Frankfurt am Main: Suhrkamp.
Chia, Robert (1994): The Concept of Decision: A Deconstructive Analysis. In: Journal of Management Studies 21, S. 781–806.
Chia, Robert (1996): Organizational Analysis as Deconstructive Practice. Berlin: de Gruyter.

---

22 Siehe nur Schütz (1974: 100–115). Natürlich will Schütz nicht sagen, eigene Erfahrung sei die einzige Quelle des Wissenserwerbs. „Nur ein sehr kleiner Teil meines Wissens von der Welt gründet in meiner persönlichen Erfahrung. Der größte Teil ist sozial abgeleitet, von meinen Freunden, Eltern, Lehrern und Lehrern meiner Lehrer auf mich übertragen." (Schütz 1971: 15) Das ändert nichts an der eigens wichtigen Rolle persönlicher Erfahrung. Zu Wissen und Wissenserwerb s. besonders Schütz/Luckmann (1979: 133–223), Schütz (1982: 102 ff., 112 ff.).

Crary, Jonathan (1999): Aufmerksamkeit. Wahrnehmung und modern Kultur, Frankfurt am Main: Suhrkamp.

Cyert, Richard, M./March, James, G. (1963): A behavioral theory of the firm. Englewood Cliffs: Prentice Hall.

Därmann, Iris (2005): Fremde Monde der Vernunft. Die ethnologische Provokation der Philosophie. München: Fink.

Derrida, Jacques (1983): Grammatologie. Frankfurt am Main: Suhrkamp.

Eberle, Thomas (1984): Sinnkonstitution in Alltag und Wissenschaft: der Beitrag der Phänomenologie an die Methodologie der Sozialwissenschaften. Bern: Haupt.

Elster, Jon (1987): Subversion der Rationalität. Frankfurt am Main: Campus Verlag.

Franck, Georg (1998): Ökonomie der Aufmerksamkeit. Ein Entwurf. München: Hanser.

Fuchs, Th. (2008): Was heißt „sich entscheiden"? Die Phänomenologie von Entscheidungsprozessen und die Debatte um die Willensfreiheit, in: ders.: Leib und Lebenswelt. Neue philosophisch-psychiatrische Essays, Zug/Schweiz, S. 328–351.

Greve, Jens/Schnabel, Anette (Hrsg.) (2011): Emergenz. Zur Analyse und Erklärung komplexer Strukturen. Berlin: Suhrkamp.

Hart, Oliver (1995): Firms, contracts, and financial structure. Oxford: Clarendon Press.

Husserl, Edmund (1954): Erfahrung und Urteil. Untersuchungen zur Genealogie der Logik. Hamburg: Claassen.

Husserl, Edmund (1966): Analysen zur passiven Synthesis. Aus Vorlesungs- und Forschungsmanuskripten 1918–1926. Husserliana, Gesammelte Werke Bd. XI, hrsg. v. M. Fleischer, Den Haag.

Husserl, Edmund (1992a): Ideen zu einer reinen Phänomenologie. Erstes Buch. Allgemeine Einführung in die reine Phänomenologie, Nachwort (1930), Gesammelte Schriften Bd. 5, hrsg. v. E. Ströker, Hamburg: Meiner.

Husserl, Edmund (1992b): Formale und transzendentale Logik. Versuch einer Kritik der logischen Vernunft. Gesammelte Schriften Band. 7. Hamburg: Meiner.

Kappelhoff, P. (2005): Kompetenzentwicklung in Netzwerken. Die Sicht der Komplexitäts- und allgemeinen Evolutionstheorie, Man., o. O. (Wuppertal), o. J. (2005).

Knoblauch, Hubert/Schnettler, Bernd (2004): Vom sinnhaften Aufbau zur kommunikativen Konstruktion. In: Gabriel, Manfred (Hrsg.): Paradigmen der akteurszentrierten Soziologie. Wiesbaden: VS Verlag, S. 121–137.

Lave, Jean/Wenger, Etienne (1991): Situated Learning: Legitimate Peripheral Participation. Cambridge: Cambridge University Press.

Luhmann, Niklas (1988): Organisation. In: Küpper, Willi/Ortmann, Günther (Hrsg.): Mikropolitik. Rationalität, Macht und Spiele in Organisationen. Opladen: Westdeutscher Verlag, S. 165–185.

Möllering, Guido (2003): Trust Reason, Routine, Reflexivity.

Ortmann, Günther (1976): Unternehmungsziele als Ideologie. Zur Kritik betriebswirtschaftlicher und organisationstheoretischer Entwürfe einer Theorie der Unternehmungsziele. Köln: Kiepenheuer und Witsch.

Ortmann, Günther (2003a): Regel und Ausnahme. Paradoxien sozialer Ordnung. Frankfurt am Main: Suhrkamp.

Ortmann, Günther (2003b): Organisation und Welterschließung. Dekonstruktionen. 1. Auflage. Wiesbaden: Westdeutscher Verlag.

Ortmann, Günther (2004): Als Ob. Fiktionen und Organisationen. Wiesbaden: VS.
Ortmann, Günther (2005): Kür und Willkür. Jenseits der Unentscheidbarkeit. In: Scherzberg, A. et al. (Hrsg.): Kluges Entscheiden. Tübingen.
Ortmann, Günther (2008): Regeln der Klugheit?. In: Scherzberg, Arno: Klugheit: Begriff – Konzepte – Anwendungen. Tübungen: Mohr Siebeck, S. 45–92.
Ortmann, Günther (2010): Organisation und Moral: die dunkle Seite. Weilerswist: Velbrück Wissenschaft.
Ortmann, Günther (2011): Die Kommunikations- und die Exkommunikationsmacht in und vor Organisationen. Unter besonderer Brücksichtigung der Macht zur Produktion von Identität. In: Die Betriebswirtschaft, 71 (4), S. 355–378.
Ortmann, Günther (2012a): Können und Haben, Geben und Nehmen. Kompetenzen als Ressourcen: Organisation und strategisches Management. In: Windeler, Arnold/Sydow, Jörg (Hrsg.): Kompetenz. Individuum, Organisation, Netzwerke. Wiesbaden: VS Verlag (Im Erscheinen).
Ortmann, Günther (2012b): Enabling limits. Organisationen regeln, was zählt und als was es zählt. In: Duschek, Stephan/Gaitanides, Michael/Matiaske, Wenzel/Ortmann, Günther (Hrsg.): Organisationen regeln. Die Wirkmacht korporativer Akteure. Wiesbaden: VS Verlag (im Erscheinen).
Ortmann, Günther/Windeler, Arnold/Becker, Albrecht/Schulz, Hans-Joachim (1990): Computer und Macht in Organisationen. Mikropolitische Analysen. Opladen: VS Verlag.
Polanyi, Michael (1985): Implizites Wissen. Frankfurt am Main: Suhrkamp.
Reichertz, Jo (2009): Kommunikationsmacht. Was ist Kommunikation und was vermag sie? Und wie vermag sie das?. Wiesbaden: VS Verlag.
Resnick, Mitchel (1997): Turtles, Termites, and Traffic Jams: explorations in massively parallel microworlds. Cambridge/MA: Paperback.
Schütz, Alfred (1971): Das Problem der sozialen Wirklichkeit. Gesammelte Aufsätze. Band. I. Den Haag: Nijhoff.
Schütz, Alfred (1972): Studien zur soziologischen Theorie. Gesammelte Aufsätze. Band. II. Den Haag: Nijhoff.
Schütz, Alfred (1974): Der sinnhafte Aufbau der sozialen Welt. Eine Einleitung in die verstehende Soziologie. Frankfurt am Main: Suhrkamp.
Schütz, Alfred (1982): Das Problem der Relevanz, Frankfurt am Main: Suhrkamp.
Schütz, Alfred/Luckmann, Thomas (1979): Strukturen der Lebenswelt. Band. 1. Frankfurt am Main: Suhrkamp.
Schütz, Alfred/Luckmann, Thomas (1984): Strukturen der Lebenswelt. Band. 2. Frankfurt am Main: Suhrkamp.
Searle, John R. (1997): Die Konstruktion der gesellschaftlichen Wirklichkeit. Zur Ontologie sozialer Tatsachen, Reinbek: Rowohlt.
Selten, Reinhard (1990): Bounded Rationality. In: Journal of Institutional and Theoretical Economics 146, S. 649–658.
Selten, Reinhard (o. J.). Anticipatory learning in two-person games. Discussion paper No. B-93. (Sonderforschungsbereich 303. „Information und die Koordination wirtschaftlicher Aktivitäten"). Bonn.

Simon, Herbert A. (1957): Models of man social and rational: mathematical Essays on rational human behavior in a social setting. New York: Willey.

Srubar, Ilja (1988): Kosmion. Die Genese der pragmatischen Lebenswelttheorie von Alfred Schütz und ihr anthropologischer Hintergrund. Frankfurt am Main: Suhrkamp.

Waldenfels, Bernhard (1989): Erfahrungen des Fremden in Husserls Phänomenologie. In: Phänomenologische Forschungen 22. Freiburg/München: Alber, S. 38–62.

Waldenfels, Bernhard (2004): Phänomenologie der Aufmerksamkeit. Frankfurt am Main: Suhrkamp.

Winter, Stefan (1964): Economic „natural selection" and the theory of the firm. In: Yale Economic Essays 4, S. 225–272.

Winter, Stefan (1975): Optimization and evolution. In: Day, R. H./Groves, T. (Hrsg.): Adaptive economic. New York, S. 73–118.

Weick, Karl E. (1985): Der Prozeß des Organisierens. Frankfurt am Main: Suhrkamp.

Weick, Karl E. (1995): Sensemaking in Organizations. Thousand Oaks: Sage.

Weick, Karl E. (2001): Making Sense of the Organization. Oxford: Blackwell.

Wenger, Etienne (1998): Communities of practice: learning, meaning, and identity. Cambridge: Cambridge University Press.

Windeler, Arnold (2003): Kreation technologischer Pfade: ein strukturationstheoretischer Analyseansatz In: Schreyögg, Georg/Sydow, Jörg (Hrsg.): Managementforschung 13: Strategische Prozesse und Pfade. Wiesbaden: Gabler, S. 295–328.

Wittgenstein, Ludwig (1984): Philosophische Untersuchungen. Werkausgabe. Band. 1. Frankfurt am Main: Suhrkamp, S. 225–618.

III. Diskursive Kontexte kommunikativer Konstruktion

Raumpioniere in Stadtquartieren und die kommunikative (Re-)Konstruktion von Räumen

Gabriela B. Christmann

1 Einleitung

Im Beitrag werden der theoretische Ansatz, das methodische Design und ausgewählte Ergebnisse eines abgeschlossenen Forschungsprojekts mit dem Titel „Raumpioniere im Stadtquartier – Zur kommunikativen (Re-)Konstruktion von Räumen im Strukturwandel" vorgestellt.[1] Eine übergreifende Frage dieses Projekts war, welche Wirklichkeitsdeutungen bzw. Visionen Akteure, die hier als Raumpioniere bezeichnet werden sollen, von ihrem Quartier haben, wie diese Deutungen in kommunikativen Prozessen ausgehandelt werden und wie es zu einer *Re*konstruktion bzw. Transformation bestehender Raumdeutungen kommt. Die dem Projekt zugrundeliegende „Theorie der kommunikativen Raum(re)konstruktion" basiert auf dem kommunikativen Konstruktivismus, der um die Komponente einer diskursiven Konstruktion von Wirklichkeit erweitert und für raumtheoretische Zwecke angepasst wurde (vgl. Knoblauch 1995, 2005b, 2012 in diesem Band, Reichertz o. J., 2012 in diesem Band, Keller et al. 2005).

Untersucht wurden Quartiere in den zentrumsnahen Stadtteilen Berlin-Moabit und Hamburg-Wilhelmsburg, wobei in der folgenden Darstellung ausschließlich Moabit betrachtet werden soll.[2] Die Quartiere gelten als „sozial benachteiligt", kennzeichnend für sie sind hohe Anteile an Beziehern von staatlichen Transferleistungen, hohe Anteile von Migranten unterschiedlicher Herkunft und vielfältige soziale Problemlagen. Mangelnde Konsum- und Freizeitinfrastrukturen bzw. deren stetige Reduzierung und eine vernachlässigte Bausubstanz kommen in manchen Quartieren als Problemlagen hinzu. Dies sind Erscheinungen, die ge-

---

1 Das Projekt wurde von Januar 2009 bis Dezember 2011 am Leibniz-Institut für Regionalentwicklung und Strukturplanung in Erkner (bei Berlin) durchgeführt.
2 Für Ergebnisse aus Hamburg-Wilhelmsburg vgl. Schmidt (2012).

sellschaftlich negativ bewertet werden und oft auch in den Medien in einer negativen Weise Erwähnung finden. Öffentliche Diskurse, die die Stadtteile negativ thematisieren, fügen somit dem Problemkomplex ein weiteres Problem in Form von Stigmatisierungen hinzu, die sich auf der Basis regelmäßiger journalistischer Berichterstattungen zu Negativ-Images verdichtet haben. Die stigmatisierenden öffentlichen Diskurse zementieren die Problemlagen der Quartiere insofern, als sie die Tendenz haben, andere Raumdeutungen bzw. positive Entwicklungen, die es ebenfalls gibt, zu ignorieren. Werden Quartiere dauerhaft als „unattraktiv" etikettiert, werden raumbezogene Identifikationsprozesse und zivilgesellschaftliches Engagement bei den Quartiersbewohnern geschwächt und Entwicklungspotenziale verschüttet.

Dies täuscht nicht darüber hinweg, dass es in den Stadtquartieren dennoch Entwicklungspotenziale gibt. Raumpioniere mit ihren Aktivitäten und sozialen Netzwerken begreifen wir als einen Faktor in diesem Zusammenhang. Charakteristisch für Raumpioniere ist, dass sie Räume – wenn auch häufig zunächst nur eigenen Lebensentwürfen folgend und Gelegenheitsstrukturen nutzend – in der Selbst- und/oder Fremdwahrnehmung neu denken bzw. nutzen, ggf. Visionen entwickeln, darüber kommunizieren bzw. andere Bürger zur Kommunikation darüber anregen und dabei die Raumdeutungen anderer Menschen beeinflussen.

Auch wenn diese Akteure kurz- und mittelfristig die komplexen (sozialen) Problemlagen nicht einfach lösen können, können sie mit ihren Ideen und Projekten, die von der Schaffung innovativer Kunst- und Kulturangebote, über die Organisation multikultureller Stadtteilfeste und die Einrichtung betreuter Fahrradwerkstätten für Jugendliche bis hin zur Eröffnung eines Buch- und Teeladens reichen, mittelfristig alternative Deutungen vom Quartier wie auch gemeinsame Identitätsbildungsprozesse befördern. Sie können neue Raumdeutungen innerhalb der Quartiere anregen und im günstigen Fall – sofern sie sich mit ihren Aktivitäten in öffentliche Diskurse einbringen können – auch Fremdwahrnehmungen bzw. Images von den Quartieren positiv beeinflussen. Darüber hinaus können sie soziale, organisatorische oder infrastrukturelle Neuerungen lokal vorantreiben und damit gleichzeitig Lösungsansätze für sozialräumliche Probleme entwickeln.

Oft werden Raumpioniere mit zivilgesellschaftlichen Akteuren in Verbindung gebracht (z. B. mit Initiativen zivilgesellschaftlichen Engagements). Hier wird der Begriff des Raumpioniers ausgeweitet auf (soziale) Unternehmer (z. B. Personen, die mit ihren Projekten Jugendliche aus der Arbeitslosigkeit holen), Selbstständige (z. B. Besitzer eines Buch- und Teeladens), Freiberufler (z. B. Kreative oder aber Journalisten, die für Stadtteilzeitungen schreiben oder Stadtteil-Online-

Foren betreiben) und Vertreter von sozialen Organisationen in öffentlicher oder freier Trägerschaft (z. B. Street Worker). Im Folgenden sollen zunächst die konzeptionellen Eckpunkte für eine „Theorie der kommunikativen Raum(re)konstruktion" (vgl. auch Christmann 2010) vorgestellt werden (Kap. 2). Im Anschluss daran werden die Fragestellungen und das methodische Vorgehen des Raumpionier-Projekts erläutert (Kap. 3). Es folgen Analysen zu bestehenden und insbesondere zu alternativen Deutungen vom Raum (Kap. 4). Konkret wird exemplarisch gezeigt, welche Raumdeutungen in Bezug auf die Quartiere verbreitet sind (Kap. 4.1), was Raumpioniere mit ihren Sichtweisen in die Quartiere einbringen (Kap. 4.2), wie sich Raumpioniere mit anderen vernetzen (Kap. 4.3), wie sie Deutungen vom Quartier in den Binnenkommunikationen ihrer Gruppen verhandeln (Kap. 4.4), wie sie nach außen kommunizieren und inwiefern sie ggf. Eingang in öffentliche Diskurse finden (Kap. 4.5). Ein Fazit wird den Beitrag abrunden (Kap. 5).

2 Theoretischer Hintergrund – Eckpunkte für einen Ansatz der kommunikativen Raum(re)konstruktion

Die Analyse von Kommunikationen im Zusammenhang mit Fragen der Raumentwicklung ist in der internationalen sozialwissenschaftlichen Raumforschung relativ neu. Ohne die Existenz eines physischen Raums zu leugnen, der als eine materielle, aber veränderbare Größe verstanden werden muss, ist im Verlauf des so genannten „cultural turn" die Überlegung selbstverständlich geworden, dass Räume erst vor dem Hintergrund menschlicher Bedeutungszuschreibungen gesellschaftliche Wirklichkeit werden, dass sie kulturell geprägt sind und dass sie folglich als „soziale Konstruktionen" verstanden werden müssen. Obwohl die theoretische Prämisse der sozialen Konstruktion von Raum weithin Konsens ist, fallen die Versuche der theoretischen Ausarbeitung aber unterschiedlich aus. Raumtheoretiker haben vor allem die Rolle menschlicher Bedeutungszuschreibungen (Wissen) und/oder menschlichen Handelns in den Vordergrund gestellt (vgl. Lefèbvre 1991, Giddens 1993, Werlen 1997, Löw 2001, Thrift 2007). Dass im Prozess sozialer Raum(re)konstruktionen auch Kommunikationen bzw. Diskurse bedeutend sind, hat man zwar seit geraumer Zeit erkannt (vgl. Paasi 1989, Healey 1992, Hastings 1999, Lees 2004, Schlottmann 2005, Pott 2007), die theoretische Fundierung dieses Gedankens blieb jedoch bislang hinter dieser Erkenntnis zurück.

Eine systematische Forschung hat sich dazu noch nicht entwickelt. Dies ist erstaunlich. Denn Räume wurden weder in der Vergangenheit, noch werden sie in der Gegenwart jenseits kommunikativer Prozesse gedacht, geplant oder gestaltet. Besonders in modernen, funktional differenzierten Gesellschaften ist beobachtbar, dass Raumvorstellungen und geplante Raumgestaltungen in hohem Maße kommunikativ verhandelt werden, und dies vielfach in öffentlichen Diskursen. Es fehlt an systematischen Erkenntnissen über Formen einer kommunikativen und diskursiven Konstruktion von Raum. Wir wissen wenig über kommunikative Prozesse in Face-to-face-Kommunikationen, in denen bestimmte Raumdeutungen verhandelt werden; ebenso wenig wissen wir über raumbezogene Diskurse in großen Öffentlichkeiten und fast gar nichts über das Verhältnis zwischen raumbezogenen Face-to-face-Kommunikationen und öffentlichen Diskursen.[3]

Es gibt also noch wenige theoretische und empirische Ansätze, die den Gedanken von der sozialen Konstruktion von Raum unter systematischer Einbeziehung der Dimension der Kommunikation zu klären suchen. Auffallend ist dabei, dass die wenigen, die dies tun, entweder von der Theorie autopoietischer Systeme Luhmanns (vgl. Pott 2007) oder der poststrukturalistischen Diskursanalyse Foucaults (vgl. Glasze/Mattissek 2009) inspiriert sind. Entsprechend tun sie sich mit der Dimension menschlichen Handelns mehr oder weniger schwer.

Der „Ansatz der kommunikativen Raum(re)konstruktion" ist demgegenüber akteurs- bzw. handlungsorientiert. Er zielt darauf, den Zusammenhang zwischen den Dimensionen Wissen, Handeln, Kommunikation und Macht herzustellen. Dies geschieht, indem der – auf dem Sozialkonstruktivismus von Berger/Luckmann (1987) fußende – Ansatz des kommunikativen Konstruktivismus (Knoblauch 1995, 2001a, 2001b, 2005b sowie 2012 in diesem Band, Reichertz 2012 in diesem Band, Reichertz o. J., Keller et al. 2005; siehe ferner Luckmann 2002a, 2002b) mit dem Konzept des kommunikativen Gedächtnisses (Knoblauch 1999), dem Wissenssoziologischen Diskurskonzept (Keller 2001, 2004, 2008) und mit ausgewählten raumtheoretischen Bausteinen, wie etwa dem des relationalen Raumbegriffs (Löw 2001), verbunden und für die Raumtheorie fruchtbar gemacht wird.

---

3 Vor diesem Hintergrund ist am Leibniz-Institut für Regionalentwicklung und Strukturplanung im Rahmen der Forschungsabteilung „Kommunikations- und Wissensdynamiken im Raum" ein Arbeitsschwerpunkt eingerichtet worden, der sich Fragen wie diesen zuwendet. Dies geschieht sowohl in theoretischer Hinsicht mit der Arbeit an einer „Theorie der kommunikativen Raum(re) konstruktion" (vgl. Christmann 2010), als auch empirisch in entsprechenden Arbeiten (vgl. Christmann/Büttner 2011, Christmann/Mahnken 2012, Christmann 2012, Neumann/Schmidt 2012, Schmidt/Neumann 2012, Schmidt 2012).

Im Zentrum der theoretischen Bemühungen Bergers und Luckmanns (1987, 20; Hervorh. im Original) steht die Frage, wie „ist es möglich, dass subjektiv gemeinter Sinn zu objektiver Faktizität *wird*? Oder, in der Terminologie Webers und Durkheims: Wie ist es möglich, dass menschliches *Handeln* (Weber) eine Welt von *Sachen* (Durkheim; Erg. G. C.) hervorbringt?" Auf diese Frage – die in raumtheoretischer Hinsicht insofern interessant ist, als sie nicht nur auf immaterielle, sondern auch auf materielle Objektivierungen anspielt – bieten die Autoren mit ihrer Theorie der gesellschaftlichen Konstruktion der Wirklichkeit eine Antwort.

Intersubjektiv geteilte Wirklichkeitsdeutungen – ein Begriff, der synonym zum Wissens-Begriff verwendet wird – sind nach Berger und Luckmann das Ergebnis eines dialektischen Handlungsprozesses von Externalisierung, Objektivierung und Internalisierung. Zunächst findet eine Externalisierung von subjektivem Sinn statt. Das Subjekt entäußert seine Reaktion oder Sichtweise im Hinblick auf einen bestimmten Gegenstand. Die Entäußerung von subjektivem Sinn muss sodann durch Objektivierung für andere Subjekte zugänglich gemacht werden. Zentral für die Objektivierung von Sinn ist die Sprache (vgl. Berger/Luckmann 1987, 69). Im Rahmen von Sprache werden bestimmten Gegenständen durch bestimmte Zeichen gemeinsam geteilte Bedeutungen dauerhaft zugeschrieben. Institutionalisierung und Legitimation sind weitere bedeutende Faktoren im Prozess der Objektivierung (vgl. Berger/Luckmann 1987, 66). Sie führen zu einer Verstetigung und Absicherung von Wirklichkeitskonstruktionen. Sind diese stabile Gebilde geworden und legitimatorisch abgesichert, stehen sie dem Individuum in verdinglichter Form gegenüber. Sobald das Individuum die gesellschaftlichen Wirklichkeitskonstruktionen internalisiert hat, nehmen sie Einfluss auf das Individuum (vgl. Berger/Luckmann 1987, 65). Gesellschaftliche Wirklichkeitskonstruktionen bilden auch den Hintergrund für die Entwicklung von personaler Identität (vgl. Berger/Luckmann 1987, 185).

In der theoretischen Weiterentwicklung durch Knoblauch (1995, 2001a, 2005b, 2012 in diesem Band), Luckmann (1992, 2002a, 2002b, 2002c) und Reichertz (o. J., 2012 in diesem Band) ist an die Stelle der Sprache das übergreifende Element der „Kommunikation" getreten. Kommunikation wird dabei als ein reziprok aufeinander bezogenes – d.h. soziales – Handeln verstanden, das sich Zeichen unterschiedlicher Art bedient. Zugrunde gelegt wird die Annahme, dass in kommunikativen Vorgängen Wissen produziert und vermittelt wird und dass „zugleich soziale Strukturen erzeugt und reproduziert" werden (Knoblauch 1995, 5). Für den Ansatz der kommunikativen Raum(re)konstruktion ist der kommunikative Konstruktivismus nicht zuletzt deshalb von Interesse, weil der Begriff der Kommunikation – besser als der der Sprache – die Dynamiken und Aushandlungsprozesse von Wirklichkeitsdeutungen fassbar machen kann, während Sprache als ein relativ starres System und als eine wirkmächtige Struktur verstanden werden muss.

2.1 Kommunikative Raumkonstruktionen: Von subjektiven Raumdeutungen zum Kulturraum

Im Ansatz der kommunikativen Raum(re)konstruktion werden zunächst raumbezogene „Erstkonstruktionen" betrachtet. Beginnend mit (1) subjektiven Raumdeutungen von Einzelsubjekten wird die (2) kommunikative Herstellung intersubjektiver Raumdeutungen in einem Sozialzusammenhang geklärt, um dann die (3) Objektivierung der Deutungen durch Sprache und Institutionalisierungen zu beleuchten. Als konzeptionelles Element für die Herausbildung eines Kultur- und Identitätsraumes wird (4) das kommunikative Erinnern eingeführt.

(1) Subjektive Raumdeutungen. Ausgangspunkt sind historische Subjekte, die als „Erstkonstrukteure" gedacht werden. Das historische Subjekt 1 handelt in einem Umfeld, das es als einen es umgebenden physischen Raum wahrnimmt. Es schreibt ihm bestimmte Bedeutungen zu und entwickelt auf diese Weise subjektive Wirklichkeitsdeutungen von diesem Raum. Erst durch diese Wirklichkeitsdeutungen, die mit Martina Löw als „Syntheseleistungen" bezeichnet werden können, erlangt der Raum für das Subjekt seine Existenz. Dieser Raum wird im Folgenden „Raum A" genannt. Das historische Subjekt 1 gewinnt also aus seiner Perspektive eine spezifische Vorstellung vom Raum (= Raum A-Subjekt 1). Doch auch das historische Subjekt 2 entwickelt eine spezifische Vorstellung (= Raum A-Subjekt 2) etc. Raum existiert somit nicht objektiv, sondern in Form von spezifischen Konstruktionen der Subjekte, die sich unterscheiden. Indem die Subjekte raumbezogen Handeln, d. h., Teile des räumlichen Umfeldes nutzen, „besetzen" oder gestalten, aber auch indem sie (dabei) über den Raum kommunizieren, *externalisieren* sie ihre subjektiven Wirklichkeitsdeutungen vom Raum.

(2) Kommunikative Herstellung intersubjektiver Raumdeutungen im Sozialzusammenhang. Die Subjekte sind nicht isoliert, sondern in einen Sozialzusammenhang eingebunden, der durch regelmäßig aufeinander bezogenes Handeln der Subjekte, vor allem durch dichte Binnenkommunikationen entsteht. Darin setzen sich die Subjekte mit den Wirklichkeitsdeutungen anderer auseinander. Innerhalb des Handelns und der Binnenkommunikationen des Sozialzusammenhangs werden die *subjektiven* Wirklichkeitsdeutungen ausgetauscht, verhandelt, abgestimmt und zu gemeinsamen, *kollektiven* Deutungen umgebildet. Das so ent-

standene kollektive Wissen von Raum A ist die Wirklichkeit Raum A-Sozialzusammenhang 1.

(3) Objektivierung von Raumdeutungen durch Sprache und Institutionalisierungen. Die Deutungen der historischen Subjekte werden in Form von Sprache „objektiviert". Im Rahmen der Binnenkommunikationen werden sprachliche Konventionen entwickelt. Es werden Begriffe festgelegt, mit denen die Raumdeutungen im Sozialzusammenhang typischerweise thematisiert werden. Die gemeinsame Sprache in Bezug auf den Raum ist allerdings nur ein Aspekt des Objektivierungsprozesses. Andere Aspekte sind Institutionalisierungen und deren Legitimierungen. Im Zeitverlauf wird die auf „den" Raum bezogene Wirklichkeit insofern institutionalisiert, als das gemeinsam geteilte Wissen gefestigt, raumbezogene Handlungsroutinen entwickelt und soziale Strukturen ausgebildet werden. Gegenüber neu angekommenen Mitgliedern des Sozialzusammenhangs werden diese Institutionen und Strukturen vermittelt und gerechtfertigt. Die Institutionen bzw. Strukturen werden dabei im Handeln reproduziert bzw. verwirklicht. Die historischen Subjekte eines Sozialzusammenhangs schreiben dem von ihnen als Raum definierten Umfeld nicht nur bestimmte Bedeutungen zu, sondern sie gestalten es auch mit ihrem Handeln, nicht zuletzt in Form von Anordnen, Platzieren, Bauen. Löw bezeichnet diesen Prozess als „Spacing". Der Raum ist damit nicht nur ein gedachter bzw. konzipierter Raum, sondern auch ein materiell gestalteter Raum. Immaterielle und materielle Objektivierungen bedingen sich gegenseitig. Zusammen bilden sie einen Kulturraum.

(4) Zur kommunikativen Konstruktion von Kulturräumen im Erinnern. Konstitutiv für einen Kulturraum sind vor allem Praktiken des gemeinsamen Erinnerns. Ein gemeinsames Erinnern ist „Ursprung und Fundament einer Kultur", wie Jan und Aleida Assmann (1993, 267) es formulieren. Gemeint sind die Praktiken, in denen sich die Angehörigen des Sozialzusammenhanges ihre gemeinsame Geschichte vergegenwärtigen, in denen sie memorieren, was für sie im Zusammenhang mit dem von ihnen konstruierten Raum von Bedeutung ist: die materielle Struktur dessen, was sie als typisch für „ihren" Raum wahrnehmen (z. B. eine bestimmte Landschaft oder eine bestimmte Bebauung bzw. Architektur), die materiellen Gestaltungen, mit denen sie im Laufe der Geschichte „ihren" Raum verändert haben (z. B. durch Bauwerke), die vergangenen Ereignisse, die dort stattgefunden haben, die Menschen, die dort gewirkt haben, die Dinge, die dort geschaffen wurden, die Handlungsweisen, Gewohnheiten und Bräuche, die sich dort herausgebildet haben und gelebt werden, all die Dinge eben, die dem Raum zugeordnet und die den Raum dadurch für die Subjekte erst erfahrbar und lebendig machen. Ein wichtiger Baustein der Theorie der kommunikativen Raum(re)

konstruktion ist daher das Konzept des kommunikativen Gedächtnisses (Knoblauch 1999), da es die stabilisierende Reproduktion von Raumkonstruktionen in Prozessen des kommunikativen Erinnerns beleuchten kann. Maurice Halbwachs (1966) vertrat einst die Auffassung, dass Erinnerung ohne einen Sozialzusammenhang gar nicht möglich ist. Im Konzept des kommunikativen Gedächtnisses von Knoblauch (1999) ist dieser Gedanke theoretisch ausgearbeitet worden. Danach können subjektive Erinnerungen nur durch Kommunikation objektiviert werden. Und nur durch Kommunikation können objektivierte Erinnerungen anderen Subjekten des Sozialzusammenhangs zugänglich gemacht werden. Zu berücksichtigen ist allerdings, dass in den öffentlichen Praktiken kommunikativen Erinnerns nicht nur Kulturräume rekonstruiert bzw. immer wieder bestätigt werden, sondern dass gleichzeitig spezifische Erinnerungskulturen geschaffen werden können, die machtvoll Einfluss darauf nehmen, was weiterhin erinnert und was nicht erinnert wird.

2.2 Kommunikative und diskursive Raumrekonstruktionen: Zur Transformation von Raumdeutungen

Auf den Raum bezogene Wirklichkeitskonstruktionen dürfen jedoch nicht als etwas Statisches angesehen werden, selbst wenn sie sich physisch, z. B. in Form von baulichen Gestaltungen, materialisiert haben. Vielmehr können Raumkonstruktionen im Rahmen sich verändernder gesellschaftlicher Prozesse hinterfragt bzw. modifiziert werden, auch physisch-materielle Gestaltungen können umgenutzt bzw. verändert werden. Raumkonstruktionen sind somit *R*ekonstruktions- bzw. Transformationsprozessen ausgesetzt. Auch diese Prozesse vollziehen sich zunächst kommunikativ. Ausgangspunkt sind nun Kulturräume, in denen sich Institutionen herausgebildet haben. Dort wirken Subjekte, die über spezifische Rollenausstattungen verfügen und im Folgenden als „Akteure" bezeichnet werden sollen.

Analog zur – historisch und analytisch gedachten – „Erstkonstruktion" von Raumdeutungen werden im Zusammenhang mit transformierenden Raumkonstruktionen zuerst (1) Einzelakteure und Akteursgruppen, dann (2) Netzwerke bzw. „Governance-Arrangements" betrachtet, wobei Governance-Arrangements als Netzwerke zu verstehen sind, in denen Akteure mit Rollenausstattungen aus unterschiedlichen gesellschaftlichen Feldern (z. B. aus Zivilgesellschaft, Politik, Verwaltung, Wirtschaft etc.) zusammenkommen, um Raumkonstruktionen gezielt zu koordinieren (vgl. Christmann 2010). Darüber hinaus werden (3) raumbezogene Diskurse in der Öffentlichkeit in den Blick genommen. Denn wie Keller (2004, 2008) herausgearbeitet hat, hat der sozialkonstruktivistische Ansatz insofern eine Schwäche, als kommunikative Handlungen dort in erster Linie in Verbindung mit Handelnden in Face-to-face-Situationen untersucht werden. Obwohl kollektive Akteure und institutionalisierte Prozesse der öffentlichen Kommunikation nicht grundsätzlich ausgeblendet werden, bleiben sie eher unterbelichtet. Kellers Wissenssoziologische Diskursanalyse sucht in Anlehnung an Foucault den sozialkonstruktivistischen Ansatz um diese Komponenten zu erweitern. Bei Diskursen handelt es sich um Bündelungen von Wissenselementen und Verknüpfungen von Wirklichkeitsdeutungen, die bestimmen können, was in einer Gesellschaft als Wirklichkeit gelten soll. Diskurse sind dabei meist umkämpft. Letztlich soll geklärt werden, wie über diskursive Praktiken Wissens- und Machtordnungen entstehen. Während aber in der poststrukturalistischen Perspektive Foucaults dem handelnden Subjekt keine bedeutende Rolle in den Dynamiken der Wissensgenese zugestanden wird, zeichnet sich Kellers theoretisches Konzept gerade dadurch aus, dass es die handlungstheoretische Perspektive aufrecht erhält und mit struktur- und institutionentheoretischen Elementen aus Foucaults Theorie anreichert.

(1) Transformierende Raumkonstruktionen von Einzelakteuren und Akteursgruppen. Im Zusammenhang mit transformierenden Raumkonstruktionen sind – wie gesagt – zunächst Einzelakteure mit ihren subjektiven Raumdeutungen zu betrachten, die im Vergleich zu etablierten Deutungen Modifikationen beinhalten. Auch diese Einzelakteure treten in der Regel nicht isoliert auf, sondern sind in einen Sozialzusammenhang, wie z. B. eine Gruppe, eingebunden, stehen also in einem Interaktionszusammenhang. Als Mitglieder eines Kulturraums müssen sie sich mit bestehenden Raumdeutungen dieses Kulturraums auseinandersetzen. Denn der Kulturraum entfaltet auf der Basis der objektivierten und institutionalisierten Raumdeutungen gewisse Wissensordnungen und eine Deutungsmacht.

Innerhalb des Handelns und der Binnenkommunikationen der Gruppe werden *subjektive* Raumdeutungen und bestehende kulturelle Raumkodierungen verhandelt, abgestimmt und zu gemeinsamen, kollektiven Deutungen umgebildet, die – bis auf Weiteres – für die Gruppe Gültigkeit haben. Das auf diese Weise entstandene kollektive Wissen von Raum A ist die Wirklichkeit Raum A-Gruppe 1.

Die in der Gruppe entwickelten gemeinsamen Deutungen bilden die Grundlage für das raumbezogene (kommunikative) Handeln innerhalb wie auch außerhalb der Gruppe. Die Gruppe (hier: Gruppe 1) externalisiert ihr Raumwissen, denn auch sie ist nicht isoliert. Sie steht in einem Sozialzusammenhang mit anderen Gruppen, die sich dem räumlichen Umfeld zuordnen. Die anderen Gruppen (hier: Gruppe 2 und 3) durchlaufen die gleichen Prozesse der raumbezogenen Wissensgenese, was jedoch nicht bedeutet, dass sie exakt die gleichen Wirklichkeitsdeutungen von Raum A entwickeln. Es ist möglich bzw. wahrscheinlich, dass sie gruppenspezifische Raumdeutungen ausbilden.

Nochmals soll betont werden, dass Raum A nicht einfach als solcher objektiv existiert. Vielmehr muss man mit Löw von einem relationalen Raum ausgehen. Während aber Löw den relationalen Raum eher im physischen Sinn definiert: als eine zeitlich sich konstituierende „relationale (An)Ordnung von Körpern, welche unaufhörlich in Bewegung sind, wodurch sich die (An)Ordnung selbst ständig verändert" (Löw 2001, 131), wird „der" Raum hier zuerst als ein relationales Wissenskonstrukt betrachtet: Denn seine Existenz verdankt er zuallererst den Bedeutungszuschreibungen von Handelnden, Zuschreibungen, die sich in Abhängigkeit von den kommunikativ ausgehandelten Raumdeutungen je nach Gruppe unterscheiden. Dies kann insofern Konsequenzen für das raumbezogene Handeln haben, als die Handelnden „den" Raum – vor dem Hintergrund unterschiedlicher Bedeutungszuschreibungen – durch unterschiedliche (An)Ordnungen von Lebewesen und Gütern gestalten wollen, was Anlass für Konflikte sein kann. Welche Wirklichkeitsdeutungen bzw. welche Handelnden sich durchsetzen können, hängt von Machtkonstellationen ab.

(2) Transformierende Raumkonstruktionen: Netzwerke, Governance. Gruppen, deren Akteure oder die als Ganzes regelmäßige soziale Beziehungen zu anderen Gruppen (bzw. deren Mitgliedern) haben, bilden ein Netzwerk (Netzwerk 1). Netzwerke zeichnen sich durch regelmäßige Handlungs- und Kommunikationsbeziehungen aus, wenn auch nicht in gleichem Umfang wie dies in Gruppen der Fall ist. Darin werden raumbezogene Wirklichkeitsdeutungen der verschiedenen beteiligten Gruppen verhandelt. Die Gruppenmitglieder werden dort jeweils mit Wirklichkeitsdeutungen anderer Gruppen konfrontiert, nehmen manche Deutungen auf, lehnen andere ab, modifizieren ggf. die eigenen oder entwickeln neue. Es entsteht ein kollektives Wissen auf der Ebene des Netzwerks (Raum A-Netzwerk 1).

Durch unterschiedlich ausgeprägte soziale Beziehungen zwischen den beteiligten Gruppen können spezifische Netzwerkstrukturen entstehen, die unterschiedliche Wissens-Kompatibilitäten zur Folge haben können, etwa in der Form dass das Raumwissen der Gruppe 1 leicht mit dem der Gruppe 2, aber nur schwer mit dem der Gruppe 3 vereinbart werden kann. Dies hat Implikationen für die Verteilung des Wissens bzw. für die kollektive Wissensgenese bezüglich des Raums. Es kann zu Inklusionen und Exklusionen kommen.

Funktional differenzierte Gesellschaften zeichnen sich dadurch aus, dass sie sich in Funktionsbereiche wie z. B. Politik, Verwaltung, Wirtschaft, Zivilgesellschaft etc. aufgliedern. Die Akteure der Funktionsbereiche haben im Hinblick auf Raum A je nach ihren raumbezogenen Handlungsfeldern und Kommunikationsbeziehungen spezifische raumbezogene Wirklichkeitsdeutungen herausgebildet, sind mit bestimmten gesellschaftlich definierten Aufgaben betraut und mit spezifischen Ressourcen ausgestattet. Gemäß ihrer Aufgabendefinition und Ressourcenausstattung handeln und wirken sie in den von ihnen definierten Raum, um entsprechende raumbezogene Aufgaben vorzubereiten, durchzuführen bzw. durchzusetzen. Da raumbezogenes Handeln in modernen Gesellschaften meist von allgemeiner gesellschaftlicher Relevanz ist, kann es in komplexen Gesellschaften nicht einfach umgesetzt werden. Vielmehr muss es geplant und mit anderen Akteuren abgestimmt werden. Diese Koordinierung, die in einer Konstellation von Akteuren unterschiedlicher gesellschaftlicher Funktionsbereiche stattfindet, wird als Governance bezeichnet. Die Aushandlung des Wissens vollzieht sich auch hier in einem eigenen Handlungs- und Kommunikationsraum, dem der Governance-Ebene (Raum A-Governance 1). Aufgrund der Heterogenität der Beteiligten und einer vergleichsweise geringen Kommunikationsdichte (im Vergleich zu Gruppen) wird hier die Generierung eines kollektiven Wissens bezüglich „des" Raums A schwieriger. Entsprechende Prozesse werden zudem von bestehenden Machtkonstellationen geprägt, die sich allerdings im Aushandlungsprozess verschieben können.

(3) Diskursive Verhandlung von Raum in der Öffentlichkeit. Für Gruppen und Netzwerke ist charakteristisch, dass sie in halb-öffentlichen Zusammenkünften agieren und dass sie eher „kleine Öffentlichkeiten" erreichen, womit ihre „kollektiven" Raumdeutungen nur in einem begrenzten Umfang Verbreitung finden. Sobald sich Akteure, Gruppen oder Netzwerke mit ihren Raumdeutungen in verschiedenen Handlungs- und Kommunikationsformen nach außen wenden, so etwa an die Bevölkerung des räumlichen Umfelds oder an lokale oder regionale Massenmedien, können sie mit ihren Wirklichkeitsdeutungen eine „größere Öffentlichkeit" erreichen. Es sind vor allem die Massenmedien, die einen erheblichen Einfluss auf die diskursive Konstruktion von Raumdeutungen haben. Doch fungieren sie oftmals nicht einfach als Diskursarenen, sondern treten aufgrund eines journalistischen Handelns wie dem der Nachrichtenselektion und der Nachrichteninszenierung als spezifische – machtvolle – Akteure auf. Durch die Medien entstehen zwar öffentliche Diskurse in großen Öffentlichkeiten, doch können darin bei weitem nicht alle (Diskurs-)Akteure und Themen Gehör finden. Auch hier prägen Machtkonstellationen den Prozess der Raumkonstruktionen. So wird eine „den" Raum A betreffende Raumwirklichkeit A-Öffentlichkeit 1 geschaffen.

3 Fragestellungen und methodisches Vorgehen

Vor diesem Hintergrund wurden im Rahmen des Forschungsprojekts drei „Aggregationsformen" mit folgenden Fragestellungen und Methoden in den Blick genommen: Raumpioniere als Einzelakteure, Gruppen- und Netzwerktreffen der Raumpioniere und nicht zuletzt die lokale Öffentlichkeit mit ihren raumbezogenen Diskursen.

Raumpioniere als Einzelakteure wurden mittels problemzentrierter qualitativer Leitfadeninterviews befragt (vgl. Witzel 1983, 2000). Von Interesse war, aus welchen sozialen Milieus sie stammen und an welche Deutungswelten sie anknüpfen. Gefragt wurde auch, woher die Raumpioniere in räumlicher Hinsicht kommen, welche Raumbezüge und Raumvorstellungen sie haben. Außerdem wurden Motive, Ziele und Erfahrungen eruiert, die die Akteure im Hinblick auf die von ihnen ins Leben gerufenen quartiersbezogenen Aktivitäten haben. Von Bedeutung war für die Studie zudem die Frage, welche kommunikativen Strategien die Raumpioniere in diesem Zusammenhang verfolgen. Vor diesem Hintergrund wurden Typen von Raumpionieren gebildet.

Unterstützt durch das Programm „VennMaker"[4] wurde in einem gesonderten Teil des Interviews das egozentrierte Netzwerk[5] der Akteure erhoben (vgl. dazu auch Neumann/Schmidt 2012, Schmidt/Neumann 2012). Raumpioniere wurden danach gefragt, mit welchen anderen Akteuren sie vernetzt sind, mit wem sie sich in welcher Form austauschen bzw. kooperieren, von wem sie Unterstützung erfahren, wer also förderlich für die Realisierung der Vorhaben ist, wer strategisch wichtig, aber auch wer eher hinderlich ist. Auf diese Weise wurden gemeinsam mit den Befragten in visualisierter Form Netzwerkbilder generiert. Außerdem erfolgte eine Tonaufzeichnung der verbalen Äußerungen, mit denen die Interview-

---

4 „VennMaker" dient der Verarbeitung qualitativer Erhebungen zu personenbezogenen Netzwerken. Vgl. dazu die Informationen zum Softwaretool „VennMaker" unter www.netzwerk-exzellenz.uni-trier.de.

5 Das egozentrierte Netzwerk eines Akteurs ist von Netzwerken, die durch das Zusammentreffen unterschiedlicher Gruppenmitglieder entstehen (vgl. Kap. 2.2), zu unterscheiden. Egozentierte Netzwerke werden durch Personen, Gruppen oder Organisationen konstituiert, mit denen ein Akteur projektbezogen kooperiert bzw. sich austauscht, wobei hier die Netzwerkkontakte in der Regel bilateral, räumlich und zeitlich verteilt und über unterschiedliche Kommunikationswege (z. B. face-to-face, telefonisch, per E-Mail) erfolgen. Netzwerktreffen unterschiedlicher Gruppenmitglieder zeichnen sich hingegen durch eine räumlich-zeitliche Kopräsenz der Akteure aus, die mehr oder weniger regelmäßig wiederholt wird. Das schließt nicht aus, dass Akteure im Rahmen bestimmter Netzwerktreffen mit Personen in Kontakt kommen, die gleichzeitig auch zu ihrem egozentrierten Netzwerk gehören.

partner ihre Netzwerkbeziehungen kommentierten und Netzwerkstrategien erläuterten.

Auch auf der *Aggregationsebene der Gruppen- und Netzwerktreffen* wurden soziale Einbettungen von Raumpionieren untersucht, was dort mittels einer fokussierten Ethnografie geschah (vgl. Knoblauch 2005a). Die fokussierte Ethnografie verfolgt, anders als die klassische Ethnografie, keinen Anspruch auf eine holistisch angelegte dichte Beschreibung des gesamten Feldes. Sie zielt auf die Beobachtung von ausgewählten, meist kommunikativen, Akteurshandlungen. Im Forschungsprojekt wurden entsprechend teilnehmende Beobachtungen von Face-to-face-Binnenkommunikationen in den kleinen Öffentlichkeiten der Gruppen- und Netzwerktreffen durchgeführt. Die Aufmerksamkeit wurde darauf gerichtet, wie die Quartiere und ggf. der ganze Stadtteil in welchen Akteurskonstellationen verhandelt werden. Es wurde untersucht, was die Raumdeutungen beinhalten, inwiefern auf Raumdeutungen aus öffentlichen Diskursen Bezug genommen wird. Interesse galt der Frage, inwieweit eingebrachte Raumdeutungen miteinander konkurrieren, wie sie umkämpft, modifiziert, anschlussfähig gemacht oder abgelehnt werden. Nicht zuletzt wurde analysiert, wie die verschiedenen Akteursgruppen im Feld zueinander stehen, welche Nähe- und Distanzkonstellationen sich in Bezug auf ihr Wissen beobachten lassen, ob sie miteinander oder gegeneinander agieren.

Die abstrakteste *Aggregationsebene* stellt die *der Öffentlichkeit* mit den sich darin vollziehenden Diskursen dar. Dieses Feld wurde mittels des Forschungsprogramms der Wissenssoziologischen Diskursanalyse untersucht (vgl. Keller 2001, 2004, 2008). In diesem Rahmen wurde zum einen analysiert, wie die Stadtteile und ihre Quartiere in den lokalen und regionalen Massenmedien öffentlich thematisiert werden, welche Eigenschaften ihnen zugeschrieben werden. Zum anderen wurde gefragt, was die Raumpioniere, Akteursgruppen und Netzwerke in Form von Pressemitteilungen, Plakaten, Flyern, Broschüren, Internetforen etc. nach außen kommunizieren und mit welchen Inhalten sie dies tun. Von besonderem Interesse war dabei, ob und, wenn ja, wie die Medien über die Aktivitäten von Raumpionieren berichten, welche Themen sie von diesen Akteuren aufgreifen.

4 Über den Beitrag von Raumpionieren zur kommunikativen (Re-)Konstruktion von Raumdeutungen

Bei den untersuchten Raumpionieren handelt es sich um Personen, die einst bei der Suche nach günstigen Wohn- und Arbeitsräumen sowie nach Freiräumen für die Verwirklichung ihrer Lebensentwürfe auf Quartiere in Berlin-Moabit und Hamburg-Wilhelmsburg gestoßen sind und sich dort niedergelassen haben. In aller Regel lebten die Akteure vorher in anderen Stadtteilen oder Städten. Einige sind erst vor weniger als zehn Jahren in die Quartiere gezogen, andere leben schon mehr als drei Jahrzehnte dort. Manche unter ihnen, wie zum Beispiel Künstler und Kreative, sind berufsbedingt in der ganzen Welt unterwegs, leben also nicht ständig und nicht ausschließlich in Moabit. Die meisten Raumpioniere haben in ihren Quartieren Wurzeln geschlagen, fühlen sich verbunden mit ihrem Ort, schätzen das Unaufgeregte, Authentische und vor allem das „Dorf in der Stadt", womit sie ein intaktes nachbarschaftliches Zusammenleben meinen. Dies gilt sogar für die Künstler, die – wie sie sagen – gerne in den Quartieren leben, auch wenn sie sich in der ganzen Welt zuhause fühlen.

Neben Künstlern, Kreativen bzw. Kulturschaffenden aus verschiedensten Bereichen zählen Freiberufler, z. B. aus dem journalistischen Feld, Pädagogen, aber auch Personen aus medizinischen Berufen sowie Planer, Ingenieure und Betriebswirte zu den Raumpionieren. Der soziokulturelle Hintergrund der Akteure ist keineswegs einheitlich. „Alternative" aus der ehemaligen Hausbesetzerszene, die sich selbst als „Querdenker" und „provozierende Querulanten" verstehen, gehören ebenso zu den Raumpionieren wie unternehmerisch Tätige, die ein Projekt nach dem anderen umsetzen. In der Regel sind die untersuchten Raumpioniere hoch gebildete Mittelschichtangehörige im Alter zwischen 40 und 60 Jahren.

Gegenstand der Betrachtung sollen im Folgenden Raumdeutungen und (kommunikatives) Handeln von Raumpionieren sein. Zunächst soll jedoch untersucht werden, was vorherrschende Sichtweisen auf Moabit sind.

4.1 *Vorherrschende Raumdeutungen zu Berlin-Moabit: Ort der Kriminalität*

Moabit erlebte eine wechselvolle Geschichte, die sich im historischen Diskurs über den Stadtteil spiegelt. Sieht man über Nuancen hinweg, so lässt sich in diesem Diskurs eine Entwicklung von einer Positiv- hin zu einer Negativdarstellung nachvollziehen. Noch im 18. Jahrhundert gilt Moabit als idyllischer, ländlich geprägter Ort. Im 19. Jahrhundert steht Moabit zunächst als Erholungs- und Vergnügungsort mit Gondelbetrieben im Zentrum der Aufmerksamkeit. Schon im zweiten Drittel jenes Jahrhunderts spielt gleichzeitig die sich ansiedelnde Industrie, vor allem der Schiffs- und Eisenbahnbau, aber auch die Nahrungsmittelindustrie eine wichtige Rolle, wobei man im öffentlichen Diskurs jener Zeit noch den Fortschritt feiert, den die Industrialisierung mit sich brachte und der sich auch in Moabit bemerkbar machte. Mitte des 19. Jahrhundert wird der Bau eines

Zellengefängnisses fertig gestellt, das künftig immer wieder im Diskurs thematisiert werden und für die weitere Geschichte des Ortes von Bedeutung bleiben soll. Schon gegen Ende des 19. Jahrhunderts wird Moabit als ein Ort des verarmten Proletariats beschrieben (vgl. Grzywatz 1987, Baudisch/Cullen 1991, Schnur 2003).

Heute steht Moabit – und dies ist ein wesentlicher Teil seines Negativ-Images – für das Gefängnis und für Kriminalität. In Wikipedia heißt es dazu: „Über Berlin hinaus ist Moabit durch die Justizvollzugsanstalt und das größte Kriminalgericht Europas bekannt, weswegen Moabit oft als Synonym für das Gefängnis verwendet wird: ‚Er sitzt in Moabit' bedeutet ‚Er ist Insasse der Untersuchungshaftanstalt Moabit'". In den überregionalen Medien wie auch in den Berliner Lokalmedien wird Moabit in der Regel als Ort der Kriminalität dargestellt. Es wird nahegelegt, dass an diesem Ort Mord, Gefahr und Bedrohung an der Tagesordnung sind. Nicht zuletzt vor diesem Hintergrund findet man in Berlin Stadtführungen angeboten, die sich dem Stadtteil Moabit annehmen und unter dem Titel „Rundgang durch das gefährliche Berlin" stehen. Weitere Aspekte des Moabiter Negativ-Images sind der hohe Anteil an ökonomisch schlecht gestellten Bewohnern, der hohe Anteil an Migranten, gewaltsame Konflikte zwischen Angehörigen unterschiedlicher Ethnien und damit verbundene „Parallelgesellschaften".

Raumpioniere kennen die Images ihrer Quartiere. Mühelos können sie beschreiben, wie die Quartiere in der Fremdperspektive gesehen werden (vgl. dazu auch Christmann 2012):

Transkriptsegment B-ER35, Paul, Kulturschaffender, Berlin-Moabit[6]
P: Also offensichtlich gibt es ein hartnäckig bestehendes Vorurteil. Das ist wohl nicht so schnell aus der Welt zu schaffen. Und das ist in Berlin verbreitet: Moabit ist scheiße ((lacht)), da kann man nicht wohnen, da sind Kriminelle und Ausländer, und es ist gefährlich. Ich meine, das ist ja der größte Witz. (…) Aber dieses Bild besteht und außerhalb stärker. Also hier in Moabit muss ich sagen, wenn man hier lebt, hat man nicht das Gefühl, dass es gefährlich oder komisch sei. Aber dieses Klischee ist, glaube ich, sehr hartnäckig (…), bringt man medial immer wieder.

Paul[7] beschreibt hier die in Berlin verbreitete, seit längerer Zeit bestehende und – seiner Vermutung nach – nur schwer zu korrigierende Sichtweise auf Moa-

---

6   Die Transkriptionen wurden in orthographisch kontrollierter Weise erstellt. Auf Sonderzeichen wurde weitgehend verzichtet. Folgende Zeichen wurden verwendet: „ich denke-" = Satzabbruch; „(…)" = Auslassung im Text; „SEHR SCHÖN" = betontes und lautes Sprechen.
7   Bei den Personennamen handelt es sich um Pseudonyme.

bit, die er gleich zu Beginn seiner Aussage als „Vorurteil" rahmt. Indem er die Sichtweise als „Vorurteil" kategorisiert, kann er sich von dem, was er im Folgenden wiedergibt, absetzen. In umgangssprachlicher Weise und mit einer recht derben Wortwahl vermittelt er, wie Berlin-Moabit von außen bewertet wird: „Moabit ist scheiße". Mit dem anschließenden Lachen kann Paul eine Distanz zu dieser Aussage herstellen, wobei hier mindestens zwei Distanzierungen vorgenommen werden: eine zu dem von ihm zitierten derben Jargon und eine zu der Bewertung als solcher, die für ihn – wie das Lachen zeigt – offensichtlich nicht ernst zu nehmen ist. Man erfährt, dass im Zusammenhang mit Moabit Ausländer, Kriminalität und Gefahr assoziiert werden. Es herrsche zudem die Auffassung vor, dass man dieses Stadtgebiet nicht als Wohnort in Betracht ziehen könne. Indem er die vorherrschende Meinung als „größten Witz" bezeichnet, macht er sie lächerlich. Gerade was die Sicherheit in Moabiter Quartieren angeht, hat Paul nach sechs Jahren Wohndauer Erfahrungen gesammelt, die den Fremdzuschreibungen entgegenstehen: Danach ist Berlin-Moabit harmlos. Als Bewohner hat man nicht den Eindruck, dass es gefährlich sei. Diejenigen, die ein anderes Bild davon haben, sitzen einem „Klischee" auf. Die Tatsache, dass sich dieses „Klischee" („hartnäckig") hält, schreibt der Raumpionier den Medien zu. Sie würden derartige Botschaften „immer wieder" verbreiten. Entgegen der massenmedial verbreiteten und von Außenstehenden weithin übernommenen Negativzuschreibungen wird hier eine differenzierte, auf eigenen Erfahrungen beruhende Sichtweise auf das Quartier präsentiert.

Auch Sarah berichtet von dem schlechten Moabiter Ruf und einer dennoch entstehenden positiven Identifikation seiner Bürger.

Transkriptsegment B-ER04, Sarah, Verein, Berlin-Moabit
S: Wenn ich gefragt werde, wo ich herkomme, und ich sage, dass ich aus Moabit komme, heißt es, ach, da ist das Gefängnis. Das ist eigentlich stereotyp. ((lacht)) (…) Das ist leider der Eindruck. Aber ich glaube, es hat sich- wird sich ein bisschen bessern, weil selbst im Stadtteilverein erlebe ich manchmal, dass einige sagen: Was haben wir für einen Ruf! Hier ist alles scheiße! Das ändert sich jetzt ein bisschen. Sie identifizieren sich mehr mit dem Kiez.

Die Raumpionierin erzählt, dass Moabit in „stereotyper" Weise mit dem Gefängnis assoziiert werde. Indem sie den Begriff des Stereotyps verwendet, stellt sie die Perspektive als eine vereinfachte dar und weist auf den Klischee- bzw. Vorurteilscharakter hin. Mit ihrem Lachen bringt sie symbolisch zum Ausdruck, dass diese Außenzuschreibung nicht ernst zu nehmen, wenn nicht sogar „lächerlich" ist. Auf diese Weise gelingt es der Akteurin, sich von dieser Perspektive zu distanzieren. Es ist bemerkenswert, dass Sarah eine ähnliche Distanzierungsstrategie einsetzt wie Paul. Wenn sie formuliert, dass die enge Assoziation mit dem Gefängnis „leider" der vorherrschende Eindruck von Berlin-Moabit sei, bringt sie sogar ihr Bedauern über das Image zum Ausdruck und verstärkt ihre Distanzierung.

Sarahs Einschätzung zur ortsbezogenen persönlichen Identifikation ist vorsichtig. Sie berichtet von einem Stadtteilverein, in dem in der Vergangenheit einige Mitglieder den schlechten Ruf Moabits aufgegriffen und übernommen hätten. Damit legt sie nahe, dass zumindest „einige" Moabiter von den verbreiteten Negativimages beeinflusst sind. Gleichzeitig lässt sie wissen, dass sich nach ihren Beobachtungen gegenwärtig etwas ändere, dass sich Bewohner mit ihrem Quartier nun mehr identifizieren würden.

Der schlechte Ruf der Viertel ist somit im Bewusstsein von Raumpionieren präsent. Die Raumdeutungen der Bewohner bleiben nach ihren Beobachtungen von den Negativimages zwar nicht ganz unberührt, dennoch sehen sie bei den Quartiersbewohnern in gewissem Umfang Abweichungen von negativ ausfallenden Fremdimages. Die Raumpioniere selbst verhalten sich oppositionell zu den negativen Raumdeutungen. Deutlich distanzieren sie sich davon, berichten von eigenen Erfahrungen, stellen andere Raumdeutungen als die vorherrschenden dar. Im Folgenden wird sich zeigen, mit welchen Augen sie die Quartiere sehen.

4.2 Raumdeutungen der Pioniere: Das Marode und Chaotische als Faszinosum

Fasziniert sind Raumpioniere von dem Maroden, Brachgefallenen und Chaotischen, das sie in den Quartieren vorfinden. Oft haben sie bei der Wahl ihres Standortes lange gesucht, um so etwas zu finden. Anders als es bei den Fremdzuschreibungen auf die Quartiere üblich ist, wird das Marode hier gerade nicht als etwas Schlechtes dargestellt, sondern als etwas Positives. In der Aussage eines Raumpioniers aus Hamburg-Wilhemsburg wird besonders deutlich, *was* genau die Akteure eigentlich am Brachgefallenen interessant finden:

Transkriptsegment H-ER01, Robert, Künstler, Hamburg-Wilhelmsburg
R: Ich gehe (…) im Osten Hamburgs, im Süden Hamburgs auf, (…) wo sich nie jemand darum gekümmert hat, wo kein Markt ist, wo kein Makler irgendwas macht. Da sehe ich eigentlich meine Fläche, meinen Ort, wo ich sage, hier könnte man mit Ideen hinein gehen. Hier haben wir auch die Freiheit (…). Hier finde ich Proberäume, hier finde ich, wenn ich Künstler bin und Raum brauche, hier finde ich ihn.

Robert interessiert sich gezielt für Orte, die so desolat sind, dass Akteure wie Makler dort keine Aktivitäten zeigen. Derartige Räume stellen für ihn eine Gelegenheit dar, Ideen auszuprobieren und umzusetzen. Das ist, was er für seine künstlerische Arbeit braucht. Ausdrücklich spricht er von „Freiheit" und „Proberäumen". Orte, die ihm den entsprechenden Freiraum bieten, bezeichnet er als *„meine* Fläche, *meinen* Ort" (Hervorh. G. C.). Die Verwendung des Personalpronomens zeigt an, dass der Akteur sich persönlich in Bezug zu einem solchen Ort setzt, dass der Ort etwas mit ihm persönlich zu tun hat, bietet er doch die Möglichkeit der Verwirklichung seiner Ideen und damit gleichzeitig der Entfaltung seiner Persönlichkeit. Die Aussagen der folgenden Moabiter Akteure weisen in die gleiche Richtung:

Transkriptsegment B-ER36, Willma, Ladenbesitzerin, Berlin-Moabit
W: (…) habe den chaotischsten Laden hier weit und breit gesucht, und das war der damals, der sah wirklich schlimm aus. Und dann habe ich angefangen, daran herumzubasteln an meinem Traum.

Transkriptsegment B-ER16, Lars, Unternehmer, Berlin-Moabit
L: Also so einer wie ich, denkt immer: Oh, prima, da kann man etwas daraus machen. Das ist das Erste, das mir einfällt.

Das Chaotische fordert die Phantasien der Akteure heraus. Es regt sie dazu an, Ideen bzw. „Träume" zu verwirklichen. Raumpioniere sehen stets die Potenziale von Orten, wollen sie aktiv gestalten. Der Wille zum Gestalten, zur Umsetzung von Lebensentwürfen bzw. Träumen scheint individuumszentriert zu sein. Dies täuscht jedoch:

Transkriptsegment B-ER35, Paul, Kulturschaffender, Berlin-Moabit
P: Es geht uns vor allen Dingen (…) darum, an einem Ort aktiv zu sein, etwas zu machen, und vor allen Dingen auch die Leute vor Ort zu aktivieren und zu interessieren.

Der Gestaltungswille beinhaltet auch den Einbezug von Bewohnern vor Ort. Die Akteure beabsichtigen nicht, allein zu handeln und ihre individuellen Interessen durchzusetzen. Vielmehr ist es ihr Ziel, etwas gemeinsam mit anderen zu tun. Ihr Handeln zielt darauf, wie es Paul und darüber hinaus auch andere Akteure formulieren, Bewohner „anzusprechen", zu „interessieren", zu „motivieren" und zu „aktivieren". Offensichtlich sind sich die Akteure dessen bewusst, dass sie in so genannten „benachteiligten" Quartieren operieren. Die Bewohner sollen befähigt werden, wie es ein Raumpionier ausdrückt, „selbst laufen zu lernen in diesem System". Empowerment gehört zu den Zielen von Raumpionieren. Hier macht sich eine nachbarschaftliche Orientierung der Akteure bemerkbar. Sie möchten die anderen beteiligen, mitnehmen, gemeinsam mit ihnen einen Weg des kreativen Gestaltens gehen.

Die Akteure haben somit Raumdeutungen, die sich von vorherrschenden Deutungen der öffentlichen Diskurse deutlich unterscheiden. Sie sehen positive Seiten der Quartiere (Freiräume bzw. Potenziale), nicht negative (Marodes, Kriminalität). Damit bringen sie ein neues Wissen von dem Ort für den Ort ein. Nach eigenen Aussagen wollen sie die Bewohner zu einer neuen Sicht auf ihre Quartiere einladen und sie zum Mitgestalten befähigen. Sie liefern den Bewohnern Ausgangspunkte für neue Raumdeutungen, eröffnen Spielräume für neue ortbezogene Identitätskonstruktionen, machen vorherrschende Raumdeutungen zur Verhandlungssache.

4.3 Soziale Netzwerke von Raumpionieren: Zur Hardware des kommunikativen Austauschs von Raumdeutungen

Im vorangegangenen Abschnitt wurde implizit deutlich, dass Raumpioniere bestimmte Handlungsmotive haben, dass sie bestimmte Ziele verfolgen: etwa das Ziel, sich Experimentierräume zu schaffen und neue Ideen umzusetzen, und/oder das Ziel, die Bevölkerung zu interessieren und in Gestaltungsprozesse einzubeziehen. Diese Handlungsmotive der Akteure, die im Schütz'schen Sinne als „Um zu-Motive" zu verstehen sind (Schütz 1981, 115–130, 1971, 80–83), können unterschiedlich sein bzw. unterschiedlich weit reichen, was Folgen für die soziale Vernetzung haben kann.

Es müssen daher im Akteursfeld der Raumpioniere zunächst unterschiedliche „Pionierarten" unterschieden werden. Wir unterscheiden vor allem zwischen „potenziellen", „eigentlichen" und „etablierten Raumpionieren". Potenzielle Raumpioniere bringen zwar neue Raumdeutungen und durchaus neue Ideen – z. B. in Feldern wie Kunst, Kultur, Bildung, Ökonomie und Soziales – ein, sie führen auch Projekte durch, wollen sogar oft die Bewohner interessieren. In der Regel „wirken" sie auch im Raum,[8] jedoch ohne dass sie die sozialräumliche Entwicklung und

---

8 Indem sie die Quartiere für ihr Handeln als Bühne nutzen, geben sie dem (Sozial-)Raum Impulse: Sie bieten den Bewohnern Anregungen und eröffnen neue Perspektiven. Oft setzen sie in der Öffentlichkeit zudem Aufwertungsprozesse in Gang.

die Schaffung von mehr Lebensqualität als ein (zentrales) Motiv ihres Handelns formulieren würden. „Eigentliche Raumpioniere" sind demgegenüber dadurch charakterisiert, dass sie nicht nur neue Raumdeutungen bzw. Ideen einbringen und konkrete Projekte durchführen, sondern dass sie auch ausdrücklich mit dem Handlungsmotiv der Raumentwicklung antreten. Dieses Motiv kann sich erst allmählich im Zuge der Aktivitäten vor Ort herausgebildet haben (ein Akteur kann sich vom „potenziellen" zum „eigentlichen Raumpionier" entwickelt haben), es kann aber auch von Anfang an handlungsleitend gewesen sein (ein Akteur kann von vornherein als „eigentlicher Raumpionier" tätig geworden sein). Für „etablierte Raumpioniere" ist kennzeichnend, dass sie ihr Handeln unter dem expliziten Vorzeichen der Raumentwicklung verstetigt haben, dass sie also für ihre Projekte institutionelle Verankerungen geschaffen haben (z. B. einen Verein, eine Kultureinrichtung, eine Bildungsinstitution, ein Unternehmen etc.). Oft wirken sie schon seit mehr als einem Jahrzehnt, bisweilen sogar seit mehreren Jahrzehnten in ihrem Quartier. Manche „etablierten Raumpioniere" erfinden sich immer wieder neu und entwickeln neue Projektideen für ihren Raum. Andere arbeiten an der Bewahrung der einstmals „neuen" Ideen – um den Preis, dass die Ideen den Nimbus des Neuen (zu) verlieren (drohen). Die Pionierarten sind als eine Heuristik zu verstehen. Empirisch gibt es fließende Übergänge zwischen „potenziellen" und „eigentlichen Raumpionieren" wie auch zwischen „eigentlichen" und „etablierten Raumpionieren".

Während sich „potenzielle Raumpioniere" – zu denen z. B. oft Kunst- und Kulturschaffende gehören – hauptsächlich mit ihresgleichen vernetzen (d. h. also beispielsweise mit anderen Kunst- und Kulturschaffenden), sind die sozialen Netzwerke der anderen Pioniere in ihrer sozialen Struktur deutlich heterogener. Im Folgenden sollen Netzwerke von „eigentlichen" und „etablierten Raumpionieren" betrachtet werden. Beide wissen darum, dass sie, wenn es um Fragen der sozialräumlichen Entwicklung und der Schaffung von mehr Lebensqualität geht, für sich allein nichts ausrichten können.

Diese Akteure bauen sehr strategisch Netzwerke, um ihre Ideen besser umsetzen zu können. Sie verfügen über Kontakte, die in dieser Hinsicht von Bedeutung für sie sein können, und pflegen den Austausch mit den entsprechenden Partnern. Einige Kontakte sind eng und werden regelmäßig gepflegt, sie bilden das Standbein der Akteure. Beinahe genauso bedeutend sind losere Kontakte, die bei Bedarf, in bestimmten Situationen, als Spielbein der Akteure hinzukommen.[9] Es braucht kaum betont zu werden, dass im Rahmen der sozialen Beziehungen

---

9 Vgl. dazu das Konzept der „strong ties" und „weak ties" von Granovetter (1973).

innerhalb der Netzwerke ein *kommunikativer* Austausch stattfindet. Die sozialen Netzwerke müssen als „Hardware" des strategisch-kommunikativen Handelns betrachtet werden, in der sich die „Software" der Kommunikation entfaltet. Innerhalb der Kommunikationen werden Deutungen, Ideen bzw. Projekte für den Raum wie auch Handlungs- und Umsetzungsstrategien verhandelt, umkämpft, vorangebracht oder modifiziert.

Insgesamt konnten in 66 Fällen egozentrierte Netzwerke von Raumpionieren erhoben werden.[10] Die meisten Akteure skizzierten einen Umfang zwischen fünf und 25 Kontakten. Einige wenige Netzwerke waren deutlich größer. Die Größe eines Netzwerks an sich sagt jedoch noch nichts über seine „Wirkungen" aus. Ein wichtiger Faktor ist vielmehr die Art der Kontakte. Es gibt Raumpioniere, in deren Netzwerken institutionelle Kontakte dominant sind. Auch wenn diese Kontakte nicht losgelöst von Personen gesehen werden können, geben die Akteure bezeichnenderweise die Institution bzw. Gruppe als Kooperationspartner an. Sie denken in Kategorien der „Institution" bzw. des „kollektiven Akteurs" und sehen die darin tätigen Personen in erster Linie in ihrer institutionellen Funktion. Netzwerke, die in hohem Maße auf institutionelle Kontakte ausgerichtet sind, lassen sich in unserem Datenmaterial häufig beobachten. Nur wenige Raumpioniere beschreiben ihre Netzwerke überwiegend als auf „Einzelpersonen" gestützt, auf Personen also, die ohne eine institutionelle Funktion und Ausstattung agieren, wie zum Beispiel engagierte Bürger, Nachbarn oder Freunde. Offensichtlich sind sich die Akteure dessen bewusst, dass (auch) Kontakte zu anderen kollektiven Akteuren bzw. Institutionen notwendig sind, wenn sie mit ihrer Arbeit eine Raumwirksamkeit erlangen möchten. Zahlreiche Raumpioniere geben für ihr soziales Netzwerk eine mehr oder weniger ausgewogene Mischung von Kontakten zu Institutionen und zu Einzelpersonen an. Gemischte Netzwerke lassen sich fast ebenso häufig beobachten wie institutionell orientierte.

In Bezug auf die Beziehungsqualität der Kontakte heben manche Akteure vor allem ideell nahe stehende, kooperative bzw. hilfreiche Kontakte in ihrem Netzwerk hervor, durch die sie sich gestärkt fühlen und die nach eigenen Aussagen ihre Arbeit voranbringen. Andere weisen darauf hin, dass sie auch Kontakte zu Personen haben, die ihnen ideell fern stehen oder sogar ihre Arbeit konterkarieren, die also noch für die Sache überzeugt werden müssen. Kontakte zu sol-

---

10 Die Interviewten wurden gebeten, ausgehend vom eigenen Ego, alle Personen, die im Zusammenhang mit dem eigenen Engagement von Bedeutung sind, zu benennen und im Hinblick auf ihre Bedeutung einzuschätzen (hilfreich, hinderlich, ideell nahe, ideell fern, strategisch wichtig, befreundet etc.). Die Akteure konnten neben Einzelpersonen auch Personenkollektive, d.h. Gruppen oder Institutionen, angeben.

chen Partnern sind aber strategisch gewollt und bewusst angelegt. Sie werden als notwendig angesehen, um soziale Abstimmungsprozesse und Verankerungen im sozialen Umfeld voranzubringen und bestimmte Dinge durchsetzen zu können. Soziale Netzwerke von Raumpionieren sind damit keineswegs automatisch *Unterstützungs*netzwerke.

Eines der Raumpionier-Netzwerke ragt aus den übrigen deutlich heraus und soll näher betrachtet werden. Es handelt sich um das Netzwerk eines Akteurs, der den „etablierten Raumpionieren" zuzurechnen ist und im Folgenden Klaus genannt werden soll. Klaus ist mit über siebzig anderen Funktionsträgern vernetzt. Wenn es um die Umsetzung der in den Gruppentreffen erarbeiteten Ideen oder die Durchsetzung von Forderungen zur Beförderung der Quartiersentwicklung geht, ist es vor allem er, der mit den verschiedensten Funktionsträgern im Stadtteil und in der Gesamtstadt kommuniziert bzw. regelmäßigen Kontakt hält. Zu den Funktionsträgern gehören zum Beispiel die Ansprechpartner von Hausverwaltungen, Mietervereinigungen, aber auch wichtige Gewerbetreibende, Baufirmen und nicht zuletzt Sachbearbeiter in den verschiedenen Ressorts der Bezirks- und der Berliner Senatsverwaltung.

Kein anderes Netzwerk in unserem Datenmaterial – weder in Berlin-Moabit, noch in Hamburg-Wilhemsburg – zeigt einen so hohen Vernetzungsgrad. Auffallend ist, dass der Akteur zahlreiche Kontakte als ideell nahe oder als strategisch wichtig einstuft.[11] Auch das sucht in den Netzwerkbildern seinesgleichen. Freilich benennt er auch Kontaktpartner im Netzwerk, die eher hinderlich sind, allerdings geschieht dies in einem geringeren Umfang, als das andere Akteure bei insgesamt weitaus weniger Netzwerkkontakten tun. Dazu gehören insbesondere Vertreter der Bezirks- bzw. Senatsverwaltung. Darin scheinen sich die verschiedensten Raumpioniere im Übrigen einig zu sein: Die Vertreter der städtischen Administration sind eher hinderlich bei der Umsetzung neuer Ideen für die Quartiere. Darüber hinaus identifiziert Klaus einige wenige Personenkategorien, die seinen Deutungswelten eher fern stehen. Das sind zum einen Vertreter der Moabiter Moschee, stammen diese doch aus einem ganz anderen Kulturkreis. Zum anderen sind es unternehmerisch denkende Vertreter aus Raumpionierinitiativen anderer Quartiere. Mit seinen Affinitäten zur (einstigen) Hausbesetzerszene ist Klaus ein Angehöriger eines ganz anderen sozialen Milieus.

---

11 Zu beachten ist, dass die Beschreibungen der Beziehungsqualität von Netzwerkkontakten Deutungen der Interviewpartner sind. Wenn die Akteure in größerem Umfang verschiedene Kooperationspartner als eher ideell nahe und förderlich einschätzen, so sagt dies nicht nur etwas über das Handeln der Kooperationspartner aus, sondern auch darüber, inwieweit die Interviewpartner bereit sind, diesem Handeln „Nähe" zur eigenen Aktivität zuzuschreiben.

Abgesehen von den oben genannten Personenkategorien pflegt der Akteur umfangreiche Kontakte mit wichtigen Funktionsträgern aus anderen Initiativen und Vereinen in Moabit. Aufgrund seiner hohen Vernetzung gelangt er stets an neueste Informationen, die er nicht für sich behält, sondern an seine Partner weitergibt. Es werden Ideen und Informationen über Veranstaltungen, Initiativen und Entwicklungen in den Quartieren ausgetauscht. Vor diesem Hintergrund ist Klaus eine wichtige Schlüsselfigur für Moabit. Der Akteur wird von vielen anderen Raumpionieren in den Quartieren als eine wichtige Kontaktperson angesehen und nicht nur als Informationsquelle geschätzt.

4.4 Binnenkommunikationen in Gruppen und die Verhandlung von Raumdeutungen

Raumpioniere tauschen sich mit einigen Personen ihres sozialen Netzwerks regelmäßig im Rahmen von Gruppentreffen aus. Zahlreiche Akteure haben Initiativgruppen oder Vereine gegründet. Einige von ihnen agieren aus einer institutionellen Verankerung heraus, arbeiten z. B. in führenden Positionen von (sozialen) Organisationen, die ihren Sitz im Quartier haben und die es als ihre Aufgabe ansehen, die Arbeit der Organisation mit der Arbeit für mehr Lebensqualität im Quartier und für mehr Chancen seiner Bewohner zu verbinden. Hier entfalten sich intensive Kommunikationen zwischen den Mitgliedern.

Auch Klaus gehört einem Verein an. In den teilnehmenden Beobachtungen von Gruppentreffen zeigte es sich, dass Klaus außerdem regelmäßig in Veranstaltungen anderer Gruppen bzw. Netzwerke präsent ist und dort wesentlich Diskussionen gestaltet, einen ausgleichenden Kommunikationsstil pflegt und verschiedenste Perspektiven zu integrieren vermag. Erkennbar legt er Wert darauf, möglichst jeden einzelnen mit seinen Deutungen einzubeziehen. Er wird deshalb auch von anderen Akteuren geschätzt und gerne als Moderator hinzugezogen. In dieser Hinsicht ist Klaus nicht nur eine Schlüsselfigur, die für die anderen eine wichtige Informationsfunktion hat, sondern eine Integrationsfigur im besten Sinne. Möglicherweise ist es auch die von Klaus in einem so hohen Maße gelebte und unterstützte soziale Integration, die die kleine „Welt" seines Quartiers „im Innersten zusammenhält".

Für dieses Quartier ist eine gemischte Sozialstruktur mit Migranten, Arbeitern, aber auch mit akademisch gebildeten „Alternativen" charakteristisch. Bürger hatten dort schon früh Brachflächen für sich entdeckt. Erste Raumpioniere eigneten sich nach dem Zweiten Weltkrieg Teile davon an. Nach dem Mauerfall boten sich entlang des ehemaligen Mauerstreifens weitere Spielräume, die von heutigen Raumpionieren kreativ genutzt werden. Einige Raumpioniere setzen sich gleichzeitig für die soziale Integration im Quartier ein. Manche kamen schon Anfang der 1980er Jahre, noch in ihrer Studentenzeit als Hausbesetzer in das Quartier. Zusammen mit anderen Bewohnern organisierten sie in der Sanierungszeit der 1990er Jahre eine Betroffenenvertretung und engagierten sich dafür, dass die Erneuerungen behutsam und sozialverträglich verlaufen, außerdem setzten sie sich für ein Miteinander mit Migranten ein.

Inzwischen dürfen diese Pioniere als etabliert gelten („etablierte Raumpioniere"). Sie haben einen Verein gegründet, der gut zwanzig Jahre existiert und sich weiterhin für die Belange der Bewohner einsetzt. In diesem Verein wirkt Klaus sehr aktiv mit. Einmal im Monat finden dort öffentliche Treffen statt, zu denen alle interessierten Quartiersbewohner eingeladen sind. Dort werden im Rahmen der Binnenkommunikationen der Gruppe alle wichtigen, auf das Quartier bezogenen Probleme besprochen, und es werden Maßnahmen diskutiert, die die Lebensqualität im Quartier verbessern sollen. Es wird kommunikativ ausgehandelt, was das Quartier ist und was es sein soll. Jeder kann mitreden und wird gehört. Großer Wert wird auf intensive und offen geführte Diskussionen gelegt.

Die Vorstellung, dass man im Quartier eine sozial heterogene Bevölkerungsstruktur haben, ein soziales Miteinander unter den Bewohnern leben und intakte Nachbarschaftsbeziehungen pflegen möchte, ist weiterhin zentral und wird von den meisten Akteuren im Verein getragen. Manche haben in Bezug auf das nachbarschaftliche Zusammenleben indes weitergehende Vorstellungen als andere. Darüber hinaus werden Ziele verfolgt wie etwa die Schaffung von Einkaufsmöglichkeiten oder die Verkehrsberuhigung in bestimmten Bereichen.

Einige dieser Themen werden über mehrere Gruppensitzungen – und damit über mehrere Monate – hinweg ausgehandelt und jedes Mal neu aufgerollt, weil die Akteurskonstellationen in den einzelnen Sitzungen variieren und dadurch immer wieder neue Perspektiven und Ideen in die Diskussionen eingebracht werden. Besonders Klaus ist es wichtig, dass verschiedene Deutungen bzw. Ideen gehört und ausführlich diskutiert werden. Das führt dazu, dass es bisweilen recht lange dauert, bis die Gruppe zu einem Konsens gelangt und Entscheidungen treffen kann. Den Entscheidungen folgen Verhandlungen mit zuständigen Stellen, die sich ihrerseits Monate, wenn nicht sogar Jahre hinziehen. So hat es etwa im Kampf um die Einrichtung eines Zebrastreifens zwölf Jahre gedauert, bis dieser realisiert wurde. Diese Prozesse und nicht zuletzt der Eindruck der Akteure, dass die verantwortlichen Stellen eine „Hinhaltetaktik" betreiben, führen bisweilen zu Diskussionen der folgenden Art:

Transkriptsegment B-K2, Verein K, Gruppendiskussion, Juli 2009
Heinz: Dass ihr immer noch glaubt, dass ihr wirklich etwas Wichtiges zügig erreichen könnt! Nein, sie lassen euch wie immer auflaufen.
Maria: Ja, richtig.
Heinz: Es wird ganz lange verzögert, und viel Hoffnung machen sie. Und dann immer verzögert und verwirrt, bis man nach fünfzehn oder zwölf Jahren zum achtunddreißigsten Mal die Planung (ändert)- (…) Das kenne ich doch alles hier aus dem Verein.
Klaus: Ja. Und ich bin der Meinung, dass wir durchaus in kleinen Bereichen, immer mal wieder was Kleines erreicht haben. Und das will ich irgendwie auch nicht (aufgeben).
Heinz: Naja, das- das stimmt ja.
Klaus: Das finde ich in Ordnung.
Heinz: Das stimmt.
(…)
Klaus: Mehr schafft man einfach nicht, weil- mehr Einfluss hat man einfach leider nicht. Könnte ich mir auch anders wünschen, aber-
Martin: Nichtsdestotrotz kann man sich diese Renitenz behalten, für die dieser Verein hier bekannt ist.
Max: Im Grunde ist es doch ganz einfach. Wir nehmen uns grundsätzlich dasselbe Recht, äh, wie die Mächtigen, die- wie sie alle heißen-
Martin: Dieses Stück Straße hier zu gestalten.
Max: Die nehmen wie selbstverständlich Einfluss auf alle möglichen Entwicklungen. Und wir versuchen dasselbe, unsererseits Einfluss zu nehmen.
Klaus: Genau.
Max: (…) Dass sich in vielen Fällen die Mächtigeren durchsetzen, ist eine ganz andere Frage. Aber ich denke, Klaus hat Recht. Es ist doch schon enorm, äh, wenn wir mit wenig Geld und wenig Macht punktuell etwas erreichen. Das kann doch, äh, die Mühe lohnen.

Heinz bringt seinen Unmut über die bei den Gruppenmitgliedern – seiner Auffassung nach – verbreitete Haltung zum Ausdruck, dass man „etwas Wichtiges zügig erreichen könnte". Zur Stützung seiner kritischen Perspektive verweist er auf die regelmäßig beobachtbare Verzögerungstaktik von Behörden. Einigkeit kann in der Gruppe dann aber darüber erzielt werden, dass man in bestimmten Dingen durchaus etwas durchsetzen konnte (Klaus, Max), weshalb es sich auch lohne, es weiterhin zu versuchen (Max). Dem stimmt Heinz sogar zu. Ein Konsens wird ferner darüber hergestellt, dass man sich ein Stück Widerständigkeit erhalten (Martin) und für sich das Recht in Anspruch nehmen müsse, im Quartier etwas zu gestalten und Einfluss zu nehmen (Max).

In der Gesprächssequenz wird der für Raumpioniere typische Gestaltungswille deutlich. Allerdings schätzen sich die Akteure dieser Gruppe als Handelnde ein, die letztlich nur einen geringen Einfluss haben. Im Kampf um die Gestaltungsmacht sehen sie sich gegenüber den „Mächtigen" in einem Verhältnis wie David gegen Goliath.

Dennoch vergewissern sich die Akteure in Gesprächen wie diesen ihrer Grundprinzipien: nämlich ihre Vorstellungen und Visionen in Bezug auf den Raum – und wenn es nur ein „Stück Straße" ist – einbringen und ausprobieren zu wollen und dabei einen langen Atem an den Tag zu legen. Auch wenn sich die Gruppenmitglieder in den langen Kommunikationsketten ihrer Sitzungen in gestalterischen Details zu verlieren scheinen, arbeiten sie doch in diesen kommunikativen Prozessen gleichzeitig an einem ganz anderen Projekt, dessen sie sich in der Regel nicht bewusst sind: an der Konstruktion einer gemeinsamen raumbezogenen Identität,[12] einer Identität als gestaltende, nachbarschaftlich orientierte Quartiersbewohner. Die Kommunikationen in den Gruppentreffen haben eine Funktion, die als das Aufladen von „Identitäts-Akkus" beschrieben werden kann.

Es ist angedeutet worden, dass der Verein bei weitem nicht alles umsetzen konnte, was er an Ideen, Vorstellungen oder gar Visionen entwickelt und vorgeschlagen hat. Indem die – seit über zwei Jahrzehnten im Quartier tätigen – Akteure aber als Anlaufstelle für Bewohner dienen, Hilfestellungen bei Problemen leisten und Kommunikationsprozesse im Kreis der Quartiersbewohner in Gang setzen, leisten sie durchaus einen Beitrag zur sozialen Integration im Quartier. Ihre Aktivitäten dürften wesentlich dazu beigetragen haben, dass sich der Ort zu einem sozial intakten Kiez entwickelte. Aussagen verschiedener Akteure und Bewohner darüber, dass sich das Quartier aufgrund der überschaubaren Strukturen und der Vertrautheit mit den Menschen in der Nachbarschaft wie ein „Dorf in der Stadt" anfühle, weisen darauf hin. Inzwischen arbeiten die Akteure an der Bewahrung dessen, was sie sich an sozialer Integration und Lebensqualität erarbeitet haben. Sie sind – wie gesagt – „etablierte Raumpioniere".

---

12 Oder wie Reichertz (2009, 229) es ausdrückt: „Kommunikation sagt also nicht nur, dass wir wer sind, sondern was wir für andere und was wir für uns selbst sind. Kommunikation sagt also nicht nur, *dass* wir eine Person sind, sondern auch *welche* Person wir sind. Kommunikation verteilt uns also in unserem Interaktionsfeld."

4.5 Außenkommunikationen: Über Diskursarenen von Raumpionieren und ihre Grenzen

Es ist erwähnt worden, dass Klaus die vielfältigen bei ihm einlaufenden Informationen nicht für sich behält, sondern an andere weitergibt. Informationen, die für eine größere Öffentlichkeit relevant sind, kommuniziert er nach außen: Dies geschieht im Rahmen eines Online-Forums, das der Akteur zusammen mit anderen betreibt. Er berichtet über wichtige Geschehnisse und Probleme, neuere Entwicklungen, Vereinsaktivitäten und Initiativen, kündigt bevorstehende Veranstaltungen an und liefert Berichte über vergangene Veranstaltungen. Für Moabiter Bewohner, Akteure und Institutionen dient das Forum als wichtige Informationsquelle.

Indem Klaus zudem eine öffentliche Diskussionsplattform von Moabitern für Moabiter organisiert und alle Interessierten dazu einlädt, Beiträge zu schreiben oder zu kommentieren, schafft er einen virtuellen Kommunikationsort, regt einen Prozess des Nachdenkens über Moabit, des Artikulierens von Wünschen und Interessen, des Entwerfens neuer Ideen und neuer Raumdeutungen, des sich Engagierens und Identifizierens sowie des Mitgestaltens an.

Doch hat dieses Medium Internet Grenzen. Als ein „Pull-Medium" spricht es in erster Linie diejenigen an, die ohnehin schon Interesse an Fragen der Quartiersentwicklung haben und die angebotenen Informationen von sich aus, aktiv aus dem Internet „ziehen". Zudem können nur diejenigen erreicht werden, die einen Personal Computer und Zugang zum Internet haben und die außerdem der deutschen Sprache mächtig sind. Damit wirkt das Medium – gerade in Quartieren wie Moabit – bezogen auf die gesamte Moabiter Bevölkerung „exklusiv". Nicht alle können partizipieren.

Sollen größere Publika erreicht werden, die nicht von sich aus ein Interesse an Moabit mitbringen, und sollen Negativ-Images modifiziert werden, so wäre es notwendig, Moabiter Themen in Anzeigenblättern, migrantischen Medien, Stadtteil- und Berliner Tageszeitungen zu platzieren. Dessen sind sich Raumpioniere durchaus bewusst. Es zeigte sich jedoch, dass Moabiter Raumpioniere weit davon entfernt sind, die journalistische Welt der Moabiter und Berliner Lokalmedien zu erobern und darin ihre Deutungen auf die Agenda zu setzen. In Bezug auf Moabit herrscht in Berlin immer noch ein hegemonialer Diskurs vor, der das bestehende Negativ-Image stützt. Moabit steht in dieser Hinsicht im Schatten des Berliner Bezirks Neukölln, der unter ähnlichen Voraussetzungen wie Moabit – nicht zuletzt vor dem Hintergrund von Raumpionieraktivitäten – ein beachtliches Medieninteresse auf sich ziehen konnte. Im Rahmen dieses „Hypes" sind dort Aufwertungsdiskurse in Gang gekommen.

Die Situation ist indes kompliziert, denn viele Raumpioniere in Moabit wollen keinen „Hype" und versuchen alles, um ihn zu verhindern. Allerdings gibt es auch solche, die ihn auslösen wollen. Der kleine Kosmos Moabits zerfällt in unterschiedliche Raumpionier-Gruppen, die jeweils verschiedene Raumdeutungen und unterschiedliche kommunikative Strategien entwickelt haben. Nahezu unvereinbar sind Deutungen, die zum Beispiel bei Künstlern und Kulturschaffenden verbreitet, und Vorstellungen, die bei unternehmerischen Akteuren anzutreffen sind (vgl. Christmann/Mahnken 2012).

Wie erwähnt, hat Moabit im öffentlichen Diskurs ein ausgeprägtes Negativ-Image. Nun sind Kreative wie zum Beispiel bildende Künstler oder Schriftsteller in Moabit vielfach deshalb ansässig geworden, weil sie gerade jenes Chaotische schätzen, das in der Außenperspektive den Ausgangspunkt für Negativzuschreibungen bildet. Mittlerweile greifen sie die Stigmatisierung Moabits als Ort der Kriminalität gerne spielerisch auf und hoffen darauf, dass sie als kommunikatives Schutzschild fungieren kann. Die Akteure haben Sorge, dass ein großes öffentliches Interesse an Moabit auch Interessen von Investoren wecken, Mietsteigerungen bewirken und schließlich den gefürchteten Prozess der Gentrifizierung in Gang setzen könnten. Moabit gehört im Gegensatz zu anderen Berliner Stadtteilen wie Prenzlauer Berg oder Kreuzberg eben (noch) nicht zu den „In"-Vierteln. Die Akteure schätzen dies, weil sie gerne unter sich in einem gut überschaubaren Kiez sind. Was man also nicht will und entsprechend zu verhindern sucht, ist die „Vermarktung" Moabits. Prozesse der Stadtteil- und Quartiersentwicklung wie sie andere, einst strukturschwache Stadtteile, Berlins (z.B. Prenzlauer Berg, Kreuzberg) erlebt haben, will man nicht sehen.

Diese Akteure beziehen daher eine Frontstellung zu Raumdeutungen, wie sie etwa im Moabiter Unternehmensnetzwerk vertreten sind und wo sich erste Ansätze der strategischen Vermarktung abzeichnen. Dort gilt es, Moabit in entsprechenden Broschüren, Flyern und Plakaten von seiner „schönen Seite" darzustellen. So rekurriert zum Beispiel die Kampagne „Made in Moabit" selbstbewusst auf die Vergangenheit des Stadtteils als überregional bedeutendes, historisches Industrieareal. Die Akteure verweisen darauf, dass hier keine Produktionen aus der Schublade, sondern ausschließlich Innovationen auf der Agenda stehen. In der Deutungswelt dieser Akteure ist Moabit ein Ort der wirtschaftlichen Innovationen, der als solcher verkauft werden soll.

Damit wird deutlich, dass die Deutungen davon, was Moabit ist und was es sein soll, selbst bei Raumpionieren in ein- und demselben Stadtteil unterschiedlich ausfallen. Es gibt keine homogene Deutungswelt. Vielmehr zerfällt der kleine Kosmos Moabits angesichts der angedeuteten sozialen Differenzierungen und der Zugehörigkeit der Akteure zu unterschiedlichen sozialen Milieus in kleine Lebens- und Deutungswelten, die sich gegenseitig ausschließen können.

5 Fazit

Raumpioniere sind Akteure, die sich bestimmten – oftmals negativ bewerteten – Räumen nicht zuletzt deshalb zuwenden, weil diese ihnen Gelegenheitsstrukturen bzw. Experimentiermöglichkeiten bieten. Diese Akteure sprühen vor neuen Ideen und bringen Perspektiven auf den Raum ein, die sich von vorherrschenden Raumdeutungen deutlich unterscheiden. Im Maroden und Chaotischen sehen sie Potenziale, die sie herausfordern. Sie haben eine ausgeprägte Handlungsorientierung und wollen gestalten. Auch wenn es einigen von ihnen zunächst (nur) um die Verwirklichung eigener Lebensentwürfe geht, entfalten sie dadurch Wirkungen im Sozialraum, dass sie ihre neuen Perspektiven einbringen, dazu Projekte machen und darüber kommunizieren. Akteure, die auch Bewohner vor Ort ansprechen und mitnehmen wollen, die also eine Sozialraumorientierung zeigen, und die hier als „potenzielle Raumpioniere" bezeichnet werden, begeben sich – ausgehend von den eigenen Lebensentwürfen – oftmals auf einen Weg, der zu einem gezielten Engagement für eine Raumentwicklung „von unten" führt. „Eigentliche" und „etablierte Raumpioniere" zeichnen sich durch ein solches, *gezielt* auf Raumentwicklung angelegtes Handeln aus. Für dieses Handeln schaffen sie sich auch gezielt Kommunikationsstrukturen. Sie bauen strategisch soziale Netzwerke, schaffen sich in Gruppen- und Netzwerktreffen Kommunikationsräume, in denen sie sich nicht nur darüber austauschen, wie ihre Quartiere sind und wie sie sein sollen, sondern auch darüber, wie sie es bewerkstelligen können, dass ihr Quartiere so werden, wie sie es sich vorstellen. In diesem Rahmen verständigen sie sich – oft ohne es zu wissen – nicht zuletzt auch darüber, wer sie sind und wie sie sich von anderen abgrenzen. Raumpioniere zielen überwiegend darauf, ihre Ideen und Raumdeutungen nach außen zu tragen und sie größeren Öffentlichkeiten mitzuteilen. Auch dafür schaffen sie sich Kommunikationsforen nach außen. Auch wenn verschiedene Raumpioniere bzw. Akteursgruppen bei weitem nicht das Gleiche wollen, auch wenn also ihre Raumdeutungen, ihre kommunikativen Praktiken in den Gruppen und vor allem ihre kommunikativen Außenstrategien unterschiedlich ausfallen, fügen sich doch die unterschiedlichen „Stimmen" zu einem „Konzert", das neue „Klänge" in Bezug auf den Raum anbietet. Raum erweist sich als Verhandlungssache. Mit dem Ansatz der kommunikativen Raum(re)konstruktion und seinen Überlegungen zu subjektiven wie auch intersubjektiv geteilten Raumdeutungen, zu Gruppen- und Netzwerkkommunikationen sowie öffentlichen Diskursen können die kommunikativen Prozesse der Akteure fokussiert, systematisch reflektiert, beschrieben und theoretisch eingebettet werden.

Literatur

Assmann, Aleida/Assmann, Jan (1993): Schrift und Gedächtnis (Nachwort). S. 265-284 in: Assmann, Aleida/Assmann, Jan (Hrsg.): Schrift und Gedächtnis. Beiträge zur Archäologie der literarischen Kommunikation. München: Fink.
Baudisch, Rosemarie/Cullen, Michael S. (1991): Tiergarten. Geschichte der Berliner Verwaltungsbezirke. Bd. 9. Berlin: Colloquium.
Berger, Peter L./Luckmann, Thomas (1987): Die gesellschaftliche Konstruktion der Wirklichkeit. Eine Theorie der Wissenssoziologie. Frankfurt a. M.: Fischer.
Christmann, Gabriela B. (2010): Kommunikative Raumkonstruktionen als (Proto-)Governance. S. 27-48 in: Kilper, Heiderose (Hrsg.): Governance und Raum. Baden-Baden: Nomos.
Christmann, Gabriela B. (2012, in Vorbereitung): Belonging and Home in the Perspective of Urban Pioneers in Disadvantaged Neighborhoods. in: Kusenbach, Margarethe/Paulsen, Krista/Milligan, Melinda: Home - Place - Community. International Sociological Perspectives. Frankfurt u. a.: Lang.
Christmann, Gabriela B./Büttner, Kerstin (2011): Raumpioniere, Raumwissen, Kommunikation - zum Konzept kommunikativer Raumkonstruktion. In: Berichte zur deutschen Landeskunde 85: S. 361-378.
Christmann, Gabriela B./Mahnken, Gerhard (2012, im Druck): Raumpioniere, stadtteilbezogene Diskurse und Raumentwicklung. Über kommunikative und diskursive Raumrekonstruktionen. in: Keller, Reiner/Truschkat, Inga (Hrsg.): Anwendungen der Wissenssoziologischen Diskursforschung. Wiesbaden: VS.
Giddens, Anthony (1993): The Constitution of Society. Cambridge: Polity Press.
Glasze, Georg/Mattissek, Annika (Hrsg.) (2009): Handbuch Diskurs und Raum. Theorien und Methoden für die Humangeographie sowie die sozial- und kulturwissenschaftliche Raumforschung. Bielefeld: Transcript
Granovetter, Mark S. (1973): The Strength of Weak Ties. In: American Journal of Sociology 78: 1360-1380.
Grzywatz, Berthold (1987): Das Kriminalgericht Moabit Turmstraße 91. S. 216-235 in: Engel, Helmut et al. (1987): Geschichtslandschaft Berlin. Orte und Ereignisse. Band 2. Berlin: Nicolai.
Halbwachs, Maurice (1966): Das Gedächtnis und seine sozialen Bedingungen. Berlin/Neuwied: Luchterhand.
Hastings, Annette (1999): Discourse and Urban Change: Introduction to the Special Issue. In: Urban Studies 36: S. 7-12.

Healey, Patsy (1992): Planning through Debate. The Communicative Turn in Planning Theory and its Implications for Spatial Strategy Formation. In: Town Planning Review 63: S. 143–162.
Keller, Reiner (2001): Wissenssoziologische Diskursanalyse. S. 113–144 in: Keller, Reiner/Hirseland, Andreas/Schneider, Werner/Viehöver, Willy (Hrsg.): Handbuch Sozialwissenschaftliche Diskursanalyse. Band 1: Theorien und Methoden. Opladen: Leske und Budrich.
Keller, Reiner (2004): Diskursforschung. Eine Einführung für SozialwissenschaftlerInnen. Opladen: Leske und Budrich.
Keller, Reiner/Hirseland, Andreas/Schneider, Werner/Viehöver, Willy (2005): Die diskursive Konstruktion von Wirklichkeit. Einleitende Bemerkungen zum Verhältnis von Wissenssoziologie und Diskursforschung. S. 7–22 in: Keller, Reiner/Hirseland, Andreas/Schneider, Werner/Viehöver, Willy: Die diskursive Konstruktion von Wirklichkeit. Konstanz: UVK.
Keller, Reiner (2008): Wissenssoziologische Diskursanalyse. Wiesbaden: VS Verlag.
Knoblauch, Hubert (1995): Kommunikationskultur. Die kommunikative Konstruktion kultureller Kontexte. Berlin, New York: de Gruyter.
Knoblauch, Hubert (1999): Das kommunikative Gedächtnis. S. 733–749 in: Honegger, Claudia/Hradil, Stefan/Traxler, Franz (Hrsg.): Grenzenlose Gesellschaft? Verhandlungen des 29. Kongresses der Deutschen Gesellschaft für Soziologie, des 16. Kongresses der Österreichischen Gesellschaft für Soziologie, des 11. Kongresses der Schweizerischen Gesellschaft für Soziologie in Freiburg i. Br. 1998. Teil 1. Opladen: Leske und Budrich.
Knoblauch, Hubert (2001a): Diskurs, Kommunikation und Wissenssoziologie. S. 207–224 in: Keller, Reiner/Hirseland, Andreas/Schneider, Werner/Viehöver, Willy (Hrsg.): Handbuch Sozialwissenschaftliche Diskursanalyse. Band 1: Theorien und Methoden. Opladen: Leske und Budrich.
Knoblauch, Hubert (2001b): Communication, Contexts and Culture. A Communicative Constructivist Approach to Intercultural Communication. S. 3–33 in: di Luzio, Aldo/Günthner, Susanne/Orsetti, Franca (Hrsg.): Culture in Communication. Analyses of Intercultural Situations. Amsterdam/Philadelphia: Benjamins.
Knoblauch, Hubert (2005a). Focused Ethnography. In: Forum Qualitative Sozialforschung/Forum: Qualitative Social Research, 6, Art. 44, http://nbnresolving.de/urn:nbn:de:0114-fqs0503440.
Knoblauch, Hubert (2005b): Die kommunikative Konstruktion kultureller Kontexte. S. 172–194 in: Srubar, Ilja/Renn, Joachim/Wenzel, Ulrich (Hrsg.): Kulturen vergleichen. Sozial- und kulturwissenschaftliche Grundlagen und Kontroversen. Wiesbaden: VS.
Knoblauch, Hubert (2012): Grundbegriffe und Aufgaben des kommunikativen Konstruktivismus, in diesem Band.
Lees, Loretta (2004): Urban Geography: Discourse Analysis and Urban Research. In: Progress in Human Geography 28: S. 101–107.
Lefèbvre, Henri (1991): The Production of Space. Cambridge: Blackwell.
Löw, Martina (2001): Raumsoziologie. Frankfurt a. M.: Suhrkamp.

Luckmann, Thomas (2002a): Der kommunikative Aufbau der sozialen Welt und die Sozialwissenschaften. S. 157–181 in: Luckmann, Thomas: Wissen und Gesellschaft. Ausgewählte Aufsätze 1981–2002. Konstanz: UVK.
Luckmann, Thomas (2002b): Das kommunikative Paradigma der „neuen" Wissenssoziologie. S. 201–210 in: Luckmann, Thomas: Wissen und Gesellschaft. Ausgewählte Aufsätze 1981–2002. Konstanz: UVK.
Neumann, Anika/Schmidt, Tobias (2012): Auf den Inhalt kommt es an: Netzwerke aus sozialkonstruktivistischer Sicht. S. 195–206 in: Hennig, Marina/Stegbauer, Christian (Hrsg.): Probleme der Integration von Theorie und Methode in der Netzwerkforschung. Wiesbaden: VS.
Paasi, Ansi (1989): The Media as Creator of Local and Regional Culture. S. 151–165 in: The Long-Term Future of Regional Policy – A Nordic View. Report on a Joint NordREFO/OECD Seminar in Reykjavik.
Pott, Andreas (2007): Sprachliche Kommunikation durch Raum – das Angebot der Systemtheorie. In: Geographische Zeitschrift 95: S. 56–71.
Reichertz, Jo (2009): Kommunikationsmacht. Was ist Kommunikation und was vermag sie? Und weshalb vermag sie das? Wiesbaden: VS.
Reichertz, Jo (2012): Grundzüge eines kommunikativen Konstruktivismus, in diesem Band.
Reichertz, Jo (o. J.): Konstruktivismus, Kommunikativer. In: http://kowiki.mykowi.net/index.php/Konstruktivismus,_Kommunikativer
Schlottmann, Antje (2005): RaumSprache. Ost-West-Differenzen in der Berichterstattung zur deutschen Einheit. Eine sozialgeographische Theorie. Stuttgart: Steiner.
Schmidt, Tobias (2012, Beitrag angenommen): Vulnerabilität durch Resilienz? Ein Beispiel kontraproduktiver Effekte raumbezogener Governance in Hamburg-Wilhelmsburg. In: Raumforschung und Raumordnung 4.
Schmidt, Tobias/Neumann, Anika (2012, im Druck): Netzwerk und Narration. Erfahrungen mit der computergestützten Erhebung qualitativer Netzwerkdaten. in: Gamper, Markus/Kronenwett, Michael/Schönhuth, Michael/Stark, Martin (Hrsg.): Vom Papier zum Laptop – Perspektiven elektronischer Tools zur partizipativen Visualisierung und Analyse sozialer Netzwerke. Bielefeld: Transcript.
Schnur, Olaf (2003): Lokales Sozialkapital für die „soziale Stadt". Politische Geographien sozialer Quartiersentwicklung am Beispiel Berlin-Moabit. Opladen: Leske und Budrich.
Schütz, Alfred (1971): Wissenschaftliche Interpretation und Alltagsverständnis menschlichen Handelns. S. 3–54 in: Schütz, Alfred: Gesammelte Aufsätze. Band 1. Den Haag: Nijhoff.
Schütz, Alfred (^{2}1981, ^{1}1932): Der sinnhafte Aufbau der sozialen Welt. Eine Einleitung in die verstehende Soziologie. Frankfurt: Suhrkamp.
Thrift, Nigel (2007): Non-Representational Theory. Space, Politics, Affect. London: Routledge.
Werlen, Benno (1997): Sozialgeographie alltäglicher Regionalisierungen. Band 2: Globalisierung, Region und Regionalisierung. Stuttgart: Franz Steiner Verlag.
Witzel, Andreas (1982): Verfahren der qualitativen Sozialforschung. Überblick und Alternativen. Frankfurt/New York: Campus

Subjektivierungsweisen als diskursive und kommunikative Identitätskonstruktionen

Saša Bosančić

„Ich kann mir nicht vorstellen, wie Intelligenz oder Geist anders als durch die Hereinnahme gesellschaftlicher Erfahrungs- und Verhaltensprozesse in den Einzelnen hätte erfolgen sollen, das heißt durch die Hereinnahme der Übermittlung signifikanter Gesten (…). Wenn sich aber der Geist oder das Denken so entwickelt hat, dann kann und konnte es ohne Sprache weder Geist noch Denken geben. Die frühen Stadien der Entwicklung der Sprache müssen daher der Entwicklung des Geistes oder des Denkens vorausgegangen sein." (Mead 1973: 235)

Das menschliche Bewusstsein und die Denkfähigkeit, so die zentrale Erkenntnis George Herbert Meads, ist ein dem gesellschaftlichen Kommunikationsgeschehen nachgelagerter Prozess. Die gesellschaftliche Wirklichkeit und alles, was wir über die Welt wissen, wissen wir vermittelt über die Kommunikation, die wiederum aus historisch-gesellschaftlichen Interaktionsprozessen menschlicher Gemeinschaften hervorgegangen ist, wobei die Kommunikation wiederum bei Mead analog zum *Wissensvorrat* (Schütz/Luckmann 1979) als ‚Ablagerung' in *Diskursuniversen* tradiert wird. Ähnlich wie Mead und Schütz betont auch Michel Foucault die Zentralität der Kommunikation in seiner programmatischen Forderung, Diskurse „als Praktiken zu behandeln, die systematisch die Gegenstände bilden, von denen sie sprechen" (Foucault 1988: 74). Diese Verweise auf die kommunikative Fundierung symbolischer Wissensordnungen, die die Beziehungen des Menschen zur Welt präformieren, führt Reiner Keller (2005) im Forschungsprogramm der Wissenssoziologischen Diskursanalyse (WDA) zusammen. Die WDA versteht sich dabei als Teil der *kommunikativen Wende* (Knoblauch 1995) innerhalb der sozialkonstruktivistischen Ansätze, da sie untersucht, wie gesellschaftliche Wissensvorräte und Wirklichkeitskonstruktionen in den unterschiedlichsten Kommunikationsprozessen hergestellt, aufrechterhalten, weitergegeben und transformiert werden.

Neben der gestiegenen gesellschaftlichen Relevanz von Kommunikation im Informationszeitalter (Castells 2004) und der zunehmenden Bedeutung des Kommunikationsbegriffes in den Sozialwissenschaften (Schützeichel 2004), kann heute von einer kommunikativen Wende vor allem auch deswegen gesprochen werden, da Foucault sowie die klassischen konstruktivistischen Ansätze von Mead, Schütz und Berger/Luckmann zwar die sprachliche Konstitution von Wirklichkeit in ihren Theoriekonstruktionen anführen, diese jedoch nicht besonders hervorheben bzw. lediglich die Sprache als einen zwar wichtigen, aber eben nur *einen* Baustein unter vielen weiteren betrachten. In der Weiterentwicklung der sozialkonstruktivistischen und interpretativen Ansätze durch Luckmann (2002) und Knoblauch (1995) wird Kommunikation dagegen als übergreifender Begriff konzipiert. Reiner Keller (2005: 177) schließt mit der These der *diskursiven Konstruktion der Wirklichkeit* ausdrücklich an das Kommunikationsparadigma an, wenn er den am interpretativen Paradigma und an Foucault orientierten Diskursbegriff zur Analyse von Wissenspolitiken auf der Mesoebene gesellschaftlicher *Kommunikationskulturen* (Knoblauch) einführt: Diskurse sind in der WDA somit ein Spezialfall kommunikativer Praktiken.

Der *kommunikative Konstruktivismus* insgesamt zielt jedoch ebenso wie die WDA nicht nur auf die Analyse von kollektiven symbolischen Ordnungen, wie in der Einleitung zu diesem Sammelband deutlich wird, vielmehr steht auch das *Selbst- und Identitätsbewusstsein* im Fokus, da diese menschlichen Selbst-Beziehungen primär kommunikativ vermittelt sind, wie insbesondere Reichertz[1] betont. Auch hier findet sich bereits bei Mead (1973) die grundlegende Annahme, dass das Denken und somit auch das *Self* als eine Art nach innen verlagerter Kommunikation zu begreifen sei. Jedoch setzt sich in den Identitätstheorien erst seit den späten 1980er und verstärkt seit den 1990er Jahren die Vorgehensweise durch, Identität als kommunikative Konstruktion theoretisch zu konzipieren und als solche empirisch zu erforschen.[2] In den poststrukturalistischen Subjektivierungstheorien spielen kommunikative identitäre Praktiken ebenfalls eine zentrale Rolle, wie bspw. bei Laclau und Mouffes (1991) Konzept der *Artikulation* und stärker noch bei Judith Butler (2001: 15 f.) ersichtlich wird. Diese geht, wie alle Poststruktura-

---

1 Vgl. dazu den Beitrag von Reichertz in diesem Band, S. 49 f.
2 Einen häufigen Bezugspunkt bilden dabei Paul Ricoeurs (2005) philosophische Reflexionen zur *narrativen Identität*. In der kulturwissenschaftlich und psychologisch orientierten Forschung ist seit den 1990er Jahren gar von einer *narrativen Wende* (Lucius-Hoene 2010: 149) bei der Beschäftigung mit dem Phänomen der Identität die Rede. Vgl. zur enormen Bedeutung der kommunikativen Konstruktionen bei Identitätsprozessen auch Griese (2010), Kaufmann (2004: 157 f.), Keupp u. a. (2006: 56 ff), Kraus (1996), Meuter (1995), Somers (1994) und Straub (2002: 61 ff).

listInnen, davon aus, dass Menschen erst mit dem Eintritt in die symbolische Ordnung der Sprache zu intelligiblen Subjekten werden. Darüber hinaus hebt Butler die Möglichkeiten „des Sprechens als Akt des Widerstands" (Butler 1998: 226) hervor und stellt die kommunikative Performativität ins Zentrum ihrer Subjekt- und Identitätskonzeptionen.

Im vorliegenden Beitrag diskutiere ich ausgehend von den Basisannahmen der WDA im ersten Abschnitt die Möglichkeit der Zusammenführung der poststrukturalistischen Subjektkonzeptionen Foucaults mit den Identitätstheorien des amerikanischen interpretativen Paradigmas. Daran anschließend wird im zweiten Teil ein *heuristisches Subjektivierungskonzept* vorgestellt, das die *kommunikativen Identitätskonstruktionen* sowohl im Hinblick auf die diskursiven als auch auf die subjektiven Ebenen einbezieht. Anhand einer empirischen Untersuchung von angelernten Arbeitern wird im dritten Teil exemplarisch aufgezeigt, welche *identitären Positionierungsprozesse* sich in den Selbst-Erzählungen der Interviewten rekonstruieren lassen und wie diese subjektiven Selbst- und Weltverhältnisse mit den diskursiven und kommunikativen Konstruktionen gesellschaftlicher Deutungsangebote in Verbindung gebracht werden können.

1 Foucaults Subjektkonzeptionen in der WDA und die Identitätstheorien des amerikanischen interpretativen Paradigmas

„Anhand welcher Wahrheitsspiele gibt sich der Mensch sein eigenes Sein zu denken, wenn er sich als Irren wahrnimmt, wenn er sich als Kranken betrachtet, wenn er sich als lebendes, sprechendes, arbeitendes Wesen reflektiert, wenn er sich als Kriminellen beurteilt und bestraft?" (Foucault 1989: 13)

Mit diesen forschungsleitenden Fragen Foucaults ist umrissen, was unter Subjektivierung in den Sozialwissenschaften und im Kontext von poststrukturalistischen Theorien verstanden werden kann: Subjektivierung meint die diskursive Erzeugung von Subjekt-Modellen und Positionierungsvorgaben, die in der WDA unter dem Begriff der *Subjektpositionen* subsumiert werden (Keller 2005: 212). Subjektpositionen sind typische Interpretationsschemata und Identitätsangebote, „die als Bestandteile des historisch kontingenten gesellschaftlichen Wissensvorrates den sozialen Akteuren angetragen und bspw. in verschiedensten Sozialisationsprozessen angeeignet" (ebd.: 212f.) werden. Sie vermögen *tatsächliche Subjektivierungsweisen* (Keller 2012: 102) empirischer Subjekte anzuleiten, da von ihnen Machtwirkungen ausgehen, die sich zuvorderst dadurch ergeben, dass Subjekte nur im

Rahmen von symbolischen Wissensordnungen existieren können und daher in fundamentaler Weise auf die Subjektpositionen angewiesen sind. Häufig wird auf Althusser (1977) verwiesen, um den appellativen Charakter der machtvollen „Anrufungen" herauszustellen, der u. a. darin besteht, dass Subjektivierungsangebote mit Anerkennungsversprechen (Butler 2001) einhergehen. Machtwirkungen lassen sich auch dort erwarten, wo hegemoniale Subjektpositionen (Laclau/ Mouffe 1991) entstehen, deren Übernahme alternativlos erscheint bzw. mit Untergangsdrohungen und negativen Subjektmodellen (Reckwitz 2006) abgesichert wird. Der Zusammenhang von Macht und Subjektivität ist daher im Anschluss an Foucaults (2000) Regierungsbegriff ein doppelter: einerseits geht es um die „Regierung der anderen", d. h. um die Führung, Anleitung, aber auch um die Sorge und Verantwortung für das Handeln der Individuen. Andererseits geht es um die „Sorge um sich", womit die Art und Weise gemeint ist, wie Individuen auf sich selbst einwirken. Die Machtbeziehung besteht folglich darin, die Selbstführungspraktiken der Subjekte zu lenken, indem „Einfluss auf die Wahrscheinlichkeit von Verhalten" (Foucault 2005: 256) ausgeübt wird.

Solch ein Subjektivierungsverständnis ist mit der Soziologie durchaus vereinbar, wie Reiner Keller (2005) mit der WDA aufzeigt und wie er auch an anderer Stelle mit dem Verweis auf die soziologische Tradition ausführt (Keller 2012: 90). Die Fragen der Macht spielen im Gegensatz zu den poststrukturalistischen Subjektkonzeptionen eine untergeordnete Rolle, da das interpretative Paradigma der Soziologie (vgl. Keller 2009) einerseits von einem untrennbaren Verhältnis von Individuum und Gesellschaft ausgeht und andererseits keine vollständige oder auch nur weitgehende Determination unterstellt, sondern den Individuen ohnehin mehr oder weniger große Spielräume bei der deutend-interpretierenden Welt- und Selbst-Wahrnehmung zugesteht – womit die Fragen der Macht, Autonomie oder Freiheit keinerlei umfassender philosophischer Begründungen bedürfen, sondern diese sich im jeweiligen Einzelfall als empirisch zu klärende stellt (Keller 2012: 84, Reichertz 2010: 45 f.).

Subjektivierungsprozesse lassen sich demnach im Rahmen der WDA als eine empirische und historische Analyse „der gesellschaftlichen Konstruktion des modernen Menschen" (Keller/Schneider/Viehöver 2012: 12) untersuchen. Der Einbezug von Akteuren *und* Diskursen in der WDA vermag dabei ein gewisses Ungleichgewicht der sozialkonstruktivistischen und interpretativen Soziologie auszugleichen, die ihren Fokus eher auf die sozialen Akteure in institutionellen Kontexten und „kleinen Lebenswelten" (Honer) richtet, weswegen neben Keller (2005) auch Bührmann/Schneider (2008) und Clarke (2005) vorschlagen, interpretativ-wissenssoziologische Forschungsprogramme durch den Einbezug des

Foucaultschen Diskursverständnisses zu erweitern. Jedoch bedarf der Zusammenhang zwischen den diskursiv erzeugten Subjektpositionen und den tatsächlichen Subjektivierungsweisen einer weiteren Klärung (Keller 2005: 218, Bührmann/Schneider 2008: 72f.). Sowohl in Kellers WDA wie in Bührmann und Schneiders Dispositivanalyse, aber auch in poststrukturalistischen und kulturtheoretischen Ansätzen wird im Kontext der Subjektivierung der Identitätsbegriff verwendet, wenn es darum geht, die zwei Ebenen zueinander in Bezug zu setzen: Keller (2005: 211) spricht von „Identitätsschablonen", die in Diskursen erzeugt werden und die an empirische Subjekte adressiert sind; Bührmann/Schneider (2008: 71f.) wiederum gehen von „identitären Zwängen" aus, denen sich die Subjekte seitens der diskursiven/dispositiven „Identitätsvorgaben" bzw. „Identitätsmuster" ausgesetzt sehen. Bei Reckwitz (2006: 45) wird Identität als „die spezifische Form des Selbstverstehens" konzipiert, „welche im Rahmen einer Subjektkultur in die Subjektform eingelassen ist" und schließlich taucht bei Judith Butler (2001: 122) der Begriff der „Identitätsverlockung" auf, wenn sie darlegt, wie und weshalb die Unterwerfung der Subjekte unter Subjektpositionen auch ohne unmittelbare Zwangsapparaturen gelingen kann.

Dem Identitätsbegriff scheint demnach eine Schlüsselrolle zuzukommen, wenn es um die Selbst-Formierung der Subjekte in Abhängigkeit von diskursiv konstituierten Subjektpositionen geht. Grundsätzlich ist die Verwendung des Identitätsbegriffs im Kontext der Subjektivierung möglich, da sich beide Konzepte mit jenem Teil der „riesigen Fabrik des Individuums" (Kaufmann 2004: 50) befassen, der vermittelt über kollektiv entstandene kommunikative Sinnsysteme auf sich selbst blickt: Identität als Selbst-Bewusstsein, so ließe sich im Anschluss an Mead (1973) formulieren, ist abhängig von den „Haltungen" der Gesellschaft, die sich u.a. als Subjektpositionen beschreiben lassen, und Identität ist zugleich ein Prozess des mehr oder weniger reflexiven Einwirkens auf sich selbst, wie dies in Foucaults (2005) „Regierung des Selbst" und den „Selbst-Technologien" ebenfalls aufscheint. Gleichzeitig wird mit dem Einsetzen des Identitätsbegriff der Erkenntnis Rechnung getragen, dass sich Subjektpositionen nie bruchlos in die subjektiven Selbstverhältnisse einschreiben, vielmehr zeigen empirische Studien (Poferl 2004, Freitag 2005), dass die diskursiven Subjektmodelle vor dem Hintergrund der eigenen biographischen Erfahrungen und alltagsweltlich-situativen Handlungsbedingungen re-interpretiert werden. Deswegen gehen tatsächliche Subjektivierungsweisen immer mit einer Transformation der Selbst-Deutungsangebote einher.

Das Identitätskonzept des amerikanischen interpretativen Paradigmas, allen voran George Herbert Meads (1973) Konzept des *Self* und Erving Goffmans (1974) daran anschließende theoretische Bestimmungen, eignen sich dazu, die hier angestellten Vorüberlegungen zur Zusammenführung von Subjektivierungs- und Identitätstheorien zu bewerkstelligen. Denn mit Meads und Goffmans Identitätsbegriff wird die aktive Interpretationsleistung der Akteure bei der (um-)deutenden Bezugnahme auf Subjektpositionen ebenso berücksichtigt wie auch die Vorstellungen des *dezentrierten Subjekts* (Reckwitz 2008), die den Theorien der Subjektivierung zugrunde liegen. Beide Perspektiven sind vereinbar, da Mead und Goffman nicht-essentialistische Identitätsbegriffe verwenden und ohne die theoretische Annahme eines Wesenskerns auskommen. Insbesondere Foucaults und Goffmans Subjektverständnisse weisen Parallelen auf, die für eine Zusammenführung der Theorietraditionen in ein heuristisches Modell der Subjektivierung sprechen: So gehen Goffman wie auch Foucault davon aus, dass es kein ahistorisches menschliches Wesen gibt, vielmehr ist das Selbst bzw. das Subjekt ein dem gesellschaftlichen Kommunikationszusammenhang nachgelagerter Prozess, womit die Selbst-Formierung der Subjekte durch kulturelle Einflüsse und machtvolle Wissensordnungen geprägt ist und historisch kontingenten Wandlungsprozessen unterliegt. Sowohl die Foucaultsche als auch die interpretative Theorietradition überschneiden sich auch dahingehend, dass sie ausgehend von dieser theoretisch-axiomatischen Bestimmung des Menschen zeit- und epochenspezifische Deutungen der jeweiligen kulturell-kommunikativen Subjekt-Konfiguration vornehmen. Nach Goffman (1974: 473) zeichnet sich die *Codierung des Selbst* gegenwärtig durch das Zusprechen einer gewissen „Heiligkeit" (Goffman 1986: 54, 104 f.) aus, womit gemeint ist, dass das Individuum im Rahmen der kulturellen kommunikativen Konstruktionen als das zentrale gesellschaftliche Achtungsobjekt konstituiert wird. Wie auch in Foucaults (1974) Unterscheidungen der historischen Epochen deutlich wird, ist der Übergang zur Moderne vor allem dadurch gekennzeichnet, dass das Individuum als Subjekt und Objekt in den Mittelpunkt gesellschaftlicher Erkenntnisprozesse rückt. Diese besondere Stellung des Subjekts lässt sich nach Foucault (2006: 185 ff) zwar bereits seit den Anfängen des christlichen Pastorats verorten, jedoch wird erst mit der Entstehung der Nationalstaaten und mit den gleichzeitig aufkommenden Humanwissenschaften die Fremd- und Selbst-Identifizierung des Einzelnen zum herausgehobenen Modus der Regierungspraktiken. Im Mittelpunkt der gegenwärtigen kommunikativen Wirklichkeitskonstruktionen steht also immer ein Selbst, das sowohl von Seiten der Regierungsprogramme als individuelles Subjekt angesprochen wird, wie es auch im kulturell-gesellschaftlichen Selbstverständnis entsprechend als einmaliges und einzigartiges Wesen konstituiert wird. Das Selbst als *veränderliche Formel*, wie es Goffman (1980: 617) charakterisiert, ist zutiefst von Individualisierungsprozessen geprägt, die sich unter anderem und vielleicht sogar vor allem in den diskursiven *Wahrheitsspielen* (Foucault 1989: 13) manifestieren.

2 Das heuristische Modell der Subjektivierung

Das heuristische Modell der Subjektivierung im Rahmen der WDA basiert auf der vorangehend dargelegten Möglichkeit der Zusammenführung der Foucaultschen Subjektkonzeption und der Identitätstheorie des amerikanischen interpretativen Paradigmas. Mit der Integration des Identitätsbegriffs in das Subjektivierungsmodell grenze ich zunächst einmal den Anwendungsbereich des Subjektivierungsbegriffs auf identitäre Positionierungsprozesse ein und verstehe Subjektivierung demnach als einen Prozess, bei dem empirische Subjekte ihre kommunikativen Selbst- und Welt-Verhältnisse durch die Auseinandersetzung mit gesellschaftlichen Selbstdeutungsvorgaben konstituieren.

In einem ersten Schritt ist es im Rahmen des Modells notwendig, zu fragen, an welchen *Orten* gesellschaftliche Selbstdeutungsangebote entstehen. Mit Goffman (1973a, 1973b, 1975) kann davon ausgegangen werden, dass die in sozialen Situationen, in Gruppen, Institutionen und Organisationen eingelassenen Rollen nicht nur das obligatorische *Bündel von Verhaltenserwartungen* enthalten, sondern dass diese Rollen auch Erwartungen an die Identitäten der Beteiligten herantragen. Bei der Frage nach der Genese von solcherlei identitären Erwartungen verweist Goffman lediglich auf *kulturelle Stereotype* und bleibt damit, wie auch schon Mead mit den *gesellschaftlichen Haltungen,* recht vage. Ich gehe mit Adele Clarke (2005) und Reiner Keller (2005) davon aus, dass moderne Gesellschaften unter Dauerbeobachtung von Expertensystemen, Medien, Ratgeber-Literatur etc. stehen, Akteure in „seas of discourses" (Clarke 2005: 145) situiert sind und somit nahezu jedweder Bereich menschlichen Lebens – ob in der Vergangenheit oder der Gegenwart – Teil diskursiver Aushandlungsprozesse war oder ist. Daher ist anzunehmen, dass die institutionell und sozialisatorisch vermittelten Rollen in interaktiven Face-to-Face-Situationen mit den entsprechend darin situierten Identitätserwartungen in irgendeiner Form an kommunikative und diskursive Wissensordnungen gebunden sind, weshalb es sinnvoll ist, Subjektpositionen in einem erweiterten Sinne als *sozial erzeugte Identitäten* zu begreifen und die klassischen Rollen- und Identitätsanalysen darin zu verorten. So verstanden können neben diskurstheoretisch orientierten Arbeiten auch Forschungen zu kollektiven Identitäten, kollektiven Bewegungen und gesellschaftlichen Positionierungsvorgaben zur Analyse von Subjektpositionen herangezogen werden.

Nach dem Blick auf die diskursiv und kommunikativ konstituierten Subjektpositionen muss in einem zweiten Schritt die Subjekt-Ebene der Subjektivierungsprozesse näher bestimmt werden. Wie Goffman (1975) feststellt, werden Menschen aufgrund ihrer sozialen und persönlichen Identität identifiziert, genauso wie in sozialen Institutionen und Organisationen Identifizierungsprozesse stattfinden. Foucault (2007: 86) geht mit seinen Machtkonzeptionen ebenfalls von der Identifizierung und Positionierung des Menschen aus, deren Bindung an bestimmte Identitäten mittels Subjektpositionen Ziel der diversen Regierungstechnologien ist. All diese gesellschaftlichen Identifizierungsprozesse üben einen Anpassungsdruck aus, die die Individuen dazu anhalten, sich zu positionieren, indem sie die sozial erzeugten Identitäten, die wie „Zuckerwatte" (Goffman 1975: 74) um sie herum gewickelt werden, ignorieren, ablehnen, annehmen oder einen Zwischenweg wählen, wie dies Goffman (1973 a, b) bspw. mit der Rollendistanz und der sekundären Anpassung schildert. Aufgrund der Beschaffenheit von sozialen Situationen nehmen Menschen also unweigerlich identitäre Positionierungen vor, da sie ihr Selbst, zwar in unterschiedlichem Ausmaß, aber dennoch immer einbringen müssen.[3] Das Selbst wird außerdem beständig durch andere identifiziert, woraus sich durchaus auch Konflikte ergeben können, da man zumeist nicht bereit ist, sich durch Andere auf eine bestimmte Identität festlegen zu lassen (Reichertz in diesem Band: 50). Andererseits verweist der Begriff der Positionierung auch darauf, dass das eigene Selbst in alle Deutungen involviert ist und der *subjektive Wissensvorrat* (Berger/Luckmann 1980) als Schablone der identitären Wahrnehmung fungiert, mit der man sowohl deutend und handelnd in die Welt eingreift wie auch über das eigene Selbst mittels gesellschaftlicher Deutungsvorgaben und Motivvokabularien (Mills 1940, Strauss 1974) nachdenkt.

Wenn Interaktionen (Mead) und soziale Situationen (Goffman) die primären Orte der Identitätsbildung sind und sich die alltägliche Lebenswelt in erster Linie durch Kommunikation auszeichnet (Knoblauch in diesem Band: 27), ist die *Selbst-Erzählung* der wesentliche Modus, in dem sich Identitätsarbeit vollzieht. Denn neben den körperlichen und materiellen Formen des Kommunizierens in Interaktionssituationen dienen darin vor allem Gespräche und die dabei erzählten Geschichten dem Entwerfen von „Selbst-Porträts" (Goffman 1981: 28). Erzäh-

---

3 So führt Goffman (1986) aus, dass bereits die rituelle Klammer der Zugangsrituale, also bspw. die Begrüßung als Eröffnung der Interaktion, mit dem Schutz des Selbst in Verbindung zu bringen ist, noch bevor jeder weitere Austausch stattfindet. Demnach ist die Rede von der Notwendigkeit, das Selbst in jede Situation einbringen zu müssen, durchaus nicht übertrieben, wobei es sicher Abstufungen hinsichtlich der Grade der Beteiligung gibt, wie Goffman (1973a: 99, 120) mit der Unterscheidung unterschiedlicher Niveaus von Commitment und Engagement zeigt.

lungen ermöglichen zudem das Herstellen von lebensgeschichtlicher Kontinuität, die trotz aller postmoderner Offenheit und Flexibilität eine zentrale gesellschaftliche Identitätsnorm darstellt (vgl. Keupp u. a. 2006). Jedoch ist diese Herstellung von Kontinuität und Kohärenz weniger voraussetzungsreich, als dies häufig für die gegenwärtige Moderne skizziert wird (vgl. Sennett 1998, Kraus 1996), da Erzählungen über das eigene Selbst nur lose mit dem verbunden sein müssen, was ‚wirklich' geschehen ist (Goffman 1980). Dies hängt damit zusammen, dass das erzählende Selbst nach Goffman aus drei Instanzen besteht: das Selbst ist zunächst ein „Sender", der aber nicht nur sendet, sondern auch gestaltet – bspw. durch Tonfall. Von diesem Ich als „Gestalter" (ebd.: 555) unterscheidet Goffman das Ich, das als *Sprecher* das ist, was es jetzt ist bzw. bis zu diesem Zeitpunkt geworden ist (ebd.: 558 f.). Das Ich als „maßgebendes Subjekt" ist wiederum das Selbst als Figur in der eingeschachtelten, berichteten Handlung, eine Person „die der Sprecher vielleicht gar nicht mehr als demjenigen ähnlich empfindet, in dessen Namen er jetzt spricht" (ebd.). Entscheidend ist, dass die Beziehung zwischen Gestalter, Sprecher und maßgebendem Subjekt recht frei ist und es als eher nebensächlich erscheint, was sich im Leben ereignete und ob biographische Kontinuität und Kohärenz ‚tatsächlich' gegeben war. Die Möglichkeiten der kommunikativen Herstellung von Kontinuität und Kohärenz ist auch dadurch gegeben, dass allein schon die notwendige Sequentialität des Erzählens bei dem Gegenüber (und auch bei sich selbst) das Gefühl von Kontinuität und Kohärenz erzeugt und es letztlich vor allem die Anerkennung des Publikums ist, welche darüber entscheidet, was als plausible Selbst-Erzählung ‚funktioniert', wobei das Publikum wiederum aufgrund der Beschaffenheit von sozialen Situationen ohnehin dazu neigt, die Erzählungen des anderen zu bestätigen oder diese zumindest nicht offen in Frage zu stellen (Goffman 1973b: 152, 1980: 579 f.).

Selbst-Erzählungen stellen zwar einen wesentlichen, aber dennoch neben somatischen, habituellen und performativ-praktischen Identitätsaspekten nur *einen* Modus der identitären Positionierung dar, weswegen es insgesamt nicht sinnvoll erscheint, Identität und Erzählung gleichzusetzen bzw. Identität auf den „telling moment" (Bamberg 2006) zu reduzieren, weil man scheinbar *ist*, was man erzählt, wie in der psychologisch orientierten Identitätsforschung argumentiert wird. Ebenso ist es nicht plausibel, wie bspw. bei Fritz Schützes (1984) *kognitiven Figuren*, den Erzählungen einen ontologischen Status zuzuweisen und diese als eine Art quasi-natürliche Grammatik des Bewusstseins zu konzipieren. Schützes vielfach kritisierter These,[4] dass sich die Konstitution von Erfahrungen auf der

---

4 Vgl. zur Kritik an Schütze Bude (1985), Griese (2010) und Kauppert (2010).

Basis linguistischer Erzählkategorien vollzieht und die Selbst-Erzählungen somit nahezu deckungsgleich mit dem sind, was sich tatsächlich in der Vergangenheit ereignete, wird hier mit Goffman begegnet, der die Verknüpfung von vergangener Erfahrung und gegenwärtiger Erzählung als recht lose ansieht. Erzählungen sollten also nicht mit der Wirklichkeit verwechselt werden (Kaufmann 2004: 160) – wie aber können dann die Selbst-Erzählungen Rückschlüsse auf identitäre Positionierungen geben, wenn die Gefahr besteht, einer reinen „biographischen Illusion" (Bourdieu 1998) aufzusitzen? Goffman gibt immerhin zu bedenken, dass Menschen aufgrund der Tendenz zur Normalität bereit sind zu täuschen und Unvorteilhaftes auszublenden. Sie wenden demnach Techniken der Informationskontrolle an und manipulieren ihre Selbst-Darstellung gegenüber Anderen insgesamt auf eine sehr vielfältige Weise. Da die Selbst-Achtung ein Schlüsselmoment der interaktiven Einbringung des Selbst im Rahmen der kulturellen Ordnung der Heiligen Selbste ist, werden Individuen in der Regel dazu tendieren, sich selbst in einem vorteilhaften Licht erscheinen zu lassen: entweder, in dem sie eine ‚Erfolgsstory' erzählen, die ihre gegenwärtig günstige Lage mit dem vergangenen Wirken ihrer positiven Eigenschaften und Entscheidung erklärt, oder sie erzählen eine ‚traurige' Geschichte und versuchen zu begründen, warum sie an ihrer eher trostlosen Lage nicht schuld sind und wie ‚übel' ihnen das Schicksal ohne die Möglichkeit ihres Zutuns mitspielte (Goffman 1973b: 149).

Letztlich muss trotz dieser Techniken der Täuschung mit Goffman das Vorhaben aufgegeben werden, zwischen Sein und Schein der Selbst-Darstellung zu unterscheiden, da es *hinter den Masken nur Masken* gibt, wie dies Schäfer (2002: 396) treffend formuliert und wie dies auch Anselm Strauss (1974) in „Spiegel und Masken" beschreibt. Denn in beiden Fällen – also bei vermeintlich echten und falschen Selbst-Erzählungen – werden sich Muster finden lassen, die Auskunft darüber geben, welche identitären Positionierungsweisen einem Selbst im Rahmen der gegebenen kommunikativen Wissensordnung möglich erscheinen und wie diese mit den diskursiven Vorgaben und Angeboten der Subjektpositionen in Zusammenhang stehen.

Insgesamt sind Identitätsprozesse zu einem nicht unerheblichen Teil als die „Struktur und Dynamik der kommunikativen Selbstbeziehung" (Straub 2002: 99) zu begreifen. Darüber hinaus schafft Kommunikation ganz allgemein die Identitäten der miteinander Kommunizierenden (Reichertz in diesem Band: 55), weswegen identitäre Positionierungen als kommunikative Konstruktionen untersucht werden können. Selbst-Erzählungen verstehe ich dabei als kommunikative Formen, die *durch die Schablone der identitären Wahrnehmung* konstituiert werden und mittels deren man das eigene Selbst- und Weltverhältnis begründet, die

Kontinuität und Kohärenz des eigenen Lebenszusammenhangs herstellt und sich mit den diskursiven Subjektpositionen sowie den daraus abgeleiteten Identifizierungen in Interaktionssituationen auseinandersetzt. Die Erzählungen sind dabei unabhängig vom Wahrheitsgehalt der jeweiligen Geschichten und Anekdoten in Diskurse *verstrickt*,[5] wie hier mit der WDA herausgestellt wird; und so bleibt die Analyse der Selbst-Erzählungen ohne den Bezug zu Diskursen und den darin enthaltenen – zum Teil auch narrativ strukturierten (vgl. Viehöver 2012) – Subjektpositionen unvollständig bzw. würde ohne diese Einbindung die Gefahr bestehen, Gespräche und Erzählungen auf den sprachlichen Austausch zu verkürzen (Reichertz in diesem Sammelband: 51 f.). Im Rahmen des heuristischen Modells der Subjektivierung, wie es hier vorgeschlagen wird, ist es also zunächst notwendig, mögliche diskursiv konstituierte Subjektpositionen zu identifizieren, um daran anschließend danach zu fragen, in welcher Art und Weise die identitären Positionierungen im Modus der Selbst-Erzählungen mit ihnen in Zusammenhang stehen können. Dies wird abschließend an einem empirischen Beispiel exemplarisch aufgezeigt.

3 Subjektpositionen und identitäre Positionierungen angelernter Arbeiter

Das empirische Beispiel bezieht sich auf eine Studie über die Subjektivierungsweisen *angelernter Arbeiter*[6] (Bosancic 2013). Mit dem heuristischen Modell der Subjektivierung im Rahmen der WDA werden in einem ersten Schritt diejenigen Subjektpositionen herausgearbeitet, die in den gegenwärtigen Diskursen dominant sind. Dazu liegen bereits zahlreiche diskursanalytisch orientierte Arbeiten[7]

---

5 Diese Formulierung ist Wilhelm Schapps (1976) Werk „In Geschichten verstrickt" entlehnt, worin er u. a. davon ausgeht, dass die Geschichte „für den Mann" (ebd.: 103) steht. Damit verweist Schapp darauf, „daß wir den letztmöglichen Zugang zu dem Menschen über Geschichten von ihm haben" (ebd.).

6 Als *analytische Kategorie* im Sinne Goffmans (1973 a: 105 f.) sind angelernte Arbeiter in dieser Untersuchung wie folgt definiert: männliche Personen mit einem Hauptschulabschluss, die keine Berufsausbildung haben oder in ihrem Ausbildungsberuf nie oder nur kurz tätig waren, die aber stattdessen mindestens seit zehn Jahren in einer Anlerntätigkeit beschäftigt sind. Eine Anlerntätigkeit ist wiederum eine Arbeit im gering qualifizierten Bereich und zeichnet sich dadurch aus, dass der Arbeitnehmer die Tätigkeit nach einer nur kurzen Anlernzeit (in der Regel nur wenige Tage) vollumfänglich ausüben kann.

7 Vgl. dazu Bröckling (2007), Junge (2008), Legnaro/Birenheide (2008), Opitz (2004) und die Beiträge in Bröckling/Horn (2002) und Kaindl (2007).

vor. Etwas verkürzt lassen sich daraus folgende Subjektpositionierungen ableiten, die die Identitätsvorgaben für das ‚normale', d. h. ‚erfolgreiche' Arbeitsmarktsubjekt enthalten: Die *storyline*[8] der Diskurse legt nahe, dass wir in einer Wissensgesellschaft leben, in der eine hohe Qualifikation der Schlüssel zur Arbeitsmarktteilnahme ist. Um also nicht zu den Verlierern zu gehören, müssen die Individuen als Selbstunternehmer eigenverantwortlich an ihrer ‚Employability' arbeiten, d. h. dafür Sorge tragen, dass ihre Qualifikationen mit den ständig steigenden Anforderungen des Arbeitsmarktes mithalten. In den Diskursen wird demnach ein Anforderungsprofil von Arbeitnehmern generiert, die bereit und in der Lage sein müssen, sich bzgl. ihres Wissens und ihrer Qualifikation permanent selbst zu optimieren. Das lebenslange und selbstgesteuerte Lernen wird deshalb zu einer gesellschaftlich vorherrschenden Norm, die jedoch nicht als Zwang erscheint, sondern als Weg zu persönlicher Entfaltung und Bereicherung angepriesen wird. Insgesamt wird ein flexibles und lebenslang lernbereites Subjekt angerufen, das als Unternehmer seiner Selbst die Verantwortung für die eigene ‚Beschäftigungsfähigkeit' übernimmt, wobei die ‚Employability' in der ‚Bildungsrepublik Deutschland' (Angela Merkel) zentral um die Kategorie des Wissens zentriert ist, da dieses die „einzige Ressource" (Miegel 2001: 209) im hochentwickelten Kapitalismus der Gegenwart sei. Verantwortlich für den Wandel hin zu einer wissensbasierten Ökonomie sind weder politische, ökonomische oder sonstige Akteure, vielmehr stellen die diskursiven Narrationen die Erfordernisse des Marktes als quasinatürliche Gegebenheiten vor, dessen unausweichlichen und anonymen Kräften alle Marktteilnehmer gleichermaßen unterworfen sind, womit auch der klassische Konflikt zwischen Arbeitgebern und Arbeitnehmern als Relikt der Vergangenheit aufscheint, da aufgrund der globalen Konkurrenz und des Standortwettbewerbs ‚alle in einem Boot' sitzen (Boltanski/Chiapello 2003: 248 f.).

Vor dem Hintergrund dieser hegemonialen Diskurse stellt sich in einem zweiten Schritt in der Subjektivierungsheuristik u. a. die Frage,[9] ob und wie angelernte Arbeiter die um das Wissen zentrierten Subjektpositionen in ihre identitären Positionierungen einbauen, zumal sie den diskursiv konstituierten Ansprüchen von Arbeitsmarktteilnehmern in einer Wissensgesellschaft kaum genügen. Zur Illus-

---

8 Eine *storyline* ist in der WDA wie folgt definiert: „Roter Faden eines Diskurses, durch den verschieden Bestandteile des Interpretationsrepertoires verknüpft werden" (Keller 2005: 230).
9 Es handelt sich hier nur um einen Teilaspekt der Studie; weitergehende und umfassendere Interpretationen der kommunikativen Selbstbeziehungen angelernter Arbeit finden sich bei Bosancic (2013).

tration ziehe ich das Interview mit Lothar[10] heran, der 1962 geboren wurde, nach dem Hauptschulabschluss sowie einer Ausbildung zum KFZ-Mechaniker als Lagerarbeiter tätig wurde und nun seit über 20 Jahren in einem Betrieb für Druckereimaschinen im Lager arbeitet. Deutlich wird in den Erzählungen Lothars, dass er eine gesellschaftliche Abwertung von spezifischen Wissensformen und Qualifikationen wahrnimmt:

„Der Arbeitsmarkt ist brutal schwierig. Ich seh es ja. Ich habe viele Freunde, die haben selber eine Firma oder ich hatte einen Kumpel, der ist bei (Firmenname), der leitet da alles (…). Es ist (…) schwierig, weil der sagt sich: klar, warum soll ich dem, weil er Fachding ist, ist sage jetzt einfach 2000 Euro geben? Da kommt jeder andere daher und macht es für 400 Euro genauso. // I: mh // Und so viel weniger macht der auch nicht. Und wenn er drei anstellt, hat er das Fachwissen genauso. (…) Ja was ist denn heute? Heute brauchst du die höchste Schulreife dafür, dass du Regale einräumen kannst bei Aldi oder sonst wo. Es ist heute so, das ist nicht mehr normal. // I: Also das trotz Ausbildung? // Das ist heute egal, glaube ich, was du für eine Ausbildung vorweist oder egal was, ob du gelernt hast oder nicht. Das interessiert heute auch gar niemanden mehr. Ich glaube, wenn du heute hingehst, der fragt dich nicht mehr nach dem Gesellenbrief, pff, der fragt dich, was du willst. Und wenn du wenig willst, nimmt er dich. Den interessiert des nicht, ob du mal einen Fünfer in Mathe gehabt hast oder einen Einser, wen juckt das heute? Heute zählt nur noch das Geld. Billig, fertig." (Lothar, Zeile 344–357)

Lothar integriert die den ökonomischen Strukturwandel begleitende diskursiv konstituierte Alle-in-einem-Boot-Metapher in sein erzähltes Selbst- und Weltverhältnis. Über persönliche Beziehungen zu Arbeitgebern wisse er, dass der Arbeitsmarkt „schwierig" und „brutal" sei. Dabei handelt es sich um eine Selbst-Erzählung, in der Arbeitnehmer *und* Arbeitgeber gleichermaßen dem Markt wie Naturkräften gegenüber ausgeliefert sind. Der Markt ist für Lothar zugleich der Ort, an dem der Wert der menschlichen Arbeitskraft vermindert wird, da diese nur noch als monetärer Kostenfaktor eine Rolle spiele. Mit der durch die Märkte induzierten ‚Entmenschlichung' geht für Lothar eine weitere Entwertung einher: zertifiziertes Wissen (Schulabschluss, Gesellenbrief) zähle heute nichts mehr, da

---

10 Alle Namen und Bezeichnungen sind hier und im Folgenden anonymisiert. Das Interview wurde zudem bearbeitet, um die Lesbarkeit zu erhöhen. Punkte in Klammern bezeichnen Auslassungen und keine Pausen, wie sonst in Transkripten üblich. Bei den mit // Schrägstrichen // markierten Abschnitten handelt es sich um Einschübe und Bemerkungen des Interviewers.

diese Werte nicht helfen würden, auf dem ‚Schlachtfeld Arbeitsmarkt' zu bestehen. Vielmehr müsse vor allem die Bereitschaft vorhanden sein, für wenig Geld zu arbeiten und Statusunsicherheiten zu akzeptieren. Die Wissensentwertung und die Konkurrenzsituation schaffe somit eine Diskrepanz zwischen Qualifikation und Anerkennung, da Wissen nicht mehr vor Niedriglohn und unqualifizierten Tätigkeiten schütze. Dass dies „nicht mehr normal" sei, verweist auf die Selbstverortung in einer Welt, in der keine Regeln mehr zu gelten scheinen und die Marktlogik nicht nur „brutale", sondern auch absurde Ergebnisse zur Folge hat, wenn man trotz guter Bildung gar „Regale bei Aldi" einräumen muss. Normalität würde für Lothar demnach bedeuten, dass es Regeln gibt, die für eine Passung zwischen Bildungsanstrengung bzw. -zertifizierung und Entlohnung sorgten. Aber der Mensch und sein Wissen bzw. Können „interessiert heute auch gar niemanden mehr", stattdessen verspreche nur die Akzeptanz der eigenen Diskreditierung eine Chance auf die Arbeitsmarktteilnahme. In dieser Passage, die mit „Geld. Billig, fertig" endet, erzählt Lothar von einer für ihn evidenten gesellschaftlichen Abwertung von Wissen. Identitätspolitisch könnte dies auch so interpretiert werden, dass er die eigene identitäre Positionierung in der Welt dadurch aufzuwerten hofft, dass er den Stellenwert von Wissen als äußerst gering beschreibt. Im nächsten Abschnitt zeigt sich jedoch, dass dies eine subjektivistisch verkürzte Deutung wäre, da er nun spezifiziert, wie und welche Formen des Wissens zu unterscheiden sind:

> „Aber du kannst ja heute, also mein Gesellenbrief, wenn ich jetzt da anfange, der bringt einen Scheißdreck. Weil das geht ja heute nur noch mit Computer und Scheiß und Elektrik und das Wissen, was wir gehabt haben, des bringt denen heute gar nichts mehr, die brauchen ja heute bloß noch mit ihrem Computer messen. Wir hatten ja damals wirklich was zu wissen. Da hast du den Vergaser noch auseinander genommen, Getriebe. Wo ich mein Gesellenbrief gemacht hat, der hat da sämtliche Teile auf den Tisch geschmissen vom Getriebe und gesagt: zusammenbauen." (Lothar, Zeile 461–467)

Lothar greift hier auf eine klassische Strategie des Arbeitermilieus zurück, die darin besteht, die Körperlichkeit der Arbeit zu glorifizieren und im Zuge dessen Wissensarbeit als Nicht-Arbeit zu kategorisieren (vgl. Willis 1979): Er wertet sein praktisches Know-How als ‚eigentliches' und ‚richtiges' Wissen auf und im gleichen Zuge die durch den Computer repräsentierten neuen Wissensformen ab. In früheren Studien, die noch vor der Dominanz des Wissensgesellschaftsdiskurses durchgeführt wurden, berufen sich angelernte Arbeiter zwar ebenfalls auf die Überlegenheit des praktischen Könnens, jedoch wird dieses Können dabei nicht als Wissen klassifiziert – was einen Hinweis auf die Wirkung des Wissensgesellschaftsdiskurses darstellen kann. Lothars Differenzierung von Wissensformen verweist aber auch zugleich darauf, dass es sich bei seiner Auseinandersetzung mit dem gesellschaftlichen Stellenwert von Wissen nicht um Techniken der Imagepflege im Sinne Goffmans handeln muss, mit denen Lothar versucht, sich in ein positives Licht zu rücken. Vielmehr wird in dieser Selbst-Erzählung die im Diskurs beständig mit drohendem Unterton verbreitete Botschaft der kurzen Halbwertzeit des Wissens vor dem Hintergrund der eigenen biographischen Erfahrung angeeignet und transformiert. Während Lothar in seiner Ausbildungszeit noch „wirklich was zu wissen" hatte und sein Wissen durch die praktischen Anwendungsmöglichkeiten legitimiert war, erreicht es in der Gegenwart eine neue Stufe der Entfremdung: Wissen ist für Lothar gegenwärtig nicht mehr an die Arbeitskraft gebunden und statt einem Know-How geht es nur noch um eine Art Know-Where: Dadurch wird der Mensch nochmals entwertet, da er auf eine depersonalisierte Schnittstelle reduziert wird, die lediglich darüber informiert sein muss, wie der Computer zu bedienen ist.

Deutlich wird die Wirkung der Subjektpositionierung in der Wissensgesellschaft vor allem in der Schlusspassage des Interviews, als Lothar aufgefordert wird, eine Bilanz seines bisherigen Arbeitslebens zu ziehen:

> „Also heute wäre ich, glaube ich, schlauer. (...) Also heute tät ich büffeln wie die Sau, sag ich, für die Schule. Also heute tät ich studieren oder so was. Allein schon, wenn ich die Zeit zurückdrehen könnte, weil in meiner Zeit, sag ich, wenn ich da so raus wäre, hätte ich, was weiß ich wo, da tät ich heute vielleicht bei [Firmenname] oben im Büro sitzen, sag ich mal oder so was. Also, das tät ich heute schon ändern, wenn ich es könnte. Aber da war ich halt in der Schule zu meiner Zeit faul und passt schon. Und man wollte ja bloß KFZ-Mechaniker werden. Aber wenn ich das jetzt so, mein Denken heute und mein Wissen heute und alles [klopft ein paar Mal auf den Tisch] zurückdrehen dürfte, dann würde ich büffeln wie wild, sag ich mal. Um irgendwann ans große Geld kommen zu können, sag ich jetzt mal." (Lothar, Zeile 566–567)

In dieser Selbst-Erzählung Lothars sticht das vorhandene Bewusstsein von der Bedeutung des Wissens hervor, da Wissen in erster Linie Geld und sozialen Aufstieg für ihn verheißt. Nimmt Lothar zuvor eine Abwertung des Wissens vielleicht auch deswegen wahr, um identitären Selbst-Beschädigungen zu entgehen, verfolgt er zum Schluss des Interviews eine andere Positionierungsstrategie, um sich selbst im Rahmen der Tendenz zur Normalität als nicht-gescheitertes Individuum zu begreifen: nicht seine mangelnden Bildaspirationen in der Vergangenheit und ebenso wenig die mangelnden kognitiven Fähigkeiten führten zu seiner gegenwärtig vermeintlich inferioren Lage in der Wissensgesellschaft, vielmehr sei er lediglich faul gewesen. Entscheidend ist hierbei jedoch nicht, ob Lothar tatsächlich faul war oder welche Gründe auch immer für die ausgebliebene Bildungskarriere vorgelegen haben mögen, denn mit dem hier vorgeschlagenen Subjektivierungskonzept wird ohnehin davon ausgegangen, dass sich diese Selbst-Erzählungen Lothars durch die Schablone der identitären Wahrnehmung konstituieren und Aufschlüsse darüber geben, welche Positionierungsstrategien ihm im Rahmen welcher kommunikativ und diskursiv konstituierten sozialer Umwelten möglich erscheinen. Und hier zeigt sich, dass die Subjektpositionen der Wissensgesellschaft insofern Lothars Selbst-Erzählungen zu beeinflussen vermögen, als er es einerseits auf einer identitätspolitischen Ebene für notwendig erachtet, (Nicht-) Wissen bzw. entwertete Qualifikationen zu thematisieren. Andererseits kreisen seine Selbst-Positionierungen beständig um die in den Diskursen der Wissensgesellschaft enthaltenen Widersprüche, die er auf einer subjektiven Ebene zum Ausdruck bringt. So geht der Wissensgesellschaftsdiskurs einher mit der Forderung nach dem lebenslangen Lernen, da dies die einzige Möglichkeit der Statussicherung sei. Gleichzeitig wird in den Diskursen vor dem ‚Lern-Stillstand' gewarnt, denn jede Atempause im Prozess der Weiterqualifizierung mindert die eigene Beschäftigungsfähigkeit, da sowohl der globale Innovationwettbewerb als auch der Konkurrenzdruck durch die zahlreich (auch im Ausland) vorhandenen Fachkräfte zur beständigen Entwertung einmal erworbenen Wissens führt. Das fordistische Versprechen der Statussicherung durch Wissen wird in der vermeintlichen Wissensgesellschaft aufgekündigt und ersetzt durch die Drohung des Statusverlustes bei ‚Lernwiderstand' und ‚Weiterbildungsabstinenz'. Wissen bildet demnach nicht mehr die Quelle legitimer Ansprüche auf gesellschaftliche Anerkennung und lässt sich nicht mehr ohne Weiteres in ökonomisches Kapital transferieren, dennoch verbleibt es die einzige Möglichkeit, dem ökonomischen Untergang zu entgehen, so die ambivalente Botschaft in den Diskursen.

In Lothars identitären Selbst-Erzählungen schlagen sich diese Deutungen vor allem in dem Festhalten am Mythos des Aufstiegs durch Bildung nieder („büffeln", um ans „große Geld" zu kommen), bei gleichzeitigem Bewusstsein darüber, dass Wissen weder finanzielle Absicherung noch eine adäquate Beschäftigung ermöglichen muss. Ohne die Bezüge zu den Diskursen um die Wissensgesellschaft könnte man Lothars Selbst-Erzählungen an dieser Stelle als widersprüchlich interpretieren, da er einerseits Wissen für unbedeutend erklärt (trotz „hoher Schulreife" „Regale bei Aldi" einräumen) und andererseits das „große Geld" nur durch

Bildungsanstrengungen zu erreichen sei. Die identitäre Positionierung Lothars ließe sich durch diese Widersprüche als „Face-Work" (Goffman) ‚entlarven' und als Versuch werten, sich gegenüber dem Interviewer in ein positives Licht zu rücken – letztendlich wird aber durch den Einbezug der diskursanalytischen Studien sichtbar, dass Lothars Selbst-Erzählungen lediglich die in den Wissensgesellschaftsdiskursen enthaltenen Ambivalenzen aufgreifen; er reproduziert sie dabei aber nicht unmittelbar, sondern transformiert die Deutungsangebote durch die Schablone der identitären Wahrnehmung und vor dem Hintergrund der eigenen biographischen Erfahrungen.

4 Fazit

Unabhängig davon, ob es sich bei der Wissensgesellschaft um einen „Mythos" (Bittlingmayer/Bauer 2006) oder um die faktische Gestalt der gegenwärtigen Ökonomie handelt, wird in dem vorangehenden Beispiel deutlich, dass die Diskurse um die Wissensgesellschaft bei der identitären Positionierung von ‚wissensfernen' Arbeitnehmern bedeutsam sein *können*. Klar ist jedoch auch, dass es sich bei den hier angebotenen Interpretationen und der unterstellten Machtwirkung von den Wissensgesellschaftsdiskursen auf die tatsächlichen Subjektivierungsweisen um eine Forschungshypothese handelt, die an dieser Stelle nicht vollständig entfaltet werden kann. Ähnlich wie dies Reiner Keller (2005: 224) für die Bestimmung der Einheit eines Diskurses oder der Grenzen einer diskursiven Formation erläutert, ist die Untersuchung von Subjektivierungsweisen als Typisierungsprozess angelegt, der in Abhängigkeit von der jeweiligen Forschungsfrage verschiedene Zusammenhänge zwischen bestimmten Subjektpositionen und bestimmten (Teil-) Identitäten untersucht und dabei immer berücksichtigen muss, dass möglicherweise keine Bezüge zwischen der Subjekt- und der Diskurs-Ebene existieren bzw. andere Diskurse als die angenommenen eine Rolle spielen oder letztlich vollkommen diskursunabhängige identitäre Positionierungen vorliegen, die sich bspw. allein durch materiellen Bedingungen des Arbeitsplatzes ergeben. Für die Machtwirkungen von Diskursen stellt Reiner Keller dementsprechend auch heraus:

> „Es ist zum einen eine Frage der theoretischen und empirischen Anstrengung (und Fantasie), ob und wie rekonstruiert werden kann, dass Diskurse dann entsprechende Zusammenhänge herstellen bzw. organisieren. Zum anderen muss Diskursanalyse auch mit der Möglichkeit rechnen, dass Diskurse keine bzw. nur minimale Machtwirkungen über ihre eigene (Re)Produktion hinaus entfalten." (Keller 2005: 261)

Es bleibt also festzuhalten, dass mit Integration des heuristischen Modells der Subjektivierung in das Forschungsprogramm der WDA nicht behauptet wird, dass eine subjektfokussierte Empirie ohne eine diskursanalytische Verankerung nicht möglich sei. Es wird lediglich darauf verwiesen, dass die kommunikativen Selbstbeziehungen des Menschen zentral mit den jeweiligen *Kommunikationskulturen* (Knoblauch) verwoben sind und insbesondere die Allgegenwart von Diskursen in der gegenwärtigen Moderne eine solche Vorgehensweise nahe legt. Adele Clarke demonstriert in diesem Zusammenhang unter Einbeziehung diverser qualitativer Studien, die rein ethnographisch oder interviewbasiert durchgeführt wurden, dass im Bezug auf die Ergebnisse dieser Studien zumindest weitergehende Schlussfolgerungen möglich gewesen wären, wenn man vor der Analyse von Identitäten und anderen kommunikativen Phänomenen eine Diskursanalyse durchgeführt hätte: „Asking what work discourse is doing in the world is usually a useful point of entrée" (Clarke 2005: 173) – und genau in diesem Sinne wird die *Subjektivierungsheuristik* hier im Rahmen der Wissenssoziologischen Diskursanalyse Reiner Kellers verankert.

Wie die Verwendung des Begriffes der Heuristik schon herausstellt, handelt es sich hierbei nicht um ein neues theoretisches Konzept der Subjektivierung oder der Identität. Vielmehr verstehe ich das Modell als *sensibilisierendes Konzept*, wie es Herbert Blumer (1954: 7) für die Soziologie vorgeschlagen hat: „Whereas definitive concepts provide prescriptions of what to see, sensitizing concepts merely suggest directions along which to look." Das heuristische Modell der Subjektivierung im Rahmen der WDA dient demnach in erster Linie als eine Art ‚Suchscheinwerfer', der identitäre Positionierungen nicht ausschließlich auf den biographischen oder den jeweiligen institutionellen Kontext bezieht, in dem der Akteur situiert ist. Denn wenn menschliche Selbstbeziehungen in weiten Teilen kommunikativ strukturiert sind und es zutrifft – wie es die These der *kommunikativen Konstruktion der Wirklichkeit* herausstellt –, dass Menschen nicht unmittelbar auf ihre jeweils gegebenen Umwelten reagieren und sie auch keinen Zugang zu ihrem Selbst oder ihrer eigenen Biographie ohne die Vermittlung durch das jeweilige kommunikative Interpretationsrepertoire einer gegebenen menschlichen Gemeinschaft erhalten können, dann erscheint es im Sinne einer Erweiterung von Forschungsperspektiven und Datenauswertungsstrategien sinnvoll, in subjektfokussierten empirischen Studien Diskurse und die darin verankerten Subjektpositionen als zentrale Untersuchungseinheiten zu berücksichtigen.

Literatur

Althusser, Louis (1977): Ideologie und ideologische Staatsapparate. Aufsätze zur marxistischen Theorie. Hamburg: VSA.

Bamberg, Michael (2006): Stories: Big or small. Why do we care? In: Narrative Inquiry, 16 (1), S. 147–155.

Berger, Peter L./Luckmann, Thomas (1980): Die gesellschaftliche Konstruktion der Wirklichkeit. Eine Theorie der Wissenssoziologie. Frankfurt am Main: Fischer.

Bittlingmayer, Uwe H./Bauer, Ullrich (2006): Die „Wissensgesellschaft". Mythos, Ideologie oder Realität? Wiesbaden: VS Verlag.

Blumer, Herbert G. (1954): What's Wrong with Social Theory? In: American Sociological Review, 19 (1), S. 3–10.

Boltanski, Luc/Chiapello, Ève (2003): Der neue Geist des Kapitalismus. Konstanz: UVK.

Bosancic, Sasa (2013): Arbeiter ohne Eigenschaften. Eine wissenssoziologische Diskurs- und Subjektanalyse der Subjektivierungsweisen angelernter Arbeitnehmer. (im Erscheinen)

Bourdieu, Pierre (1998): Die biographische Illusion. In: ders. (Hrsg.): Praktische Vernunft. Zur Theorie des Handelns. Frankfurt am Main: Suhrkamp, S. 75–82.

Bröckling, Ulrich (2007): Das unternehmerische Selbst. Soziologie einer Subjektivierungsform. Frankfurt am Main: Suhrkamp.

Bröckling, Ulrich/Horn, Eva (Hrsg.) (2002): Anthropologie der Arbeit. Tübingen: Narr.

Bude, Heinz (1985): Der Sozialforscher als Narrationsanimateur. Kritische Anmerkungen zu einer erzähltheoretischen Fundierung der interpretativen Sozialforschung. In: KZfSS, 37 (2), S. 327–336.

Bührmann, Andrea/Schneider, Werner (2008): Vom Diskurs zum Dispositiv. Eine Einführung in die Dispositivanalyse. Bielefeld: Transcript.

Butler, Judith (1998): Hass spricht. Zur Politik des Performativen. Berlin: Berlin Verlag.

Butler, Judith (2001): Psyche der Macht. Das Subjekt der Unterwerfung. Frankfurt am Main: Suhrkamp.

Castells, Manuel (2004): Der Aufstieg der Netzwerkgesellschaft. Das Informationszeitalter, Band I. Opladen: Leske + Buderich.

Clarke, Adele E. (2005): Situational Analysis. Grounded Theory After the Postmodern Turn. Thousand Oaks: Sage.

Foucault, Michel (1974): Die Ordnung der Dinge. Eine Archäologie der Humanwissenschaften. Frankfurt am Main: Suhrkamp.

Foucault, Michel (1988): Archäologie des Wissens. Frankfurt am Main: Suhrkamp.

Foucault, Michel (1989): Der Gebrauch der Lüste. Sexualität und Wahrheit, Band 2. Frankfurt am Main: Suhrkamp.

Foucault, Michel (2000): Die Gouvernementalität. In: Bröckling, Ulrich/Krasman, Susanne/Lemke, Thomas (Hrsg.): Gouvernementalität der Gegenwart. Studien zur Ökonomisierung des Sozialen. Frankfurt am Main: Suhrkamp, S. 41–71.

Foucault, Michel (2005): Analytik der Macht. Frankfurt am Main: Suhrkamp.

Foucault, Michel (2006): Geschichte der Gouvernementalität I: Sicherheit, Territorium, Bevölkerung. Vorlesungen am Collège de France 1977–1978. Frankfurt am Main: Suhrkamp.

Foucault, Michel (2007): Ästhetik der Existenz. Schriften zur Lebenskunst. Frankfurt am Main: Suhrkamp.
Freitag, Walburga (2005): Contergan. Eine genealogische Studie des Zusammenhangs wissenschaftlicher Diskurse und biographischer Erfahrungen. München: Waxmann.
Goffman, Erving (1973a): Interaktion: Spaß am Spiel/Rollendistanz. München: R. Piper & Co.
Goffman, Erving (1973b): Asyle. Über die soziale Situation psychiatrischer Patienten und anderer Insassen. Frankfurt am Main: Suhrkamp.
Goffman, Erving (1974): Das Individuum im öffentlichen Austausch. Mikrostudien zur öffentlichen Ordnung. Frankfurt am Main: Suhrkamp.
Goffman, Erving (1975): Stigma. Über Techniken der Bewältigung beschädigter Identität. Frankfurt am Main: Suhrkamp.
Goffman, Erving (1980): Rahmen-Analyse. Ein Versuch über die Organisation von Alltagserfahrung. Frankfurt am Main: Suhrkamp.
Goffman, Erving (1981): Strategische Interaktion. München: Hanser.
Goffman, Erving (1986): Interaktionsrituale. Über Verhalten in direkter Kommunikation. Frankfurt am Main: Suhrkamp.
Griese, Birgit (2010): Unübersichtlichkeiten in der Biographieforschung. In: dies. (Hrsg.): Subjekt – Identität – Person? Reflexionen zur Biographieforschung. Wiesbaden: VS Verlag, S. 115–146.
Junge, Thorsten (2008): Gouvernementalität der Wissensgesellschaft. Politik und Subjektivität unter dem Regime des Wissens. Bielefeld: Transcript.
Kaindl, Christina (Hrsg.) (2007): Subjekte im Neoliberalismus. Marburg: BdWi-Verlag.
Kaufmann, Jean-Claude (2004): Die Erfindung des Ich. Eine Theorie der Identität. Konstanz: UVK.
Kauppert, Michael (2010): Erfahrung und Erzählung. Zur Topologie des Wissens. Wiesbaden: VS Verlag.
Keller, Reiner (2005): Wissenssoziologische Diskursanalyse. Grundlegung eines Forschungsprogramms. Wiesbaden: VS Verlag.
Keller, Reiner (2009): Das interpretative Paradigma. In: Brock, Ditmar u. a. (Hrsg.): Soziologische Paradigmen nach Talcott Parsons. Eine Einführung. Wiesbaden: VS Verlag, S. 17–126.
Keller, Reiner (2012): Der menschliche Faktor. Über Akteur(inn)en, Sprecher(inn)en, Subjektpositionen, Subjektivierungsweisen in der Wissenssoziologischen Diskursanalyse. In: ders./Schneider, Werner/Viehöver, Willy (Hrsg.), S. 69–107.
Keller, Reiner/Schneider, Werner/Viehöver, Willy (Hrsg.) (2012): Diskurs – Macht – Subjekt. Theorie und Empirie von Subjektivierung in der Diskursforschung. Wiesbaden: VS Verlag.
Keupp, Heiner u. a. (2006): Identitätskonstruktionen. Das Patchwork der Identitäten in der Spätmoderne. Reinbek: Rowohlt.
Knoblauch, Hubert (1995): Kommunikationskultur. Die kommunikative Konstruktion kultureller Kontexte. Berlin: de Gruyter.
Kraus, Wolfgang (1996): Das erzählte Selbst. Die narrative Konstruktion von Identität in der Spätmoderne. Pfaffenweiler: Centaurus.

Laclau, Ernesto/Mouffe, Chantal (1991): Hegemonie und radikale Demokratie. Zur Dekonstruktion des Marxismus. Wien: Passagen.

Legnaro, Aldo/Birenheide, Almut (2008): Regieren mittels Unsicherheit. Regime von Arbeit in der späten Moderne. Konstanz: UVK.

Lucius-Hoene, Gabriele (2010): Narrative Identitätsarbeit im Interview. In: Griese, Brigit (Hrsg.): Subjekt – Identität – Person? Reflexionen zur Biographieforschung. Wiesbaden: VS Verlag, S. 149–170.

Luckmann, Thomas (2002): Der kommunikative Aufbau der sozialen Welt und die Sozialwissenschaften. In: ders.: Wissen und Gesellschaft. Ausgewählte Aufsätze 1981–2002, Hrsg. von H. Knoblauch, J. Raab und B. Schnettler. Konstanz: UVK, S. 157–182.

Mead, George Herbert (1973): Geist, Identität und Gesellschaft. Frankfurt am Main: Suhrkamp.

Meuter, Norbert (1995): Narrative Identität. Das Problem der interpersonalen Identität im Anschluss an Ernst Tugendhat, Niklas Luhmann und Paul Ricoeur. Stuttgart: M & P Verlag.

Miegel, Meinhardt (2001): Von der Arbeitskraft zum Wissen. Merkmale einer gesellschaftlichen Revolution. In: Merkur, 55 (3), S. 203–210.

Mills, Charles W. (1940): Situated Actions and Vocabularies of Motive. In: American Sociological Review, 5 (6), S. 904–913.

Opitz, Sven (2004): Gouvernementalität im Postfordismus. Macht, Wissen und Techniken des Selbst im Feld unternehmerischer Rationalität. Hamburg: Argument.

Poferl, Angelika (2004). Die Kosmopolitik des Alltags. Zur ökologischen Frage als Handlungsproblem. Berlin: Edition Sigma.

Reckwitz, Andreas (2006): Das hybride Subjekt. Eine Theorie der Subjektkulturen von der bürgerlichen Moderne zur Postmoderne. Weilerswist: Velbrück.

Reckwitz, Andreas (2008): Subjekt. Bielefeld: Transcript.

Reichertz, Jo (2010): Das sinnhaft handelnde Subjekt als historisch gewachsene Formation des Menschen. In: Griese, Birgit (Hrsg.): Subjekt – Identität – Person? Reflexionen zur Biographieforschung. Wiesbaden: VS Verlag, S. 21–48.

Ricoeur, Paul (2005): Vom Text zur Person. Hermeneutische Aufsätze (1970–1999). Hamburg: Meiner.

Schäfer, Alfred (2002): Abwesende Anwesenheit. Von der Ungleichzeitigkeit der Identität. In: Straub, Jürgen/Renn, Joachim (Hrsg.): Transitorische Identität. Der Prozesscharakter des modernen Selbst. Frankfurt am Main: Campus, S. 392–408.

Schapp, Wilhelm (1976): In Geschichten verstrickt. Zum Dasein von Mensch und Ding. Wiesbaden: B. Heymann.

Schütz, Alfred/Luckmann, Thomas (1979): Strukturen der Lebenswelt, Band 1. Frankfurt am Main: Suhrkamp.

Schütze, Fritz (1984): Kognitive Figuren des autobiographischen Stehgreiferzählens. In: Kohli, Marti/Robert, Günther (Hrsg.): Biographie und soziale Wirklichkeit. Neue Beiträge und Forschungsperspektiven. Stuttgart: Metzler, S. 78–117.

Schützeichel, Reiner (2004): Soziologische Kommunikationstheorien. Konstanz: UVK.

Sennett, Richard (1998): Der flexible Mensch. Die Kultur des neuen Kapitalismus. Berlin: Berlin Verlag.

Somers, Margaret R. (1994): The narrative constitution of identity: A relational and network approach. In: Theory and Society, 23 (5), S. 605–649.
Straub, Jürgen (2002): Personale Identität. In: ders./Renn, Joachim (Hrsg.): Transitorische Identität. Der Prozesscharakter des modernen Selbst. Frankfurt am Main: Campus, S. 85–113.
Strauss, Anselm (1974): Spiegel und Masken. Die Suche nach Identität. Frankfurt am Main: Suhrkamp.
Viehöver, Willy (2012): Narrative Diskurse, personale Identitäten und die ästhetisch-plastische Chirurgie. In: Keller, Reiner/Schneider, Werner/ders. (Hrsg.), S. 192–228.
Willis, Paul (1979): Spaß am Widerstand. Gegenkultur in der Arbeiterschule. Frankfurt am Main: Syndikat.

Wissen-fokussierende Wirklichkeiten und ihre kommunikative Konstruktion

Anna-Katharina Hornidge

1 Einleitung

In den vergangenen 30 bis 40 Jahren beschäftigt die Annahme, dass „Wissen" und der massive Anstieg an (Informations- und Kommunikationstechnologie-basierter) Kommunikation zunehmend wirtschaftliche und gesellschaftliche Entwicklung gestalten, wissenschaftliche Debatten, nationale Politiken und globale Entwicklungsdiskurse (Stehr 1994, 2001b). Gefasst unter den Leitbegriffen „Wissensgesellschaft", der technikfokussierten „Informationsgesellschaft" und der wirtschaftsorientierten „wissensbasierten Ökonomie" wurde dies zunächst von Wissenschaftlern in Japan, den USA und Europa empirisch untersucht und konzeptionell aufgearbeitet. Von dort, und unter Ermangelung konzeptioneller Klarheit, traten die Begriffe und damit einhergehenden Konzepte in den Raum nationaler Politikgestaltung ein und prägten nationale Aktionspläne und Rahmenprogramme vieler Länder.

Zusätzlich avancierte „Wissen" ab Ende der 1980er Jahre im Bereich der Entwicklungszusammenarbeit und Armutsbekämpfung zu einem handlungsleitenden Schlagwort einer vermeintlich Entwicklung unterstützenden Ressource. Terminologisch wurde dies häufig unter „Knowledge for Development" gefasst, dem Titel und Themenschwerpunkt des Weltbankberichtes 1998/99.

In beiden Wissensdiskursen – um die „Wissensgesellschaft" und um „Wissen für Entwicklung" – wird „Wissen" als zentrale axiale Ressource für die Gestaltung von gesellschaftlichem und wirtschaftlichem Wandel diskutiert. Im Zentrum der Debatten um die „Wissensgesellschaft" stehen jedoch die gezielte Produktion und der Einsatz von vornehmlich Hochtechnologie- und Expertenwissen für nachhaltigen wirtschaftlichen Fortschritt und Wachstum, die Konstruktion von „Wissensgesellschaften" also für den Erhalt und weiteren Ausbau gesellschaftlichen Wohlstandes, während im Zentrum des „Wissen-für-Entwicklung"-Diskurses der Einsatz von sowohl technischem globalem Expertenwissen als auch lokalem

Wissen und konkreten Fähigkeiten zur Gestaltung konkreter Armutsbekämpfung und Entwicklung steht. Insbesondere jüngere Debatten zur Bewältigung von und Anpassung an Prozesse kontinuierlich fortschreitenden Wandels richten sich gegen die traditionelle Technologie- und Expertenwissen-Fokussierung und betonen stattdessen die Bedeutung unterschiedlicher lokaler oder lokalisierter Wissensformen im Umgang mit den Folgen von Umwelt- und Klimawandel, insbesondere entlang dem Äquator, sowie sozioökonomischen Transformationsprozessen postsowjetisch Zentralasiens.

Ziel dieses Beitrages ist es, diese verschiedenen und sich doch überlagernden Wissensdiskurse, gefasst zum einen in Konzepten der „Wissensgesellschaft" und zum anderen unter dem entwicklungsorientierten „Wissen für Entwicklung", als kommunikative und diskursive Konstruktionen in ihrer global Entwicklung fördernden Rolle kritisch zu hinterfragen. Der Beitrag stellt hierbei die Ergebnisse eines mehrjährigen Forschungsvorhabens in zusammenfassender Form vor und verweist an einigen Stellen auf die das Argument substantiierenden empirischen Arbeiten. Den konzeptionellen Rahmen dieses Beitrages formen der Ansatz des kommunikativen und diskursiven Konstruktivismus in Anlehnung an Berger/Luckmanns Arbeiten zur gesellschaftlichen Konstruktion der Wirklichkeit (1966/1984). Im Vordergrund steht hierbei der von Reiner Keller entwickelte Ansatz der wissenssoziologischen Diskursanalyse (Keller 2011a, 2011b, 2005, 2003), Hubert Knoblauchs Arbeiten zu kommunikativem und gleichzeitig instrumentellem Handeln (Knoblauch 1995, 2001) und Jo Reichertz Konzept der „Kommunikationsmacht" (Reichertz 2010). Die zwei hier porträtierten globalen Wissensdiskurse mit lokalen institutionellen, organisatorischen und gesellschaftlichen Konsequenzen ermöglichen zum einen eine weitere empirische Substantiierung und methodische Ausgestaltung des kommunikativen und diskursiven Konstruktivismus. Zum anderen bestärken die hier vorgelegten ersten Untersuchungsergebnisse die Notwendigkeit, globale Diskurse und das durch sie inspirierte wie auch sie tragende kommunikative Handeln kollektiver mächtiger und weniger mächtiger Akteure im Hinblick auf die Konstruktion von Wissens- und Machtordnungen aus sozialkonstruktivistisch-wissenssoziologischer (und ergänzend zur poststrukturalistischen) Perspektive zu untersuchen.

Insofern folgt der Einleitung ein Überblick über die konzeptionelle Einbettung der diesem Beitrag zugrundeliegenden Forschung. Die Abschnitte 3, 4 und 5 hinterfragen daraufhin „Wissen" gefasst unter Konzepten der „Wissensgesellschaft" sowie unter „Wissen für Entwicklung" als normativen Wissenschaftsdiskurs, faktischen Realdiskurs und Hegemonialdiskurs. Der Beitrag endet mit einer abschließenden Diskussion.

Empirisch geht der Beitrag aus sieben Jahren vornehmlich qualitativer ethnographischer Forschung zur Rolle von „Wissen" in High- und Lowtech-Entwicklungsprozessen in Südostasien (Singapur, Indonesien und Malaysia) und Zentralasien (Usbekistan und Tadschikistan), zur Konstruktion von Wissensgesellschaften (den USA, der EU, Deutschland, Japan und Singapur), der Rolle von verschiedenen Wissensformen in der Anpassung an Wandel (Indonesien und Usbekistan) und der Gestaltung von partizipativen, transdisziplinären Prozessen lokaler, landwirtschaftlicher Innovationsentwicklung (Usbekistan) hervor.[1]

2 Wirklichkeitsdeutungen, Wissen, Diskurs: die kommunikative Konstruktion von Wissens- und Machtordnungen

Peter Berger und Thomas Luckmann wiesen bereits Anfang der 1960er Jahre und inspiriert durch frühere Arbeiten von u. a. Alfred Schütz (1899–1959), Max Scheler (1874–1928) und Karl Mannheim (1893–1947) auf die dialektische Beziehung von „subjektiver" und „objektiver" Realität hin (1966/1984). Über Prozesse der Externalisierung, Objektivierung und Internalisierung vorerst vornehmlich individueller Wirklichkeitsvorstellungen, die wiederum Prozesse der Typisierung, Institutionalisierung, Legitimierung und Reifikation/Sozialisation umfassen, tragen zunehmend intersubjektiv und somit kollektiv geteilte Wirklichkeitsdeutungen und Zukunftsvorstellungen zur Gestaltung der menschlichen Sozialwelt bei. Insbesondere im Prozess der Objektivierung bestimmter Wirklichkeitsvorstellungen spielt der Gebrauch von Sprache und, wie später von Luckmann (1992, 2002, 2006) und Knoblauch (1995, 2001) herausgearbeitet, Kommunikation eine zentrale Rolle. Reziprok aufeinander bezogenes kommunikatives Handeln stellt die kontinuierliche Konstruktion und Rekonstruktion dieser vielschichtigen ‚subjektiven' und „objektiven" Realitäten sicher. Luckmann konstatiert: „Die menschliche Sozialwelt wird zumindest überwiegend in kommunikativem Handeln konstruiert" (Luckmann 2006: 10). Während das Konzept des kommunikativen Handelns am Konzept des sozialen Handelns anschließt, ist es, wie im vorliegenden Band von Knoblauch erläutert, nicht wie bei Habermas von instrumentellem Handeln zu unterscheiden. Da jede Form des kommunikativen Handelns (sprechen, visualisieren, smsen, chatten, bloggen etc.) in ihrer Ausführung materiell ist, ist kommunikatives Handeln immer auch zielgerichtetes instrumentelles Handeln. Diese Materialität des kommunikativen Handelns beginnt mit dem menschlichen

---

1 Siehe auch Hornidge (im Druck a).

Körper als notwendige Voraussetzung kommunikativen Handelns. Erst der Körper vollzieht den Akt der Kommunikation und verknüpft hierdurch subjektiven Sinn mit der Umwelt. Es ist somit dieser Akt des kommunikativen Handelns, der subjektiven Sinn objektiviert.

Jedem kommunikativem Handeln unterliegt eine bestimmte Wirklichkeitsdeutung und somit eine bestimmte Definition von Wissen. Was wird als Wissen und somit als Wirklichkeit angesehen? Welche form- und wertbehaftete ideologische Prägung von Wissen wird vom Handelnden (und hier dem Individuum wie auch intersubjektiv dem gesellschaftlichen Kollektiv) verwendet, befürwortet oder verneint? Insofern sind diese (alltäglichen) Wirklichkeitsdeutungen und mit ihnen rezipierte Wissensdefinitionen von grundlegender Bedeutung bei der Definition und praktischen Ausgestaltung der vielschichtigen und räumlich diversen Wirklichkeitsdeutungen und der mit diesen einhergehenden Zukunftsvorstellungen, die wir global beobachten können. Berger und Luckmann treten für eine weitgefasste Wissensdefinition ein und schlagen vor, all das als „Wissen" zu begreifen, was in und von der Gesellschaft als solches angesehen wird (Berger/Luckmann 1984: 16). Es ist somit auch als eine mit seinem Träger verbundene Ressource zu verstehen, die menschliches Handeln leitet.

Der hier vorgelegte Beitrag greift diese Wissensdefinition mit dem Ziel auf, „Wissen" gefasst unter Konzepten der „Wissensgesellschaft" sowie unter „Wissen für Entwicklung" nicht nur in Bezug auf die den Konzepten unterliegenden Wissensdefinitionen und intersubjektiv geteilte Wirklichkeitsdeutungen zu hinterfragen, sondern ebenso die diskursiven und kommunikativen Prozesse der Wirklichkeitskonstruktion zu untersuchen. Dies bedingt die Frage, wessen Wissensdefinitionen und Wirklichkeitsdeutungen sich in Prozessen kommunikativen Handelns behaupten und durchsetzen, und wessen nicht. Wie von Reichertz in diesem Band erläutert, werden mittels kommunikativen Handelns Machtpositionen etabliert und legitimiert, Ungleichheiten hergestellt und verfestigt. Mittels Kommunikation findet eine Bewertung, Einstufung und Hierarchisierung statt, die sich identitätsprägend auswirkt, sofern sie in die Wirklichkeitsdeutung der involvierten Akteure aufgenommen wird. „Kommunikationsmacht" (Reichertz 2010) ergibt sich aus den reziproken Beziehungen, die individuelle und kollektive Akteure wiederholt miteinander eingehen. Sie ist hier von zentralem Interesse, da die untersuchten Wissensdiskurse über eben diese Beziehungen, das Ausüben dieser Kommunikationsmacht auf der Seite der einen und die wiederholte Zustimmung zur Macht des Gegenübers auf der Seite der anderen, globale und wirklichkeitsstiftende Ausbreitung erfahren.

Zusätzlich sind somit Foucaults Arbeiten zu Diskursen als sozialgeschichtlich situierte Praktiken, diskursive Formationen und Auseinandersetzungen, Statements, Dispositive und Macht-/Wissen-Komplexe mit institutionellen, organisatorischen und gesellschaftlichen Konsequenzen relevant (Foucault 1974, 1988). Eine entsprechende Weiterentwicklung des sozialkonstruktivistischen Ansatzes liegt in der Wissenssoziologischen Diskursanalyse von Reiner Keller vor (Keller 2001, 2005, 2011a, 2011b). Keller lenkt das Augenmerk der Analyse vermehrt auf kollektive Akteure und institutionalisierte, diskursiv eingebettete Prozesse der öffentlichen Kommunikation in der Konstruktion von Wirklichkeiten. Somit hält er die handlungstheoretische Perspektive des Sozialkonstruktivismus aufrecht, erweitert sie jedoch mit Blick auf kollektiv Handelnde um strukturtheoretische Elemente Foucaults, die insbesondere in Konzepten Macht- und Wissensordnungen widerspiegelnder und diese kontinuierlich bestärkender sozialer Institutionen zu finden sind.

Diskurse, verstanden als „identifizierbare Ensembles kognitiver und normativer Hilfsmittel" (Keller 2005: 7), kommunizieren, legitimieren, objektivieren und folglich konstruieren Sinnstrukturen mit gesellschaftlichen Auswirkungen auf der institutionellen, organisatorischen und Akteurs-Ebene. Keller schlägt hier vor, Diskurse als Macht-/Wissen-Komplexe zu untersuchen, die mittels und in „Praktiken" und „Dispositiven" existieren. „Praktiken" sind hier zu verstehen als konventionalisierte Handlungsmuster, basierend auf kollektiven Wissensvorräten über gesellschaftlich allgemein als „angemessen" angesehenes Handeln. Im Einzelnen lassen sich hierbei diskursive Praktiken und nicht-diskursive Praktiken unterscheiden, die zur sozialen Konstitution eines Diskurses beitragen, sowie Modell-Praktiken (z. B. Handlungsvorlagen), die als Teil des Diskurses konstituiert und den entsprechenden Adressaten gegenüber kommuniziert werden (Keller 2011b: 55, 2011a: 255–257). „Dispositive" hingegen sind als Infrastruktur zu verstehen, etabliert durch soziale Akteure oder Kollektive zur Lösung einer bestimmten Situation. Hierbei ist im Detail zwischen Dispositiven der Diskursproduktion und aus einem Diskurs hervorgehenden Dispositiven oder Infrastrukturen zu unterscheiden. Letzteres kann sowohl „das institutionelle Fundament der gesamten materiellen, praktischen, kognitiven und normativen Infrastruktur der Diskursproduktion" als auch die Infrastruktur der Diskursimplementierung darstellen (Keller 2011b: 56, 2011a: 258–260). Diese Unterscheidung von Diskursen, konstituiert in sozialen Praktiken sowie die daraus hervorgehenden Dispositive, betont den materiellen und gleichzeitig immateriellen Charakter von Diskursen, ohne die Rolle des handelnden, des kommunizierenden Subjekts in der Konstruktion und Rekonstruktion von Wirklichkeiten zu übersehen. In Bezug auf das Verhältnis zwischen Diskurs (als Struktur) und singulär diskursiven Ereignissen und Praktiken verweist Keller auf Giddens' Konzept zur ‚Dualität der Struktur' (1992) und die sich gegenseitig verstärkende Beziehung zwischen menschlicher Handlung und Struktur. Dies aufgreifend, schlägt er vor, Diskurse als (a) normative Orientierungen und Regeln, „wie man was sagt", (b) Regeln der Deutungszuweisung für Sinnkonstitution und (c) soziale und materielle Handlungsressourcen zu verstehen (Keller 2005: 6).

Für die diesem Beitrag zugrundeliegende Untersuchung ist der Ansatz der wissenssoziologischen Diskursanalyse aus den folgenden Gründen relevant: Die wissenschaftliche Hinterfragung von Wissensdiskursen, gefasst unter „Wissensgesellschaft" und „Wissen für Entwicklung", umfasst die Untersuchung (a) ihrer sozialgeschichtlichen Einbettung, (b) ihrer Konstruktion als normative Wirklichkeits- und Zukunftsvorstellungen, (c) ihrer „faktischen", konkreten und materiellen Konstruktion als fortgeschrittene Entwicklungsstufe mit gesellschaftlichen Konsequenzen auf institutioneller, organisatorischer und Akteurs-Ebene sowie (d) (un-)beabsichtigter Machteffekte. Im Folgenden jedoch konzentriere ich mich auf die Darstellung der zwei Wissensdiskurse in ihrer die Konstruktion von Wissens- und Machtordnungen unterstützenden Rolle. „Diskurs" verstehe ich mit Verweis auf Kellers Bezugnahme auf Foucault als „performative Statement-Praktiken, die Wirklichkeitsordnungen konstituieren und gleichzeitig Machteffekte in einem konfliktgeladenen Netzwerk sozialer Akteure, institutioneller Dispositive und Wissenssysteme produzieren." (Keller 2011b: 48)

Ob „Wissen" gefasst unter „Wissensgesellschaft" oder „Wissen für Entwicklung", handelt es sich bei beiden Wissensdiskursen um ursprünglich im Norden verortete, sukzessive internationalisierte und schließlich globalisierte Diskurse. Beiden Diskursen liegt die Überzeugung zugrunde, dass „Wissen", und hier insbesondere (westliches) technologisches Expertenwissen, nicht nur zentraler Bestandteil, sondern zunehmend Motor gesellschaftlichen und ökonomischen Fortschritts sei. Während die Idee der „Wissensgesellschaft" als zukünftige Gesellschaftsform vornehmlich von Wissenschaftlern in den USA, Japan und der EU, inspiriert durch informations- und kommunikationstechnologische Entwicklungen, formuliert und konzeptionalisiert wurde, erfuhr der bereits in den 1950er und 60er Jahren diskutierte Gedanke der Bedeutung von „Wissen" im Bereich der Entwicklungszusammenarbeit und Armutsbekämpfung im „zu entwickelnden" Süden insbesondere im Kreise internationaler und multilateraler Organisationen Ende der 1990er Jahre vergleichbaren Auftrieb. Beiden Diskursen gemein ist der Gedanke der wirtschaftlichen und gesellschaftlichen Überlegenheit des

„fortschrittlichen" Nordens gegenüber dem Rest der Welt und damit verbunden ein entsprechendes, doch unterschiedlich explizit formuliertes, Herrschaftsdenken. Die in beiden Diskursen explizit und weniger explizit formulierten intersubjektiv geteilten Wirklichkeitsdeutungen – und somit Konzeptionalisierungen von „Wissen" – entsprechen gesellschaftlichen Zukunftsvorstellungen, die in vorwiegend westlichen Industrieländern und vor dem Hintergrund eines auf massiven Ungleichheiten beruhenden Welt- und Wirtschaftssystems erdacht und entwickelt wurden. Sie formulieren jedoch nicht nur gesellschaftliche Zukunftsvorstellungen der Länder, denen sie entsprangen, sondern drücken durch ihre globale Kommunikation bzw. durch ihre Annahme durch nationale Entscheidungsträger bei nationalen Wirtschafts- und Entwicklungsplänen sowie durch internationale Organisationen bei ihrer Programmgestaltung und -implementierung weltweit eine globale Wissens- und Machtordnung aus, die heutige Ungleichheiten weiter verfestigt. „Wissen" gefasst und kommuniziert in Diskursen um die „Wissensgesellschaft" und um „Wissen für Entwicklung" ist folglich als (a) normativer Wissenschaftsdiskurs, (b) faktischer Realdiskurs, und (c) Hegemonialdiskurs zu begreifen, wie im Folgenden erörtert.

3 „Wissen" als normativer Wissenschaftsdiskurs

Der Gedanke, dass „Wissen" bedeutsam für jegliche Form von Entwicklung und gesellschaftlichen Wandels ist, ist nicht neu. Bereits der Philosoph Platon (428–347 v. Chr.) betrachtete Intelligenz als zentrale Qualität eines politischen Entscheidungsträgers und der Philosoph und Ökonom Mill vertrat 1863 die Ansicht, dass intellektuelle und moralische Bildung entscheidender für gesellschaftliche Entwicklung sei als Industrie und Wohlstand (Mill 1974). Und doch konstatieren Wissenschaftler und, von ihnen inspiriert, nationale und multilaterale Entscheidungsträger seit nunmehr 30 bis 40 Jahren, dass „Wissen" von zunehmend zentraler Bedeutung für sozioökonomischen Wandel und Fortschritt im Norden (hin zu „Wissensgesellschaften") sowie das erfolgreiche Anstoßen diverser Entwicklungsprozesse im Süden („Wissen für Entwicklung") sei.

Während die Konzepte der „Wissensgesellschaft" und „Informationsgesellschaft" vornehmlich von Wissenschaftlern in Japan, den USA und Europa der 1960er bis 1980er Jahre entwickelt wurden, entsprang die konzeptionelle Basis der „wissensbasierten Ökonomie" der Arbeit internationaler Organisationen wie der OECD und APEC in den frühen 1990er Jahren. Inspiriert von solchen vornehmlich auf wirtschaftlichen und technologischen Fortschritt ausgerichteten Diskussionen lancierte die Weltbank ab Mitte der 1990er Jahre diesen, inhaltlich bereits seit den 1950er Jahren debattierten Gedanken unter dem Schlagwort „Wissen für Entwicklung" in der Programmgestaltung internationaler und nationaler Entwicklungszusammenarbeit (Cowen/Shenton 1996; Hornidge im Druck b).

Die theoretische Konstruktion der „Wissensgesellschaft" und der mit ihr verwandten Konzepte der „Informationsgesellschaft" und „wissensbasierten Ökonomie" kann in eine primäre und eine sekundäre Phase unterteilt werden.[2] So erklärte 1973 Daniel Bell, inspiriert von Robert Lane (1966), den Unterschied zwischen Industriegesellschaft und einer um Wissen und Innovation organisierten nachindustriellen Gesellschaft mit den Worten: „Die Industriegesellschaft beruht auf der Koordination von Maschinen und Menschen im Dienste der Güterproduktion. Die nachindustrielle Gesellschaft wiederum organisiert sich zum Zwecke der sozialen Kontrolle und der Lenkung von Innovation und Wandel um das Wissen, wodurch sich neue soziale Verhältnisse und neue Strukturen herausbilden, die politisch geregelt werden müssen." (Bell 1975: 36) Während Bell dies als einen Prozess des positiven Fortschrittes begriff, wies Alain Touraine (1969) in Frankreich auf einen möglichen Konflikt zwischen den Wissen-„Habenden" und Wissen-„Nicht-Habenden" als Träger für gesellschaftlichen Wandel hin. Sowohl Bells Gedanken zur zukünftig axialen Rolle Wissen produzierender Institutionen wie auch Touraines Überlegungen zur „Wissens"-Marginalisierung bestimmter gesellschaftlicher Gruppen und zu dem daraus hervorgehenden gesellschaftlichen Konflikt- wie auch Innovationspotential inspirierten später die Arbeiten von Wissenschaftlern wie Gernot Böhme und Nico Stehr (1986), Helmut Willke (1998; 1999) sowie Gibbons et al. (1994).

Andere Wissenschaftler wie beispielsweise Tadao Umesao (1963) in Japan, Simon Nora und Alain Minc (1979) in Frankreich, Frank Webster (1995) und Manuel Castells (1989; 1996; 1997; 1998) in Amerika unterstrichen die Bedeutung der Informations- und Kommunikationstechnologien und die durch sie beschleunigte weltweite Vernetzung in der Entwicklung von „Informationsgesellschaften". So betont Castells: „Eine technologische Revolution, in deren Mittelpunkt die Informationstechnologien stehen, hat begonnen, die materielle Basis der Gesellschaft in zunehmendem Tempo umzuformen." (Castells 1996: 1).

Des Weiteren folgten wirtschaftsorientierte Arbeiten von Wissenschaftlern und internationalen Organisationen, die die ökonomische Fokussierung der fortlaufenden Debatte weiter ausarbeiteten und unter dem Begriff der „wissensbasierten Ökonomie" fassten. Während von Seiten internationaler Organisationen vor-

---

2 Siehe auch Hornidge (2007a; 2011b).

nehmlich OECD (OECD 1996a; 1996b) und APEC (1998; 2000) zu nennen sind, trugen im Bereich der Wissenschaft unter anderen Fritz Machlup (1962), Marc Porat (1976) und Peter Drucker (1969; 1993a; 1993b) zur konzeptionellen Ausarbeitung bei. Drucker beispielsweise betonte die zunehmende Bedeutung von „Wissen" für Wirtschaftswachstum und konstatierte: „Die zentral Wohlstand kreierenden Aktivitäten werden weder der produktive Kapitaleinsatz, noch ‚Arbeit' sein ... [Stattdessen wird] Mehrwert heute durch ‚Produktivität' und ‚Innovation' geschaffen, beides Anwendungen von Wissen im Arbeitsprozess." (Drucker 1994: 8).

Diese frühen Arbeiten zur „Wissensgesellschaft", „Informationsgesellschaft" und „wissensbasierten Ökonomie" wurden in der darauffolgenden Sekundärphase der konzeptionellen Entwicklung empirisch und theoretisch weiterentwickelt[3] sowie als handlungsleitende Wirklichkeitsdeutungen und politisch attraktive Zukunftsvorstellungen von zahlreichen Regierungen und internationalen Organisationen aufgegriffen, entsprechend dem jeweiligen Kontext und strategischem Interesse der Handelnden in ihre Einzelteile zerlegt, (um-)definiert und in die jeweilige Programmgestaltung eingearbeitet, wie in Abschnitt 4 erläutert.

Im Bereich der Entwicklungszusammenarbeit und Armutsbekämpfung wurde der globale Hype zur „Wissensgesellschaft" hingegen im Jahre 1996 von Weltbankpräsident James Wolfensohn aufgegriffen, der die Bank, inspiriert durch das G-7-„Global-Information-Society"-Treffen in Brüssel 1995 sowie die „Information-Society-and-Development"-Konferenz 1996 in Südafrika, von einer „Kreditbank" in eine „Wissensbank" umbenannte (King/McGrath 2004). Im Jahr 1997 folgte die erste „Global Knowledge Conference" der Global Knowledge Partnership in Toronto, Kanada, mit dem Ziel, „die Rolle der ‚Information Revolution' im Entwicklungsprozess" (GKP 1997) und unter Einbezug der internationalen Gebergemeinschaft, der Regierungen der Entwicklungsländer und des Privatsektors zu diskutieren. Der wirtschaftswachstums- und technologiefokussierte Diskurs um die durch Informations- und Kommunikationstechnologien unterstützte „Wissensgesellschaft" wurde somit im Zentrum der globale Entwicklungsdiskurse maßgeblich mitbestimmenden kollektiven Akteure, der internationalen Gebergemeinschaft und den Regierungen der Entwicklungsländer platziert. Und er wurde dort in seiner normativen, richtungs- und handlungsleitenden Rolle im Jahre 1999 massiv verstärkt, indem die Weltbank ihren Jahresbericht 1998/99 unter das Thema „Knowledge for Development" stellte. Mit dem visionären Zitat

---

3   Unter anderen sind zu nennen: Kumar (1978); Gershuny (1978); Lyon (1988); Stehr (1994, 2001a, 2001b); Webster (1995); Willke (1999); Dunning (2000); Evers (2000, 2003, 2005); Steinbicker (2001); David/Foray (2002); Mattelart (2003); Kübler (2005); Tänzler et al. (2006).

„Knowledge is like light. Weightless and intangible it can easily travel the world, enlighten the lives of people everywhere" (WB 1999: 1) gelang es der Bank, die Wissens-Thematik aus dem industrieländerzentrierten Diskurs um die „Wissensgesellschaft" in globalen Entwicklungsdiskursen zu platzieren. Hierbei bezieht sich der Bericht auf zwei, aus Sicht der Bank zur Behebung der Entwicklungsdefizite des Südens ausschlaggebende, Typen von Wissen: „Wissen über Technologie" oder „technisches Wissen" und „Know-how", sowie „Wissen über Attribute", wie beispielsweise „die Qualität eines Produktes, die Gewissenhaftigkeit eines Arbeiters oder die Kreditwürdigkeit einer Firma" (WB 1999: 1). Der Bericht kommuniziert somit eine technologiefokussierte sowie hoch anwendungsorientierte Definition von „Wissen", als grundlegend für Programme der Weltbank und anderer Geberorganisationen, um „Entwicklung" im globalen Süden anzustoßen. Mit dem Fokus auf Informations- und Kommunikationstechnologien, Innovationsentwicklung und Technologietransfer greift er eine Wissenskonzeption auf, die auch im Zentrum der unter Begriffen der „Wissensgesellschaft" ausgeschmückten Zukunftsvorstellungen steht und etabliert sie als Norm in der Programmgestaltung von internationalen Geberorganisationen.

Beide Diskurse, derjenige der „Wissensgesellschaft" und derjenige über „Wissen für Entwicklung", prophezeien eine vermeintlich bessere Zukunft mittels der Produktion, Anwendung und Weitergabe von „Wissen" als gesellschaftlichen und wirtschaftlichen Zaubertrunk. Mittels mündlichem (öffentliche Vorträge, Sprechakte) und schriftlichem (wissenschaftliche Veröffentlichungen, Konferenzpapiere und Jahresberichte) kommunikativem Handeln wird in beiden Diskursen eine vornehmlich technologiefokussierte und anwendungsorientierte Konzeption von (Experten-)Wissen mehrheitlich von Wissenschaftlern sowie multilateralen Organisationen des „Nordens" und in gesellschaftlich-öffentlichen Arenen zu einem anzustrebenden Standard und somit global handlungsleitenden Konstrukt erhoben und mit Verweis auf wirtschaftliche Notwendigkeiten legitimiert. Entlang Keller (auch in diesem Band) handelt es sich hierbei um strukturierte kommunikative Handlungen, die von individuellen (Wissenschaftlern) und kollektiven Akteuren (internationalen Organisationen) vollzogen werden. Sowohl unter dem Schlagwort „Wissensgesellschaft" als auch „Wissen für Entwicklung" nahm die Kommunikation einen wissenschaftlich-autoritativen Charakter an, der durch die kommunizierenden Akteure, Wissenschaftler des Nordens sowie die Weltbank, und ihre jeweilige Kommunikationsmacht (in Reichertz Verständnis) bedingt ist, gleichzeitig aber existierende Ungleichheiten weiter verfestigt. Es liegt folglich nahe, „Wissen" gefasst in „Wissensgesellschafts"- und „Wissen-für-Entwicklung"-Diskursen als normatives Konstrukt zu betrachten, das durch Handelnde konstruiert wurde, um wiederum Handelnde in ihrem Streben nach einer „besseren" Zukunft zu leiten (Hornidge 2010). Die diesem Subdiskurs „Wissen" als normativer Wissenschaftsdiskurs zugrundeliegende Sinnorientierung und somit der von Knoblauch in diesem Band angesprochene Topos, der die weitere Ausrichtung nationaler Regierungsprogramme auf die Gestaltung von „Wissensgesellschaften" und der Programmgestaltung internationaler Geberorganisationen mit „Wissen für Entwicklung" in ihrem Fokus legitimiert, entspricht somit „Zukunftsgestaltung". Die wissenschaftlich-autoritativ kommunizierte Norm einer Wissens-zentrierten Zukunft, die es zu gestalten gilt, wurde in den darauffolgenden Jahren von Regierungen vieler Länder sowie internationalen Organisationen aufgegriffen und in nationalen Aktionsplänen und Programmen länder-spezifisch, doch im Grunde ausgerichtet auf Technologiediffusion und Wirtschaftswachstum operationalisiert.

4 „Wissen" als faktischer Realdiskurs

Mit den Schlagwörtern „Wissensgesellschaft" und „Wissen für Entwicklung" wurden auch die implizit kommunizierten Wissenskonzeptionen in nationale und internationale Politikgestaltung hineingetragen. So gehören zu den von vielen Ländern in ihren Aktionsprogrammen hin zur „Wissensgesellschaft" identifizierten Schlüsselsektoren die Informations- und Kommunikationstechnologien, Nano- und Biotechnologie, Lebenswissenschaften und Kreativindustrien.[4] Des Weiteren ist im Bereich der Entwicklungszusammenarbeit und Armutsbekämpfung eine starke Pfadabhängigkeit hin zu insbesondere technologischem Expertenwissen aus dem Norden festzustellen, und dies nicht nur in unter „Wissen für Entwicklung" gefassten Projekten und Programmen, sondern auch in Projekten mit verwandter inhaltlicher Ausrichtung, gefasst unter Schlagwörtern wie „Informations- und Kommunikationstechnologien (IKT) für Entwicklung" und „Innovationen und Innovationssysteme für Entwicklung" (Hornidge im Druck b).

In den USA beispielsweise erhoben 1992 Gouverneur Bill Clinton und Senator Al Gore, inspiriert durch die technologischen Entwicklungen des vom Militär finanzierten ARPANET sowie dem daraus hervorgehenden Internet, den Aufbau einer „Information Infrastructure" zum Leitbild eines erfolgreichen Präsidentschaftswahlkampfs (Kubicek et al. 1997; Read/Youtie 1995). Kurz nach Regierungsantritt wurde somit eine „Information Infrastructure Task Force (IITF)" unter

---

4 Siehe auch Hornidge (2007b, 2011a, 2010) und Evers/Hornidge (2007).

Leitung des damaligen Handelsministers Ronald H. Brown gegründet. In ihrem ersten Aktionsplan definierte IITF die National Information Infrastructure (NII) als ein „nahtloses Netz von Kommunikationsnetzwerken, Computern, Datenbasen und Konsumenten-Elektronik" (IITF 1993). Mit dem Ziel, Zugang für alle zur National Information Infrastructure zu schaffen, führte dies über die Berufung der ‚National Telecommunications and Information Administration' (NTIA) zur Deregulierung des Telekommunikationssektors (Reform des Telekommunikationsgesetzes 1996).

Während somit in den USA der „Information Superhighway" als Lösung der US-amerikanischen Infrastrukturkrise der frühen 1990er lanciert wurde, hoffte *Japan* auf eine erfolgreiche Umgestaltung der verarbeitenden Industrie. 1971 veröffentlichte das Japan Computer Usage Development Institute „The Plan for an Information Society: A National Goal towards the Year 2000", in dem eine über IKT vernetzte Wirtschaft und Gesellschaft, Matellard spricht von „Computepolis" (2003: 91–92), als Zukunftsmodell Japans beschrieben wird. Ab Ende der 1970er investierte Japan zunehmend in die Entwicklung der Mikrochip-, Video- und Audio-System-Industrie (Morris-Suzuki 1996: 212–216). In den 1990er Jahren wandte sich Japans Regierung von der Computerindustrie ab und investierte in den Ausbau des Bildungs- und Forschungssystems. Den Ausbau des Informations- und Kommunikationsnetzes verfolgte das Ministerium für Handel und Industrie im Jahre 1994 im „Programme for Advanced Information Infrastructure" (MITI 1994). Hierauf folgte 1999 ein White Paper mit dem Titel „Communications in Japan 1999" des Ministeriums für Post und Telekommunikation (MPT 1999). Um die positiven Auswirkungen des Internets auf Japans Computerindustrie weiter zu stärken, veröffentlichte die Regierung im Januar 2001 ihre erste „E-Japan Strategy" und setzte somit die ursprüngliche Technikorientierung im Hinblick auf Japans „Wissensgesellschaft" weiter fort.

In der *Europäischen Union* gewann die Vorstellung einer „Wissensgesellschaft" erst Anfang der 1980er Jahre und als Reaktion auf steigende Arbeitslosigkeit an Aufmerksamkeit. Im November 1983 gründete der Europäische Rat eine „Senior Officials Group on Telecommunications (SOGT)" als beratendes Organ der Europäischen Kommission. Ähnlich den USA und Japan lag auch hier zunächst der Fokus auf dem Ausbau der Telekommunikationsinfrastruktur, unterstützende Forschung und IKT-Nutzung durch Unternehmen, öffentliche Einrichtungen und Privatpersonen. Zu nennende Rahmendokumente sind das „White Paper on the Completion of the Community-wide Market for Goods and Services" (EC 1985) sowie das „Green Paper on the Completion of the Common Market for Telecommunication Services" (EC 1987). 1994 ebnete der Bangemann-Bericht (Bangemann 1994) den Weg für alle darauffolgenden Aktionspläne der Kommission zur europäischen Informationsgesellschaft (EC 1994, 1996a, 1996b) und somit für die Liberalisierung des europäischen Telekommunikationssektors. Im März 2000 formulierten die europäischen Staats- und Regierungschefs in Lissabon das Ziel, Europa bis 2010 in „die dynamischste, wettbewerbsstärkste und wissensbasierteste Ökonomie der Welt" zu entwickeln (EC 2000a), dass durch darauffolgende eEurope-Aktionspläne (EC 2000b, 2002, 2005) und über die verstärkte Nutzung von IKT (eHealth, eLearning, eGovernment) realisiert werden sollte.

Ähnlich zur Wirklichkeitsvorstellung „Wissensgesellschaft" erfuhr auch die inhaltliche Ausrichtung auf „Wissen für Entwicklung" weltweite Rezeption. So griffen zahlreiche nationale und multilaterale Organisationen im Bereich der Entwicklungszusammenarbeit und Armutsbekämpfung diese inhaltliche Schwerpunktsetzung auf und arbeiteten sie in ihre Programmgestaltung ein.[5] Während dies in den 1990er Jahren vornehmlich unter dem von der Weltbank propagierten „Wissen für Entwicklung" geschah, spiegelte sich schon bald seine technologische Ausgestaltung auch in den verwendeten Begrifflichkeiten wider und „IKT für Entwicklung" rückte mit in den Vordergrund.

So betont die Millenniumsdeklaration der Vereinten Nationen im Jahre 2000 den Zugang zu Informations- und Kommunikationstechnologien als zentrales Entwicklungsziel (UN 2000, Millennium Development Goal MDG 20): „Wir [die Staats- und Regierungschefs] treffen außerdem den Beschluss sicherzustellen, dass alle Menschen die Vorteile der neuen Technologien, insbesondere der Informations- und Kommunikationstechnologien, nutzen können [...]." Im gleichen Jahr und mit Hinweis auf den zu schließenden „digitalen Graben" weist die „Okinawa Charter on the global Information Society" (ADB 2000) auf die Bedeutung des Ausbaus von IKT-Infrastrukturen hin, sofern „Entwicklung" in Entwicklungs- und potenziell in ihrer Entwicklung weiter zurückfallenden Ländern in Zeiten einer „globalen Informationsgesellschaft" ermöglicht werden solle.

Es folgt im Dezember 2001 der Beschluss der Vereinten Nationen, einen „UN World Summit for the Information Society" unter organisatorischer Federführung der International Telecommunication Union (ITU) zu finanzieren (UN 2002). Neben ITU tragen zahlreiche UN-Organisationen (UNDP, UNESCO, UNICEF, WHO) und internationale Finanzinstitutionen (Weltbank und Internationaler Währungsfond (IWF)) zur Organisation bei. Die bereits existierende Technologie-Dominanz in der unter „Wissen für Entwicklung" verfolgten Wissenskonzeption wird hier und unter Federführung der Telekommunikationsbranche weiter

---

5   Siehe auch Hornidge (im Druck b) sowie Hornidge et al. (2011), Scholtes/Hornidge (2010).

konsolidiert. So veröffentlicht die Weltbank Anfang 2002 ihr „ICT Sector Strategy Paper, Information and Communication Technologies – A World Bank Group Strategy" (WB 2002), das, zusammen mit dem Folgedokument „ICT and MDGs – A World Bank Group Perspective" (WB 2003), wiederholt die Bedeutung des Ausbaus von IKT-Netzen und -Anwendungen mittels Geldern internationaler Geberorganisationen, inklusive der Weltbank selbst, und im Kampf gegen Armut betont. Die zwei Teile des UN-Weltgipfel zur Informationsgesellschaft finden schließlich 2003 in Genf und 2005 in Tunis, und unter Teilnahme von Regierungsvertretern aus über 170 Ländern, statt. Das entscheidende Thema der Internetgovernance in Händen der US-basierten Internet Corporation for Assigned Names and Numbers (ICANN) wird jedoch nicht geklärt (WSIS 2003, 2005).

Im Jahr 2002 identifiziert selbst die Organisation der Vereinten Nationen für Bildung, Wissenschaft und Kultur (UNESCO) in ihrer „Medium-Term Strategy 2002–2007" „den Beitrag der Informations und Kommunikationstechnologien zu Bildung, Wissenschaft, Kultur und Information sowie zum Aufbau von Wissensgesellschaften" neben „Bekämpfung von Armut" als eins von zwei Querschnittsthemen ihrer Programmgestaltung (UNESCO 2002: 1). Die hier vertretene Wissenskonzeption unterscheidet sich von der von Weltbank und ITU propagierten insofern, als sie weniger technologisches (Experten-)Wissen in den Vordergrund stellt, sondern sich – dem UNESCO-Mandat entsprechend – für eine offenere, integrierende und Diversität fördernde Definition einsetzt. Zusammen mit der UNESCO-Wissenskonzeption nicht nur „für Entwicklung", sondern auch in einer „Wissensgesellschaft", dargelegt im UNESCO-Weltbericht „Towards Knowledge Societies" (UNESCO 2005), steht dies für eine global kommunizierte alternative Wissenskonzeption zu der dominierenden technologie- und anwendungsorientierten, die jedoch weitestgehend überhört wird (Hornidge im Druck b). Dies spiegelt sich auch in der zunehmenden Abwendung zahlreicher internationaler Geberorganisationen von „Wissen für Entwicklung" hin zu „IKT für Entwicklung" ab Anfang der 2000er Jahre wider.

Die hier in Kürze dargestellte Rezeption der normativ propagierten Konzepte „Wissensgesellschaft" und „Wissen für Entwicklung" auf Seiten nationaler Regierungen im Streben nach Wirtschaftswachstum, sowie internationaler Geberorganisationen im Streben nach internationaler Kooperation, schlägt vor, „Wissen" in der porträtierten Arena als faktischen Realdiskurs zu begreifen. Zu den meist angewandten Formen des den Diskurs konstituierenden kommunikativen Handelns zählen in der Annahme der Vision einer „Wissensgesellschaft" durch nationale Regierungen nationale Aktionspläne und -programme, Regierungsprogramme, -kommissionen und ihre Abschlussberichte, Parlamentsdebatten sowie

-beschlüsse. „Wissen für Entwicklung" hingegen wurde vornehmlich über internationale Konferenzen und Gipfel internationaler Geberorganisationen, sowie die von ihnen herausgegebenen Beschlussfassungen, eigenen Programme, die Gründung unterschiedlicher „Task Forces" und die Etablierung Wissen-zentrierter Förderlinien für Kooperationsprogramme und Entwicklungsprojekte kommuniziert. Die ursprünglich normativ kommunizierten Wirklichkeitsvorstellungen „Wissensgesellschaft" und „Wissen für Entwicklung" nahmen in ihrer Umsetzung in nationalen Politiken und der Programmgestaltung internationaler Organisationen einen faktischen Charakter an, öffentlich und global kommuniziert und legitimiert durch Vertreter nationaler Regierungen von Industrieländern des Nordens, sowie einflussreicher internationaler Geberorganisationen. In beiden Diskursen wurden aus den, zwar bereits mit Konnotationen verbundenen, doch noch relativ offenen wissenszentrierten Konzepten durch technokratische wie auch machtpolitische Prozesse der Politikgestaltung und -implementierung eingebundene diskursiv-kommunikative Praktiken reine technologie- und anwendungsorientierte Konzepte der „Informationsgesellschaft" statt „Wissensgesellschaft" und der „IKT für Entwicklung" statt „Wissen für Entwicklung". Hierbei ist auch interessant, dass der von beiden verkörperte Topos im Grunde „Fortschritt" ist, was in Bezug auf den „Wissensgesellschaft"-Diskurs nicht überrascht, in Bezug auf den „Wissen für Entwicklung"-Diskurs jedoch Fragen nach den vornehmlichen Interessen der „kommunikationsmächtigen", i. e. den Geberorganisationen versus den empfangenden Ländern, stellt. In der Anwendung dieser „sehr viel realistischeren Konzepte", wie sie ein Vertreter des deutschen Bundesministeriums für Wirtschaft und Arbeit in einem Interview mit der Autorin nannte, führten sie zwar zu implementierbaren Politiken, die gleichzeitig den Interessen der Informations- und Kommunikationstechnologiebranche entsprechen, sie verfehlten jedoch den Kern des Ursprungsgedanken „Wissensgesellschaft" und „Wissen für Entwicklung": Wissen in seiner Entwicklung, Wandel, Fortschritt und Veränderung unterstützenden Rolle zuzulassen und zu fördern, indem eben – und hier komme ich auf Berger/Luckmann zurück – all das als Wissen (und fruchtbar) angesehen wird, was in und von der Gesellschaft (nicht der Weltbank, ITU, McKinsey oder IWF) als solches angesehen wird.

5 „Wissen" als Hegemonialdiskurs

Durch die Übernahme der Idee und Zukunftsvorstellung einer „Wissensgesellschaft" in nationale Aktionspläne weltweit sowie des Konzeptes „Wissen für Entwicklung" durch die internationale Gebergemeinschaft – dies illustriert der obige Abschnitt – rückten diese normativen Konzepte und die sie beflügelnden Diskurse sukzessive aufeinander zu, mit den Informations- und Kommunikationstechnologien als Medien des Wissensaustausches an ihrer gemeinsamen Schnittstelle. Sichtbar wird, wie die diskursive und kommunikative Konstruktion von „Wissen" als normative Zukunftsvorstellung, die (kollektiven) Akteure in dem Maße leitet, dass sie die „Verwirklichung" dieser Zukunftsvorstellung in Regierungsaktivitäten und Entwicklungsprojekten verfolgen. Dieser technokratische und faktische Realdiskurs hin zu nunmehr nicht nur „Wissen", sondern vielmehr Informations- und Kommunikationstechnologien als technologischer Wissensinfrastruktur gewann im Kontext internationaler Zusammenarbeit zur Gestaltung von Wirtschafts- und Wissenschaftspolitik von Entwicklungsländern zusätzlich hegemoniale Züge. Es gilt somit „Wissen" – wie im Folgenden anhand der Beispiele Malaysia und Indonesien erläutert wird – als normatives Konzept mit hegemonialem Charakter zu hinterfragen, das durch seine Diffusion von zunächst der westlichen/nördlichen Wissenschaft in die Politik der „Ursprungsländer" und dann über bilaterale und multilaterale Kooperation sukzessive nationale Politikgestaltung vieler Entwicklungs- und Transformationsländer beeinflusst hat.

Im Jahr 1991 erklärte *Malaysias* Premierminister Dr. Mahathir bin Mohamad in seiner „Vision 2020": „Heute ist zunehmend Wissen nicht nur die Grundlage von Macht, sondern auch Wohlstand [...] Es dürfen keine Anstrengungen gescheut werden, im Schaffen einer informationsreichen malaysischen Gesellschaft" (Mahathir 28.02.1991). Im August 1996 verkündete der Premierminister den Bau eines 50 km langen, 15 km breiten Multimedia-Super-Korridors südlich von Kuala Lumpur, inklusive Putrajaya (einer neuen administrativen Hauptstadt), Cyberjaya (einem IKT Hub), dem Kuala Lumpur Conference Centre und Kuala Lumpur International Airport. Die Ansiedlung von Forschungsinstituten, Universitäten und Unternehmen der IKT-Branche innerhalb eines designierten Korridors erläuterte der Premierminister 1998 als „das neue Entwicklungsmodell eines Informationszeitalters" (MDC 1998: 3–4). Kritischere Stimmen aus der Wissenschaft sprechen von einer „besonders hochtechnologisch ausgerichteten Entwicklungsutopie" (Bunnell 2002: 267). Beauftragt mit Design und Bau des Korridors wurde die Multimedia Development Corporation (MDC), die hierbei vom Economic Planning Unit des Büros des Premierministers sowie McKinsey, IWF und Weltbank beraten wurde (Khor 2000).

Als Schlüsselsektoren der „wissensbasierten Ökonomie" Malaysias identifizierte die Regierung „IKT inklusive Softwareentwicklung", „high-tech Elektronik", „Biotechnologie" und „Kreativ-Multimedia" (Taylor 2003, Indergaard 2003) und somit genau die Sektoren, die auch in den industrialisierten Ursprungsländern des Konzeptes „Wissensgesellschaft", den USA, Japan, EU, Singapur, Südkorea u. a., als auszubauende Sektoren wiederholt gewählt wurden. Malaysia hingegen generierte Anfang der 1990er Jahre seine Einnahmen in Land- und Plantagenwirtschaft, Bergbau und der verarbeitenden Industrie.

Heute, zwölf Jahre nach Einweihung des Multimedia-Super-Korridors, haben sich knapp 400 Firmen in Cyberjaya angesiedelt, „[wobei die meisten] sich über Dienstleistungen im Bereich des Call-Centers und der Datenverarbeitung finanzieren", laut Evers et al. (2010: 15). Patentanmeldungen in der Malaysian Intellectual Property Organization zeigen, dass weniger als 10 % der hier angesiedelten Firmen bis Dezember 2008 ein Patent angemeldet hatten. Ein ähnliches Bild ergibt sich in Bezug auf wissenschaftliche Veröffentlichungen, gelistet im ISI Web of Science. Ende 2009 waren lediglich drei Firmen aus Cyberjaya gelistet. Die Anzahl ihrer jährlichen Veröffentlichungen war jedoch von zwölf in 2000 auf 108 in 2009 angestiegen.

Unter Beratung von IWF, McKinsey und Weltbank tätigte Malaysia somit immense Investitionen in den Aufbau von Wirtschaftssektoren wie Softwareentwicklung und Biotechnologie, legitimiert und in ihrer Umsetzung beschleunigt durch die Vision einer „Wissensgesellschaft" Malaysia. Gleichzeitig ist ein relativ geringer Grad an Innovations- und Wissensentwicklung in Malaysias „traditionellen" Wirtschaftszweigen wie Land-, Plantagenwirtschaft und Bergbau festzustellen (Fatimah 2009). Weshalb investierte Malaysia also in Kreativitätsförderung und Wissensproduktion in Bereichen, die Malaysias Wirtschaft weitestgehend fremd waren, nicht aber in Bereiche mit traditionell malaysischem komparativem Vorteil? Ein entsprechendes Beispiel ist der Kautschuksektor. 1990 war Malaysia Weltmarktführer in der Produktion natürlichen Kautschuks, wurde hierin 1993 von Thailand und Indonesien überholt und verpasste Ende der 1990er Jahre die Umstellung auf die Produktion synthetischen Kautschuks. Statt Malaysias traditionelle Expertise in diesem Bereich weiter auszubauen, folgte Malaysias Regierung dem handlungsleitendem Zukunftsmodell einer „Wissensgesellschaft" und investierte massiv in IKT und Biotechnologie als zukunftsweisende Wirtschaftszweige, in denen Malaysia heute vornehmlich unterstützende Tätigkeiten für die eigentlichen IKT- und Biotechnologie-Forschungszentren dieser Erde leistet. Die normativ kommunizierte Wirklichkeitsvorstellung wurde durch Beratungstätigkeiten von McKinsey, Weltbank und IWF verstärkt, gleichzeitig jedoch auch von Malaysias Regierung im Streben nach wirtschaftlicher, politischer und identitätsfestigender Unabhängigkeit (Bunnell 2002) offen aufgegriffen und somit die Kommunikationsmacht der beratenden kollektiven Akteure gegenüber der Malaysischen Regierung und die damit verbundene Hierarchisierung der kommunizierenden Akteure weiter gestärkt.

Ähnlich griff auch die Regierung *Indonesiens* die Vision einer ‚Wissensgesellschaft' auf und formulierte 1996 unter Federführung des Ministeriums für Industrie und Handel Indonesiens (MITI) gemeinsam mit einer Gruppe McKinsey-Consultants, Empfehlungen zum Ausbau wissensintensiver Industrien. Diese umfassten den Bau eines Hochtechnologie-Korridors zwischen Cilegon, Jakarta, Cikampek, Purwakarta, Padalarang und Bandung sowie die Etablierung Bandungs als Hochtechnologie-Tal („High-Tech-Valley") im Bereich technikorientierter Forschung (Rahardjo 2002).

Unterbrochen von der Finanzkrise in Südostasien sowie den damit einhergehenden politischen Veränderungen in Indonesien (Suharto – Habibie), wurden diese Pläne erst wieder 2001 im „National Framework for Information Technology" aufgegriffen, nun mit dem Ziel, Indonesien bis zum Jahre 2020 in eine „Nusantara Telematic Society" zu entwickeln (Evers 2003: 357). Für die Umsetzung wurde das Ministerium für Information und Kommunikation gegründet sowie ein Dekret (No. 6/2001) zur Förderung der Informations- und Kommunikationstechnologien in Bildung, Wirtschaft, Industrie und öffentliche Verwaltung erlassen.

Ähnlich den USA, der EU, Japan, Singapur und Malaysia identifizierte Indonesien IKT-Entwicklung sowie Clusterbildungen (Wirtschafts- und Wissenschaftsparks) als zentrale Elemente auf dem Weg in eine Wissensgesellschaft, konzentrierte sich in der Umsetzung jedoch hauptsächlich auf die Förderung der verarbeitenden Industrien (in Cluster-Formationen). Lokale komparative Vorteile erfuhren keine gesonderte Aufmerksamkeit.

Während der globale Diskurs um die „Wissensgesellschaft" dieses Zukunftsmodell normativ und faktisch propagierte, vermittelte der „Wissen-für-Entwicklung"-Diskurs in Federführung der Weltbank den Eindruck, dass diese Zukunftsvorstellung der „Wissensgesellschaft" nicht nur für Industrieländer bzw. die Ursprungsländer des Konzeptes, „realistisch" sei, sondern auch für Entwicklungsländer eine verwirklichbare Wirklichkeitsdeutung darstelle. Das Bild einer „besseren" Zukunft wurde folglich aufgegriffen, umfangreiche Investitionen (teilweise finanziert mit Weltbank- und IWF-Darlehen) getätigt und gleichzeitig traditionelle komparative Vorteile vernachlässigt. In diesem Austausch, in der Kommunikation zwischen Vertretern internationaler Geberorganisationen und Finanzinstitutionen mit nationalen Regierungen von Entwicklungsländern, nahm der „Wissensgesellschaft"-Diskurs hegemoniale Züge an, eben indem mittels des „Wissen für Entwicklung"-Diskurs die Zukunftsvorstellung „Wissensgesellschaft" als realisierbar auch für Entwicklungsländer propagiert wurde. Die Form des kommunikativen Handelns, das vornehmlich in der Interaktion zwischen internationalen Geber- und Finanzorganisationen und nationalen Regierungen von Entwicklungsländern stattfand, entsprach Sprechakten (mündliche Regierungsberatung), schriftlichem Austausch (Förder- und Darlehensprogramme von Geberorganisationen und Finanzinstitutionen) sowie Konditionalitäten (heute: „prior actions") der Weltbank-Darlehen als weitere Positiv- und Negativ-Anreize (Collins/Rhoads 2010). Die als Teil dieses hegemonialen Diskurses kommunizierte Wissenskonzeption war mittlerweile auf eine rein technokratische, wirtschaftswachstumorientierte und anwendungsbezogene Wissenskonzeption reduziert, mit explizitem Fokus auf Technologieentwicklung, Ingenieur- und Naturwissenschaften. Fragen nach dem Recht auf freie Meinungsäußerung innerhalb der geschaffenen Wissenskorridore und -cluster und als wichtige Voraussetzung für langfristige Kreativitätsentwicklung wurden nicht thematisiert (Hornidge/Kurfürst 2011). Eine mögliche Reduktion der Kommunikationsmacht der Geberorganisationen zwecks der Diskussion demokratischer Werte, im Austausch mit (semi-)autoritären Regimen, wurde somit von Seiten der Geber nicht „riskiert", sondern stattdessen ein apolitisiertes Modell einer „Wissensgesellschaft" Regierungen im globalen Süden ohne Berücksichtigung der lokalen komparativen Vorteile und entsprechenden Entwicklungspotentialen so schmackhaft gemacht, dass die Gegenüber es willentlich annahmen. Während somit der offiziell in diesem Subdiskurs mitschwingende Topos „Entwicklung" lautet, verkörpert die Summe der kommunikativen Handlungen und ihrer lokalen Auswirkungen den Topos „Vormachtstellung", für deren Sicherung einige kollektive Akteure des Nordens ihre Kommunikationsmacht über die Definition von Zukunftsvorstellungen für den Süden gezielt einsetzten.

6 Abschließende Diskussion

Die hier vorgestellten globalen Wissensdiskurse mit lokalen Auswirkungen legen nahe, „Wissen" gefasst unter den Konzepten „Wissensgesellschaft" und „Wissen für Entwicklung" als normativen Wissenschaftsdiskurs, faktischen Realdiskurs und Hegemonialdiskurs zu begreifen. *Normativ*, da die vornehmlich von Wissenschaftlern „des Nordens" formulierten Konzepte der „Wissensgesellschaft" sowie von internationalen Geberorganisationen propagierten Ausformulierungen von „Wissen für Entwicklung" mittels eines autoritativen globalen Diskurses zum weltweit richtungsweisenden „internationalen Standard" (Keim 2007) erhoben wurden. *Faktisch,* da sowohl die Konzepte der „Wissensgesellschaft" als auch von „Wissen für Entwicklung" den Raum des normativen Wissenschaftsdiskurses verließen und weltweit von nationalen Regierungen und Geberorganisationen im Bereich der Entwicklungszusammenarbeit aufgegriffen wurden. Die bereits in Ansätzen vorhandene Technologie- und Anwendungsorientierung der in beiden Konzepten vermittelten Wissenskonzeption wurde hier, im Bereich nationaler Politik- und internationaler Programmgestaltung und im Bestreben, implementierbare Politiken, Aktionspläne und Handlungsstrategien zu entwerfen, mittels hochtechnokratischer Diskurse weiter ausgearbeitet und somit „Wissen" in beiden Wissensdiskursen auf Informations- und Kommunikationstechnologien, angewandte Wissenschaft und direkt anwendbare, zu Armutsbekämpfung, Wirtschaftswachstum und Entwicklung vermeintlich beitragende (Experten-) Wissenstypen reduziert. Schließlich *hegemonial,* da die im „Wissensgesellschaft"-Diskurs ursprünglich auf Industrienationen gemünzte Zukunftsvorstellung über ihren Eintritt/ihre Aufnahme in den Bereich der internationalen Entwicklungszusammenarbeit und Armutsbekämpfung in Programmen internationaler Organisationen der Entwicklungszusammenarbeit als durch menschliches Handeln herbeiführbare Wirklichkeiten porträtiert und, von Regierungen einiger Entwicklungsländer, als entsprechend handlungsleitende Konstrukte, willig aufgegriffen wurden. Im Streben jedoch, diese Zukunftsvorstellungen zu verwirklichen und ihre Gesellschaften durch immense Investitionen (und unter Beratung durch internationale Geber) in eben die Wirtschaftssektoren, die auch von zahlreichen Industrienationen auf ihrem Weg in die „Wissensgesellschaft" massiv ausgebaut wurden, zu entwickeln, begaben sich einige Länder in bereits existierende Ungleichgewichte und Entwicklungsunterschiede verstärkende Wettrennen, zuweilen unter Vernachlässigung eigener traditioneller komparativer Vorteile.

So erscheint es auch begründet, „Wissensgesellschaft" und „Wissen für Entwicklung" als Teil globaler Debatten der letzten zwei Dekaden zu betrachten, in denen es wiederholt darum ging, simplifizierende Erklärungsmuster für eine globale Ordnung zu entwerfen (Schetter 2009: 19 ff.)[6] wie auch ein „Allheilmittel" für Wirtschaftswachstum, Entwicklung und lokale Identitätsstiftung zu identifizieren. Zu diesen „Allheilmitteln", die gerade in den 1980ern und 1990ern häufig neoliberalen Charakter annahmen (Broad 2006), zählen unter anderem die Infor-

---

6 Entsprechende Beispiele sind Samuel Huntingtons ‚Clash of Civilisations – The Remaking of World Order' und Robert Coopers ‚The Breaking of Nations – Order and Chaos in the Twenty-first Century'.

mations- und Kommunikationstechnologien und Clusterbildungen in Form von Freihandelszonen.

Der Ansatz des kommunikativen und diskursiven Konstruktivismus erweist sich für die hier vorgestellte Untersuchung insofern als erkenntnisleitend, als beide Wissensdiskurse („Wissensgesellschaft" und „Wissen für Entwicklung") erst über kontinuierliches kommunikatives und gleichzeitig zielgerichtetes instrumentelles Handeln von individuellen und kollektiven Akteuren (siehe Knoblauch in diesem Band) konstituiert und legitimiert wurden. Über eben diese Vielzahl kommunikativer Handlungen wurde der subjektive Sinn, dass „Wissen" zunehmend von zentraler Bedeutung für Entwicklung und Fortschritt sei, objektiviert, unter den Konzepten „Wissensgesellschaft" und „Wissen für Entwicklung" als Wissen-fokussierende Wirklichkeits- und Zukunftsvorstellung konstruiert und als global zutreffend kommuniziert.

Während der normative Wissenschaftsdiskurs zu „Wissen" maßgeblich von Wissenschaftlern und wissenschaftsnahen Organisationen des Nordens mittels vornehmlich, nach Keller, diskursiver Praktiken vorangetrieben wurde, wurde der faktische Realdiskurs zu „Wissen" von Vertretern nationaler Regierungen weltweit sowie von internationalen Geberorganisationen mittels diskursiver, doch ebenso nicht-diskursiver und Modell-Praktiken gestaltet. Ähnliches findet sich im Hegemonialdiskurs zu „Wissen": Auch hier sind als Hauptakteure Vertreter nationaler Regierungen insbesondere von Entwicklungsländern sowie Vertreter internationaler Geberorganisationen mit der Weltbank und dem IWF (unterstützt durch McKinsey) als Vorreiter zu identifizieren. Im Unterschied zum normativen Wissenschaftsdiskurs sowie (doch etwas weniger) zum faktischen Realdiskurs griff dieser Diskurs jedoch sehr viel mehr auch auf Dispositive und Infrastrukturen der Diskursproduktion der beiden anderen Diskurse zurück (i. e. auf wissenszentrierte Investitionsprogramme ausgerichtete Finanzierungshilfen, Programm- und Projektausschreibungen sowie referenzielle wissenschaftliche „Beweise" zu „Erfolgsrezepten" wie Clusterentwicklungen etc.). Die in den zeitlich etwas vorangeschrittenen normativen und faktischen Wissensdiskursen produzierten Dispositive konnten somit im Folgediskurs entsprechend mobilisiert werden.

Die Reduktion auf eine technologie- und wirtschaftswachstums- (anwendungs-)orientierte Wissenskonzeption in beiden Wissensdiskursen ermöglichte es, dass sowohl machtvolle Vertreter der Diskurse (ITU, WB, und nationale Regierungen) sich dieser im eigenen strategischen Interesse, und mittels zielgerichtetem instrumentellem Handeln, annahmen, als auch (semi-)autoritäre Regime im Interesse an Wirtschaftswachstum bei gleichzeitig eigenem Machterhalt die propagierten Wirklichkeitsdeutungen als attraktiv ansahen und sich auf diese normativ kommunizierten Zukunftsvorstellungen im Interesse der eigenen Eliten einließen. Mittels reziproken kommunikativen Handelns zwischen internationalen Geberorganisationen und nationalen Regierungen von Entwicklungsländern konnten hierbei jedoch nicht nur Wissen-fokussierende Wirklichkeiten in ihrer Konstruktion verfolgt werden, sondern gleichzeitig existierende Machtpositionen (der internationalen Geber und nationalen Regierungen) (re-)legitimiert und somit, entsprechend Reichertz Konzeptes der Kommunikationsmacht, die damit einhergehenden globalen Hierarchisierungen zwischen „Nord" und „Süd" erneut bestätigt werden. Interessant (und zu kritisieren) ist jedoch, dass es ursprünglich Vertreter des „demokratischen" Nordens waren, die diese in hohem Maße apolitischen Wirklichkeitsdeutungen und Wissenskonzeptionen zu einem weltweiten Standard erhoben und diesen schließlich, und unter Führung internationaler Geberorganisationen, nicht nur als Wirklichkeitsdeutungen des industrialisierten Nordens, sondern vielmehr auch als, unabhängig von demokratischen Werten und der Berücksichtigung von Menschenrechten, verwirklichbare Zukunftsvorstellungen des sich entwickelnden Südens kommunizierten – Wirklichkeitsdeutungen also, die weder existierende Macht- und Verteilungsmuster zwischen Ländern des Nordens und des Südens noch innerhalb der entsprechenden Länder selbst hinterfragen, sondern stattdessen zu einer weiteren Verfestigung existierender Wissens- und Machtordnungen eines auf Ungleichheit beruhenden Weltsystems diskursiv, kommunikativ und somit handlungsleitend beitragen.

Literatur

APEC Economic Committee (1998): Towards an Information Society: Developments in Apec. Singapore: APEC Secretariat.
APEC Economic Committee (2000): Towards Knowledge-Based Economies in Apec – Framework and Summary. Singapore: APEC Secretariat.
Asian Development Bank (ADB) (2000): Okinawa Charter on the Global Information Society. Asian Development Outlook 2000 Update. Box 1, 59. Manila.
Bangemann, Martin (1994): Bangemann-Bericht: Europa und die globale Informationsgesellschaft. Empfehlungen für den Europäischen Rat. Brüssel: Kommission der Europäischen Union.
Bell, Daniel (1975): The Coming of Post-Industrial Society. New York: Basic Books Inc.
Berger, Peter/Luckmann, Thomas (1966): The Social Construction of Reality. Garden City, New York: Anchor Books.
Berger, Peter/Luckmann, Thomas (1984): Die Gesellschaftliche Konstruktion der Wirklichkeit – Eine Theorie der Wissenssoziologie. Frankfurt am Main: Fischer Taschenbuch Verlag.

Böhme, Gernot/Stehr, Nico (Hrsg.) (1986): The Knowledge Society. The Growing Impact of Scientific Knowledge on Social Relations. Boston: D. Reidel Publishing Company.
Broad, Robin (2006): Research, Knowledge, and the Art of ‚Paradigm Maintenance': the World Bank's Development Economics Vice-Presidency (DEC), Review of International Political Economy 13: 3, S. 387–419.
Bunnell, Tim (2002): Multimedia Utopia? A Geographical Critique of High-Tech Development in Malaysia's Multimedia Super Corridor. In: Antipode: A Radical Journal of Geography 34: 3, S. 265–295.
Castells, Manuel (1989): The Informational City – Information Technology, Economic Restructuring, and the Urban-Regional Process. Oxford: Basil Blackwell.
Castells, Manuel (1996): The Information Age: Economy, Society, and Culture, Volume 1: The Rise of the Network Society. Oxford/Malden: Blackwell Publishers.
Castells, Manuel (1997): The Information Age: Economy, Society, and Culture, Volume 2: The Power of Identity. Oxford/Malden: Blackwell Publishers.
Castells, Manuel (1998): The Information Age: Economy, Society, and Culture, Volume 3: End of Millenium, Oxford/Malden: Blackwell Publishers.
Collins, Christopher S./Rhoads, Robert A. (2010): The World Bank. Support for universities, and asymmetrical power relations in international development. In: Higher Education 59, S. 181–205.
Cowen, Michael P./Shenton, Robert W. (1996): Doctrines of Development. London: Routledge.
David, Paul A./Foray, Dominique (2002): An Introduction to the Economy of the Knowledge Society. Oxford: Blackwell Publishers.
Drucker, Peter F. (1969): The Age of Discontinuity. Guidelines to Our Changing Society. London: Heinemann.
Drucker, Peter F. (1993a): Die Postkapitalistische Gesellschaft. Düsseldorf: Econ Verlag.
Drucker, Peter F. (1993b): The Rise of the Knowledge Society. In: The Wilson Quarterly 17(2), S. 52–72.
Drucker, Peter F. (1994): Knowledge Work and Knowledge Society – the Social Transformations of This Century. Ed. The 1994 Edwin L. Godkin Lecture: John F. Kennedy University, 04.05.1994.
Dunning, John H. (2000): Regions, Globalisation, and the Knowledge-Based Economy. Oxford: Oxford University Press.
European Commission (EC) (1985): White Paper on the Completion of the Community-Wide Market for Goods and Services by 1992, Com(85)310. Brüssel: EC.
European Commission (EC) (1987): Green Paper on the Completion of the Common Market for Telecommunications Services, Com(87)290, 11.06.1987. Brüssel: EC.
European Commission (EC) (1994): Europas Weg in die Informationsgesellschaft. Brüssel: EC.
European Commission (EC) (1996a): Green Paper on Living and Working in the Information Society: People First, Com(96) 389, 24.07.1996. Brüssel: EC.
European Commission (EC) (1996b): Europe at the Forefront of the Global Information Society. Rolling Action Plan. Communication from the Commission Com (96) 607 Final. Brüssel: EC.

European Commission (EC) (2000a): Lisbon European Council Presidency Conclusions. Lissabon: Kommission der Europäischen Gemeinschaften.
European Commission (EC) (2000b): Eeurope 2002: An Information Society for All, 14. 6. 2000. Brüssel: EC.
European Commission (EC) (2002): Europe 2005: An Information Society for All, Com (2002) 263, 28. 5. 2002. Brüssel: EC.
European Commission (EC) (2005): Information Society Benchmarking Report. Brüssel: EC.
Evers, Hans-Dieter (2000): Die Globalisierung der epistemischen Kulturen: Entwicklungstheorie und Wissensgesellschaft. In: Menzel, Ulrich (Hrsg.): Vom ewigen Frieden und dem Wohlstand der Nationen. Frankfurt am Main: Suhrkamp, S. 396–417.
Evers, Hans-Dieter (2003): Transition Towards a Knowledge Society: Malaysia and Indonesia in Comparative Perspective. In: Comparative Sociology 2(2), S. 355–373.
Evers, Hans-Dieter (2005): Global Knowledge: The Epistemic Culture of Development. In: Hassan, Riaz (Hrsg.): Local and Global: Social Transformation in Southeast Asia. Leiden/Boston: Brill, S. 3–179.
Evers, Hans-Dieter/Hornidge, Anna-Katharina (2007): Knowledge Hubs along the Straits of Malacca. In: Asia Europe Journal 5(3), S. 417–433.
Evers, Hans-Dieter/Nordin, Ramli/Nienkemper, Pamela (2010): Knowledge Cluster Formation in Peninsular Malaysia: The Emergence of an Epistemic Landscape, Center for Development Research (ZEF), Working Paper Series, No. 62.
Fatimah, Mohamed Ashad (2009): „ The Agriculture Development Path in Malaysia: Experiences and Challenges for the Future" in: Abdul Razak Baginda (Hrsg.) Malaysia at 50 & Beyond, Kuala Lumpur: Malaysian Strategic Research Centre, S. 39–100.
Foucault, Michel (1974): Die Ordnung der Dinge. Eine Archäologie der Humanwissenschaften. Frankfurt am Main: Suhrkamp.
Foucault, Michel (1988): Archäologie des Wissens. Frankfurt am Main: Suhrkamp.
Gershuny, Jonathan (1978): Die Ökonomie der nachindustriellen Gesellschaft. Produktion und Verbrauch von Dienstleistungen. Frankfurt am Main/New York: Campus.
Gibbons, Michael/Limoges, Camille/Nowotny, Helga/Schwarzman, Simon/Scott, Peter/Trow, Martin (1994): The New Production of Knowledge. Dynamics of Science and Research in Contemporary Societies. London: SAGE Publications.
Giddens, Anthony (1992): Die Konstitution der Gesellschaft. Entwurf einer Theorie der Strukturierung. Frankfurt am Main: Campus.
Global Knowledge Partnership (GKP) (1997): GK7 – Conference Evaluation. Executive Summary. Available at http://www.gkpcms.com/gkp/images/docs%5CGK97/97%20 Exec%20summ.pdf (Date of access: 01 November 2011).
Hornidge, Anna-Katharina (2007a): Knowledge Society. Vision & Social Construction of Reality in Germany & Singapore. Münster: Lit-Verlag.
Hornidge, Anna-Katharina (2007b): Re-Inventing Society – State Concepts of Knowledge in Germany and Singapore. In: Journal of Social Issues in Southeast Asia 22(2), S. 202–229.
Hornidge, Anna-Katharina (2010): An Uncertain Future – Singapore's Search for a New Focal Point of Collective Identity and its Drive towards ‚Knowledge Society'. In: Asian Journal of Social Sciences 38(5), S. 785–818.

Hornidge, Anna-Katharina (2011a): Creative Industries – Economic Program and Boundary Concept. In: Journal of Southeast Asian Studies 42(2), S. 253–279.

Hornidge, Anna-Katharina (2011b): ‚Knowledge Society' as Academic Concept and Stage of Development – A Conceptual and Historical Review. In: Menkhoff, Thomas/ Evers, Hans-Dieter/Wah, Chay Yue/Pang, Eng Fong (Hrsg.): Beyond the Knowledge Trap: Developing Asia's Knowledge-Based Economies. New Jersey, London/ Singapore/Beijing: World Scientific, S. 87–128.

Hornidge, Anna-Katharina (im Druck a): „'Knowledge', ‚Knowledge Society' & ‚Knowledge for Development'. Studying Discourses of Knowledge in an International Context", in: Keller, Reiner/Truschkat, Inga (Hrsg.) Methodologie und Praxis der Wissenssoziologischen Diskursanalyse. Band 1: Interdisziplinäre Perspektiven, VS Verlag.

Hornidge, Anna-Katharina (im Druck b): „Knowledge' in Development Discourse: A Critical Review", in: Hornidge, Anna-Katharina/Antweiler, Christoph (Hrsg.) „Environmental Uncertainty and Local Knowledge Southeast Asia as a Laboratory of Global Ecological Change". Bielefeld: Transcript (o. S.).

Hornidge, Anna-Katharina/Kurfürst, Sandra (2011) „Conceptualizing Public Space in Hanoi and Singapore: The Power of State Visions", Internationales Asienforum, 42: 3–4, S. 345–369.

Hornidge, Anna-Katharina/Ul-Hassan, Mehmood/Mollinga, Peter P. (2011): Transdisciplinary Innovation Research in Uzbekistan – 1 year of „Following The Innovation". In: Development in Practice 21(6), S. 825–838.

Indergaard, Michael (2003): The Webs They Weave: Malaysia's Multimedia Super-corridor and New York City's Silicon Alley. Urban Studies 40: 2, S. 379–401.

Information Infrastructure Task Force (IITF) (1993): The National Information Infrastructure – Agenda for Action. Washington DC: U.S. Department of Commerce.

Keim, Wiebke (2007): Jenseits von Afrika – Auseinandersetzungen um den Hegemonialanspruch der „Internationalen Soziologie". In: Ammon, Sabine et al. (Hrsg.): Wissen in Bewegung – Vielfalt und Hegemonie in der Wissensgesellschaft, Göttingen: Velbrück Verlag, S. 121–139.

Keller, Reiner (2001): Wissenssoziologische Diskursanalyse. In: Keller, Reiner/Hirseland, Andreas/Schneider, Werner/Viehöver, Willy (Hrsg.): Handbuch Sozialwissenschaftliche Diskursanalyse. Band 1: Theorien und Methoden. Opladen: Leske + Budrich, S. 113–143.

Keller, Reiner (2003): Der Müll der Gesellschaft. Eine wissenssoziologische Diskursanalyse. In: Keller, Reiner/Hirseland, Andreas/Schneider, Werner/Viehöver, Willy (Hrsg.) (2003): Handbuch Sozialwissenschaftliche Diskursanalyse. Band 2: Forschungspraxis. Opladen: Leske+Budrich, S. 197–232.

Keller, Reiner (2005): Analysing Discourse. An Approach from the Sociology of Knowledge. In: Forum Qualitative Sozialforschung/Forum: Qualitative Social Research 6(3), Art. 32. Available at: http://www.dialogicidad.cl/papers/Keller.pdf (date of access: May 13, 2011).

Keller, Reiner (2011a): Wissenssoziologische Diskursanalyse. Grundlegung eines Forschungsprogramms. Wiesbaden: VS-Verlag.

Keller, Reiner (2011b): The Sociology of Knowledge Approach to Discourse (SKAD). In: Human Studies 34, S. 43–65.
Khor, Martin (2000): Globalisation and the South – Some Critical Issues. United Nations Conference on Trade and Development, April 2000, Discussion paper. Available at http://unpan1.un.org/intradoc/groups/public/documents/APCITY/UNPAN 002428.pdf (date of access: May 13, 2011).
King, Kenneth/McGrath, Simon (2004): Knowledge for development? Comparing British, Japanese, Swedish and World Bank aid, Capetown: HSRC & London, New York: ZED Books.
Knoblauch, Hubert (1995): Kommunikationskultur. Die kommunikative Konstruktion kultureller Kontexte. Berlin/New York: de Gruyter.
Knoblauch, Hubert (2001): Diskurs, Kommunikation und Wissenssoziologie. In: Keller et.al. (2001), S. 207–224.
Knoblauch, Hubert (2005): Wissenssoziologie. Konstanz: Universitätsverlag Konstanz.
Kubicek, Herbert/Dutton, William H./Williams, Robin (Hrsg.) (1997): The Social Shaping of Information Superhighways. European and American Roads to the Information Society. Frankfurt am Main: Campus Verlag.
Kübler, Hans-Dieter (2005): Mythos Wissensgesellschaft – Gesellschaftlicher Wandel zwischen Information, Medien und Wissen. Eine Einführung. Wiesbaden: VS Verlag für Sozialwissenschaften.
Kumar, Krishan (1978): Prophecy and Progress: The Sociology of Industrial and Post-Industrial Society. New York: Penguin Books.
Lane, Robert E. (1966): The Decline of Politics and Ideology in a Knowledgeable Society. In: American Sociological Review 31(5),S. 649–662.
Luckmann, Thomas (1992): Gedanken zur Bedeutung der Kommunikation im gesellschaftlichen Aufbau der Wirklichkeit (Festvortrag anlässlich der Verleihung der Würde eines Ehrendoktors der Philosophischen Fakultät der Universität Konstanz an Prof. John J. Gumperz). Konstanz (unveröff. Manuskript).
Luckmann, Thomas (2002): Wissen und Gesellschaft. Ausgewählte Aufsätze 1981–2002. Konstanz: UVK.
Luckmann, Thomas (2006): Die kommunikative Konstruktion der Wirklichkeit, in: Tänzler, Dirk/Knoblauch, Hubert/Soeffner, Hans-Georg (Hg.), Neue Perspektiven der Wissenssoziologie. Konstanz: UVK, S. 15–26.
Lyon, David (1988): The Information Society: Issues and Illusions. Cambridge: Polity Press
Machlup, Fritz (1962): The Production and Distribution of Knowledge in the United States. Princeton: Princeton University Press.
Mahathir bin Mohamad (28.02.1991): Malaysia: The Way Forward, Public Speech by Prime Minister of Malaysia Dato' Seri Dr. Mahathir bin Mohamad.
Mattelard, Armand (2003): Kleine Geschichte Der Informationsgesellschaft. Berlin: Avinus Verlag.
Ministry of International Trade and Industry (MITI) (1994): Programme for Advanced Information Infrastructure. Tokyo: Ministry of International Trade and Industry, Japan.
Ministry of Posts and Telecommunications (MPT) (1999): Communications in Japan 1999. Tokyo: Ministry of Posts and Telecommunications, Japan.

Mill, John Stuart. (1974): Das System der Deduktiven und induktiven Logik. In: Jonas, Friedrich (Hrsg.): Geschichte der Soziologie. Ed. Hamburg: Rowohlt, S. 434–445.

Morris-Suzuki, T. (1996): The Technological Transformation of Japan. Cambridge: Cambridge University Press.

Multimedia Development Cooperation (MDC) (1998): Speech by the prime minister of Malaysia at the MSC Investors' Conference, Hanover Germany, on Friday, 20 March (http://www.mdc.com.my/new/press/press98/p981029.htm).

Nora, Simon/Minc, Alain (1979): Die Informatisierung der Gesellschaft. Frankfurt am Main/New York: Campus Verlag.

Organisation for Economic Co-operation and Development (OECD) (1996a): The Knowledge-Based Economy in 1996: Science, Technology and Industry Outlook. Paris: OECD.

Organisation for Economic Co-operation and Development (OECD) (1996b): The Knowledge-Based Economy. Paris: OECD.

Porat, Marc (1976): The Information Economy. Stanford: University of Stanford.

Rahardjo, Budi (2002): A Story of Bandung High-Technology Valley. Paper presented at ‚Seminar Nasional Industry Berbasis Teknologi Informasi dan Telekomunikasi,' Aula Barat, ITB, Bandung, 11 May 2002.

Read, William H./Youtie, Jan Linker (1995): Policy Strategies Along the Information Superhighway. Policy Studies Review 14.1/2, S. 99–106.

Reichertz, Jo (2010): Kommunikationsmacht. Was ist Kommunikation und was vermag sie? Und weshalb vermag sie das? Wiesbaden: VS Verlag.

Schetter, Conrad (2009): Ordnungsmuster gewaltsamer Konflikte. Afghanistan zwischen Ethnizität, Kriegsfürsten und Taliban. Habilschrift. Bonn: Zentrum für Entwicklungsforschung.

Scholtes, Fabian/Hornidge, Anna-Katharina (2010): „Waiting for the Water to come? – Poverty Reduction in Times of Climate Change". Bonn: Care International Germany-Luxembourg e. V. and Center for Development Research.

Schütz, Alfred (1932): Der sinnhafte Aufbau der sozialen Welt. Wien: Springer.

Stehr, Nico (1994): Knowledge Societies. London: SAGE Publications.

Stehr, Nico (2001a): Moderne Wissensgesellschaften. In: Aus Politik und Zeitgeschichte 36, S. 7–13.

Stehr, Nico (2001b): A World Made of Knowledge. In: Society 39(1), S. 89–92.

Steinbicker, Jochen (2001): Zur Theorie der Informationsgesellschaft. Ein Vergleich der Ansätze von Peter Drucker, Daniel Bell und Manuel Castells. Opladen: Leske + Budrich.

Tänzler, Dirk/Knoblauch, Hubert/Soeffner, Hans-Georg (2006): Zur Kritik der Wissensgesellschaft. Konstanz: UVK.

Taylor, Richard D. (2003): The Malaysia Experience: The Multimedia Super Corridor, in Meheroo Jussawalla and Richard D. Taylor (Hrsg.), Information Technology Parks of the Asia Pacific – Lessons for the Regional Digital Divide. New York: M. E. Sharpe.

Touraine, Alain (1969): La Société Post-Industrielle. Paris: Denoël.

Umesao, Tadao (1963): Information Industry Theory: Dawn of the Coming Era of the Ectodermal Industry. Hoso Asahi, Jan. 1963, S. 4–17.

United Nations General Assembly (2000): Millennium Declaration of the United Nations (A/res/55/2), Washington: United Nations.

United Nations General Assembly (2002): Resolution adopted by the General Assembly – World Summit on the Information Society (A/Res/56/183), Washington: United Nations.

United Nations Educational, Scientific and Cultural Organisation (UNESCO) (2002) Medium-Term Strategy 2002–2007 Contributing to peace and human development in an era of globalization through education, the sciences, culture and communication. Paris: UNESCO.

United Nations Educational, Scientific and Cultural Organisation (UNESCO) (2005): Towards Knowledge Societies. UNESCO World Report. Paris: UNESCO.

Webster, Frank (1995): Theories of the Information Society. London: Routledge.

Willke, Helmut (1998): Organisierte Wissensarbeit. In: Zeitschrift für Soziologie 27, S. 161–177.

Willke, Helmut (1999): Die Wissensgesellschaft – Wissen ist der Schlüssel zur Gesellschaft. In welcher Gesellschaft leben wir eigentlich? In: Pongs, Armin (Hrsg.): Gesellschaftskonzepte im Vergleich. Vol. 1. München: Dilemma Verlag, S. 261–279.

World Bank, The (1999): World Development Report. „Knowledge for Development" 1998/1999. New York: Oxford University Press.

World Bank, The (2002): Information and Communication Technologies – A World Bank Group Strategy. Washington: WB.

World Bank, The (2003): ICT and MDGS – A World Bank Group Perspective. Washington: WB.

World Summit on the Information Society (WSIS) (2003): Plan of Action. Geneva: ITU.

World Summit on the Information Society (WSIS) (2005): Tunis Agenda for the Information Society. Geneva: ITU.

„Deine Stimme gegen Armut" – Zur kommunikativen Konstruktion eines globalen Problems

Angelika Poferl & Verena Walter

„Hungernden Menschen ist die Möglichkeit verwehrt, ihr Leben selbst zu bestimmen. Ihnen ist ihre Menschenwürde genommen, und sie werden erniedrigt. Sie werden nicht als Subjekte behandelt, die ein menschenwürdiges Leben führen. *Es gibt noch viele andere Möglichkeiten, die krasse Ungerechtigkeit zu beschreiben,* die hungernden Menschen heute in einer Welt angetan wird, in der Hunger vermeidbar ist und Abhilfe geschaffen werden kann, wenn er auftritt. Was als minimaler Menschenrechtskatalog zu gelten hat, ist zwangsläufig umstritten, und für seine Durchsetzung ist ein breiter Konsens notwendig." (Gutmann 2002: 12; Hervorh. A. P.)

1 Einleitung

Die eingangs zitierten Worte der US-amerikanischen Politiktheoretikerin Amy Gutmann deuten an, was in einer plural verfassten Welt und aus ‚kommunikationskonstruktivistisch' aufgeklärter Sicht selbstverständlich ist. Es gibt verschiedene Arten und Weisen, über Armut zu sprechen; das heißt, es gibt verschiedene Arten und Weisen der Akzentuierung der mit Armut verbundenen Merkmalsbeschreibungen und Einzelphänomene, der Identifizierung und Interpretation materialer und sozialer Bedeutungskomponenten, der Suche nach verursachenden Faktoren und ‚Lösungsansätzen', der Skandalisierung, Moralisierung, Politisierung oder auch Bagatellisierung des Problemcharakters von Armut, nicht zuletzt der *Problematisierung* selbst, also der gesellschaftlichen Markierung von Armut als einem Sachverhalt, der gegebene symbolisch-institutionelle Ordnungen und moderne Ideale von Gleichheit, Gerechtigkeit, Teilhabe und des Anspruchs auf einen gewissen Lebensstandard mehr oder minder empfindlich stört oder zumindest vorübergehend irritierend: im Anblick eines vor Hunger ausgezehrten, sterbenden Kindes, eines im Müll nach Nahrung suchenden Alten, einer Bettlerin am Straßenrand und anderer, sei es unmittelbarer, sei es massenmedial vermittelter Begegnungen. Gutmann formuliert ihre Aussagen zu Armut im Rahmen einer Auseinandersetzung mit der Position eines menschenrechtlichen Minimalismus von Michael Ignatieff (2002) und bewegt sich damit im Kontext der neueren Diskussion um Menschenrechte und ihre politisch-gesellschaftliche Funktion. Theoretische Beiträge und empirische Befunde zur Entwicklung einer globalen Menschenrechtskultur sowie zur symbolischen Integration der Weltgesellschaft (vgl. Koenig 2005; Bonacker/Brodocz 2001) legen die Vermutung nahe, dass Menschenrechte zu einem zentralen Deutungsrahmen nicht nur (und gewiss nicht in erster Linie), aber *auch* der Thematisierung von Armut geworden sind. Die ‚neue Nähe' des ‚globalen Anderen', seine bloße Präsenz und die damit verbundene Überwindung geographischer Distanzen stellt dabei ein markantes Merkmal sozialer Erfahrungsräume unter den Bedingungen gesellschaftlicher Globalisierungs- und Kosmopolitisierungsprozesse dar (Silverstone 2008 [2007]; Beck 2000, 2002b). Sie führen heute zur Herstellung globalisierter Sozialbeziehungen und einer tendenziell weltumspannenden Verknüpftheit *(interconnectedness)*[1] in einem geschichtlich vorbildlosen Ausmaß. Den Medien kommt hierbei eine besondere Rolle für die Konstituierung wahrgenommener Weltverhältnisse und sowohl für die Bestimmung des ‚Wir' und je ‚Eigenen' als auch des ‚Anderen' bzw. ‚Fremden' in globalen Zusammenhängen zu:

> „Ich kann [...] mit Nachdruck sagen, daß die medial vermittelten Bilder von Fremden in zunehmendem Maße die tatsächliche Verfaßtheit der Welt definieren. Die Beziehungen, die wir mit anderen eingehen, dehnen sich auf eine Weise über soziale, geographische und sogar historische Räume aus, die im Alltag gewöhnlicher Menschen (im Gegensatz zu Eliten) noch vor fünfzig Jahren unvorstellbar gewesen wäre. Und da es die Beziehungen mit anderen sind, die unser Selbst definieren, werden solche Kontakte, wie wir sie mit medial vermittelten Personen haben, zunehmend auch für uns von entscheidender Bedeutung sein." (Silverstone 2007: 32)

Problemspezifisch wäre im Anschluss daran zu fragen, ob und inwiefern nicht nur die Verletzung politischer und bürgerlicher Freiheitsrechte, sondern auch die Konfrontation und Auseinandersetzung mit globaler Armut neuartige Formen

---

1 Der in der angelsächsischen Globalisierungsliteratur durchwegs gebräuchliche und als Schlüsselkonzept bezeichnete Begriff der *interconnectedness* wird oft auch als Verbundenheit übersetzt. Um normative Überfrachtungen im Begriffsverständnis zu vermeiden, wird hier die strukturell weitaus nüchternere Variante der Verknüpftheit vorgezogen.

einer transnationalen ‚Solidarität' oder globalisierte, im Begriff der Solidarität nur unzureichend abgebildete Sorgebeziehungen und Praktiken eines menschenrechtlich-humanitären Engagements entstehen lässt, gespeist aus Genealogien eines Denkens in Kategorien des Rechts und der Moral,[2] die sich zu ganz eigenen spezifischen Formen ausbilden. Doch dergleichen auf makrosoziale Strukturbildungen und Strukturtransformationen abzielende Überlegungen sind an anderer Stelle weiterzuverfolgen (vgl. Poferl 2010a, 2012a).

Die Ausführungen des vorliegenden Textes sind exemplarisch und sehr viel konkreter angelegt. Im Vordergrund steht die These, *dass die kommunikative Konstruktion globaler Armut zur Konstitution von Globalität beiträgt* – in Anlehnung an die wegweisende Definition Robertsons (1992) wird darunter ein Bewusstsein für die Welt als Ganzes, „the circumstance of extensive awareness of the world as a whole, including the species aspect of the latter" (a. a. O.: 78), verstanden. Eine weitere These ist, *dass diese Bewusstseinsbildung sich über die Erzeugung und Verbreitung spezifischer, diskursiv vermittelter Formen des Problematisierungswissens* vollzieht, wobei das Konzept des Problematisierungswissens (dazu auch Poferl 2012a) – eingesetzt als *sensitizing concept* im Sinne Herbert Blumers – analytisch ‚wertneutral' zu begreifen ist, d. h. sowohl die Anerkennung globaler Armut als einer sozialen Tatsache, die ‚alle' etwas angeht, als auch die Zurückweisung eben dieser Position und die damit verbundenen Ausdeutungen im Einzelnen umfasst.

Die Ausbildung von Globalität im Allgemeinen und die Wahrnehmung globaler Armut im Besonderen interessiert dabei in ihren lebens- und alltagsweltlichen Erscheinungsformen. Mithin sind weder das Sonderwissen wissenschaftlicher Experten und Professioneller, weder die elaborierten Argumentationsgebäude der Philosophie noch die Rhetoriken und Spannungslinien des politischen Diskurses Gegenstand der Betrachtung – dies alles böte sich zweifelsohne gewinnbringend als Objekt einer Untersuchung der kommunikativen Konstruktion globaler Armut an. Das Augenmerk der folgenden Ausführungen ist dagegen auf die sehr viel verschlungener, fragmentierter, widersprüchlicher und durchaus auch konfuser sich darstellenden „Weltansichten" (Luckmann 2006: 10) des – von Alfred

---

2 Die Entwicklung der Menschenrechte ebenso wie die Entwicklung des Humanitarismus wird seit einiger Zeit verstärkt auch unter kulturgeschichtlichen, kulturanthropologischen und soziologischen Aspekten behandelt, vgl. dazu bspw. Hunt (2007), Goodale (2009), Moyn (2010), Laqueur (1989), die Beiträge in Wilson/Brown (2009), Tester (2010) sowie Turner (2006). Zur Ordnung von Gesellschaft unter dem Aspekt moralischer Kommunikation vgl. grundlegend Luckmann (1997: 9).

Schütz (1964: 134) so genannten ‚Mann [der Frau, A. P.]³ auf der Straße' („*man on the street*") – gerichtet. Bezug genommen wird auf eine explorative, felderkundende Studie zur Kampagne „*Deine Stimme gegen Armut*", die sich der empirischen Untersuchung dieser Weltansichten gewidmet hat. Die ‚Straße', auf der wir uns bewegen, ist die online-Kommunikation von *usern*, die sich zu der Kampagne in verschiedenen Formen und Formaten geäußert haben. Im Blickpunkt steht also nicht, wie in der Kampagnenforschung meist der Fall, die Seite der Produktion spezifischer Problemrahmungen der Protestkommunikation und der von den Kampagnenmachern eingesetzten Mobilisierungsstrategien (vgl. z. B. Baringhorst 1999), sondern die Seite der *Rezeption*, die Kommentierungen der Nutzer. Sie sind in die Mobilisierungsprozesse eingebunden, nehmen sich der Thematik jedoch auf höchst eigensinnige Weise an; diskursive ‚Vorgaben' spielen dabei ebenso eine Rolle wie Anbindungen an die je ‚eigene' Erfahrung, wobei beides gerade nicht zu trennen, sondern immer nur in seiner Verschränkung zu erfassen ist.

Im Folgenden wird zunächst ein knapper Problemaufriss zur Ausblendung globaler Armut im Kontext eines methodologischen Nationalismus und ihrer möglichen Einbeziehung in den Deutungshorizont gesellschaftlicher Wahrnehmung vorgenommen. Der nächste Abschnitt skizziert die theoretisch-methodologischen Grundlagen der genannten Studie. Daran anschließend werden das empirische Material, der methodische Zugang sowie einige ausgewählte Ergebnisse vorgestellt.

2   Zur (Un-)Sichtbarkeit globaler Armut

Die Existenz und Bekämpfung anhaltender und zum Teil steigender Armut zählt zu den großen Herausforderungen des 21. Jahrhunderts – diese Auffassung wird in den Arenen der politisch-öffentlichen Diskussion, von Vertretern der Fachwissenschaften wie auch in den Medien in großer Einmütigkeit geteilt. Besonders eindrücklich sind in diesem Zusammenhang stets die Bezüge auf globale Armut, wobei es sich hierbei keineswegs um eine klar definierte Kategorie handelt: Angesprochen sind Armutslagen und Armutsverhältnisse im weltweiten Maßstab, die weit über den klassischen Aspekt der Einkommensungleichheit hinausge-

---

[3] An dieser Stelle möchten wir es uns nicht nehmen lassen, die Sozialkategorie ‚Frau' – zwangsläufig gesondert – einzuführen. Ansonsten halten wir uns an die androzentrische Gepflogenheit des wissenschaftlichen Diskurses, weibliche Gesellschaftsmitglieder auch bei Verwendung männlicher Bezeichnungen selbstverständlich ‚mitzumeinen'.

hen. ‚Armut' verweist im Unterschied zu ‚sozialer Ungleichheit' nicht primär auf Strukturfragen, sondern „[wirft] die Frage [auf], wie es den am schlechtesten gestellten Mitgliedern der Gesellschaft geht" (Therborn 2010 [2001]: 63). Im globalen Kontext zählen hierzu Hunger und mangelnde Ernährungssicherheit, gesundheitliche Risiken und medizinische Unterversorgung, Analphabetisierung und geringe Bildung, unzureichende soziale Sicherung, ökologische Gefährdungen, fehlende politische Mitsprache- und Gestaltungsmöglichkeiten sowie die Erfahrung mangelnder Anerkennung und Wertschätzung – die seit den 1980er Jahren forcierte Hinwendung zu grundsätzlich mehrdimensionalen Konzepten und Indikatoren sowohl in der sozialwissenschaftlichen Literatur als auch auf politisch-institutioneller Ebene (UN, Weltbank) versucht, der Vielschichtigkeit und Komplexität des Phänomens Rechnung zu tragen.

Die sozialwissenschaftliche Befassung mit globaler Armut verweist auf ein interdisziplinär bestücktes, in seinen Konturen unscharfes Literaturfeld. Wurde globale Armut – verstanden meist als Armut der ‚armen' Länder bzw. der ‚armen' Menschen des globalen Südens und der Peripherie – bis vor wenigen Jahren nahezu ausschließlich im Kontext der Diskussion über ‚Entwicklung' (Entwicklungspolitik, Entwicklungsarbeit, Entwicklungssoziologie), in der Politischen Ökonomie und den jeweiligen Kontroversen zwischen modernisierungstheoretischen Ansätzen einerseits, dependenz- und weltsystemtheoretischen Kritiken andererseits thematisiert, so spielt sie heute *ex*- oder *im*plizit auch eine gewisse Rolle in Verbindung mit ungleichheitssoziologischen und/oder allgemeineren Frage- und Problemstellungen der Globalisierungstheorie und -forschung – wenn es bspw. um die anhaltende Diskussion über Einkommensungleichheit, um Globalisierung und Exklusion, um globale zivilgesellschaftliche Bewegungen (Eade/O'Byrne 2005), um Konturen einer sich herausbildenden globalen Sozialpolitik (Leisering 2008), um globalisierte Geschlechterverhältnisse, um Globalisierung und Menschenrechte (z. B. Brysk 2002; Howard-Hassmann 2010), um die Entwicklung globaler (Brunkhorst 2002) und kosmopolitischer Solidarität (Kurasawa 2007) oder um Prozesse der Transnationalisierung sozialer Ungleichheit und die damit geforderte Neuausrichtung der Ungleichheitsforschung und Theoriebildung geht.[4] Ein eigener, in der Diskussion um Armut international viel beachteter Ansatz wurde mit dem Konzept der menschlichen Handlungs- und Leistungsfähigkeit *(capabilities approach)* entwickelt (Sen 1992). Eine breite philosophische

---

4 Zu den genannten Themenfeldern und der transnationalen bzw. kosmopolitischen Wende der Ungleichheitsforschung vgl. u. a. die Beiträge in Beck/Poferl (2010) und die dort genannte Literatur.

Debatte nimmt sich der ethischen Problemstellungen von Fragen globaler Armut, globaler Gerechtigkeit und globaler Verantwortung an (z. B. Kuper 2005; Pogge 2007; Bleisch/Schaber 2009[2]).

Von einer tatsächlichen Etablierung des Gegenstandsbereiches globale Armut im Spektrum der europäischen oder deutschsprachigen Soziologie kann dennoch derzeit noch keine Rede sein; sie stellt sich nach wie vor eher als ein Nischenthema dar. Darin spiegelt sich, was Beck den „methodologischen Nationalismus" herkömmlicher Gesellschaftsanalyse nennt und als Gleichsetzung von Nation und Gesellschaft in Gestalt von „Container-Theorie[n]", d. h. als Unterwerfung des soziologischen Blicks unter die „ordnende[n] Autorität – Macht und Gewalt – des Nationalstaates" (Beck 1998[5]: 49) kritisiert. Die Bornierungen des methodologischen Nationalismus führen demnach zur Ausblendung grenzüberschreitender sozialer Ungleichheit und zu deren „negative[r] Legitimation" (Beck 2008: 11; vgl. dazu auch Beck 2002a). Diese institutionalisierte Invisibilität[5] wird erst durch soziale Gleichheitsnormen (Bürgerrechte, Menschenrechte) und diesen korrespondierende soziale Maßstäbe aufgebrochen. Sie machen sichtbar und vergleichbar, was zuvor unerkannt und unvergleichbar bleiben konnte und tragen gerade so zur *De-Legitimation* sozialer Ungleichheit im globalen Kontext bei: „Je mehr Gleichheitsnormen sich weltweit ausbreiten, desto mehr wird der globalen Ungleichheit die Legitimationsgrundlage des institutionalisierten Wegsehens entzogen." (Beck 2008: 15). Angesprochen ist damit ein Wandel, der sich gegenwärtig zu vollziehen scheint und zumindest die gesteigerte *normative* Aufmerksamkeit für Frage- und Problemstellungen globaler Ungleichheit und Armut sowie deren mögliche (epistemologische und politisch-praktische) Folgen zu erhellen vermag.

Das von Beck entwickelte theoretische Argument der De-Legitimation globaler sozialer Ungleichheit im Zuge ihrer zunehmenden Sichtbarkeit ist auch für die hier interessierende Frage nach der kommunikativen Konstruktion globaler Armut zentral. Was, wenn nicht Kommunikation über eben diese, macht die Armut globaler Anderer im übertragenen Sinne ‚sichtbar', d. h. wahrnehmbar, begreifbar, erfahrbar, kommentierbar? Wie wird kommuniziert? Welche Inhalte, welche Vorstellungen von Armut und ihrer ‚Bewältigung' kommen dabei zum Tragen? Und wie wird, insbesondere vor einem westlichen Hintergrund, die je eigene Berechtigung, über globale Armut überhaupt sprechen zu können, legitimiert? Diesen Fragen wird im Folgenden weiter nachgegangen.

---

5   Mit dem Begriff der Invisibilisierung schließt Beck an Stichweh (2010 [2001]) an.

3 Theoretisch-methodologischer Bezugsrahmen

Das Erkenntnisinteresse der vorliegenden Untersuchung von Wahrnehmungen globaler Armut setzt zum einen an *intersubjektiven* Prozessen, in denen Menschen ihr Wissen erwerben, verfestigen, kontrollieren und weitergeben, an; insoweit handelt es sich um eine Analyse sozialer Alltagswirklichkeit bzw. eine Analyse jenes Wissens, das Verhalten und Handeln in der Alltagswelt reguliert (vgl. Berger/Luckmann 2004 [1966]: 21). Zum anderen wird an Prozesse der *diskursiven Strukturierung, Vermittlung und Hervorbringung* von Wissen angeknüpft. Um beide Ebenen theoretisch-methodologisch einordnen zu können, wurden der Studie zur Kampagne „Deine Stimme gegen Armut" (Walter 2011) vor allem der Sozialkonstruktivismus und die Wissenssoziologische Diskursanalyse zugrundegelegt. Ein Hauptaugenmerk wird auf die kommunikativen Praktiken, in denen die jeweiligen Problematisierungen sich bilden, artikulieren und verfestigen, gelegt.

Sozialkonstruktivismus: Zur gesellschaftlichen – und kommunikativen – Konstruktion der Wirklichkeit

Schütz und Luckmann beschreiben bereits in den „Strukturen der Lebenswelt", dass die Lebenswelt des Alltags, der Bereich des fraglos Gegebenen und Selbstverständlichen, nicht eine rein subjektiv und individuell konstituierte, sondern eine intersubjektive soziale Wirklichkeit ist. Das bedeutet, dass die je eigene Interpretation einer Situation zumindest mittelbar in gesellschaftlich bestimmte Sinnzusammenhänge eingeflochten ist (Schütz/Luckmann 2003 [1979/1984]: 331). Nach Berger und Luckmann (2004 [1966]) vollzieht sich diese gesellschaftliche Konstruktion von Wirklichkeit in einem dialektischen Prozess. Subjektives Erleben, subjektive Sinngebung und Auslegung wird durch die Verknüpfung mit spezifischen, sozial geteilten Bedeutungen zu *Wissen*, mit anderen Worten: subjektiver Sinn wird durch Externalisierung objektiviert und dadurch „gleichsam sozialisiert" (vgl. Knoblauch 2005: 154), was wiederum eine Voraussetzung für Mitteilbarkeit wie auch prinzipielles Verstehen durch Andere ist. Institutionalisierte Wissensbestände und die darin eingelassenen Typisierungen liegen ihrerseits der im Sozialisationsprozess stattfindenden Internalisierung sozialer Wirklichkeitskonstruktionen zugrunde. Gesellschaft als *subjektive* und als *objektive* Wirklichkeit bilden somit einen Zusammenhang, der die Hervorbringung der sozialen Welt, ihre Gegenständlichkeit bzw. Faktizität und und ihre Erfahrbarkeit gleichermaßen prägt: „Gesellschaft ist ein menschliches Produkt. Gesellschaft ist eine objektive

Wirklichkeit. Der Mensch ist ein gesellschaftliches Produkt" (Berger/Luckmann 2004 [1969]: 65). Der Bereich der Alltagswelt stellt sich dabei als eine weitgehend hingenommene Wirklichkeit (vgl. Berger/Luckmann 2004 [1966]: 26) dar. Der Sozialkonstruktivismus als Theorie der Wissenssoziologie interessiert sich insbesondere dafür, auf Grund welcher Vorgänge ein bestimmter Vorrat an Wissen, das entwickelt, verbreitet und bewahrt wird, zu gesellschaftlich etablierter Wirklichkeit gerinnen, also für die Akteure zu einer außer Frage stehenden Realität werden kann (vgl. ebd.: 3). Die Kategorie des Wissens steht im Mittelpunkt der gesellschaftlichen Dialektik, wobei die Autoren unter ‚Wissen' die objektivierte gesellschaftliche Wirklichkeit und das ständige Erzeugen (Bestätigen, Modifizieren oder Verändern) dieser Wirklichkeit (vgl. ebd.: 71) verstehen. Vergegenständlicht wird Wissen unter anderem durch die Sprache. Die Ablösbarkeit der Sprache von der Vis-à-vis-Situation gibt ihr die Fähigkeit, Sinn und Bedeutung zu vermitteln, obwohl ihre Verbalisierungen nie direkter Ausdruck der jeweiligen Subjektivität sind. Dem kommunikativen Handeln (in all seinen unterschiedlichen Ausprägungen) kommt somit ein herausragender Stellenwert für die soziale Konstruktion von Wirklichkeit, für ihre sozialwissenschaftliche Re-Konstruktion und insbesondere für das Erfassen der – soziales Handeln orientierenden – „Weltansicht" zu:

> „Gewiss besteht nicht alle menschliche Praxis aus kommunikativem Handeln im überkommenen Sinne des Wortes. […] Wie diese einfachen Beispiele jedoch zeigen, ist selbst nicht eigentlich kommunikatives Handeln in der Regel durch kommunikatives Handeln geplant, eingeleitet, besprochen. […] Die menschliche Sozialwelt wird zumindest überwiegend in kommunikativem Handeln hergestellt. Und eine Weltansicht, die alles soziale Handeln motiviert und leitet, wird ausschließlich im kommunikativen Handeln konstruiert." (Luckmann 2006: 10)

Die Wissenssoziologische Diskursanalyse

Die Wissenssoziologische Diskursanalyse (Keller 2008[2]) entwickelte sich in Auseinandersetzung mit dem Sozialkonstruktivismus sowie mit verschiedenen diskurstheoretischen Perspektiven, allen voran der Foucaultschen Diskurstheorie (Keller 2008[2]: 11). Dabei stehen die Begriffe des Wissens und des Diskurses im Mittelpunkt; der Ansatz beschäftigt sich mit „*diskursiven Prozessen und Praktiken der Produktion und Zirkulation von Wissen auf der Ebene der institutionellen Felder und öffentlichen Arenen der Gegenwartsgesellschaft*" (Keller 2007: 209). Was versteht man in diesem Zusammenhang unter einem Diskurs? Bei einem Diskurs handelt es sich um einen „Komplex von Aussageereignissen und darin eingelassene Praktiken, die über einen rekonstruierbaren Strukturzusammenhang miteinander verbunden sind und spezifische Wissensordnungen der Realität prozessieren" (Keller 2008[2]: 235). Von Belang sind für einen solche Perspektive nicht die einzelnen Äußerungen, sondern die strukturell mit einander verknüpften Aussagen, in denen Behauptungen über etwas mit einem mehr oder weniger starken Geltungsanspruch versehen sind. Diskurse verweisen auf die Strukturierung von *kollektiven* Prozessen der Bedeutungszuschreibung (vgl. a. a. O.: 236). Sie treten in Erscheinung durch soziale Akteure; diese fungieren als Sprecher/innen oder Repräsentant/innen sozialer Gruppen (Expert/Innen, Professionen, Organisationen, Betroffene usw.) und tragen durch die Einnahme von Positionen innerhalb des Diskurses, d. h. durch bestimmte Arten und Weisen des Argumentierens, Dramatisierens, Moralisierens und Mobilisierens (vgl. a. a. O.: 252 f) zur Herstellung spezifischer kollektiver Identitäten bei. Das dabei erzeugte Wissen liefert eine Grundlage für Wahrnehmung, Deutung und als angemessen erachtetes Handeln. Die Diskurse selbst dienen als Legitimation und stellen kognitive, moralische und ästhetische Bewertungsmaßstäbe zur Verfügung (vgl. a. a. O. 237 f). Ziel der Diskursforschung ist somit, eine Antwort auf die Frage zu bekommen

> „welche[s] Wissen, Gegenstände, Zusammenhänge, Eigenschaften, Subjektpositionen usw. durch Diskurse als „wirklich" behauptet werden, mit welchen Mitteln – etwa Deutungsschemata, Klassifikationen, Phänomenstrukturen, story lines, moralische und ästhetische Wertungen – dies geschieht, und welche unterschiedlichen Formationsregeln und -ressourcen diesen Prozessen zugrunde liegen" (a. a. O.: 265).

Für die empirische Analyse von Diskursen schlägt Keller die Abgrenzung von Deutungsmustern, Klassifikationen, Phänomenstruktur und narrativen Strukturen vor. Bei Deutungsmustern handelt es sich um kollektive Produkte, die im gesellschaftlichen Wissensvorrat vorhanden sind und sich in konkreten sprachlichen Äußerungen manifestieren. Dabei können innerhalb eines Diskurses neue Deutungsmuster generiert oder bereits bestehende Deutungsmuster, die im gesellschaftlichen Wissensvorrat vorhanden sind, neu zu spezifischen Deutungsarrangements verknüpft werden (vgl. a. a. O.: 240–243). Deutungsmuster erfüllen somit die Funktion, individuelle bzw. kollektive Erfahrungen zu organisieren (a. a. O.: 240).[6] Um Diskurse inhaltlich zu erschließen, bietet es sich darüber hin-

---

6 Zu einer wissenssoziologischen Reformulierung des Deutungsmusteransatzes vgl. auch Plaß/Schetsche (2001) sowie in der Unterscheidung strukturtheoretischer und wissenssoziologischer Perspektiven Lüders/Meuser (1997).

aus an, Klassifikationen zu untersuchen. Dabei handelt es sich um eine „mehr oder weniger ausgearbeitete, formalisierte und institutionell stabilisierte Form sozialer Typisierungsprozesse" (a. a. O.: 244). Das Konzept der Phänomenstruktur ist als dritte Zugangsmöglichkeit anzusehen. Es bezieht sich im Rahmen der Wissenssoziologischen Diskursanalyse auf diskursive Zuschreibungen wie zum Beispiel eine Problembestimmung, die Benennung einzelner Merkmale, kausale Zusammenhänge, Festlegungen von Zuständigkeit, moralische und ästhetische Wertimplikationen, Folgendeskriptionen sowie den Entwurf von Handlungsoptionen. Wichtige Elemente einer Phänomenstruktur bilden nach Keller die *Subjektposition* und die *diskursgenerierten Modellpraktiken*. Dabei spielt die Subjektposition, d. h. die Positionierung von sozialen Akteuren innerhalb des Diskurses, eine zentrale Rolle. *Diskursgenerierte Modellpraktiken* bieten für die innerhalb eines Diskurses festgestellten Handlungsprobleme entsprechende Handlungsanweisungen an (vgl. a. a. O.: 248–251). Eine weitere Facette der Analyse von Diskursen ergibt sich über die narrativen Strukturen. Hierbei geht es um die Erzählweisen und -regeln, nach denen Deutungsmuster, Klassifikationen und Dimensionen der Phänomenstruktur in Beziehung zueinander gesetzt werden.

4 Zur Kampagne „Deine Stimme gegen Armut": Motivvokabularien und kommunikative Praktiken

4.1 Empirisches Material und methodischer Zugang

Für die Studie zur Kampagne „Deine Stimme gegen Armut" ging es in erster Linie darum, ausgewählte Elemente der Phänomenstruktur im Diskurs um globale Armut genauer zu bestimmen und in Verbindung mit Deutungsarrangements (von umfassenden Deutungsmustern zu sprechen wäre hier zu weit gegriffen) zu identifizieren. Vorab wurde vermutet, dass – neben politisierenden Argumentationsfolien – moralische, ethische und religiös vermittelte Werthaltungen eine große Rolle spielen, gleichwohl durch lebens- und alltagsweltliche Erfahrungsbezüge gebrochen und modifiziert werden. Darauf wird noch einzugehen sein (siehe Abschnitt 4.2).

Die für die Untersuchung verwendeten Daten entstammen zwei Internetseiten, die sich mit dem Thema globale Armut beschäftigen. Dazu gehören zum einen die Internetseite der Kampagne „Deine Stimme gegen Armut" selbst, zum anderen das Internet-Videoportal YouTube, in dem die Kampagne kommentiert wurde. Man geht davon aus, dass rund ein Fünftel der Weltbevölkerung gegenwärtig Zugang zum Netz hat. Im Jahr 2007 nutzten 27 % der Europäer das Internet. Die Deutschen surfen täglich durchschnittlich eine Stunde privat im Netz. Das Internet gehört somit zu den meist verbreiteten Informations- und Kommunikationsmedien unseres Zeitalters (vgl. BPB Internet) und ist zweifellos von großer Bedeutung im Prozess der globalisierten Kommunikation. Informationsbeschaffung und auch Meinungsbildung geschehen heutzutage immer mehr über das Internet. Auch die Kampagne „Deine Stimme gegen Armut" agiert und äußert sich zum Problem- und Handlungsfeld globale Armut über dieses Medium. Damit kommt eine spezifische Form der online-Kommunikation zum Tragen; in aller Regel stehen die miteinander kommunizierenden Akteure in keiner persönlichen Beziehung zueinander und bleiben durch die Benutzung von selbst erfundenen Nutzernamen weitestgehend anonym.

„Deine Stimme gegen Armut" ist der deutsche Beitrag zum weltweiten Kampagnennetzwerk „Global Call to Action Against Poverty" (GCAP), einer internationalen Kampagne, in der sich verschiedene Organisationen, Vereine, Religionsgemeinschaften, Gewerkschaften, Prominente und Privatpersonen für die Umsetzung der im Jahr 2000 beschlossenen UN Millenniumsziele zur Bekämpfung globaler Armut einsetzen. Die Kampagne „Deine Stimme gegen Armut" präsentiert sich im Internet vorrangig auf der Homepage www.deine-stimme-gegen-armut.de. Sie enthält vor allem Informationen zur Kampagne und zu geplanten Aktionen. Darüber hinaus stellt die Homepage eine Plattform für die einzelnen Interessenten dar, auf der sie sich untereinander vernetzen und weitere Aktivitäten entwickeln können. Ein zentraler Aspekt der Kampagne ist die Sammlung von unterstützenden Stimmen. Damit sollen politische Entscheidungsträger – im deutschen Kontext: die Bundesregierung – an die Einhaltung der Millenniumsziele erinnert werden. Die Akteure haben unterschiedliche Möglichkeiten, ihre Meinung zu der Kampagne zum Ausdruck zu bringen. Eine dieser Möglichkeiten besteht darin, sich in Blogs zu äußern, seine Stimme auf einer „Aktionskarte" auf der Homepage der Kampagne abzugeben und eine kurze Botschaft zu hinterlassen. Darüber hinaus können die Nutzer selbst Videos erstellen, in denen sie Präsentationsformen der offiziellen Kampagne nachahmen[7] und mit einem kurzen Textkommentar „Ich bin dabei, weil…" ihre Unterstützung erklären.

Die Kommentierungen geben Hinweise auf das jeweilige Motivvokabular *(„vocabularies of motives")*, das hierbei zum Einsatz kommt. Dieser von Mills (1940)

---

7   Als symbolisch markante Geste wird hier insbesondere das im Sekundenabstand erfolgende Schnippen mit der Hand verwendet, das verdeutlichen soll, dass statistisch gerechnet nach Angaben der UN weltweit alle 3–4 Sekunden ein Kind an Armut stirbt.

übernommene und keineswegs neue Begriff sei herangezogen, um deutlich zu machen, dass es *nicht* um die Herausarbeitung individuell verankerter Motivlagen geht. Fokussiert sind vielmehr die *Situationsdefinitionen*, die in die Artikulation, Explikation und Postulierung bestimmter Denk- und Handlungsweisen (sei es als Begründung der eigenen Beteiligung an der Kampagne, sei es als Forderung an Andere, sich ebenfalls anzuschließen) eingehen. Motive werden mit Mills als *Interpretationen* von Verhalten bzw. gleichermaßen als Formierungsmodi und Äußerungsformen derselben und hierin als *soziale* Phänomene verstanden:

> „Rather than fixed elements „in" an individual, motives are the terms with which interpretations of conduct *by social actors* proceed. This imputation and avowal of motives by actors are social phenomena to be explained. The differing reasons men give for their actions are not themselves without reasons." (Mills 1940: 904; Hervorh. im Orig)

Ein solches Verständnis macht das Konzept der Motivvokabularien in hohem Maße anschlussfähig an diskursanalytische Forschungsinteressen ebenso wie an die Untersuchung kommunikativer Konstruktionen. Luckmann (2006: 12) weist – in direktem Rekurs auf Mills – „‚vocabularies and rhetorics of motives'" als Vorräte gesellschaftlich verfügbarer „Projekte und Pläne", als „Traditionsbestände für Lebensführungsstile" und als „sozio-historisches *Apriori*"(Hervorh. im Orig.) aus.

Die Homepage der Kampagne „Deine Stimme gegen Armut", sowie die darauf bezogenen Blogkommentare und die Textbotschaften auf den Aktionskarten bilden einen Teil des Datenmaterials. Die Werbespots der Kampagne von 2005, 2007 und 2010 wurden durch „Deine Stimme gegen Armut" auf YouTube gestellt; sie und die enthaltenen Kommentierungen flossen ebenfalls in die Datenanalyse ein. YouTube ist eine Plattform für Online-Videos, auf der Internetnutzer Videos ansehen sowie einstellen können. Die Plattform hat das Ziel „seine Reichweite über das Internet hinaus auszudehnen und es Nutzern zu ermöglichen, interessante Videoinhalte zu entdecken und weiterzugeben" (YouTube: Fakten). Die einzelnen Videos sind allen *usern* kostenlos zugänglich. Dabei haben registrierte Nutzer die Möglichkeit, selbst Videos hochzuladen, sowie die einzelnen Beiträge zu bewerten und Stellung zu beziehen. Laut Angaben von YouTube wird die Plattform weltweit von Nutzer zwischen 18 und 55 Jahren aufgerufen und verwendet, wobei etwa genauso viele Frauen wie Männer die Website nutzen (YouTube: Fakten). Die geforderte Netiquette[8] verweist darauf, dass unerwünschte Kommentare seitens der

---

8 Unter der Netiquette versteht man die Etikette im Internet. Der Begriff wird hautsächlich für die Kommunikation über EMails und Newsgroups verwendet. So ist es z. B. in Foren in der Regel

verantwortlichen Moderatoren durchaus gelöscht wurden. Gleichwohl zeigt sich in den Beiträgen eine ausgeprägte Unbefangenheit, die offenbar kaum dem ‚Diktat' normativer Erwünschtheit unterliegt.[9]

Methodisch orientiert sich die vorgestellte Untersuchung an Vorschlägen der Wissenssoziologischen Diskursanalyse. Die Diskursforschung ermöglicht einen multimethodischen Ansatz, der unterschiedliche Daten und Zugänge in Beziehung setzt. Die Auswahl des Vorgehens orientiert sich dabei am konkreten Forschungsinteresse und in Abstimmung mit den spezifisch diskurstheoretischen Grundannahmen (Keller 2008: 268). Diskursanalysen stützen sich überwiegend auf natürliche Daten wie zum Beispiel mündliche, schriftliche oder audiovisuelle Aussageereignisse. Im Rahmen der Wissenssoziologischen Diskursanalyse werden Texte als Manifestationen gesellschaftlicher Wissensordnungen (vgl. a. a. O.: 274 f) betrachtet. Für die forschungspraktische Umsetzung wurden in der beschriebenen Studie Verfahrensweisen der materialbasierten Kategorienbildung in Anlehnung an die Grounded Theory (Strauss 1991) sowie sequenzanalytische Interpretationsschritte aus dem Verfahrensspektrum der Deutungsmusteranalyse gewählt.[10]

4.2 Ausgewählte Ergebnisse

Hinsichtlich der Strategien der Problemdeutung durch die Nutzer lassen sich bei genauerer Betrachtung drei Muster unterscheiden: (1) Als ein erstes identifizierbares Muster sei die *Strategie der Gewissheitsproduktion und idealen Handlungsentwürfe* genannt; ausgegangen wird in diesem Zusammenhang davon, über eindeutiges Wissen zum Thema globale Armut (Erscheinungsformen, Ursachen) zu

---

nicht erlaubt, sich gegenseitig zu beschimpfen oder Werbung für andere Produkte und Dienstleistungen zu machen.

9 Die bloße Erfassung normativer erwünschter Äußerungen und entsprechender Rationalisierungen ist ein Standardvorwurf, der der interpretativen Sozialforschung oft entgegengehalten wird. Gerade für eine Analyse gesellschaftlicher Normierungen erweist sich dieser allerdings als verkürzt und wird umgekehrt vielmehr in seinen eigenen Implikationen, sprich: der Unterstellung unterschiedlich ‚wahrer' Wirklichkeitsebenen, als diskussionsbedürftig.

10 Da es sich bei den Textbotschaften und Blogbeiträgen jeweils um mehr als 1 000 Kommentare handelte, wurde eine weitgehend willkürliche Auswahl getroffen. Die Kommentare der Internetseite YouTube sind vollständig in die Datenanalyse eingeflossen. Darüber hinaus wurde die Internetseite von „Deine Stimme gegen Armut" im November 2010 gesichert und in die Datenanalyse mit einbezogen. Auf Grund der Materialfülle wurde entschieden, weitere relevante Seiten wie zum Beispiel facebook oder MySpace nicht in die Analyse aufzunehmen.

verfügen und entsprechend klare Vorstellungen über die jeweils ‚richtigen' und ‚falschen' Formen der Bekämpfung globaler Armut äußern zu können – polemisch formuliert, schlägt hier die Stunde der selbst ernannten ‚Experten' und ihrer Urteile. (2) Eine weitere Strategie besteht darin, eben solches Gewissheitswissen über die Existenz globaler Armut und darauf bezogene Umgangsweisen in Frage zu stellen, was bspw. Formen der Entdramatisierung und Abschwächung der Problematik bzw. deren ‚Verkleinerung' umfasst *(Relativierungsstrategie)*. Zum Tragen kommen schließlich Artikulationsmodi, die sich (3) als *Strategie der expliziten Rechtfertigung und der Selbstermächtigung des Sprechens* charakterisieren lässt. Sie ist gleichsam auf einer Metaebene angesiedelt und verleiht der Kommunikation eine spezifische Dynamik.

Die zuvor bereits erwähnte und als typisch angenommene Brechung diskursiver Vorstrukturierungen durch lebens- und alltagsweltliche Erfahrungsbezüge hat sich bestätigt, was für sich genommen nicht weiter überraschend ist. Empirisch aufschlussreich sind jedoch (neben vielen anderen Details, denen hier nicht nachgegangen werden kann) vor allem zwei Entwicklungen, die nachfolgend exemplarisch skizziert werden sollen.

Legitimierung der Sprecherposition

Auffallend ist so das eben bereits angedeutete Bemühen, die jeweilige Subjekt- bzw. Sprecherposition als *Kommentator globaler Armut* auszuweisen und auf nachvollziehbare Grundlagen zu stellen. Wie zu erwarten war, werden allgemeine moralische, religiöse und weltanschauliche Bekenntnisse zur Begründung von Aussagen herangezogen. Von weitaus größerem Gewicht sind jedoch Verweise auf *je eigene Erfahrungen* sowie damit verbundene Ansprüche an Authentizität und entsprechend überprüfbare Realitätsgehalte; weitere Formen der Legitimierung operieren mit *Stellvertreterpositionen,* die von den Akteuren eingenommen werden.

Ein zentraler Anknüpfungspunkt für letzteres ist die *Fürsprache für* und *Repräsentation von Kindern*. Diese spielen aus zwei verschiedenen Perspektiven eine Rolle. Einerseits ist die Rede von Kindern als hilflose Opfer, die nicht für sich selbst sprechen können, sondern denen eine Stimme gegeben werden muss. Deutlich wird mit Kommentaren wie

„Es muss gehandelt werden! JETZT! Kinder verdienen SCHUTZ!" [sic] *(Textbotschaft Aktionskarte, Zeile 2)*

hervorgehoben, dass Kinder selbst keine Verantwortung für Armut tragen (können) und dass Hilfe von außen notwendig ist. Das Leben von Kindern wird als etwas Wertvolles und besonders Schützenswertes angesehen, sie verkörpern Unschuld und ‚unverdientes' Leid, zunächst völlig unabhängig von dem Beitrag, den diese zur Gesellschaft leisten. Andererseits scheinen Kinder als ‚Investition' in die Zukunft auf. Hierbei ist der Gedanke des Generationenvertrags bedeutsam; Kinder werden als spätere Steuer- und Rentenzahler projiziert. Aus eben diesem Grund solle man in die Kinder investieren und vor allem für eine gute Bildung sorgen. Unterstrichen werden dergleichen Forderungen durch den Verweis auf die drohende Verschwendung menschlichen Potentials. Zugespitzt bringt dies folgende Äußerung zum Ausdruck, die auf nichts Geringeres als globale Ikonen der Armutsbekämpfung selbst rekurriert:

„*Es wird Zeit!!!!!!!!!!! Jedes gestorbene Kind ist eins zu viel! Wenn nur eine Mutter Teresa oder ein zweiter Einstein dabei war, wäe unsere Schuld unsünbar!!!*" [sic] (*Textbotschaft Aktionskarte, Zeile 115*)[11]

Die Anbindung an *eigene Erfahrung* lässt sich wiederum nach Fremd- und Selbstbezügen differenzieren. Etliche Akteure verweisen auf Beobachtungen und Erlebnisse, die sie als ‚betroffene' Nicht-Betroffene – in Ländern der ‚Dritten Welt' gemacht haben. Reisen, Zusammenarbeit mit Entwicklungshilfeorganisationen, ein freiwilliges soziales Jahr im Ausland oder die Möglichkeit als Au-pair ins Ausland zu gehen, beeinflussen die Sichtweise auf eine globale Welt. Der ‚globale Andere' wird nicht nur medial (durch Zeitung, Fernsehen etc.) vermittelt, sondern ‚direkt' gesehen:

„*Ich habe es selbst mir erlebt, wie ich in Arfika wahr und ein Krankenhaus dort die KinderStation Besucht habe sind in 10 min 5 Kinder gestorben [...]*" [sic] (*Blogkommentar, Zeile 183*)

Neben der hervorgehobenen Besonderheit des Auslandsaufenthalts finden sich im Material weitere Relationierungen, die der Markierung einer bestimmten Sprecherposition innerhalb des Diskurses dienen. So werden auch *selbst erfahrene Problemlagen* – eigene Armut, eigene Elternschaft – als Rechtfertigung herangezogen, sich zur Thematik äußern zu dürfen und zu müssen. Nicht nur, aber

---

11 Die zitierten Kommentierungen sind einschließlich aller grammatikalischen und orthographischen Eigentümlichkeiten original übernommen.

vor allem Mütter (bzw. Personen, die sich als solche zu erkennen geben) verweisen auf die Kenntnis prekärer Lebenslagen und Armutssituationen:

„[...] ich selber bin hartz4-empfänger [...]" [sic] (Textbotschaft Aktionskarte, Zeile 409)

„Ich bin Mutter von 5 Kindern [...]" [sic] (Textbotschaft Aktionskarte, Zeile 215)

„ich bin alleinerziehende Mami von 3 kleinen Jungs [...]" [sic] (Textbotschaft Aktionskarte, Zeile 196)

In dieser und ähnlicher Weise ließen sich zahlreiche Einträge auflisten. Im Hinblick auf die Erfahrung von Bedürftigkeit werden auch ‚nationale' Lebensstandards, die jeweiligen institutionellen Rahmenbedingungen und eine Verantwortung des Wohlfahrtstaates betont:

„[...] Meine Kids haben Bedürfnisse und Wünsche wie jedes andere Kind auch. Nur leider kann ich diese nicht oder nur teilweise erfüllen-ist das der Sinn eines Sozialstaates [...]" [sic] (Textbotschaft Aktionskarte, Zeile 134)

Die Zuweisung von Verantwortung – und ihre umstrittene Individualisierung

Erkennbar ist im Material zudem ein ausgesprochenen *Ringen um Verantwortungszuschreibungen*, die sich nach Ursachen globaler Armut und nach Möglichkeiten ihrer Bekämpfung unterscheiden und dabei entweder entscheidende Zuständigkeiten und Machtpotentiale auf der Ebene ‚der Institutionen' (Politik, Weltwirtschaftsystem, kapitalistische Wirtschaftsweise ...) verorten oder aber – im Stil einer Individualethik – auf die Verantwortung ‚jedes Einzelnen' verweisen. Darin zeigt sich, um einen Begriff von Hirsch (2006) aufzugreifen, die Ausbildung einer zivilgesellschaftlichen „Verantwortungskultur" an – dokumentiert sind Verhandlungen gesellschaftlicher Ordnung, Lebensstilfragen und damit verbundene Kontroversen; Selbstanprangerungen und Selbstverpflichtungen sowie die Zurückweisung entsprechender Zumutungen lösen einander ab.

Grundsätzlich wird in zwei Richtungen argumentiert. Auf der einen Seite sprechen die Akteure zu sich selbst, zu *„uns, denen es gut geht", „uns, in Deutschland"* und *„uns in der westlichen Welt"* (Textbotschaft, Aktionskarten); auf der anderen Seite werden je ‚Andere' zum Gegenstand, wobei diese Kategorie durchaus wechselnd besetzt ist und verallgemeinerte „Global Andere", „die, denen es nicht gut geht", „die Afrikaner" oder auch „die Arbeitslosen" usw. (Textbotschaft Aktionskarten) umfasst.

Exponiert äußern sich die Akteure über je eigene *Wohlstandsniveaus* und inwiefern diese sich ändern müssten, um zur Linderung der Armutsproblematik beizutragen. Thematisiert und hinterfragt werden persönlicher wie kollektiver Überfluss und Luxus. Vor allem der Konsum von Gütern verbindet einen jeden mit ‚der Welt'. Eine solche Verknüpfung evoziert klare Verteilungen von ‚Schuldfragen' und legt auch ,Verantwortung' füreinander auf:

„Wir sind Schuld, weil wir mehr tun können, z. B. den eigenen Lebensstil verändern [sic]"
(Kommentar YouTube Spot 2010, Zeile 11)

„Leute das kann doch nicht sein! Wir lassen hier unser Essen verkommen und dort verrecken die Leute weil sie keines haben [...]" [sic] (Textbotschaft Aktionskarte, Zeile 186)

Konkrete Handlungsvorschläge für dieses ausgemachte Handlungsproblem greifen vor allem auf Leitbilder eines nachhaltigen Konsums zurück. Umstellungen der Lebensweise und Konsumgewohnheiten bis hin zum Verzicht werden als gangbare Wege hin zu ‚besseren', gerechteren (welt-)gesellschaftlichen Verhältnissen anempfohlen:

[...] Das einzige, was ich als einziger im Alltag tun kann, ist konsequent ausschließlich fair trade zu kaufen (und überall wo ich bin danach zu fragen), weniger Fleisch essen, bestimmte Produkte zu boykottieren [...] [sic] (Kommentar YouTube Spot 2010, Zeile 2)

Interpretationen *globaler* Anderer – und entsprechende *Fremdbezüge* – stehen vor allem in Diskussionen auf der Internetplattform YouTube im Vordergrund. Erkennbare Löschungen von Kommentaren auf der entsprechenden Internetseite lassen vermuten, dass der Diskurs an dieser Stelle stark durch die Moderation beeinflusst wurde; doch dies muss der Spekulation überlassen bleiben. Der zuvor skizzierten Selbstadressierung stehen Kommentierungen globaler Armut gegenüber, die ein *Selbstverschulden*, ein Unvermögen der von Armut Betroffenen betonen. Das eigentliche ‚Problem' wird einem vermeintlichen Mangel an modernen Haltungen und Tugenden wie etwa dem ‚westlichen' Arbeitsethos zugesprochen – hierin gleichsam den Argumenten einer Modernisierungstheorie folgend, die freilich nur als Alltagstheorie in Erscheinung tritt:

„ICH WAR GERADE ERST IN AFRIKA UND ICH MUSS SAGEN MIR KAM ES SO VOR ALS WENN DIE MENSCHEN GARNICHT ARBEITEN WOLLEN ... ALLE DIE ICH GETROFFEN HABE WAR AUF IRGENTSOLCHER DROGEN DIE MAN DA CUT NENNT DA SPENDE ICH GARANTIERT NICHTS HIN!!!" [sic] (Kommentar YouTube Spot 2010, Zeile 25)

5 Ein methodisch-programmatisches Fazit

Die skizzierten Ergebnisse bieten Einblicke in die diskursive Funktions- und Wirkungsweise von Repräsentations- und Erfahrungsbezügen, die die kommunikative Konstruktion globaler Armut im ‚Wissen der Leute' durchziehen. Diese ‚Leute' sind – noch dazu in der Anonymität des Netzes – sozialstrukturell kaum zu klassifizieren. Weder angebbare Bildungsgrade. Milieubeschreibungen noch sonstiges Hintergrundwissen kommen soziologischen Ordnungsbedürfnissen entgegen; die in das sample ‚geratenen' user dürften typologisch wohl eher zwischen den Schützschen Sozialfiguren eines alltagsmenschlichen „man on the street" und dem „well-informed citizen" (Schütz 1964: 134) changieren. Methodisch ist diese Unschärfe durchaus nicht von Nachteil. Sie erfordert, sich einem empirischen Material auszusetzen, das sich der vorschnellen Einordnung entzieht und Konzentration auf die kommunikative Praxis selbst erzwingt.

Gezeigt werden konnte, inwiefern sich die *Konstitution von Globalität*, wie sie in der Ausgangsthese angesprochen ist, auf Prozesse der *kommunikativen Konstruktion von Wirklichkeit* stützt; hierbei wird ein spezifisches Problematisierungswissen teils herangezogen, teils neu ausgebildet, in dem die Akteure sich ihren eigenen ‚Reim' auf gegenwärtige Weltverhältnisse machen. Die Strategien der Problemdeutungen sowie die beispielhaft herangezogenen Befunde zur Legitimierung von Sprecherpositionen und zur Zuweisung von Verantwortung verdeutlichen, was dies empirisch heißen kann. Auf etliche andere, die Materialanalyse und theoretische Interpretation weiterführende Fragen bspw. zur Bedeutung von Empathie und Mitleid (vgl. Poferl 2012b) oder zur Bebilderung von globaler Armut kann an dieser Stelle nicht eingegangen werden.[12] Kritiktheoretisch und -soziologisch (vgl. Boltanski/Thévénot 2007) ließe sich hinsichtlich der identifizierten diskursiven Strukturierungen von einem rasanten Wechselspiel der Affir-

---

12 So bildet etwa die mediale Darstellung von Leiden inzwischen ein eigenes Forschungsfeld, von dem die Analyse der Wahrnehmungen globaler Armut profitieren kann, vgl. Boltanski (1999), Chouliaraki (2006), Cottle (2009).

mation bestehender Ordnungen und Verhältnisse, der Kritik eben daran und nicht zuletzt einer Kritik der Kritik sprechen. Doch eine solche Terminologie erweist sich als zu lebensfern und dürftig, um die Verschränkungen und Verstrickungen der Ausdeutung globaler Armut zu durchdringen. Eine – themenspezifisch hier nur prospektiv anzureißende – Verknüpfung wissenssoziologisch-diskursanalytischer Untersuchungen mit lebensweltlich aufgeschlossenen Ansätzen hermeneutischen Sinnverstehens (Hitzler/Reichertz/Schröer 1999) bis hin zur lebensweltorientierten Ethnographie (Honer 1999), eine Anbindung an Perspektiven einer Soziologie der Erfahrung (Szakolczai (2004) bieten sich demgegenüber als sehr viel dichter an, um die Welt ‚mit den Augen' der Akteure und deren Auslegungen von Wirklichkeit zu erfassen (vgl. dazu auch Poferl 2010b). Darüber eröffnen sich neue Varianten innerhalb des Kommunikativen Konstruktivismus und nicht zuletzt auch seiner Einwanderung in die Globalisierungsforschung. Die vorgetragenen Ergebnisse haben sich auf ‚westliche', genauer: in einem westlichen Kontext situierte Wahrnehmungen globaler Armut beschränkt. Wir wagen es, darin keinen Mangel oder unerkannten Ethnozentrismus zu sehen, sondern eine Fokussierung, die westliches, europäisches (gar: ‚deutsches'?) Denken jenseits seiner Überhöhung *und* jenseits substantialisierender Zuschreibungen wissenssoziologisch nüchtern zu einem *Gegenstand* der Analyse macht. Gleichwohl wäre auch ein solcher Zugang global zu öffnen und um die ‚Stimmen globaler Anderer' selbst zu ergänzen: *„Diejenigen, die Objekte von Politik [man könnte hier auch sagen: von Wissenschaft und von Diskursen, Anm. A. P.] sind, sollten Gelegenheit haben, nicht nur an bestimmten Entscheidungen mitzuwirken, sondern auch an den Definitionen der Situation, auf die sich diese Entscheidungen gründen. Dies mag kognitive Mitbestimmung heißen."* (Berger 1974: 12; Hervorh. Im Orig.)

Literatur

Baringhorst, Sigrid (1999): Solidarität ohne Grenzen? Aufrufe zu Toleranz, Mitleid und Protest in massenmedialen Kampagnen. In: Bergmann, Jörg/Luckmann, Thomas (Hg.): Kommunikative Konstruktion von Moral. Band 2: Von der Moral zu den Moralen. Opladen: VS Verlag für Sozialwissenschaften, S. 236–259.
Beck, Ulrich (1998^5): Was ist Globalisierung? Irrtümer des Globalismus – Antworten auf Globalisierung. Frankfurt am Main: Suhrkamp.
Beck, Ulrich (2000): The Cosmopolitan Perspective: Sociology of the Second Age of Modernity. In: British Journal of Sociology, 51 (1), S. 79–105
Beck, Ulrich (2002a): Macht und Gegenmacht im globalen Zeitalter. Neue weltpolitische Ökonomie. Frankfurt am Main: Suhrkamp.

Beck, Ulrich (2002b): The Cosmopolitan Society and its Enemies. In: Theory, Culture & Society, 19 (1-2), S. 17-44.
Beck, Ulrich (2008): Die Neuvermessung der Ungleichheit unter den Menschen. Frankfurt am Main: Suhrkamp.
Beck, Ulrich/Poferl, Angelika (Hg.) (2010): Große Armut, großer Reichtum. Zur Transnationalisierung sozialer Ungleichheit. Berlin: Suhrkamp.
Berger, Peter L. (1974): Welt der Armen, Welt der Reichen. Politische Ethik und sozialer Wandel. München: List.
Berger, Peter L./Luckmann, Thomas (2004): Die gesellschaftliche Konstruktion der Wirklichkeit. Eine Theorie der Wissenssoziologie. Frankfurt am Main: Fischer [1966].
Bleisch, Barbara/Schaber, Peter (Hg.) (2009^2): Weltarmut und Ethik. Paderborn: mentis.
Boltanski, Luc (1999): Distant Suffering. Morality, Media and Politics. Cambridge: Cambridge University Press.
Boltanski, Luc/Thévenot, Laurent (2007): Über die Rechtfertigung. Eine Soziologie der kritischen Urteilskraft. Hamburg: Hamburger Edition.
Bonacker, Thorsten/Brodocz, André (2001): Im Namen der Menschenrechte. Zur symbolischen Integration der Gemeinschaft durch Normen. In: Zeitschrift für Internationale Beziehungen, 8 (2), S. 179-208.
Brunkhorst, Hauke (2002): Solidarität. Von der Bürgerfreundschaft zur globalen Rechtsgenossenschaft. Frankfurt am Main: Suhrkamp.
Brysk, Alison (Hg.) (2002): Globalization and Human Rights. Berkeley/Los Angeles/London: University of California Press.
Bundeszentrale für politische Bildung (BPB): Internet. http://www.bpb.de/veranstaltungen/RQ7ZPM,0,0,Internet.html Stand April 2011
Chouliaraki, Lillie (2006): The Spectatorship of Suffering. London: Sage.
Cottle, Simon (2009): Global Crisis Reporting. Journalism in the Global Age. Berkshire: Open University Press.
Deine Stimme gegen Armut: Aktiv werden. http://www.deine-stimme-gegen-armut.de Stand September 2010.
Eade, John/O'Byrne, Darren (Hg.) (2005): Global Ethics and Civil Society. Aldershot: Ashgate.
Goodale, Mark (2009): Human Rights. An Anthropological Reader. Malden/Oxford/West-Sussex: Wiley-Blackwell.
Gutmann, Amy (2002): Einleitung. In: Ignatieff, Michael (2002): Die Politik der Menschenrechte. Europäische Verlagsanstalt: Hamburg, S. 7-27.
Hirsch, Alfred (2006): Menschenrechte als zivilgesellschaftliche Verantwortungskultur. In: Heidbrink, Ludger/Hirsch, Alfred (Hg.): Verantwortung in der Zivilgesellschaft. Zur Konjunktur eines widersprüchlichen Prinzips. Frankfurt am Main/New York: Campus, S. 247-263.
Hitzler, Ronald/Reicherz, Jo/Schröer, Norbert (Hg.) (1999). Hermeneutische Wissenssoziologie. Standpunkte zur Theorie der Interpretation. Konstanz: UVK.
Honer, Anne (1999): Bausteine zu einer lebensweltorientierten Wissenssoziologie. In: Hitzler, Ronald/Reichertz, Jo/Schröer, Norbert (Hg.) (1999): Hermeneutische Wissenssoziologie. Standpunkte zur Theorie der Interpretation. Konstanz: UVK, S. 51-70.

Howard-Hassmann, Rhoda (2010): Can Globalization Promote Human Rights? Pennsylvania: The Pennsylvania State University Press.
Hunt, Lynn (2007): Inventing Human Rights. A History, New York/London: W. W. Norton & Company.
Ignatieff, Michael (2002): Die Politik der Menschenrechte. Europäische Verlagsanstalt: Hamburg.
Keller, Reiner (2007): Diskurs/Diskurstheorien. In: Schützeichel, Rainer (Hg.) Handbuch Wissenssoziologie und Wissensforschung. Konstanz: UVK, S. 199-224.
Keller, Reiner (2008²): Wissenssoziologische Diskursanalyse. Grundlegung eines Forschungsprogramms. Wiesbaden: VS Verlag für Sozialwissenschaften.
Knoblauch, Hubert (2005): Wissenssoziologie. Konstanz: UVK.
Koenig, Matthias (2005): Weltgesellschaft, Menschenrechte und der Formwandel des Nationalstaats. In: Zeitschrift für Soziologie, Sonderheft Weltgesellschaft, S. 374-393.
Kuper, Andrew (Hg.) (2005): Global Responsibilities. Who Must Deliver in Human Rights? New York/London: Routledge.
Kurasawa, Fuyuki (2007): The Work of Global Justice. Human Rights as Practices. Cambridge: University Press.
Laqueur, Thomas (1989): Bodies, Details, and the Humanitarian Narrative. In: Hunt, Lynn (Hg): The New Cultural History, Berkeley: University of California Press, S. 176-204.
Leisering, Lutz (2008): Die Entstehung globaler Sozialpolitik. In: Aus Politik und Zeitgeschichte, Heft 21, S. 21-26.
Luckmann, Thomas (1997): The Moral Order of Modern Societies, Moral Communication and Indirect Moralizing. In: Wicke, Michael (Hg.): Konfigurationen lebensweltlicher Strukturphänomene. Opladen: Westdeutscher Verlag, S. 11-24.
Luckmann, Thomas (2006): Die kommunikative Konstruktion der Wirklichkeit. In: Tänzler, Dirk/Knoblauch, Hubert/Soeffner, Hans-Georg (Hg.): Neue Perspektiven der Wissenssoziologie, S. 1-15.
Lüders, Christian/Meuser, Michael (Hg.) (1997): Deutungsmusteranalyse. In: Hitzler, Ronald/Honer, Anne (Hg.): Sozialwissenschaftliche Hermeneutik. Eine Einführung. Opladen: Leske + Budrich.
Mills, Charles Wright (1940): Situated Actions and the Vocabularies of Motives. In: American Sociological Review 5 (6), S. 904-913.
Moyn, Samuel (2010): The Last Utopia. Human Rights in History. Cambridge/Massachusetts/London: The Belknap Press of Harvard University Press.
Plaß, Christine/Schetsche, Michael (2001): Grundzüge einer wissenssoziologischen Theorie sozialer Deutungsmuster. In: Sozialer Sinn, Heft 3, S. 511-536.
Poferl, Angelika (2010a): Jenseits der Solidarität? Globale Probleme und die kosmopolitische Konstitution von Sozialität. In: Beck, Ulrich/Poferl, Angelika (Hg.) (2010): Große Armut, großer Reichtum. Zur Transnationalisierung sozialer Ungleichheit. Berlin: Suhrkamp, S. 134-167.
Poferl, Angelika (2010b): Die Einzelnen und ihr Eigensinn. Methodologische Implikationen des Individualisierungskonzepts. In: Berger, Peter A./Hitzler, Ronald (Hg.): Individualisierungen. Ein Vierteljahrhundert ‚jenseits von Stand und Klasse'? Wiesbaden: VS Verlag für Sozialwissenschaften, S. 291-309.

Poferl, Angelika (2012a im Erscheinen): Problematisierungswissen und die Konstitution von Globalität. In: Soeffner, Hans-Georg (Hg.): Transnationale Vergesellschaftungen, Verhandlungen des 35. Kongresses der Deutschen Gesellschaft für Soziologie in Frankfurt am Main 2010, Teil 1, Frankfurt am Main/New York: Campus.

Poferl, Angelika (2012b im Erscheinen): Zur Wahrnehmung von Leiden. Emotionen und Sozialität am Beispiel von ‚Mitleid'. In: Schützeichel, Rainer/Schnabel, Annette (Hg.): Emotionen – Moderne – Sozialstruktur. Wiesbaden: Springer VS Verlag für Sozialwissenschaften 2012, S. 279–298.

Pogge, Thomas (Hg.) (2007): Freedom from Poverty as a Human Right. Who Owes What to the Very Poor? Oxford: University Press.

Robertson, Roland (1992): Globalization. Social Theory and Global Culture. London/Thousand Oaks/New Delhi: Sage.

Schütz, Alfred (1964): The Well-Informed Citizen, An Essay on the Social Distribution of Knowledge. In: Ders.: Collected Papers II. The Hague: Martinus Nijhoff, S. 120–134.

Schütz, Alfred/Luckmann, Thomas (2003): Die Strukturen der Lebenswelt. Konstanz: UVK [1979/1984].

Sen, Amartya (1992): Inequality Re-Examined. Cambridge, Mass.: Harvard University Press.

Silverstone, Roger (2007): Die Stimme des Hufschmieds – Die neue Moralität der Massenmedien. In: Beck, Ulrich (Hg.): Generation Global. Ein Crashkurs. Frankfurt am Main: Suhrkamp, S. 27–35.

Silverstone, Roger (2008): Mediapolis. Die Moral der Massenmedien. Frankfurt am Main: Suhrkamp [2007].

Stichweh, Rudolf (2010): Inklusion/Exklusion, funktionale Differenzierung und die Theorie der Weltgesellschaft. In: Beck, Ulrich/Poferl, Angelika (Hg.): Große Armut, großer Reichtum. Zur Transnationalisierung sozialer Ungleichheit. Berlin: Suhrkamp, S. 240–260 [2001].

Strauss, Anselm (1991): Grundlagen qualitativer Sozialforschung. Datenanalyse und Theoriebildung in der empirischen soziologischen Forschung. München: Fink.

Szakolczai, Arpad (2004): Experiential Sociology. In: Theoria, 51(103), S. 59–87.

Tester, Keith (2010): Humanitarianism and Modern Culture. Pennsylvania: The Pennsylvania State University Press.

Therborn, Göran (2010): Globalisierung und Ungleichheit. Mögliche Erklärungen und Fragen der Konzeptualisierung. In: Beck, Ulrich/Poferl, Angelika (Hg.) (2010): Große Armut, großer Reichtum. Zur Transnationalisierung sozialer Ungleichheit. Berlin: Suhrkamp, S. 53–109 [2001].

Turner, Bryan (2006): Vulnerability and Suffering. Pennsylvania: The Pennsylvania State University Press.

Walter, Verena (2011): Verantwortungszuweisung von Globaler Armut am Beispiel der Kampagne „Deine Stimme gegen Armut". München: Unveröffentlichte Diplomarbeit.

Wilson, Richard Ashby/Brown, Richard D. (Hg.) (2009): Humanitarianism and Suffering. The Mobilization of Empathy. Cambridge: Cambridge University Press.

YouTube: Fakten. http://www.Youtube.com/t/fact_sheet Stand September 2010.

Kommunikationsregime: die Entstehung von Wissen um Medialität in kommunikativen Praktiken[1]

Boris Traue

1 Einleitung

Im Rahmen wissenssoziologischer Forschung liegt eine beeindruckende Anzahl von Einzelstudien zu akustischen Medien wie der Musik (Kurt 2009), Übertragungsmedien wie dem Radio (vgl. Knoblauch 1995), zum Geruch (Raab 2001), zu räumlich-theatralischen Medien wie dem Rollenspiel (Herbrik 2011) zu visuellen Medien wie Powerpoint (Schnettler und Knoblauch 2007), zu audiovisuellen Medien wie dem Amateurvideo (Raab 2008), zum Digitalmedium (Brosziewski 2003) und zum Online-Amateurvideo (Traue 2012) vor, um nur eine Auswahl zu nennen. Diese breite Beschäftigung mit Medien und den ihnen korrespondierenden Sinnhaftigkeiten verblieb aber bislang weitgehend auf der Ebene von Einzelstudien und wurde noch nicht in einer Diskussion zusammengeführt, in der die theoretischen Grundlagen der ‚neueren Wissenssoziologie' wiederum erneuert werden. Die Privilegierung der Sprache als Medium der Wirklichkeitskonstruktion schien deshalb bisher eine Schwäche dieser in den 1960er Jahren begründeten Wissenssoziologie zu sein.

Bei dem mit diesem Band vorgeschlagenen *kommunikativen Konstruktivismus* handelt es sich also nicht nur um einen programmatischen Vorschlag, sondern auch um eine Systematisierung wissenssoziologischer Forschung, die sich auf ein breites Spektrum bestehender empirischer Studien und theoretischer Einzelstudien stützen kann und benachbarte Ansätze der Medientheorie und -soziologie sowie der Diskursanalyse (vgl. Keller 2005) einbezieht.

Im folgenden Beitrag sollen die institutionellen und materiellen Voraussetzungen der Teilnahme an und Vollzug von kommunikativem Handeln sowie ihre subjektkonstitutive Dynamik bestimmt werden – anhand des bisher zwar gele-

---

1 Ich danke Hubert Knoblauch, Anja Schünzel, Christoph Engemann und Lisa Pfahl für ihre Kommentare und Anregungen.

gentlich verwendeten, aber noch nicht theoretisch ausgearbeiteten Begriffs des *Kommunikationsregime*. Dabei wird insbesondere der Ausweitung der sprachlichen und körperlich vermittelten Kommunikation durch digitale und audiovisuelle Medien sowie ihrer Strukturierung durch den digitalen ‚code' Rechnung getragen. Der Begriff des *Kommunikationsregimes* komplementiert den Begriff diskursiver Praktiken, insofern die Wahrnehmungs- und Ausdrucksmöglichkeiten systematisch berücksichtigt werden, einschließlich der an Kommunikationsteilnehmer gerichteten An- und Aufforderungen sowie die auf sie zielenden Sanktionen und Anreize.

Vorbereitend soll zunächst ein mit der Wissenssoziologie kompatibler Medienbegriff eingeführt werden, um daraufhin das Verhältnis von Subjekt, Medien und Kommunikation anhand des Problems des ‚Doppelcharakters der Objektivationen' zu beschreiben, das eng mit der Herausbildung von ‚Hermeneutiken der Medien' verbunden ist. Die Kommunikationsregime können anschließend als medialisierte und institutionalisierte Lösung des Problems doppelter Objektivationen näher bestimmt werden. Im Schluß des Beitrags wird auf die alltägliche Reflexivität bzw. Kritikalität der Kommunikation innerhalb von Kommunikationsregimen hingewiesen.[2]

Die Entwicklung des Begriffs Kommunikationsregime, wie ich ihn im Folgenden einführen werde, hat einen empirischen Hintergrund: die Demokratisierung und Kommerzialisierung des Wissens, die Digitalisierung der Kommunikation und die Ausweitung der audiovisuellen Praktiken – diese Prozesse haben zu einem Wandeln der Machtformen und Beteiligungsmöglichkeiten geführt: Heute sind neben die ‚harten' *diskursiven* Ordnungsprinzipien des Ein- und Ausschlusses von Sprechern und Themen eine Vielzahl von ‚weichen' Regierungen der Kommunikation getreten: Die kontrollgesellschaftlichen, kybernetischen Moderationen und Modulationen der Kommunikation wirken auf andere Weise als die disziplinargesellschaftlichen Verbote und Ausschlußprozeduren der Diskurse;

---

2 Diese Perspektive schließt sowohl an die französische Tradition der ‚Produktion von Subjekten' als auch an die auch von Jo Reichertz in diesem Band angesprochene anthropologische Perspektive der Kommunikation als „Mittel der menschlichen Selbsterzeugung" an. Deren Differenz liegt darin, dass in der französischen ‚poststrukturalistischen', Tradition, die ideologiekritische mit differenztheoretischen Ansätzen verbindet, die Perspektive des Handelnden nicht vorkommt, sondern lediglich implizert wird, etwa als Bedingung der Möglichkeit des Verfassen von Texten, in denen die Produktion des Subjekts beschrieben wird. Beide Sichtweisen müssen allerdings verbunden werden, sobald nicht mehr übersehen wird, dass jegliche Praxis von Diskursen über Handeln informiert ist.

die kommunikativen Strukturierungen und ihr Verhältnis zum Diskursiven – stehen im Mittelpunkt des Beitrags.[3]

2 Wissenssoziologie und Medialität

Mit einem kommunikativen Konstruktivismus ist im Hinblick auf das Problem der Erweiterung des soziologischen Kommunikationsbegriffs über das Sprachliche hinaus eine Doppelstrategie verbunden: Zum einen wird die sozialkonstitutive Bedeutung der Medien über eine Beschreibung ihrer zentralen Rolle für die Wissensbildung hervorgehoben.[4] Zum anderen werden die Körper als Grundlage der Kommunikation begriffen (vgl. Knoblauch 2011 und in diesem Band). Zu Letzteren: Nur wo (auch) Körper sind, kann Kommunikation im hier gemeinten Sinn stattfinden, insofern Kommunikation als Handlung angelegt ist, d. h. als zielgerichtetes Sich-Verhalten, das anderen gegenüber verständlich gemacht werden muss. Diese Kommunikation eigener Absichten kann nur performativ gelingen, d. h. durch die Darstellung von Handlungen und Handlungsabsichten in der Zeit, als Performanz. Als Ereignis, das Körper, Objekte und Ziele verbindet, ermöglicht Kommunikation, ganz im Gegensatz zum kybernetischen Verständnis von Kommunikation und auch im Gegensatz zu den Kritikern dieses Kommunikationsverständnisses (Baudrillard 1984, Perniola 2005) einen Zugang zu Transzendenzen des (kommunikativen) Alltags. Die Körper kommen in der Reformulierung der neuen Wissenssoziologie auf doppelte Weise zum tragen: belebende Körper, die als Medien, d. h. als gewissermaßen stumme Vermittler wirksam werden, und belebte Körper, die mehr oder weniger zur Intentionalität begabt sind – bzw. praxistheoretischer: deren Sich-verhalten als Handeln zielgerichtet ist.

Welcher Medienbegriff wäre kompatibel mit dem wissenssoziologischen Interesse am Verhältnis von Handeln und Wissen? Die beinahe unüberschaubare Anzahl der in Medienwissenschaften, Mediengeschichte und Medienphilosophie vorgeschlagenene Medienbegriffe erlaubt es offenbar jeder Autorin, ihren eigenen Medienbegriff zu entwickeln. Doch welche Anforderungen sollte ein soziologisch

---

3 Diese Überlegungen beziehen sich auf Befunde des DFG-Projekts „Audiovisuelle Kulturen der Selbstthematisierung" (vgl. Traue 2009, Traue 2012a).

4 „Kommunikatives Handeln ist immer auch instrumentelles Handeln. […] Sei es der von Hand geschriebene Brief und die mit Tinte geschriebenen Buchstaben, der vom Mund mechanisch gebildete Laut oder die technisch visualisierte Repräsentation auf einem Computerbildschirm, die von Hand eintippt oder automatisch eingegeben wurde: Alle Fälle kommunikativen Handelns schließen instrumentelles Wirken mit ein" (Knoblauch in diesem Band, S. 29).

brauchbarer Medienbegriff erfüllen? Er müsste medienmaterialistisch ‚genug' sein, um Beharrungstendenzen der Medien als Quasi-Institutionen erklären zu können; er dürfte aber zugleich keine Wirksamkeit (und letztlich Existenz) der Medien außerhalb von Wahrnehmung und Handeln unterstellen. Ein ähnliches Kriterium setzt Achim Brosziewski an:

> „Die Information liegt immer im Ausschluss der möglichen, aber nicht realisierten Formen im selben Medium. Licht kann unzählige Helligkeits-Dunkelheits-Formen bilden, aber irgendeine bestimmte muss es sein, will man etwas sehen können. Und weiter: Licht als Medium ist nichts anderes als das Potential unendlich vieler weiterer Helligkeits-Dunkelheits-Formen und damit keine „Materie", keine Substanz, nichts, was sich als Medium unabhängig von den angenommenen Formen sehen ließe. [...] Die folgenreichste Konsequenz des vorgestellten Medienbegriffs liegt wohl in der Feststellung, dass Medien keinen Bestand „an sich" haben. Darin ist die ausschlaggebende Differenz zu allen materialistischen Theorien zu sehen. Medien werden geformt und sind förmlich Nichts jenseits, vor oder hinter diesen Formungen" (Brosziewski 2003: 53f).

Brosziewskis Anspruch, die Medien als einschränkende Bedingung von Wahrnehmungsleistungen zu begreifen, ist für eine wissenssoziologische Aneignung von Medienbegriffen angemessen, da Wahrnehmung und Medialität in ein Wechselwirkungsverhältnis gesetzt werden. Die beiden Propositionen: Wahrnehmungsabhängigkeit der Medien und medienabhängigkeit der Wahrnehmung schließen sich allerdings – anders als Brosziewski offenbar meint – nicht aus. Das im folgenden beanspruchte Medienkonzept ist darauf ausgerichtet, beide Positionen zu berücksichtigen.

Der Medientheoretiker Walter Seitter begreift Medien im Anschluss an den Psychologen Fritz Heider als Instanzen, die Phänomene hervorbringen *helfen:*

> „Medien sind Instanzen und Techniken, die als bloße Mittel also relativ dienend dazu beitragen, daß etwas eine Präsenz und zwar eine bestimmte Präsenz bekommt. Ihre spezifische Rolle liegt darin, daß sie nicht eigentlich produzierend, sondern ‚bloß' präsentierend wirken. Sie sind also nicht Produktionsmittel sondern bloß Präsentationsmittel und Präsentationstechniken" (Seitter 2002: 56).

Allerdings können sich Medien, die ja eigentlich „nicht sich selber sondern etwas anderes präsentieren" und deshalb einen „Altruismus" aufweisen, gegen diese Neutralität verstoßen und sich „kontermedial" auswirken (Seitter 2002: 56), etwa, indem sie wie das Fernsehen, so Paul Virilio, zum ‚Verschwinden des Menschen' beitragen (vgl. ebd.: 429). Welches Subjektverständnis kann verständlich machen, um zu verstehen, wie in der Kommunikation Subjekte konstituiert werden, die als Gegenbewegung eine „Kunst der Erscheinungsrettung und Erscheinungsfindung" (ebd.) entwickeln können? Wie lässt sich ein Subjekt begreifen, das auf die Kommunikation, deren institutionelle und medialen Kodierungen sowie seine eigene Impliziertheit darin kommunikativ einwirken kann?

3 Subjekte und Kommunikation

Bei den folgenden Überlegungen kommt ein sparsamer Subjektbegriff zum tragen, der allerdings nicht wie radikalkonstruktivistische Ansätze vollständig ‚entkernt' ist. Das Subjekt entsteht zwar erst in der Interaktion und Kommunikation, die immer auch institutionell geprägt sind, aber es wird doch im Rahmen eines kommunikativen Konstruktivismus als „Grund aller Wissensprozesse und Ausgangspunkt aller Handlungen" (Knoblauch in diesem Band, vgl. Knoblauch 2004) angesetzt. Empirische Subjekte können nicht der methodische *Ausgangspunkt der Untersuchung* sozialer Ordnungen und Prozesse sein, aber sie sind ein zentraler Durchgangspunkt der Analyse von Kulturen und Regimen, insofern die immer schon subjektive Wahrnehmung und die immer schon subjektiven Wünsche (bzw. ‚Motivationen') Fähigkeiten bezeichnen, die nicht von materiellen Trägern übernommen werden können – während Wahrnehmung und Wunsch ohne materielle Träger auf den engsten Nahbereich beschränkt wären.

Subjekte sind handlungsbegabt, und sie sind als (potentiell oder real) Handelnde Gegenstand des Handelns anderer. Handeln heisst sich zielgerichtet zu verhalten, soziales Handeln demnach sich in Bezug auf andere zu Verhalten, sein eigenes Verhalten auf die Wahrnehmung anderer abzustimmen. Wodurch ist es möglich, das eigene Verhalten als solches zu erkennen und zu bewerten, wie ist es möglich, Subjekt zu werden, also ein Unterworfenes und Aktives zugleich? Handeln überhaupt und vor allem kommunikatives Handeln hat seine Voraussetzung in der Etablierung einer mit anderen geteilten Aufmerksamkeit, die sich auf etwas Drittes richtet. Dieses Dritte wird dadurch als Bezugspunkt des Handeln aufrechterhalten. Diese Annahme einer dreigliedrigen Struktur, in der sich Subjekte und Wissen in *einer Bewegung* konstituieren ist die zentrale Annahme eines *kommunikativen Konstruktivismus* (vgl. Reichertz in diesem Band, Knoblauch in diesem Band), in Fortschreibung der phänomenologischen Problematisierung der Aufmerksamkeit und der Orientierung.

Die Konstitution eines sich selbst bewussten, bewertenden *Selbst* ist möglich, weil das bzw. der Dritte, dem Wahrnehmungs-Subjekt und Anderer zusammen Aufmerksamkeit schenken, eben auch der Wahrnehmende, also das Subjekt selbst sein kann. Dadurch verdoppeln – und vervielfältigen – sich die Individuen gewissermaßen in sich-verhaltende und sich beobachtende Instanzen, deren Einheit im Denken, Fühlen und Handeln jeweils bis zu einem gewissen (sozial erwünschen und pragmatisch geforderten) Maß wieder hergestellt werden muss.[5] Diese Vorstellung einer Verdopplung, Vervielfältigung, konstitutiven Spaltung und integrierender Einfaltung der wahrnehmenden Instanz in der Ontogenese ist den phänomenologischen, pragmatistischen, psychoanalytischen und ‚poststrukturalistischen' Ansätzen gemeinsam. Sie unterscheiden sich hinsichtlich der Frage, ob diese Verdopplungen, Spaltungen und Einheitsbildungen als äußerlich (Techniken des Selbst) oder innerlich (Unbewußtes, Internalisierung) anzusehen sind, oder ob ein topisches Modell der Faltungen (Deleuze) vorzuziehen ist. In der Foucaultschen Machtanalytik stellt die Annahme der ‚Äußerlichkeit' aller scheinbar innerlichen Vorgänge eine strategische methodologische Prämisse dar. Diese Prämisse beschränkt allerdings die empirische Reichweite des machtanalytischen Ansatzes, insofern Wahrnehmung und Handeln sich nicht in einer Untersuchung der Äußerlichkeiten erschöpfen. In der neueren Wissenssoziologie ist die Ausgangsposition günstiger, insofern die Rekonstruktion der Erfahrung eine zentrale methodische Strategie darstellt. Das Problem der ‚Dinggestütztheit' der Subjektivierung wird in der ‚gesellschaftlichen Konstruktion der Wirklichkeit' dagegen kaum thematisiert; die Körper und die Sprache tragen gewissermaßen die Hauptlast der Erklärung.

Der dreigliedrige Kommunikationsbegriff sollte deshalb durch einen Medienbegriff komplementiert werden, der auf das Problem der Stiftung der Beziehung zwischen Ego, Alter und Dritten eine Antwort bereithält. Die Medien können eben nur ‚Präsentationsmittel' sein, weil sie das triadische Verhältnis stiften. Die in den Sozialwissenschaften leider weitgehend unbeachtete Medientheorie Walter Seitters reflektiert die beschriebene dreigliedrige Struktur: „Topisch sind Medien dadurch charakterisiert, daß sie außerhalb der bzw. zwischen den Hauptinstanzen der Präsentierung stehen: zwischen Akteur und Adressat und Objekt der Präsentierung" (Ebd.). Die Vermittlung von Handelnden, Anderen, und Ge-

---

5 Während in der psychoanalytischen Tradition, von der schließlich auch die Soziologie stark beeinflusst ist, etwa über den Pragmatismus (Meads „I" and „me") und über Parsons Modernisierungstheorie, das Subjekt als in wenige, qualitativ unterschiedliche Teile gespalten begriffen, befürchten insbesondere Theoretiker der Postmoderne eine Aufsplitterung in ein „fraktales Subjekt", „das in eine Vielzahl von winzigen gleichartigen Egos zerfällt" (Baudrillard 1989: 25).

genständen der Aufmerksamkeit hat also vermittelnde Körper zur Voraussetzung, denn diese ‚Mittler' sind es, die für Subjekte etwas zur Anschauung kommen lassen, so dass es ‚sich' anzeigt und wir uns darauf beziehen können. Das erste solcher Medien ist vermutlich die Hand bzw. der Finger, der auf etwas zeigt. Noch Teil des Körpers, ist die Hand aufgrund ihrer „inneren Gegliedertheit und Bewegungsfähigkeit" und ihrer Fähigkeit, sich selbst zu spüren, also Leib und zugleich Werkzeug zu sein, ein „Zentralorgan des Leibes" (Seitter 2002: 62, vgl. auch Leroi-Gourhan 1987). Die anderen Medien, die auf einen höheren Medienstufe angesiedelt sind, nehmen eine ähnliche Funktion wahr, nur dass sie eben stärker funktional bestimmt sind; ihre Leistung nimmt eine quasi-Institutionellen Charakter an.

Sobald ein Objekt der Präsentierung zum Erscheinen gebracht ist, kann es in der Wiederholung, also in der Performanz der Kommunikation wieder hervorgebracht werden, wenn sich daran die Relevanzen von Handelnden heften. Die Relevanzen – also die Wünsche, die Ängste, die Hoffnungen, die Genüsse – verbinden sich auf diese Weise mit den Medien und ihren ‚Partialobjekten' auf eine intime Weise, so daß sie immer wieder aufgesucht und benutzt werden (vgl. Turkle 2011). Die Dinge verbinden sich also derart mit den Subjekten und ihren Absichten, dass sie eben nicht nur als Dinge, Artefakte oder Objekte gelten können, sondern als Spuren der Subjekte oder als (Ab-)Bilder ihrer Absichten und Wünsche.

4 Der Doppelcharakter der Objektivationen: Zum Verhältnis von Medien und Erfahrung

Die Spuren, welche Körper bei ihrer Bewegung zurücklassen, können als ‚Objektivationen' bezeichnet werden. Spuren des Handelns können zeichenhaft sein, können aber auch zu sehen, hören, spüren oder zu riechen sein ohne schon Zeichencharakter anzunehmen, insofern sie sich den Materialitäten der Welt einprägen. Die Objektivationen zeichnen sich also durch einen Doppelcharakter aus: sie sind mit dem Handeln verbunden, aber sie gehören auch zur Sphäre der Dinge. Der Objektivationsbegriff hat deshalb nicht nur eine theoretische Dimension; ihm kommt auch eine pragmatische Dimension zu: Für den Handelnden bleibt zunächst unklar, inwiefern die institutionelle Sphäre nur das Medium des subjektiven Ausdrucks ist oder ob umgekehrt das, was als Objektivation der subjektiven Intentionalität erscheint, nur Effekt institutionalisierter Produktionsregeln ist bzw.: Medieneffekt. Ein Beispiel mag dies verdeutlichen: Die Verfeinerung von Techniken des gestischen und mimischen Ausdrucks im Kontext des Schauspiels und vor allem des Films – etwa im ‚method acting' – setzen auch die

Objektivationen der face-to-face-Kommunikation der skizzierten Uneindeutigkeit des Doppelcharakters aus: Was ich als Interpret des Handelns einer Person ihrer Subjektivität zurechne, kann auch Ergebnis von Körpertechniken (Mauss 1950), also einer körpertechnisch ermöglichten Performance sein.

Der Doppelcharakter der Objektivation, einerseits Institution, andererseits Spur des Körpers, ist dabei nicht nur ein wissenschaftliches Problem, sondern ein alltägliches Problem, mit dem Handelnde umzugehen haben, wenn sie sich über das Handeln anderer Klarheit verschaffen wollen. Handelt es sich beim beobachteten Handeln um eine normierte, gewissermaßen unpersönliche Verhaltensweise, oder lässt sich daran eine individuelle Habitualität ablesen? Richtet sich sein handeln auf mich persönlich, oder ist es Ausdruck einer institutionellen Prozessierung? Die Möglichkeit dieser Fragen ist nicht natürlicherweise gegeben, sondern selbst eine populäre Form philosophischer Nachfrage. Die Fragerichtung entspricht im Alltag etwas, was vorläufig eine ‚*Hermeneutik der Medien*' genannt werden soll (s. u.).

Das Verhältnis von Medium und Körper kann im Anschluß an Derrida (Derrida 1974) als *supplementär* bzw. *pharmakologisch* (Derrida 1995) bestimmt werden. Die Eigenzeit der Wahrnehmung wird durch eine sozialtechnische generierte Zeit supplementiert, also vorgängig konstituiert und zugleich für eine Reflektion auf diese technisch-mediale Konstitution freigesetzt (vgl. Traue 2012b). Diese Supplementarität ist eine Ergänzung, die das Supplementierte erst sichtbar macht und dabei eine Illusion der Ursprünglichkeit einer originären Erfahrung vor der Supplementierung entstehen lässt. Die Supplementierung der Kommunikation wird in den Sozialwissenschaften empirisch in vielfältiger Weise als ‚Mediatisierung der Kommunikation' (Krotz 2001; Hartmann/Hepp 2010) untersucht. Mit dem Mediatisierungsbegriff, der hier nicht ausführlich diskutiert werden kann, wird der konstitutiv-einschränkenden (Infra-)Struktur der Medien allerdings nur begrenzt Rechnung getragen, insofern sie die Möglichkeit einer nicht-mediatisierten Kommunikation unterstellt, was wiederum nur möglich ist, insofern sie die Medien nicht hinreichend in ihrer intimen Verflechtung mit Leiblichkeit und Wahrnehmung versteht. Ohne auf die zweifellos produktiven und reichhaltigen Befunde der Mediatisierungsdebatte eingehen zu können, soll im Folgenden ein Begriffsvorschlag unterbreitet werden, der von einer supplementären Vorgängigkeit der Medialität der Kommunikation ausgeht.

5 Kommunikationsregime

In der Kommunikation wird zwischen Körpern und (Kommunikations-)Techniken unterschieden, und zwar von Handelnden, die sich selbst adressieren, und von Zuhörern, die unterscheiden, wer in welcher Funktion und in welchem Zustand handelt; verschiedene Spezialdiskurse (wie auch dieser) enthalten ebenfalls eine Hermeneutik der Zuschreibbarkeit. Moderne Subjekt- und Intersubjektivitätsdiskurse zeigen diese andauernde Verhandlung der Frage an, was an Körpern natürlich, was kultiviert sei, welche Leistungen von Systemen, welche von Personen erbracht werden, und wer oder was Störungen des Handelns hervorbringt; Menschen, Techniken, Institutionen, Medien oder andere Verursacher. Die kommunikative Thematisierung dieser Differenz von ‚natürlichem' Ausdruck und ‚technischer' Institutionalität findet in situativen oder übersituativen Prozessen statt. Die übersituativen kommunikativen Prozesse können wir als Diskurse bezeichnen (vgl. Keller 2005).

Handeln erschöpft sich dabei nicht im Vollzug diskursiver und sozialstruktureller Vorgaben; es ist durch die Handlungsmittel auf eine Weise ermöglicht und beschränkt, die sich nicht *allein* durch die Ordnung des Diskurses, also durch eine Verknappung von Sprecherpositionen, Themen und ‚Veridiktionen' beschreiben lässt. Es ist die *zeitliche, räumliche und auditive* Gestaltung des Handelns, also der Ablauf, die Erinnerung und die Entwürfe, die durch die situativ zuhandenen Mittel der Kommunikation geformt werden.

Zu diesen Mitteln gehört der luft- und lichterfüllte Raum (der Gesten und Stimme erfahrbar macht), die Sprache und alle Mittel, die Körper, Gerüche, Gesten, Gestalten, Geräusche und Zeichen in Verkehr bringen lassen.[6] Der Verkehr von Gerüchen (vgl. Raab 2001, Simmel 1992), Gestalten, Geräuschen, Gestalten und Zeichen findet nicht in einem abstrakten, leeren Raum und einer abstrakten, leeren Zeit statt, sondern in einem physikalisch und sozial bereits gestalteten Raum und einer sozialen Zeitlichkeit, die durch Rhythmen der Aufmerksamkeit bestimmt ist. Und auch die *Teilnahme* an diesem Verkehr, also die Wahrnehmung und das Einwirken auf diesen Verkehr unterliegt einer Kultivierung. Der Begriff der Kommunikationskultur (Knoblauch 1995) bezeichnet dieses ermöglichende Substrat, das sich empirisch nur anhand tatsächlich vorkommender Kommunikation und im Medium dieser Kommunikation beschreiben lässt.

---

6   Ich schließe hier wiederum an Walter Seitters Medientheorie an. Seitter begreift Medienwissenschaft als *Verkehrswissenschaft* (Seitter 2002). Diese Bestimmung erlaubt es, z. B. die Hand, den Stuhl, den Tisch, das Geschäft, das Licht, die Luft und den Funk als Medien zu begreifen.

Alle *Vorgaben* und Regelungen der Kommunikation, also alles, was dieses In-Verkehr-bringen und die Teilhabe an diesem Verkehr ermöglicht und zugleich begrenzt, können unter dem Begriff *Kommunikationsregime* gefasst werden. Mit den Kommunikationsregimen richten wir den Verkehr des Wahrnehmbaren – einschließlich der Selbstwahrnehmung (Affekte) – ein (d. h. hinsichtlich der bloßen Möglichkeit des Wahrnehmens und ‚Wirkens'), ‚regieren' ihn zweitens mehr oder weniger (d. h. v. a. juridisch und technisch), und geben der Kommunikation drittens eine (inhaltliche) Regie vor, die mehr oder weniger offen oder geschlossen ist. Der Begriff des Kommunikationsregimes umfasst also die machtvollen materiellen Voraussetzungen des kommunikativen Verkehrs, die Wahrnehmungsmöglichkeiten, die darin gegeben sind, sowie die Wissenspraktiken, die an Materialitäten und Wahrnehmungsmöglichkeiten anschließen. Diese drei Aspekte sollen genauer beleuchtet werden:

Erstens: Kommunikationsregime privilegieren bestimmte Sinnesmodalitäten und Wahrheitsprozeduren gegenüber anderen. Das Gespräch zu zweit bietet andere Möglichkeiten als die Rede in großen Gruppen; das Schreiben von Briefen ermöglicht andere Mitteilungen als die mündliche Rede; Telefonieren ähnelt der Oralität, setzt aber eine Disziplinierung der *turns* voraus usw. Sinnesmodalitäten sind auch mit kollektiven Wissensformationen verbunden: Im Protestantismus wird beispielsweise das *Wort* gegenüber dem Bildnis und der Verehrung, die es herausfordert, privilegiert. Die Aufwertung des geschriebenen Worts steht im Mittelpunkt der protestantischen Reformen der Theologie, wird von Lesepraktiken der Laienreligiösität flankiert, die ein individualisierteres Verhältnis zwischen geistlicher Autorität und Glauben verallgemeinern und durch eine Störung oder Zerstörung ‚überkommener' Medienformationen *ex negativo* durchgesetzt – der Bildersturm in seinen historischen Varianten ist die agressive, medienkritische Seite dieser Transformation. In spätmodernen Gesellschaften sind die Medienbrüche oft ähnlich konflikthaft, aber mit andersartigen Wahrheitsansprüchen verbunden, die wiederum infragegestellt werden. Die Performancekunst – und mit ihr die kultur- und sozialwissenschaftlichen Theoretiker der Performanz – sucht so etwa wissenschaftlich normierte Bilder und Kategorien der Sexualität infragezustellen. Die *Drag-Performance* ist ebenso ein Ringen um eine Darstellungsform wie um ein Wahrheitsregime. Die Wahrheits- und Wahrnehmungssregime haben als ‚ästhetische Schnittmuster' zunächst nur gruppen- und milieuspezifische Geltung innerhalb von, so Jürgen Raab, „Sehgemeinschaften" (Raab 2008). Sie streben aber oft eine Universalisierung an, da die „Aufteilung des Sinnlichen" (Rancière 2006) auch mit Rechten einhergeht.

Zweitens: Die Kommunikation wird von juridischen Vorschriften sowie technischen Systemen reguliert. Dieser Aspekt der Regulierung betrifft die Zugangsberechtigungen zum Eintreten in kommunikative Beziehungen und die Gestaltung kommunikativen Handelns durch die Akteure selbst. In oralen Kulturen sorgen die rituellen Gemeinschaften und ihre Institutionen für eine Begrenzung des Zugang zur Kommunikation. In Schriftkulturen ist es möglich, formale Zugangsbarrieren zu errichten, die eine soziale Schließung von Kommunkationsgemeinschaften ermöglichen: etwa Qualifikationen und Prüfungen. Die Beteiligung an diesen Gemeinschaften ist dann an die Beherrschung eines sprachlichen Codes gekoppelt, der die Grenzen dieser Gemeinschaft nach außen markiert und die Zugehörigkeit nach innen immer wieder erneuert. In digitalen Schriftkulturen sind diese sozialen Schließungen teilweise außer Kraft gesetzt. Allerdings ist die Kontrolle der Kommunikation dabei in die Voraussetzungen der Kommunikation selbst verlagert: das „Protokoll" der digitalen Kommunikation (Galloway 2004) enthält – in Analogie zum institutionellen Protokoll – Teilnahmekriterien und Lenkungen des kommunikativen Geschehens. Die konstitutive Textualität des Internet, durch Leitungen und Schaltungen fernvermittelt, führt also eine neue Strukturierung in die Kommunikation, die Achim Brosziewski (2003) als *Aufschalten* beschreibt. Worte ‚schalten' also andere Worte. Diese Aufschaltungen sind technisch bedingt, spiegeln aber Entscheidungen über Kommunikationsweisen wider, die in die technischen Systeme eingelassen sind. Nur deshalb können sie Gegenstand nachträglicher Aushandlungen werden.

Drittens: Kommunikationsregime gehen mit einer spezifischen *Eigenideologie* einher. Institutionalisierte Medienformationen sind also von Wissenspraktiken begleitet, die Aussagen über die vorgeblichen Leistungen eines Medientyps vorhalten. Von Ideologie kann hier deshalb gesprochen werden, weil die Deutungen dessen, was jeweils Gestikulieren, Sprechen, Zuhören, Schreiben, aber eben auch mailen, posten[7], oder twittern[8] ‚heißt' sich selbst verstärken, die Verwendungsbedeutung also durch jede Inanspruchnahme des jeweiligen Mediums bekräftigt wird. Der Verbund Kommunikationsmedium-Verwendungsdeutung ist selbstverstärkend, wie ein kybernetischer Regelkreis, der bestimmte Verwendungsweisen und -deutungen verstärkt, andere hingegen abschwächt. Das Fernsehen transportiert etwa einen Diskurs der ‚Liveness' (vgl. Auslander 1999). Obwohl im Fernse-

---

7 Also das ‚Hochladen' einer digitalen Text-, Audio- oder Videodatei in den dezentralen Informationsspeicher Internet.
8 Also die Nutzung des Internetdienstes „Twitter".

hen die Gleichzeitigkeit von Ereignis, ‚Ausstrahlung' und Rezeption nur sehr selten tatsächlich gegeben ist, zeigt sich, dass die Suggestion von Gleichzeitigkeit für die Formate und Gattungen des Fernsehens charakteristisch bleiben. Die Internetkommunikation ist dagegen von einer ‚Ideologie' der ‚Interaktivität' und der ‚Imitation' begleitet. Interaktivität ist dabei die Vorstellung, dass jeder ‚Nutzer' auf bereitgestellte Texte oder Bilder (die dabei zum ‚content' vereinheitlicht werden) reagieren kann, und dass diese Reaktionsmöglichkeiten eine universelle Partizipation ermöglichen. Das sogenannte Web 2.0 ist eine technische Umsetzung dieses Deutungsmusters, stellt aber nur eine der möglichen Weiterentwicklungen, und zwar eine ökonomisierte Weiterentwicklung des Netzes dar. Die Interaktivitätsvorstellung führte also zu einer Re-Zentralisierung der technischen Struktur des Netzes, die durch die Interaktivitätsmetapher legitimiert wird.[9] Die Verschränkung von Organisation, Medien und Wissenspraktiken bringt eine besonders dauerhafte Form von ‚Kommunikationsmacht' (Reichertz 2010) hervor. Gerade durch ihren selbstverstärkenden, also diskursiven Charakter sind Eigenideologien kommunikativer Regime nie unumstritten, sondern meist umkämpft. Die Verwendungsbedeutungen binden die Teilnehmenden an Nutzungsweisen; zugleich bieten sie Gelegenheiten, ein Medium bzw. seine Verwendungsweisen zu kommentieren und zu kritisieren.

6 Schluss: Kommunikationsregime und Hermeneutiken der Medien

Mit dem Begriff des Kommunikationsregime ist ein Verständnis der Medialität der Kommunikation erleichtert, das die Performanz als zeitliche Struktur kommunikativen Handelns, die Präsentierung als vermittelte Wahrnehmung und Kundgebung, die Regulierung des kommunikativen Verkehrs und die Entstehung von Wissen um Kommunikation in der Kommunikation verbindet. Drei zusammenhängende Fragerichtungen sind in Bezug auf die Strukturdimension der Kommunikationsregime möglich:

---

9   Vgl. auch Knoblauch in diesem Band: „Dies alles – das Schreiben, Vertreiben, Produzieren, Lesen – erzeugt eine Form der Kultur und, durch die Verwendung eines Codes (an der Sie im Moment aktiv in lesender Performanz beteiligt sind), eine Form der Kommunikation, die in ihrer Eigenheit Wissenschaft, Soziologie und darin eine besondere Theorie der kommunikativen Konstruktion konstruiert" (S. 40).

Welche Wahrnehmungsweisen sind eingerichtet, welche institutionellen und ‚protokollarischen' (Galloway 2004) Vorgaben regieren die Kommunikation, und welche ‚Eigenideologie'[10] stabilisiert die Zirkulation von Objektivationen?

Die Rede von Kommunikationsregimen geht aber über eine kommunikationssoziologische Paraphrasierung des Diskursbegriffs hinaus. Die Kommunikationsregime erweisen sich als Szenen und Arenen kommunikativer Performanzen. Dies ist nicht nur der Fall weil alle Kommunikation ihnen *ermöglichend unterworfen* ist, sondern insofern die hegemonialen Begleitprätentionen (oben als ‚Eigenideologie' bezeichnet), die ihnen von ihren Erfindern und Visionären mitgegeben werden (z. B. „Interaktivität"), die von ihren Anwendern behauptet werden (z. B. „Transparenz"), oder die von ihren kommerziellen Verwertern nachträglich ins Spiel gebracht werden (z. B. „Web 2.0") Gegenreaktionen und neue Expertisen hervorrufen: Etiketten, ‚user guides', Medienschelte, Absetzbewegungen und Medienabstinenzen, Kommunikationsberatungen bis hin zur professionellen Medientheorie und -soziologie.

Die meisten dieser Reaktionen auf Medienzuwächse und Medienbrüche werden im Laufe der Zeit soweit habitualisiert, dass sie als *Hermeneutiken der Medien* routinemäßig beansprucht werden. Explizit und umstritten werden sie nur dann, wenn Verwendungskrisen auftreten, wenn Individuen, Gruppen, Professionen oder Disziplinen die Eigenzeit und Eigenideologie ihrer Medien (besonders der ‚Erfolgsmedien' Geld, Macht, Liebe, Kunst und Wahrheit) einer Überprüfung unterziehen. Diese *Hermeneutiken der Medien* sind gesellschafts- und technikgeschichtlich situiert und nehmen als ‚Kommunikation über Kommunikation'[11] unterschiedliche Problembezeichnungen an, etwa in der Thematisierung von Verdinglichung, von Authentizität, oder der Eigenlogik der Medien.[12]

---

10 ‚Eigenideologie' ist ein provisorischer Ausdruck, der das ganze Spektrum der sich selbst verstärkenden, aber umstrittenen Deutungsmuster bezeichnet, die im Rahmen eines Kommunikationsregimes dieses und seine Alternativen beschreiben.

11 Während für das französische sozialtheoretischen Denken die Legitimationssysteme, etwa als Dispositive, als relativ geschlossen und veränderungsresistent gelten, geht der kommunikative Konstruktivismus – in einer vielleicht überoptimistischen Einstellung – davon aus, dass Legitimationen auch in der nichtwissenschaftlichen Kommunikation im kommunikativen Handeln in Frage gestellt und verändert werden können: „Legitimationen sind kommunikative Formen der Sinnerzeugung von Institutionen, die auch in materialen Symbolen oder kollektiven Ritualen objektiviert sein können. Sie sind Kommunikation und ihrerseits Gegenstand der Kommunikation, etwa wenn man sich fragt, was eine besondere Kommunikation bedeutet (etwa eine Predigt, eine politische Rede, ein wissenschaftliches Experiment)" (Knoblauch in diesem Band: S. 41).

12 Phänomenologie, Poststrukturalismus und Medientheorie sind also selbst historisch situierte Umgangsweisen mit dem Problem der Koordination des Handelns angesichts der institutionellen Normierung und medialen Formierung der Verhaltensweisen.

Sie bilden kritische Einwände gegen die medialen, technischen und institutionellen Zurichtungen der Kommunikation. Bei den gegenwärtigen Hermeneutiken der Medien und der Kommunikation handelt es sich nicht mehr um klassische, d. h. exegetische textbezogene Hermeneutiken (vgl. z. B. Gadamer 1965) oder Hermeneutiken des Selbst (Foucault 2009) sondern um Praktiken, die zwischen einer experimentellen Erkundung von Medienformaten und Ästhetiken sowie einer kritischen Bewertung der kultur- und subjektkonstitutiven Effekte dieser Darstellungsformen ‚oszillieren'.[13] Die Untersuchung dieser Hermeneutiken als Spielformen einer kommunikativen Reflexivität[14] und Kritikalität[15] innerhalb von Kommunikationsregimen ist eine empirische Aufgabe eines medien- und diskurstheoretisch informierten kommunikativen Konstruktivismus.

Literatur

Auslander, Philip (1999): Liveness: Performance in an Mediatized Culture. London: Routledge.
Baudrillard, Jean (1984): Das Andere selbst: Habilitation. Wien: Passagen.
Baudrillard, Jean (1989): Videowelt und fraktales Subjekt, in: Ars Electronica (Hg.), Jean Baudrillard, Hannes Böhringer, Vilém Flusser, Friedrich Kittler, Peter Weibel. Philosophien der neuen Technologie, Berlin: Merve, S. 113–131.
Berger, Peter und Thomas Luckmann (1980): Die gesellschaftliche Konstruktion der Wirklichkeit. Frankfurt/Main: Fischer.
Brosziewski, Achim (2003): Aufschalten. Kommunikation im Medium der Digitalität. Konstanz: UVK
Butler, Judith (2006): Haß spricht: Zur Politik des Performativen. Frankfurt/M: Suhrkamp.
Castells, Manuel (2011): Communication Power. Oxford: Oxford University Press.
Couldry, Nick (2007): Media Rituals: A Critical Approach. T & F Books UK.
Deleuze 1997: Das Bewegungs-Bild. Kino 1. Frankfurt: Suhrkamp.
Derrida, Jacques (1974): Grammatologie. Frankfurt/M.: Suhrkamp.
Derrida, Jacques (1995): Platons Apotheke. In: (ders.) Dissemination. Wien. S. 96–190.
Derrida, Jacques (2003): Die Stimme und das Phänomen. Frankfurt a. M.: Suhrkamp.
Foucault, Michel (1989): Der Wille zum Wissen. Sexualität und Wahrheit I. Frankfurt/M.: Suhrkamp, 1989.

---

13 Den Begriff der Oszillation übernehme ich aus Jean Luc Nancys Essays „Am Grund der Bilder" (Nancy 2006).
14 Jo Reichertz (in diesem Band) geht auf diese Thematik ein: „Die ‚Sozialkonstruktivisten' der zweiten und dritten Generation [...], die bis auf sehr wenige Ausnahme [...] die Protosoziologie von Luckmann nicht übernommen und nicht weiter geführt haben, teilen zwar durchweg den Glauben an den unhintergehbaren Konstruktionscharakter menschlicher Erkenntnis, nehmen jedoch den Wissenschaftler und dessen Erkenntnisse nicht mehr davon aus" (Ebd.: S. 60).
15 Vgl. auch Traue 2012b zur ‚Kritikalität' des Wissens.

Foucault, Michel. Hermeneutik des Subjekts: Vorlesung am Collège de France 1981/82. 2. Aufl. Suhrkamp Verlag, 2009.
Gadamer, Hans-Georg (1965): Wahrheit und Methode. Tübingen: Mohr.
Galloway, Alexander (2004): Protocol. How Control Exists after Decentralization. Cambridge: MIT Press.
Goffman, Erving (2009): Das Individuum im öffentlichen Austausch. Frankfurt a. M.: Suhrkamp.
Herbrik, Regine (2011): Die kommunikative Konstruktion imaginärer Welten. Wiesbaden: VS.
Holert, Tom (2008): Regieren im Bildraum. Berlin: b-Books.
Husserl, Edmund (2007): Die Krisis der europäischen Wissenschaften und die transzendentale Phänomenologie: Eine Einleitung in die phänomenologische Philosophie. Hamburg: Meiner.
Keller, Reiner (2005): Wissenssoziologische Diskursanalyse. Grundlegung eines Forschungsprogramms. Wiesbaden: VS.
Kittler, F. Grammophon Film Typewriter. Berlin: Brinkmann und Bose, 1986.
Knoblauch, Hubert (2012): Über die kommunikative Konstruktion der Wirklichkeit. In: Gabriele Christmann (Hg.): Toward a communicative construction of space. (im Erscheinen)
Knoblauch, Hubert (2012): Grundbegriffe und Aufgaben des kommunikativen Konstruktivismus. In: Hubert Knoblauch, Jo Reichertz, Reiner Keller (Hg.): Die kommunikative Konstruktion der Wirklichkeit.
Knoblauch, Hubert (1995): Kommunikationskultur. Berlin: De Gruyter.
Knoblauch, Hubert (2011): Alfred Schütz, die Phantasie und das Neue. Überlegungen zu einer Theorie kreativen Handelns. In: Norbert Schröer und Oliver Bidlio (Hg.): Die Entdeckung des Neuen. Qualitative Sozialforschung als Hermeneutische Wissenssoziologie. Wiesbaden: VS. S. 99–116.
Leroi-Gourhan, André (1987): Hand und Wort. Die Evolution von Technik, Sprache und Kunst. Frankfurt a. M.: Suhrkamp.
Kurt, Ronald (2009): Indien und Europa: Ein kultur- und musiksoziologischer Verstehensversuch. Bielefeld: transcript.
Lazzarato, Maurizio (2002): Videophilosophie. Berlin: b_books.
Mauss, Marcel (1950): Der Begriff der Technik des Körpers, in: Soziologie und Anthropologie II. München.
Müller, Wolfgang (1982): Geniale Dilletanten. Berlin: Merve.
Nancy, Jean-Luc (2006:): Am Grund der Bilder. Berlin: Diaphanes.
Perniola, Mario (2005): Wider die Kommunikation. Berlin: Merve.
Pfadenhauer, Michaela (2003): Professionalität. Eine wissenssoziologische Rekonstruktion institutionalisierter Kompetenzdarstellungskompetenz. Opladen: Leske & Budrich.
Plessner, Helmut (1981): Die Stufen des Organischen und der Mensch. Einleitung in die philosophische Anthropologie. In: ders., Gesammelte Schriften IV, Frankfurt.
Raab, Jürgen (2001): Soziologie des Geruchs. Konstanz: UVK.
Raab, Jürgen (2008): Visuelle Wissenssoziologie. Konstanz: UVK.
Rancière, Jacques (2006): Die Aufteilung des Sinnlichen. Die Politik der Kunst und ihre Paradoxien. b_books: Berlin.

Reichertz, Jo (2010): Kommunikationsmacht. Wiesbaden: VS.
Reichertz, Jo (2012): Grundzüge eines kommunikativen Konstruktivismus. In: Hubert Knoblauch, Jo Reichertz, Reiner Keller (Hg.): Die kommunikative Konstruktion der Wirklichkeit.
Reichert, Ramon (2012): Make-up Tutorials auf Youtube. Zur Subjektkonstitution in Sozialen Medien. In: Pablo Abend, Tobias Haupts, Claudia Müller (Hg.): Medialität der Nähe. Situationen – Praktiken – Diskurse. Bielefeld: transcript. S. 103–118.
Reckwitz, Andreas (2000): Der Wandel der Kulturtheorien. Weilerswist: Velbrück.
Pfaller, Robert (2002): Die Illusionen der anderen. Über das Lustprinzip in der Kultur. Frankfurt/M. Suhrkamp.
Schnettler, Bernt, und Hubert Knoblauch (2007): Powerpoint-Präsentationen: Neue Formen der gesellschaftlichen Kommunikation von Wissen. Konstanz: UVK.
Schütz, Alfred (1971): „Über die mannigfaltigen Wirklichkeiten". In Gesammelte Aufsätze. Den Haag.
Schütz, Alfred und Thomas Luckmann (1994): Strukturen der Lebenswelt, 2 Bd., Frankfurt a. M.: Suhrkamp.
Seitter, Walter (2002): Physik der Medien. Materialien, Apparate, Präsentierungen. Weimar: Verlag und Datenbank für Geisteswissenschaften.
Simmel, Georg (1992): Soziologie der Sinne. In: ders., Soziologie. Frankfurt a. M.: Suhrkamp. S. 722–742.
Stiegler, Bernard (2009) Von der Biopolitik zur Psychomacht: Logik der Sorge I.2. Frankfurt/M: Suhrkamp Verlag.
Traue, Boris (2009): Gouvernemedialität der digitalen Partizipation. Überlegungen zu medialen und gesellschaftlichen Voraussetzungen der Schriftkundigkeit. In: Sozialwissenschaften und Berufspraxis (SuB), 32, 2, S. 169–183.
Traue, Boris (2010): Das Subjekt der Beratung. Zur Soziologie einer Psycho-Technik. Bielefeld: transcript.
Traue, Boris (2012a): Bauformen audiovisueller Selbst-Diskurse. Zur Kuratierung und Zirkulation des Amateurvideos in Kino, Fernsehen und Internet. In: Petra Lucht, Lisa M. Schmidt, René Tuma (Hg.)
Traue, Boris (2012b): Die Transformation der Erfahrung durch Zeit- und Netzmedien. Zur Technizität, Reflexivität und Kritikalität des Wissens. In: Hans-Georg Soeffner (Hg.): Transnationale Vergesellschaftungen. Verhandlungen des 35. Kongresses der Deutschen Gesellschaft für Soziologie in Frankfurt am Main. Wiesbaden: VS. (im Erscheinen)
Turkle, Sherry. Evocative Objects (2011): Things We Think With. Cambridge: Mit Press.

IV. Situative Kontexte kommunikativer Konstruktion

Organisationale Kommunikationsmacht
Die Einbeziehung indischer Flugbegleiter
in eine globalisierte Airline

Richard Bettmann & Norbert Schröer

1 Feld und Fragestellung

Wirtschaftsorganisationen befinden sich im Virulenzstrudel der Globalisierung. Sie nutzen die Vorteile der Globalisierung, indem sie grenzüberschreitend tätig werden und ihre betriebswirtschaftlichen Aktivitäten auf internationale Märkte ausweiten. Sie verfolgen dabei selbstverständlich das Ziel, die Gewinne zu steigern. So erzielt „die Mehrzahl der deutschen DAX-30-Konzerne […] mehr als 50 % des Umsatzes im Ausland, beschäftigt dort mehr als 50 % seiner Mitarbeiter und ist – was weniger Beachtung findet – zu mehr als 50 % im Besitz ausländischer Aktionäre" (Wiechern/Groth 2009: 48). Neben den wirtschaftlichen Vorteilen, die ohne Zweifel mit der Globalisierung für Unternehmen einhergehen, hält die Globalisierung für diese Unternehmen allerdings auch Herausforderungen bereit, auf die sie reagieren müssen, um die gesetzten Ziele erfolgreich global verfolgen zu können. Aus der Sicht des internationalen Personalmanagements beziehen sich diese Herausforderungen auf die mit der Globalisierung einhergehende Dezentralisierung der Belegschaft und der Verwaltung und auf die Einbindung der fremdkulturellen Mitarbeiter[1] (vgl. Stahl et al. 2005; zur Einbindung neuer Mitarbeiter im besonderen Kieser u. a. 1990). Es geht um das Managen des Zusammenspiels der kulturell divergenten Wissensbestände und Deutungsperspektiven im gemeinsamen Arbeitsalltag (vgl. Olie/Köster 2005). Ein global aufgestelltes Unternehmen muss es schaffen, die einhergehende Einbindung fremdkultureller Mitarbeiter so zu gestalten, dass es seine Handlungsfähigkeit behält, um seine Produkte dann – gesteigert – absetzen zu können. Die Sicherung der

---

1   Aus Gründen der besseren Lesbarkeit wird im Folgenden auf die gleichzeitige Verwendung männlicher und weiblicher Sprachformen verzichtet. Die Personenbezeichnungen beziehen sich auf beide Geschlechter.

Handlungsfähigkeit umfasst dann nicht selten die Sicherung der imagestiftenden Firmenidentität. Schaut man sich auf den Internetseiten der global operierenden Megaunternehmen um, so wird deutlich, dass über die Formulierung von Leitbildern traditionelle Firmenidentitäten als Verkaufsanreiz großzügig in Szene gesetzt werden. Unternehmen sind bei der Ausweitung ihrer betriebswirtschaftlichen Aktivitäten auf fremden Absatzmärkten dazu aufgefordert, sich auf diese Märkte einzustellen, ihre Dienstleistungen und Verkaufsstrategien den hiesigen Kulturräumen anzupassen, und dabei ihre identitätsstiftende Erkennbarkeit zu erhalten.

In unserem Beitrag möchten wir ein Unternehmen beschreiben, das sich den Anforderungen der Globalisierung gestellt hat und das sich dann den angedeuteten Herausforderungen gegenüber sah. Es geht um eine große deutsche Fluggesellschaft, die wir hier ‚German Air' nennen möchten. Dieses Unternehmen sah sich veranlasst, seinen Bordservice auf den Ostasienstrecken zu internationalisieren. Damit verfolgt die German Air auch das Ziel, den wachsenden Absatzmärkten in den Schwellenländern durch eine Internationalisierung der Personalstruktur Rechnung zu tragen. Es wurden regionale Flugbegleiter eingestellt. Die jeweiligen Crews sind jetzt bikulturell aufgestellt und die Serviceabteilung sieht ihre Aufgabe darin, trotz der nun lokalen Einfärbung des Service die Einheitlichkeit des international renommierten und imageprägenden Serviceprodukts zu erhalten.

Die Herausforderung einer Stabilisierung des Firmenimage im Globalisierungsprozess bei gleichzeitiger Etablierung einer Internationalisierungsstrategie zur Anpassung des Service an fremdkulturelle Absatzmärkte, zeigt sich für dieses Unternehmen auf vielen verschiedenen Ebenen, die wir hier nicht alle in den Blick nehmen können. Wir möchten uns auf die Einbindung der regionalen Mitarbeiter in den Bordservice konzentrieren und die Frage beantworten, wie es die German Air schafft, regionale Flugbegleiter im Rahmen einer Internationalisierungsstrategie in das Unternehmen einzubinden und deren damit einhergehende kulturelle Ressourcen zu nutzen, ohne dass der image- und firmenidentitätsstiftende Kern aufgegeben wird. Uns geht es darum zu klären, wie es der German Air also durchaus lösungsorientiert gelingt, diesen Balanceakt im Sinne einer produktiven Organisationsentwicklung zu gestalten (vgl. dazu Kühlmann 2005).

Im Rahmen des von der DFG geförderten Forschungsprojektes „Fremde Eigenheiten und eigene Fremdheiten. Interkulturelle Verständigung und transkulturelle Identitätsarbeit unter Globalisierungsbedingungen" (Kurt/Reichertz/Schröer 2010) untersuchen wir exemplarisch deutsch-indische Flugbegleiterteams der German Air, die auf den Strecken zwischen Deutschland und Indien zusammen arbeiten. Die German Air beschäftigt seit Ende der 1960er Jahre regionale und seit Beginn der 1990er Jahre im besonderen indische Flugbegleiter, weil sie sich durch die Internationalisierung des Service an den wachstumsstarken Märkten Ostasiens und eben auch an den Markt in Indien anpassen möchte. Wichtig ist hierbei, dass die German Air in Indien nicht deshalb so stark nachgefragt wird, weil sie besonders indisch auftritt, sondern weil sie in Indien für Sicherheit und Zuverlässigkeit steht. Zurzeit sind ca. 240 indische Flugbegleiter bei der German Air angestellt, um der steigenden Zahl indischer Fluggäste durch einen kulturnahen und kulturadäquaten Service Rechnung zu tragen und in diesem Sinne auch ihren deutschen Kollegen für den Service am indischen Gast beratend zur Seite zu stehen. Zugleich sollen sie so eingebunden sein, dass das imagestiftende Serviceprodukt ‚German Air: Sicherheit und Zuverlässigkeit' erhalten und erkennbar bleibt.

Die Analyse, die wir hier zur Einbindung der indischen Flugbegleiter in das Servicegefüge der German Air vorlegen, umreißt die erste Etappe einer noch laufenden Untersuchung.[2] Erkennbar sind bis jetzt die groben Linien einer Strategie, mit der sich die German Air die kulturelle Kompetenz der indischen Flugbegleiter zunutze macht und zugleich das bewährte Service- und Firmenimage zu erhalten trachtet. Dieser Balanceakt wird im Detail noch weiter zu beschreiben und das orientierende Zwischenergebnis dabei näher zu prüfen sein. Wir denken allerdings, schon in Anbetracht des aktuellen Erkenntnisstands übergreifend plausibel machen zu können, dass es für die Beschreibung von global aufgestellten und agierenden Unternehmen und Organisationen wichtig ist, eben in diesen Organisationen die zentralen Akteure zu erkennen, von denen die eigentliche „Kommunikationsmacht" (Reichertz 2009) für die Konstruktion der kommunikativen Wirklichkeit in diesen Organisationen ausgeht.

2 Datenerhebung, erste Auswertung, Neuausrichtung

Methodologisch und methodisch ist unsere Untersuchung an den Prinzipien einer Hermeneutischen Wissenssoziologie orientiert (Schröer 1997; Hitzler/Reichertz/ Schröer 1999). Von daher haben wir uns – aus forschungspraktischen und forschungsökonomischen Gründen – dazu entschlossen, qualitative Experteninter-

---

2 Neben den beiden Autoren dieses Beitrags sind an der operativen Durchführung der Untersuchung noch Anandita Sharma und Ulrich Leifeld beteiligt. Die hier präsentierten Ergebnisse sind aus der gemeinsamen Arbeit mit ihnen hervorgegangen.

views mit dem Management der ‚Serviceabteilung ‚Kabine' und offene qualitative Interviews mit den indischen und deutschen Flugbegleitern durchzuführen.

Um einen tragfähigen Einstieg ins Feld zu erhalten, führten wir zu Beginn unserer Erhebung Interviews mit den Managern der Abteilung Kabine, die mit der Betreuung des indischen Personals vertraut sind. Uns ging es zum einen um den Aufbau eines für jede Feldforschung notwendigen Maßes an wechselseitigem Vertrauen. Zum anderen führten wir diese Interviews natürlich von unserem thematischen Interesse her: Wir wollten in Erfahrung bringen, wie die indischen Flugbegleiter im Rahmen der Internationalisierung des Service vom Management in die Organisation eingebunden werden, wie sie personal betreut und ‚verwaltet' werden und welche Rolle die indischen Flugbegleiter innerhalb der Internationalisierung des Service einnehmen bzw. welche Rolle ihnen seitens des Managements zugewiesen wird.

Nachdem wir diese Interviewstafette abgeschlossen hatten, sind wir zur Sicherung des weitergehenden Feldzugangs und der Datenerhebung noch vor einer Auswertung dieser Interviews dazu übergegangen, die Interviews mit den deutschen und indischen Flugbegleitern vorzubereiten und durchzuführen. Die Interviews mit den indischen Flugbegleitern führten wir in Delhi und die Interviews mit den deutschen Flugbegleitern auf der Basis der German Air in Deutschland.

Bei der an der Erhebung anschließenden ersten Auswertung der Flugbegleiterinterviews ist dann sehr schnell aufgefallen, dass die deutschen Flugbegleiter nur bemüht und marginal über interkulturelle Aushandlungssituationen an Bord berichteten. Aufgrund der hochgradig standardisierten und routinisierten Arbeitsabläufe eines Flugbegleiters gäbe es, so die deutschen Flugbegleiter, nur einen geringen Spielraum für interkulturelle Aushandlungsprozesse an Bord. Der dicht getaktete Arbeitsrhythmus an Bord erlaube keine aufwendigen Aushandlungen zwischen ihnen.

Die Auswertung der Interviews, die wir mit den indischen Flugbegleitern geführt haben, ergab einen ähnlichen Befund. Zwar hoben sie stärker hervor, dass sie immer wieder einmal Situationen erlebten, in denen der Service der deutschen Kollegen aus indisch-kultureller Perspektive unangemessen sei. Die Arbeit käme aber dadurch nicht zum Erliegen. Die Arbeitssituationen an Bord seien eben so beschaffen, dass es nicht viel Raum gäbe für einen interkulturellen Austausch, der über gute Shopping- und Sightseeingtips beiderseits hinausgehen würde. Im Vorfeld unserer Analysen sind wir – das sei hier erwähnt – davon ausgegangen, dass die deutschen und indischen Flugbegleiter während ihrer Arbeit an Bord in eine Aushandlungsarbeit eintreten müssten, um ihre kulturell divergenten Wissensbestände und Deutungsperspektiven lösungsorientiert in Beziehung zu setzen. Das dem unserem empirischen Befunde gemäß nicht so ist, irritierte uns erheblich und brachte unsere Untersuchung ins Stocken. Wir haben uns in der Folge – sozusagen aus der Not heraus – den wenigen Schilderungen interkulturellen Austausches der indischen Flugbegleiter zugewandt und haben so einen Einstieg in unsere dann stärker organisationsanalytische Betrachtung gefunden. Für diese hermeneutischen Analysen in unserem muliperspektivischen Team haben wir eigens eine Modifikation des sequenzanalytischen Verfahrens entwickelt (Schröer/Bettmann/Leifeld/Sharma 2012). Durch die hermeneutische Analyse dieser Interviews und insbesondere durch die Lesartenbildung unseres organisationsvertrauten Kollegen haben wir dann allmählich einen Einblick in organisationsspezifische Besonderheiten gewonnen, von denen her die wenigen interkulturellen Konfliktfälle im besonderen und die starken Hinweise von beiden Seiten auf ein weitgehendes Fehlen solcher Konfliktlagen nachvollziehbar wurden. Entscheidend vertiefen konnten wir diesen Verstehensansatz in der dann folgenden Auswertung der eingangs durchgeführten Experteninterviews mit den Managern der Abteilung ‚Kabine'.

Wenn wir nun im folgenden die ersten, unsere Untersuchung neu orientierenden und stark organisationsanalytisch eingefärbten Ergebnisse zur interkulturellen Kommunikationslage an Bord der German Air vortragen, dann möchten wir zu Illustrationszwecken von einer dieser Situationen, in denen es zu Ungereimtheiten zwischen deutschen und indischen Flugbegleitern gekommen ist, ausgehen. Das Besondere an diesem Beispiel ist, dass an ihm sowohl das Problem als auch die Lösung des Problems empirisch sichtbar gemacht werden kann.

3 Interkultur an Bord: die Führung der Organisation

3.1 Der Fall: Masalla Tee zum Essen

Eine indische Flugbegleiterin berichtete von einer Aushandlungssituation mit einer Purserette, der operativen Führungskraft der Flugbegleiter an Bord. Dabei ging es um die Durchführung von Serviceabläufen an Bord. Während die deutsche Purserette den Ablaufplan zur Handreichung von Kaffee und Masalla Tee den Regeln des Servicehandbuchs entsprechend durchführen lassen wollte, gab die indische Flugbegleiterin zu bedenken, dass es für einen Inder ausgeschlossen sei, den Tee oder den Kaffee zum Essen zu trinken. Auf den Vorschlag, den Tee erst nach dem Essen zu reichen, ist die Purserette nicht eingegangen. Für die indische Flugbegleiterin war es dann nicht verwunderlich, dass sie mit einer vollen

Kanne Tee von ihrer Servicerunde zurückkehrte. Da die indische Flugbegleiterin auf anderen Strecken, die auch von der German Air beflogen werden, aber schon die Erfahrung gemacht hat, dass der Service anders durchgeführt wurde, verwies sie auf diese Erfahrung und zeigte der Purserette damit an, dass es aus ihrer Sicht durchaus die Möglichkeit gibt, den Service anders durchzuführen. Mit diesem Verweis auf andere Durchführungsvarianten opponierte sie der Aussage der Purserette nicht vollends, sondern sie versuchte, eine Kopplung zu einer für beide zugänglichen Erfahrungswelt herzustellen. Die Purserette lehnte ihre Serviceänderungsvorschläge dennoch ab. Auf die Frage seitens der indischen Flugbegleiterin, warum man den Service denn nicht entsprechend umstellen könne, wenn doch niemand den Tee oder den Kaffee zum Essen trinken wolle, antwortet die Purserette, dass es nun mal seitens der Organisation nicht vorgesehen sei, den Service anders durchzuführen. Dabei verwies sie auf die Regelvorgaben, die von der German Air zur Durchführung solcher Servicehandlungen vorgegeben sind. Die indische Flugbegleiterin kam mit ihren Vorschlägen also nicht zum Zug: weder, indem sie auf intern durchaus divergente Durchführungsvarianten für die Handreichung von Tee und Kaffee verwies, noch, indem sie aus ihrer Kulturkompetenz heraus argumentierte.

Bezogen auf diese geschilderte Situation stellten wir uns dann zwei Fragen:

1. Warum nimmt die Purserette die Änderungsvorschläge der gemäß in ihrer Rolle als Kulturexpertin argumentierenden indischen Flugbegleiterin zur Verbesserung eines kulturadäquaten Service nicht an, sondern setzt sich durch?
2. Fraglich ist dann aber auch, warum die indische Flugbegleiterin nicht offensiv gegen die Zurückweisung der Purserette opponierte. Immerhin war sie sich sicher, dass der Service nicht kulturangemessen durchgeführt wurde! Mit der Zurückweisung ihres Einwandes wurde sie in ihrer statusgebundenen Kompetenz missachtet. Warum lässt die indische Flugbegleiterin also ihren Status als Kulturexpertin fallen, indem sie auf ihre Veränderungsvorschläge nicht weiter Bezug nimmt, sich zurückzieht und somit nicht weiter gegen die Anweisungen der Purserette opponiert?

Die Beantwortung dieser beiden Fragen war im weiteren für unsere Analyse leitend.

3.2 Die Motivlage der Purserette

3.2.1 Der Rollenkonflikt: Hierarchie und Regel

In der oben geschilderten Situation handelt es sich offensichtlich um einen Rollenkonflikt der erst mal, außer dem thematischen Bezugsrahmen – der Handreichung von Masala Tee – nicht sonderlich viel mit Interkulturdynamiken zu tun hat und der von der Organisation selbst so organisiert ist: Während sich die Purserette als Vorgesetzte auf die Regelvorgaben der Organisation zum Ablauf von Servicehandlungen bezieht, zieht sie, als sie feststellt, dass die indische Flugbegleiterin nicht darauf eingeht und in ihrer Rolle als Kulturexpertin beginnt, ihre Argumente zur aus ihrer Sicht kulturadäquaten Deutung der Servicesituation aufzubauen, die nächste Karte: sie nutzt die ihr von der German Air offensichtlich verliehene Autorität als operative Führungskraft an Bord, um den Service so durchzusetzen, wie sie es sich vorstellt. Die Inderin argumentiert offensichtlich aus der ihr zugeschriebenen Mitgliedschaftsrolle als Kulturexpertin für den Service am indischen Gast, findet aber kein Gehör. Aus ihrer Sicht, so die Darstellung in dem Interview, würde sie von der Purserette in der Rolle als Kulturexpertin nicht ernst genommen. Während die Purserette sich implizit auf ihre hierarchische Stellung bezieht und explizit auf die Regelvorgaben verweist, argumentiert die indische Kollegin in der Rolle als Kulturexpertin. Beide beanspruchen für die zu lösende Situation so etwas wie eine rollen- und nicht kulturgebundene situative Deutungshoheit: die eine aus der Perspektive der operativen Führungskraft und unter Bezug auf die hierarchische Ordnung und die seitens der German Air präformulierten Vorgaben für die Durchführung von Servicehandlungen und die andere aus der Rolle als Kulturexpertin für den Service am indischen Gast. Dies führt bei beiden allerdings nicht zu einem Handlungsstau bzw. zum Abbruch der Arbeitskooperation. In dem Interview belächelte die indische Flugbegleiterin die Situation und endete mit dem Satz: *she didn't really accept it ((Interviewte lacht beim Sprechen)), so ya but, that is it, so some don't know and then say this, and other say, oh ya, sorry next time I remember, to do it the other way round, so there are different kinds of people, I can't really generalize.* Dabei wird deutlich, dass das eigentliche Problem hier erst mal nicht in der kulturellen Verschiedenheit der Teammitglieder verankert ist, die indische Flugbegleiterin die Konflikthaftigkeit der Situation letztendlich auch nicht über kulturelle Deutungsmuster erklärt, sondern dass die Zusammenstellung des Teams unter nur vage formulierten Mitgliedschaftsrollen den Auslöser gibt für entsprechende Aushandlungsprozesse an Bord.

Es wird nun etwas deutlicher, dass von uns zumindest unterstellte kulturbedingte Differenzen aufgrund der starren Regelvorgaben und der strengen personalen Hierarchie in diesen Teams nicht so ohne weiteres ‚zum Ausbruch kommen' können. Noch nicht hinreichend klar ist aber, warum sich die Purserette in der geschilderten Situation dazu angehalten sieht, die Regeln unter einer rigiden hierarchischen Struktur als operative Führungskraft des Teams so vehement durchzusetzen?

3.2.2 Die Einheit des Produktes

Die German Air verfügt laut der Aussagen vieler Manager und unter Anbetracht der zur Verfügung stehenden Statistiken über ein qualitativ hochwertiges und sehr gut etabliertes Produkt am Markt. Aus rein betriebswirtschaftlichen Gründen kann die German Air also kein Interesse daran haben, Marktanteile zu verlieren. Im Gegenteil: Die Flotte soll den hiesigen Marktexpansionen gerade in den Schwellenländern Rechnung tragen und dafür um 17 000 Flugbegleiter erweitert werden. Das entspricht der Logik betriebswirtschaftlichen Denkens und ist von daher keinesfalls verwunderlich.

In Rückgriff auf die hermeneutische Auswertung der Experteninterviews und in Bezug auf die durchgeführten Analysen der erhobenen Interviews mit den deutschen und indischen Flugbegleitern wurde deutlich, dass die ‚Beibehaltung der Einheit des Produktes' als das Qualitätsmerkmal der German Air und als Versprechen an ihre Kunden, das handlungsleitende Motiv für alle Mitarbeiter darstellt. Unter ‚Einheit des Produktes' versteht die German Air, dass die Flüge auf allen weltweiten Routen grundsätzlich gleich ablaufen sollen. Dabei handelt es sich um die zentrale, sinnstiftende Philosophie für alle Kabinenmitarbeiter. Der Kunde soll z. B. auf dem Flug zwischen Frankfurt und Rio de Janeiro kein grundsätzlich anderes Produkt bekommen, als auf den Flügen zwischen Frankfurt und Delhi. Diese durch die Analyse der Interviews so vorerst gewonnene Hypothese konnten wir bereits durch die zurzeit noch laufenden Artefaktanalysen des ‚Cabine Service Manual Handbook' und durch die Analyse betriebsinterner Arbeitsanweisungen an die Purser material unterfüttern und bekräftigen. Die Analysen der Interviews, die wir mit den deutschen Pursern geführt haben, machten deutlich, dass eventuelle Abweichungen von dieser Philosophie bei den verantwortlichen Personen einen erheblichen Rechtfertigungsdruck darüber auslösen, warum diese Änderung in Abweichung von den Vorgaben unternommen wurde. Allein schon wegen diesem spürbaren Rechtfertigungsdruck, so die Purser, würden sie

Änderung im Serviceablauf tunlichst vermeiden, auch wenn die Änderungsvorschläge in entsprechenden Arbeitszusammenhängen durchaus Sinn machen würden. Dementsprechend sehen sie ihre Aufgabe auch nicht lediglich in der Führung eines Teams, sondern auch in der Beibehaltung der Einheit des Produktes, so wie es ihnen durch die instruktiven Vorgaben in dem ‚Cabine Service Manual Handbook' und durch betriebsinterne, instruktive Arbeitsanweisungen vorgegeben wird. Auch die von uns in der Situation geschilderte Purserette ist also dafür verantwortlich, die Einheit des Produktes sicherzustellen. Von diesem handlungsleitenden Motiv aus kann sie gar nicht anders handeln. Sie sieht sich in der Pflicht, die „Einheit des Produkts" zu wahren und ist von daher gehalten den Änderungsvorschlag der indischen Flugbegleiter abzulehnen.

Auch wenn so klar wird, warum ein Konflikt zwischen Purserette und indischer Flugbegleiterin nicht so ohne weiteres ausbricht, gilt es dennoch zu klären, warum die indische Flugbegleiterin in der geschilderten Situation nicht doch vehementer und im Anschluss an ihre rollengebundene Kompetenz nicht doch deutlicher gegen die Servicedurchführungsvorgaben opponiert – warum sie also bereit ist, sich von der Situation belächelnd zurückzuziehen und damit ihren rollengebundenen Status als Kulturexpertin für den Service am indischen Gast fallen zu lassen

Hier haben wir dann wieder auf die Managerinterviews zurückgegriffen und haben dabei einen Eindruck davon gewinnen können, wie die indischen Flugbegleiter in die Organisation einsozialisiert werden. Wir haben eine spezifische Form der organisationalen Ausdifferenzierung in Bezug auf die Einbindung der (hier indisch) fremdkulturellen Mitarbeiter gesehen, die die ‚Fügsamkeit' der indischen Flugbegleiterin aus der Perspektive der Organisation nachvollziehbar macht. So wird deutlicher, durch welche organisationalen Bemühungen das Gelingen der Zusammenarbeit in den deutsch-indischen Flugbegleiterteams über die Regelvorgaben und die hierarchische Aufstellung hinaus abgestützt wird.

3.3 Die Führung der indischen FlugbegleiterInnen durch die German Air

In Sorge um die Einheit des Produkts und um die teaminterne Arbeitskooperation der hier deutsch-indischen Crews sicherzustellen, hat sich die German Air, organisational betrachtet, ausdifferenziert. Dabei ist die German Air darum bemüht, die indischen Flugbegleiter in das Unternehmen so zu integrieren, dass das am Markt etablierte Produkt im Kern nicht verändert werden muss und die Einheit des Produktes trotz ggf. mit der Einstellung indischer Mitarbeiter einhergehenden, differenten Deutungsperspektiven auf den Arbeitsgegenstand dennoch durchgehalten werden kann. Die Organisation muss also einen Balanceakt vollführen, indem sie einerseits die indischen Flugbegleiter einbindet und damit das Unternehmen im Sinne einer Internationalisierung des Service interkulturell aufstellt. Gleichzeitig muss die Organisation in Anbetracht der eigenen Verkaufsphilosophie dafür Sorge tragen, ihr auf dem Markt gut etabliertes Produkt beizubehalten, ihre Identität zu wahren. Die Frage ist nun, mit welchen reaktionstypischen Ausdifferenzierungsmaßnahmen die German Air auf die Einstellung der Inder reagiert, wie sie es also schafft, die interkulturelle Zusammenarbeit in diesen Teams so weit zu kontrollieren, dass die interkulturelle Zusammensetzung der Teams und die damit unterstellten Interkulturdynamiken erst gar nicht zu einem identitätserschütternden Einfluss für das Unternehmen werden können, wie es also die Organisation schafft, die Inder trotz kulturell unterschiedlicher Wissensbestände und Deutungsroutinen so in die Organisation einzubauen, dass die Zusammenarbeit in diesen Teams relativ reibungslos gelingen kann.

3.3.1 Rekrutierung

Die indischen Flugbegleiter werden in Indien über Zeitungsannoncen (z. B. in der Times of India) und über das Internet rekrutiert. Für einen Lehrgang von ca. 40 Bewerbern benötigt die German Air ca. 60 Kandidaten, die sie unter ca. 260 Interviewees auswählen. Nachdem diese Auswahl getroffen wurde, fährt der Rekrutierungsstab, bestehend aus den Managern und Psychologen aus der Personalabteilung, nach Indien, um dort vor Ort die Auswahl zu treffen. Dabei hat der Rekrutierungsstab, der aus fünf deutschen und einem indischen Mitarbeiter besteht, die Aufgabe zu bewältigen, aus einer Vielzahl von Bewerbungen die ‚richtigen' Kandidaten für den dann später stattfindenden Lehrgang zum Flugbegleiter der German Air in Deutschland auszuwählen. Bevor die Bewerber allerdings zu dem Stab kommen, müssen sie an den indischen Flugbegleitern vorbei, die zur Unterstützung des Teams mitangereist sind. Sie unterziehen die Bewerber einem Sprachtest auf Hindi und teilweise auf Tamil, wenn es sich um die Besetzung um Strecken in den Süden von Indien handelt. Zuerst werden fünf Tage lang relativ standardisierte Interviews geführt. Die dabei stattfindende psychologische Diagnostik soll dabei helfen, zu prüfen, ob jemand für den Beruf des Flugbegleiters geeignet ist und ob diese Person zur Philosophie der German Air passt.

Dabei werden Städter gegenüber eher traditionell lebenden Indern vom Land bevorzugt. Sehr traditional lebende oder mit religiösen Merkmalen ausgestattete Inder werden dabei gar nicht berücksichtigt. Wie modern diese Inder sind und ob sie in die Organisation eingepasst werden können, wird in entsprechenden Rollenspielen abgetestet. Dabei testen die Psychologen, wie die potentiellen, indischen Mitarbeiter in simulierten Konfliktsituationen reagieren und welche Lösungsvorschläge sie entwerfen. Auch die kommunikativen Kompetenzen spielen eine zentrale Rolle. Wichtig ist es, in schwierigen Situationen Ruhe zu bewahren, um die bei der Arbeit eines Flugbegleiters potentiell anfallenden Sicherheitshandlungen ruhig und besonnen durchführen zu können. Darüber hinaus entscheiden auch ästhetische Gesichtspunkte. Sie dürfen nicht zu klein sein und sollten den vorherrschenden mitteleuropäischen Schönheitsidealen entsprechen. Diese mitteleuropäischen Schönheitsideale dienen schon beim Paperscreening als relevante Auswahlkriterien. Vorteilhaft für die Bewerber ist es, wenn sie aus anderen serviceorientierten Berufsfeldern bereits Serviceerfahrungen mitbringen.

Hingegen verläuft die Rekrutierung des deutschen Personals wesentlich weniger aufwendig. Auf der für die Rekrutierung der deutschen Mitarbeiter eigens eingerichteten Internetseite können sich die deutschen Kandidaten für die Bewerbung registrieren, danach wird in dem Online Portal eine Kurzbewerbung ausgefüllt. In einem nächsten Schritt durchlaufen die Bewerber einen Online-Test. Darauf folgend wird ein 10 bis 15 minütiges Bewerbungsgespräch am Telefon teils in englischer Sprache abgehalten. Werden diese Verfahren erfolgreich bewältigt, kommt es zu einem persönlichen Bewerbungsgespräch, in dem dann letztendlich über die Einstellung entschieden wird.

Die Rekrutierung der Inder als erster Schritt eines Selektionsprozesses im Kontrast zu der Rekrutierung des deutschen Personals macht deutlich, dass bereits dort nur die Inder in das Unternehmen geholt werden, die aus Sicht der German Air über passfähige Merkmale verfügen. Im Grunde genommen – so die Aussage zweier leitender deutscher Personalmanager für das indische Team – sucht die German Air Inder, die zwar indisch sind, mit ihrem ‚Indisch-sein' aber ohne weiteres in die Organisation eingebunden werden können. Das Gelingen der Interkultur an Bord wird also durch die Selektion schon vorverhandelt, indem nur die Inder zu weiteren Bewerbungsgesprächen eingeladen werden, die den Vorstellungen eines passfähigen Inders entsprechen.

3.3.2 Training

Sowohl die deutschen als auch die indischen Flugbegleiter werden nach erfolgreicher Bewerbungsphase in Trainingsmaßnahmen auf ihren Beruf vorbereitet, jedoch getrennt voneinander. Die indischen Berufsanwärter werden zu einem eigens für sie zusammengestellten Training nach Deutschland einberufen, um dort innerhalb von 6 Wochen das Basistraining zu absolvieren. Der Leiter der Trainingsabteilung der German Air berichtete uns in einem zweistündigen Interview von den Praktiken, die er zum Einsatz bringt, um die indischen Flugbegleiter für die Organisation nach der Rekrutierung ‚passgenau zuzuschneiden'. Es ist das erklärte Ziel der Trainer, den Trainees hochgradig routinierte Handlungsmuster anzuerziehen, sowohl für den Bereich Sicherheit als auch für die Durchführung von Servicehandlungen an Bord. Da die deutschen und die indischen Flugbegleiter aber getrennt voneinander trainiert werden, stellt sich für sie auf den Flügen die Aufgabe, ihre gelernten Handlungsschritte soweit miteinander zu synchronisieren, dass gemeinsame Service- und Sicherheitshandlungen am Fluggast möglich werden. Für Trainingszwecke werden die indischen Flugbegleiter unter dem Status ‚Flugbegleiter im Praktikum' mit in die bestehenden Teams eingebaut. Dort haben sie die Möglichkeit, die im Training erlernten Handlungsroutinen ‚on the job' zum Einsatz zu bringen.

Diese Trainings haben für die Einpassung in das Unternehmen eine enorme Bedeutung. Indem die routinierten Vorgaben des ‚Cabine Service Manual Handbook' eintrainiert werden, wird den indischen Flugbegleitern deutlich gemacht, dass sie sich strikt an die in diesem Handbuch formulierten Vorgaben zu halten haben. Dabei wird ihnen auch vermittelt, welche Anpassungsleistungen die Organisation ihnen nach der Rekrutierung abverlangt und wie sie seitens der Organisation in ihren organisationskulturellen Rahmen eingepasst werden (zum Begriff der Organisationskultur vgl. Schein 2003 sowie Franzpötter 1997). Während es sich bei der Rekrutierung erst mal um eine oberflächliche Passfähigkeit handelt, geht es bei dem Training um die Anerziehung repetitiver Praktiken „[...] und routinisierter Handlungsmuster, durch die – in einer Art Wiederholungszwang – die Sinnstrukturen [der Organisation; die Verf.] stabil bleiben und sich reproduzieren" (Moebius 2009: 124). Daraus ergibt sich, dass dem Training, als einer Form der reaktiven organisationalen Ausdifferenzierung in Bezug auf die Einstellung der Inder nach der Rekrutierungsphase, eine enorme Bedeutung beizumessen ist (vgl. zu dieser Thematik Malmendier 2003).

Die durch die Rekrutierung eingeleitete Selektion geeigneter indischer Flugbegleiter, wird durch die Trainingsmaßnahmen weitergeführt. Indem den indischen Flugbegleitern routinierte Handlungsmuster für ihren Job eintrainiert werden, wird die Unternehmensidentität handlungspraktisch von den potentiellen neuen Mitarbeitern internalisiert. So sorgt die German Air durch das Training dafür, dass ihre Unternehmensidentität für die neu eingestellten Mitarbeiter handlungspraktisch relevant und bindend wird, wodurch letztlich die Einheit des Produktes gesichert werden soll. Während des Trainings befinden sich die indischen Mitarbeiter noch in einer Probephase. Auf Empfehlung des Trainers können sie in dieser Phase noch jederzeit entlassen werden.

3.3.3 Teamleitersystem

Nachdem die indischen Flugbegleiter die Selektion der Rekrutierung und die routinisierte und habitualisierte Anpassung an ihren Arbeitsgegenstand im Training durchlaufen haben, werden sie in die operative Ablaufplanung der Organisation unter einem eigens für sie zugeschnittenen Betreuungssystem eingebunden. Zur Betreuung der regionalen Flugbegleiter, hier der indischen, hat die German Air die internen, personalen Verwaltungsstrukturen ausdifferenziert. Dafür wurden seit Beginn der 90er Jahre sogenannte Teamleiterflugbegleiterstellen (TLFB) geschaffen. Das Personal auf diesen Stellen ist sowohl im operativen Geschäft des Fliegens tätig, als auch in die administrative und disziplinarische Verwaltung und Betreuung der indischen Kollegen am Boden eingebunden. Davon gibt es vier Personen, auf die die ca. 240 indischen Mitarbeiter aufgeteilt werden. Sie übernehmen eine Scharnierfunktion zwischen dem Management und dem operativen Geschäft an Bord. Das strukturelle Problem ihres Arbeitsauftrages ist, dass sie sowohl Kollegen als auch Vorgesetzte der indischen Flugbegleiter sind. Die organisationsinterne Etablierung dieser Personalstellen geschah, um das kulturelle Kapital der indischen Flugbegleiter für die Internationalisierung des Service fruchtbar zu machen, ohne jedoch die am Markt etablierte Qualität des Produktes zu schädigen. Ziel dieses Systems ist es zum einen, die Führung und die disziplinarische Kontrolle über die indischen Flugbegleiter zu effektivieren und zum anderen, über dieses organisationale Scharnier Kanäle bzw. Handlungsspielräume für die kuluradäquaten Inputs der indischen Flugbegleiter offenzuhalten. Die indischen Flugbegleiter haben über diese Stellen jederzeit die Möglichkeit, sich über die aus ihrer Sicht nicht angebrachten Arbeitsanweisungen der Purser bei den TLFB zu beschweren. Diese Beschwerden werden dann in weiteren Gesprächen mit dem Management und mit den Pursern aufgegriffen und abgewogen. Dieses System nimmt auf der Oberflächenebene durchaus familiäre Formen an: so wissen die Teamleiterflugbegleiter aus ihrem ständigen Kontakt mit den indischen Flugbegleitern heraus nicht nur, wo und wann sich wer aufhält. Sie wissen auch, wie es um die familiäre Situation der indischen Flugbegleiter steht, welche Sorgen und Nöte sie plagen und mit welchen weiteren privaten Schwierigkeiten sie zu kämpfen haben. Mit dieser fürsorglich reaktiven Ausdifferenzierung der Organisation baut die German Air über die Rekrutierung und das Training hinaus eine personale Beziehung zu den Indern auf, die erforderlichenfalls auch instruktiv genutzt werden kann. Über diese Stellen schafft es die German Air, die hochgradig dezentralisierte Belegschaft der indischen Flugbegleiter personal enger an die Organisation zu binden und zugleich angemahnte Änderungsvorschläge der ‚fremdkulturellen' Mitarbeiter kontrolliert im Prozess des Organisieren aufzugreifen. Dieses System nimmt auf der Oberflächenebene durchaus familiäre Formen an: so wissen die Teamleiterflugbegleiter aus ihrem ständigen Kontakt mit den indischen Flugbegleitern heraus nicht nur, wo und wann sich wer aufhält. Sie wissen auch, wie es um die familiäre Situation der indischen Flugbegleiter steht, welche Sorgen und Nöte sie plagen und mit welchen weiteren privaten Schwierigkeiten sie zu kämpfen haben. Über diese fürsorglich reaktive Ausdifferenzierung der Organisation, baut die German Air über die Rekrutierung und das Training hinaus eine personale Beziehung zu den Indern auf, die erforderlichenfalls auch instruktiv genutzt werden kann.

4 Die Kommunikationsmacht der German Air als Beziehungsmacht über die Identität der indischen Flugbegleiter

Mit dieser Analyse möchten wir deutlich machen, dass die interkulturelle Verständigung und die transkulturelle Identitätsarbeit, in den von uns untersuchten Flugbegleiterteams, nicht im ‚luftleeren Raum' stattfindet, sondern ganz maßgeblich durch die Organisation mitgestaltet wird. Die German Air unterliegt als betriebswirtschaftliche Organisation gewissen ökonomischen Zwängen. Es geht darum, neben der Internationalisierung des Service gleichzeitig auch die bestehende Qualität des Serviceproduktes beizubehalten. Das betriebswirtschaftliche Ziel der German Air wird dabei nicht in Frage gestellt. Um diesen Balanceakt zu vollführen, hat sich die German Air organisational ausdifferenziert und für die indischen Flugbegleiter ein spezielles Rekrutierungs-, Trainings- und Betreuungssystem entwickelt. Durch diese ‚Einsozialisierungsphasen' baut die Organisation eine Beziehung zu den indischen Mitarbeitern auf, unter der zugleich auch die Identitäten der indischen Mitarbeiter mitverhandelt werden.

Die Beziehungsarbeit zwischen den indischen Flugbegleitern und der Organisation beginnt bei der Rekrutierung, der Selektion geeigneter Mitarbeiter. Damit die German Air ihre organisationsinhärenten Ziele erreichen kann, müssen potentielle Bewerber bei der Rekrutierung anschlussfähig erscheinen, bevor sie durch das Training dann letztendlich auch anschlussfähig gemacht werden.

Das Training sorgt dafür, dass die indischen FlugbegleiterInnen in die Arbeitsabläufe einsozialisiert werden, sie die Unternehmensidentität internalisieren, indem ihnen die Sinnstruktur der Organisation durch die Einübung redundanter Service- und Sicherheitsdurchführungsregeln praktisch antrainiert wird und sie mit der internen Hierarchie der Flugbegleiterteams vertraut gemacht werden. Sie entwickeln durch das Training einen berufsspezifischen und organisationsvertrauten selbstbindenden Habitus (Bourdieu 1997). Über die fortlaufende Inkorporation dieses Habitus steigt auch ihre Identifikation mit der Organisation. Daraus resultiert ein ‚zwangloser Zwang', eine innere freiwillige Führung und die Bereitschaft, im Sinne der Organisation zu handeln. Indem nicht nur Etwas, z. B. das Training, sondern dieses Etwas auf eine spezifische Weise getan wird, lernen die Mitarbeiter die Organisation nicht nur formal kennen. Sie lernen auch, mit der eher informellen Organisationskultur, also der Frage wie etwas gemacht wird, umzugehen und sich in ihrem beruflichen Handeln und Kommunizieren an dieser auszurichten. „Diese Kultur und Praxis der Kommunikation werden durch die Gruppe und speziell dafür eingerichtete Institutionen an neue Mitglieder weitergegeben bzw. verinnerlicht" (Reichertz 2009: 224).

Sind sie einmal durch das Training anschlussfähig geworden und haben sie die Ziele der Organisation von einem Fremdzwang zu einem selbstbindenden Selbstzwang nach innen genommen (Elias 1977), werden sie durch die TLFB innerhalb der Organisation kommunikativ so betreut, dass von ihnen eventuell ausgehende und damit unterstellte Dynamiken vorwegnehmend kanalisiert werden, ihre interkulturellen Ressourcen für die Internationalisierung des Service aber trotzdem genutzt werden können. Über dieses Scharnier baut die Organisation eine enge personale Beziehung zu den indischen Flugbegleitern auf und kann weitestgehend sicherstellen, die disziplinarische und ressourcenschöpfende Kontrolle über ihr Personal nicht zu verlieren. Über diesen ‚Dreischritt' bei der Einbindung der hier indischen Mitarbeiter bemüht sich die Organisation um ein vorausschauendes Handeln, um systemstörende Effekte im Prozess des Organisierens (vgl. Weick 1985) erst gar nicht aufkommen zu lassen. Damit sollen die Lücken, die durch die steigende Dezentralisierung der Belegschaft aufgekommen sind, konzentrisch geschlossen werden, um die Ziele der Organisation auch unter den virulenten Bedingungen der Globalisierung erreichen zu können.

Unter diesem organisatorischen ‚Dreischritt' zur Einbindung der indischen Flugbegleiter, gelingt es der Organisation, eine u. U. auch instruktiv nutzbare Beziehung zu den indischen Flugbegleitern aufzubauen, um so potentiell störende Interkulturdynamiken in diesen Teams weitestgehend so einzudämmen, dass trotz kultureller Differenzen die interkulturelle Zusammenarbeit gelingen kann.

An unseren Ausführungen sollte deutlich geworden sein, dass hier die von Reichertz herausgestellte „Kommunikationsmacht" (Reichertz 2009) als Macht über die Identität der indischen Mitarbeiter zwar immer von Subjekten getragen wird, nicht aber von einzelnen Subjekten ausgeht. In unserem Fall ist es die Organisation, die die Interkulturdynamiken in diesen Teams überformt und zwischen ihr und den indischen Mitarbeitern eine Beziehung aufbaut. Als Mitarbeiter der German Air erhalten die indischen Flugbegleiter in der indischen Gesellschaft einen exklusiven Status. Ihr Job dient ihnen also auch als Identitätsmerkmal innerhalb der indischen Gesellschaft. Dort gehören sie durch ihren Job zu einer ‚New Upcoming Middle Class'. Der Job bei der German Air ist sozusagen ihr persönlicher „Fahrstuhleffekt" (Beck 1986) der ihnen dazu verhilft, an der wachsenden Mittelschicht in Indien zu partizipieren. Er ist ein ganz wesentlicher Beitrag zu ihrer sozialen Identität. Aufgrund dieser Tatsache opponiert die indische Flugbegleiterin nicht, sondern zieht sich von ihrer Rolle als Kulturexpertin lächelnd und vor allem freiwillig zurück und akzeptiert die Anweisungen der vorgesetzten Purserette. Aber ihre Fügsamkeit resultiert nicht lediglich aus der sozialen Identität, die ihr über die Beschäftigung bei der German Air zuerkannt wird. Denn Fügsamkeit muss für verschiedene Kontexte immer wieder neu erlernt werden. Um sich entsprechend und in Anbetracht der Wahrung ihrer eigenen Interessen innerhalb der Organisation auch fügen zu können, muss sie wissen, wie, warum und wann man sich in der Organisation zu fügen hat. Durch die Einsozialisation in die Organisation lernt die Flugbegleiterin, dass die Organisation über die Gewalt der Selektion, mittels der Herrschaft im Training – die Weiterbeschäftigung grundsätzlich beenden zu können – und über die personale Betreuung durch die TLFB ihr gegenüber eine Beziehung aufgebaut hat, über die auch ihre soziale Identität zu- oder aberkannt werden kann.

Die Fügsamkeit beruht also auf der identitätsstiftenden Beziehung, die die German Air gegenüber den indischen Flugbegleitern aufgebaut hat. Über diese so aufgebaute Beziehung werden die Probleme und Herausforderung der Organisation auch zu Problemen der indischen Flugbegleiter. In Folge dessen steigt dann auch die Identifikation der Inder mit dem Unternehmen. Über diese Beziehung schafft es die Organisation, ihre organisationalen Zielsetzungen zu einem selbstbindenden Selbstzwang für die indischen Mitarbeiter zu transformieren.

Die indischen Flugbegleiter verinnerlichen über die Beziehung einen Raum der Gründe (Reichertz 2009: 243) darüber, was im Kontext der Organisation gewünscht ist und was nicht. Sie lernen und verinnerlichen neben der formalen Aufbau- und Ablaufstruktur der German Air auch ihre Organisationskultur. Diese Verinnerlichung führt letztendlich zu einer Identifikation mit dem Unternehmen. Um sich entsprechend dieser Vorgaben verhalten zu können, bilden die Inder einen Habitus der freiwilligen Selbstführung aus, der von der Identifikation mit dem Unternehmen getragen wird.

Damit diese Identifikation aber auch handlungspraktisch gelingen kann und von der Eigenmotivation – der freiwilligen Selbstführung – der Inder mitgetragen wird, gibt es in diesem Raum der Gründe für die indischen Flugbegleiter gewisse Handlungsspielräume, in denen sie ihre kulturspezifischen Kompetenzen zur Anwendung bringen können. Die kulturkompetenten Änderungsvorschläge der Inder werden über die TLFB Stellen mit in den Prozess des Organisierens aufgenommen und zur Anwendung gebracht. Den indischen Flugbegleitern werden innerhalb der Organisation also bestimmte Gestaltungsspielräume zuerkannt. Ohne diese identitätsbezogenen Vorteile für die Inder und ohne gewisse Gestaltungsspielräume innerhalb der Organisation gäbe es für die Inder keinen Grund, sich auf diese Beziehung einzulassen.

Die so aufgebaute Beziehung sorgt dann auf Seiten der indischen Flugbegleiter auch für eine verinnerlichte Verantwortungsübernahme, unter der sie dann auch im Sinne der Organisation handeln.

Die Kommunikationsmacht der German Air gegenüber den indischen Flugbegleitern baut sich also über Erziehungs- und Sanktionspraktiken auf (vgl. Reichertz 2009: 245) und wird von einer so initiierten Beziehung getragen (vgl. Reichertz 2009: 250). Kommunikation ist dann auch für die Organisation ein Prozess, in dem die Verhaltensabstimmung, die wechselseitige Kooperation und Koordination der Organisationsmitglieder, durch symbolisches Handeln und Tun erreicht wird. Kommunikatives Handeln und Tun kann Identität gestalten, gerade weil hier die Organisation den Indern Motive für ihr Handeln vermitteln kann.

An unserem empirischen Beispiel aus der laufenden Forschungsarbeit kann deutlich gemacht werden, dass die von Reichertz formulierte, auf Basis einer Beziehung funktionierende Kommunikationsmacht nicht nur zwischen Personen, sondern auch zwischen Personen und Organisationen aufgebaut werden kann.

Das disziplinierte Handeln der indischen Flugbegleiter im Sinne der Organisation ergibt sich nicht aus der Herrschaft, sondern aus der sozialen Beziehung zur German Air. Über diese Beziehung seitens der German Air wird ein Rahmen bzw. ein Erwartungshorizont aufgebaut, die indischen Flugbegleiter werden auf eine organisationsspezifische Weise diszipliniert.

Da es sich bei der hier vorgestellten Analyse um ‚work in progress' handelt, wird es in den nächsten Analyseschritten darum gehen, genauer herauszuarbeiten, wie diese auf Basis einer sozialen Beziehung aufgebaute Disziplinierung der indischen Flugbegleiter im Training konkret umgesetzt wird.

Literatur

Beck, Ulrich (1986): Risikogesellschaft. Auf dem Weg in eine andere Moderne. Frankfurt am Main: Suhrkamp.

Bourdieu, Pierre (1997): Zur Genese der Begriffe Habitus und Feld. In: ders., Der Tote packt den Lebenden, hrsg. von Margareta Steinrücke, Schriften zu Politik & Kultur 2. Hamburg: VSA, S. 59–78

Elias, Norbert (1977): Über den Prozeß der Zivilisation. 2 Band. Frankfurt am Main: Suhrkamp.

Franzpötter, Reiner (1997): Organisationskultur- Begriffsverständnis und Analyse aus interpretativ-soziologischer Sicht. Baden-Baden: Nomos-Verlagsgesellschaft.

Hitzler, Ronald/Reichertz, Jo/Schröer, Norbert (Hrsg.) (1999): Hermeneutische Wissenssoziologie: Standpunkte zur Theorie der Interpretation. Konstanz: UVK.

Kieser, Alfred u. a. (1990): Die Einführung neuer Mitarbeiter in das Unternehmen. 2. Auflage. Neuwied: Luchterhand.

Kühlmann, Torsten M. (2005). Mitarbeiterführung und kulturelle Diversität. In: Stahl, Günter K. et al. (Hrsg.): Internationales Personalmanagement. Neue Aufgaben, neue Lösungen. München: Rainer Hampp Verlag, S. 175–192.

Kurt, Ronald/Reichertz, Jo/Schröer, Norbert (2010): Fremde Eigenheiten und eigene Fremdheiten. Interkulturelle Verständigung und transkulturelle Identitätsarbeit unter Globalisierungsbedingungen am Beispiel indisch-deutscher Flugbegleitercrews. Antrag zum DFG-Projekt. Essen.

Malmendier, Marcel (2003): Kommunikations- und Verhaltenstraining in Organisationen. Zur Interventionspraxis in der Personalentwicklung. Frankfurt am Main: Campus Verlag.

Moebius, Stephan (2008): Kultur. Einführung in die Kultursoziologie. Bielefeld: transcript.

Olie, Rene/Köster, Kathrin (2005): Internationale Mergers und Acquisitions: Kulturintegration und Personalmanagement. In: Stahl, Günter K. et al. (Hrsg.): Internationales Personalmanagement. München: Rainer Hampp Verlag, S. 69–114.

Ortmann, Günther (2011): Die Kommunikations- und Exkommunikationsmacht in und von Organisationen. Unter besonderer Berücksichtigung der Macht zur Produktion von Identität. In: Die Betriebswirtschaft. 71 (4), S. 355–378.

Reichertz, Jo (2009): Kommunikationsmacht. Was ist Kommunikation und was vermag sie? Und warum vermag sie das? Wiesbaden: VS Verlag.

Schein, Edgar H. (2003): Organisationskultur. 3. Auflage.Bergisch Gladbach: EHP.

Schröer, Norbert (1997): Wissenssoziologische Hermeneutik. In: Hitzler, Ronald/Honer, Anne (Hrsg.) Sozialwissenschaftliche Hermeneutik. Opladen: Leske+Budrich, S. 109–129.

Schröer, Norbert/Bettmann, Richard/Leifeld, Ulrich/Sharma, Anandita (2012): Interpretative Horizontverschmelzung. Zur Bildung einer ‚gemeinsamen Mitspielkompetenz' in einer mulitperspektivischen Interpretengruppe. In: Hinnenkamp, Volker/Kreher, Simone/Poferl, Angelika/Schröer, Norbert (Hrsg.): Lebenswelt und Ethnographie. Essen: Oldib (im Druck).

Stahl, Günter K. et al. (Hrsg.) (2005): Internationales Personalmanagement. Neue Aufgaben, neue Lösungen. München: Rainer Hampp Verlag.

Weick, Karl E. (1985): Der Prozess des Organisierens. Frankfurt am Main: Suhrkamp.
Wiechern, Rob/Groth, Torsten (2009): Transnationale Utopie? In: Revue für postheroisches Management. 5, S. 48–55.

Das Imaginäre in der (Wissens-)Soziologie und seine kommunikative Konstruktion in der empirischen Praxis[1]

Regine Herbrik

1 Einleitung

Zu den erstaunlichsten Fähigkeiten des Menschen gehört es, sich auf Dinge beziehen zu können, die im Hier und Jetzt (oder überhaupt) nicht sinnlich erfahrbar sind, das bedeutet: die Ebene der sinnlichen Erfahrung mithilfe einer Fähigkeit zu *überschreiten,* die mal als Phantasie, mal als Einbildungskraft oder Imagination beschrieben worden ist. Doch was hat dieser Umstand in der Soziologie zu suchen? Und warum soll sich soziologische Theorie mit dem Imaginären beschäftigen? Auf den ersten Blick scheint es sich dabei doch um ein sehr spezielles Feld zu handeln, das nur für einige wenige Bereiche des menschlichen Lebens – wie die Kunst, die Literatur oder das Spiel – von Bedeutung ist. Bei genauerer Betrachtung wird jedoch rasch deutlich, dass wir tagtäglich und im Rahmen unterschiedlichster Lebenswelten mit dem Imaginären befasst und konfrontiert sind. Wir pflegen überall dort Umgang mit ihm und nutzen es als Potential, wo wir entwerfen, planen, tagträumen, erfinden, aber auch Symbole benutzen oder bemüht sind, dasjenige, was wir über ein Gegenüber nicht wissen, mit eigenen Vermutungen und Annahmen aufzufüllen.

Betrachten wir beispielsweise ganz alltägliche soziale Beziehungen und Interaktionen, so stellen wir fest, dass das Wissen, das Menschen von einander und von der Welt haben, zwar eine sehr bedeutende Rolle spielt. Wir bemerken jedoch darüber hinaus, dass das Nicht-Wissen und die Unsicherheit des Wissens von ebenso großer Bedeutung sind. So zeigt Simmel in seinem Aufsatz über „Das Geheimnis und die geheime Gesellschaft", dass zwar alle „Beziehungen von Menschen untereinander […] selbstverständlich darauf [ruhen], daß sie etwas von

---

[1] Der Artikel ist eine Zusammenfassung der wichtigsten Aspekte aus der Monographie Herbrik (2011).

einander wissen" (Simmel 1992: 383), er verweist jedoch auch auf die Bedeutung des Nichtgewussten für das Zusammenleben der Menschen und darauf, dass ein Bild des Gegenübers konstruiert wird, das nicht nur von dessen vorfindlichen Eigenschaften, sondern auch von der eigenen Wahrnehmung und Vorstellungs- und Typisierungs- beziehungsweise Idealisierungskraft beeinflusst ist. Die Sphären des Gegenübers, die unserem Wissen verborgen bleiben, sind laut Simmel gerade deshalb so wertvoll, weil wir sie auf unsere eigene Art und Weise füllen und mögliche Inhalte für sie ersinnen. Diese eigenen Entwürfe, die wir hinsichtlich eines Gegenübers entwickeln, seien in ihrer Funktion durch kein sicheres Wissen zu ersetzen (vgl. Simmel 1992: 404).

Gehen wir davon aus, dass das Imaginäre insofern für das soziale Miteinander und die „Konstruktionen erster Ordnung", die Akteure innerhalb ihrer Lebenswelten herstellen, von großer Bedeutung ist, so liegt es nahe, gleichzeitig die Frage danach zu stellen, inwiefern es – bzw. der Umgang mit ihm – in den Grundlagen derjenigen Wissenschaft verwurzelt ist, die sich mit eben diesen Konstruktionen auseinandersetzt. Schließlich gründet die wissenschaftliche Betrachtung in der alltäglichen Auseinandersetzung mit kommunikativen Vorgängen und unterscheidet sich von ihr letztlich lediglich darin, dass sie vom aktuellen Handlungsdruck entlastet ist und dadurch für Wiederholbarkeit und Reflexion Raum gewinnt (vgl. Reichertz' Ausführungen zur „Selbstrückbezüglichkeit" aller Konstruktionisten und Konstruktivisten in diesem Band, S. 63).[2]

Im Folgenden geht es daher um zweierlei. Einerseits gilt es, erste Anhaltspunkte dafür aufzuspüren, welche Bedeutung dem Imaginären in der wissenssoziologischen Theorie und Methodologie zukommt. Andererseits werden die im Rahmen einer Studie zur Kommunikation im Pen-and-Paper-Rollenspiel erarbeiteten Bausteine der empirischen, kommunikativen Konstruktion des Imaginären kurz zusammengefasst.

2   Das Imaginäre in der (Wissens-)Soziologie

Bevor wir uns der Frage annähern, wo uns das Imaginäre in der Wissenssoziologie begegnet, sind einige Anmerkungen notwendig, die verdeutlichen, was gemeint sein könnte, wenn von „dem Imaginären" die Rede ist. Doch sobald man

---

2   „Wissenschaftliches Verstehen und Erklären sind wahrscheinlich der Grundstruktur nach dem alltäglichen Verstehen und Erklären analog, darüber hinaus aber formalisiert und institutionalisiert." (Soeffner 1991: 265)

sich in das semantische Umfeld des „Imaginären" begibt, handelt man sich eine ganze Reihe an Definitionsproblemen ein. Schnell gesellen sich andere Begriffe – wie die Phantasie, die Einbildungskraft und die Imagination – hinzu und eine für die empirische Forschung handhabbare Definition des Imaginären rückt in weite Ferne. Für die Frage nach der kommunikativen Konstruktion des Imaginären ist die Auseinandersetzung mit dem von Iser im Rahmen seiner literarischen Anthropologie entwickelten Begriff des „Imaginären" von besonderer Bedeutung. Der Grund hierfür liegt unter anderem darin, dass Iser mehrere theoretische Sphären miteinander in Verbindung bringt, die für unsere Betrachtung relevant sind: das Imaginäre, das Fiktive, die lebensweltlichen Diskurse und das Spiel als strukturiertes und strukturierendes Prinzip. Er geht dabei – wie Knoblauch bemerkt – von ähnlichen Prämissen aus wie Schütz, unter anderem hinsichtlich der „Gegenüberstellung der ‚natürlichen Einstellung' zum ‚Imaginären'" (Knoblauch 1992: 2).

Vor diesem Hintergrund entwickelt Iser sein Verständnis des Imaginären als „in seiner uns durch Erfahrung bekannten Erscheinungsweise diffus, formlos, unfixiert und ohne Objektreferenz. Es manifestiert sich in überfallartigen und daher willkürlich erscheinenden Zuständen, die entweder abbrechen oder sich in ganz anderen Zuständlichkeiten fortsetzen" (Iser 1991: 21). Das Imaginäre in der Konzeption Isers ist – wie er in seiner Antwort auf Strökers Frage „Was ist das Imaginäre in Isers Fiktionalitätstheorie?" (Ströker 1983) schreibt – „kein isolierbares Phänomen" (Iser 1983, Titel), sondern wird „nur in Funktionszusammenhängen greifbar" und „besitzt [...] etwas vom Charakter des Ereignisses" (Iser 1983: 483). Die Problematik der Definition des Imaginären liegt also darin begründet, dass es nur in der Performanz zum Vorschein kommt, die sich in einem Medium ereignet: „Es ist dem voraus, was ist, wenngleich es sich nur in diesem zu zeigen vermag." (ebd.) Der jeweilige performative Akt und seine Produkte dürfen als Medien des Imaginären jedoch nicht mit dem Imaginären selbst gleichgesetzt werden. Das Imaginäre scheint darüber hinaus in der Tatsache auf, dass immer noch andere Bedeutungen für etwas möglich wären, als die eben gerade in den Blick genommene. Es lässt sich somit, wenn überhaupt, am ehesten als *nicht endende Potentialität*[3] beschreiben. Isers Imaginäres ist – ähnlich wie dasjenige Castoriadis' – ein heuristischer Kniff und gleichzeitig das Dritte, das Iser braucht, um das Fingieren

---

3   „Müssen bereits im Wahrnehmungs- und Vorstellungsakt das Sehen und das Bewußtsein durch ein Imaginäres gedoppelt werden, dann erweist sich die Doppelung des literarisch Fiktiven als das ausgezeichnete Medium des Imaginären, dessen Präsenz sich gerade darin anzeigt, etwas immer auch als etwas anderes sehen zu können als das, was es ist." (Iser 1983: 485)

beschreiben zu können, ohne sich auf die alte, sich als Sackgasse erweisende Opposition von ‚Wirklichkeit versus Fiktion' einlassen zu müssen. Eine ontologische Definition des Imaginären ist diesem Konzept nach nicht möglich, zumal seine „Ereignishaftigkeit [...] das Imaginäre immer nur als Funktion und nicht als Substanz erscheinen [läßt]" (Iser 1983: 483).

Weite Teile der soziologischen Theoriebildung haben von Beginn an, mal impliziter mal expliziter, eine Kategorie des Imaginären, der Imagination oder der Phantasie mitgeführt und tief in die soziologischen Grundbegriffe eingewoben, häufig ohne dies zu reflektieren. Wie Tappenbeck (1999) zeigt, wird bei einigen soziologischen Klassikern insbesondere die Einbildungskraft als Befähigung zur Vorstellung als eine Art anthropologische Grundkonstante vorausgesetzt. So führen zum Beispiel Meads Ausführungen hinsichtlich des für die Identitätsbildung notwendigen „role-taking" die Voraussetzung der Phantasie oder Einbildungskraft mit.

Die Gesellschaft selbst ist von Castoriadis (1997) als „imaginäre Institution" beschrieben worden, deren Existenz überhaupt nur möglich ist aufgrund der von ihren Mitgliedern geleisteten Erfindungen, die sich wiederum aus dem radikal Imaginären speisen und damit echte Neuschöpfungen sind. Interessant für unser Anliegen ist insbesondere die von Castoriadis beschriebene Dimension des Symbols, die sich nicht aus dem Realen speist. An dieser Stelle wird „das Imaginäre" eingeführt. Für Castoriadis muss das „Imaginäre [...] das Symbolische benutzen, nicht nur um sich ‚auszudrücken' [...], sondern um überhaupt zu ‚existieren', um etwas zu werden, das nicht mehr bloß virtuell ist" (Castoriadis 1997: 218). Castoriadis hat also, wie sich an dieser Stelle zeigt, nicht nur im Bezug auf die Institution, sondern auch im Bezug auf das Imaginäre allgemein ein Verständnis davon, dass es der performativen Darstellung bedarf, und dass das Imaginäre als Vorgängiges erst dann sicht- und beschreibbar wird, wenn es durch etwas anderes in eine Form überführt wird, die es selbst aber nicht ist. Er betont darüber hinaus jedoch die Bedeutung der Einbildungskraft für den „Symbolismus", da diese es dem Menschen erst ermögliche, sich von der Betrachtung eines Dinges auf ein anderes verweisen zu lassen, das nicht mit dargestellte Ding also ‚mit-zu-sehen'.

Castoriadis unterscheidet zwischen einem „radikalen" und einem „aktualen Imaginären": Das „radikale Imaginäre" wird dabei definiert als die „elementare und nicht weiter zurückführbare Fähigkeit, ein Bild hervorzurufen" (ebd.). Was hier von Castoriadis als „radikales" oder „letztes" Imaginäres beschrieben wird, ist deutlich als menschliches Potential gekennzeichnet und geht eher in die Richtung dessen, was an vielen anderen Stellen (zum Beispiel bei Kant) mit dem Begriff „Einbildungskraft" gemeint ist.

Interessant ist jedoch, dass sich bereits bei Castoriadis die Vorstellung findet, dass das Symbolische nicht allein als Medium für das Imaginäre dient, sondern dass es auch immer „einen ‚rational-realen' Bestandteil, der das Reale darstellt" (Castoriadis 1997: 219), umfasst. Diese Dreieinigkeit von Imaginärem, Symbolischem (Fiktivem) und Realem wird einige Jahre später zum Grundgerüst der Iserschen Theorie.

Letztlich kennzeichnet „das Imaginäre" bei Castoriadis eine Leerstelle, die im Zusammenhang mit einem Mehrwert- beziehungsweise Überschussphänomen steht. Er braucht „das Imaginäre", um die Bestandteile des Symbolischen zu erklären, die nicht auf das Reale zurückgeführt werden können. Es ist für ihn im historischen Verlauf jedoch nicht unveränderlich und konstant. Er geht vielmehr davon aus, dass durch die Entzauberung der Welt zwar eine „Zerstörung der alten Formen des Imaginären" (Castoriadis 1997: 224) stattfand, dass jedoch gleichzeitig ein neues Imaginäres entstand, „in dessen Mittelpunkt das ‚Pseudo-Rationale' steht" (ebd.). Die Grenzen der funktionalen Bedingtheit von Institutionen rücken bei der Betrachtung desjenigen gesellschaftlichen Wandels in den Blick, der als Rationalisierung beschrieben wird: „[D]enn trotz der außerordentlichen Bemühungen um ‚Rationalisierung' waren und sind die kapitalistischen Institutionen bis heute allenfalls *zum Teil* funktional [Hervorh. R. H.]" (Castoriadis 1997: 225). Und auch im Hinblick auf den Prozess der Institutionalisierung wird der Einfluss des Imaginären als Erklärung für Überschussphänomene genutzt: „Gewiß erfüllt das Imaginäre der Institution eine *Funktion,* aber auch hier wieder muß man feststellen, daß die Wirkung des Imaginären über seine Funktion *hinausschießt* [Hervorh. i. Orig.]" (Castoriadis 1997: 225 f.).

Auf die Marxsche Theorie bezogen kann Castoriadis folgerichtig erstens die *in* beziehungsweise dann auch *durch* Institutionen stattfindenden Entfremdungsprozesse ebenfalls aus dem Dreier-Modell (Institution als symbolisch-gesellschaftliches Gebilde mit funktionalem und imaginärem Anteil) erklären: „Entfremdung ist die Verselbständigung und Vorherrschaft des imaginären Moments der Institution, deren Folge wiederum die Verselbständigung und Vormachtstellung der Institution gegenüber der Gesellschaft ist." (Castoriadis 1997: 226) Und er führt zweitens das von Marx beschriebene Phänomen des „Warenfetischismus" als Beleg dafür an, dass bereits jener die Bedeutung des Imaginären für „das Funktionieren der kapitalistischen Wirtschaft" (ebd.) erkannt habe.

Castoriadis zeigt an historischen Beispielen aus dem Bereich der Religion auf, dass zwar argumentiert werden kann, dass sich Gesellschaften zur Förderung ihrer eigenen Entwicklung bestimmte imaginäre (zum Beispiel religiöse) Inhalte geben und diese somit wiederum durch und durch als gesellschaftliche Konstrukte gesehen werden können. Er hält diesem Argument jedoch entgegen, dass sich hierbei folgende Fragen stellten:

„Warum muß eine Gesellschaft die notwendige Ergänzung ihrer Ordnung gerade im Imaginären suchen? Warum findet sich im Zentrum dieses Imaginären und in allen seinen Äußerungen etwas, das funktional nicht zu erklären ist: eine Art ursprünglicher Besetzung der Welt und des Selbst mit einem Sinn, der der Gesellschaft nicht von realen Faktoren ‚diktiert‘ worden ist, weil es ja eher umgekehrt gerade dieser Sinn ist, der jenen realen Faktoren ihre Wichtigkeit und ihren bevorzugten Platz im Universum dieser Gesellschaft zuweist; ein Sinn, den man im Lebensinhalt und Lebensstil dieser Gesellschaft wiederfinden kann (und der nicht sehr von dem entfernt liegt, was Hegel ‚Volksgeist‘ nannte)?" (Castoriadis 1997: 220)

Spätestens an dieser Stelle wird jedoch auch deutlich, worin die Problematik dieser Argumentation liegt, da Castoriadis zu einer Art Ontologie gelangt, die einen vorgängigen Sinnsetzungsvorgang postuliert und die sich insofern mit einer sozialkonstruktivistischen Perspektive nicht vereinbaren lässt.

Anderson (1991) hingegen betont die Dimension der Vorstellung, wenn er „Nation" als imaginierte politische Gemeinschaft definiert. Er argumentiert, dass es sich nur um eine „imagined community" handeln kann, da ihre Mitglieder sich nicht gegenseitig alle kennen können. Dies ist jedoch nicht nur für die Nation, sondern für viele andere Vergemeinschaftungs- und Vergesellschaftungsformen ebenso von Bedeutung. Einen ähnlichen Grundgedanken verfolgt McBride (2005), die unter dem Titel „Collective Dreams" empirische Gesellschaftsideale in Fallstudien untersucht hat.

In den protosoziologischen Grundannahmen der Arbeiten von Schütz und Luckmann wird die Lebenswelt des Alltags grundsätzlich als intersubjektiv verfasst konzipiert. Dies beinhaltet einige Annahmen, die wir in der „natürlichen Einstellung des Alltags" (Schütz/Luckmann 2003: 31) unhinterfragt hinnehmen. Dabei handelt es sich streng genommen in der Hauptsache um Vorstellungen, die sich auf ein aktuell anwesendes oder vorgestelltes Gegenüber beziehen: Wir gehen erstens davon aus, dass neben uns andere Menschen körperlich existieren, wir unterstellen diesen zweitens den Besitz eines dem unseren ähnlichen Bewusstseins und drittens, dass für sie dementsprechend die „Außenweltdinge" die gleichen sind und sie diese ähnlich deuten, sowie viertens, dass wir mit ihnen „in Wechselbeziehung und Wechselwirkung treten" (ebd.) können. Aus diesen Annahmen lässt sich die Unterstellung ableiten, dass wir in der Lage sind, uns zumindest bis zu einer gewissen Grenze gegenseitig – intendiert oder nicht – über unsere Erlebnisse und Handlungsmotive zu informieren und dass wir uns diese Fähigkeiten gegenseitig unterstellen (vgl. Schütz/Luckmann 2003: 30). Auch die Annahme einer aller Sozialität zugrunde liegenden Fähigkeit zur Perspektivübernahme bei Schütz und Luckmann verweist also auf die Ausbildung einer Vorstellung von etwas, über das kein sicheres Wissen vorliegt.

Die von Schütz und Luckmann beschriebenen Transzendenzen zeichnen sich jeweils dadurch aus, dass das, was jeweils gegenwärtig erfahren wird, einen Verweis auf einen hinter einer Erfahrungsgrenze liegenden Gegenstand enthält (vgl. Schütz/Luckmann 2003: 603). Das Charakteristikum der mittleren Transzendenzen beispielsweise liegt darin, dass dabei „die jeweils gegenwärtige Erfahrung auf ein anderes, das grundsätzlich nicht unmittelbar erfahren werden kann" (Schütz/Luckmann 2003: 604), verweist. Die derart konzipierten Transzendenzen sind Konzepte, innerhalb derer sich das Reale mit dem Imaginären vermittelt.

Der Mensch benutze jedoch unterschiedliche Strategien, um die Grenzen, mit denen er konfrontiert wird, hier die mittlere Transzendenz im Hinblick auf sein Gegenüber, zu überschreiten oder zumindest hinter sie zu blicken. All diese Strategien basierten auf der Voraussetzung der Appräsentation als „Bewußtseinsleistung" (Schütz/Luckmann 2003: 635), bei der es sich wiederum um eine Methode handelt, die das Anwesende mittels Vorstellung um das Abwesende ergänzt. Hervorzuheben sei dabei die Bedeutung der Sprache als zeichenbasiertem, sozialem System zur Organisation und Vermittlung von Bedeutung (vgl. Schütz/Luckmann 2003: 666). Von besonderer Bedeutung für unser Anliegen ist darüber hinaus die Annahme, dass Zeichensysteme, insbesondere die Sprache, die Basis dafür bilden, dass sich der Einzelne von den Beschränkungen, denen seine eigene Erfahrung unterliegt, lösen kann. Sprache ermöglicht eine mehrfache Überschreitung, zunächst hinsichtlich der Zeit (als „Merkzeichen"), hinsichtlich des Gegenübers (als „Anzeichen"), dann aber auch die Überschreitung der eigenen Erfahrung auf Sachverhalte hin, die einer anderen Lebenswelt angehören. Der Sprache kommt demnach für Schütz und Luckmann einerseits eine tragende Rolle hinsichtlich der sozialen Konstruktion der Wirklichkeit zu, sie ist andererseits jedoch auch das wichtigste Medium hinsichtlich der „Vermittlung einer bestimmten, also geschichtlichen, gesellschaftlich schon aufgebauten Wirklichkeit" (Schütz/Luckmann 2003: 668). Aktuell wird dieser Bestandteil der wissenssoziologischen Theorie aufgegriffen und folgerichtig ausgebaut, indem die soziale Konstruktion der Wirklichkeit als eigentlich kommunikative Konstruktion beschrieben und entfaltet wird (vgl. Knoblauch, Reichertz und Keller in diesem Band).

Ganz explizit findet sich das Imaginieren bei Schütz und Luckmann in Form eines phantasierenden Vorstellens, das als jeder menschlichen Handlung vorgängig konzipiert wird. Denn im Handlungsentwurf, der jedem nicht-routinisierten Handeln vorausgeht, wird nach Schütz und Luckmann das Ziel zur Vorstellung gebracht, auf das hin sich das Handeln orientiert und damit die bereits abgeschlossene Handlung (modo futuri exacti) vorweggenommen. „Dieses Vorstellen ist ein phantasierendes [...]" (Schütz/Luckmann 1984: 27). Durch diesen Akt des Vorausentwerfens ist das Handeln letztlich für Schütz und Luckmann charakterisiert, und die Handlung unterscheidet sich von anderen Erfahrungen gerade dadurch, dass sie „ihren Sinn aus ihrer Beziehung zu einem Entwurf des Menschen schöpf[t]" (Schütz/Luckmann 1984: 14).

In den Arbeiten von Schütz (und später von Schütz und Luckmann) treffen wir auf den Vorgang des Phantasierens in mehrfacher Weise, worauf Knoblauch (1992) bereits hingewiesen hat. Einerseits ist es eine notwendige Voraussetzung für das menschliche Handeln, da nur phantasierend ein Handlungsentwurf hergestellt werden kann, der für Schütz die Voraussetzung für jedes Handeln darstellt. Insofern steht diese Form des Phantasierens ganz in den Diensten des pragmatischen Tuns im Rahmen der alltäglichen Lebenswelt. Es handelt sich dabei laut Schütz um ein „Phantasieren innerhalb eines gegebenen, oder besser, innerhalb eines auferlegten Rahmens, auferlegt nämlich von der Wirklichkeit, in der das entworfene Handeln ausgeführt werden soll. [...] Es ist [...] ein Denken im Potentialis." (Schütz 2004: 261)

Neben diesem existiert laut Schütz jedoch auch ein „Denken im Optativ" (Schütz 2004: 261), das sich gerade dadurch auszeichnet, dass es keinerlei derartiger Beschränkungen und Regeln unterliegt. Das bedeutet gleichzeitig, dass diese Art des Phantasierens das Potential zur Überschreitung der für eine bestimmte Wirklichkeit angenommenen Grenzen in sich birgt. Aufgrund dessen bietet es demjenigen, der es praktiziert, die Möglichkeit, die Beschränkungen, mit denen er im Zuge seiner Auseinandersetzung mit einer Wirklichkeit konfrontiert ist, temporär zu vernachlässigen. Denn diese Form des Phantasierens ist abgelöst von allen Belangen des Handelns in der Wirkwelt und findet in „Phantasiewelten" (Schütz/Luckmann 2003: 61) statt. Hierbei handele es sich um „geschlossene Sinngebiete" (ebd.), wie den Tagtraum oder die Dichtung, die sich dadurch auszeichneten, dass das ‚voluntative fiat', das den Anstoß für die Verwirklichung eines Handlungsentwurfes innerhalb der alltäglichen Lebenswelt gibt, fehle. Ein wirkendes Eingreifen in die Lebenswelt sei jedoch ausschließlich hinsichtlich derjenigen des Alltags möglich. Knoblauch (2011) problematisiert die Beschränkung des Phantasierens im Optativ auf die Phantasiewelten, da innerhalb dieser Konzeption Innovationen in der Lebenswelt des Alltags nicht erklärt werden können.

Abschließend soll noch darauf hingewiesen werden, dass auch Anselm Strauss (1968: 67 ff.) die Bedeutung der Phantasie für Interaktionen erkennt. Für ihn steht jedoch weniger die handlungsentwerfende Vorstellung im Vordergrund, sondern vielmehr das gedankenexperimentelle bzw. tagträumerische Durchspielen von Interaktionssituationen, dem unterschiedliche Motive („vorbereitend" oder als „Hilfe") zugrunde liegen können. Neben diesen individuellen Phantasien, die er insbesondere auf ihre sozialpsychologische Entlastungsfunktion hin beschreibt, finden bei ihm jedoch auch „kollektive Träumereien" (Strauss 1968: 71) Erwähnung. Dabei handelt es sich beispielsweise um von (Ehe-)Paaren kommunikativ hergestellte Luftschlösser, deren Existenz und Beschaffenheit sich zwar im praktischen Wirkhandeln niederschlagen kann, jedoch nicht zwingend muss.

Diese exemplarische Zusammenstellung einzelner Hinweise auf die Bedeutung des Imaginären für soziologische Theoriebildung kann nur einen ersten Denkanstoß geben. Eine systematische Aufarbeitung der impliziten Verankerung des Imaginären in der soziologischen Theorie fehlt bislang und könnte doch einen Beitrag zur wissenssoziologischen Aufklärung der Soziologie über sich selbst leisten.

3   Die kommunikative Konstruktion des Imaginären

Aber nicht nur die Anerkennung des Imaginären für die soziologische Theorie ist von Bedeutung, sondern auch die empirische Frage, wie Imaginäres, wie imaginäre Dinge und Vorstellungen kommunikativ konstruiert werden. Diese Frage kann und sollte auf unterschiedlichen empirischen Ebenen behandelt werden. Die Frage nach den komplexen – auch medial vermittelten – gesellschaftlichen Prozessen, die dazu führen, dass bestimmte Vorstellungen für große Akteursgruppen oder gar Gesellschaften Orientierung bieten und sogar handlungsleitend werden können, gehört einerseits in den Fokus des Interesses. Diese Aufgabe wird unter anderem mithilfe von diskursanalytischen Studien bearbeitet. Gleichzeitig ist jedoch auch die kommunikative Konstruktion eines gemeinsamen Entwurfs, einer Idee oder einer Erinnerung in der unmittelbaren vis-á-vis-Situation zwischen mehreren Akteuren relevant und sollte künftig stärker in den Blick genommen werden. Explorative Studien, die sich auf diese sehr basale Fragestellung einlassen, können uns helfen zu verstehen, welche Bedeutung die gemeinsame Arbeit am Imaginären für soziale Zusammenhänge hat und wie sie geleistet wird.

Für das Handeln einer Person im Rahmen der – weitgehend von Habitualisierungen durchdrungenen – alltäglichen Lebenswelt ist eine Explikation und

Reflexion des Imaginierten (wie beispielsweise eines Handlungsentwurfes) zumeist nicht unbedingt notwendig. Sollen jedoch die mithilfe des Imaginären erstellten Entwürfe, Phantasien, Pläne und Vorstellungen auch für andere Akteure handlungsleitend werden, müssen sie auf irgendeine Art und Weise kommuniziert werden.

Ein Feld, in dem sich die kommunikative Verhandlung und Konstruktion solcher Inhalte, die sich aus dem Imaginären speisen, besonders gut beobachten lässt, ist dasjenige der Pen-and-Paper-Rollenspiel-Sitzungen. Denn sie sind soziale Anlässe, die sich dadurch auszeichnen, dass sie aufgrund einer für sie typischen Aufgabenstellung ihre Akteure permanent dazu auffordern, gemeinsam eine sich auf Narration und Spiel gründende Vorstellung zu entwickeln, die sich jedoch zu keinem Zeitpunkt als relativ stabile Fiktion – beispielsweise in Form eines Textes oder Gemäldes – verfestigen kann. Dadurch verharrt sie in einem flüssigen, modifizierbaren und letztlich ‚nur' imaginären Zustand.

Goffman beschreibt in seinem Aufsatz „Spaß am Spiel" am Beispiel der Interaktionssituation der Spielrunde, welche Charakteristika „zentrierte Versammlungen" (Goffman 1973: 20) aufweisen. Er verwendet eine konkrete Interaktionssituation, um an ihrem Beispiel eine Beschreibung einer bestimmten Kategorie von Interaktionssituationen („focused gathering") vorzunehmen. In ähnlicher Weise war es das Ziel der im Folgenden geschilderten Studie, anhand einer spezifischen Kommunikationssituation, Aussagen darüber zu erarbeiten, wie die in ihr beispielhaft vertretene Form kommunikativen Handelns, die sich durch eine starke Bezugnahme auf imaginäre Welten auszeichnet, beschaffen ist. Es geht also um die Frage, wie Kommunikation funktioniert, innerhalb derer Akteure gemeinsame Vorstellungen zu entwickeln trachten, die sich aus dem Imaginären speisen.

Dieses Forschungsinteresse konkretisiert sich anhand der Fragen, mithilfe welcher kommunikativer Strategien die Rahmung der sich auf das ‚Spiels mit dem Imaginären' beziehenden Kommunikation von den Akteuren geleistet wird, welche Darstellungsformen für das Imaginäre sich im kommunikativen Handeln der Akteure finden lassen, welche Funktionen diese jeweils erfüllen und nach welchen Mustern die Verhandlung imaginärer Inhalte kommunikativ bewerkstelligt wird. Im Folgenden soll in komprimierter Form ein Resümee der im Rahmen der Studie erarbeiteten Antworten auf diese Fragen gegeben werden.

Dabei wird der Anspruch erhoben, vor dem Hintergrund der geleisteten Interpretation nicht nur etwas über Kommunikation, die sich innerhalb der sozialen Situation des Spiels ereignet, aussagen zu können, sondern, dass sich die hier durch Interpretation und Analyse des Datenmaterials herausgearbeiteten Strukturen auch auf andere soziale Situationen übertragen lassen, innerhalb derer ebenfalls solche kommunikativen Handlungen zu beobachten sind, die sich auf einen gemeinsamen Umgang mit imaginären Welten beziehen. Dieser Anspruch gründet unter anderem auf dem Sachverhalt, dass das (unter anderen) von Baatz (1993) beschriebene, für das Spiel typische, paradoxe Wechselverhältnis zwischen der Notwendigkeit, ein Bewusstsein des Rahmens des Spiels zu besitzen und der gleichzeitig bestehenden Notwendigkeit, die Rahmen temporär ‚einzuklammern' (ein Stück weit zu vergessen), das sich mehrfach in den Daten widerspiegelt, nicht nur für das Spiel, sondern auch für andere Formen der Hinwendung auf Fiktives, das sich unter anderem auch aus dem Imaginären speist, in Anschlag gebracht werden kann. So finden wir es hinsichtlich der Lektüre fiktionaler Literatur genauso wieder wie in der gemeinsamen Arbeit an einem Projektentwurf oder hinsichtlich der Verkörperung einer Rolle (vgl. Plessner 1982).

Kommunikative Aushandlung imaginärer Inhalte

Hinsichtlich der Frage, wie die kommunikative Aushandlung imaginärer Inhalte bewerkstelligt wird, ist zunächst auf die kommunikative Grundstruktur des Pen-and-Paper-Rollenspiels hinzuweisen, die beschreibende beziehungsweise *narrative Abschnitte* beinhaltet, die vom Spielleiter geleistet werden, eine spezifische Form *performativer Sprechakte,* mithilfe derer die Spieler ihre (Spiel-)Handlungszüge artikulieren, sowie *Fragen,* die sie an den Spielleiter richten.

Die vom Spielleiter ausgeführte *Narration* zeichnet sich vor allem dadurch aus, dass sie im Gegensatz zu literarischem Erzählen nicht von fiktiven, sondern von den imaginären – sich ständig im Fluss der Veränderbarkeit befindenden – (Spiel-)Figuren der Spieler handelt, in denen die unterschiedlichen Bedeutungsfacetten des Begriffs „Figur" als „Spielfigur" (im Sinne von „Spielstein") und als „fiktive Figur der Handlung" zur Überschneidung kommen.

Vor dem Hintergrund der Gumbrechtschen (1980) Ausführungen zu literarischem Erzählen und dem Erzählen im Alltag, wird deutlich, dass dem Spielleiter aus der für das Rollenspiel charakteristischen Konstellation einerseits die Möglichkeit erwächst, sich und seinen Spielern durch sein Erzählen den Fluss der Zeit als Abfolge von Thematisierungssequenzen erlebnishaft zugänglich zu machen. Andererseits konfrontiert ihn die Anordnung, die ihm seine Zuhörer als mitspracheberechtigte Mitautoren von Angesicht zu Angesicht gegenüberstellt mit der Aufgabe, seine Erzählung gegen Widerrede zu verteidigen und sie auf Nachfrage legitimieren zu müssen. Die dank der Literarizität des Erzählens gegebene Suspendierung der Frage nach der Wirklichkeitsreferenz eröffnet ihm darüber hinaus einerseits Spielräume, fordert jedoch andererseits die Verwendung von fiktionsanzeigenden Signalen ein. Als markantestes Merkmal der Erzählweise der Spielleiter erweist sich die *topische Organisation der Narration*. Der ausführlichen und detailreichen Beschreibung von Landschaften, Wegen, Gebäuden und Zimmern wird auffällig viel Zeit eingeräumt. Sie beschränkt sich jedoch nicht auf das, was für die Spielfiguren wahrnehmbar ist, sondern umfasst auch Interpretationsansätze, die Hinweise auf Handlungsoptionen für die Spieler enthalten. Der Spielleiter übernimmt neben seinen moderierenden und erzählenden Funktionen in mehrfacher Hinsicht diejenige eines *Übersetzers*, wenn er nicht-narrative Bestandteile des Spieles in die Erzählung übersetzt oder zwischen den subjektiven Perspektiven und Wahrnehmungsmöglichkeiten der Spielfiguren vermittelt.

Zum Fortgang des Spielgeschehens tragen über die vom Spielleiter geleistete Narration hinaus Handlungsbekundungen der Spieler bei, die mittels einer *spezifischen Form performativer (Sprech-)Akte* das Wirken, Denken und Wahrnehmen einer Spielfigur angeben und bestimmten *Glückensbedingungen* unterliegen. Geglückt ist ein derartiger performativer Akt insbesondere dann, wenn eine *Ratifizierung* durch den Spielleiter – durch eine affirmative Wiederholung, durch die Übersetzung in seine eigene Erzählperspektive, durch eine knappe bejahende Interjektion oder Geste und durch die den Erfolg der Aktion implizierende Beschreibung der Konsequenzen der Handlung – erfolgt. Zu den Kommunikationsbeiträgen der Spieler gehören darüber hinaus einerseits *Fragen*, die der Detailklärung hinsichtlich der Narration dienen und deren Relevanz insbesondere darauf beruht, dass der Spielleiter ein nur *bedingt zuverlässiger Erzähler* ist, andererseits solche, deren Funktion darin besteht, einen Bestandteil der vorgestellten Welt vorzuschlagen, indem sie eine Spielhandlungsidee mittransportieren.

Die Beschaffenheit der vorgestellten Welt, über die in letzter Instanz der Spielleiter verfügt, eröffnet und verschließt Handlungsmöglichkeiten für die gespielten Figuren und wird daher häufig zum Gegenstand von Aushandlungsprozessen und *Konflikten*. Die Mehrzahl der von Spielern erhobenen Einsprüche stützt sich auf eine *Differenz in der Einschätzung der Handlungsmöglichkeiten der Spielfigur*. Gründe für diese Differenzen sind die unterschiedlichen Relevanzen der Spieler und des Spielleiters, die sich aus ihren unterschiedlichen Funktionen und aus den unterschiedlichen Wissensbeständen ergeben, der Wissensvorsprung des Spielleiters vor den Spielern hinsichtlich der bespielten Welt und des durchspielten Plots, aber auch der Umstand, dass kommunikative Handlungen von unterschiedlichen Akteuren jeweils unterschiedlich bewertet, kategorisiert und gedeutet werden. Die Annäherung an ein möglichst gemeinsam geteiltes Vorstellungsbild von den Ereignissen und Gegebenheiten der Spielwelt erfolgt unter anderem mithilfe von Gegenrede, Fragen, gegenseitigen Paraphrasierungen und Differenzierungen. Diskutiert wird nicht nur der Ist-Zustand der Narration, sondern auch die gemeinsame Vergangenheit der Figuren. Die hierauf bezogenen Aushandlungsprozesse eines *gemeinsamen Gedächtnisses*, innerhalb derer die einzelnen Beiträge teilweise erstaunliche Differenzen aufweisen, erinnern aufgrund ihres häufig *kooperativen Charakters* an die von Keppler (1994) beschriebenen „Tischgespräche" in Familien und beziehen sich nicht nur auf die Rekonstruktion von Ereignissen, sondern auch auf deren potentielle Konsequenzen und Bedeutung. Daneben finden sich auch Gattungsmerkmale massenmedialer Erinnerungstechniken, die der neuen Folge einer Serie einen Überblick über den bisherigen Verlauf der Narration voranstellen.

Als *materiale Hilfsmittel* für die kommunikativen Aushandlungsprozesse dienen insbesondere die Notizen der Spieler, die als *Papier-Gedächtnis* ihrer Spielfigur zu verstehen sind, sowie – häufig im Zuge ihrer Verwendung modifizierte – *Landkarten* und Stadtpläne, die der Orientierung innerhalb der Spielwelt und der Plausibilisierung von Wegstrecken und Zeitdauern dienen.

Herstellung einer gemeinsamen Situation durch Rahmungshandlungen

Hinsichtlich der Frage danach, wie die Akteure dem Sinngebiet des Spiels einen es kennzeichnenden Rahmen verleihen, sind auf dreierlei Ebenen bezogene Vorkehrungen anzuführen, die zur Schaffung einer für alle Teilnehmer gemeinsamen Ausgangsbasis, einem gemeinsam geteilten Wissensstand und einer *gemeinsamen Definition der Situation* beitragen. Sie beziehen sich auf die *Lebenswelt des Alltags,* auf die inhaltliche Ausgestaltung der *imaginären Spielwelt* und auf die *Ebene der Spielregeln.*

Hinsichtlich der Ebene der *Lebenswelt des Alltags* lässt sich beobachten, wie die Akteure das Spiel durch eine spezifische räumliche und zeitliche Platzierung von den Belangen anderer Lebenswelten separieren. Als Spielgruppe konstituieren sie sich unter anderem durch eine konzentrische Sitzordnung um einen Tisch, die es allen ermöglicht, sich gegenseitig zu hören und zu sehen, was der von allen Beteiligten zu erfüllenden Doppelrolle als Darsteller und Zuschauer zu Gute kommt.

Gleichzeitig schlagen sich jedoch auch die unterschiedlichen Funktionen der Teilnehmer insofern in der Sitzordnung nieder, als der Spielleiter mit mehr Raum ausgestattet und mit etwas räumlichem Abstand zu den Spielern platziert wird, um seinen (Arbeits-)Bereich zu schützen und seinen reichhaltigen Materialien und Unterlagen Ablageflächen zur Verfügung zu stellen. Hinsichtlich der Zurichtung der räumlichen und materiellen Gegebenheiten finden kurz vor Beginn des Spiels Vorkehrungen statt, die dazu dienen, das für das Spiel Bedeutungsvolle von dem zu trennen, was für die Zeit, in der gespielt wird, keine oder nur wenig Bedeutung hat. Unterlagen werden sortiert, zurechtgelegt, auf Kante gestoßen, Teile des Proviants und des Geschirrs auf dem Tisch zurechtgerückt.

Das hergestellte Setting wirkt insgesamt ambivalent, da es sich einerseits aufgrund der Sitzordnung, der Nutzung schriftlicher Unterlagen wie Tabellen, Graphiken etc. sowie der Schmucklosigkeit der genutzten Räume als formelle Arbeitsbesprechung präsentiert, andererseits jedoch aufgrund der legeren Köperhaltung und Kleidung, der großen Mengen an flüssigem und festem Proviant sowie aufgrund des teilweise gedämpften Lichts den Eindruck einer Stammtischrunde erweckt. Diese ambivalente Anmutung spiegelt die doppelgesichtige Charakteristik des Spielgenres, die sich sowohl durch hochkomplexe Regelsysteme und vergleichsweise hohe Anforderungen an die kognitiven Fähigkeiten der Spieler auszeichnet, als auch durch eine starke Betonung der Ebene des geselligen Beisammenseins und des gemeinsamen Ausflugs in eine von den Verpflichtungen der alltäglichen Lebenswelt entbundene, phantastische, aufregende Welt.

Im Gegensatz zu den meisten Brett- und Kartenspielen verfügen Rollenspielrunden über keinen konkreten optischen Fokus. Die Akteure weisen zumeist keine gemeinsame Blickrichtung auf, da Spielgeschehen und Spielzüge nur in Ausnahmefällen visualisiert werden. Das, worum es geht, ist nicht sicht-, sondern lediglich vorstellbar.

Hinsichtlich der *Spielregelebene* beziehen sich die Handlungen, die zur Herstellung einer gemeinsamen Situation dienen, auf die Erschaffung oder Auswahl der Spielfiguren der einzelnen Spieler, auf die Nivellierung des Wissensstandes der einzelnen Teilnehmer hinsichtlich der Spielregeln und der Funktionsmechanismen der bespielten Welt und werden in Form deskriptiver Einführungen oder anhand von Proberunden durchgeführt. Hierfür werden als Kontrastfolien sowohl andere, bereits bekannte Spielsysteme herangezogen, als auch die den Spielern vertraute Lebenswelt des Alltags.

In Bezug auf die *Spielwelt* wird eine *räumliche, zeitliche, soziale* und *narrative Verortung* der von den Spielern gelenkten Figuren innerhalb der Spielwelt ausgehandelt. Diese Aushandlungsprozesse sind aufgrund des Fehlens einer umfassenden Dokumentation des Spielgeschehens notwendig, um im Anschluss zu einem gemeinsamen Startpunkt der Narration zu gelangen, von dem aus der Übergang von der Vergangenheit des Spiels in die Gegenwart mit aktuellen Handlungsmöglichkeiten markiert wird.

Auf den Beginn und Wiederbeginn des Spiels weisen viele kleine Bewegungen und Gesten der Spielleiter hin, die als *Startsignale* fungieren, wie das Hochkrempeln der Ärmel, das mehrfache, ostentative auf Kante Stoßen von Papierstapeln, das zur Hand Nehmen oder Ablegen von Schreibwerkzeugen, das Ver- oder Entschränken der Arme vor der Brust und das Einnehmen einer aufrechteren Sitzposition. Die lautsprachlich geäußerten Startsignale bestehen zumeist aus zwei Komponenten: aus einer den vorhergehenden Abschnitt abschließenden positiven Bekräftigung und aus einem Auftakt des neu zu eröffnenden Abschnitts.

Strategien zur Herstellung künstlicher Präsenz

Obwohl wir nicht davon ausgehen, dass eine nicht-interpretierende Aneignung von Welt möglich ist, sprechen wir in Anlehnung an Wiesing (2005) von der „Herstellung von (künstlicher) Präsenz". Diese gilt uns jedoch nicht als epiphanisches Ereignis im Sinne Gumbrechts Präsenzbegriffes, sondern als soziale Konstruktionsleistung. Sie ereignet sich dort, wo gerade nicht die Kennzeichnung des Fiktiven als solchem und die dafür benutzten metakommunikativen Deutungshinweise und Rahmungshandlungen im Vordergrund stehen. Akteure bemühen sich um künstliche Präsenz, wenn sie – ihrer Aufgabe gemäß, sich auf die jeweilige Fiktion oder das Spiel einzulassen, – darum bemüht sind, das Imaginäre möglichst gegenständlich erscheinen zu lassen und quasi-sinnlich wahrnehmbar zu gestalten.[4] Derartige Versuche, Bestandteile imaginärer Welten der alltäglichen Lebenswelt ein Stück weit anzunähern, ihnen eine zumindest künstliche Präsenz in ihr zu verschaffen, die sie erlebbarer werden lassen, finden wir insbesondere in Form von nicht-lautsprachlichen Kommunikationsformen vor.

Die auf die Herstellung von Präsenz hinwirkenden kommunikativen Strategien beziehen sich auf die *visuelle* (Gesten, Bilder), *akustische* (direkte Rede, Klangmalerei), *emotionale* (Erzeugen von Zeit- und Handlungsdruck) und *kognitive* Ebene (Unterscheidung zwischen Spieler- und Figurenwissen) der Kommunikation. Hinsichtlich ihrer Funktionsweise ist jedoch eine andere Kategorisierung notwendig, die diejenigen Formen, die ihre Wirkung aus der durch sie geleisteten *Entlastung von der Notwendigkeit einer begrifflichen Festlegung* ziehen, von denjenigen unterscheidet, deren Wirkung sich auf ein hohes Maß an *Involviertheit hinsichtlich der Darstellung einer imaginären Figur* gründet.

---

4   Wir sprechen an dieser Stelle nicht von „Illusion", um die mit diesem Begriff verbundenen Konnotationen der „Täuschung" sowie der „Falschheit" bzw. der „falschen Deutung" zu vermeiden.

Die Gesten zur Darstellung der Spielwelt, die verwendeten Bilder und Klangmalereien erlauben eine Weise des Kommunizierens imaginärer Inhalte, die die Wahrnehmungsvorgänge der alltäglichen Lebenswelt dadurch nachzuahmen trachtet, dass auf verbal-lautsprachlicher Ebene keine konkrete Festlegung erfolgt und dadurch Spielräume auf der begrifflichen Ebene für die Interpretationsansätze der Mitakteure offen gehalten werden.

Ein hohes Maß an Involviertheit in die direkte, körperliche und schauspielerische Darstellung ihrer Spielfigur wird von den Spielern der Pen-and-Paper-Rollenspielgruppen zumeist vermieden, was sich unter anderem in der Begrenzung der körperlichen Ausdrucksformen auf den oberhalb der Tischkante sichtbaren Bereich des Körpers niederschlägt. Die Gefahr, die der intensiven Verkörperung ihrer Spielrolle innewohnt und der die Spieler bestrebt sind auszuweichen, besteht darin, dass dabei Bestandteile der eigenen Individualität zur Darstellung gebracht und dadurch entdeckt werden können, die sonst nicht wahrnehmbar sind, da nicht nur die Rolle gespielt, sondern „in das Bild der Rolle [...] eigene Individualität [gemischt]" (Plessner 1982: 151) wird.

Die direkte Rede, die Darstellung von Gesten der Spielfigur, die Deixis am Phantasma, das Erzeugen von Zeit- und Handlungsdruck sowie die Unterscheidung zwischen Spieler- und Figurenwissen sind Strategien, die auf eine starke Involviertheit hinsichtlich der Darstellung der Spielfigur hinwirken, indem sie Mechanismen der Distanzierung von der Spielwelt – wie den Rückzug in eine reflektierende oder ausschließlich planende Haltung sowie die indirekte Beschreibung der sich zwischen den Spielfiguren ereignenden Gespräche – aushebeln. Um ihre Wirkung abzumildern, werden insbesondere die direkte Rede und die Darstellung von Gesten der Spielfigur jedoch häufig auf jeweils einer anderen kommunikativen Ebene kommentiert, als dem Spiel zugehörig deutlich markiert und dadurch von den zur alltäglichen Lebenswelt gehörenden Bereichen der Spieler-Person abgegrenzt. Von großer Relevanz ist in diesem Zusammenhang die häufig genutzte *Distanz anzeigende Funktion des Lachens.*

Für die kommunikative Konstruktion imaginärer Welten und insbesondere für die im Zuge dessen angestrebte Herstellung künstlicher Präsenz lassen sich hinsichtlich *visueller Darstellungsformen* gestischer und bildlicher Art vier Vorzüge anführen. Durch ihre Synchronizität ist die visuelle Darstellung im Gegensatz zur Sequentialität der akustisch vermittelten Sprache erstens *zeitökonomischer,* sie legt ein Bild zweitens *in seiner Sichtbarkeit verbindlicher* fest als die sprachliche Konvention, verfügt drittens hinsichtlich ihrer Anwesenheit über eine größere *zeitliche Beständigkeit* als die Lautsprache, da sie nicht unmittelbar verklingt, und nimmt viertens mithilfe von Ähnlichkeitsbeziehungen eine *Anglei-*

chung der Wahrnehmungsmodi von Spieler und Spielfigur vor. Die Gegenüberstellung von visuellen und akustischen Darstellungsformen ist jedoch ausschließlich aus heuristischen Gründen sinnvoll, da beide in der Empirie nicht als isolierbare Einzelteile, sondern in Form eines orchestrierten Zusammenspiels unterschiedlicher Ebenen vertreten sind.

Möglichkeitskommunikation

Zu den Gegenspielern der artifiziellen Präsenz gehört neben demjenigen, der die Rahmung der Interaktion als auf das Spiel bezogen hervorhebt, ein Modus der Kommunikation, der sich nicht auf das, was innerhalb einer der beteiligten Sinnprovinzen tatsächlich der Fall ist, bezieht, sondern auf all das, was in der Vergangenheit der Fall hätte gewesen sein können, in Zukunft der Fall sein könnte und in der Gegenwart genauso hätte sein können. Durch seine Abständigkeit von dem, was momentan tatsächlich geschieht, ermöglicht er den Akteuren eine Distanzierung von den aktuellen Geschehnissen der Spiel- oder alltäglichen Lebenswelt. Der *Entwurf alternativer Möglichkeiten* im Rahmen eines im Plessnerschen Sinne konjunktivischen Stils (Plessner 1982: 94) und das Kommunizieren im Sinne des von Musil beschriebenen „Möglichkeitssinnes" (Musil 1997: 16 f.) gehören ebenfalls zum Inventar eines kommunikativen Handelns, das sich durch seinen Bezug auf imaginäre Welten auszeichnet.

Zu unterscheiden sind diesbezüglich die oben bereits erwähnten von Schütz eingeführten beiden Arten des Entwerfens von Optionen, namentlich dasjenige, das sich an den Gegebenheiten einer spezifischen Lebenswelt orientiert und sich von ihnen begrenzen lässt – das Entwerfen „im Potentialis" (Schütz 2004: 261) – und dasjenige, das sich keinerlei Beschränkungen unterwirft, sondern im Gegenteil darauf hinwirkt, diese zu überschreiten – das Entwerfen „im Optativ" (ebd.).

Das *Entwerfen im Potentialis* wird von den Akteuren dort praktiziert, wo im Bezug auf die Planung zukünftiger Aktivitäten vor dem Hintergrund des Entwurfs möglicher Zukunftsszenarien eine *Abwägung unterschiedlicher Handlungsmöglichkeiten* vorgenommen wird und dort, wo in der reflexiven und bewertenden Rückschau die tatsächlich gewählten mit den nicht realisierten Handlungsoptionen hinsichtlich ihrer tatsächlichen und mutmaßlichen Wirkungen verglichen werden. Das Denken im Potentialis und mithin die Fähigkeit, Alternativen zu imaginieren, die mit den Gegebenheiten einer spezifischen Lebenswelt harmonieren, stehen insofern nicht nur im Dienste des in die Zukunft gerichteten Entwerfens von Handlungen, sondern sind ebenfalls für die zeitlich rückwärts gerichtete

Evaluation der eigenen (Spiel-)Handlungen relevant. In seiner Funktion als Überbrückung von Leerstellen in Form einer Arbeitshypothese wird der Entwurf im Potentialis darüber hinaus dafür genutzt, einen kontingenten Faktor aus der Diskussion herauszunehmen und dadurch den Fortgang der Entscheidungsfindung zu ermöglichen.

Das *Entwerfen im Optativ* hingegen findet sich dort, wo die Akteure sprechend und gestikulierend in die Welt des Spiels hinein eine zusätzliche Wirklichkeit setzen, die im Status des Möglichen verharrt, nicht zur Realisierung vorgesehen ist, jedoch nichtsdestoweniger ihre Funktion, die zumeist in der *Erzeugung von Komik* liegt, für die soziale Situation erfüllt. Es ereignet sich in Form eines temporär begrenzten Ausflugs, innerhalb dessen ausgehend von der Spielwelt kurzzeitig eine humorige Alternativ-Wirklichkeit entworfen, genutzt und in rasanter Abfolge wieder verlassen wird, um in die anscheinend unveränderte Welt des Spiels zurückzukehren.

Zusammenfassend ist außerdem zu bemerken, dass die mit dem Imaginären befasste Kommunikation durch eine ganze Reihe von Spannungsfeldern herausgefordert wird. Sie ereignet sich zwischen ‚paidia' und ‚ludus' (Caillois 1988: 214) beziehungsweise „play" und „game" (Mead 1969), da sie für ein Spielgenre genutzt wird, das die Regelhaftigkeit des Spiels durch den Regeln überschreitenden Charakter des Abenteuers zu befreien, gleichzeitig jedoch die Ungezügeltheit des Abenteuers durch die Geregeltheit des Spiels zu domestizieren sucht. Sie leistet die Rahmung der Interaktion als zur Sinnprovinz des Spiels gehörend und hat gleichzeitig das temporäre Vergessen, oder zumindest Einklammern dieses Rahmens zu vermitteln, um sowohl die Gefahr einer pathologischen Vermischung der Wirklichkeitsebenen zu vermeiden, als auch den Spaß am Spiel zu ermöglichen. Sie stellt sich in den Dienst der Erzeugung einer künstlichen Präsenz, die den Akteuren einen quasi-erlebnishaften Zugang zur Welt des Spiels ermöglicht, und stellt gleichzeitig die Mittel der Distanzerzeugung zur Verfügung, mithilfe derer sich die Akteure auf eine abgesicherte Position zurückziehen. Mit ihrer Hilfe wird eine in sich relativ konsistente (Spiel-)Welt erarbeitet, gleichzeitig jedoch in Form des Möglichkeitsdenkens immer wieder aufgebrochen und überschritten. Sie ist jedoch vor allem mit dem spezifischen Charakter des Imaginären konfrontiert, das sich als gleichzeitig Abwesendes und doch in der Vermittlung Anwesendes und als zu Vermittelndes, doch niemals ganz Vermittelbares jeglicher Festlegung entzieht und sie doch immer wieder einfordert.

Zusammenfassend ist daher festzuhalten, dass die kommunikative Konstruktion des Imaginären – hier im Rahmen von Pen-and-Paper-Rollenspielsitzungen – die paradoxalen Grundstrukturen, die sowohl die soziale Interaktionsform des

Spiels als auch die menschliche Hinwendung zum – und Nutzung des – Imaginären charakterisieren, widerspiegelt und in sich soweit aufhebt, dass die dynamische Fiktion einer gemeinsam geteilten Situationsdefinition als Grundlage für das Pragma aller Beteiligten immer wieder ausgehandelt und aufrecht erhalten werden kann.

Interaktionssituationen, innerhalb derer mehrere Akteure kommunikativ auf ein gemeinsam geteiltes Imaginäres hinwirken, finden wir in unzähligen Bereichen der Lebenswelten, mit denen wir ständig befasst sind. Überall dort, wo gemeinsam zukünftige Projekte geplant und entworfen werden, wo gemeinsam auf Vergangenes zurückgeblickt und reflektiert wird, wo in der Interaktion eine nur kurz aufblitzende Alternativ-Wirklichkeit geschaffen, bewohnt und wieder verlassen wird, pflegen wir Umgang mit dem Imaginären, bemühen uns darum, es einander anschaulich zu machen, modifizieren es, distanzieren uns davon, handeln es aus und verwerfen es wieder.

Selbstredend verfügt nicht jede dieser Situationen über all jene einzelnen Kennzeichen, die für die Kommunikation innerhalb des Spielgenres der Pen-and-Paper-Rollenspiele erarbeitet werden konnten. Das Wechselspiel von Erzählung und performativen Akten sowie die topische Organisation der Narration lassen sich auf die besonderen Anforderungen, die das Pen-and-Paper-Rollenspiel an seine Spieler stellt, zurückführen. Eine ganze Reihe der vorgefundenen kommunikativen Muster und Strategien ist jedoch nicht der Spielhaftigkeit der Kommunikation geschuldet. Dazu zählen insbesondere die Rahmungshandlungen, die der Herstellung einer gemeinsamen Situationsdefinition hinsichtlich der alltäglichen Lebenswelt und einer weiteren (imaginären) Welt dienen, die Startsignale, die den Einstieg in die Auseinandersetzung mit dem Imaginären markieren, die Aushandlungsprozesse, die sich als Zusammenspiel unterschiedlicher kommunikativer Formen – deskriptiver Abschnitte, Fragen, Gegenreden und Mutmaßungen – gestalten, die Mittel, die zur Herstellung einer künstlichen Präsenz des Imaginären verwendet werden (Bilder, Klangmalereien, Gesten) sowie die Distanzierungsmethoden, die sich auf den Entwurf alternativer Optionen stützen. Die Beantwortung der Frage, wie die konkrete Ausgestaltung dieser Muster innerhalb anderer Felder, die ebenfalls mit dem Imaginären befasst sind, bewerkstelligt wird, stellt daher ein Desiderat für anschließende, weiterführende Forschung dar.

Literatur

Anderson, Benedict (1991): Imagined Communities: Reflections on the Origin and Spread of Nationalism. Revised and extended edition. London: Verso.

Baatz, Ursula (1993): Das Spiel ist Ernst, der Ernst ist Spiel. Ein Versuch über unendliche Spiele. S. 5–20 in: Baatz, Ursula & Müller-Funk, Wolfgang (Hrsg.): Vom Ernst des Spiels. Über Spiel und Spieltheorie. Berlin: Dietrich Reimer.

Caillois, Roger (1988): Der Mensch und das Heilige. München: Carls Hanser Verlag.

Castoriadis, Cornelius (1997): Gesellschaft als imaginäre Institution. Entwurf einer politischen Philosophie. 2. Aufl. Frankfurt a. M.: Suhrkamp.

Goffman, Erving (1973): Interaktion: Spaß am Spiel. Rollendistanz. München: R. Piper & Co. Verlag.

Gumbrecht, Hans Ulrich (1980): Erzählen in der Literatur – Erzählen im Alltag. S. 403–419 in: Ehlich, Konrad (Hrsg.): Erzählen im Alltag. Frankfurt a. M.: Suhrkamp.

Herbrik, Regine (2011): Die kommunikative Konstruktion imaginärer Welten. Wiesbaden: VS.

Iser, Wolfgang (1983): Das Imaginäre: Kein isolierbares Phänomen. S. 479–486 in: Henrich, Dieter & Iser, Wolfgang (Hrsg.): Funktionen des Fiktiven. München: Wilhelm Fink.

Iser, Wolfgang (1991): Das Fiktive und das Imaginäre. Perspektiven literarischer Anthropologie. Frankfurt a. M.: Suhrkamp.

Keppler, Angela (1994): Tischgespräche. Über Formen kommunikativer Vergemeinschaftung am Beispiel der Konversation in Familien. Frankfurt a. M.: Suhrkamp.

Knoblauch, Hubert (1992): Anthropologie der symbolischen Kommunikation. Forschungspapier für den SFB 511 Literatur und Anthropologie. Konstanz: Uni Konstanz.

Knoblauch, Hubert (2011): Alfred Schütz, die Phantasie und das Neue. Überlegungen zu einer Theorie kreativen Handelns. S. 99–116 in: Schröer, Norbert & Bidlo, Oliver (Hrsg.): Die Entdeckung des Neuen. Qualitative Sozialforschung als Hermeneutische Wissenssoziologie. Wiesbaden: VS.

McBride, Keally D. (2005): Collective Dreams: Political Imagination & Community. Pennsylvania State University.

Mead, George Herbert (1969): Sozialpsychologie. Neuwied: Luchterhand.

Musil, Robert (1997): Der Mann ohne Eigenschaften. Roman. Erstes und zweites Buch. Herausgegeben von Adolf Friese. Reinbek: Rowohlt.

Plessner, Helmuth (1982): Mit anderen Augen. Aspekte einer philosophischen Anthropologie. Stuttgart: Reclam.

Schütz, Alfred (2004): Relevanz und Handeln I. Zur Phänomenologie des Alltagswissens. Alfred Schütz Werkausgabe, Bd. VI.1. Herausgegeben von Elisabeth List. Konstanz: UVK.

Schütz, Alfred & Luckmann, Thomas (1984): Strukturen der Lebenswelt. Band 2. Frankfurt a. M.: Suhrkamp.

Schütz, Alfred & Luckmann, Thomas (2003): Strukturen der Lebenswelt. Konstanz: UVK.

Simmel, Georg (1992): Soziologie. Untersuchungen über die Formen der Vergesellschaftung. Gesamtausgabe, Band II. Frankfurt a. M.: Suhrkamp.

Soeffner, Hans-Georg (1991): Verstehende Soziologie und sozialwissenschaftliche Hermeneutik – Die Rekonstruktion der gesellschaftlichen Konstruktion der Wirklichkeit. In: Berliner Journal für Soziologie 2: S. 263–269.

Strauss, Anselm (1968): Spiegel und Masken. Die Suche nach Identität. Frankfurt a. M.: Suhrkamp.

Ströker, Elisabeth (1983): Was ist das Imaginäre in Isers Fiktionalitätstheorie? S. 473–477 in: Henrich, Dieter & Iser, Wolfgang (Hrsg.): Funktionen des Fiktiven. München: Wilhelm Fink.

Tappenbeck, Inka (1999): Phantasie und Gesellschaft. Zur soziologischen Relevanz der Einbildungskraft. Würzburg: Königshausen & Neumann.

Wiesing, Lambert (2005): Artifizielle Präsenz. Studien zur Philosophie des Bildes. Frankfurt a. M.: Suhrkamp.

Die kommunikative Konstruktion der Mathematik
Zur Rolle körperlicher Performanz im Umgang
mit mathematischen Zeichen

Christian Kiesow

Mathematisches Wissen ist in besonderer Weise mit einem eigentümlichen Zeichensystem verknüpft, in welchem sowohl mathematische Gegenstände („Terme") als auch mathematische Sachverhalte („Formeln") ausgedrückt werden können. Treten Zeichen dieser Art in anderen Wissenschaften auf, so vor allem deshalb, weil man sich oft der Mathematik als eines Modellierungsinstrumentes bedient. Die enge Verbindung der Mathematik mit ihrem Symbolismus hat sogar dazu geführt, dass dieser bisweilen als ein Symbol zweiter Ordnung für jene als gesamte Wissenschaft fungiert – etwa als undurchdringlicher „Formelsalat" auf Buchcovern oder in Karikaturen. Neben diesen populären Zuschreibungen gab es auch in der Philosophie der Mathematik immer wieder ernsthaftere Tendenzen, die Mathematik mit ihren in symbolischen Zeichen ausgedrückten Aussagen zu identifizieren. Dies gilt in besonderer Weise für Begründungsprogramme wie den Formalismus Hilberts, der die Mathematik zunächst als rein „formale", syntaktische Manipulation von Zeichenreihen konzipiert, oder den Logizismus Freges, der die Mathematik auf wahre logische Axiome zurückführen will. Trotz ihrer Verschiedenheit und trotz ihres letztendlichen Scheiterns haben solche Konzeptionen dazu beitragen, dass sich in der Philosophie (und nicht nur dort) ein Bild von Mathematik verfestigt hat, in dem natürlich-sprachliche und körperliche-performative Rahmungen symbolischer Zeichen lediglich als Marginalien angesehen werden.

Demgegenüber vertrete ich in diesem Aufsatz die These, dass die situative Rahmung mathematischer Symbole, zu der insbesondere körperlich-performative Akte wie etwa Mimik, Gestik und Blicke gehören, konstitutiv zur Bedeutung und zum Verständnis eben dieser Symbole beiträgt. Diese Behauptung mag insbesondere für den mathematischen Laien zunächst überraschend sein, für manchen Philosophen oder Semiotiker mag sie durchaus auch als Herausforderung der eigenen Position verstanden werden. Ich werde dazu zunächst eine kurze theoretische Verortung meiner These in den konzeptionellen Rahmen des kommunikativen Konstruktivismus vornehmen (1.). Im Anschluß daran werde ich ein empirisches Beispiel besprechen, anhand dessen ich meine These näher erläutere und plausibilisiere (2.). Danach werde ich die Ergebnisse der empirischen Analyse kurz zusammenfassen und auf mögliche Einwände und Fragen eingehen (3.). Schließlich werde ich einen kurzen Ausblick darauf geben, inwiefern der kommunikative Konstruktivismus als Paradigma für die Wissenschaftssoziologie insgesamt interessant wird (4.).

1 Theoretische Verortung

Als empirisch-soziologische Untersuchung kommunikativer Forschungsprozesse in der Mathematik fällt die vorliegende Studie in den Bereich der *konstruktivistischen Wissenschaftssoziologie* oder allgemeiner in die *Social Studies of Science and Technology*.[1] Dieses Forschungsfeld ist bekanntlich in der 1970er Jahren in Absetzung von der institutionalistischen Wissenschaftssoziologie entstanden und beanspruchte, nicht nur die institutionellen und organisatorischen Rahmenbedingen von Wissenschaft, sondern auch die Inhalte wissenschaftlichen Wissens als von soziologischen Faktoren abhängig zu analysieren. Wurde dieses Feld zu Beginn noch von großen programmatischen Entwürfen beherrscht (man denke an das „Strong Program" von David Bloor oder das „EPOR" von Harry Collins), entwickelte sich seit den 1980er Jahren eine Richtung, die sich für die Mikro-Prodezuren wissenschaftlicher Erkenntnisgewinnung in Laboren interessierte. Diese sog. „Laborstudien" versuchten im Gegensatz zu ideengeschichtlichen oder diskursanalytischen Ansätzen, die lokale, situative Bedingtheit wissenschaftlicher Forschung durch ethnographische Methoden wie z. B. teilnehmende Beobachtung aufzudecken.

Schon die beiden mittlerweile zu Klassikern avancierten Studien von Latour/Woolgar (1986 [1979]) und Knorr-Cetina (1991 [1981]) fokussierten sich dabei auf die empirischen Naturwissenschaften, in diesem Falle jeweils die Biologie. Auch die vielen verschiedenen nachfolgenden Studien innerhalb der SSST untersuchten fast ausschließlich naturwissenschaftliche Disziplinen.[2] Dies führte dazu, dass ein wesentlicher Teil des begrifflichen und konzeptionellen Bestandes in diesem

---

1 Eine deutschsprachige Übersicht über dieses Feld liefert Knoblauch (2010).
2 Die erste und bisher einzige größere Studie, die eine soziologische Annäherung an die Mathematik auf ethnographischer Basis versucht, stammt von Bettina Heintz (2000). Neben dieser immer noch vergleichsweise theoretisch ausgerichteten Studie seien noch die ethnomethodologischen Arbeiten Christian Greiffenhagens (2005; 2008; 2011a; 2011b) genannt.

Bereich auf die empirischen Naturwissenschaften hin, d. h. Erforschung materieller Objekte mit materiellen Mitteln, zugeschnitten ist. Man denke hier etwa an das theoretische Konzept des „Labors" im Laborstudienansatz, die Erforschung experimenteller Konfigurationen (wie etwa Rheinbergers Konzept der „Experimentalsysteme" bzw. „epistemischen Dinge"), Pickerings „pragmatischen Realismus" oder die posthumanistischen Ansätze der Akteurs-Netzwerk-Theorie.[3]

Bei aller Verschiedenheit bieten die theoretischen Settings der konstruktivistischen Wissenschaftssoziologie offenbar bisher kaum Möglichkeiten einer konzeptionellen Integration der Mathematik, da diese sich von den Naturwissenschaften als Disziplin grundlegend unterscheidet.[4] Obwohl auch die Mathematik von gewissen materiellen Grundvoraussetzungen abhängt, sind diese jedoch weitaus unspezifischer und anspruchsloser als in den Naturwissenschaften. Die Objekte, die von der Mathematik erforscht werden, existieren nicht in Form konkreter materieller Gegenstände; daher sind für diese auch keine spezifischen instrumentellen und technologischen Rahmenbedingungen z. B. in Form von Apparaturen erforderlich. Auch gibt es in der Mathematik so etwas wie eine klassische Laboratoriums-Umgebung mit ihren technischen, ökonomischen und politischen Bezügen nicht.

Was stattdessen für die Mathematik viel wesentlicher erscheint, ist eine spezifische Dialektik von Erfindung und Entdeckung: mathematische Gegenstände sind z. B. in Form von Definitionen zuerst einmal rein kommunikativ konstruierte ideale Objekte. Die Funktion $f(x) = 2x^2 - 1$ etwa ist eine idealisierte Regel, die besagt, dass eine Zahl mit sich selber zu mulitiplizieren ist und nach Verdopplung eine Eins abzuziehen ist. Als solche erscheint sie zunächst als eine beliebige (menschliche) Festsetzung, eine „Erfindung", wenn man so will. Andererseits werden mathematische Objekte zugleich mit ihrer Setzung zu einer Realität eigener Art, die sich von der Willkür der Subjekte löst und ihnen oftmals als undurchsichtig, sperrig und komplex gegenübertritt. So ist etwa zur Bestimmung der Nullstellen oder des Scheitelpunktes von $f(x) = 2x^2 - 1$ eine kleine Rechnung notwendig; diese Informationen sind anhand des Funktionsausdruckes alleine nicht abzulesen und sie ergeben sich rein aus den internen Eigenschaften des Objektes, sie werden also „entdeckt". Dies bedarf in der Regel einiger schulischer Soziali-

---

3 Siehe dazu Knorr-Cetina (1991 [1981]), Rheinberger (1994), Pickering (1995) und Belliger/Krieger (2006).
4 In diesem Sinne äußert sich auch Heintz: „Die Mathematik zeichnet sich durch epistemische Besonderheiten aus, die es fraglich machen, ob sie sich dem konstruktivistischen Programm tatsächlich nahtlos fügt. Insofern stellt die Mathematik für die konstruktivistische Wissenschaftssoziologie einen besonders instruktiven Testfall dar." (2000: 10)

sationsarbeit, die selber wiederum mit verschiedenen Legitimationen (z. B. über den Nutzen des Mathematik-Unterrichtes und die Bedeutung der MINT-Fächer) verbunden ist. Ein solcher Zusammenhang zwischen Externalisierung, Objektivierung und Internalisierung wird auf ganz allgemeine Weise (d. h. für alle soziokulturellen Schöpfungen, von denen die Mathematik eine bestimmte ist) vom Sozialkonstruktivismus Berger und Luckmanns (1998 [1966]) beschrieben, dessen Kern im Aufweis und der Analyse des dialektischen Charakters sozialer Realität besteht. Ausdrucksprozesse von Subjekten gerinnen als Institutionen und Objektivationen zu Entitäten eigener Art, die wiederum durch von Legitimationen verschiedener Ordnung begleitete Internalisierungs- und Sozialisationsprozesse Subjekte prägen. Der Sozialkonstruktivismus versucht also zu erklären, „wie es dazu kommen kann, daß die selbstproduzierte Sozialordnung von deren Teilnehmern gleichzeitig als ‚objektive', ‚äußerliche' und quasi ‚naturgegebene' erfahren wird." (Knorr-Cetina 1989)

Wie aus diesen Überlegungen deutlich wird, ergibt sich für eine Soziologie der Mathematik damit über die Science and Technology Studies hinaus die neuere Wissenssoziologie als eine natürliche und konzeptionell konsequente theoretische Rahmung.[5] Eine Rekonstruktion der Mathematik im Begriffsapparat der „gesellschaftlichen Konstruktion" Berger und Luckmanns bedarf jedoch noch der Erweiterung. Insbesondere muß eine solche Erweiterung empirisch-methodisch anschlußfähig sein und die Klärung der Frage erlauben, wie die Konstruktion und Internalisierung mathematischen Wissens im Detail geschieht.[6] Dies bedeutet aber vor allem, dass sie den Zusammenhängen zwischen körperlich-performativen Akten, Bedeutungskonstitution und materiellem Medium Rechnung tragen muß, die in den nachfolgend betrachteten Videodaten relevant werden. Genau dies wird nun durch den kommunikativen Konstruktivismus als rezente wissenssoziologische Weiterentwicklung des Sozialkonstruktivismus geleistet. Der kommunikative Konstruktivismus geht ja von der Prämisse aus, dass „alles, was an sozialem Handeln relevant werden soll, auch kommuniziert werden muss" und „dadurch erst beobachtbar und berichtbar" wird (Knoblauch 2012: 1). Bei diesem Vorgang nimmt der Körper der Handelnden eine besondere Schlüsselposition ein: „Das zentrale Bindeglied für die Objektivierung des Handelns ist naheliegend der menschliche Körper. Kommunikatives Handeln objektiviert Sinn, weil

---

5   Eine solche sozialkonstruktivistische Interpretation der Mathematik wird auch von Heintz nahegelegt (2000: 87).
6   Dies ist auch einer der wesentlichen Kritikpunkte Knorr-Cetinas am Sozialkonstruktivismus und ein Motiv ihres Plädoyers für einen *empirischen* Konstruktivismus in der Wissenschaftssoziologie (1989).

es mit dem Körper vollzogen wird. [...] Erst durch den Körper wird Sinn sozial sichtbar."(Ebd.: 15–16)

Für eine Soziologie der Mathematik ist ein solcher Zugang zum sozialen Handeln insbesondere insofern interessant, als sich daraus wiederum ein bestimmter Zugang zu Zeichen und Zeichensystemen ergibt. Im Gegensatz etwa zu strukturalistischen Theorien trennt der kommunikative Konstruktivismus Zeichen und Zeichenträger nicht „von den Handlungen ab, in denen sie hervorgebracht und gebraucht werden". Erstere nämlich „übergehen die Tatsache, dass Zeichen Teile von Handlungen sind – und dass gerade zeichenhafte Objektivationen der Kommunikation außerordentlich flüchtig sein können, wie dies etwas beim körperlichen Ausdruck der Fall ist." (Ebd: 15) Bezogen auf die Mathematik bedeutet dies, dass deren symbolische Zeichen erst primär in körperlichen Handlungsvollzügen zu sinnhaften und bedeutungsvollen Entitäten werden. Den Versuch einer empirischen Konkretisierung und Untermauerung dieser Behauptung habe ich auf den nachfolgenden Seiten unternommen. Auch wenn auf diesem Gebiet noch einiges an weiterer empirischer Forschungsarbeit aussteht, deuten die bisherigen Befunde auf eine grundlegende Neubewertung der Rolle des Körpers in der Mathematik und allgemein bei der Vermittlung und Erforschung abstrakter Wissenssysteme hin.[7]

2   Mathematischer Zeichengebrauch – ein Blick in die Empirie

Vor der eigentlichen Analyse scheinen mir noch einige Worte zur Begründung der Datenauswahl angebracht. Die Mathematik gilt gemeinhin als vergleichsweise individualisierte Wissenschaft, die mit jahrelang einsam über Theoremen brütenden Forschern in Verbindung gebracht wird. Ethnographische Beobachtungen und Interviews zeigen jedoch, dass fast alle Mathematiker die Kommunikation und Interaktion mit Kollegen als eine zentrale Forschungsressource ansehen, die oft über Jahre oder gar Jahrzehnte zwischen einzelnen Personen gepflegt wird. In diesem Sinne wurde als Fallbeispiel eine Situation ausgewählt, in der zwei Mathematiker beim gemeinsamen Nachvollzug eines Beweises an der Tafel konkret mit-

---

7   Darauf deuten auch die Ergebnisse einer videobasierten Studie zu „Zeigen und Wissen" in Powerpoint-Präsentationen hin, die von Hubert Knoblauch durchgeführt wurde: „Wie schon gesagt, ist ja die Performativität nicht auf die Sprechakte und die projizierten Zeichen beschränkt, sondern baut wesentlich auf den Gesten und anderen körperlichen Aktivitäten auf. Erst körperliche Aktivitäten wie das Zeigen erzeugen einen Sinnüberschuß, der die Kommunikation in der Situation gelingen läßt." (Knoblauch 2007: 135)

einander interagieren. Diese Auswahl einer feldspezifischen Schlüsselsituation hat gleichzeitig den Vorteil, dass symbolische Zeichen hier nicht nur hervorgebracht, sondern unmittelbar im Anschluß daran auch *aktiv rezipiert* werden. Damit wird indirekt gewährleistet, dass die Bedeutung nicht nur vom beobachtenden Soziologen, sondern auch von einem kompetenten Rezipienten des Feldes selber in die Zeichen „hineingedeutet" wird.

Weiterhin spielen symbolische Zeichen auch nicht überall und immer in der Mathematik eine gleich wichtige Rolle. Gerade in der mündlichen Kommunikation zwischen Mathematikern geht es oft um die Vermittlung von Schlüsselideen und Konzepten, die eher durch Gesten und Visualisierungen als durch eine exakte symbolische Ausformulierung dargestellt werden. Da sich die hier vertretene These jedoch dezidiert auf Zeichen bezieht, erscheint es sinnvoll, sich auf die Kommunikation eines Beweises zu fokussieren, in dem der „algebraische" Aspekt, d. h. also das Hantieren mit symbolischen Zeichen, deutlich im Vordergrund steht – und nicht etwa die Vermittlung von Ideen durch Gesten oder Bilder.

Ich werde daher im Folgenden einen kurzen Ausschnitt (ca. 34 Sekunden) einer Videoaufzeichnung analysieren, die zwei Mathematiker bei der Diskussion eines Beweises an einer Tafel zeigt. Die beiden Akteure, sie sollen Martin und Thorsten heißen, sind Doktoranden in der Arbeitsgruppe eines international renommierten Forschers. Informelle Diskussionen einzelner Theoreme, Ideen oder Beweise zwischen Mitgliedern gehören zum Alltag dieser Arbeitsgruppe. Unter „informell" verstehe ich dabei solche Zusammenkünfte, die nicht institutionell z. B. im Rahmen von Seminaren und Colloquia vorgegeben sind und die oft ungeplant und situativ entstehen. Die großzügige Ausstattung der Arbeitsräume mit Tafeln und die räumliche Nähe der Doktorandenarbeitsplätze bieten eine infrastrukturelle Basis, die das Zustandekommen solcher Diskussionen fördert und sicherlich auch bewußt fördern soll.

Weiterhin handelt es sich im vorliegenden Fall um die Besprechung eines eher „technischen" Resultats, das von Thorsten auf zwei verschiedenen Wegen bewiesen wurde. Als „technisch" werden von Mathematikern dabei oft solche Sätze bezeichnet, die keine tieferliegenden strukturellen Sachverhalte ausdrücken, sondern eher eine Art Rüst- oder Handwerkszeug zur weiteren Erforschung eines Problems darstellen. Im hier analysierten Ausschnitt trägt Thorsten den zweiten, von ihm als „algebraisch" charakterisierten Beweisweg an einer Tafel vor. Martin ist zwar zu Beginn der Situation das Resultat als solches, nicht aber Thorstens spezifischer Beweisweg bekannt. Als Grundlage meiner Analyse dienen das unten stehende Transkript (Abb. 2) sowie folgende Skizze der auf der Tafel befindlichen

Formelkonstellation (Abb. 1), um die sich die Diskussion zwischen Martin und Thorsten dreht:

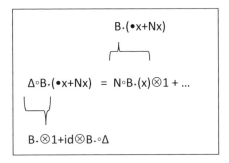

Abbildung 1

```
Transkript 1
01  M: und was isn mit dem ‚N' jetzt? wo kommt das ‚N' jetzt her
02     hier?
03  T: na EIgentlich (.) ja?=steht hier VORne, wenn ich SO mache (.)
04     ‚Bplus von punkt x plus N x'=ja? (1.0) ne?=ich nehm nun DAS
05     ding und setz jetz DIEses argument da ein (1.0)
06  M: jetzt brauchst du aber das ‚DELta'- ‚DELta'
07  T: ‚delta'- DIEses- DIEser operator- ‚delta B plus' is genau DAS
08                (.)    und DAS ist das argument, was ich EInsetze
09  M: [genau genau genau]
10  T:        (.)  jetzt (setz) ich also DAS ding HIER vorne da ein-
11  M: [genau]
12  T: (da is so) ne ‚EINS'- krieg ich da DIEsen ‚DINGS tensor eins'
13  M: [hm=ja=ja=ja]        [bejaht mehrmals]
14  T: (1.0) ja?
15  M: [ja=a]
```

Anmerkungen:

GROSSdruck	betonte Silbe
Kursiv unterstrichen	Gesprochenes wird begleitet von Zeigegesten
(.)	kurze Pause, Absetzen
=	schneller Anschluß
[ ]	mit dem darüber Stehenden überlappende Redeteile
‚xyz'	Nennung symbolischer Zeichen in gesprochener Sprache

Abbildung 2   Transkript und Anmerkungen

Unmittelbar vor der Situation, die das Transkript wiedergibt, hat Thorsten auf den unteren Teil der Tafel eine Gleichung angeschrieben, dessen eine Seite (links vom Gleichheitszeichen) ein bereits besprochenes und von Martin verstandenes Resultat aus dem Gang des Beweises darstellt. Die rechte Seite der Gleichung hingegen stellt für Martin eine neue, nicht unmittelbar einsichtige Umformulierung der linken Seite dar. Die neu hinzugekommenen symbolischen Zeichen sind für ihn *erklärungs- und interpretationsbedürftig*, sie müssen erst noch von Martin verstanden und damit für ihn bedeutungsvoll werden.

Performative Referenz

Interessant sind zunächst einmal die Zeilen 1–2 und 6, also die Diskussionsbeiträge Martins. Beide Beiträge sind jeweils von einer kurzen Zeigegeste mit seinem Zeigefinger auf die an der Tafel stehenden Symbole ‚N' und ‚Δ' (Delta) begleitet. Um die besondere Funktion dieser Gesten zu verstehen, ist es hilfreich sich klarzumachen, was passieren würde, wenn diese wegfielen. In der konkreten Situation finden sich nicht nur *ein* ‚N' und *ein* ‚Δ' an der Tafel, sondern mehrere an verschiedenen Stellen, darunter auch solche, die innerhalb ein und desselben Terms liegen. Der deiktische Bezug auf die Zeichen ermöglicht hier also im Gegensatz zu einem bloßen sprachlichen Benennen eine eindeutige, für den Diskussionspartner (hier Thorsten) unmißverständliche Referenz.[8] Diese wäre zwar prinzipiell auch sprachlich erzeugbar (etwa, indem man sagt: „das erste ‚N' auf der rechten Seite der Gleichung"), allerdings unter wesentlich größerem zeitlichen und kognitiven Aufwand. Die Schaffung einer eindeutigen Referenz ist dabei ein Problem, das sich nicht nur in dem konkreten Beispiel, sondern beim Hantieren mit symbolischen Zeichen ganz allgemein und immer wieder stellt. Die Anzahl unterschiedlicher Zeichen, die sich in der Darstellung eines Beweises oder sogar einer mathematischen Theorie finden, ist in der Regel relativ gering, so dass ein einzelnes Zeichen fast immer an mehreren oder manchmal sogar vielen verschiedenen Stellen auftritt. Die gestische Bezugnahme löst dieses Problem und konstituiert Bedeutung durch örtliche Einschränkung.

Die Referenz auf mathematische Zeichen besitzt jedoch noch einen weiteren problematischen Aspekt. In Zeile 4/5 spricht Thorsten von einem „Dings", in

---

8 Melanie Brinkschulte (2007) spricht im Rahmen ihrer Untersuchung von Powerpoint-Präsentationen in Ökonomie-Vorlesungen auch von „lokaldeiktischen Prozeduren", die sich dort allerdings auf Texte (und nicht auf symbolische Zeichen) beziehen.

Abbildung 3   Performative Referenz

Zeile 10 von „das Dings hier" und in Zeile 12 von „diesem Dings tensor eins". Die korrekte Bezeichnung des ersten „Dings" wäre dabei „B plus Tensor Eins plus Identität Tensor B plus verkettet mit Delta" – ähnlich in den beiden anderen Fällen. Die sprachliche Referenz erweist sich hier also nicht aufgrund der Mehrdeutigkeit des Ausdrucks als schwierig, sondern aufgrund der Komplexität und Länge der Bezeichnung. Käme das erste „Dings" häufiger vor, so würde dafür wahrscheinlich eine Abkürzung (etwa „A") gewählt, was aber hier aufgrund des einmaligen Auftretens dieses Ausdrucks nicht geschieht. In der Tat ist die korrekte Benennung längerer Zeichenketten in der Mathematik etwas, was auch in offiziellen Kontexten (z. B. Vorlesungen) oft nicht geschieht. Die Möglichkeit deiktischer Bezugnahme macht dies, wie die analysierte Situation zeigt, aber auch nicht notwendig. Alle Vorkommnisse von „Dingsen" sind von Zeigegesten begleitet, die Martin klarmachen, um welche Ausdrücke es sich hier genau handelt.

Gesten und sprachliche Ausdrücke können dabei durchaus in Konfusion zueinander geraten. In Zeile 6 etwa spricht Martin am Ende seines Redebeitrages zweimal das Wort „Delta" aus, zeigt dabei aber nur beim ersten Mal auf das ‚Δ' an der Tafel, beim zweiten Mal unterstreicht er das referierte ‚Δ' zusammen mit dem nachfolgenden ‚∘B+'. Thorsten reagiert auf diese Zweideutigkeit, indem er direkt im Anschluß an Martins Beitrag den Ausdruck, den dieser unterstrichen hat, mit der rechten winkelförmig gebogenen Hand von rechts oben abgrenzt. Die begleitende sprachliche Referenz gelingt ihm dabei weniger gut, wie die vier (!) Anläufe zeigen, die er zur Benennung des von ihm gestisch bezeichneten Objekts in Zeile 7 unternimmt: erst greift er Martins „Delta" auf, dann spricht er von „dieses", wobei vermutlich „Dings" zu ergänzen wäre, dann präzisiert er sich zweimal. Wie dieses Beispiel eindrücklich zeigt, funktioniert Referenz und damit Verständigung hier auf der Ebene der körperlichen Performanz flüssiger als auf der Ebene der Sprache.

Kommen wir noch einmal zu Martins Zeigegesten (Zeile 1/2 und 6) zurück. Es wäre zu kurz gegriffen, diese einfach nur auf ihre Referenzfunktion zu beschränken. Martin bezieht sich damit ja nicht einfach nur auf ein bestimmtes Symbol, er zeigt damit auch gleichzeitig an, dass er das Auftauchen des einen Symbols (‚N') und das Verschwinden des anderen (‚Δ') nicht verstanden hat, dass genau an diesen Stellen also ein *Klärungsbedarf* besteht, auf den Thorsten einzugehen hat. Wenn man in Anlehnung an Wittgensteins Sprachspielkonzept (1989 [1953]) das Führen bzw. die Diskussion eines Beweises in der Mathematik als eine Art interaktives Spiel betrachtet, so würde Martins deiktische Bezugnahme also so etwas wie einen Spielzug darstellen, der in der Forderung nach einer Begründung eines bestimmten anderen Spielzuges von Thorsten (das Hinschreiben des ‚N' bzw. das Weglassen des ‚Δ') besteht.[9] Dazu ist zweierlei noch zu bemerken: zum einen ist Martins sprachliche Formulierung nach der Herkunft des ‚N' (Zeile 1) nicht notwendig zur Performanz des Spielzuges – man könnte sich durchaus auch einen stumm bleibenden Teilnehmer vorstellen, der an bestimmten Stellen „einhakt". Zum anderen ist, wie bereits erwähnt, hier die Einforderung einer Erklärung nicht von der Referenz auf das, was erklärt werden soll, zu trennen. Beides fällt in einen Akt zusammen, so dass man hier von einer *performativen Referenz* durch deiktische Bezugnahme sprechen kann.

Die Handgreiflichkeit der Zeichen und die performative Konstruktion von Sinn

Nachdem Martin an zwei Stellen (Zeile 1/2 und 6 im Transkript) eine Erklärung eingefordert hat, reagiert Thorsten nun auf diese Forderung (Zeile 3–5 und 7–14). Ich möchte jetzt analysieren, wie Thorstens Reaktion darauf genau aussieht, oder anders formuliert: auf welche Weise er der rechten Seite der Gleichung (den neu hinzugekommenen und von ihm aufgeschriebenen Zeichen) einen Sinn verleiht (Abb. 4). Wie bereits erwähnt, hat Martin zuvor die Zeichenfolge ‚Δ∘B+' auf der linken Seite der Gleichung mit dem Zeigefinger unterstrichen. Diese Zeichenfolge taucht auf der rechten Seite nicht mehr auf; ihr Verschwinden wird also zu einem erklärungsbedürftigen Faktum, ohne dass dies voll expliziert wird. Thorsten beugt

---

[9] Mit Goffman könnte man diesen Spielzug auch als „turn" bezeichnen, der aus einem einzigen „move" besteht (1981: 111)

sich daraufhin zuerst leicht nach vorne und grenzt die fragliche Zeichenfolge von rechts oben mit der Hand ab, danach beugt er sich weiter nach vorne und nimmt nun auch noch seine winkelförmig gebogene linke Hand zu Hilfe, mit der er dieselbe Zeichenfolge auch von links unten abgrenzt (Zeile 7: ‚delta' – ‚delta B plus'). Während er die Worte „is genau" ausspricht, zieht er seine Hände leicht zurück, um sie sofort wieder auf der linken Seite einer Zeichenkette (‚B+⊗1+id⊗ B+∘Δ') zu postieren, die sich unter dem vorherigen Ausdruck befindet. Während er das Wort „das" (Ende Zeile 7) ausspricht, fährt er mit seiner rechten Hand nach rechts bis zum Ende der Zeichenkette, während seine andere Hand auf deren linkem Ende fixiert bleibt. Danach beugt er sich wieder leicht aufrecht und zieht seine Hände kurz zurück, um schließlich in ähnlicher Weise einen dritten Ausdruck (‚•x+Nx') mit beiden Händen zu markieren. Diesen kommentiert er mit den Worten „das ist das Argument" (Zeile 8), wobei er diese dritte Markierung und die vorhergehende mit einem „und" verknüpft hat.

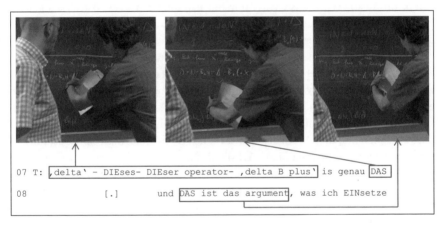

Abbildung 4

Zunächst einmal besteht Thorstens Antwort auf der körperlich-performativen Ebene also in einer Markierung oder Referenz auf drei auf der Tafel stehende Zeichenketten. Diese Referenz vollzieht er nicht mit dem Zeigefinger wie Martin, sondern mit jeweils beiden Händen. Dies ermöglicht es ihm, die entsprechenden Zeichen genau zu begrenzen bzw. Martin gegenüber ihre genauen Grenzen anzuzeigen. Indem er mit der Hand der Länge nach über die Zeichen fährt und sie mit beiden Händen „umgreift", konstituiert er diese als *quasi-gegenständlich*, d. h. er zeichnet sie so nach, als ob er die Konturen und die Länge eines kleinen, räumlich-materiellen Gegenstandes nachzeichnen würde. Symbolische Zeichen werden hier im wahrsten Sinne des Wortes also „handgreiflich" gemacht. Doch dies ist noch nicht alles. Die drei Markierungen stehen ja nicht (nur) für sich alleine, sondern sie sind in einen sequentiellen Ablauf eingebunden, der sie miteinander verknüpft. Sie werden durch die zeitliche Nähe, in der sie erfolgen, durch Thorsten in irgendeine Art von Zusammenhang gebracht. Dazu sind drei Dinge anzumerken:

1. Dem zeitlich-performativen Zusammenhang der drei Ausdrücke (Zeichenketten) entspricht ein präziser mathematisch-logischer Zusammenhang, der aus der sprachlichen Kommentierung Thorstens zu entnehmen ist: zwischen dem ersten markierten Ausdruck und dem zweiten besteht Identität („is genau"), also Gleichheit im Sinne des Gleichheitszeichens ‚='. Zwischen dem dritten Ausdruck und dem zweiten (und damit auch dem ersten) besteht ein Funktions-Argument-Verhältnis („das Argument, was ich einsetze") in dem Sinne, wie ‚x' ein Argument von ‚f' im Ausdruck ‚f(x)' ist. Was Thorsten also tut, ist, dass er abstrakte logische Beziehungen in Form körperlicher Akte ausdrückt; sie räumlich und zeitlich-sequentiell mit seinem Körper *vollzieht*.

2. Die Art dieses Vollzuges ist jedoch keine eindeutige Abbildbeziehung. Sie ist also *nicht* so zu verstehen, dass es auf der einen Seite eine Menge abstrakter Beziehungen (Gleichheit, Argument-Beziehung usw.) gäbe und auf der anderen Seite eine Menge von Gesten, die diese einfach nur abbilden würden. Eine solche Lexikon-Vorstellung wird im konkreten Beispiel schon allein dadurch unplausibel, dass zwischen den drei Ausdrücken zwar körperlich-performativ ein Zusammenhang besteht, aber die inhaltliche Art dieses Zusammenhangs nicht differenziert wird. Oder anders ausgedrückt: ein Betrachter, der den mathematischen Kontext nicht kennt und die Audiospur nicht hören würde, könnte alleine aufgrund der Gesten nicht ersehen, *welcher* logische Zusammenhang genau zwischen den einzelnen von Thorsten markierten Ausdrücken besteht.

3. Der Zusammenhang zwischen den drei Zeichenketten ist einer, der nicht von vorherein bestand. Er wird vielmehr erst durch Thorstens Erklärung und deren performativen Vollzug hervorgebracht oder konstruiert. Damit ist selbstverständlich nicht die Erzeugung einer inhaltlichen Gültigkeit gemeint. Genauso wenig ist z. B. ‚2+2 = 1+1' eine gültige Aussage, nur weil ein Gleichheitszeichen zwischen beide Ausdrücke geschrieben wird. Was jedoch durch den performativen Vollzug hervorgebracht wird, ist eine sinnhafte Integration und Ordnung der einzelnen Zeichenketten auf der Tafel. Diese stehen nun nicht mehr einfach als unverbundene, für sich existierende Behauptungen oder Terme da, sondern als Teile eines sinnvollen Beweisgefüges: ‚Δ∘B+' ist dasselbe wie der Ausdruck, der

darunter steht, und das Argument wird in *diesen* Ausdruck eingesetzt, was wiederum der Grund ist, dass das von Martin referierte Delta verschwindet.

Der körperliche Vollzug logischer Operationen und gestische Kaskaden

Thorstens Erklärung reißt jedoch an dieser Stelle nicht ab, obwohl Martins eigentliche Frage bereits beantwortet ist. Vielmehr setzt er die oben bereits besprochene Erklärung (Zeilen 7 und 8) fort, indem er erläutert, wie sich aus dem bereits Gesagten der erste Term der (neuen) rechten Seite ergibt (Zeilen 10, 12 und 14). Auch diese Fortsetzung soll hier noch analysiert werden, da sie die bisherigen Resultate um einige Aspekte bereichert. Zur Veranschaulichung des betrachteten Geschehens dient dabei die Abbildung 5.

Nachdem Martin in der kurzen Redepause Thorstens dessen bisherige Erklärung akzeptiert und deren Verständnis signalisiert hat, fährt jener fort, indem er den letzten Schritt noch einmal aufnimmt: Thorsten „umgreift" den Ausdruck (1), das einzusetzende Argument, noch einmal mit beiden Händen und schiebt diese dann schräg links herunter bis zum ersten Teil des zweiten Ausdrucks (2), den er ebenfalls mit beiden Händen umfaßt. Diese Bewegung mündet in ein ruckartiges kurzes Zurück- und Vorschieben der rechten Hand. Diesen ganzen Bewegungsablauf kommentiert er mit den Worten „jetzt setz ich also *das* [umgreift den dritten Ausdruck] Ding *hier vorne* [umgreift ‚B+' im zweiten Ausdruck] da ein [bewegt die rechte Hand zurück und vor]" (Zeile 10).

Im Gegensatz zum ersten „Einsetzen" (Zeile 8) stellt Thorsten hier also nicht einfach nur einen Zusammenhang zwischen Argument und Funktion her, indem er beide Ausdrücke nacheinander mit seinen Händen markiert. Das „Einsetzen" des Argumentes in die Funktion wird zusätzlich durch eine Schiebebewegung der rechten Hand angedeutet – so, als ob ein Gegenstand in einen anderen „hineingeschoben" würde. Es wird damit also *durch den Körper vollzogen*. Dies erweitert und bestätigt den obigen Befund: Thorsten markiert die verschiedenen Zeichenketten nicht einfach nur als „handgreifliche" Objekte, sondern er drückt auch abstrakte logische Zusammenhänge[10] zwischen diesen Zeichenfolgen als konkrete körperliche Manipulationen („hineinschieben") dieser Objekte aus.[11]

---

10 Rein formal gesehen handelt es sich beim „Einsetzen" um die Substitution der freien Variable a im Ausdruck f(a) durch einen Term t. Hier ist konkret $f = B_+$ und $t = \bullet x + Nx$.
11 Unter Zuhilfenahme Heideggerscher Terminologie läßt sich auch sagen, dass sich Thorsten im Rahmen seiner Erklärung die entsprechenden Zeichen zuhanden macht, sie also als Zuhandene im Handlungsvollzug rekonstruiert. Der Terminus „Zuhanden-Sein", den Heidegger im Rahmen

Thorsten setzt nun seine Erklärung fort, indem er kurz die Hände vom ersten Teil des Ausdrucks (2) zurückzieht und sie direkt darauf wieder auf dem nächsten Teil (3) postiert (dies entspricht dem ersten Teil von Zeile 12: „(da is so) ne Eins"). Danach beugt er sich mit dem gesamten Körper zurück, bis er aufrecht steht und den Ausdruck (4) frontal mit beiden nach oben geöffneten Händen einrahmt (Zeile 12: „krieg ich da diesen Dings"). Schließlich lässt er seine linke Hand fallen und fährt mit den Fingeraußenseiten der rechten Hand über den Ausdruck (5) (ebd: „tensor Eins"). Das Bemerkenswerte an dieser Stelle ist, dass hier eine ganze „Kaskade" sequentiell aufeinander folgender und ineinander greifender körperliche Akte abläuft. Diese wird vom Akteur auch als solche gekennzeichnet, indem sich dessen Körperhaltung am Ende zum Interaktionspartner hin öffnet und die letzte Referenz auf den Ausdruck (5) nur noch mit der Rückseite einer Hand vollzogen wird. Ähnlich wie bereits für die im letzten Abschnitt analysierte Stelle gilt auch hier, dass die einzelnen markierten Ausdrücke durch den körperlichen Handlungsvollzug in die Ordnung einer zeitlichen Sequenz integriert werden, die gleichzeitig Ausdruck einer logisch-sinnhaften Ordnung ist. Diese Ordnung entspricht hier im konkreten Beispiel einer Folge von Rechenschritten: Wenn ich das Argument in den linken Teil und danach in den rechten Teil des Tensorproduktes (der gerade die 1-Abbildung ist) einsetze, erhalte ich den oberen Ausdruck (4) als linke Seite und die 1 als rechte Seite eines neuen Tensorproduktes.

Obwohl Thorstens Erklärung bis zu dieser Stelle aus inhaltlich-mathematischer Sicht noch nicht vollständig ist (es folgen nach der im Transkript wiedergegeben Situation noch 70 weitere Sekunden bis zur vollständigen Abhandlung der gesamten rechten Seite der Gleichung), ergeben sich aus dem bisher Gesagten zwei wichtige Punkte: Zum einen muß noch einmal der *konstruktive* Charakter der Erklärung einschließlich ihres körperlichen Vollzuges betont werden. Die durch jene geschaffene Ordnung ist keine, die vorher bereits in den Zeichen vorhanden war und nur noch „animiert" werden müßte; sie ist vielmehr Ergebnis eines subjektiv-sinnhaften Deutungsprozesses der Zeichen. Dies bedeutet zwar keineswegs, dass Zeichen *beliebig* gedeutet werden können, es legt aber die These nahe, dass Zeichen jeweils *situativ* gedeutet werden müssen, um verständlich zu sein. Der zweite Punkt unterstützt diese These noch einmal zusätzlich: zu bedenken ist ja, dass die Gestenkaskade Thorstens nicht einfach „ins Leere" läuft, sondern von einem spezifischen Anfangspunkt aus auf einen spezifischen Endpunkt

---

seiner Fundamentalontologie in „Sein und Zeit" entwickelt, meint so etwas wie eine ursprüngliche Bezüglichkeit der Gegenstände der Welt auf ihre Verwendbarkeit („Handhabbarkeit") durch den terminologisch als „Dasein" gefassten Menschen (1993 [1926]).

hin angelegt ist: sie soll dem anderen, hier also Martin, eine Plausibilisierung bzw. Begründung dafür liefern, wie aus der linken Seite der Gleichung die rechte hervorgegangen ist. Sie ist damit funktional in einen Kontext eingebettet, in dem es explizit um die Erzeugung und Vermittlung von Verständnis geht.

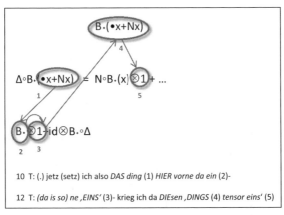

10 T: (.) jetz (setz) ich also *DAS ding* (1) *HIER vorne da ein* (2)-

12 T: *(da is so) ne ‚EINS'* (3)- krieg ich da *DIEsen ‚DINGS* (4) *tensor eins'* (5)

Abbildung 5   Die Konstruktion sinnhafter Ordnung durch eine Sequenz von Markierungsgesten

3   Zusammenfassung der empirischen Resultate und Einwände

Ich habe anhand eines empirischen Beispiels zu zeigen versucht, dass die körperliche Performanz konstitutiv zum Verständnis und zur Bedeutung symbolischer Formeln in der Mathematik beiträgt. „Konstitutiv" bedeutet dabei, dass die Rolle des Körpers keine bloß akzidentelle ist. Gesten und andere körperliche Akte treten demnach also nicht einfach nur als Begleitphänomene auf, sondern sie sind wesentlich an der Sinnkonstitution des Gesagten und Geschriebenen beteiligt. Bevor ich auf mögliche Einwände gegen diese Position eingehe, fasse ich die wesentlichen Ergebnisse der Analyse des empirischen Beispiels noch einmal zusammen:

1. Im Gegensatz zur gesprochenen Sprache erlaubt der Einsatz des Körpers eine zeitlich und kognitiv ökonomische Referenz auf mathematische Ausdrücke. Dies hängt damit zusammen, dass bei mehreren Vorkommen ein und desselben Zeichens Eindeutigkeit durch gestische Bezugnahme hergestellt und allgemein

die sprachliche Formulierung komplizierter Ausdrucksnamen vermieden werden kann.

2. Gesten und körperliche Akte fungieren als „Spielzüge" innerhalb eines Erklärungs- und Verständigungskontextes zwischen zwei oder mehreren Personen. Im betrachteten Beispiel treten sie etwa als Einforderung einer Begründung auf.

3. Gesten und körperliche Akte konstruieren durch zeitliche Sequenzierung einen ordnungshaften Zusammenhang zwischen mathematischen Zeichen. Dieser Zusammenhang stellt eine subjektiv-sinnhafte Deutung dieser Zeichen dar, die nicht als Abbildung eines schon vorher in jenen vorhandenen Zusammenhanges aufgefaßt werden kann.

4. Gesten und körperliche Akte erlauben den Akteuren schließlich eine quasi-haptische, quasi-gegenständliche Zueignung von mathematischen Zeichen. An sich abstrakte logische und mathematische Operationen können dann als „Manipulationen" im eigentlichen Wortsinne vollzogen werden.

Inwiefern sind diese Ergebnisse nun verallgemeinbar? Inwiefern kommt dem Körper und seinen Handlungsvollzügen tatsächlich eine primäre Rolle in der Mathematik zu? Der entscheidende Einwand gegen die hier vertretene Position ist sicher der, dass Mathematiker in vielen Situationen mit Schriftstücken wie etwa Lehrbüchern oder Publikationen konfrontiert sind, in denen offensichtlich eine körperlich-performative Rahmung von Zeichen fehlt und wo diese dennoch scheinbar problemlos verstanden werden können. Um zu zeigen, dass diese Beobachtung in keinem grundsätzlichen Widerspruch zu meiner These steht, können mehrere Gesichtspunkte angeführt werden:

Zunächst einmal ist zu bedenken, dass das Lesen von Lehrbüchern und Publikationen eine jahrelange fachliche Sozialisation und damit eine lange Einübung in den Umgang mit mathematischem Wissen voraussetzt. Diese wird im Falle von (Hochschul-)Lehrbüchern durch den Schulunterricht und im Falle von Publikationen durch universitäre Lehrveranstaltungen geleistet – also gerade durch Situationen, in denen der Körper und dessen situative Performanz eine entscheidende Rolle spielt. Man denke etwa an die mühsame Einübung in den korrekten Gebrauch von Geodreieck und Zirkel in der Unterstufe. Auch das Erlernen algebraischer Rechenoperationen, das einen wichtigen Teil der Kompetenz im Umgang mit Zeichen ausmacht, scheint in der Tat so etwas wie die Hereinnahme externer körperlicher Handlungen in den Geist im Meadschen Sinne zu sein (1973 [1934]). In diesem Sinne sind der Körper und dessen Handlungen entwicklungspsychologische Voraussetzungen für das Erlernen und schließlich das Verständnis mathematischer Zeichen.

Ich hatte weiterhin in obiger Behauptung davon gesprochen, dass mathematische Texte *scheinbar* problemlos ohne körperlich-performative Rahmung verstanden werden können. Tatsächlich machen die meisten Studenten vielmehr die Erfahrung, dass das Lesen von Lehrbüchern den Besuch einer Vorlesung oder eines Seminars nicht ersetzen kann. Zusammenhänge, die in Lehrbüchern allzu kryptisch erscheinen, werden erst durch die mündliche und körperbasierte Präsentation in Lehrveranstaltungen durchsichtig und verständlich. Texte wie Lehrbücher, Skripte oder Vorlesungsmitschriften werden dagegen häufig zur Nachbereitung oder zur Vorbereitung von Prüfungen eingesetzt. Aber auch dann, wenn das Verständnis eines Textes im primären Fokus steht (wie etwa bei Studenten, die mit einem Fachbuch arbeiten, oder Forschern, die sich den Inhalt einer Publikation aneignen), kann keineswegs die Rede von einem „Lesen" im üblichen Sinne sein. Stattdessen passiert es in der Regel, dass die Beteiligten mit Hilfe von Papier und Bleistift oder Tafel und Kreide den Text – zumindest fragmentarisch – erneut produzieren, indem sie z. B. Formeln abschreiben oder kleinere Rechenschritte und Umformungen einfügen. Was hier geschieht, ist also keineswegs ein körperloses, rein kognitives Verstehen von Zeichen, sondern eher eine subjektiv-sinnhafte Wiederaneignung eines Textes – und zwar unter wesentlicher Beteiligung von Finger und Bleistift oder Hand und Kreide.

Schließlich kommt noch ein weiterer Punkt hinzu: auch Lehrbücher und Publikationen bestehen nicht nur aus bloßen Zeichenketten. Gemeinhin ist fast jeder mathematische Text in einen natürlich-sprachlichen Kontext eingebettet, der durch implizite oder explizite Mittel anzeigt, wie eine Formel oder ein Term verstanden werden soll. Dazu gehören etwa bestimmte Gliederungsmerkmale (wie z. B. die Überschrift „Definition" oder „Lemma") oder Erläuterungen von Rechenschritten. Auch die Markierung von Formeln und Formelteilen mit verschiedenen nicht-mathematischen Symbolen (z. B. mit einem ‚*') sollen zur Orientierung in einem Beweis beitragen. Allgemeiner gewendet heißt dies, dass Texte das Fehlen einer körperlich-performativen Rahmung durch immanente Mittel (natürliche Sprache, räumliche Anordnung von Textteilen, Symbole) kompensieren müssen.

4 Ausblick

Was bedeuten diese Betrachtungen, was bedeutet insbesondere das hier diskutierte empirische Fallbeispiel nun für die Rolle des kommunikativen Konstruktivismus als aktueller Ausprägung der Wissenssoziologie innerhalb der Wissenschaftsforschung? Zunächst einmal sucht der kommunikative Konstruktivismus ähnlich wie der Laborstudienansatz einen empirischen, situativen und intersubjektiven Zugang zum soziologischen Forschungsfeld Wissenschaft. Wissenschaft ist demnach nichts, was lediglich rein abstrakt und kognitiv in den Köpfen einzelner Individuen existiert. Sie findet primär in Situationen statt, in denen sich Menschen sinnhaft ausdrücken und ihre Handlungen sinnvoll miteinander koordinieren. Im Gegensatz zu den Laborstudien aber verlangt der kommunikative Konstruktivismus einen erweiterten methodischen Zugang zu diesen Situationen: da sinnhafter Ausdruck und Handlungsvollzug bzw. -koordination in ganz zentraler Weise über den menschlichen Körper verlaufen, genügt es nicht, wissenschaftliche Prozesse einfach nur über teilnehmende Beobachtung zu rekonstruieren. Durch die Einbeziehung von Video-Daten bzw. videographischer Beobachtung können die körperlichen Handlungsvollzüge der beteiligten Akteure (hier also: der beteiligten Wissenschaftler) sehr viel detaillierter und informativer analysiert werden, als es als klassische Methodenarsenal der Wissenschaftsforschung und insbesondere der Laborstudien erlaubt. Die aktuelle Wissenssoziologie ermöglicht es daher, die Frage nach dem Verhältnis von Körper und Wissenschaft sowohl methodisch als auch konzeptionell ganz neu zu stellen.

Der kommunikative Konstruktivismus als Perspektive auf die Wissenschaft macht weiterhin deutlich, dass diese nicht radikal von so etwas wie einer „alltäglichen Lebenswelt" getrennt werden kann. Die Handlungen, mittels derer Wissenschaftler sich unter einander verständigen, die Art und Weise, wie sie über ihre Forschungsobjekte reden, unterscheidet sich nicht grundlegend von dem, wie Menschen sich auch in nicht-wissenschaftlichen Situationen einander Dinge erklären oder sich verständlich machen.[12] Dies zeigt sich empirisch immer wieder bei der Analyse des (Video-)Datenmaterials, wo sich allein durch sorgfältige Betrachtung der aufgezeichneten Situation auch dem Nicht-Experten komplexe Fachinhalte erschließen. Dies wirft freilich die (bisher offene) Frage auf, wie sich innerhalb eines kommunikativ-konstruktivistischen Ansatzes das Spezifische wissenschaftlicher Handlungs- und Kommunikationsabläufe charakterisieren läßt, ohne in einen ontologischen oder sozialtheoretischen Essentialismus zurückzuverfallen, aber auch ohne bei einem puren Situationalismus stehenzubleiben. Im Falle der Mathematik könnte das Spezifische etwa in einem typischen Ineinandergreifen von Zeichen, Gesten und Visualisierungen bestehen – dies wäre dann aber das Thema eines neuen Aufsatzes.

---

12 In diese Richtung argumentiert aus der Perpektive der Ethnomethodologie auch Michael Lynch (1993).

Literatur

Belliger, A. & Krieger, D. J. (2006). Ein einführendes Handbuch zur Akteur-Netzwerk-Theorie. Bielefeld: Transcript.
Berger, P. & Luckmann, T. (1998 [1966, dt. 1969]). Die gesellschaftliche Konstruktion der Wirklichkeit. Eine Theorie der Wissenssoziologie. Frankfurt/M: Fischer.
Brinkschulte, M. (2007). Lokaldeiktische Prozeduren zwischen Rede und Powerpoint-Präsentation in Vorlesungen. In B. Schnettler und H. Knoblauch (Hrsg.), Powerpoint-Präsentationen. Neue Formen der gesellschaftlichen Kommunikation von Wissen (S. 105–117). Konstanz: UVK.
Goffman, E. (1981). Forms of Talk. University of Pennsylvania Press: Philadelphia, Pennsylvania
Greiffenhagen, C. & Sharrock,W. (2005). Gestures in the blackboard work of mathematics instruction. Proceedings of 2nd Conference of the International Society for Gesture Studies (Lyon, France, June 15–18, 2005).
Greiffenhagen, C. (2008). Video analysis of mathematical practice? Different attempts to ‚open up' mathematics for sociological investigation. Forum: Qualitative Social Research 9 (3).
Greiffenhagen, C. & Sharrock,W (2011a). Sources for myths about mathematics: on the significance of the difference between finished mathematics and mathematics-in-the-making. Forthcoming in K. Francois et al. (Eds.), Bringing together Philosophy and Sociology of Science. London: College Publications.
Greiffenhagen, C. & Sharrock,W (2011b). Does mathematics look certain in the front, but fallible in the back? Forthcoming in Social Studies of Science.
Heidegger, M. (1993 [1926]). Sein und Zeit. Tübingen: Max Niemeyer Verlag.
Heintz, B. (2000). Die Innenwelt der Mathematik: Zur Kultur und Praxis einer beweisenden Disziplin. Wien/New York: Springer.
Knoblauch, H. (2007). Die Performanz des Wissens. Zeigen und Wissen in der Powerpoint-Präsentation. In B. Schnettler und H. Knoblauch (Hrsg.), Powerpoint-Präsentationen. Neue Formen der gesellschaftlichen Kommunikation von Wissen (S. 117–138). Konstanz: UVK.
Knoblauch, H. (2012): Über die kommunikative Konstruktion der Wirklichkeit. In: Gabriele Christmann (Hrsg.), Towards a communicative construction of space. Deutsche Fassung. Im Druck.
Knoblauch, H. (2010). Wissenssoziologie. 2. Auflage. Konstanz: UVK Verlagsgesellschaft mbH.
Knorr-Cetina, K. (1991 [1981, dt. 1984]). Die Fabrikation von Erkenntnis: Zur Anthropologie der Naturwissenschaft. Frankfurt/M: Suhrkamp.
Knorr-Cetina, K. (1989). Spielarten des Konstruktivismus. Einige Notizen und Anmerkungen. In: Soziale Welt, 40, 1/2, S. 86–96.
Latour, B. & Woolgar, S. (1986 [1979]). Laboratory Life: The construction of Scientific Facts. Princeton: Princeton University Press.
Lynch, M. (1993). Scietific Practice and Ordinary Action. Ethnomethodology and Social Studies of Science. Cambridge University Press.

Mead, G. H. (1973 [1934, dt. 1968]). Geist, Identität und Gesellschaft aus der Sicht der Sozialbehaviorismus. Frankfurt/M: Suhrkamp.
Pickering, A. (1995). The Mangle of Practice. Time, Agency and Science. Chicago: University of Chicago Press.
Rheinberger, J. (1994). Experimentalsysteme, Epistemische Dinge, Experimentalkulturen. Zu einer Epistemologie des Experiments. In: Deutsche Zeitschrift für Philosophie, 42, S. 405–417
Wittgenstein, L. (1989 [1953]). Philosophische Untersuchungen. In: Ders., Gesammelte Werke, Bd 1, hrsg. von Joachim Schulte, Frankfurt/M: Suhrkamp, S. 225–579

Der Topos kultureller Vielfalt
Zur kommunikativen Konstruktion
migrantischer ‚Zwischenwelten'

Bernt Schnettler, Bernd Rebstein & Maria Pusoma

1 Einleitung

Die Partizipation von Bürgerinnen und Bürgern mit so genanntem „Migrationshintergrund" – gleich ob mit oder ohne deutschen Pass – gilt gemeinhin als eines der Ziele politischen Handelns auf allen Entscheidungsebenen. Vor allem auf lokaler und kommunaler Ebene ist dieser Wunsch nach Teilhabe und Teilnahme von „Fremden" an der lokalen Gemeinschaft interessanterweise häufig eng verwoben mit einer ausdrücklichen Zurschaustellung kultureller Differenz. Typischer Ort solcher Darbietungen sind öffentliche soziale Veranstaltungen. Dazu zählen Veranstaltungsformate wie national-historische Feiern, Länderabende, Musikveranstaltungen oder Workshops zu besonderen „kultur-typischen" Praktiken wie Kochveranstaltungen oder Tanzkurse. Sie bilden wiederkehrende Foren performativer Darbietung von „Fremdheit" ganz in unserer Nähe. Häufig werden dabei „fremde", nun aber „mitten unter uns" lebende Zeitgenossen eingeladen, allein oder als Teil einer Gruppe die kulturellen Besonderheiten ihrer anderen Herkunft zu präsentieren. Gerade in den Sommermonaten finden solche Darbietungen *open air* auf Interkultur-Festivals innerhalb größerer Städte ihren prominenten Ausdruck.

Wie wir zeigen wollen, sind bei solchen Darbietungen verschiedene soziale Ordnungsebenen eng miteinander verzahnt. Wie diese verschiedenen Dimensionen sozialer Ordnung ineinandergreifen, demonstrieren wir anhand der Analyse von Daten aus dem Korpus eines laufenden Forschungsprojekts. Diese Forschungen konzentrieren sich auf die kommunikativen Formen der Erzeugung und Verbreitung von Wissen in Zusammenhang mit Migration. Wir beginnen bei den Eigenheiten der situativen und performativen Charakteristika und ziehen zu deren Deutung schrittweise immer weiter greifende Kontextualisierungen hinzu. Erstere stammen aus den im Projekt erhobenen Videodaten von öffentlichen sozialen Veranstaltungen. Letzteres ist Resultat der fokussierten ethnografischen Forschung im Feld. Durch die systematische Verbindung von Videodaten und Ethnografie können die entscheidenden Zusammenhänge aufgedeckt werden, die notwendig sind, um die *situativen* Interaktionen in ihrer Fülle, Tiefe und Bedeutungsvielfalt zu verstehen. Diese Verbindung erlaubt es außerdem, den sozialen Sinn dieser situativen Daten innerhalb eines größeren gesellschaftlichen Sinnhorizonts zu interpretieren.[1]

2 Die kommunikative Konstruktion interkultureller Zwischenwelten

In unserer Untersuchung zeichnet sich eine Form der Vergemeinschaftung ab, die wir als ‚kommunikatives Vermittlungsmilieu' bezeichnet haben (Schnettler/ Rebstein 2012b). Diese Milieu kann als Ergänzung der von Soeffner und Zifonun (2008) skizzierten fünf Fremdheitsmilieus begriffen werden.[2] In Übereinstimmung mit Soeffner und Zifonun verstehen wir ‚Milieu' als einen Fundus sozialer Wissensbestände, Routinen und Interaktionsmuster. Milieugrenzen bilden sich dort, wo die Unterstellung gemeinsamer Deutungs- und Handlungsrepertoires nicht mehr trägt und typische Handlungserwartungen nicht mehr wechselseitig erfüllt werden (vgl. ebd. 120).

Das kommunikative Vermittlungsmilieu lässt sich etwa folgendermaßen charakterisieren: Zunächst zeichnet es sich dadurch aus, dass es von Menschen unterschiedlichster „kultureller Herkunft" bevölkert ist. Es hat weder einen festen geographischen Ort, noch eine klar umgrenzte Mitgliedschaft. Maßgeblich erzeugt wird es durch serielle Veranstaltungen, die sich thematisch mit „Fremdkulturellem" im weitesten Sinne befassen. Es handelt sich weder um eine eigene kleine soziale „Lebenswelt" noch um eine „Szene". Vielmehr bildet das kommunikative Vermittlungsmilieu einen innergesellschaftlichen Schnittbereich, in dem sich verschiedene „soziale Kreise" regelmäßig kreuzen. Mit zunehmender Akzeptanz gegenüber „Fremden" seitens der angestammten heimischen Wohnbevölke-

---

1 Die hier zugrundeliegenden Daten stammen aus dem Projekt „Öffentliche Veranstaltungen als Orte performativer Vermittlung migrantischen Wissens – fokussierte ethnographische Studie und videoanalytische Auswertung" und sind Teil des Forschungsverbunds ForMig – Migration und Wissen. Weitere Einzelheiten unter www.formig.net.
2 Eine detaillierte Beschreibung der Milieueigenschaften findet sich in Abschnitt 5.

rung rückt dieser Schnittbereich vom Rande zunehmend in das Zentrum unserer Gesellschaft – langsam, nicht konfliktlos aber doch unübersehbar.[3]

Dabei ist nicht nur eine wachsende Aufmerksamkeit gegenüber dem „Fremden in unserer Mitte" zu beobachten. Wo Neugier an die Stelle von Ablehnung und Sorge vor „Überfremdung" tritt, ist dies oft Teil politischer Anstrengungen, die mit der öffentlichen Sichtbarkeit von „Menschen mit Migrationshintergrund" bestimmte Programmatiken verbinden.

Auffallend häufig wird dies mit einem Rekurs auf den Topos „kultureller Vielfalt" verbunden. Dieser Topos[4] produziert zweierlei: (1) Die *Darstellung von Andersartigkeit* im Rahmen einer von allen im Milieu verstandenen, geteilten und als legitim erachteten sozialen Wirklichkeit. Diese Wirklichkeit wird als ausschnitthaft angenommen. Weder erfordert sie umfassende Vergemeinschaftung, noch lässt sie diese überhaupt zu. (2) Die *symbolische Überhöhung* von Vielfalt. Diese symbolische Überhöhung korrespondiert mit einem der zentralen strukturellen Merkmale unserer Gegenwartsgesellschaft. Einer Gesellschaft, deren zunehmende Pluralität in vielfacher Hinsicht zu Tage tritt: In Lebensweisen, Werten und Weltanschauungen – in Stilen, Geschmack und Ausdruckformen.

Die symbolische Kraft der Vielfaltstopik schöpft ihre Stärke aus dem umfangreichen Repertoire unterschiedlicher Gruppen[5] und Traditionen, das sie für ihre Zwecke einsetzt. Ihre legitimatorische Oberfläche wird indes nur durchschaubar, wenn man diese Symbolik in Relation setzt zu den herrschenden strukturellen politischen, rechtlichen und wirtschaftlichen Bedingungen. Blickt man so auf den Topos der Vielfalt wird offensichtlich, dass es sich um eine überaus zweischneidige Sinnfigur handelt. Stark überspitzt könnte man sagen, dass allein die Adressierung von „Vielfalt" kein zweckdienliches Instrument ist, um die Lebensbedingung der Migrantinnen und Migranten hierzulande nachhaltig zu verbes-

---

3 Der Zusammenhang mit demographischen Veränderungen liegt auf der Hand: Statistischen Daten von 2010 zufolge beträgt beispielsweise der durchschnittliche Anteil von Bürgern mit Migrationshintergrund an der Wohnbevölkerung in Bayern insgesamt 19,4 %. In urbanen Zentren ist der Anteil indes deutlich überdurchschnittlich. In München erreicht er 35,2 %, in Nürnberg 38,3 % und in Augsburg sogar 39,4 %.
4 Zur sozialen Topik vgl. Knoblauch (2000).
5 Wir vermeiden hier mit Absicht Bezeichnungen wie „Migranten(selbst)organisationen" oder „ethnische Gruppen", weil die Teilnehmerinnen und Teilnehmer, wenn sie denn als spezifische Gruppe in Erscheinung treten, dies nicht als herkunftshomogene „Fremde" tun. Vielmehr setzen sich diese Gruppen (sogar überwiegend) aus Menschen *ohne* Migrationshintergrund zusammen. Dies ist eine Folge der Veränderungen von Mitgliedschaftsstrukturen innerhalb bestehender „ethnischer" Gruppen sowie eines zunehmenden Engagements von Nicht-Migranten bei „fremdkulturellen Themen" (vgl. dazu auch Schnettler/Rebstein 2012a).

sern. Im Gegenteil: Der Vielfaltstopos verfestigt tendenziell die kulturelle Exotisierung der hier lebenden, teilweise hier geborenen „Ausländer" und weist ihnen einen in der deutschen Mehrheitsgesellschaft minderwertigen sozialen Ort zu.[6] Zugleich dient der Topos dazu, Migrantinnen und Migranten mit der für unsere Gesellschaft zum zentralen Wert avancierten Vorstellung von Pluralitätstoleranz zu konfrontieren und ebendiese von ihnen als Ausweis ihrer eigenen Integration zu verlangen.

Diese These einer geradezu *paradoxalen* Struktur und Wirkung des Vielfaltstopos soll anhand der Analyse von Daten aus einem Forschungsprojekt zur kommunikativen Konstruktion migrantischen Wissens dargelegt und plausibilisiert werden. Dabei verbinden wir eine an der Gattungsanalyse geschulte mit einer wissenssoziologisch-hermeneutischen Herangehensweise. Ausgangspunkt ist die wissenssoziologische Gattungsanalyse (Luckmann 1986, Günthner/Knoblauch 1994) und die Theorie der kommunikativen Konstruktion der Wirklichkeit (Knoblauch 1995). Zur Bestimmung rekursiver Merkmale unmittelbarer Interaktion und Kommunikation bei den beschriebenen öffentlichen sozialen Veranstaltungen erheben wir einen Korpus videographischer Daten, den wir gattungsanalytisch auswerten. Zusätzlich führen wir fokussierte ethnographische Beobachtungen (Knoblauch 2001) durch und explorieren das breitere Umfeld, in dem diese Veranstaltungen stattfinden.[7]

Für die ethnographische Erforschung der Kontextdaten werden dabei im Projekt in Ergänzung der videographischen Daten drei Erhebungstechniken verwendet: (1) *Feldnotizen* im Sinn der bewährten paper and pencil-Methode, mit dem teilnehmende Beobachtungen und subjektive Eindrücke sowie Rekonstruktionen „ethnographischer Gespräche" im Feld festgehalten werden. (2) *Explorative Interviews* (Honer 1993, 2000, 2010) zum Eruieren von Hintergrundinformationen, die in den audiovisuellen Daten nicht enthalten sind. In Einzelfällen nutzen wir Interviews im Feld auch zur Elizitierung von Wissensbeständen sowie zur kommunikativen Validierung vorläufiger Analyseergebnisse. (3) *Materialien* und verschiedene weitere Quellen (Homepages, Programmhefte oder Flyer), die man als „Selbstbeschreibungen" bezeichnen kann, werden im Analyseprozess ebenfalls selektiv hinzugezogen. Diese Materialien helfen bei der Analysearbeit am Videomaterial. In ihnen spiegeln sich in sachlicher Hinsicht Abläufe und Programme wieder. Sie enthalten darüber hinaus wichtige Ansätze zur Interpretation offizieller

---

6   Für wissenssoziologisch profilierte Begriffe von Stereotypisierung und Stigmatisierung vgl. Zifonun (2008). Zifonun (2009) prägt dafür auch den Begriff „Ethnomocking".
7   Für erste Ergebnisse vgl. Rebstein (2012) sowie Rebstein, Rabl und Schnettler (2011).

Absichten und Positionen der an den Veranstaltungen beteiligten oder im Hintergrund wirkender Kollektive. All diese Daten dienen im Forschungsprozess vornehmlich dazu, die Videoauswertung anzureichern, helfen jedoch auch im Sinne methodischer Triangulation einer wechselseitigen Kontrolle der Interpretationen. In der vorliegenden Beispielanalyse tragen sie dazu bei, ein tieferes Verständnis sowohl der situativen Realisierung als auch der transsituativen Ebene der beteiligten Umwelten zu ermöglichen und dienen einer exakteren Beschreibung des Milieus.

3   Das Internationale Sommerfest als Ort politischer Artikulation

Am 25. Juli 2010 findet im Münchner Westpark auf der dortigen Festwiese das *Internationale Sommerfest* statt. Veranstalter ist der Ausländerbeirat München, der „alle Münchnerinnen und Münchner ein[lädt] mit ihm zu feiern und einen schönen Sonntag zu genießen" (Pressemitteilung v. 8.7.2010). Unter der Schirmherrschaft von Oberbürgermeister Ude wird auf einer Freiluftbühne ein buntes Programm geboten: „[h]ochkarätige Musik- und Tanzgruppen [...] darunter spanischer Flamenco, chinesischer Pfauentanz, kroatische und anatolische Volkstänze, Balkan- und Klezmer-Musik, brasilianische Chorklänge und fröhliche türkisch-griechische Weisen. Zum schwungvollen Abschluss des Festes lädt fetzige afrikanische Musik ein" (ebd.). Zahlreiche Münchner Einrichtungen, „die in der Integrationsarbeit tätig sind", stellen sich mit Informationsständen vor. Für das leibliche Wohl schließlich „sorgen in bewährter Manier die Wirte mit ihrem internationalen Speiseangebot – asiatische, griechische, kroatische, serbische und türkische Spezialitäten stehen zu erschwinglichen Preisen auf dem Menüplan – und nicht zu vergessen: Eis vom italienischen Eismann" (ebd.). Neben Polizei- und Feuerwehrautos sind die bekannten Instrumente herangeschafft worden, die Kindern eine Teilnahme erträglicher machen und Eltern erlauben, das angebotene Kulturprogramm zu verfolgen: „Spiel- und Sportmöglichkeiten – Hüpfburg, Kletterturm Seilgarten" (ebd.).

Bei prächtigem Sonnenschein nimmt dieses Fest seinen gewünschten Verlauf. Das ausreichend stark anwesende Publikum ist sichtlich gut unterhalten und die Organisatoren haben allen Grund zur Zufriedenheit. Die Vorbereitungen sind nicht unerheblich gewesen. Sie können sich auf eine sehr breite Allianz von Initiativen, Behörden und Vereinigungen stützen, die langjährige Routine in der Organisation dieses Events besitzen. Zahlreiche Helfer tragen mit ihrer zumeist ehrenamtlichen Arbeit zum Gelingen bei. Es fließen aber auch erhebliche direkte

Mittel und indirekte Leistungen ein, ohne die ein Event dieses Ausmaßes nicht realisierbar wäre. Die Integrationsarbeit und die öffentliche Artikulation von Ausländerinnen und Ausländern erhalten seitens städtischer Behörden hier besondere Unterstützung.[8]

Dass es sich dabei im Kern um eine Veranstaltung handelt, die neben dem Ziel der öffentlichen Darbietung kultureller Vielfalt auch ein dezidert *politisches* Ziel verfolgt, wird erst auf den zweiten Blick deutlich. Auf dem Werbeplakat (s. Abb. 1) findet sich ein in dieser Hinsicht auffälliges Hinweislogo: Unten links sind stempelgleich zwei gelbe und ein schwarzes Kreuz arrangiert. Dieser virtuelle Aufdruck ist am linken unteren Rand mit dem Logo des Ausländerbeirates München verziert. Die Buchstaben „A" und „M" sind in Majuskeln auf einem stilisierten Globus fixiert. Das Signet ist mit einer als Parole formulierten Unterschrift versehen: „Wahl des Ausländerbeirates am 28.11.2010".

Vier Monate *vor* dem Wahltag findet hier im Gewande der Kulturdarbietung also auch eine politische Wahlkampfveranstaltung statt. Allerdings sollte man diesen Vergleich mit einer Wahlkampfveranstaltung nicht überdehnen. Das Internationale Sommerfest unterscheidet sich insgesamt sehr deutlich von Wahlkundgebungen, wie sie etwa bei Stadt- und Landratswahlen oder bei Landtags-, Bundestags- oder Europawahlen typischerweise vorkommen. Hier tritt keine Partei auf. Es wird keine direkte politische Parteiprogrammatik verkündet. Das Internationale Sommerfest findet auch nicht allein in Wahljahren statt. Dennoch ist Politik auf dieser Kulturveranstaltung deutlich präsent. Mehrfach werden eindringliche Appelle an das Publikum gerichtet, um sie zu einer Teilnahme an der anstehenden Wahl des Ausländerbeirats zu motivieren. Weil nicht alle Anwesenden im engen Sinne zur angesprochenen Zielgruppe gehören, kommt es dabei allerdings zu einer einigermaßen kuriosen Adressierung der Anwesenden (s.u.).

Das Internationale Sommerfest dient vornehmlich kulturellen Zwecken. Es soll aber auch das politische Engagement der Wahlberechtigten wecken. Dabei ist das Fest nicht kommerziell ausgerichtet, worauf die verschiedenen Referate der Stadt, die an der Organisation beteiligt sind, ausdrücklich hinweisen. Die Aufmerksamkeit liegt nicht allein auf der Bühne, auf der das Musikprogramm inszeniert wird. Vielmehr wird der Veranstaltungsort mit reichhaltigen Angeboten weitläufig genutzt, was zu vielen Bewegungen im Publikum vor der Bühne führt.

---

8   Die Stadt München stellt insgesamt 30 000 Euro zur Realisierung des Internationalen Sommerfests für das Bühnenprogramm mit 10 Gruppen, Bühnentechnik, Kinderprogramm, Kunst- und Handwerkermarkt, Infrastruktur, Organisation und Öffentlichkeitsarbeit zur Verfügung (Beschluss-Protokoll Nr. 125 des Stadtratsbeschluss vom 19.04.2010).

Abbildung 1 Plakat des Internationalen Sommerfestes (Quelle: http://www.auslaenderbeirat-muenchen.de/archiv.htm)

Abbildung 2 Das Festivalgelände vor der Bühne (Quelle: http://www.auslaender-beirat-muenchen.de/archiv/wepa10/FrameSet.htm)

Abbildung 3   Die Veranstaltungsbühne mit Plakat und Bannern
(Quelle: Eigene Daten)

Für die Vortragenden bedeutet das größere Herausforderungen, um bei einem mobilen Publikum die Aufmerksamkeit der Anwesenden zu binden.

Ein Informationszelt des Ausländerbeirates ist auf dem Areal zentral zwischen Bühne, Essensständen und Spielgeräten positioniert. Auf seine hervorgehobene Lage wird von der Bühne herab ausdrücklich hingewiesen. Es beherbergt den hier offenkundig wichtigsten Akteur und erinnert an ähnliche Aufbauten, die sich bei politischen Kundgebungen etwa in Fußgängerzonen oder auf öffentlichen Plätzen finden.

4   Die Performanz von Opposition

Kurz nach dem Beginn des angekündigten Programms – eine erste Musikdarbietung hat zum Auftakt bereits stattgefunden – folgt eine Reihe knapper offizieller Begrüßungen, wie sie bei derartigen Veranstaltungen üblich sind. Von der

Der Topos kultureller Vielfalt 345

Abbildung 4   Der Vorsitzende des Ausländerbeirates Cumali Naz (2. v. L.)

Moderatorin begleitet betreten Vertreter der beteiligten Veranstalter und weitere Repräsentanten die Bühne, darunter Politiker und der Polizeivizepräsident von München. Als erstem wird dem zum Zeitpunkt des Festivals amtierenden Vorsitzenden des Münchner Ausländerbeirates, Herrn Cumali Naz, das Wort erteilt. Herr Naz gehört dem Ausländerbeirat seit 1998 an (http://cumali.de/Lebenslauf).

Betrachten wir die sequentielle Struktur dieser kurzen Ansprache etwas genauer. Als die Moderatorin das Wort an den Vorsitzenden übergeben hat, applaudiert das Publikum verhalten. Nach Übernahme des Redezugs, den er in den nun folgenden Minuten seiner monologisch an das anwesende Publikum gerichteten Ansprache nicht mehr abgeben wird, beginnt Herr Naz mit einem rituellen Dank (vgl. Transkriptauszug 1, Z. 5). An diesen schließt sich unmittelbar eine Begrüßung an, die das Publikum in zwei oder drei Gruppen einteilt. Zwei davon sind geschlechtsspezifisch, die andere entweder eine Generalisierung – alle werden als „Gäste" adressiert, oder eine Unterteilung in solche, denen seine Rede primär gilt, und weitere, die eher zufällig anwesend sind. Eindeutiger ist seine Sprecherposition[9], die seine Rolle als Repräsentant unterstreicht:

---

9   Goffman (1981) hat zu Recht darauf hingewiesen, dass die Sprecherposition im Vortrag verschiedene Ausprägungen kennt: *Animateur* („Sprechmaschine"), *Autor* und *Urheber,* die üblicherweise in derselben Person zusammenfallen, was aber nicht durchgängig und notwendigerweise der Fall sein muss.

> 05 CN: JA: VIELen dank (-)
> 06 meine damen und herren liebe gäste (-)
> 07 ich darf sie im NA:MEN des MÜNCHner ausländerBEIrates
> 08 ganz herzlich begrüßen (--)

Transkriptauszug 1

Herr Naz spricht als Stellvertreter des Ausländerbeirats (Z. 7). Damit verleiht er seinen Worten die zusätzliche Aura politischer Macht – oder stattet sie zumindest mit der „geborgten Aura" (Soeffner 2005) derer aus, die an der Ausübung politischer Macht beteiligt sind.

Dem folgt eine längere Passage, in der die Bedeutung des stattfindenden Festes erläutert wird. Rhetorisch ist dies in einer Dreierliste angeordnet. Deren erste zwei Glieder sind anaphorisch organisiert. Zunächst wird informiert (Z. 9: „DIEses FEST findet seit DREIzehn jahren statt"), danach wird seine Etablierung gelobt (Z. 10–11), was durch den persönlichen Bekenntniseinschub („glaube ich") nicht geschwächt wird. Schließlich kulminiert diese Passage in der Aussage, dass es sich „bewährt" habe (Z. 12):

> 09 DIEses FEST findet seit DREIzehn jahren statt (--)
> 10 und DIEes fest kann man (.) glaube ich nicht mehr (-)
> 11 aus dem (-) kulturellen LEben der stadt WEGdenken (.)
> 12 es hat sich bewährt wie sie sehen (--)

Transkriptauszug 2

Unmittelbar danach folgt nach erneuter direkter Ansprache des Publikums (Z. 12) die Aufrufung des Mottos (Z. 16) der „kulturellen Vielfalt":

> 13 meine damen=und=herren DIEses FEST
> 14 steht unter einem wichtigen motto (--)
> 15 unser motto LAUtet (-)
> 16 münchen (.) stadt der kulturellen vielfalt (.)

Transkriptauszug 3

Dieser im Milieu zentrale Topos wird hier in einen direkten Bezug zum lokalen Lebenszusammenhang – der Stadt München – gestellt. Die Äußerung hat die

Form eines Slogans („München – Stadt der kulturellen Vielfalt"), wie sie etwa von Einrichtungen des Stadtmarketings geprägt und weithin propagiert werden.[10] Der folgende Sequenzabschnitt trägt die Züge einer direkten Belehrung.[11]

```
17   wie sie alle wissen !LE!ben in MÜNchen (.)
18   MENschen aus circa hundertachzich verschiedenen nationalitä-
     ten (--)
19   und !DIE!ses (.) LEben (-) DIEses FRIEDliche zusammenleben (.)
20   wollen wir HIER an DIEsem tag würdigen (.)
21   und wir=wir wollen IHnen zeigen (.)
22   WIE !VIEL!fältig wie !BUNT! (.)
23   dieses zusammenleben in münchen ist (--)
```

Transkriptauszug 4

Eingeleitet mit einer typischen Belehrungsformel (Z. 17, „wie sie alle wissen") wird München als Ort des Zusammenlebens von „MENschen aus circa hundertachzich verschiedenen nationalitäten" qualifiziert. Entlang der Leitfigur des Zusammenlebens (Z. 17 „LE!ben in MÜNchen", Z. 19 „!DIE!ses (.) LEben (-) DIEses FRIEDliche zusammenleben", Z. 23 „dieses zusammenleben in münchen") betont der Redner dessen Friedlichkeit (Z. 19), Vielfalt (Z. 22) und Buntheit (Z. 22), womit er die Art der lokalen Koexistenz weiter positiv charakterisiert. Zugleich wird über die anaphorisch organisierten Zwischenpassagen (Z. 20 u. Z. 21) das gerade stattfindende Ereignis mit dem städtischen Leben parallelisiert. Fest- und Alltagswirklichkeit werden in eine Reihe gestellt. Die „Programmvielfalt" symbolisiert die „gelebte Vielfalt".

Unmittelbar daran anschließend enthält die Ansprache eine Erläuterung zum „zweiten Motto". Dabei weist der Redner deiktisch auf das über der Bühne aufgespannte Banner. Die dortige Inschrift „Wahl des Ausländerbeirats am 28. November" bildet wesentlich mehr als eine sehr allgemeine Vielfaltsformel. Die Referenz

---

10   Während Berlin seit einiger Zeit mit Variationen von „Be-Berlin" für sich wirbt, lautete der offizielle Slogan der bayerischen Landeshauptstadt von 1962 bis 2005 „München, Weltstadt mit Herz". Sein Ursprung geht zurück auf einen gemeinsamen Wettbewerb des Fremdenverkehrsamts München mit der Süddeutschen Zeitung und dem Münchner Merkur im Jahr 1962. Die bevorstehende Fußballweltmeisterschaft gab 2005 den Anstoß für eine Imagekampagne mit dem neuen Slogan „Munich Loves You/München mag Dich". Das vom Redner zitierte Motto hat den Status des Stadtslogans also noch nicht errungen.
11   Zur kommunikativen Struktur von Belehrungen vgl. Luckmann & Keppler (1991).

findet sich vielmehr quer durch das ganze von uns beobachtete Milieu. Dieses zweite Motto entpuppt sich bei genauerer Betrachtung als der eigentliche Anlass, der dem gesamten Event seine tiefere Bedeutung verleiht. Genau wie auf dem Plakat als hinzugefügter Stempelaufdruck, so erzeugt auch hier das Banner durch seine prominente visuelle Platzierung und durch den expliziten sprachlichen Verweis merkwürdige Aufmerksamkeit. Dass dieser Verweis alles andere als beiläufig ist, zeigt der weitere Verlauf der Ansprache. In Zeile 27–36 produziert der Redner einen längeren Exkurs zur „Geschichte des Ausländerbeirats", dessen Stellung und Umfang deshalb besonders hervorsticht, weil er unmittelbar vor den dann folgenden Appell (Z. 39 ff.) geschaltet ist. Er ist mit Nachdruck und unter Hinzufügen weiterer Erläuterungen vor allem darauf gerichtet, die Anwesenden zu einer Beteiligung an der Abstimmung aufzurufen. Betrachten wir diesen Exkurs etwas genauer:

```
      27   ich weiß=es=nich(t) ob sie die geschichte des ausländerbeirates
      28   eine bisschen kennen (.)
      29   der ausländeBEIrat münchen existiert seit
           neunzehnhundert(vierun)siebzich (.)
      30   also wir sind sechsundreisich jahre alt
      31   (-) und von (.) VIERunsiebzich bis EINundneunzich (.)
   →  32   WURde der ausländerBEIrat vom STADTra:t (-) BEnannt (.)
      33   das war ein (.) beRUFenes GREmüum (.)
   →  34   und ERST seit <<all>hundertundeinun=äh=n=einunneunzidch>
      35   wird der ausländerBEIrat !DI:!rekt gewählt
      36   das=heist von den wahlberechtigten (.) ausländischen (.) wohnbe-
           völkerung (-)
      37   und am achtunzanzichsten: noVEMber wird dieses gremium
      38   NOCH mal gewählt (-)
```

Transkriptauszug 5

Auf die rhetorische Frage (Z. 27) liefert der Sprecher eine Antwort, die in drei Zügen organisiert ist:

1. der Ausländerbeirat existiert seit 1974
2. von 1974 bis 1991 wurde er ernannt
3. erst seit 1991 wird er gewählt

Der Topos kultureller Vielfalt 349

Abbildung 5 „das war ein (.) beRUFenes GREmüum"

Abbildung 6 „!DI:!rekt gewählt"

Jeder einzelne Zug ist mit weiteren Erläuterungen versehen. Zieht man nun in der Analyse der Textstrukturen die performativen Eigenheiten hinzu, wird deutlich, dass die Züge (2) und (3) diametral aufgebaut sind: Kurz gesagt wird die erste Phase abgewertet, die zweite demgegenüber aufgewertet. Wir betrachten nun die audiovisuellen Daten im Zusammenhang aller hier relevanten Modalitäten (Verbalisierungen, Rumpf- und Armbewegungen, Gestik), um die Orchestrierung dieser Passage genauer unter die Lupe zu nehmen:

Der Redner unterstreicht seine verbalen Äußerungen mit gestischen Elementen und Körperbewegungen. Die verschiedenen Modalitäten sind so orchestriert, dass sie die zwei historischen Phasen als klar voneinander geschiedene markieren. Körperbewegungen und Armgesten unterstützen dabei nicht nur die Sequenzierungen, sondern weisen ihnen auch jeweils unterschiedliche Wertigkeiten zu: Die Schlüsselstellen in der ersten Phase („Benannt", Z. 32, „beRUFenes GREmüum", Z. 33, vgl. Abb. 5) sind von einer rollenden, abwertenden Bewegung der linken Hand begleitet. Demgegenüber ist die Schlüsselstelle der zweiten Phase („„! DI!rekt gewählt", Z. 35, vgl. Abb. 6) mit einer aufwärtsweisenden Handgeste und der Pointierung mit dem nach oben gestreckten Zeigefinger positiv markiert.[12]

Auf diesen Exkurs folgt dann der direkt an die Anwesende adressierte Wahlaufruf. Er ist mit einer interessanten Korrektur versehen:

```
39   ich bitte sie ALle (.)
40   <p>also>>=ich bitte alle wahlberechtigten perSONen (-)
```

Transkriptauszug 6

Die frei vorgetragene Rede von Herrn Naz endet mit dem eindringlichen Appell, sich an der Wahl des Ausländerbeirates zu beteiligen. Erstaunlich ist, dass in der Rede Gleichberechtigung nicht thematisiert wird. Trotz Vielfaltsbestrebungen wird zwischen Migrantenbevölkerung und deutscher Mehrheitsgesellschaft unterschieden. Als Unterscheidungsmerkmal dient die Möglichkeit zur politischen Teilhabe. In der Korrektur wird eine strukturelle Ungleichheit sichtbar, die das anwesende (gemischte) Publikum treffend kennzeichnet. Es reflektiert aber auch das faktisch vorhandene „Zweiklassenwahlrecht": Deutsche und nicht-deutsche Bürger der Stadt können diese Fest zwar gemeinsam feiern. Wahlberechtigt für den Ausländerbeirat sind aber nur diejenigen im Publikum, die über keinen deutschen Pass verfügen.[13] Allerdings sind diese Menschen im Gegensatz zu den Anwesenden mit deutschem oder europäischem Pass von vielen anderen demokratischen Wahlen ausgeschlossen. Den Ausländerbeirat können sie aber wählen. Dieser hat allerdings nach wie vor keine tatsächlichen politischen Befugnisse, sondern lediglich eine Beratungsfunktion (vgl. Seite 8 im Dokument http://www.auslaenderbeirat-muenchen.de/publi/brosch/am_brosch.pdf). Es geht uns an dieser Stelle keinesfalls darum, die Leistungen des Münchner Ausländerbeirates herabzuwürdigen. Hervorgehoben werden muss aber, dass eine faktische Ungleichheit in den politischen Partizipationsmöglichkeiten besteht, die hier verbal thematisiert und als Opposition performiert wird.

Wie die Mikroanalyse zeigen konnte, stellt man bei einer eingehenden Betrachtung der Gesamtrede schnell fest, dass *Vielfalt* (und als Variation desselben Topos *Buntheit*) besondere Bedeutung haben. Diese Topoi werden auch in den

---

12   Zur Orchestrierung vgl. Schnettler (2006). Die hier abgedruckten Sequenzbilder können den Zusammenhang der Performanz nur unzulänglich wiedergeben (Vgl. dazu die Videosequenz unter http://www.soz.uni-bayreuth.de/de/videoanalysis/index.html).
13   Zu den Wahlmodalitäten vgl. http://www.muenchen.info/dir/recht/23/23_20100525.pdf.

nachfolgenden „Grußworten" häufig adressiert. Ebenso prägen sie die Selbstdarstellungen des Ausländerbeirates. Das kommt im Werbeplakat („Vielfalt fördern – Integration leben") sowie im Titel des Fests (als „Internationales Sommerfest") prominent zum Ausdruck. Es wiederholt sich in der Aufschrift des im Bühnenrückraum aufgespannten Banners (siehe Abb. 2). Interessant ist die Einigkeit darüber, dass Vielfalt per se wertvoll zu sein scheint. Wie der nachfolgende Sprecher betont, beflügelt Vielfalt aber auch den städtischen Tourismus und hat damit ganz handfeste wirtschaftliche Funktionen.[14]

Die Interpretation des zentralen Redeabschnitts (Z. 31–35) verdeutlicht in der Gegenüberstellung der beiden Phasen (ernanntes vs. gewähltes Gremium), dass es sich beim Ausländerbeirat zunächst um ein abhängiges Gremium handelte. Dessen Mitglieder wurden vom Stadtrat eingesetzt und waren somit von dessen Wohlwollen abhängig. Mit der Markierung, „erst" (Z. 34) seit 1991 sei der Ausländerbeirat gewählt, also demokratisch von der Basis legitimiert, drückt sich eine – hier allerdings sanft vorgetragene – Kritik an den bis zuvor herrschenden Verhältnissen aus. Faktisch handelt es sich bei aller Vielfalt und Buntheit bislang lediglich um Vielfalt unter *Ungleichen*.

Zusammengenommen wird in diesem Teil der Ansprache unmittelbar vor dem folgenden Appell, sich an der Wahl zu beteiligen, der Gegensatz verschiedener politischer Repräsentationsverhältnisse performiert: Im einen Fall handelt es sich um ein von anderer Stelle eingesetztes und damit von höherstehenden abhängiges *unselbständiges* Gremium. Im anderen Fall um eine politisch von der Basis durch Abstimmung *demokratisch legitimierte* Vertretung. Das betrifft die Verfasstheit des Ausländerbeirats im Kern und es verwundert deshalb nicht, dass der Redner diesen Sachverhalt so deutlich hervorhebt.

Diese aus dem Material gewonnene These einer im Grund paradoxalen Struktur ist nun anhand weiterer Daten zu überprüfen, will man nicht Gefahr laufen, einer interpretatorischen Überdehnung des Details aufzusitzen. An dieser Stelle verlassen wir die mikroanalytischen Betrachtungen der sequentiellen Analyse von Interaktionsstrukturen und konfrontieren die Ergebnisse mit weiteren Daten aus dem Feld, die aus weiter greifender, ethnographischer Arbeit stammen. Damit werden die situativen Mikrostrukturen vor dem Hintergrund der weiteren im Feld

---

14 Siehe hierzu auch die Analysen von Salzbrunn (2011) über die Rolle ethnischer Events für das Stadtmarketing. Urbane Großveranstaltungen wie etwa der *Notting Hill Carneval* in London oder der *Karneval der Kulturen* in Berlin bieten durch Imagegewinn und touristische Einnahmen für die Kommunen gleich doppelten Profit.

erkunden Rahmendaten reflektiert. Das dient auch einer methodischen Kontrolle und Prüfung der mikroskopischen Sequenzanalysen.

5 Das Internationale Sommerfest als Teil des ‚kommunikativen Vermittlungsmilieus'

Das Motto der kulturellen Vielfalt wird einerseits für Werbezwecke benutzt. Andererseits ist es als Charakteristikum der Veranstaltung richtungsweisend. Die Verwendung der Begriffe *Vielfalt* und *Buntheit* – assoziiert mit der Stadt München – beschreibt einen idealen Status quo, der mit einer legitimierten Wahl des Ausländerbeirates gestützt werden soll. Thematisch hält Buntheit in politischen Debatten Einzug, um eine Haltung gegen Rechtsextremismus und Ausländerfeindlichkeit zu signalisieren. Dabei wird mit derartigen Veranstaltungen – seien sie kulturell oder politisch ausgerichtet – nicht notwendigerweise schon eine Verbesserung der Lebenslagen von ansässigen „Menschen mit Migrationshintergrund" erzielt. Es wird lediglich ein Statement abgegeben, dass man trotz kultureller Heterogenität als Einheit gegen Xenophobie und Rechtsextremismus auftritt. Die Verwendung von *Vielfalt* tritt als unverdächtiger Ausdruck an die Stelle der stärker polarisierenden Kampfvokabel ‚Multikulturalität'.

Bei genauer Betrachtung der Situationsdaten ergeben sich auch in diesem Fall Hinweise, die über die situative Performanz hinausweisen. Unter Hinzunahme weiterer ethnographischer Daten lässt sich einerseits das Internationale Sommerfest als „kulturelle Institution" der Stadt skizzieren. Andererseits enthalten diese Daten Verweise auf den Zusammenhang mit dem Gesamtmilieu. Dieses Milieu bezeichnen wir auf der Grundlage unserer bisherigen Forschungen als „kommunikatives Vermittlungsmilieu" (Schnettler/Rebstein 2012b) in Ergänzung der von Soeffner und Zifonun (2008) identifizierten „Fremdheitsmilieus" (die sie als „migrantische soziale Welten" kennzeichnen).[15] Wir ordnen das Internationale Som-

---

15 Soeffner und Zifonun rekonstruieren in ihrer Forschung fünf verschiedene Milieus als idealtypische migrantische soziale Welten: Das (a) *Migrantenmilieu* ist dabei weitgehend herkunftsheterogen und dient den Mitgliedern als Kernwelt zur Bewältigung der Migrationssituation und deren Folgen. Das (b) *Segregationsmilieu* ist durch die Abwesenheit von Kommunikation nach außen charakterisiert, kann also als ethnisch abgegrenzte Welt ohne Beziehung zur jeweiligen lokalen Gemeinschaft der Altansässigen verstanden werden. Im (c) *Assimilationsmilieu* vollzieht sich Assimilation im Sinne einer kompletten Übernahme des Wissensvorrats und der Weltanschauung einer imaginierten Mehrheitsgesellschaft bei gleichzeitigem Ausbleiben eines Eindringens des Wissens der Einwanderer. Die Angehörigen des (d) *Marginalisierungsmilieus* sind sozial partikularistisch. Im Unterschied zum Segregationsmilieu gehen die Segregationsbestrebungen jedoch

merfest dem kommunikativen Vermittlungsmilieu unter anderem deshalb zu, weil dort der Topos „Vielfalt" der kulturellen Differenz expressiv performiert und, zumindest auf der „Vorderbühne" (Goffman 1959), als ausdrückliche „Bereicherung" (des städtischen Lebens) verstanden wird. Allerdings durchziehen das Festival, dessen Vorbereitung und programmatische Ausgestaltung auch Konflikte. So streiten etwa etablierte, untereinander rivalisierende Kulturvereine um ihren Geltungsanspruch beim Sommerfest. Das betrifft nicht allein Programminhalt und -ablauf. So ist die Vergabe der „Verpflegungsrechte" nach Angaben eines Beteiligten deshalb problematisch, weil einzelne Kulturvereine damit lukrative Einnahmen für sich erzielen. Der Weg von den ersten Planungen bis zum fertigen Programm gleiche daher teilweise einem echten „Drahtseilakt".

Entscheidend ist indes nicht, dass im Hintergrund dieser Veranstaltung (wie bei anderen Veranstaltungen dieser Größe) diverse Schwierigkeiten auftreten. Dominant ist der öffentlich präsentierte Harmoniewunsch, in „Vielfalt" und „Buntheit", gemeinsam ein „schönes, friedliches Fest" zu feiern. Der Ausländerbeirat gibt sich hier durch konkrete Maßnahmen wie dem Fahnenverbot alle Mühe, mögliche Spannungen und Differenzen zu kontrollieren und jeder der unterschiedlichen Gruppen (unter der Bedingung, auf politische Propaganda zu verzichten) die Möglichkeit zum öffentlichen Auftritt einzuräumen.

Einige der gerade dargestellten Charakteristika des Internationalen Sommerfests lassen sich indes auch als typische Merkmale des kommunikativen Vermittlungsmilieus bezeichnen, welches sich in einer modernen, stark pluralisierten Gesellschaft mehr und mehr als eigener Bereich etabliert. Unserer Beobachtung nach ist es nicht von Marginalität gekennzeichnet. Vielmehr ist das Milieu Teil einer – vielleicht mehr gewünschten als tatsächlichen – aber doch einer anvisierten „Mitte" unserer Gesellschaft. Fragen nach Integration und Teilhabe, dem Zusammenleben von Menschen unterschiedlichster Herkunft, den Möglichkeiten, Reichtümern und Freuden des Lebens in einer weltläufigen Gemeinschaft, zählen dabei zu den bestimmenden Themen, „um die herum" sich das Milieu aufspannt.

Das Milieu ist ethnisch egalitär konstituiert und ähnelt damit auf den ersten Blick dem von Soeffner & Zifonun (2008) beschriebenen „interkulturellen Milieu". Ein Alleinstellungsmerkmal besteht jedoch im Umgang mit der Themati-

---

von der Mehrheitsgesellschaft aus. Im (e) *Interkulturmilieu* hingegen bestehen keine langfristigen Zuschreibungen von Differenz. Ethnizität und Herkunft sind hier irrelevant. Bei Soeffner und Zifonun werden Migrantenmilieus dabei nicht als eng an traditionelle Kulturbestände gekoppelt angesehen. Vielmehr bestehen sie als Teilzeitwelten, die ihre Mitglieder mittels moderner Mechanismen wie selektiven Anreizen oder Issueorientierung an sich binden oder lose koppeln (vgl. Soeffner & Zifonun 2008).

sierung von Fremdheit. Soziokulturelle Differenzen werden im kommunikativen Vermittlungsmilieu gerade nicht marginalisiert, sondern wiederkehrend thematisiert und in den Mittelpunkt gestellt. Zentraler Ort dieser Binnenkommunikation sind öffentliche soziale Veranstaltungen. Hier bietet sich die Möglichkeit zum gemeinsamen Austausch zwischen den unterschiedlichen Akteuren. Besonders ist, dass dieses Milieu gerade auch in der Interaktion mit Milieufremden besteht, die an den dargebotenen Veranstaltungen teilnehmen.

Zu den typischen Mitgliedern des Milieus zählen als prominente Akteure natürlich Angehörige von Kulturvereinen, privaten und kommunalpolitischen Organisationen, die sich regelmäßig aktiv an der Darstellung soziokultureller und politischer Inhalte auf diesen öffentlichen Veranstaltungen beteiligen. Das Milieu ist dabei herkunfts*un*spezifisch; es schließt Menschen verschiedener Schichten, Klassen und Altersgruppen ein. Auch Nichtzugehörigkeit zu einer bestimmten Ethnie ist kein Ausschlussmerkmal. Was es aber dennoch zu einem Milieu innerhalb der migrantischen sozialen Welten macht, ist das gemeinsame Interesse seiner Mitglieder, sich mit Sonderwissen aus anderen als den lokalen kulturellen Kontexten zu befassen und eigenes Wissen über Fremdes sowie eigene Erfahrungen darzustellen und einer interessierten Öffentlichkeit zugänglich zu machen. Die Angehörigen des Milieus bemühen sich ganz ausdrücklich *nicht* darum, Fremdheit oder kulturelle Unterschiede zu negieren, sondern sie sind im Gegenteil daran interessiert, diese Unterschiede in verschiedenen Bereichen darzustellen und darüber zu kommunizieren. Öffentliche Veranstaltungen unterschiedlichster Art sind deshalb zentral für die Verwirklichung dieses Ziels, der Präsentation nach außen.

Neben den handelnden Individuen weist dieses Milieu typische Schnittstellen zu unterschiedlichen gesellschaftlichen Gruppen und Einrichtungen auf. Meist handelt es sich bei diesen Institutionen um kommunale Träger wie Kulturämter oder Integrationsbüros, NGOs oder kirchliche Organisationen. Zwar sind diese nicht gänzlich als Teil des Milieus zu verstehen – einzelne Personen wie Integrations- oder Kulturbeauftragte können es aber sein, und das sogar von Berufs wegen. Für das kommunikative Vermittlungsmilieu erfüllen diese Organisationen und Institutionen aber partiell die Aufgabe der Ermöglichung eigener Veranstaltungen, indem sie Veranstaltungsreihen finanziell und logistisch unterstützen und konzeptionell prägen.

„Einheit in Vielfalt" scheint dabei das Zentralmotiv dieser in sich höchst heterogenen Gemeinschaft zu sein. Vielfalt ist strukturell gegeben und drückt sich in der Begegnung unterschiedlichster Erfahrungshorizonte, Wissensbestände, Herkünfte, Sprachen und Glaubensbekenntnissen sowie insgesamt einer einigermaßen variablen Lebensführung aus. Konstitutiv als Milieu ist jedoch ein gemeinsames Verständnis (1) als geteilte Sinnorientierung, die sich aus den je verschiedenen biographischen Positionen und sozialen Standorten auf das (2) Verstehen des Anderen, des „Fremden" richtet. Andere werden dabei weniger als Gegenüber, denn als Nebenmenschen und Zeitgenossen mit einem besonderen (Migrations-)Hintergrund betrachtet[16] der aber in der Präsenz der Begegnung weniger als störendes Hindernis, sondern vielmehr als faszinierendes Attraktivum angesehen wird. Diese Haltung bildet gleichsam die gemeinsame Weltanschauung im Milieu. „Weltanschauung" bezieht sich hier eher auf den unmittelbaren Wortsinn als auf die ideologische Dimension und meint Art und Weise, wie die Welt betrachtet wird (als ein Reich, in dem sehr viel Verschiedenes vorkommt und in dem ich nur einer unter vielen anderen, ebenso bunten Zeitgenossen bin). Es ist also weniger ein feststehender Glaube, der das Milieu eint, als die dezidierte Auffassung einer insubstanziellen Toleranz, dass jeder so sein darf, wie er ist, solange, das sei hinzugefügt, er nicht Propaganda zugunsten einer der beteiligten (Gruppe) praktiziert, die in Opposition zu den Interessen anderer Beteiligter steht.[17]

6 Topoi, Zwischenwelten und die kommunikative Konstruktion der Wirklichkeit

Mit den vorangehenden Analysen und der schrittweisen Entwicklung aus den mikroskopischen Interaktionsdaten heraus möchten wir auf einen Aspekt hinweisen, der in den verschiedenen Ansätzen des kommunikativen Konstruktivismus bislang noch nicht vollständig gelöst zu sein scheint. Wir schließen deshalb mit einer methodologischen Reflexion. Sie betrifft erstens die Frage, welche Ebenen der Analyse in die Rekonstruktion eingeschlossen werden sollen. Und sie betrifft zweitens die Frage, wie sich sequenzanalytische Verfahren der Fallanalyse, die sich auf die methodischen Grundlagen einer wissenssoziologischen Hermeneutik beziehen (Soeffner, Reichertz, Raab) zu einer stärker an der Gattungsanalyse geschulten Methode (Knoblauch, Luckmann) verhalten. Wollte man es weiter

---

16 Hier lehnen wir uns an die von Schütz und Luckmann (2003[1979/1984]) geprägten Begriffe an.
17 Beispielsweise wäre es ein Affront, wenn eine der beteiligten Kirchen aktiv versuchen würde, auf einer solchen Veranstaltung im Milieu Menschen zum Eintritt zu bewegen, genauso wie es unmöglich scheint, dass ein politischer Verein öffentlich Wahlkampf betreibt. Hier zeigt sich, dass politische Forderungen in einer solch heterogenen Gemeinschaft notwendigerweise auf den kleinsten gemeinsamen Nenner („Vielfalt") reduziert werden.

vertiefen, zieht man die Frage hinzu, wie diese beiden sich mit der Wissenssoziologischen Diskursanalyse berühren, wie sie von Keller entwickelt wird.[18]

Mit welchem Grad an Genauigkeit muss die Forschung zur kommunikativen Konstruktion ihre Beobachtungen schärfen? Wie viele Details sind zu studieren? Wie weitgreifend sollen die Schlussfolgerungen sein? Wie kommen wir von mikroskopischen Analysen zur gesellschaftstheoretischen Relevanz? Das alles sind überaus bedeutsame methodische und konzeptuelle Fragen. Sie werden durch die Feststellung nicht aufgehoben, dass eine am kommunikativen Konstruktivismus orientierte Forschung notwendigerweise mit empirischen Untersuchungen ansetzen muss. Ihre Aufgabe setzt sich fort in der Formulierung eines theoretischen Rahmens, innerhalb dessen die Einzelergebnisse in ein sinnvolles Bild zusammengefügt werden können.

Hier stellt sich das Problem der *Gradierungen,* das schon Georg Simmel in seinem Aufsatz über „Das Problem der historischen Zeit" (Simmel 1957[1916]) am Beispiel der Schlacht von Zorndorf folgendermaßen formuliert hat: „Wie weit lässt sich ein größeres zusammenhängendes Ereignis zergliedern, bevor es seinen ‚Sinn' verliert?" Übertragen wir das Simmelsche Beispiel auf unseren Gegenstand. Die Erforschung der kommunikativen Konstruktion erfordert zweifellos detaillierte empirische Studien. Diese sollten sich trotz des Gebots der Genauigkeit und angesichts der anzutreffenden Vielfalt allerdings nicht in der Beleuchtung kleiner Ausschnitte erschöpfen und der Detailfaszination erliegen. Eine breite, empirische Untersuchungsbasis ist schon deshalb erforderlich, weil aus dem noch so genauen Studium eines Ausschnitts aus dem Gesamtzusammenhang nicht auf die generellen Sinnstrukturen geschlossen werden kann.

Methodologisch ist das folgenreich. Es führt zur Notwendigkeit von Gradierungen. In anderen Worten: Die Erforschung muss auf verschiedenen Untersuchungsebenen zugleich erfolgen. Mikroskopische Detailstudien sind keine Alternative zu gesellschaftlich hoch aggregierten Vergleichen – und umgekehrt. Beides ist vielmehr notwendig miteinander zu kombinieren. Konzeptuell ist eine solche

---

18 Dabei ist nicht allein an die wechselseitigen methodischen Korrekturen der auf den verschiedenen Ansätzen aufbauenden Verfahren zu denken. Hermeneutische Sequenzanalyse und generalisierende Fallanalyse hier sowie ethnomethodologische Sequenzanalyse und korpusbezogenes Vorgehen dort fruchtbar miteinander methodisch zu kombinieren, stellt bereits eine Herausforderung dar. Verwickelter wird es bei theoretischen Fragen. Etwa bei solchen, die Dimensionen der Macht (Reichertz 2009) einbeziehen, wie sie auch im Sozialkonstruktivistischen Ansatz der Diskursanalyse bei Keller (2005) hervorgehoben werden und die dem kommunikativen Konstruktivismus zusätzliches kritisches Potenzial verleihen (vgl. auch die entsprechenden Aufsätze von Knoblauch, Reichertz und Keller in diesem Band).

Verbindung verschiedener Untersuchungsebenen im Ansatz der soziologischen Gattungstheorie formuliert worden. Bekanntlich unterscheidet die Gattungsanalyse in methodischer Hinsicht drei aufeinander aufbauende Strukturebenen, die sowohl die *internen,* kommunikations- und medienimmanenten Aspekte, die *situative Realisierungsebene* sowie die *externe* Einbettung der kommunikativen Handlungen in den weiteren sozialen Kontext abdecken (Günthner/Knoblauch 1994).

Mit der Theorie kommunikativer Gattung ist ein soziologischer Ansatz formuliert worden und mit der Gattungsanalyse existiert eine entsprechende Methode, die die verschiedenen Ordnungsebenen des Sozialen adressiert und analytisch aufeinander bezieht. Gattungen sind die Mediatoren, die Wissen transportieren. Dabei wird in der an den „sozialen Konstruktivismus" anschließenden Sozialtheorie die handlungstheoretische Grundlage sozialer Strukturbildungsprozesse hervorgehoben. Entfaltet wird dies insbesondere in der Rekonstruktion des Institutionalisierungsprozesses (Luckmann 2002b). Genauer könnte man sagen, dass *kommunikative Gattungen* die von Goffman (1983: 8) bezeichneten „interfaces" sind, die den Austausch zwischen Interaktionsordnung und Gesellschaftsstruktur „regulieren", und zwar in beide Richtungen.[19]

Kommunikative Gattungen sind sprachlich verfestigte und formalisierte Muster, die historisch und kulturell spezifische, sozial modellierte und fixierte Lösungen von Kommunikationsproblemen darstellen, die dazu dienen, intersubjektive Erfahrungen der Lebenswelt zu bewältigen und mitzuteilen (Luckmann 1988). Dabei zielt die Gattungsanalyse nicht lediglich auf die Deskription unterschiedlich verfestigter, sozialstrukturell verankerter Sprachformen. Vielmehr wird davon ausgegangen, dass die Bewältigung der kommunikativen Probleme, für die vorgeprägte, gattungsartige Lösungen im gesellschaftlichen Wissensvorrat existieren, für den Bestand einer Kultur zentral sind. Deshalb bilden die kommunikativen Gattungen den institutionellen Kern des gesellschaftlichen Lebens.[20] Sie sind Instrumente der Vermittlung zwischen Sozialstruktur und individuellem Wissensvorrat sowie ‚Medium zur Wirklichkeitskonstruktion'. Diese zentrale Rolle der

---

19 Die Frage nach der *Verbindung* von Interaktionsordnung und Sozialstruktur liegt schon der „Gesellschaftlichen Konstruktion der Wirklichkeit" (Berger/Luckmann 1969: 20) zugrunde, deren zentrale Fragestellung bekanntlich lautet, wie aus „menschlichem Handeln" „objektive Realität" entstehen kann und wie gesellschaftliche Konstruktionen auf ihre „Konstrukteure" zurückwirken.

20 Das Gesamt aller vorgeprägten und „freien" Kommunikationsaktivitäten, das man ‚kommunikativen Haushalt' (Luckmann 1988) nennen kann, umfasst deswegen all das, was üblicherweise zwischen der ‚Kultur' und der Sozialstruktur einer Gesellschaft analytisch künstlich getrennt wird.

Kommunikation hat dazu geführt, dass der Sozialkonstruktivismus kommunikationstheoretisch zugespitzt wurde (Knoblauch 1995, Luckmann 2002a). Die konstitutive Bedeutung der sprachlichen Tätigkeit für das gesellschaftliche Leben und für die Ausbildung sozialer Ordnungen wird dabei pointiert durch den Begriff der „kommunikativen Konstruktion der Wirklichkeit" (Luckmann 2006) zum Ausdruck gebracht (den Luckmann von Knoblauch übernimmt, vgl. Knoblauch 1997).

In empirischer Hinsicht ist der Ertrag in den vergangenen Jahren beachtlich. Allerdings gibt es auch Unzulänglichkeiten und Probleme. Eines ist besonders dringend. Das betrifft den Theoriefortschritt. So zahlreich und fruchtbar die verschiedenen gattungsanalytischen Untersuchungen sind, ist doch kaum zu übersehen, dass ihre Stärken bislang vor allem im Bereich der Rekonstruktion der internen und interaktiven Strukturdimensionen liegen, während mit Blick auf die Gesellschaftstheorie weitere Anstrengungen notwendig sind. Hier könnte eine engere Verzahnung hermeneutischer und diskursanalytischer mit gattungsanalytischen Ansätzen, wie sie in diesem Band versammelt sind, wegweisend sein.

Anhang: Vollständiges Transkript der Ansprache

```
01  M: <<f> JA> applaudieren sie ruhig
02     das ist <<f> ALes> hier (.)
03     dieses wunderschöne fest das=er=veranstaltet=hat
04     (verhaltener Applaus)
05  CN: JA: VIELen dank (-)
06     meine damen und herren liebe gäste (-)
07     ich darf sie im NA:MEN des MÜNCHner ausländerBEIrates
08     ganz herzlich begrüßen (--)
09     DIEses FEST findet seit DREIzehn jahren statt (--)
10     und DIEes fest kann man (.) glaube ich nicht mehr (-)
11     aus dem (-) kulturellen LEben der stadt WEGdenken (.)
12     es hat sich bewährt wie sie sehen (--)
13     meine damen=und=herren DIEses FEST
14     steht unter einem wichtigen motto (--)
15     unser motto LAUtet (-)
16     münchen (.) stadt der kulturellen vielfalt (.)
17     wie sie alle wissen !LE!ben in MÜNchen (.)
18     MENschen aus circa hundertachzich verschiedenen nationalitäten (--)
```

19 und !DIE!ses (.) LEben (-) DIEses FRIEDliche zusammenleben (.)
20 wollen wir HIER an DIEsem tag würdigen (.)
21 und wir=wir wollen IHnen zeigen (.)
22 WIE !VIEL!fältig wie !BUNT! (.)
23 dieses zusammenleben in münchen ist (--)
24 DIEses FEST STEHT unter einem !ZWEI!ten motto
25 wie sie das oben sehen (-)
26 das motto IST die WAHL (.) des ausländerBEIrates (.)
27 ich weiß=es=nich(t) ob sie die geschichte des ausländerbeirates
28 eine bisschen kennen (.)
29 der ausländeBEIrat münchen existiert seit neunzehnhundert(vierun) siebzich (.)
30 also wir sind sechsundreisich jahre alt
31 (-) und von (.) VIERunsiebzich bis EINundneunzich (.)
32 WURde der ausländerBEIrat vom STADTra:t (-) BEnannt (.)
33 das war ein (.) beRUFenes GREmüum (.)
34 und ERST seit <<all>hundertundeinun=äh=n=einunneunzidch>
35 wird der ausländerBEIrat !DI:!rekt gewählt
36 das=heist von den wahlberechtigten (.) ausländischen (.) wohnbevölkerung (-)
37 und am achtunzanzichsten: noVEMber wird dieses gremium
38 NOCH mal gewählt (-)
39 ich bitte sie ALle (.)
40 <p>also>>=ich bitte alle wahlberechtigten perSONen (-)
41 die ja hier ZAHLreich (.) erschienen sind (.)
42 dass sie diese wahl (.) ERNST nehmen (.)
43 dass sie zur !WAHL! gehen (.)
44 das SIE (.)
45 MIT IHRem WAHLverhalten ZEIgen (.)
46 dass der ausländerbeirat ein WICHtiges gremium ist (-)
47 Ein WICHtiges gremium weil der ausländerBEIrat
48 von !AN!fang AN (.) die politschen intereESSEN (.)
49 der migrationsbevölkerung (.) dem STADTrat gegenüber (.)
50 der ÖFfentlichkeit gegenüber vertritt (.)
51 und deswegen brauchen wir !JE!de STIMme (.)
52 wir brauchen JEde PERson von ihnen (.)
53 !BITTE! engagieren sie sich für den ausländerBEIrat (-)

54 !GEHEN! sie zur wahl (.)
55 !MACH!en sie den rücken (.) stark für den ausländerbeirat (.)
56 ich WÜNsche IHNen heute ein (.)
57 !SCHÖ!nes FEST (.) ein !RIED!liches fest
58 und vielen dank fürs (.) hören=danke
59 VIElen dank

Literatur

Berger, Peter L./Luckmann, Thomas (1969): *Die gesellschaftliche Konstruktion der Wirklichkeit*. Frankfurt am Main: Fischer.
Goffman, Erving (1959): *The presentation of self in everyday life*. Garden City: Doubleday.
Goffman, Erving (1981): The Lecture. In: *Forms of Talk*. Philadelphia: University of Pennsylvania Press, S. 160–196.
Goffman, Erving (1983): The Interaction Order. In: *American Sociological Review* 48, S. 1–17.
Günthner, Susanne/Knoblauch, Hubert (1994): ‚Forms are the food of faith'. Gattungen als Muster kommunikativen Handelns. In: *Kölner Zeitschrift für Soziologie und Sozialpsychologie* (4), S. 693–723.
Honer, Anne (1993): *Lebensweltliche Ethnographie*. Wiesbaden: DUV.
Honer, Anne (2000): Lebensweltanalyse in der Ethnographie. In: Flick, Uwe/von Kardorff, Ernst/Steinke, Ines (Hrsg.): *Qualitative Forschung. Ein Handbuch*. Reinbek bei Hamburg: Rowohlt, S. 195–204.
Honer, Anne (2010): *Kleine Leiblichkeiten. Erkundungen in Lebenswelten*. Wiesbaden: VS-Verlag.
Keller, Reiner (2005): *Wissenssoziologische Diskursanalyse. Grundlegung eines Forschungsprogramms*. Wiesbaden: VS-Verlag [3. Aufl. 2011].
Knoblauch, Hubert (1995): *Kommunikationskultur: Die kommunikative Konstruktion kultureller Kontexte*. Berlin: De Gruyter.
Knoblauch, Hubert (1997): Die kommunikative Konstruktion postmoderner Organisationen. Institutionen, Aktivitätssysteme und kontextuelles Handeln. In: *Österreichische Zeitschrift für Soziologie* 22 (2), S. 6–23.
Knoblauch, Hubert (2000): Topik und Soziologie. In: Schirren, Thomas/Ueding, Gert (Hrsg.): *Topik und Rhetorik. Ein interdisziplinäres Symposion*. Tübingen: Niemeyer S. 651–668.
Knoblauch, Hubert (2001): Fokussierte Ethnographie. In: *Sozialer Sinn* (1), S. 123–141.
Luckmann, Thomas (1986): Grundformen der gesellschaftlichen Vermittlung des Wissens: Kommunikative Gattungen. In: *Kölner Zeitschrift für Soziologie und Sozialpsychologie* Sonderheft 27, S. 191–211.
Luckmann, Thomas (1988): Kommunikative Gattungen im kommunikativen Haushalt einer Gesellschaft. In: Smolka-Kordt, Gisela/Spangenberg, Peter M./Tillmann-Bartylla, Dagmar (Hrsg.): *Der Ursprung der Literatur*. München: Fink, S. 279–288.

Luckmann, Thomas (2002a): Das kommunikative Paradigma der ‚neuen' Wissenssoziologie. In: Knoblauch, Hubert/Raab, Jürgen/Schnettler, Bernt (Hrsg.): *Wissen und Gesellschaft. Ausgewählte Aufsätze 1981–2002.* Konstanz: UVK, S. 201–210.

Luckmann, Thomas (2002b): Zur Ausbildung historischer Institutionen aus sozialem Handeln. In: Knoblauch, Hubert/Raab, Jürgen/Schnettler, Bernt (Hrsg.): *Thomas Luckmann: Wissen und Gesellschaft. Ausgewählte Aufsätze 1981–2002.* Konstanz: UVK, S. 105–115.

Luckmann, Thomas (2006): Die kommunikative Konstruktion der Wirklichkeit. In: Tänzler, Dirk/Knoblauch, Hubert/Soeffner, Hans-Georg (Hrsg.): *Neue Perspektiven der Wissenssoziologie.* Konstanz: UVK, S. 15–26.

Luckmann, Thomas/Keppler, Angela (1991): ‚Teaching': conversational transmission of knowledge. In: Markova, Ivana/Foppa, Klaus (Hrsg.): *Asymmetries in Dialogue.* Hertfordshire: Harvester Wheatsheaf, S. 143–165

Rebstein, Bernd (2012): Videography in Migration Research – A Practical Example for the Use of an Innovative Approach. In: *Qualitative Sociology Review*(under Review),

Rebstein, Bernd/Rabl, Marlen/Schnettler, Bernt (2011): Communicating Knowledge across Language Borders. „Moderating" as a Communicative Form at Bilingual Social Events among Spanish Speaking Migrants in Bavaria. In: Busse, Miriam/Currle, Edda/Kühlmann, Torsten/Nicoué, Delia/Rabl, Marlen/Rebstein, Bernd/Schnettler, Bernt (Hrsg.): *Innovating Qualitative Research: New Directions in Migration.* Arbeitspapiere aus der Verbundforschung, Nummer 1 August 2011: Forschungsverbund Migration und Wissen, S. 53–69.

Reichertz, Jo (2009): *Kommunikationsmacht. Was ist Kommunikation und was vermag sie? Und weshalb vermag sie das?* Wiesbaden: VS.

Salzbrunn, Monika (2011): „Rescaling cities". Politische Partizipation von Migranten und Positionierung von Metropolen: festliche Events in Harlem/New York und Belleville/Paris. In: Betz, Gregor/Hitzler, Ronald/Pfadenhauer, Michaela (Hrsg.): *Urbane Events.* Wiesbaden: VS, S. 169–184.

Schnettler, Bernt (2006): Orchestrating Bullet Lists and Commentaries. A Video Performance Analysis of Computer Supported Presentations. In: Knoblauch, Hubert/Schnettler, Bernt/Raab, Jürgen/Soeffner, Hans-Georg (Hrsg.): *Video Analysis – Methodology and Methods. Qualitative Audiovisual Data Analysis in Sociology.* Frankfurt am Main: Lang, S. 155–168.

Schnettler, Bernt/Rebstein, Bernd (2012a): Migranten vereint – ‚lebensweltanalytisch fokussiert'. Ansätze der Verknüpfung von lebensweltanalytischer und fokussierter ethnographischer Exploration im Migrationsmilieu. In: Kreher, Simone/Hinnenkamp, Volker/Poferl, Angelika/Schröer, Norbert (Hrsg.): *Lebenswelt und Ethnographie.* Essen: oldib, S. (im Druck).

Schnettler, Bernt/Rebstein, Bernd (2012b): Zwischen Interaktionsordnung und kleiner sozialer Lebenswelt: Soziale Veranstaltungen im kommunikativen Milieu der Migration. *Vortrag auf der Tagung: „Die Form des Milieus – Zum Verhältnis zwischen gesellschaftlicher Differenzierung und Formen der Vergemeinschaftung",* Universität Münster, 8.–10. Dezember 2011 (Publikation für die Zeitschrift ‚theoretische Soziologie' in Vorbereitung).

Schütz, Alfred/Luckmann, Thomas (2003[1979/1984]): *Strukturen der Lebenswelt*. Konstanz: UVK/UTB.

Simmel, Georg (1957[1916]): Das Problem der historischen Zeit. In: ders.: *Brücke und Tür*. Stuttgart, S. 43–58.

Soeffner, Hans-Georg (2005): Authentizitätsfallen und mediale Verspiegelungen – Inszenierungen im 20. Jahrhundert. In: ders.: *Zeitbilder. Versuche über Glück, Lebensstil, Gewalt und Schuld*. Frankfurt am Main: Campus, S. 49–63.

Soeffner, Hans-Georg/Zifonun, Dariuš (2008): Integration und soziale Welten. In: Soeffner, Hans-Georg/Neckel, Sieghard (Hrsg.): *Mittendrin im Abseits. Ethnische Gruppenbeziehungen im lokalen Kontext*. Wiesbaden: VS, S. 115–132.

Zifonun, Dariuš (2008): Stereotype der Interkulturalität: Zur Ordnung ethnischer Ungleichheit im Fußballmilieu. In: Neckel, Sighard/Soeffner, Hans-Georg (Hrsg.): *Mittendrin im Abseits: Ethnische Gruppenbeziehungen im lokalen Kontext*. Wiesbaden: VS, S. 163–175.

Zifonun, Dariuš (2009): Soziale Milieus und die Außenstruktur kommunikativer Gattungen. Vortrag auf der Tagung „Kommunikationskultur: Theorie und Forschung", 23./24. Oktober 2009. Universität Bayreuth (MS.).

Die kommunikative Video-(Re)Konstruktion[1]

René Tuma

1 Einleitung

Das Konzept der kommunikativen Konstruktion der Wirklichkeit beschreibt einen Aspekt unserer sozialen Handlungen im Alltag besonders genau – aus soziologischer Perspektive den wichtigsten. Wir kommunizieren und schaffen durch unsere Kommunikation in verschiedensten Situationen eine geteilte Wirklichkeit – sei es durch gemeinsame Arbeitsaktivitäten, durch Lehr- und Lernsituationen, oder auch durch (scheinbar) beiläufige Tischgespräche und Small Talk über vergangene Ereignisse. Diese Konstruktionen von Wirklichkeit nehmen wir in verschiedensten Kontexten, vom Alltag bis hin zu Bereichen, in denen Sonderwissen produziert wird, vor. Insbesondere Experten und Professionen (Hitzler, Honer, & Maeder, 1994; Pfadenhauer, 2003) sind mit der Kommunikation über verschiedenste Gegenstände betraut – sie kommunizieren in einer bestimmten Art und Weise über Dinge, geben diesen eine Relevanz und konstruieren in der Gegenwartsgesellschaft das entsprechende Wissen darüber.

Ich beziehe mich hier auf eine bestimmte Form der kommunikativen Konstruktion von Wissen, auf Konstruktionsarbeit die in verschiedenen Feldern in ähnlicher Weise durchgeführt wird, und auf die Nutzung von Technologie angewiesen ist: Die Rekonstruktion von Handeln anhand von Videos. Dennoch sind die produzierten Deutungen unterschiedlich – Marktforscher sehen etwas anderes als Politikaktivisten in ihrem Videomaterial. Wie schaffen also Interpreten durch spezifische Kommunikationsformen spezifische Wirklichkeiten und sichern gleichzeitig auch ihre eigene Identität als visuelle Experten? Die These dieses Artikels lautet, dass die Konstruktion von Wissensfeldern durch die verschiedenen kommunikativen Formen der Re-konstruktion konstitutiert wird.

---

[1] Ich möchte mich herzlich bei Theresa Vollmer, René Wilke, Bernt Schnettler sowie Hubert Knoblauch bedanken, die mit ihren kritischen und hilfreichen Kommentaren zu diesem Text beigetragen haben.

Wenden wir uns nun der Tätigkeit, also der Rekonstruktion menschlichen Handelns zu: Wenn wir die klassische Face-to-face-Situation als einen Fall betrachten, in welchem wir interagieren, so sind wir als Akteure Teil dieser, und interpretieren beständig was der Andere (oder die Anderen) in diesem Kontext, und auch was wir selber tun. Unsere Interpretationen sind nicht rein kognitive Gebilde, sondern zeigen sich auch in unseren Interaktionszügen, die bereits praktische Interpretationen des ablaufenden Geschehens darstellen (hier verschwimmen die Grenzen von Handeln und Verhalten, siehe Knoblauch in diesem Band, S. 32).

Das Handeln des Anderen wird aber nicht nur in face-to-face Situationen verstanden und daraufhin (re)agiert, sondern in modernen Gesellschaften, in welchen Beziehungen in vielerlei Hinsicht komplex miteinander verzahnt und in Institutionengeflechte eingebettet sind, auch im „Nachhinein" oder ohne direkten Kontakt aufgenommen und interpretiert. Hierbei handelt es sich dann aber um einen anderen Bezugsmodus, denn das unmittelbare „hier und jetzt" des Anderen, die direkte Verfügbarkeit im Handlungs- und Interaktionsgeschehen wird aufgelöst, und das Handeln des Anderen, auf das wir uns beziehen besteht nur noch als Verweis.

Wenn wir uns zum Beispiel über die unpassende Bemerkung eines Bekannten auslassen oder gar gemeinsam darüber lästern, so verweist dieses Handeln nicht nur auf das hier und jetzt sondern eben deiktisch auf ein früheres Erlebnis und – wenn alle beteiligten davon ausgehen dass es wirklich so stattgefunden hat – auf ein geteiltes „wirkliches" Ereignis. Luckmann und Bergmann (Bergmann, 1987, S. 47) bezeichnen bestimmte Formen dieses Aufgreifen und Herstellen eines Bezuges als „rekonstruktive Gattungen".[2] Das Handeln, auf welches verwiesen wird, ist an dieser Stelle nicht direkt verfügbar, sondern lediglich als Wissensbestand vorhanden. Dieses kann auf Basis von verschiedenen Methoden wieder herbeigerufen werden. Mittels Worten, Zitaten oder auch Gesten wird es rekonstruiert, und anderen zugängig gemacht. Wir alle wissen, dass dies eine Rekonstruktion und nicht eine Kopie der vorherigen „Wirklichkeit" ist. Daher kann diese Rekon-

---

2   Kommunikative Gattungen beschreiben bestimmte institutionalisierte Formen der Kommunikation. Sie erleichtern im Alltag die gegenseitige Abstimmung in Interaktionen. Zum Beispiel Moralpredigten (Ayaß, 1999) stellen eine typische Gattung dar, die empirisch mit der Gattungsanalyse (Knoblauch & Luckmann, 2000) analysiert werden kann. Als Beispiel für die Unterform Rekonstruktive Gattungen wurde der Klatsch (Bergmann, 1987; Luckmann, 1986) genauer untersucht. Aber nicht alle Kommunikationsformen – auch wenn sie mit wiederkehrenden Problemen umgehen, wie etwa der Wissensvermittlung in Powerpoint Präsentationen (Knoblauch, 2008; Schnettler & Knoblauch, 2007) oder die Arbeitskoordination in Meetings – sind so stark gattungsförmig verfestigt.

struktion beständig auch bezweifelt („Das hat er aber anders gesagt!") und angegriffen, also auf eine neue Art und Weise rekonstruiert oder rekontextualisiert („Das, was der Bekannte da sagte, war doch ein Witz!") werden, denn die Rekonstruktion findet in einem anderen Rahmen (Goffman, 1977) statt als das vorgängige Ereignis. Natürlich können wir uns auch noch auf Dokumente der entsprechenden Situation beziehen, die in „materieller" Form diese überdauert haben. Neben den Objektivierungen, die klassischerweise Situationen überdauern, wie das in den Baum geritzte Herz oder ein gebautes Haus, können heute auch flüchtige Äußerungen mittels Techniken dauerhaft gemacht werden. Diese Objektivierungen von Performanz (Knoblauch in diesem Band, S. 36 ff.) können nun festgehalten werden, hierbei werden, soll es auf Dauer geschehen, bestimmte Konservierungstechnologien (Bergmann, 1985, S. 305) verwendet.

2 Video-Rekonstruktion

Besonders interessant wird es, wenn die Rekonstruktion sich nicht mehr nur auf das Gedächtnis beruft, sondern wenn Technologien es ermöglichen, Aspekte des Geschehens aufzuzeichnen. Verschiedenste Medien erlauben es, bestimmte Aspekte von Geschehnissen zu objektivieren, in materielle Träger einzuschreiben und sie immer wieder verfügbar zu machen. Das kann über ein Protokoll über eine Situation geschehen, in dem genau verzeichnet wird, wer was gesagt hat, in anderer Form durch ein Tonband, das auch noch die Form des Sprechens inklusive Betonung und parasprachlicher Elemente etc. bewahrt oder gar per Video, das eine visuelle Perspektive auf die Situation herstellt und diese (audio-)visuell konserviert. Bei solchen Objektivationen sprechen wir zumeist davon, dass Informationen abgespeichert wurden, sollten aber nicht übersehen, dass dies kein neutraler Vorgang sondern eine spezifische technisierte Handlung ist.

Informationen sind nicht das Gleiche wie Wissen (vgl. Knoblauch, 2005), denn Informationen sind mit bestimmten Techniken hergestellte Abstraktionen von Erlebnissen, die wir im Alltag oder in spezifischen Sinnwelten machen. Alleine schon das Zählen der Bäume ist ja nicht ein passives automatisches Geschehen sondern eine spezifische Form des Handelns (Zuwendung zu diesen Objekten, Typisierung und Kalkulation), das auf Zeichentechnik (Zahlen) zurückgreift, auch wenn diese nicht äußerlich sichtbar gemacht werden müssen.[3] Wenn Informationen wieder in Handlung umgesetzt werden, erfordert das erneute Tätigkeit –

---

3 Zur Mathematik siehe auch Kiesow (2012) in diesem Band

sei es ein sich „Erinnern" oder das Nachschlagen im Notizbuch, das Lesen und Interpretieren der Zeichen.

Seit den 70er Jahren steht die Videokamera nahezu jedem zur Verfügung. Wichtig ist dass im Camcorder bzw. den angeschlossenen Geräten auch ein Wiedergabegerät vereinigt wurde, dass das unkomplizierte Widergeben und Verfremden (Zeitlupe, schneller Spulen) möglich machte. Man kann argumentieren, dass erst durch diese Apparaturen bestimmte Eigenschaften des menschlichen Handelns in den Blick kamen, also neue Dimensionen „rekonstruierbar" wurden: feine in der Zeit geordnete Bewegungen[4], die Möglichkeit dauerhaft bestimmte Räume zu überblicken, in Fast Motion oder per Vorspulen wiederzugeben und die Möglichkeit per Schnitt auseinanderliegende Ereignisse zusammenzuführen.

Unter Video können wir mit Zielinski (1986) ein konkretes technisches Sachsystem verstehen, einen „Apparat, mit dessen Hilfe man Ton-Bilder elektromagnetisch aufzeichnen kann." Der Autor stellt fest, dass sich dieses Medium im Umbruch zwischen Massenmedien (wie dem Kino) und netzwerkartigen neuen Formen (wie dem Internet) entwickelte, da es einerseits elektronisch funktioniert, andererseits die Produktionsmittel der privaten Aneignung zugänglich machte. Hier soll Video vor dem Hintergrund der alltäglichen Nutzung durch Akteure beleuchtet werden. Videos werden zu verschiedensten Zwecken aufgenommen: Klassischerweise denkt man zunächst an Filme, an Unterhaltung oder auch an Kunst, die alle jeweils nicht versuchen Wirklichkeit zu konservieren, sondern Erlebnisse und Erfahrungen ästhetischer Art zu konstruieren. Weitere Dimensionen der Nutzung von Video liegen aber einerseits in der Dokumentation privater wie öffentlicher Ereignisse, Überwachung und auch Analyse von Abläufen und andererseits in der Nutzung zur Instruktion und Lehre. Basierend auf den Eigenschaften von Videotechnologie, ihrer alltäglichen Verfügbarkeit und einem mittlerweile eingespielten Umgang damit, stellt sich nun die Frage, wo Rekonstruktionen empirisch stattfinden? Im Folgenden wird zunächst auf das uns am nahe liegendste Feld die Videoanalyse in der Soziologie eingegangen, bevor ich anschließend zwei weitere Beispiele ausführe.

2.1 Soziologie und verwandte Disziplinen

Video wurde in einer Perspektive, die auf die Rekonstruktion innerhalb der Soziologie abzielt, nur vereinzelt in den Blick genommen. Sicherlich gibt es eine ganze

---

4 Vergleiche für einen frühen Vorläufer die Fotografien von Eeadward Muybridge

Bandbreite methodischer und methodologischer Texte, die sich mit der Nutzung von Videos innerhalb der Soziologie zur Analyse von Interaktion beschäftigen (Erickson, 2011; Heath, Hindmarsh, & Luff, 2010; Knoblauch u. a., 2006; Knoblauch, Schnettler, & Tuma, 2010). Zahlreich sind auch Veröffentlichung, die Videos als mediale Produkte analysieren (Bohnsack, 2008; Raab, 2008; Reichertz & Englert, 2010). In diesen Texten wird mitunter durchaus auf die Verwendung von Video als Handlungsform reflektiert, wennauch eher am Rande. Bergmann (1985) hat diesen reflexiven Aspekt allerdings schon früh formuliert und als ‚registrierende Konservation‘ von den anderen ‚rekonstruktiven‘ Formen der Datenaufzeichnung (Interviews, Feldnotizen etc.) unterschieden. Die registrierende Konservation ist beileibe kein passiver Akt. Dies wird weitergehend breit diskutiert unter dem Stichwort *Reaktanz* und vergleichbarer methodologischer Konzepte. Auch in der Visual Anthropology wird Video keineswegs als neutrale Aufzeichnung, sondern immer als eine „Produktion" angesehen Akteure, die durch ihre Anwesenheit und die präsenten Apparate, Teil lokaler Interaktionen sind, wählen einen Bildausschnitt, schließen andere mögliche Sichtweisen aus, produzieren also „einen" Blick auf das Geschehen. Sind diese Handlungsspuren der Aufzeichnenden dann im Video erkennbar, sprechen Reichertz und Englert (2010) von ‚Kamerahandeln'.

Nicht nur die Aufzeichnung, sondern auch die Analyse und Rekonstruktion der Videodaten sind also aktive, nicht ganz voraussetzungslose Prozesse, sodass auch Bergmann bei seiner Erläuterung des Datentypus anmerkt, dass auch die audiovisuellen Daten „vom Betrachter deutend erschlossen werden [müssen]" (Bergmann, 1985, S. 305). Knoblauch hat eine reflexive Wendung der Methoden auf die Sozialwissenschaften gefordert (2000). Die Selbstreflexion löst Ramon Reichert ein, indem er das „Kino der Humanwissenschaften" (2007) als Dispositiv begreift, das (Regierungs-)Wissen über den Menschen bereitstellt. Es wurde schon in den frühesten Nutzungen von Film zur Beobachtung menschlichen Verhaltens eingestetzt und dient auch weiterhin zur Kontrolle und Optimierung. Dies zeigt Reichert mit seiner historischen Aufarbeitungen verschiedener Liaisons von Film und Kino auf, die vom Ethnologischen Film über das Stanford Prison Experiment bis zur Geschlechterpolitik im Röntgenfilm reichen. Er untersucht jedoch vor allem historische Fälle und wendet sich den Humanwissenschaften im Allgemeinen zu. Die sozialwissenschaftliche Analyse, die Rekonstruktion des Sichtbaren, spielt in seinem Buch keine prominente Rolle.

Videoanalyse ist jedoch nicht nur ein abstraktes technisches Medium in der Wissenschaft. Sie ist vielmehr im Zentrum der Alltagspraxis von Forschern verortet. Im Mittelpunkt des sozialwissenschaftlichen Umganges mit Videosteht damit

Kommunikation in einem breiteren Sinne: Hier wird die Visualität des Wissens in den Mittelpunkt gestellt. Mit dieser Fokussierung folge ich der Forderung, die Schnettler (2007) für eine visuelle Wissenssoziologie sowie Burri & Dumit (2007) für die Science & Technology Studies eingefordert haben: Visuelle Praktiken in der Herstellung, alltäglichen Verwendung und Verbreitung von „Bildern" zu untersuchen.

Abgesehen von Goodwins Studie zur Professional Vision (1994, 1995), auf die unten eingegangen wird, haben sich allerdings bislang nur recht wenige mit der Betrachtung und Analyse von Videodaten auseinandergesetzt. So nimmt Hietzge (2008) im Rahmen der Erziehungswissenschaften die Nutzung von Video in der Lehrpraxis im Sportunterricht in den Blick und untersucht, wie Videoaufnahmen zur Selbstreflexion genutzt werden. Laurier, Strebel und Braun (2008) beschäftigen sich mit den Praktiken im professionellen Filmschnitt und zeigen, wie dort ausgewählt, verglichen und das Material von den Cuttern immer weiter reduziert wird, bis der Film als Produkt entsteht. Mondada (2003, 2005) hat sich mit der Nutzung der Videokamera als Aufzeichnungsinstrument und Interaktionsressource in konkreten Zusammenhängen (z. B. im Operationssaal) befasst. Hier findet eine Zuwendung zu Video nicht als Forschungsmedium sondern als Untersuchungsgegenstand statt. Besonders hervorzuheben sind weiterhin die Studien von Tutt und Hindmarsh et. al. (im Druck; 2011; 2007), die Datensitzungen[5] von Sozialwissenschaftlern filmten und genau analysieren, wie die Beteiligten miteinander interagieren und eine gemeinsame Interpretation dessen entwickeln, was sich „auf" dem Video vor ihnen abspielt. Um die Interaktions-Organisation des beobachteten Ablaufes zu durchblicken, werden die Datenfragmente in Datensitzungen analysiert, indem die Aufzeichnungen wiederum kommentiert und diskutiert werden. Tutt und Hindmarsh betonen die Suche nach sequentieller Ordnung im Video, eine Herangehensweise die spezifisch für die ethnomethodologisch und konversationsanalytisch informierten Verfahren, die in den Workplace Studies und heute in der Videographie ihre Ausformulierung finden (Heath & Knoblauch, 1999). Für die Autoren bezeichnet Analysieren und Rekonstruieren des Videos zunächst also einen Vorgang des Benennens der Teilschritte und sich gegenseitig Anzeigens des Verständnisses:

---

5   Datensitzungen, so nennen wir eine häufig vorzufindende soziale Situation, in welcher „eine Hand voll" Teilnehmer gemeinsam ein Video betrachten, gemeinsam Interpretationen entwickeln, Bedeutungen diskutieren oder auch sich gegenseitig etwas aufzeigen. Diese Form findet sich nicht nur, aber vor allem, in der Wissenschaft.

As they [two Researchers; RT] are collaborating on the analysis of visible phenomena – namely, the embodied conduct of the father and daughter on-screen – much of their work is about debating and discussing its organisation. This demands that they make it visible to one another, but of course they cannot ‚see' through the other's eyes. So the commentary is key in this regard. They announce the order of events along with the video playback and thereby discriminate between analytically relevant and non-relevant conduct. This, in turn, allows colleagues to assess the validity of the candidate order as it corresponds to the video playback. Establishing a ‚shared seeing' entails not simply noticing (and having others notice) phenomena, but collaboratively piecing together and agreeing the order of analytically relevant conduct. (Hindmarsh & Tutt, in print)

Dabei handelt es sich aber nicht nur um ein sprachliches oder kognitives Zuordnen sondern vielmehr spielt, wie Tutt und Hindmarsh betonen, auch das körperliche Zeigen eine zentrale Rolle. In weiteren Studien nehmen die Autoren (2007) räumlich verteilte Analyseteams in den Blick. Diese wiederum hatten zuvor ein Video an verschiedenen Orten synchron betrachtet und bei den Analyseversuchen das Problem zu verstehen auf welche Elemente die andere Seite sich gerade bezog. Aufgrund dieser Schwierigkeiten in der ungewohnten Situation kamen besonders die lokalen körperlichen Praktiken des Zeigens und Nachspielens in den Blick. Tutt und Hindmarsh zeigen, wie Sprache und Gestik von den Beteiligten miteinander verknüpft werden, und somit die Interpretationsarbeit konstituieren: Die Person, die ein Element auf dem Bildschirm hervorhebt, erschafft einen gestischen Raum, zieht die Aufmerksamkeit der anderen Beteiligten darauf (was wir an den Blicken rekonstruieren können) und verbindet die auf dem Bildschirm ablaufende Bewegung mit einer kodifizierten Fassung auf einem Transkript. Tutt und Hindmarsh betonen die Rolle dieses „Gesture Space", denn die Akteure können in späteren Momenten der Interaktion wieder auf diese zurückverweisen. Ausgehend von einem Modell des „Re-Enactment", das sie von Sidnell (2006) übernehmen, zeigen die Autoren weiterhin wie nachgespielte Gesten von den beobachteten Forschern genutzt werden, um zu verstehen und sich anzuzeigen, was auf dem Videoschirm zu sehen ist. Die Re-Enactments sind zwar nicht unbedingt die einzige Methode dieses Koordinationsproblem zu lösen, das hier beschrieben wird (wie wir am Beispiel in 3.1 sehen werden). Die an der Situation beteiligten können durchaus andere Ressourcen heranziehen um ihr „Visuelles Wissen" zu kommunizieren, aber Re-Enactments zeigen sich auch in Beschreibungen und Hinweisen auf die Forschungspraxis bei Herbrik (2011, S. 83f), die es mit Bezug auf Merlau Pontys Phänomenologie der Wahrnehmung (1966) reflektiert. Eine Bearbeitung findet sich bei Knoblauch und Schnettler (im Druck), die die „hermeneutische Interpretation", die auf alltäglichem Verstehen wie Schütz es beschreibt (1962) aufbaut. Die Autoren zeigen, wie eine Forschergruppe die räumliche Anordnung als körperliche Übersetzung in den anderen Kontexten nachvollziehen und mittels diesem Re-Enactment ein „Hineinversetzen" in die im Video abgebildete Situation erreichen.

Die Kommunikation über das Datum, die einem bestimmten Diskurs folgt und in konkreten Settings stattfindet, entwickelt eine Dauerhaftigkeit. Über diese Dauerhaftigkeit, die auf Wiederholung der Tätigkeit basiert, bilden sich Formen und Stile heraus, welche eine bestimmte Wirklichkeit konstruieren. Was ist eigentlich auf einem Video zu erkennen, was wird rekonstruiert und wie? Diese Vorgänge sind nicht nur abstrakt kognitiv oder technisch determiniert, sondern sie schaffen mittels spezifischer Kommunikation ihren Gegenstand – und gleichzeitig das Kollektiv das ihn bearbeitet. Das Videobild wird in der Rekonstruktion nicht nur erschlossen, sondern in einer spezifischen Art und Weise konstruiert. Im Falle der soziologischen Interaktionsanalyse, die auf Basis der Literatur dargestellt wurde, bildet es interagierende Subjekte in offenen Möglichkeitsräumen ab: Sequentiell organisierte, raumzeitlich verortete und mit einem Bewußtsein ausgestattete, handelnde Subjekte. Das ist hier noch recht abstrakt, doch die Selbstreflexion auf den Gegenstand wird deutlicher, wenn wir unseren Blick auf den Kontrast wenden, auf andere Felder, in denen ebenfalls Video-Rekonstruktion stattfindet.

3 Vernacular Video Analysis

Besonders in Kontexten, in denen auf ein klares Ziel hin in gehandelt wird, seien sie professionalisiert oder (noch) nicht, haben sich vielerlei Formen der Videoanalyse herausgebildet. Hierfür verwende ich den Begriff der *Vernacular Video Analysis,* der das alltägliche, über verschiedene Kontexte (nicht auf Wissenschaft oder eine spezifische Profession) und mit unterschiedlichem Grad an Expertise durchgeführte Auswerten von Videos bezeichnet. Genauer soll darunter die systematische (oft „diskursive") Betrachtung und Auswertung von (zumeist)[6] aufgezeichneten audio-visuellen Daten zur zielgerichteten Analyse des Handelns, Ver-

---

6 Überwachung im klassischen Sinne fällt hier nicht hinein, jedoch sehr wohl die nachträgliche Auswertung bestimmter Aufzeichnungen in diesem Kontext.

haltens und Bewegens von menschlichen Akteuren in spezifischen Kontexten bezeichnet werden.

Beispiele für diese Form sind häufig, sie tritt in einer ganzen Reihe von Feldern auf, wie die (nicht abgeschlossene) Liste andeutet:

- Überwachung/Polizei/Gericht/Demonstrationen
- Physiologie/Medizin
- Sport(-training/-wissenschaft), Theater/Musik/Kunst/Performanz
- Psychologie, Pädagogik
- Scientific Management/Usability
- Marketing/Marktforschung
- Kommunikationstraining/Rhetorik/Homiletik

Weitere Beispiele sollen im Folgenden aufzeigen wie unterschiedliche Handlungsziele in bestimmten Feldern mit unterschiedlichen Kommunikationsformen einhergehen.

3.1 „Politische Initiativen"

Wie bereits angedeutet müssen Video-Deutungen vergangener Ereignisse nicht notwendigerweise eindeutig sein. Charles Goodwin beschreibt, in seinen für die Soziologie des Sehens wegweisenden Schriften zu *Professional Vision* (1994, 1995) am Beispiel des Rodney King Prozesses, wie eine Deutung „kommunikationsmächtig" (Siehe Reichertz in diesem Band: S. 56) durchgesetzt wird.

Einige Polizisten wurden in den 90ern angeklagt in Kalifornien einen afroamerikanischen Autofahrer (aus rassischtischen Motiven) verprügelt und schwer verletzt zu haben. Mittels verschiedener (kommunikativer) Praktiken *(Coding Scheme, Highlighting und Graphical Representation)* gelingt es vor Gericht den Verteidigern das Ereignis anhand von Videomaterial das den Übergriff dokumentierte auf eine bestimmte Art und Weise zu rekonstruieren – und damit eine Wirklichkeit, die in weiterer Fortsetzung bis zu Aufständen in Los Angeles reichte, zu erzeugen (und eine Neuauflage des Verfahrens notwendig zu machen). Es gab eine breite öffentliche Diskussion ob eine voreingenommene „weiße" Jury Grund des (Fehl-)Urteils gewesen sei, Goodwin weist aber darauf hin, dass auch in solch einem Verfahren konkrete kommunikative Rekonstruktionspraktiken (in meiner Ausdrucksform) im Kern des Prozesses stehen, und nicht lediglich kognitive Entscheidungen:

[A] meaningful event is not a transparent, psychological process, but is instead a socially situated activity accomplished through the deployment of a range of historically constituted discursive practices. Goodwin (1994)

Das folgende Beispiel[7] zeigt einen Fall, in dem zwei Sprecher auf einer Bühne eine Datensitzung vorführen. Das ganze findet im Rahmen einer Konferenz von „Hackern" und Politikaktivisten statt. Die beiden Sprecher (hier Joscha und Otto genannt) haben das Material schon im Vorhinein vorbereitet und reproduzieren Ihren Erkenntnisfortschritt vor einem etwa 200 Personen umfassenden Publikum: Somit handelt es sich um eine Rekonstruktion im doppelten Sinne. Thema der Analyse ist ein Fall von „Polizeigewalt" gegen einen Radfahrer auf einer Demonstration gegen (staatliche) Überwachung. Die Analyse, auf die wir eingehen, ist eingebettet in eine Powerpoint Präsentation, in der Kontext und juristische Details vorgestellt wurden. Das Video, das hier als Evidenz konstruiert wird, hat eine besondere Eigenschaft: Es handelt sich nicht nur um eine Aufnahme, sondern um eine zeitlich synchronisierte Zusammenstellung von im Internet verfügbaren Aufnahmen des Ereignisses (ein vierfach Split-Screen), die eine kaleidoskopartige Perspektivenvielfalt produziert. Die einzelnen Aufnahmen stehen als visuelle Zeugen des Ereignisses nebeneinander und zeigen „synchron" das gleiche Ereignis aus verschiedenen Blickwinkeln. Bereits am Bild, in das eine bestimmte Annahme eingeschrieben ist, zeigen die Sprecher so mittels Vervielfachung der Blickwinkel, dass ihre Deutung eine höhere Genauigkeit aufweist – eine bessere Sichtbarkeit des vermeintlich „wahren" Ereignisses[8] und damit eine authentischere Darstellung als nur eine einzelne Aufnahme. Andere Formen, wie etwa die Tonaufnahmen (die in der Analyse von den Akteuren vernachlässigt werden) oder Zeugenaussagen, werden in diesem Kontext kaum genutzt um Kommunikationsmacht zu entfachen. Diese Evidenzfunktion wird im Videozusammenschnitt objektiviert.

Abbildung 1 zeigt die sichtbare Aufnahme im Detail. Wir betrachten eine Szene, in welcher Joscha (hier noch nicht sichtbar) auf das eben angehaltene Bild unten links deutet und sagt „Hier sehen wir jetzt", was eine paradoxe Aussage darstellt, denn auf dem Video ist für das Publikum (wie auch für Sie als Leser) zunächst höchstens Bewegungsunschärfe und mit viel Interpretation etwas grün/

---

7   Die Sequenz wird ebenfalls in Tuma (Tuma, under review) behandelt. Das Datenmaterial stammt von einer Hackerkonferenz und steht frei zugänglich auf verschiedenen Videoportalen im Internet. Die Daten wurden Video-Interaktionsanalytisch ausgewertet.
8   Ziel dieses Aufsatzes ist es nicht eine der Deutungen als richtig oder falsch, gut oder schlecht zu bewerten, sondern das soziologische Interesse liegt bei den verschiedenen Kommunikationsformen die hier sichtbar werden.

Die kommunikative Video-(Re)Konstruktion

Abbildung 1   Split-Screen

grau, möglicherweise Polizisten in Uniform vor einigen Fahrzeugen zu sehen. Auf den anderen Bildern ist etwas mehr zu erkennen, aber auch diese sind zumindest nicht eindeutig verständlich.

Die Sprecher, die wir in Abbildung 2 sehen werden, stehen also vor dem kommunikativen Problem, aus diesem unscharfen Bild, eine Interpretation zu entwickeln, genauer ihre eigene, vorbereitete Rekonstruktion der Ereignisse anhand des Videobildes, das an die Wand projiziert wird, sichtbar zu machen. Hierzu werden eine Reihe weiterer kommunikativer Methoden[9] des Verständlich-Machens angewendet:

- Nutzung des Videos als Zeigeinstrument
- Zeigen, Haltung, Körper
- Entwicklung eines Narratives, Benennung, Akteurs-Typisierung

Das Videobild selbst wird als Zeigeinstrument genutzt, wenn es, wie unten in dem Transskript deutlicher wird, genau einen Moment „bevor" etwas passiert angehalten wird. Die sehr feine Steuerung des Bildes (vor, zurück, schneller, langsamer) erlaubt es Otto, synchron und genau abgestimmt mit Joschas Aussagen, das Bild auf ein Standbild hinzuführen, in welchem einzelne Personen zeigbar und identi-

---

9   Die Analyse ist von der Ethnomethodologie inspiriert, geht jedoch nicht davon aus, dass jede Handlung „nur" situativ Wirkung entfaltet, sondern nimmt das Wissen ernst, sowie dessen objektivierte Formen, die die Handlung situiert einbetten.

fizierbar werden. Das übernimmt, genau abgestimmt, Otto, der das Video immer ein kleines Stück vor- oder zurückspult und genau überprüft, wie weit die Interpretation durchgeführt wurde, und was es zu zeigen gilt. Joscha übernimmt die Zeigefunktion (vgl. zum *Zeigen* Knoblauch 2008), indem er mit seinem Körper als Scharnier die an die Wand geworfenen Videobilder mit der Typisierung der Akteure verbindet. Hierbei zeigt er einerseits zunächst auf die Leinwand (Transkript Zeile 12 & 13, siehe Pfeil) und wendet dabei den Blick dem Publikum zu. Das Verständnis, das durch die überzogene Darstellung eines Beamten als „Schläger" ins zynische gewendet wird, wird durch das Publikum mit einem Klatschen und Gelächter als verstanden „quittiert".

Diese Stelle im Video hat einen zentralen Stellenwert, da ein Narrativ (die Täter, das Opfer, Vorbereitung und Durchführung der Tat etc.) hier zusammengeführt und die Typisierungen im Bild vorbereitet werden. Bereits gesehene Sequenzen werden in den Zusammenhang gestellt (Z. 21–26) und hiermit zu einer Interpretation als geplante Straftat verwoben (Z. 5–8). Nicht nur das Zeigen spielt jedoch eine Rolle, sondern insbesondere das Körperliche „in den Raum" hineinversetzen wird in dieser Sequenz deutlich. Wie bereits oben beschrieben ist es für das Publikum ohne Vorwissen schwer, etwas auf dem Video zu erkennen. Besonders die räumliche Verortung ist aufgrund der Vielzahl der Perspektiven nur schwer möglich. Für dieses Problem, bietet Joschas „Re Enactment" (siehe oben) eine Lösung (zum Begriff siehe unten). Er spielt im auf der Bühne hergestellten Raum des rekonstruierten Ereignisses, die Rolle der Täter, typische Bewegungen, wie das Stoßen und das Geleiten, nach (unterstrichen in Z. 25 und 26) – und schafft hierdurch, und durch seine Körperorientierung, den Interpretationsraum abzustecken und mit den Akteurstypisierungen zu verbinden. Abbildung 3 zeigt das Nachspielen des „geleitet" (Z. 26).

Abbildung 3   Re-Enactment

Die kommunikative Video-(Re)Konstruktion

```
      Beteiligte: J: Joscha, O: Otto
1.
2.
3.  O:  Hier sieht man gleich eine (.) nicht ganz unwichtige Szene ...
4.      (Sequenz für diese Darstellung hier gekürzt, RT)
5.  O:  bei dem Unten links Video sieht man jetzt, wie sie quasi, so
6.      haben wir das interpretiert, sich zu der (.) im Folgenden zu
7.      sehenden Straftat verabreden (-) ähm (-) wir haben ja
8.      zwei=äh ja Hauptbeamte die sozusagen an dem beteiligt sind
9.  J:  (Ah) des, des muss man zeigen, warte mal
10. O:  Ja
11. J:  Da ist jetzt sozusagen der, (-) den wir immer SCHLÄGer
12. →   nennen(.)
13.     (Lachen und anschließend Klatschen im Publikum)
14. J:  Das ist auch der (Klatschen)
15. J:             [Ne hört mal auf, das ist ja nicht schön
16.     was da passiert
17.     (J startet das Video, kurz Geräusche aus diesem, ca 2s)
18.                [halt doch mal an
19. O:  Mhm
20. J:  Das ist auch der der später (.) SCHLÄGT und dann gibt es
21.     noch einen den wir REISSER nennen. Der Schläger ist aber
22.     auch der,
23. →   den ihr gesehen habt, wie er den Fahrradfahrer nach vorne
24. →   gestoßen hat, der Schläger ist auch der, der den Fahrradfah-
25.     rer in der Szene davor nach vorne geleitet=oder vor sich her
26.     schiebt und dann nach vorne schiebt.
```

Abbildung 2 und und Transcript 1 Die Vorstellung der Interpretation

Die Analyse der Handlung auf der Demonstration folgt einem Narrativ – das mag ein wenig dem Präsentationsformat geschuldet sein, liegt aber v. a. im Kontext – es geht um eine Straftat, in der Täter und Opfer typisiert werden und Ihr Handeln entsprechend dieser Rollen interpretiert wird. Die spezifische Technologie, Betrachtung aus mehreren Blickwinkeln, bei nicht sehr guter Tonaufnahme, führt weiterhin zu einer stark körperzentrieten Interpretation, in der bestimmte Gesten und Bewegungen sowie Blick zu und Abwendungen und „ikonische Posen" (die ich in diesem Rahmen nicht ausführen kann) in den Vordergrund rücken.

Die Rolle der „Experten" ist in diesem Fall weiterhin nicht ganz klar, sie sind nicht ausgewiesen als Videoanalytiker, bringen aber ein technisches (Hackerkonferenz) sowie juristisches Sonderwissen mit, dass sie hier neu rekombinieren, und mit Alltagsdeutungen verweben.

Dieses Beispiel zeigt auf der Interaktionsebene, dass die Rekonstruktion der vergangenen Ereignisse mittels Video also eine Tätigkeit ist, die hier auf der Bühne eine Reihe von Methoden zum Verstehen und zur „Verständlichmachung" (*als Performanz von Wissen* Knoblauch, 2008) der visuellen Informationen erfordert. Diese Methoden, die sich – ausgehend von Goodwins Untersuchungen der Sehpraktiken – noch weiter ausdifferenziert beschreiben lassen, erfordern sicherlich noch weiterer empirischer Untersuchungen in einer Reihe der oben genannten Felder. Als weiteres Beispiel soll nun als nächstes ein maximaler Kontrast vorgeführt werden: Die Analyse, die nicht diskursiv sondern scheinbar „unkommunikativ" und alleine vor dem Computer gestaltet wird.

3.2 Marktforschung

Betrachten wir die Marktforschung[10] als eines der zentralen und häufig angeführten Feldern der Analyse. Hier ist das Ziel das Kaufhandeln oder Verhalten (je nach theoretischer Ausrichtung der Forscher sind Kunden sinnhaft handelnde oder lediglich sich verhaltende Wesen) zum Zwecke der Verkaufssteuerung aufzuzeichnen bzw. zu verstehen und durch bestimmte Maßnahmen (z. B. Umbau der Laufwege im Supermarkt oder Zielgruppengerechte Gestaltung von Elektrogeräten) zu steuern. Wie sich zeigt, ist hier weniger das sinnhafte Handeln Einzelner von Interesse, sondern vielmehr statistische Häufungen, die anschließend

---

10 In diesem Bereich ist im Moment eine (fokussiert-)ethnographische (Knoblauch, 2002) Studie im Gange, die den Umgang mit Video in professionellen Kontexten untersucht. In diesem Fall in einem spezialisierten Marktforschungsunternehmen.

in die Planungspraxis eingehen. Die Analyse – die Rekonstruktion dessen was geschah – findet hier in einer arbeitsteiligen Art und Weise statt: Daten werden von einem Team im „Feld" mit Testpersonen aufgezeichnet. Auch wenn hier die Akteure den Begriff Ethnographie verwenden, so handelt es sich dennoch um sehr kontrollierte Situationen, in welchen Akteuren mit Eye-Tracking Brillen und bestimmten Aufgaben (Kaufen Sie Milch und ein Waschmittel!) in einen spezifischen Supermarkt geschickt werden oder besonders eine Handlungsform (Befüllen und Herausnehmen von Dingen aus Kühlschränken) fokussiert wird, ohne den Kontext in den Blick zu nehmen – hier handelt es sich also eher um eine Variation von Experimenten, bei denen das Erkenntnisinteresse im standardisierten Vergleich liegt. Zusammenhänge zwischen den verschiedenen Tätigkeiten stehen hier nicht im Interesse und werden auch zumeist nicht weiter befragt. Dennoch wird hier menschliches Handeln mit Video rekonstruiert und zwar per Kodierungen. (Video-)Kodierungen sind Typisierungen bestimmter vordefinierter Handlungsformen, die zumeist am Computer von Einzelnen vorgenommen werden. Wenn Videoanalyse nun von Akteuren alleine vor dem Computer durchgeführt werden, ohne dass die anderen beteiligt sind, so finden sich im Vergleich zum oberen Beispiel andere Übersetzungsprozesse, die hier kurz an einem Beispiel erläutert werden.

Es sollen Aufnahmen zur Nutzung von Kühlschränken analysiert werden. Um diese Aufnahmen herzustellen, wurden in Wohnungen Kameras installiert (die neue Form des Hochsitzes aus den „Kitchen Stories") und die Tätigkeiten im Umgang mit dem Kühlschrank gefilmt: Was wird wann wo hineingetan oder herausgenommen?

Die Auswertung erfolgt in arbeitsteiliger Weise, routinisiert und streng reguliert – es werden von einem vorbereitenden Marktforscher, der die Forschungsfragen mit dem Kunden der Studie abgestimmt hat, bestimmte relevante Operationen definiert und in Kodierlisten zusammengefasst (z. B. Handlungen wie hereinlegen, herausnehmen, suchen, sonstiges ...; Nahrungstypen wie Joghurt, Milch, Käse, Gemüse ... und Verpackungsformen wie Plastiktüte, Flasche, Dose ...). Diese werden an die sogenannten Kodierer weitergegeben, die das Material nun durchsehen und Codes vergeben wie z. B. *Handlung: Testperson3(w) legt um 19.04 in eine Plastiktüte eingewickelten Käse in oberes Fach Nr. 2)* Hierzu klicken sie in der richtigen Reihenfolge die folgenden Items:

1. Klick auf die vordefinierte Personenkategorie (Testperson3, weiblich),
2. Öffnen des Kühlschrankes
3. das Fach,

4. Auswahl des Gegenstandes „Käse",
5. Typisierung der Verpackung als Plastiktüte.
6. Schließen des Kühlschrankes

Der Deutungsspielraum, in dem Kategorien vorgegeben werden, wurde hierbei möglichst reduziert, und die räumliche Verortung wird mittels eines visuellen Hilfsmittels, einer „Area Mask" gelöst:

Abbildung 4   Visuelles Kodierschema (Areas) Kühlschrank

Hier wurde bereits im Vorhinein das Zeigen, das im oberen Beispiel körperlich vermittelt wurde, in ein Bild, ein visuelles Kodierschema, eingeschrieben. Die Kodierer interpretieren dieses Schema und bringen es in Übereinstimmung mit ihren Beobachtungen. Da das Ganze in höchstem Grade standardisiert ist, ist die Rekonstruktion scheinbar einfach und automatisch. Die Zuweisungen bestimmter Handlungen zu visuellen Codes (Areas) scheint ein einfacher, soziologisch uninteressanter Klick zu sein. Er repräsentäiert aber doch eine Form eine Interpretationsapparates, in dem dieser Klick der Auslöser eines standardisierten Ablaufes ist. Man sollte jedoch nicht übersehen, dass hier die Arbeit, die einzelnen Entscheidungen zu rekonstruieren, durch die objektivierten Programme und Zeichensysteme erst ermöglicht wird. Es wird hier, durch die Vorgabe der Optionen, der Spielraum so eingeengt, dass es lediglich um das Selegieren eines passenden Codes und dessen bild-räumliche sowie zeitliche Verortung geht. Interpretationsspielräume werden systematisch minimiert. Bereits die Einigung, darauf was sichtbar ist, ist ein Problem, dass Akteure mittels verschiedener kommunikativer Handlungen lösen – in diesem Beispiel auf Basis der Nutzung visueller Hilfsmittel und Standardisierungen: Dadurch konstruieren die Marktforscher eine Sicht auf die Wirklichkeit – in diesem Fall den Konsumenten.

4 Schluss

Dieser Aufsatz behandelt eine bestimmte Form der Rekonstruktion vergangener Ereignisse. Das Besondere hierbei ist, dass Videotechnologie genutzt wird, die flüchtige, performative Handlungsformen, die ohne ihre Hilfe nicht ohne weiteres festgehalten und visuell wieder zugänglich gemacht werden könnten, zugänglich macht. Video erstellt aber keine Kopie der Wirklichkeit, sondern immer nur ein Abbild, das verschiedentlich interpretiert werden kann. Unterschiedliche Deutungen können aus politischen Gründen, bei Konflikten verschiedener Gruppen zur Durchsetzung ihrer bestimmten Interessen entstehen (wie es im von Goodwin beschriebenen Rodney King Fall war), viel häufiger sind jedoch die Kontexte, in denen über und mit Videomaterial kommuniziert wird, sehr unterschiedlich. Man könnte die Frage stellen, was denn nun das gemeinsame an den drei oben angeführten Beispielen sei – oder ob es nicht trivial sei, dass unterschiedliche Videodaten unterschiedlich interpretiert werden. Das mag einerseits stimmen, jedoch liegt der Fokus des Interesses eben nicht auf dieser Feststellung, dass es Unterschiede gibt, sondern vielmehr in der (reflexiven) Rekonstruktion der Methoden, mittels welcher aus bunten Punkten Wirklichkeiten entstehen. Aufgrund verschiedener Kommunikationsformen – und hiermit sind die verschiedenen „feinen" Methoden der Deutung wie ich sie oben gezeigt habe, wie das Re-Enactment, die Typisierung und Narrativisierung und die technisierung und Zerlegung gemeint – unterscheiden sich die verschiedenen „Sehgemeinschaften". Da der Blick sich hier auf den Menschen richtet, wird auch immer ein Subjekt konstruiert: eine Gruppe visueller Experten konstruiert das handelnde Subjekt, indem sie sich nahezu körperlich in es hineinzuversetzen versuchen. Die zweite konstruiert das Opfer und den Täter, indem sie bestimmte Typisierungen anwenden und in der dritten Form, der Marktforschung, taucht das Subjekt als Konsument auf, dessen Handlungen zerlegt und quantifiziert werden. Die Deutungsgemeinschaften haben – zumindest in den gefestigten Formen – ihre theoretische Legitimation (Methode & Methodologien aus der Soziologie, Psychologie usw.), aber alle Gruppen teilen bestimmte Deutungspraktiken und Formen der Techniknutzung. Es muss unter den, an einer Videoanalyse beteiligten ein gemeinsamer Fokus gefunden werden, Möglichkeitsräume eröffnet, Handelnde oder Objekte eindeutig typisiert und ein gemeinsames Verständnis eines sinnhaften Zusammenhanges, der sich auf dem Bildschirm oder der Leinwand zeigt hergestellt werden. Interessante Unterschiede liegen hierbei mehr in der Frage in welchem Kontext die Interpretationen stattfinden, welche Sehpraktiken und kommunikativen Stile sich in Sehgemeinschaften verfestigt haben, wie die Arbeitsteilung aussieht, wie viel der Tätigkeit routinisiert oder gar in Technologien eingeschrieben ist und welche Sprache verwendet wird: Wird ein klassiches Drama erzählt? Werden Zahlen produziert? Worin besteht die Deutung, und welche Wirklichkeit erschafft sie? Weitere genaue Analysen verschiedener Kontexte sollen Licht in diese Fragen bringen, und den Zusammenhang des visuellen Wissens und der kommunikativen Form weiter klären. Die Re-Konstruktion von Ereignissen Anhand von Videodaten ist nicht einfach nur ein Sehen, zoomen und vergrößern, wie es häufig dargestellt wird, oder nur ein kognitiver Vorgang, sondern vielmehr das Ergebnis feiner und fein abgestimmter Rekonstruktionsarbeit, der je nach Feld unterschiedliche Ausprägungen annimmt.

Literatur

Ayaß, Ruth (1999): Moral auf Umwegen: „Das Wort zum Sonntag". In Jörg Bergmann & T. Luckmann (Hrsg.), Kommunikative Konstruktion von Moral. Band 2: Von der Moral zu den Moralen (S. 112–141). Opladen: Westdeutscher.
Bergmann, Jörg. (1987): Klatsch : zur Sozialform der diskreten Indiskretion. Berlin; New York: W. de Gruyter.
Bergmann, Jörg. (1985): Flüchtigkeit und methodische Fixierung sozialer Wirklichkeit. Aufzeichnungen als Daten der interpretativen Soziologie. In W. Bonß & H. Hartmann (Hrsg.), Entzauberte Wissenschaft: Zur Relativität und Geltung soziologischer Forschung (Soziale Welt, Sonderband 3) (S. 320, 299). Göttingen: Schwarz.
Bohnsack, Ralf (2008): Qualitative Bild- und Videointerpretation: Die dokumentarische Methode: Einführung in die dokumentarische Methode (1. Aufl.). UTB, Stuttgart.
Burri, Regula Valerie, Dumit, Joseph (2007): Social Studies of Scientific Imaging and Visualization. In Hackett, E. J., Amsterdamska, O., Lynch, M., & Wajcman, J., (Hrsg): The Handbook of Science and Technology Studies (S. 297–317). Boston: The MIT Press.
Erickson, Frederick (2011): Uses of video in social research: a brief history. International Journal of Social Research Methodology, 14(3), 179–189.
Goffman, Erving (1977): Rahmen-Analyse. Ein Versuch über die Organisation von Alltagserfahrungen. Frankfurt am Main: Suhrkamp.
Goodwin, Charles (1994): Professional Vision. American Anthropologist, New Series, 96(3), 606–633.
Goodwin, Charles (1995): Seeing in Depth. Social Studies of Science, 25(2), 237–274.
Heath, Christian, Hindmarsh, Jon, & Luff, Paul (2010): Video in Qualitative Research. London: Sage.

Heath, Christian, & Knoblauch, Hubert (1999): Technologie, Interaktion und Organisation. Die Workplace Studies. Schweizerische Zeitschrift für Soziologie, 25(2), 163–181.

Herbrik, Regine (2011): Die kommunikative Konstruktion imaginärer Welten (2011. Aufl.). VS Verlag für Sozialwissenschaften.

Hietzge, Maud (2008): Videogestützte Selbstreflexion in der Sportlehrerausbildung – Reaktivität, Akzeptanz und „how to do". In V. Oesterhelt (Hrsg.), Jahresband der dvs-Sektion Sportpädagogik (S. 295–298.). Czwalina.

Hitzler, Ronald, Honer, Anne, & Maeder, Christoph (1994): Expertenwissen. Die institutionalisierte Kompetenz zur Konstruktion von Wirklichkeit. Opladen: Westdeutscher.

Hindmarsh, Jon & Tutt, Dylan (in print): Video in Analytic Practice. In S. Pink (Hrsg.), Advances in Visual Methodology. London: Springer.

Kiesow, Christian (2012): Die kommunikative Konstruktion der Mathematik. Zur Rolle körperlicher Performanz im Umgang mit mathematischen Zeichen. In Knoblauch, Hubert & Keller, Reiner & Jo Reichertz: Kommunikativer Konstruktivismus. S. 317–336. Wiesbaden: VS/Springer.

Knoblauch, Hubert (2002): Fokussierte Ethnographie. Sozialer Sinn, (1), 123–141.

Knoblauch, Hubert (1998): Zukunft und Perspektiven qualitativer Forschung, in: Uwe Flick, Ernst v. Kardoff, Ines Steinke (Hg.), Qualitative Forschung: Ein Handbuch. Hamburg: Rowohlt, 623–631 (2. Aufl. 2003).

Knoblauch, Hubert (2005): Wissenssoziologie. Konstanz: UVK/UTB.

Knoblauch, Hubert (2008): The Performance of Knowledge: Pointing and Knowlegde in Powerpoint Presentations. Cultural Sociology, 2(1), 75–97.

Knoblauch, Hubert (2012): Grundbegriffe und Aufgaben des kommunikativen Konstruktivismus. In Knoblauch, Hubert & Keller, Reiner & Jo Reichertz: Kommunikativer Konstruktivismus. S. 25–48. Wiesbaden: VS/Springer.

Knoblauch, Hubert & Luckmann, Thomas (2000): Gattungsanalyse. In U. Flick, E. v. Kardoff, & I. Steinke (Hrsg.): Qualitative Forschung: Ein Handbuch (S. 538–545). Hamburg: Rowohlt.

Knoblauch, Hubert & Schnettler, Bernt (im, Druck): Videography: analysing video data as a ‚focused' ethnographic and hermeneutical exercise. Qualitative Research.

Knoblauch, Hubert, Schnettler, Bernt, Raab, Jürgen (2006): Video-Analysis. Methodological Aspects of Interpretive Audiovisual Analysis in Social Research. In H. Knoblauch, B. Schnettler, J. Raab, & H.-G. Soeffner (Hrsg.), Video-Analysis (S. 51–67). Frankfurt am Main: Lang.

Knoblauch, Hubert, Schnettler, Bernt, & Tuma, René (2010): Interpretative Videoanalysen in der Sozialforschung. (S. Maschke & L. Stecher, Hrsg.)Enzyklopädie Erziehungswissenschaft Online. Weinheim & München: Juventa.

Laurier, Erik, Strebel, Ignaz, & Brown, Barry (2008): Video Analysis: Lessons from Professional Video Editing Practice. FQS, 9(3).

Luckmann, Thomas (1986): Grundformen der gesellschaftlichen Vermittlung des Wissens: Kommunikative Gattungen. Kölner Zeitschrift für Soziologie und Sozialpsychologie, Sonderheft 27, 191–211.

Merleau-Ponty, Maurice (1966): Phänomenologie der Wahrnehmung. Berlin.

Mondada, Lorenza (2003): Working with video: how surgeons produce video records of their actions. Visual Studies, 18(1), 58.

Mondada, Lorenza (2005): Video Recording as the Reflexive Preservation and Configuration of Phenomenal Features for Analysis. In H. Knoblauch, B. Schnettler, J. Raab, & H.-G. Soeffner (Hrsg.), Video-Analysis (S. 51–67). Frankfurt am Main: Lang.

Raab, Jürgen (2008): Visuelle Wissenssoziologie. Theoretische Konzeption und materiale Analysen (Erfahrung – Wissen – Imagination): Theoretische Konzeption und materiale Analysen. Konstanz: UVK.

Reichert, Ramón (2007): Im Kino der Humanwissenschaften: Studien zur Medialisierung wissenschaftlichen Wissens (1., Aufl.). Bielefeld: Transcript.

Reichertz, Jo (2012): Grundzüge eines kommunikativen Konstruktivismus. In Knoblauch, Hubert & Keller, Reiner & Jo Reichertz: Kommunikativer Konstruktivismus. S. 49–68. Wiesbaden: VS/Springer.

Reichertz, Jo, & Englert, Carina-Jasmin (2010): Einführung in die qualitative Videoanalyse: Eine hermeneutisch-wissenssoziologische Fallanalyse (1. Aufl.). VS Verlag.

Schnettler, Bernt (2007): Auf dem Weg zu einer Soziologie visuellen Wissens. Sozialer Sinn, 8(2), 189–210.

Schnettler, Bernt, & Knoblauch, Hubert (2007): Powerpoint-Präsentationen: Neue Formen der gesellschaftlichen Kommunikation von Wissen (1. Aufl.). Konstanz: UVK.

Schütz, Alfred (1962): Common Sense and Scientific Interpretation. Collected Papers, 1, 3–47.

Sidnell, Jack (2006): Coordinating Gesture, Talk, and Gaze in Reenactments. Research on Language & Social Interaction, 39(4), 377.

Tuma, René (in Begutachtung): The (re)-construction of human conduct: ‚vernacular video analysis'. QSR.

Tutt, Dylan, & Hindmarsh, Jon (2011): Reenactments at Work: Demonstrating Conduct in Data Sessions. Research on Language & Social Interaction, 44(3), 211–236. doi:10.1080/08351813.2011.591765

Tutt, Dylan, Hindmarsh, Jon., Shaukat, Muneeb, & Fraser, Mike (2007): The distributed work of local action: Interaction amongst virtually collocated research teams. In L. J. Bannon, I. Wagner, C. Gutwin, R. H. R. Harper, & K. Schmidt (Hrsg.), ECSCW 2007. London: Springer.

Zielinski, Siegfried (2010[1980]): Zur Geschichte des Videorecorders. Potsdam: Polzer.

Autorinnen und Autoren

Bettmann, Richard M. A. Dipl. Soz. Arb. (FH), studierte Soziale Arbeit und Kommunikationswissenschaft. Seit 2010 ist er wissenschaftlicher Mitarbeiter in dem DFG-Projekt „Fremde Eigenheiten und eigene Fremdheiten. Interkulturelle Verständigung und transkulturelle Identitätsarbeit in globalisierten Arbeitskontexten" an der Universität Duisburg-Essen. Zudem ist er seit 2012 wissenschaftlicher Mitarbeiter an der Hochschule Fulda in dem Projekt „Förderung der Interkultur" im Rahmen eines Bund-Länder-Programms für bessere Studienbedingungen und mehr Qualität in der Lehre. Seine Arbeitsschwerpunkte sind Kommunikations-, Kultur- und Wissenssoziologie, Gesundheitssoziologie, qualitative Sozialforschung, Interkultur-, Salutogenese- und Lebensweltforschung.

Bosančić, Saša M. A., studierte Soziologie, Kommunikationswissenschaft und Psychologie. Seit 2006 ist er wissenschaftlicher Mitarbeiter an der Universität Augsburg. Seine Arbeitsschwerpunkte sind Wissenssoziologie, Diskursforschung, Arbeitssoziologie, Soziologie sozialer Ungleichheit und qualitative Sozialforschung.
Aktuelle Literatur: Bosančić, Saša (2013): Arbeiter ohne Eigenschaften. Eine wissenssoziologische Diskurs- und Subjektanalyse der Subjektivierungsweisen angelernter Arbeitnehmer. Wiesbaden: VS Verlag. (im Erscheinen).

Christmann, Gabriela B. Dr. rer. soc. et phil. habil., studierte Soziologie und Politikwissenschaft. Seit 2008 ist sie Leiterin der Forschungsabteilung „Kommunikations- und Wissensdynamiken im Raum" am Leibniz-Institut für Regionalentwicklung und Strukturplanung (IRS) in Erkner (bei Berlin), zugleich ist sie Privatdozentin an der Technischen Universität Berlin. Gastprofessuren hatte sie in Wien (2004, 2006 und 2009) inne. Ihre Arbeitsschwerpunkte sind Wissenssoziologie, Stadt- und Regionalsoziologie, Kommunikationsforschung, Innovationsforschung und Methoden qualitativer Sozialforschung.
Aktuelle Literatur: Christmann, Gabriela (2007): Robert E. Park. (Reihe: Klassiker der Wissenssoziologie). Konstanz: UVK. ♦ Christmann, Gabriela/Jähnke,

Petra/Balgar, Karsten (Hrsg.) (2011): Social Entrepreneurship. Perspektiven für die Raumentwicklung. Wiesbaden: VS Verlag.

Hepp, Andreas   Dr. phil. habil., studierte Germanistik, Politikwissenschaft und Medienkommunikation. Seit 2004 ist er Professor an der Universität Bremen, zuerst für Kulturelle Bedeutung digitaler Medien, seit 2010 am Zentrum für Medien-, Kommunikations- und Informationsforschung (ZeMKI) für Kommunikations- und Medienwissenschaft mit dem Schwerpunkt Medienkultur und Kommunikationstheorie. Gelehrt und geforscht hat er daneben u. a. am Goldsmiths University of London, der Nottingham Trent University und der University of Sunderland. Seine Arbeitsschwerpunkte sind Medien- und Kommunikationstheorie, Mediensoziologie, Mediatisierungsforschung, transnationale und transkulturelle Kommunikation, Cultural Studies, Medienwandel, sowie Methoden der empirischen Medienkulturforschung.
Aktuelle Literatur: Hepp, Andreas (2012): Cultures of Mediatization. Cambridge: Polity Press. ♦ Hepp, Andreas (2011) Medienkultur. Die Kultur mediatisierter Welten. Wiesbaden: VS Verlag. ♦ Hepp, Andreas/Bozdag, Cigdem/Suna, Laura (2011): Mediale Migranten. Mediatisierung und die kommunikative Vernetzung der Diaspora. Wiesbaden: VS Verlag.

Herbrik, Regine   Dr. phil., studierte Soziologie und Deutsche Literatur in Konstanz und promovierte 2009 an der TU Berlin. Seit 2010 leitet sie mit Hubert Knoblauch ein vom Exzellenzcluster „Languages of Emotion" der FU Berlin gefördertes Projekt zur „Emotionalisierung der Religion". Ihre Arbeitsschwerpunkte sind hermeneutische Methoden der Sozialforschung, das Imaginäre, Religions-, Wissens- und Emotionssoziologie.
Aktuelle Literatur: Herbrik, Regine (2011): Die kommunikative Konstruktion imaginärer Welten. Wiesbaden: VS Verlag.

Hornidge, Anna-Katharina   Dr. phil., studierte Südostasienwissenschaften und Soziologie in Bonn, Singapur und Berlin. Seit 2006 arbeitet sie als Senior Researcher in der Abteilung für politischen und kulturellen Wandel des interdisziplinär arbeitenden Zentrums für Entwicklungsforschung (ZEF), Universität Bonn. Hier leitet sie momentan den BMBF-finanzierten Forschungsverbund: Epistemische Kulturen und Innovationsdiffusion im post-sowjetischen Südkaukasus und Zentralasien. Pilotstudie: Landwirtschaftliche Wissenssysteme in Georgien und Tadschikistan. Zu ihren Forschungsthemen gehören Wissen, Wissensgesell-

schaften, Wissenschaftspolitik, und Innovationsentwicklungsprozesse im Entwicklungskontext, sowie sozio-kulturelle Anpassungsforschung (sozio-ökonomische Transformationsprozesse, Umwelt- & Klimawandel). Regional arbeitet Frau Hornidge zu Südostasien (Indonesien, Singapur, Malaysia) und Zentralasien (Tadschikistan und Uzbekistan).
Aktuelle Literatur: Hornidge, Anna-Katharina (2011): ‚Creative Industries' – Economic Program and Boundary Concept. In: Journal of Southeast Asian Studies, 42 (2), S. 253–279. ◆ Hornidge, Anna-Katharina (2010): „An Uncertain Future – Singapore's Search for a New Focal Point of Collective Identity and its Drive towards ‚Knowledge Society'." In: Asian Journal of Social Sciences 38 (5), S. 785–818. ◆ Hornidge, Anna-Katharina (2007): Knowledge Society. Vision & Social Construction of Reality in Germany & Singapore. Münster: Lit-Verlag.

Keller, Reiner   Dr. phil. habil., studierte Soziologie, Sozialplanung und Verwaltungswissenschaften an den Universitäten Saarbrücken, Rennes (F) und Bamberg; Promotion 1997 an der TU München; Habilitation 2004 an der Universität Augsburg. 2006–2011 war er Professor für Soziologie an der Universität Koblenz-Landau (Campus Landau). Seit Oktober 2011 hat er einen Lehrstuhl für Soziologie an der Universität Augsburg mit Schwerpunkten in Allgemeiner Soziologie, Wissenssoziologie und Diskursforschung. Er ist amtierender Vorsitzender der Sektion Wissenssoziologie der DGS. Zahlreiche Einladungen zu Vorträgen, Gastaufenthalten und zur Durchführung von Diskurswerkstätten im deutschsprachigen und internationalen Raum. Arbeitsschwerpunkte sind Diskursforschung, Kultur- und Wissenssoziologie, soziologische Theorie und Gesellschaftsdiagnose, französischsprachige Soziologie und qualitative Sozialforschung.
Aktuelle Literatur: Keller, Reiner (2010): Wissenssoziologische Diskursanalyse. Grundlegung eines Forschungsprogramms. 3.Auflage. Wiesbaden: VS Verlag. ◆ Keller, Reiner (2012): Das Interpretative Paradigma. Wiesbaden: VS Verlag. ◆ Keller, Reiner/Truschkat, Inga (Hrsg.) (2012): Methodologie und Praxis der Wissenssoziologischen Diskursanalyse. Wiesbaden: VS Verlag.

Kiesow, Christian   Dipl.-math., M. A., studierte Mathematik, Physik und Philosophie an der TU Berlin. Seit 2010 Promotion in Soziologie bei Hubert Knoblauch zum Thema „Kommunikation, Interaktion und Visualität in der Mathematik". Schwerpunkte seines Interesse sind Wissenschaftssoziologie (Social Studies of Science and Technology) und Video-Interaktions-Analyse. Mehrjährige Unterrichtserfahrung in der universitären Mathematikausbildung von Ingenieuren.

Knoblauch, Hubert Prof. Dr. rer. soc., studierte Soziologie, Philosophie und Geschichte an den Universitäten Konstanz und Brighton, Sussex. Seit 2002 ist er Professor für Allgemeine Soziologie/Theorie moderner Gesellschaften an der Technischen Universität Berlin. Arbeitsschwerpunkte: Wissens-, Kommunikations- und Religionssoziologie, Thanatosoziologie, qualitative Methoden/Videographie.
Aktuelle Literatur: Knoblauch, Hubert (2009): Populäre Religion. Frankfurt/New York: Campus. ♦ Knoblauch, Hubert (2010): Wissenssoziologie. 2. erw. Auflage. Konstanz: UVK. ♦ Knoblauch, Hubert (2012): Powerpoint and the Communicative Culture of Knowledge Society. Cambridge: Cambridge University Press (im Erscheinen).

Ortmann, Günther Dr. rer. pol. habil., war Professor für Allgemeine Betriebswirtschaftslehre an der Helmut-Schmidt-Universität Hamburg. Verschiedene Lehraufträge führten ihn an die Universitäten Witten/Herdecke, Luzern und St. Gallen. Seine Arbeitsschwerpunkte sind Organisationstheorie und strategisches Management.
Aktuelle Literatur: Ortmann, Günther (2009): Management in der Hypermoderne. Wiesbaden: VS Verlag. ♦ Ortmann, Günther (2010): Organisation und Moral. Weilerswist: Velbrück Wiss. ♦ Ortmann, Günther (2011): Kunst des Entscheidens. Weilerswist: Velbrück Wiss.

Poferl, Angelika Dr. phil., studierte Theater- und Kommunikationswissenschaften sowie Soziologie, Sozialpsychologie und Sozialgeschichte an den Universitäten Nürnberg-Erlangen und München (LMU). Sie war von 1996–2004 Mitarbeiterin am Lehrstuhl von Prof. Dr. Ulrich Beck und anschließend bis 2010 Juniorprofesssorin für Qualitative Methoden der Sozialforschung am Institut der Soziologie der Universität München. Angelika Poferl ist seit 2010 Professorin für Soziologie mit Schwerpunkt Globalisierung am Fachbereich Sozial- und Kulturwissenschaften der Hochschule Fulda. Zu ihren Arbeitsgebieten zählen Globalisierungstheorie- und forschung, Europäisierung, Kosmopolitisierung; soziale Ungleichheiten/Armut/Geschlechterungleichheit; Kultur der Menschenrechte, nachhaltige Entwicklung; qualitative Methoden. Sie ist u. a. Mitglied der Sektion Wissenssoziologie der DGS und seit 2008 Fachbeirätin des Goethe-Instituts im Bereich „Wissenschaft und Zeitgeschehen."
Aktuelle Literatur: Poferl, Angelika (2012 im Erscheinen): ‚Gender' und die Soziologie der Kosmopolitisierung. In: Kahlert, Heike/Weinbach, Christine (Hrsg.) (2012 im Erscheinen): Zeitgenössische Gesellschaftstheorien und Gen-

derforschung. Einladung zum Dialog. Wiesbaden: Springer VS Verlag. ♦ Poferl, Angelika (2012a im Erscheinen): Problematisierungswissen und die Konstitution von Globalität. In: Soeffner, Hans-Georg (Hrsg.): Transnationale Vergesellschaftungen, Verhandlungen des 35. Kongresses der Deutschen Gesellschaft für Soziologie in Frankfurt am Main 2010, Teil 1, Frankfurt am Main/New York: Campus. ♦ Beck, Ulrich/Poferl, Angelika (Hrsg.) (2010): Große Armut, großer Reichtum: Zur Transnationalisierung sozialer Ungleichheiten. Berlin: Suhrkamp.

Pusoma, Maria studiert Kulturwissenschaften mit Schwerpunkt Religion und ist wiss. Hilfskraft am Lehrstuhl für Kultur- und Religionssoziologie an der Universität Bayreuth. Email: maria.pusoma@uni-bayreuth.de

Rebstein, Bernd M. A. studierte Soziologie und ist seit 2010 wiss. Mitarbeiter am Lehrstuhl für Kultur- und Religionssoziologie an der Universität Bayreuth. Er arbeitet derzeit an einer Dissertation im Bereich der qualitativen Migrationsforschung. Email: bernd.rebstein@uni-bayreuth.de.

Reichertz, Jo Dr. phil. habil., studierte Soziologie und Kommunikationswissenschaft. Seit 1993 ist er Professor für Kommunikationswissenschaft an der Universität Duisburg-Essen, Campus Essen – zuständig für die Bereiche „Kommunikationstheorie", „Strategische Kommunikation", „Qualitative Methoden", „Kommunikation in Institutionen" und „Neue Medien". Gastprofessuren führten ihn nach Wien und St. Gallen, verschiedene Lehraufträge an die Universitäten Hagen, Witten/Herdecke, Bochum, St. Gallen und Wien. Seine Arbeitsschwerpunkte sind Text- und Bildhermeneutik, Kultursoziologie, qualitative Sozialforschung, Medienanalyse, Mediennutzung und Werbe- und Unternehmenskommunikation.
Aktuelle Literatur: Reichertz, Jo (2010^3): Die Macht der Worte und der Medien. Wiesbaden: VS Verlag. ♦ Reichertz, Jo (2009): Kommunikationsmacht. Was ist Kommunikation und was vermag sie? Wiesbaden VS Verlag. ♦ Reichertz, Jo/Englert, Carina (2010): Einführung in die qualitative Videoanalyse. Wiesbaden: VS Verlag.

Schnettler, Bernt Dr. phil., studierte Soziologie, Psychologie, Hispanistik und Philosophie und leitet seit 2009 den Lehrstuhl für Kultur- und Religionssoziologie an der Universität Bayreuth. Diverse Lehraufträge in St. Gallen, Luzern, Madrid und Mexico. Seine Forschungsschwerpunkte knüpfen an die neue Wissenssoziologie an und verbinden empirische Untersuchungen, Theorie und Methodenentwicklung miteinander. Er hat Studien zu verschiedenen kommunikativen Gattungen durchgeführt, darunter Erlebnisberichte über Visionserfahrungen und computergestützte visuelle Präsentationen. Gemeinsam mit Kollegen in Berlin, Madrid und London arbeitet er in den letzten Jahren intensiv an der Entwicklung der interpretativen Videoanalyse. Aktuelle Forschungen umfassen Projekte zu Migration und Wissen, Erinnerungsritualen und zu den Klassikern der Wissenssoziologie. Email: schnettler@uni-bayreuth.de. Webseite: www.soz.uni-bayreuth.de

Aktuelle Literatur: Schnettler, Bernt/Knoblauch, Hubert (Hrsg.) (2007). Powerpoint-Präsentationen. Neue Formen der gesellschaftlichen Kommunikation von Wissen, Konstanz: UVK. ♦ Knoblauch, Hubert/Schnettler, Bernt/Raab, Jürgen/Soeffner, Hans-Georg (2009^2). Video-Analysis, Frankfurt am Main u. a.: Peter Lang ♦ Raab, Jürgen/Pfadenhauer, Michaela/Stegmaier, Peter/Dreher, Jochen/Schnettler, Bernt (Hrsg. 2008). Phänomenologie und Soziologie. Positionen, Problemfelder, Analysen. Wiesbaden: VS Verlag.

Schröer, Norbert Dr. rer. soc. habil, studierte Sozialpädagogik und Sozialwissenschaften. Seit 2009 Professor für Empirische Sozialforschung mit Schwerpunkt Qualitative Methoden an der Hochschule Fulda, seit 2002 Dozent für ‚Qualitative Verfahren der Sozialwissenschaften' an der Wirtschaftsuniversität Wien und seit 2010 Co-Leiter des DFG-Projekts ‚Fremde Eigenheiten und eigene Fremdheiten' an der Universität Duisburg-Essen. Seine Arbeitsschwerpunkt sind Hermeneutische Sozialforschung; Interkulturelle Kommunikation, Interkulturelle Hochschulbildung, Strafrechtssoziologie.
Aktuelle Literatur: Schröer, Norbert (2009): Interkulturelle Kommunikation. Essen: Oldib. ♦ Schröer, Norbert/Bidlo, Oliver (Hrsg.) (2011): Die Entdeckung des Neuen. Qualitative Sozialforschung als Hermeneutische Wissenssoziologie. Wiesbaden: VS Verlag.

Traue, Boris Dr. phil. Dipl.-Soz., seit 2008 wissenschaftlicher Mitarbeiter am Institut für Soziologie der Technischen Universität Berlin. Studierte an der FU Berlin Soziologie, Philosophie und Psychologie, Promotion an der Universität Bremen und Technischen Universität Berlin. Einen Post-Doc Aufenthalt verbrachte er am Goldsmiths College der University of London. Forschungsschwerpunkte: Geschichte der Sozial- und Selbsttechniken, Kulturen und Ökonomien des Amateurvideo, Professions- und Amateursoziologie, kollaborative Kulturproduktion, interpretative Methoden, soziologische Theorie.

Aktuelle Literatur: Traue, Boris (2010): Das Subjekt der Beratung. Zur Soziologie einer Psycho-Technik. Bielefeld: transcript. ♦ Traue, Boris (2012) Die Transformation der Erfahrung durch Zeit- und Netzmedien. Zur Technizität, Reflexivität und Kritikalität des Wissens. In: Soeffner, Hans-Georg (Hg.): Transnationale Vergesellschaftungen. Verhandlungen des 35. Kongresses der Deutschen Gesellschaft für Soziologie in Frankfurt am Main. Wiesbaden: VS Verlag (im Erscheinen). ♦ Traue, Boris (2012): Bauformen audiovisueller Diskurse. Zur Kuratierung und Zirkulation des Amateurvideos in Kino, Fernsehen und Onlinevideo. In: Lucht, Petra/Schmidt, Lisa/Tuma, René (Hrsg.): Visualisierung von Wissen und Bilder des Sozialen. Wiesbaden: VS Verlag (im Erscheinen).

Tuma, René Msc. ist wissenschaftlicher Mitarbeiter am Institut für Soziologie der TU Berlin. Seine Interessen liegen im Bereich der Wissenssoziologie, der Techniksoziologie und der qualitativen Methoden, insbesondere der Videographischen Interaktionsanalyse. Im Moment arbeitet er an seiner Dissertation zum Thema „Vernacular Video Analysis" sowie an der Methodenentwicklung.
Aktuelle Literatur: Tuma, René (2012, in Begutachtung): The (re)-construction of human conduct: ‚vernacular video analysis'. Qualitative Sociological Review (QSR). ♦ Lucht, Petra/Schmidt, Lisa/Tuma, René (2012, im Druck): Visuelles Wissen und Bilder des Sozialen: Aktuelle Entwicklungen in der visuellen Soziologie. Wiesbaden: Springer/VS. ♦ Tuma, René/Schnettler, Bernt/Knoblauch, Hubert (2012, in Vorbereitung): Videographie: Einführung in die Video-Analyse sozialer Situationen (2012. Aufl.). Wiesbaden: Springer/VS.

Walter, Verena ist Diplom-Soziologin und hat 2011 ihr Studium der Soziologie, Pädagogik und Sozialpsychologie an der Universität München (LMU) abgeschlossen. Sie war von 2007–2012 studentische Hilfskraft am Deutschen Jugendinstitut in München und hat dort in verschiedenen Forschungsprojekten mitgearbeitet.
Aktuelle Literatur: Friedrich, Sibylle/Liberona, Claudia/Oldemeier, Kerstin/Walter, Verena/Redlich, Alexander/Höck, Jennifer/Sandmeir, Gunda/Helming, Elisabeth (2010): Gesundheit beginnt in der Familie – eine Handreichung. Deutsches Jugendinstitut/Universität Hamburg. ♦ Liberona, Claudia/Sandmeir, Gunda/Walter, Verena (2010): Gesundheit beginnt in der Familie. Abschlussbericht. Deutsches Jugendinstitut.

Umfassender Überblick zu den Speziellen Soziologien

> Das erste umfassende Handbuch zur Stadtsoziologie

Frank Eckardt
Handbuch Stadtsoziologie
2012. ca. 843 S. mit 14 Abb.
Geb. EUR 69,95
ISBN 978-3-531-17168-5

Heutige Gesellschaften lassen sich in erster Linie als städtisch geprägt verstehen. Doch was bedeutet es, als Individuum in einer Stadt aufzuwachsen, sich in ihr zu orientieren und sein Leben mit anderen Menschen zu gestalten?

In diesem Handbuch werden die unterschiedlichen Seiten der Stadtgesellschaft wie das multikulturelle Zusammenleben, soziale Ungleichheiten und Segregation, Mobilität, Kriminalität, Stadtplanung, Lokalpolitik oder das Leben in Nachbarschaften und in öffentlichen Räumen unter dieser Fragestellung beleuchtet.

Das Handbuch bietet eine Übersicht über das soziologische Wissen zu den unterschiedlichen Aspekten städtischen Lebens. Dabei werden übergeordnete theoretische Diskussionen von der „Megacity" bis hin zur „Europäischen Stadt" aufgearbeitet.

Um einen Anschluss an die weitergehenden Debatten der Soziologien zu ermöglichen, werden zudem klassische und neuere Theorien hinsichtlich ihres Stadt- und Raumverständniss eingeführt.

Erhältlich im Buchhandel oder beim Verlag.
Änderungen vorbehalten. Stand: Januar 2012.

Einfach bestellen:
SpringerDE-service@springer.com
tel +49 (0)6221 / 3 45 – 4301
springer-vs.de